U0920655

义乌年鉴

义乌市地方志编纂委员会　编

YIWUYEARBOOK　2017

图书在版编目（CIP）数据

义乌年鉴.2017/义乌市地方志编纂委员会，《义乌年鉴》编辑部编.-- 北京：方志出版社，2018.5

ISBN 978-7-5144-3090-5

Ⅰ. ①义… Ⅱ. ①义… ②义… Ⅲ. ①义乌—2017—年鉴 Ⅳ.①Z525.53

中国版本图书馆 CIP 数据核字（2018）第 113539 号

义乌年鉴（2017）

编　　者：义乌市地方志编纂委员会
　　　　　《义乌年鉴》编辑部
责任编辑：黄　彦

出 版 人：冀祥德
出 版 者：方志出版社
　　　　　地址　北京市朝阳区潘家园东里 9 号（国家方志馆 4 层）
　　　　　邮编　100021
　　　　　网址　Http：//www.fzph.org
发　　行：方志出版社图书经销中心
　　　　　电话（010）67110500
经　　销：各地新华书店
统　　筹：杭州龙翔文化传播有限公司
印　　刷：杭州嘉业印务有限公司

开　　本：889×1194　1/16
印　　张：30
字　　数：773 千
版　　次：2018 年 5 月第 1 版　2018 年 5 月第 1 次印刷
印　　数：0001~1000 册

ISBN 978-7-5144-3090-5　定价：180.00 元

义乌市地方志编纂委员会

主　任　王　健

副主任　陈秀仙　葛国庆　斯建民　张　雷　骆小俊（执行）

委　员　虞秀军　葛巧棣　徐义民　虞国荣　刘景刚
贾以鸣　任祖庭　楼建明　楼良四　吴小锋
刘金土　吴　爽　吴　丹　黄旭光　贾文红
王志强　郑厚泽　陈　涛　刘德钧　傅建民
朱竣文　赵健明　朱益文　吴朝晖　黄莉青
楼辉腾　王碧荣　楼小明　蒋文新　陈国平
陶府盛　金震云　陈　东　王俊庆　龚剑锋
黄　霖　周建平　王晖平　陈春梅　龚淑娟
卢景山　鲍建平　贾成杰　李云山　沈其荣
贺　聪　陈狄鑫　朱　旻　陈甯林　何　锋
王振洪　陈亚岗　俞佳友　胡　滨

办公室主任　葛巧棣

办公室副主任　龚林浩　何海生

《义乌年鉴》编辑部

副主编(主持) 施章岳

主 编 助 理 傅 健

编 辑 (按姓氏笔画排列)

孙清土 李 甘 李丽莉 吴雅珍

陈子华 金福根 郑桂娟 孟祖平

赵晓青 胡 莺 蒋英富 楼向华

工 作 人 员 虞金法

义乌市行政区划简图
义乌市
大陈镇
苏溪镇
廿三里街道
福田街道
稠城街道
北苑街道
江东街道
稠江街道
后宅街道
城西街道
上溪镇
义亭镇
佛堂镇
赤岸镇
浦江
东阳市
诸
暨
市
浦
江
县
兰
溪
市
金
东
区
武义县
永
康
市
东
阳
市
至金华
至宁波
至杭州

义乌国际商贸城(楼子荣摄)

3 月 24 日，盛秋平（右）会见韩国驻沪总领事

4 月 27 日，盛秋平（右）会见印度驻沪总领事

5 月 12 日，义乌市与韩国龟尾市签署友好交流与合作意向书

6 月 13 日，盛秋平（右一）会见哈萨克斯坦铁路公司第一副总经理一行

（以上图片均由市外侨办供图）

8 月 5 日，捷克前总理彼得·内恰斯（前左二）访问国际商贸城

9 月 27 日，盛秋平（右一）会见西班牙马德里工商联合会主席

11 月 14 日，澳大利亚前总理陆克文在 2016 中国（义乌）丝绸之路经济带城市国际论坛上作主旨演讲

11 月 18 日，盛秋平（右）会见瑞士米格罗集团客人 （以上图片均由市外侨办供图）

市 场

SHICHANG

义乌生产资料市场　　　　　　　　　　（楼子荣摄）

义乌篁园服装市场　　　　　　　　　　（楼子荣摄）

编辑说明

一、《义乌年鉴》以马克思列宁主义、毛泽东思想、邓小平理论、“三个代表”重要思想、科学发展观、习近平新时代中国特色社会主义思想为指导，坚持辩证唯物主义和历史唯物主义的立场、观点和方法。由中共义乌市委和义乌市人民政府主办，义乌市地方志编纂委员会主持，各部门、镇街供稿，义乌年鉴编辑部按年度编纂、连续出版。

二、《义乌年鉴》2008 年创刊，每年出版一卷。《义乌年鉴（2017）》主要记述 2016 年 1 月 1 日至 12 月 31 日，义乌市在政治、经济、文化和社会建设中所发生的大事、新事和具有年度特色的事。作为背景资料，有些条目内容或表格中的数据适当上溯或下延。

三、《义乌年鉴（2017）》按分类横排编纂法，分类目、分目、子目 3 个层次设计，个别子目设分子目。以条目为记述基本形式，均按事物发展的先后顺序排列，条目标题采用括号“【】”表示。全书设置类目 32 个、分目 158 个，收入条目 1162 条。

四、《义乌年鉴（2017）》所用稿件均由市各部门、各单位专人提供，并经各单位负责人审定核实。所刊载的综合性数据由市统计局提供，有些数据由各单位提供。市领导名录由市委组织部提供。“全年”“上年”“年内”“年底”指 2016 年。大事记中的“△”表示同日。作者署名在分目之下。全书中出现的单位名称、专业术语，首次出现时用全称，此后一般用简称。

五、以义乌金融商务中心作为各个类目之首的背景图；页眉中“拨浪鼓”象征义乌商贸文化。

六、《义乌年鉴》前有中、英文目录，后有索引。索引主要采用主题分析索引方法，按主题词首字拼音字母顺序排列。《义乌年鉴（2017）》除纸质出版物，另有电子版本，内容一致。

由于编辑水平有限，疏漏和不完善之处，敬请广大读者见谅，并予指正。

荣誉义乌

◆2月19日，义乌市成功入选2015年度两化深度融合国家试点区。

◆5月11日，义乌市文化馆在第四次全国文化馆评估定级工作中成功获得“国家一级文化馆”称号。

◆5月14日，国家物联网标识管理公共服务平台落地义乌。

◆5月24日，省政府下发《关于设立浙江（义乌）跨境电子商务创新发展示范区的复函》，正式批复同意设立浙江（义乌）跨境电子商务创新发展示范区。

◆5月24日，国家旅游局授予义乌“中国国际商务旅游目的地”称号。

◆5月25—26日，阿里研究院发布《2015年中国县域电子商务报告》和2015年中国电子商务百佳县榜单。义乌名列中国电商百佳县榜首，在“2015年中国大众电商创业最活跃的50个县”“2015年中国大众网购消费最活跃的50个县”“2015年中国快递服务五十佳县”3个子榜单上都排名首位。

◆6月17日，省商务厅、省财政厅下发《关于在义乌市等10个县（市、区）开展产业集群跨境电子商务发展试点的通知》，义乌市获批开展义乌市小商品产业集群跨境电商发展试点。

◆7月8日，国家质检总局回函浙江省政府，同意在义乌铁路西站筹建进口肉类指定查验场。

◆7月11日，在山西太原举行的全国地方志优秀成果颁奖大会上，《义乌年鉴（2013）》获全国地方志优秀成果特等奖。

◆7月17日，经省医保中心同意、省质监局推荐，义乌市“智慧医保”标准化项目成功获批国家标准委社会管理和公共服务标准化试点。

◆7月28日，在北京举办的第六届中外会展项目合作洽谈会暨金五星会展颁奖典礼上，义乌市获得2016金五星优秀会展城市奖。

◆9月12日，义乌市获“一带一路”建设突出贡献奖。

◆9月28日，中国社会科学院财经战略研究院发布《中国县域经济发展报告（2016）》。在2016年度全国县域经济竞争力百强县（市）和全国县域经济投资潜力百强县（市）榜单中，义乌位居全国县域经济竞争力第五位、全国县域经济发展潜力第五位。

◆12月5日，义乌市获“一带一路”物流发展贡献奖。

◆12月10日，义乌市获第四届“中国法治政府奖提名奖”。

◆12月14日，义乌市获“2016年度中国十大会展名城”称号。

数字义乌

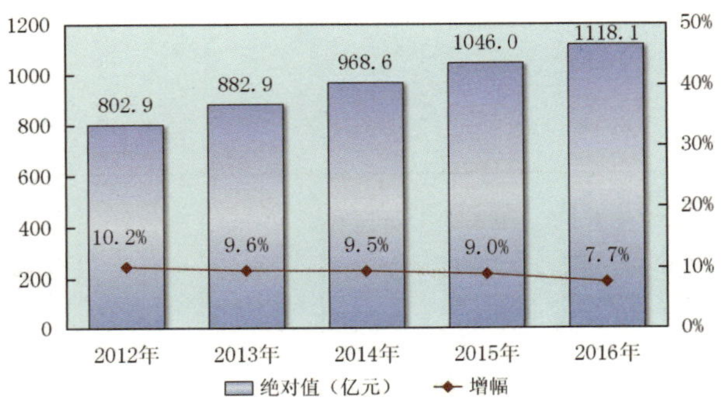

GDP

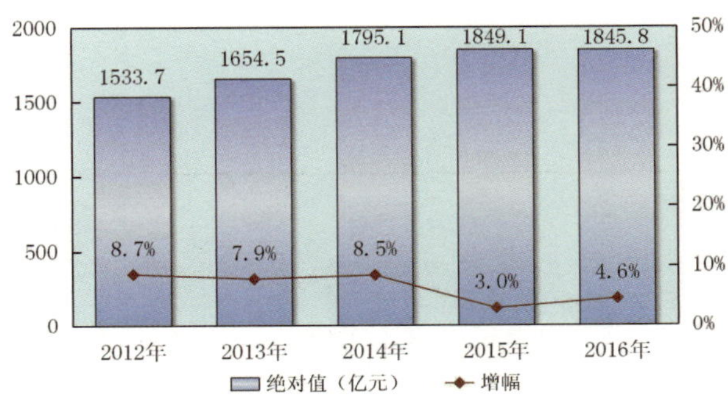

工业总产值

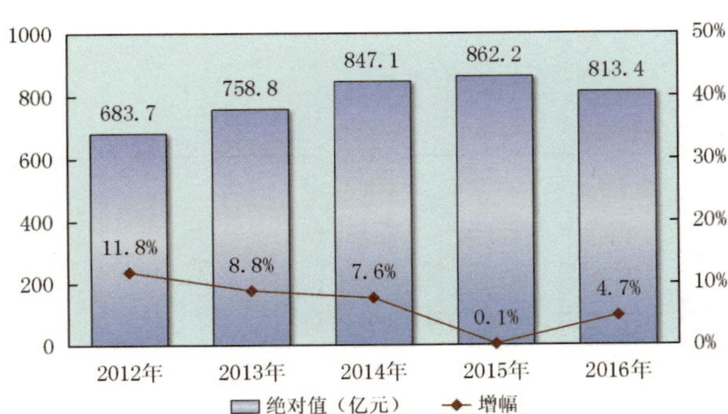

规模以上工业产值

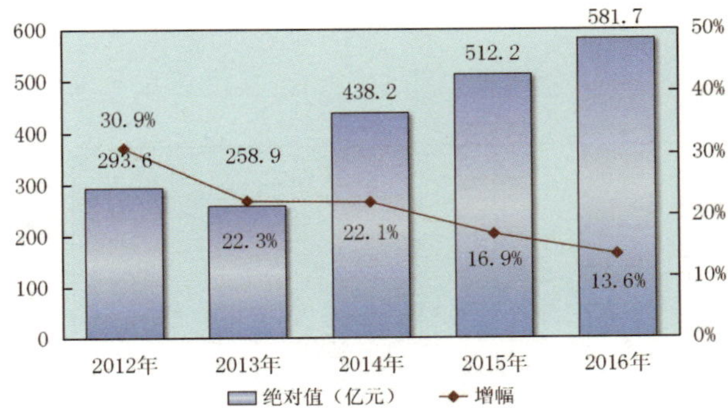

固定资产投资

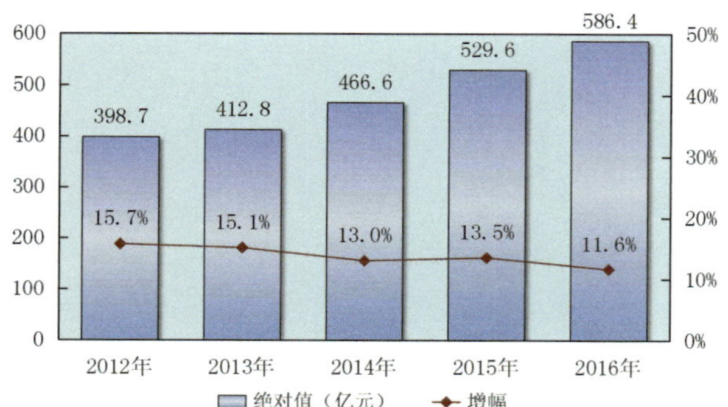

社会消费品零售总额

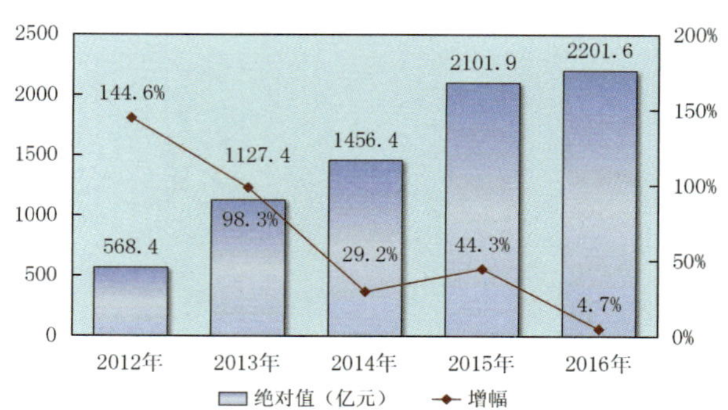

出口总额

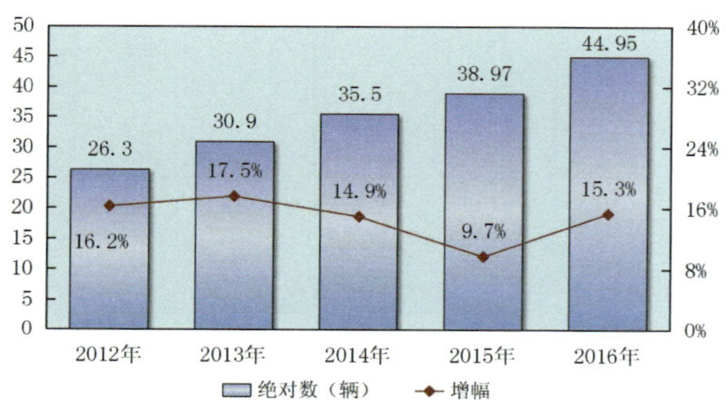

汽车保有量

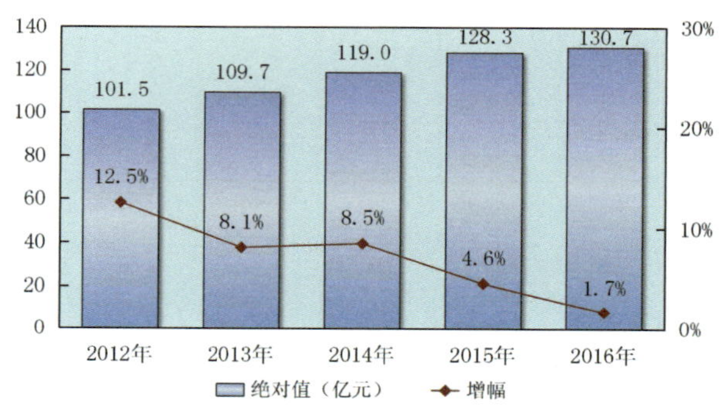

财政总收入

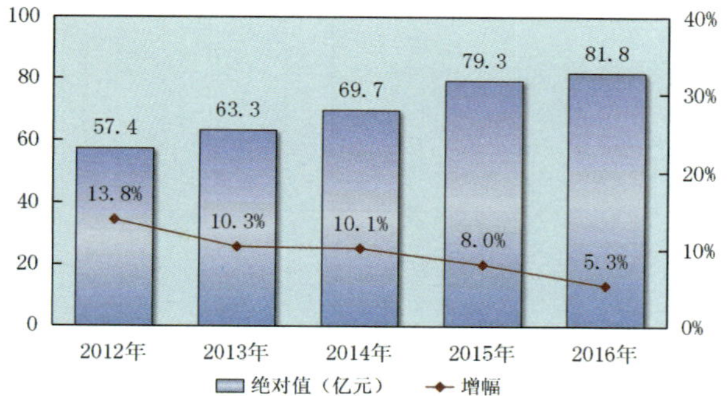

地方财政收入

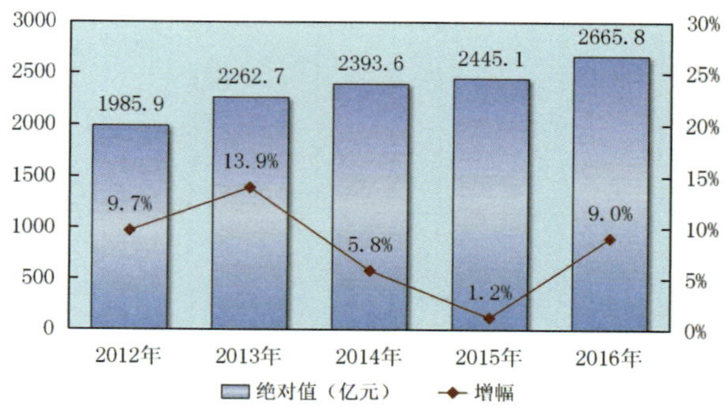

年末金融机构存款余额

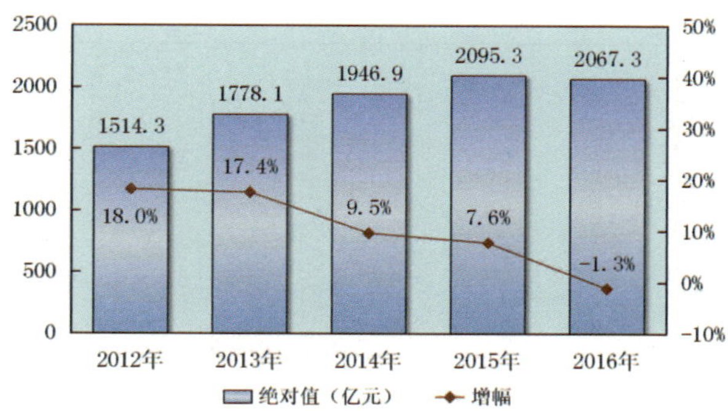

年末金融机构贷款余额

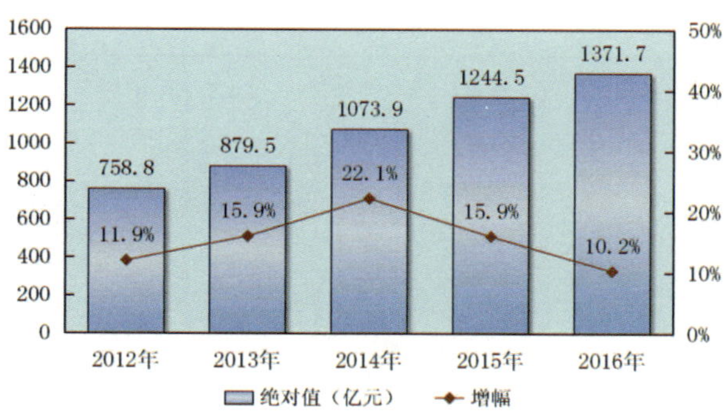

集贸市场成交额

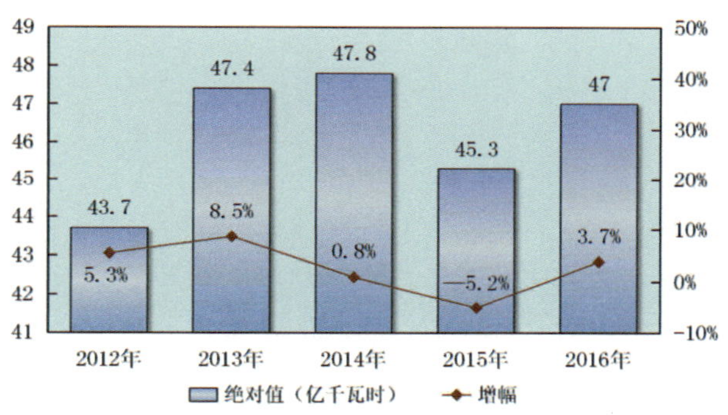

工业用电量

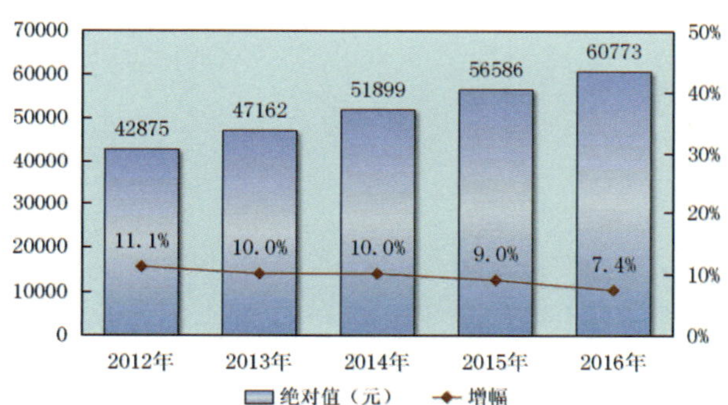

城镇常住居民人均可支配收入

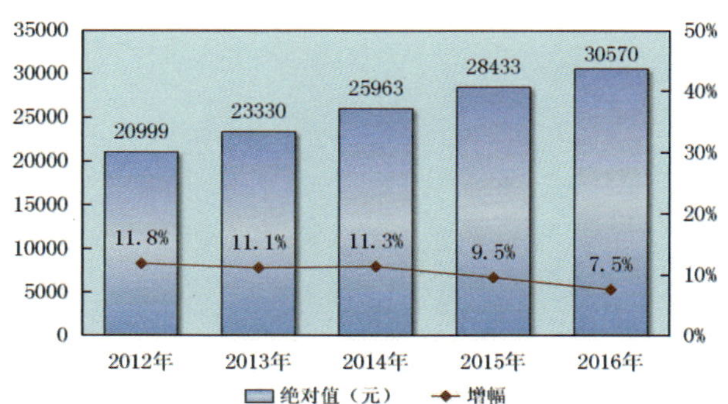

农村常住居民人均可支配收入

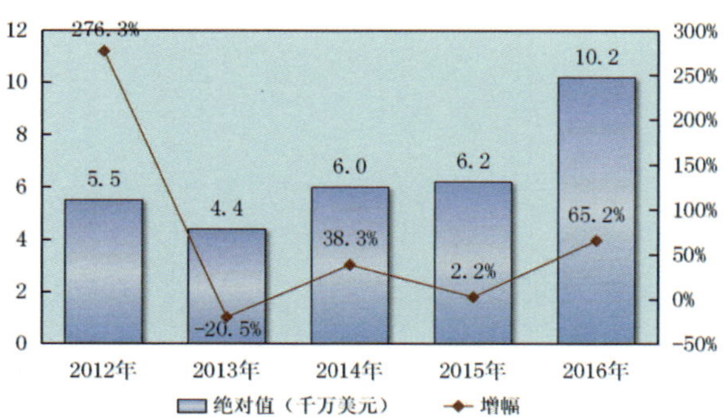

实际利用外资

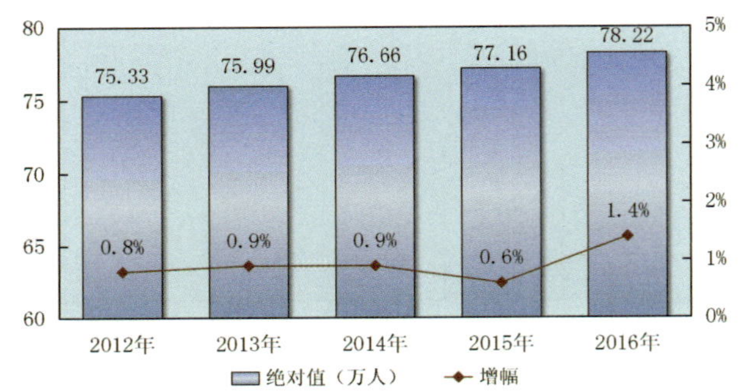

户籍人口

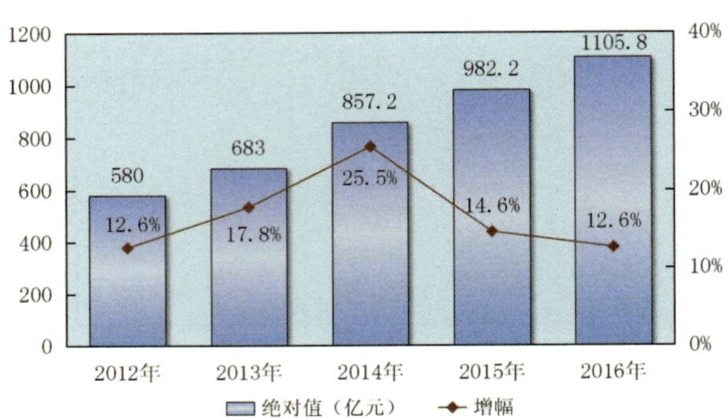

建成区面积（平方千米）

目 录

专 记

特 辑

大 事 记

市情概览

中共义乌市委员会

义乌市人民代表大会

义乌市人民政府

政协义乌市委员会

民主党派·工商联·人民团体

法治·人民武装

城乡建设

环 境 资 源

工业经济

农村经济

民营经济·经济开发区

商　　贸

市　场

会　展　业

旅 游 业

交通·物流·口岸

邮政·信息·通信

财税·金融

经济监督管理

科学技术

教　　育

文化·传媒

卫生·体育

社 会 事 务

镇·街道

人物故事

统计资料选辑

附　　录

CONTENTS

专记

义乌商业

【义乌古代商业】 义乌最早的商业活动大约出现在春秋战国时代。2000年5月,在义乌旧城改造中,稠城街道朝阳门南侧发现13口古井,其中一口初定为春秋时期的古井。《史记正义》载:"古人未有市及井,若朝聚井汲水,便将货物于井边货卖,故言市井。"13口古井聚集在一起,说明义乌很早就出现一定规模的商业交换活动。义乌最早的集市出现在西晋永兴年间(304—306)。据嘉庆《义乌县志》载,曾任临海太守的朱泛徙居义乌蒲墟(今赤岸)。墟,西晋木华《海赋》载:"南淦朱厓,北洒天墟。又商贾货物辐凑处,古谓之务,今谓之集,又谓之墟。"蒲墟,即蒲草制品的交易场所。义乌最早关于商品交易的文字记录为《双林傅大士语录》载,梁"大通二年(528)三月,同里傅重昌、傅僧举母以钱五万买之,大士得钱即营设大会"。

唐代,义乌就已出现盐商,义乌旧志《物图考·贡税·盐钞》记载:唐刘晏"法令亭户粜盐,纵商人取之,此盐商所由始。郡县又有常平仓盐,每商人不至,则减价以粜,官收厚礼,而民不知贵,此官盐所由始"。

宋代为古代义乌商业发展一高峰。两宋时期,义乌丝织业、酒业等商业活动十分发达。宋淳化年间(990—994),全县丝织品和买额,有婺罗4000匹,花罗500匹,平罗2075匹,绢678匹,丝3500两,棉700两,合计11453匹、两。宋时,"和买"是指官府向民间购买丝麻产品,以保证庞大常备军的军装供应。徐松辑《宋会要辑稿》载宋熙宁十年(1077),对全国各地的商税额进行调整,义乌城年税额为9980贯498文,位居当时婺州八县之首,为同期两浙路县城平均商税额4860贯的2倍多。万历《义乌县志》记载,宋宁宗嘉定(1208—1224)年间,义乌县夏税丝织品征额绢4495匹余,绸2765匹余,棉45406两,平罗600匹,合计53266匹、两。南宋永康学者陈亮有《义乌县减酒额记》,"岁之二月至于八月,煮酒以四百石为举,为缗钱八千六百有奇;余不清酒,犹四千八百缗,乾道初,有宰驱八乡牙柜列之市肆,商贾争来,榷酤倍入"。宋朝推行榷酤之法,对酒业实行专卖,一是官榷,二是买扑。官榷是官府设酒务直接从事酒的生产销售,买扑由民间承包一定地区内酒的生产和销售,并上交相应数额的酒课。明万历《义乌县志》卷七记载,宋代全县酒务租额9400贯,实收4867贯564文;村坊21处,一界为钱25146贯998文,课利钱每月169贯18文。村坊即位于乡村的买扑酒坊。

元时期,随着城市发展平稳和封建统治日渐僵化,对城市和工商活动控制不断加强。义乌县的城市和商业发展徘徊于较低水平。元代中后期,每年商税额仅为中统钞309锭31两,不及宋朝。

万历《义乌县志》提到南宋时期义乌全县有买扑酒坊21处,宋时买扑酒坊大多建立在镇和草市,因此至迟至南宋,草市等贸易集市在义乌兴起并获得发展。明清时期,义乌商业市镇获得进一步发展。据万历《义乌县志》记载,当时全县农村有13

市2街，合计15处，分别是青口市、念(廿)三里市、花溪市、江湾市、洋滩市、光明市、赤岸市、双林市、野墅市、倍磊市、酥溪市、查林市、卢砦市及侯珠街、杨街。到清代中期，义乌镇、街、市增至29处，较明万历增加近一倍，分别是廿三里镇、苏溪镇、佛堂镇、大元市、华溪市、何宅市、尚经市、骆宅市、楂林市、大陈市、郑朱市、鹤田市、湖门市、曹村市、柳村市、东河市、龙回市、杨街、上溪市、夏演市、吴店市、王阡市、义亭市、畈田市、侯珠街、江湾市、野墅市、赤岸市和倍磊市。乾隆后期义乌全县有登记在册人数51万余人，平均1.7万人(含城市人口)就有一处市镇，远高于金华府2.7万人拥有一处市镇，就全省而言，市镇与人口比也处于全省前列。

明以降，商品经济得到快速发展，导致很多人脱离农业，从事工商业。洪武年间(1368—1398)，义乌下骆宅骆得源因从事"南粮北运"致"家巨富，充千石"，在"北京顺天府富户地方设田三百亩"。义亭镇何店何一正(1591—1673)弃文从商，"往京未几，腰缠十万矣"，最终"家业殷富，挂枝挺秀"。更有义乌商人走出国门，远赴海外经商。《赤岸孝冯氏宗谱》载，"(冯)允奇(1600—1680)，欣然伟然，德备才全，先意承志，孝友夙娴，出塞贸迁，波斯珍异，载满归船"。

明代也是义乌货郎担兴起之源。明嘉靖(1522—1566)等朝，东南沿海遭到倭寇入侵，戚继光启用义乌兵抗击倭寇，驱除鞑虏，声震朝野。戚继光用义乌兵抗倭成功导致各地将领纷纷到义乌征兵，以至于"征兵之令无岁不至，荷戟之夫无家不出"，形成"以百里之生聚，而当四方之征召"的局面。大量的征兵导致义乌青壮劳动力减少，影响农业生产，加剧社会贫困。而退伍的义乌兵面临地位低微不能从政、不适应传统的农耕生产、财力微薄无力开展规模化商业经营等问题，只能利用自身劳力，从事小本生意。康熙《新修东阳县志》曾提到义乌兵退役后的生活："万历年间，率多习兵应募。已而罗募营废，皆散入江干，徙为他业，如肩挑买卖不等。每当冬春之交，来者熙熙，往者攘攘，不啻数千人，其迁居著籍者又不胜数。"

清朝，在明朝的基础上义乌货郎担获得进一步的发展，逐渐演变为敲糖帮，形成"敲糖换鸡毛"的商业风气。清初，义乌从福建、浙江温州等地引进糖蔗种植技术与木车榨糖技术，制糖业就逐渐成为义乌农村的一项重要副业，货担买糖由此活跃。早期糖担的主要货品有糖粒、糖片、糖饼等饴糖制品，色美味甜，价格低廉。货郎担主要是流动经营，于市集乡镇间来往，由于成本小，生意好，越来越多农民加入经营，成为社会风气。乾隆年间(1736—1795)，义乌全县有糖担1万余副，经营方式由卖糖转向用废铜烂铁、鸡鸭鹅毛等杂货换糖。清代后期，敲糖帮群体规模进一步扩大，经营内容除卖糖换糖外还有兼卖针线等日用小商品，贸易地域的深度与广度进一步扩大，从城市集镇深入偏僻的乡村山区，从浙江本省扩展到西至湖南、南到广东、北达苏北的广大地域，形成"糖担一副，到处是路"的局面。

除兼职的货郎担有所发展，清代义乌的专业商人也大批涌现，获得长足发展。清乾隆、嘉庆年间，义乌县西乡人陈子案经营火腿生意，先后在金华、兰溪、东阳、浦江等地开设火腿经营商铺，以后又将火腿从水路运往苏州等地进行销售，成为富甲一方的巨商。由他与子孙建造的黄山八面厅富丽堂皇，成为中国木雕的博物馆。据遗存至今的账册记载：陈子案有田1750亩、地200余亩、山林37处计1000余亩。仅乾隆五十九年(1794)十二月初三这一天，共买田6宗计72.40石，付出银子3642.12两。道光年间(1821—1850)，以佛堂田心村王恒玺四兄弟为代表的义乌商人在苏州从事经商活动。王恒玺为苏州金华会馆重修所撰写的《重修金华会馆碑》记载，重修会馆款项总额1420两银子，义乌一县捐银820两，占总额的57.7%；金华县捐银128两余等。说明在苏经商的金华商人中义乌商人众多且财力较为雄厚。兰溪为清代浙中地区重要的商贸要地，有"小上海"之称，兰溪聚集了大批的义乌商人从事经贸活动，后来还成立地区性商人组织——稠州公所(义乌会馆)。义乌客商在外建立公馆，外地客商也在义乌生根发芽，包括徽商、闽商、赣商等外地客商与本省台州、绍兴、温州、宁波等地客商。嘉庆《义乌县志》卷七“天后宫”条载:乾隆戊戌,闽人寓邑贸迁者捐赀创建,在县前西街4丈4尺5寸,前后相符。天后宫乾隆四十三年(1778)所建,作为在义闽商聚集场所,实际上具有某种会馆性质,说明闽商在义乌有一定数量。义乌各族家谱记载,清朝各族也多有族人经商。康熙(1622—1722)、乾隆(1736—1795)年间,大岭丁氏丁成寿“先习儒业,艰于时势,素志未售,遂业陶朱”行商于安徽、江西等地,“由是积累充盈、广置田亩,建造巨室”。泮塘朱氏朱智翁,“不乐仕进,尝贸易于杭州”。清后期,佛堂人王文彬出身商人世家,“家世世业商,所谓耀贱贩贵,贸迁有余,耳濡目染,固已游刃有余,不待学而俱能者也……南走岭南,北至苏沪,转毂千里,输蹄相属,不数年而赀雄一乡,称素封矣”。后宅全备村陈允嘉、陈允川两兄弟“力穑营商,家资渐裕”。廿三里镇西澄村金孔初“服股泛舟于吴、越、湘、楚间”。

【义乌近代商业】 鸦片战争后,中国传统工商业受到国外殖民经济的侵蚀,市场受到沉重打击,发展滞后。但在如此艰难情况下,义乌传统经济依然在逆境中求生存,出现近代工商业经济与传统经济共同发展的局面,呈现出传统手工业与近代工商业相辅相成、共同发展的崭新面貌。

交通的发展加强商贸流通与商业发展,也促进交通相关产业发展。民国18年(1929)浙赣线杭江铁路全面建设,民国20年(1931)12月修到义乌县城,民国22年(1933)11月全线通车。此铁路贯穿义乌全县,设有大陈、苏溪、义乌、义亭4个车站,火车的通车改变了义乌商贸的发展面貌。依水而兴的佛堂的商业中心地位逐渐被稠城取代。县内公路建成通车为商贸发展提供条件。民国21年(1932),义乌、东阳两地商会协商修建义东公路,获得省建设厅支持,并由公、商合资组建公司,负责公路修筑营运。民国22年(1933)11月12日,公路建成通车。民国21年(1932),长1.7千米,由商人集资1050元、县政府资助300元的县城北门至火车站人力车道竣工。同年,县内部分商人合资成立苏念路人力股份有限公司。民国29年(1940)1月,稠城成立运输商业同业公会,协调不同系统的运输活动。民国30年(1941)1月,成立义乌驿运站。同年9月,佛堂成立人力车合作社,经营义乌、东阳、永康之间的运输业务。

传统金融业的近代化转变,出现了新型钱庄。新型钱庄在经营体制和运作方式上的近代化,一是钱庄与工商业建立起密切的联系,成为商贸和近代工业资金调剂融通的重要途径;另一方面,钱庄采用过账制度,不用现钱或票据结算,而是凭簿折划转,这已具有银行业的某些特征。义乌第一家新型钱庄出现在民国6年(1917),为佛堂义源钱庄,但因营业者系外地客商,无法获得客户信任,于民国7年(1918)停业。民国8年(1919),张和顺、丁景法、杨忠才出资银圆2万元为本金,成立裕盛钱庄,经营存贷款与汇兑业务,有从业人员6人。民国15年至民国23年(1926—1934),受中国银行兰溪支行委托,设立货币兑换处,对外挂牌称中国银行佛堂货币兑换处,民国31年(1942)义乌沦陷,钱庄被迫停业。民国10年(1921),毛祥法、毛祥荣兄弟成立源昌钱庄,资本金银圆1万元,从业人员10人,义乌沦陷时停业。民国11年(1922),稠城裕源钱庄开办,由龚献挺、陈潮等人合股经营,资本金银圆9000元,从业人员5人。民国19年(1930),聚昌钱庄开办,由陈晃、胡纯道、楼景庆、楼继元等人经营,资本金银圆8000元,因日军占领义乌被迫停业。民国28年(1939)营业用房被日军飞机轰炸倒塌停办。民国19年(1930),瑞丰钱庄开办,资本金银圆1.95万元,民国30年(1941)营业用房与财产因日军轰炸被焚毁而停业。民国时期,义乌共有以下6家新型钱庄,即义源、裕盛、源昌属佛堂,裕源、聚昌、瑞丰属稠城。银行与合作社的发展。民国20年(1931),浙江省政府要求各县成立农民银行,办理农贷业务。县级农业银行股本金为银圆20万元,所筹股本不足四分之一的县先成立借贷所。义乌县只筹得股金2.37万元,于民国22年(1933)春成立义乌农民借贷所,办理农村合作事业贷款,所附信托部办理农户小额储押放款。

民国23年(1934)6月,义乌、东阳、浦江3县农民借贷所合并,成立义东浦地方农民银行,总股本4.94万元,其中股金义乌占47.9%,东阳40%,浦江12.1%。总部在稠城,东阳、浦江设办事处。因经营不善,到民国28年(1939)此行亏损股本2.2万元,宣布停办。同年7月,浙江省地方银行浙江办事处在稠城成立,资本有总行调拨,独立经营核算,经营存贷款、汇兑等业务。次年开设江湾分理处,民国30年(1941)开设苏溪分理处。民国29年(1940)8月,在佛堂义乌县合作金库,股本法币10.26万元,主要由中国农民银行出资,民国(1942)5月停办。民国31年(1942)2月,中国农民银行义乌农贷处成立,专为合作社与农会办理农业贷款,民国32年(1943)停业。民国35年(1946)9月,中国农民银行义乌县农业仓库在稠城成立,本金法币6亿元,主要办理义乌和东阳的合作社存款与储押贷款,1949年并入中国农民银行金华支行。农村农民主要采用信用合作社作为农村互助性金融的组织形式。民国19年(1930),县内部分农村开始组织合作社,有县政府建设科分管。民国26年(1937),全县试办11个兼营信用合作社,入社178人,股金每股法币2~5元,后因与保甲制不合而解散。民国29年(1940),依照省政府《浙江省合作事业五年计划大纲》,县政府特设合作事业指导室,由县合作金库支持贷款法币19.48万元,以乡、保为单位,陆续开办43个兼营信用合作社,入社5985人,每股股金法币5~10元。民国31年(1942)因日军入侵而解散。抗日战争胜利后,浙江省政府颁发《浙江省战后合作事业五年计划》,义乌再次开展农村合作组织工作。战后2年余时间,义乌成立乡保兼营信用合作社149个,入社农民1.55万人,股金每股稻谷5公斤。

社会形态发展变化促使商贸领域出现新动向——商品生产。城镇表现为工厂化生产的活跃与近代工业的繁荣;农村则是合作经济的活跃。民国时期,义乌就有稠城镇的龚聚源、陈怡顺、陈平顺、胡义杨、楼荣昌、陈恒茂、震盛,廿三里的金永和等由本地资本开办的食品加工厂的字号,主要经营“三口缸”(酱业、腌制业、酒业)。其中,龚聚源有酱缸160口;陈怡顺鼎盛时每年制酱600缸、酿酒500缸,出产火腿上千只;陈平顺注重自身品牌打造,在县内西门和县前街分设酿造部和发行部,其所产“三伏酱油”顶油曾获民国18年(1929)西湖博览会一等奖,所腌酱菜远销外县。出现与经营传统商品的山货店不同的广货店,广货店以经营日用百货为主,如稠城镇的文光斋、大纶、九新,颇具规模,在商业活动中扮演重要角色。文光斋老店开设于南门街,是稠城第一家主营现代百货,兼营文具、洋布的综合商店,20世纪20年代中期,全国兴起抵制洋货运动,文光斋被迫停业。30年代后期,新文光斋在县前街开张,采用股份制,以“提倡国货”为号召,专营民族工业生产的日用百货和文具,受到民众欢迎,在民国30年(1941)日机大轰炸中被毁。大纶广货店属于近代工商联合企业。九新广货店在湖清门,最初系集资创办,后改为独资经营,店主原在杭州经营百货,经验丰富,九新一度成为在稠城镇仅次于文光斋的第二大百货店。农村合作经济兴起与发展。民国31年(1942)义乌沦陷前,全县农村有乡、保合作社56个。民国35年(1946),全县有农村合作社105个,其中普通合作社92个,专业合作社13个,社员总数7600人(户),股金总额法币1619.9万元。农村合作社并不是简单的生产组织,而是集生产、运销、消费为一体,是农村重要的商业组织形式。民国35年(1946)全县发展的105个合作社中,89个是生产、信用、供销兼营社,3个为消费、生产、运销兼营社,13个为糖蔗生产和运销专营社。民国37年(1948),成立县合作社联社,经营生产、供销、信用、公用、公利等业务。至同年11月底,县联社下属98个合作社,总股金1.35亿元金圆券。至新中国成立(1949年10月)前夕,全县共有乡镇合作社4个,保普通合作社158个,保专营合作社19个,合计181个,社员19762人,合计股金33.9亿元金圆券。

商业中心的转移与发展。佛堂镇地处东阳江流域的南江与北江交汇下游,是东阳、义乌、金华交流的交通枢纽,因其地理位置优越,水运发达,自古为义乌商业重镇，为浙江四大古镇之一。知县杨春畅在乾隆二十八年(1763)7月记述:“距县(义乌)之南三十里有佛堂市镇,其地四方辐辏,服贾牵车,交通邻邑。”清末民初,佛堂为浙中著名商业重镇,店铺林立,种类繁多,有南货店、药店、什货店、布店、饭店、酒店、烟店、钱庄、火腿行、油坊、树行、肉店、茶馆、米店、小木店、盐店、丝线店、碗店、古衣店、皮箱店、裁缝店等各色商店370家。随着中国近代化进程的推进,铁路与公路的发展取代水路的兴盛,到20世纪30年代,稠城逐渐成为全县重要的商贸中心。稠城镇有龚聚源、陈怡顺、陈平顺等一批本地资金开办的酱业、腌制业和酒业商号,有隆顺泰(丝织呢绒)、福建栈(桂圆果脯)、魏立盛(药材)、金日升(鞋帽)、三元斋(文具)、李厚生(绣衣)、沈良贵(锅具)、楼元行(灯笼)、源盛(食盐)等一批外地客商经营的商号,有文光斋、大纶、九新等广货店,有振丰、振盛、裕泰和、陶顺昌、陈振和等一批杂货店。据统计调查,民国18年(1929),义乌全县有7个主要商贸行业,商号68家，年交易额78万银圆。民国20年(1931),全县普通商业营业税收入328.89万元,屠宰营业税收入856.15万元,牙行营业税收入47.86万元，合计1232.9万元。民国25年(1936),商家增至1000余号。民国28年(1939)，全县登记在册药店17家，资本11790元。其中稠城7家,资本5950元;佛堂10家,资本额5840元。民国36年(1947),全县商贸及相关领域有棉、纱、布、糖、油、盐、茶、木、粮食、百货、山货、中药、图书教育等32种行业,各种商店652家,从业人员1000余人，资本总额法币2.34亿元。

传统商贸的延续。火腿。明清时期,义乌就是金华火腿的主要产地,产量巨大。至20世纪20年代，义乌火腿生产空前兴盛。民国18年(1929),全县从事火腿业者300家。民国19年(1930),全县出产火腿量16.2万只,居金华各县第二。20世纪30年代中后期,由于战乱与时局混乱不堪,民国27年(1938)火腿产量降至每年2万只。民国22年(1933),全县有火腿栈5家,分散在乡村的腌户300余户。抗战胜利后，火腿产量逐年回升,至民国36年(1947)已恢复到年产量12万只，佛堂镇有火腿作坊13家,稠城8家。酒业。民国36年（1947)，全县有各种酒坊200余家,土酒产量7599担。其中地方名酒白字酒的生产最为活跃,民国37年(1948)有专门酿制白字酒的商家80余家。红糖业。民国23年(1934),全县有木质糖车380余部。民国34年至民国35年（1945—1946),全县32个乡、2个镇，糖蔗种植面积4.38万亩,红糖产量17.92万担，其中8.06万担在本地销售,8.05万担销往杭州,4800担销往绍兴,2000担销往宁波,3500担销往萧山,2500担销往诸暨,1500担销往嘉兴,3800担销往上海。民国36年(1947),登记在册的糖车经营户518家,年产红糖198.5万斤,平均每家3800余斤。南枣业。民国21年(1932),全县输出南枣100吨；民国27年(1938),南枣和蜜枣产量350吨,民国35年(1946)480吨。

【义乌现代商业】 新中国成立(1949)初,为恢复经济和稳定市场,人民政府对合法私营商业进行扶持与保护,允许民间经营粮食、纱布、食用油、食盐、煤炭、煤油6种有关民生的商品零售业务,准许商人向农村收购、贩运一般土产品,以活跃城乡物资交流。至1953年,全县有私营商业1619户,从业人员2541人,资金总额6389万元。其中坐商630户,从业人员1493人;行商100户，从业人员115人；摊贩889户,从业人员993人。同时,政府兴办国营商业,加强对商业活动的引导。1950年,中国百货公司金华分公司义乌办事处在稠城开业,是义乌第一家国营商业企业。1952年2月,中国土产公司义乌支公司成立,之后相继成立中国花纱布公司经营组、中国盐业公司义乌推销组和中国百货公司义乌红糖收购组、中国专卖事业公司义乌批发部等国营商企。1956年,国家完成新民主主义向社会主义过渡。同年2月,义乌全面开展对私营商业的社会主义改造。至10月底,通过多种形式改造私商1201户1801人,占全县商业总户数的80.9%。1959年,糖果、照相、理发、鞋革等9个行业划归商业部门管理,继续进行改造。同年底,全县商业、饮食业和服务业共有368

家，门市部和摊位983个，从业人员1781人，其中个体和私营商业只剩2家、84个、91人，基本完成商业领域社会主义改造，形成以国营和集体企业为主体的商业体系。1958年，全县撤销所有专业公司，在商业局下分设工业品、副食品、生产资料、土产废品4个经理部，成为政企合一的管理组织。1961年，根据中共中央《关于改进商业工作的若干规定（试行草案）》，相继恢复建立百货、烟酒等专业公司，实行上级部门与县商业局双重领导制度。1968年10月，撤销县商业局，由县革委会生产指挥组财贸办公室代行管理职能。1971年7月，原县商业局、工商局、县供销社合并组成新的商业局。至1980年，全县从事商业、服务业等行业职工有3232人，全年社会商品零售额9054万元，较1952年增加22倍。

作为闻名海内外的义乌小商品市场的起源，义东人民敲糖换鸡毛的商业活动一直存续。义东廿三里一带土地贫瘠，农民虽然努力种田，但没有肥料肥田，土地仍不高产。20世纪50年代初开始，县人民政府就关心农民敲糖换鸡毛活动。1953年10月，县人民政府工商科就发放盖有县长红士印章的敲糖换鸡毛的营业许可证。1956年4月，县农产品采购局向廿三里、苏溪等5个采购站发出通知，要求组织小商小贩收集鸡毛。当年就与570余位敲糖农民签订收购2500千克羽毛的合同，全年收购羽毛、猪鬃料毛4500余千克。同年底，全县完成社会主义三大改造。国营和公私合营的新商业机构控制社会商业渠道，敲糖农民购买小百货活动处境日渐艰难，鸡毛换糖被视作异端，遭到限制。同年11月底，1位国营商业机构负责人在有关部门《为小百货对敲糖农民开展批发的公函》上批示："在冬春季节予以小额批发，春耕开始即停止，仍只限于小百货。"其正式函复却明确规定："敲糖农民必须以物换物，不得通过货币买卖交易，不得变相转换为商人；给予批发优待的小百货系指敲糖农民有经营习惯的零星细碎的商品，如针、线、发卡、扣子等，以往没有经营过的商品，卖钱额较大的商品不得给予批发；给予批发优待的时间只限于每年的冬季和第二年的春季，其他时间不得给予批发。"但这并不能阻挡敲糖人的脚步，以敲糖农民换取的鸡毛为原料的廿三里羽毛厂越办越红火，一度全厂职工达500余名，年产值40余万元。1963年12月，成立半年的县工商行政管理局向义东区各公社和联合、苏溪、新新、福田公社发出《生产队集体外出以小百货换取鸡毛什（杂）肥的通知》，并首次办理上千份小百货换取鸡毛什肥临时许可证。1966年10月14日，县工商局又向县人民委员会递交报告，要求继续组织部分公社社员外出敲糖。同年12月，县工商局再次向敲糖帮发放敲糖换鸡毛许可证。"文化大革命"十年间，虽然时境愈艰，但敲糖活动仍奇迹般延续，全县外出敲糖一年最多达7000余担。1978年12月，中共的十一届三中全会召开后，改革开放的春风吹遍神州大地。义乌敲糖帮发展迎来黄金期。1979年3月24日，中共义乌县委办公室秘书杨守春在《浙江日报》上发表《"鸡毛换糖"的拨浪鼓又响了》文章，拉开新时代序幕。1980年，县工商局制定下发〔1980〕43号《关于颁发小百货敲糖换取鸡毛什肥临时许可证的通知》。11月20日起，县工商局当年发放此证件7000余份。虽然此时义东各区、社敲糖帮和廿三里小百货市场的生意风生水起，但是敲糖帮在小百货市场的交易依然违反当时个体不得从事批量购销的明文规定。一次，廿三里区、社领导在《内参》上看到一篇河北省辛集县发展集市贸易的文章，文章说那里农民贫穷，通过组织和引导办市场，经济得以快速发展，人民生活得到改善。他山之石，可以攻玉。廿三里有成百上千的敲糖帮，有上百年的经商传统，有经营小百货的丰富经验和迫切要求，有市场雏形，因此廿三里拥有开办市场得天独厚的条件。在区、社党委参与前，廿三里小百货市场先后换过三个地点：1979年前，在盘溪桥头一带，即廿三里旧街上街头至桥头那些地方；1979年，人多起来后，移到当时的"廿三里裁缝店"（1个集体单位）弄堂里；1980年，又发展到廿三里供销社门前空地上和公路两旁。流动市场缺点明显，为市场找块固定场地刻不容缓。1981年上半年，义东区委领导找到廿三里大队主要干部商议，并和第二生产大队协商，租来一块靠公路边的晒场(前店村门堂)，用木头、木板搭起200余个摊位，由区工商所实施管理，收取每人每天1元管理费，由税务所收取每人每月30元的定额税收。至此，全县第一个由当地政府参与管理的义乌最早小百货市场——廿三里小百货市场应运而生，并为义乌小商品市场创建作先行。

据市档案馆存档的1982年县工商局和城阳工商所资料记载："1979年年初，义东区廿三里等公社和福田公社的十几副货郎担在县前街歇担摆地摊，出售小玩具和针头线脑等家庭小百货和家庭工副业产品，一天营业收入远比走村串巷合算。随着中共十一届三中全会以来方针政策开始贯彻，社队企业和家庭工副业的发展，仅半年多时间就发展到200余户。经营方式由零售转为批量销售。"由于"左"的影响未清，当时市场并未被正式认可，并且市场发展过于迅速阻碍交通，工商部门人员对市场采取劝、堵、赶的措施。直至1981年4月，在县前街五金公司大楼动工之际，工商部门为一并解决交通堵塞问题，就把县前街市场移到北门街北面路段两旁，默认北门街小商品马路市场，有选择发放经营许可证，进行维护秩序和收税管理，至本年12月底，批准200余个小百货个体经营户。但同样，由于市场发展过于迅速，短短几个月时间，小百货市场经营人员增加1倍，经营种类扩大，市场达到饱和，并向湖清门方向延伸，造成环境卫生破坏、市容市貌不佳、治安偷盗等问题。诸多问题让许多人对于市场是否办下去产生疑问与质疑。义乌县政府于1982年3月9日、26日和7月13日召开县长办公会议，县委也在6月23日召开常委会议，专门研究市场整顿问题。县委会上，新任县委书记谢高华发表自己对市场管理问题的看法。他说："要看到商业工作新问题、新情况……义乌市场是个很好的市场，很有发展前途(其间某某插话：农民经商太多！)。某某，你这个看法我还不太苟同。义乌市场条件：一是交通条件，义乌做生意比衢县强，我很感兴趣。那些不正当的东西，要慢慢扭，有个引导问题，从我们义乌的实际出发，我考虑商业、农业都可以搞。……我们要发挥我们的优势，对工农业影响很大，积极支农，很好。市场管理问题，我的看法是一大优势。要想法发挥。也有搞投机倒把，允许他什么？反对他什么，要搞清楚，不能把搞活的经济搞得死死的。中央的政策是搞活经济，长期不变。前几天在义东，我听到这个东西，我就宣传这个观点。义东农业并不错，也搞好农业，又搞好商业。我看这个市场就很好……义乌财贸，大有前途。"县委会最后决定认可市场存在，并成立稠城镇市场整顿领导小组。整顿后的市场发展速度惊人。开业初的湖清门市场就有来自甘肃、宁夏、黑龙江、陕西、湖北、山东、安徽、江西等省客商前来采购，货源除本地外来自河北、江苏、福建、上海、天津、广东等10余个省市，摊位爆满。据义乌县广播站报道，截至1982年9月23日，湖清门市场内有营业许可证的个体商贩200户，加上持临时许可证和拎篮买工副业品的共有600余人。据城阳区资料记载：至1982年年底，市场每市日有商贩货位700余个，商贩800余人，参加购销交易人数3000余人，多时5000余人。1983年年底，市场商贩货位增至1050个，每市参加购销人数少则5000，多则近万，全年成交额700余万元，4000余平方米的湖清门市场已经不能满足经营需要，经营者自带门板、搭棚构架，摊位向新马路两端延伸。1983年4月，县工商局向县政府递交《关于建造稠城镇小商品市场的请示报告》。1984年3月15日，县工商局干部再次向县委递交建言报告《建议中共义乌县委采取强有力措施，迅速建成规模巨大的小商品专业市场》。同年4月4日和7日，县工商局领导又2次向县政府递交《关于要求建造稠城镇小商品室内市场的请示报告》。5月6日，县政府发出义政〔1984〕86号文件，同意《关于要求建造稠城小商品室内市场的请示报告》，由县工商局负责筹建。12月，投资57万元，占地1.3万平方米的新马路室内小商品市场开业，有固定摊位1800个。1985年，市场成交额5000余万元。此市场开业不久，就有大批经营者入场经营，摊位迅速饱和，远不能满足需要。1985年11月，投资440万元的城中路市场动工兴建。1986年11月，城中路市场竣工开业。市场占地4.4万平方米，摊位4100个。市场内建有管理服务大楼，之后市场扩建，1990年年底，市场占地7.7万平方米，摊位10500个，为当时全国最大小商品批发市场。1991年市场成交额10.1亿元，较1985年增长20倍。虽然城中路市场多次扩建，但仍供不应求，市场需求量远远大于现有市场摊位量，市政府决定扩建市场。

1991年1月，投资3500万元，占地4.3万平方米的篁园市场动工新建，1992年2月，篁园市场一期工程竣工投入使用，义乌小商品市场至此进入全面开拓阶段。同年3月2日，在国家工商行政管理局举行的全国十大专业集贸市场新闻发布会上，浙江义乌小商品市场位居榜首。5月，篁园市场开业，全国50余个大中城市市长170余人齐聚义乌，探讨市长抓市场的问题。8月，义乌市得到中央批复，浙江义乌小商品市场更名为浙江省义乌市中国小商品城，义乌小商品市场成为国字号市场。至1992年12月底，省内有706批15000余人次，外省外宾835批6800余人次考察访问义乌。是年，在全国70000余个集贸市场中，义乌小商品市场面积最大，10余万平方米；客流量最大，15万余人次；成交额最大，10.25亿元；摊位数量最多，1.5万个；入场经营业主最多，3万余人。即使当时义乌小商品市场是全国最大的集贸市场，仍然不能满足市场的需求。1993年6月6日，篁园市场二期开工建设。1994年7月，工程竣工投入使用，同年10月28日开业。同年11月19日，中国小商品城股份有限公司成立，同时，市委、市政府提出在宾王小区兴建由副食品市场、纺织品市场、服装市场等专业市场构成的综合性市场群，占地300亩，由小商品城股份有限公司投资兴建。12月，投资4.2亿元，建筑面积28万平方米的宾王市场动工兴建，次年11月竣工投入使用，12月开业。彼时，义乌整个小商品城共占地46万平方米，经营商位3.2万个，是当时全国最大，档次最高的室内商品批发市场。2001年11月10日，中国加入WTO（世界贸易组织)，中国发展迎来重大机遇与挑战。义乌市委、市政府抓住机会，迎接挑战，从“买全国、卖全国”向“买全球、卖全球”发展转型，决定在义乌建设大型的现代化商场式市场。2001年10月，国际商贸城一期工程动工兴建，2002年10月22日，一期市场投入运营；2004年10月，二期市场一阶段(一区)投入运营；2007年义乌市场开始探索进口商品馆建设；2008年10月，四阶段(四区)投入运营；同时，篁园市场改造成服装市场投入使用。至此，整个中国小商品城营业面积470余万平方米，商位数7万余个，义乌市场规模连续多年位居全国榜首，逐步实现向世界超市的转变。

1995年5月18—22日，由浙江省工商行政管理局、义乌市人民政府主办，中国小商品城股份有限公司、义乌工商行政管理局承办的中国小商品城名优新小商品博览会举办，是义乌市第一个现代商业展览会，开创集贸市场举行大型博览会全国之先河。1996年10月8—12日，第二届中国小商品博览会举办，展览面积2万平方米，采取国际标准展具，分设港台馆、百货馆、服装馆、副食馆、地方馆，开始向全国展会迈进。2002年，中国小商品博览会更名为中国义乌国际小商品博览会。在同年10月22—26日举办的第八届中国义乌国际小商品博览会上，有来自全国30个省(市、区)，包括中国香港、中国台湾，以及美国、韩国、日本、澳大利亚等27个国家和地区的1026家企业参展，其中境外企业150多家。至2016年12月，共举办“义博会”22届。

电子商务市场的发展。义乌依托小商品市场，对于发展电子商务拥有天然优势。2008年年底，义乌工商职业技术学院在全国率先成立“创业学院”招收在校生30人，成功实现电子商务创业。2012年，在校1800余名学生投身创业活动，年收入3500万元。义乌工商职业技术学院被人称为“淘宝大学”。青岩刘村2005年实现旧村改造，2008年以前，青岩刘村仅有120家淘宝卖家，到2009年超过800家，2010年发展至2000家，首次出现销售额以“亿”元计算的个体店家，全村电商销售额达到20亿元。2013年12月，青岩刘村被中国社科院、阿里研究中心授予“中国淘宝村”称号。《青岩刘模式电子商务发展白皮书(2016)》数据显示：义乌青岩刘村有 2.5 万余名电商从业者、3200 余家网店集聚,2015 年全村的销售额达到 45 亿元。

2012 年,全市电子商务贸易额首次超过 500 亿元，达到 520 亿元。6 月底,概算投资 80.84 亿元的义乌国际电子商务城项目启动。6 月 8—10 日,2012 中国义乌电子商务及网络商品博览会在义乌国际博览中心举行,展览面积 2 万平方米,境内外参展企业 452 家，展会实现成交额 6.26 亿元。12 月 14 日,义乌市快递总量跃居全国大中城市第六位,排在上海、北京、广州、深圳、杭州之后。2013 年,全市电子商务贸易额 856 亿元。2 月 26 日,举行义乌市首届电子商务技能大赛。6 月 8 日，举行义乌市电子商务创业大赛。6 月 17 日,义乌市入围浙江省商务厅公布的“省级首批电子商务示范县(市、区)”。2014 年,全市电子商务交易额超过 1000 亿元，达到 1153 亿元。2015 年,全市实现电子商务交易 1511 亿元。同年 4 月 11—12 日,首届世界微商大会在义乌广播电视中心演播厅举行,1000 人参加会议。10 月 12 日,国家统计局批复同意在义乌开展县域电子商务大数据应用统计试点工作,义乌成为全国首个开展改革试点的城市。2016 年,全市电子商务实现交易额 1770 亿元,同比增长 17.14%。其中,内贸零售交易额 980 亿元,同比增长 33.7%，占全省内贸零售交易额的 10%。5 月 24 日,省政府下发《关于设立浙江(义乌)跨境电子商务创新发展示范区的复函》,正式批复同意设立浙江(义乌)跨境电子商务创新发展示范区。同月,阿里研究院发布《2015 年中国县域电子商务报告》和 2015 年中国电子商务百佳县榜单。继 2013 年、2014 年连续名列中国电商百佳县榜首之后,义乌再次夺魁,实现“三连冠”。6 月 17 日,省商务厅、省财政厅下发《关于在义乌市等 10 个县（市、区)开展产业集群跨境电子商务发展试点的通知》，义乌市获批开展义乌市小商品产业集群跨境电商发展试点。10 月,阿里研究院发布《2016 年中国淘宝村名单》,义乌以 65 个淘宝村的数量排名全国第一,其中江东街道以 30 个淘宝村的数量位居全国淘宝镇第一。截至 2016 年,全市有淘宝活跃卖家 10.5 万家,占全国总量的 1.1%；天猫活跃店铺 3500 家,占全国总量的 3%;诚信通会员 3.1 万家,占全国总量的 4.5%;速卖通注册卖家 3.6 万家,亚马逊注册卖家 6000 家,eBay 卖家 3.5 万家。

2006 年 6 月 8 日,在义乌城西街道横塘村召开的“如何学习义乌发展经验”座谈会上,时任浙江省委书记的习近平称赞义乌的发展是过硬的,是“无中生有”的发展、“点石成金”的发展。同年 6 月 19 日,《光明日报》发表《解放思想,创新再创新——解读“义乌现象”的精神内核之一》一文。7 月 10 日起,新华社、中央电视台、中央广播电视台、《人民日报》《经济日报》《工人日报》等 8 家中央主要媒体集中连续报道义乌,在全国产生巨大影响。2013 年 9 月 7 日,国家主席习近平在哈萨克斯坦纳扎尔巴耶夫大学发表题为《弘扬人民友谊　共创美好未来》的重要演讲，倡议用创新的合作模式,共同建设“丝绸之路经济带”。义乌作为全球最大的小商品集散中心,毫无疑问成为丝绸之路经济带的重要起点之一。同年 4 月 18 日,商务部、发展改革委员会、财政部、海关总署、税务总局、工商总局、质检总局、国家外汇局联合发文致函浙江省人民政府,同意在义乌市试行市场采购贸易方式。5 月 1 日，联合国亚洲及太平洋经济社会委员会第 69 届年会上,同意义乌成为我国首批陆港城市。10 月 25 日,“义乌—北仑”集装箱专线 81942 次从铁路义乌西站出发到达北仑港口,直接装船离境,实现义乌与宁波海铁联运,成为中国东部一条重要国际集装箱专列。2014 年 1 月 20 日,81018 号 “义新欧”(义乌—中亚五国)国际集装箱专列首发,义乌成为“新丝绸之路”的起点,义乌直达中亚的国际铁路联运物流大通道基本建成。7 月 31 日,国务院正式批复同意义乌机场作为航空口岸对外开放。9 月 26 日，中国国家主席习近平在会见来访的西班牙首相拉霍伊时说,当前,中欧货运班列发展势头良好,“义新欧”铁路计划从浙江义乌出发,抵达终点马德里。11 月 18 日,首趟“义新欧”中欧班列从义乌鸣笛出发,途经哈萨克斯坦、俄罗斯、白俄罗斯、波兰、德国、法国、西班牙7个亚欧国家，于12月9日抵达西班牙马德里，这是中国小商品首次通过铁路方式运抵西班牙。2015年12月4日，国家主席习近平在约翰内斯堡出席中非领导人与工商界代表高层对话会暨第五届中非企业家大会闭幕式并发表题为《携手共进，谱写中非合作新篇章》的重要讲话。习近平在讲话中提到，在我曾经工作过的浙江省，有个小城叫义乌，号称世界“小商品之都”，现在有几千名非洲商人常驻那里，从事中非贸易。12月22日，国家口岸管理办公室发出〔2015〕3号文，同意将义乌铁路西站设为国家临时对外开放口岸，义乌铁路西站成为浙江省唯一的内陆铁路口岸。义乌国际邮件互换局12月31日竣工运行。2016年1月28日，“义乌—德黑兰”首趟国际货运班列从铁路义乌西站发车。3月14日，义乌市政府与西班牙阿拉贡自治区签署“义新欧”战略合作协议。8月13日，运载着100个标箱出口小商品的首趟中欧班列（义乌—俄罗斯）鸣笛开行。8月28日，“义乌—阿富汗”班列从铁路义乌西站首发启程，驶往阿富汗马扎里沙里夫。12月31日，首列中欧班列（义乌—伦敦）从义乌发车。至2016年12月31日，“义新欧”班列运行100余列。

1982—2016年义乌“中国小商品城”市场发展概况一览表

表1

年份	商位数（个）	营业面积（万平方米）	年成交额（亿元）	成交额同比增长
1982	705	0.425	0.0392	—
1983	1050	0.425	0.1444	—
1984	1870	0.425	0.2321	—
1985	2817	1.36	0.6190	—
1986	5483	4.3	1.0029	—
1987	5600	4.3	2.0	—
1988	6137	5.2	2.65	—
1989	7997	5.6	3.90	—
1990	10500	5.6	6.06	—
1991	13910	5.6	10.33	较1985年+15.7倍
1992	13910	10.3	20.54	+99%
1993	13910	10.3	45.20	+120%
1994	22731	22.8	102.12	+126%
1995	25747	51.5	152.07	+48.9%
1996	24069	51.5	184.68	+21.4%
1997	23023	51.5	145.12	—
1998	22923	51.5	153.40	+5.7%
1999	24350	51.5	175.35	+14.33%
2000	25915	52.0	192.99	+10.0%
2001	25915	52.0	211.97	+0.98%
2002	31000	91.0	229.98	+8.2%
2003	33784	91.7	248.27	+7.4%

续表 1

年份	商位数(个)	营业面积(万平方米)	年成交额(亿元)	成交额同比增长
2004	31137	133.8	266.87	+7.5%
2005	40668	179.77	288.50	+8.1%
2006	36517	179.77	315.03	+9.2%
2007	36683	179.77	348.37	+10.6%
2008	43783	272.40	381.81	+9.6%
2009	43063	400	411.60	+7.8%
2010	44206	400	456.06	+10.8%
2011	52382	470	515.12	+12.95%
2012	70000	470	580.03	+12.6%
2013	75000	550	683.02	+17.8%
2014	75000	550	857.16	+25.5%
2015	75000	550	982.21	+14.59%
2016	75000	550	1105.79	+12.58%

2001—2016 年义乌市会展业发展情况一览表

表 2

年份	举办展数(个)	展览面积(万平方米)	参展商数(万人次)	采购观展人数(万人次)	成交额(亿元)
2001	12	4.65	—	—	—
2002	12	4.65	—	—	—
2003	14	6.0	—	—	—
2004	23	7.0	—	—	—
2005	26	0.7	—	—	—
2006	19	23.7	0.54	37.1	130.4
2007	24	36.9	0.68	50.4	165.7
2008	42	45.7	0.89	65.9	171.2
2009	66	51.1	1.05	85.3	214.8
2010	71	62.6	1.23	91.9	271.43
2011	70	63.59	1.27	113.99	327.22
2012	68	62.19	1.25	114.48	347.13
2013	70	76.84	1.30	131.73	578.67
2014	87	76.31	1.34	143.24	397.2
2015	77	74.58	1.27	154.95	360.53
2016	93	90.18	1.49	151.53	389.33

（陈子华）

国际贸易综合改革试点

【概况】 2016年,义乌市国际贸易综合改革试点完成第二个三年实施计划,启动编制新一轮改革实施计划,改革红利持续释放。实现出口额2201.6亿元,同比增长4.74%,增速高出全国6.74个百分点、高出全省1.74个百分点,份额占全省1/8、全国1/62。年内,新获批现代物流创新发展城市试点、"智慧医保"综合标准化试点2项国家级试点和服务业强县试点、跨境电商创新发展示范区、产业集群跨境电商发展试点3项省级试点,完成国内贸易流通体制改革发展综合试点,改革试验田的示范作用日益凸显。国际贸易的重点领域和关键环节取得突破,在完善市场采购贸易方式、发展电子商务、培育进口市场、拓展中欧班列(义乌)平台功能、建设国际陆港城市等方面取得显著成效,成为国家对外经贸交流合作新门户。

【改革专题会议】 1月11日,义乌市委召开全面深化改革领导小组第六次会议,专题研究义乌农村宅基地制度改革试点工作相关政策制度。4月6日,义乌市委召开全面深化改革领导小组第七次会议,审议通过市委全面深化改革领导小组2016年工作要点、各专项小组工作计划。5月6日,义乌市委召开全面深化改革领导小组第八次会议,听取新型城镇化综合试点(包括户籍管理制度改革)、基础设施投融资体制改革、农村宅基地制度改革试点、农村"三位一体"改革、新社区集聚建设等工作情况汇报。同月14日,义乌市政府召开第八十三次常务会议,研究并原则通过促进进口贸易发展十大举措、《2016年金融系统支持地方经济发展考核办法》等议题。6月27日,义乌市委召开市委常委(扩大)会议,传达学习副省长梁黎明在义乌调研外向型经济发展时的讲话精神,专题研究促进市场持续繁荣发展工作。8月2日,市委书记盛秋平主持召开国际贸易改革推进会。指出义乌市国际贸易综合改革试点进入攻坚期和深水区,要扎实推进"深化改革大攻坚",全力打通改革落地"最后一公里",推动各项改革落地生根。9月5日,义乌市委召开全面深化改革领导小组第九次会议,审议农村宅基地制度改革相关政策细则,听取农村"三位一体"改革、创建国家社会信用体系建设示范城市等情况汇报。同月6日,市委书记盛秋平主持召开专题会议,研究部署市场创新发展相关工作。10月13日,义乌市委召开全面深化改革领导小组第十次会议,专题审议《义乌市农村土地制度改革试点实施方案》。11月13日,市委书记盛秋平主持召开市场创新发展委员会第一次全体会议,听取市场发展各有关工作汇报,安排部署推进市场创新发展工作任务。

【创新发展"义新欧"中欧班列】 创新班列业务模式,义乌市天盟实业投资有限公司与德国西门子公司、敦豪全球货运(中国)有限公司、西班牙ZARA公司等国际知名企业建立战略合作;与DHL、义乌邮政公司就开展国际快件业务开展对接。1—10月,先后开行义乌至伊朗、俄罗斯、阿富汗、拉脱维亚、白俄罗斯、英国等8条线路的班列。西班牙当地时间3月14日,义乌市人民政府与西班牙阿拉贡自治区签署"义新欧"战略合作协议。同月15日,推动设立义乌西班牙交流基金会,开展多方合作。6月8日,中欧班列统一品牌正式启用,"义新欧"班列被纳入全国8条中欧班列统一品牌线路,实现双向常态化运行。开往马德里班列去程每周2趟,返程每月1趟。"义新欧"中欧班列全年共往返运行101次,发送标箱8178个。

【发展进口贸易】 4月1日,国际贸易综合改革专项小组办公室出台《义乌市关于支持外贸综合服务企业发展的意见》,鼓励发展义乌进口贸易综合服务企业。5月27日,义乌市政府出台《促进进口贸易发展十项举措》,加快培育发展进口贸易。7月9日,义乌市政府出台《进口产业政府增信基金实施方案(试行)》。同月25日,义乌市政府出台《促进保税物流中心发展意见(试行)》,保税业务实现快速增长,全年完成进出口总额5亿美元,同比增长93%。11月,完成首笔进口开证业务(开证主体是尚百居进出口有限公司），建设银行发放 22 万美元资金，拓宽进口企业的融资渠道。开展 10 万进口贸易人才培训工作，全年培训 3.2 万人次。

【推动线上线下融合发展】 4 月 1 日，在义乌开元名都酒店举办“聚焦跨境电商，连接全球市场”为主题的“2016 中国(义乌)跨境电子商务高峰论坛”，行业精英组织、商界领袖、专家学者等 1000 余人参加。同月 11 日，在义乌幸福湖国际会议中心举办以“融合发展、连接世界”为主题的 2016 中国(义乌)世界电子商务大会。义乌电子商务发展指数在 2016 世界电子商务大会上正式对外发布，成为全球首个全面度量区域电子商务发展动态的月度指数。11—13 日，在义乌国际博览中心举办 2016 中国国际电子商务博览会，博览会有来自国内外 1185 家企业参展，设国际标准展位 2551 个，展览面积 5 万平方米，吸引 27 个国家和地区 196 个组团 11.66 万人次参观，同比增长 15.08%，现场达成合作意向 4.34 万个，增长 13.6%。同期举办电子商务人才节、青岩刘众创梦想秀、第二届世界微商大会、中国电子商务创新规范发展高峰会、首届农特电商发展高峰论坛等 20 项特色活动。5 月 20 日，获浙江省人民政府批准建设浙江(义乌)跨境电子商务创新发展示范区，开展浙江省小商品产业集群跨境电子商务发展试点，开展省级跨境电子商务公共海外仓试点，8 家海外仓获批试点。同月25 日，阿里研究院发布“2015 年中国‘电商百佳县’榜单”，义乌卫冕榜首。9 月，电子商务公共服务平台(创业地图)上线。10 月 11 日，中国网络零售指数发布暨义乌快递数据实时分析系统(全国首个县域快递数据实时分析系统)上线。11 月 18 日起，义乌市政府先后出台《关于加快跨境电子商务创新发展示范区建设的若干意见》《义乌市陆港电商小镇招商实施细则(试行)》。年内，围绕跨境电商、农特电商、微商、诚信网商等主题，举办电商沙龙 40 场，对接会 10 场，2016 全球速卖通助力中国品牌出海大会等规模超千人的论坛 4 场，参会人员共计 6 万人次。

推进农村电子商务发展。9 月 30 日，义乌市委出台《关于加快农村电子商务发展的若干意见(试行)》。10 月 10 日，义乌市委出台《义乌市农村电子商务工作实施方案》。11 月 9 日，义乌在青岩刘村网商服务中心召开农村电子商务工作推进会，部署下一步农村电子商务工作的重点，120 人参加会议。会上，义乌市人民政府与京东集团签署战略合作协议，争取在 4 年内完成 1 个市级电子商务服务中心和 200 个村级合作点的建设，同时，双方将共同建设线上线下融合的京东义乌特产馆。

【扩大对外开放】 4 月 29 日，铁路口岸一期工程通过竣工验收。5 月 16 日，义乌市政府与格鲁吉亚国家工商会签订战略合作协议，格鲁吉亚红酒中国仓落地保税物流中心。7 月 8 日，国家质检总局回函浙江省政府，同意在义乌铁路西站筹建进口肉类指定查验场。8 月 16 日，义乌铁路西站获批作为临时口岸继续对外开放。11 月 14 日，2016 中国(义乌)丝绸之路经济带城市国际论坛在义乌举行。论坛以“促进互联互通、共建贸易繁荣”为主题，吸引来自 30 余个国家和地区 400 余名中外政要、驻华使节、商界领袖和专家学者参加论坛活动，共同探讨丝绸之路经济带上的国际贸易支点城市合作与发展等话题，并通过《“一带一路”义乌倡议》《关于支持义乌经贸发展的声明》《16 所中外大学与义乌合作培养国际化人才共同声明》3 个成果文件。同月 16 日，义乌铁路口岸新海关监管场所启用，铁路口岸一期正式投入运行；同日，义乌海关驻机场办事处挂牌成立，为航空货运乃至国际快件等业务的开展打下基础。

【国家、省级领导到义乌视察调研】 5 月 26 日，中央改革办专职副主任陈一新到义乌，就改革发展、国资国企改革等工作进行调研。6 月 2 日，国土资源部副部长王广华率队到义乌调研国土资源工作，重点就不动产统一登记、农村宅基地制度改革、土地资源节约集约等进行考察指导。同月 23 日，浙江省副省长梁黎明率省级相关部门负责人，到义乌调研外向型经济发展。7 月 28 日，浙江省委书记、浙江省人大常委会主任夏宝龙到义乌铁路口岸、国际商贸城等地调研。指出义乌要打造世界“小商品之都”，在小商品上有足够的市场份额、定价权和话语权，成为全球小商品贸易的集散地、小商品创意设计研发的热土地、中高品质小商品制造商和电商的集聚地。11月2—3日，浙江省委政研室（改革办）副主任沈素芹率商务部研究院、省发展规划院等课题组成员，到义乌开展国际贸易综合改革试点评估调研，深入各大市场和各大平台实地调研，并召开机关部门、开放平台、外贸主体等系列座谈会。同月10日，浙江省副省长梁黎明率省级相关部门负责人，到义乌调研外贸工作。提出要深化国际贸易综合改革，扩大对外开放，搭建外贸新平台，构筑外贸新优势，推动外贸持续、健康、稳定增长。

【完善市场采购贸易制度】 继江苏海门叠石桥国际家纺城、浙江海宁皮革城之后，5月，国务院将义乌市国际贸易综合改革试点成果——市场采购贸易方式推广到江苏常熟服装城、广东广州花都皮革皮具市场、山东临沂商城工程物资市场、湖北武汉汉口北国际商品交易中心、河北白沟箱包市场5个市场。6月20日，国家发改委召集相关部委召开义乌市国际贸易综合改革试点首次部际联席会议。11月7日，由八部委联合下发《关于进一步深化浙江省义乌市国际贸易综合改革试点工作的通知》，同意在义乌试点推进增加市场采购交易信息确认主体、优化市场采购管理流程、完善中欧班列（义乌—马德里）配套政策、推进义乌市现代物流创新发展城市试点工作、建立国际贸易综合信息服务平台5项新的改革举措。年内，市场采购贸易联网信息平台二期项目建设工作取得进展，个人贸易外汇管理系统试运行，二期项目通过初步验收。海关、检验检疫、国税、外汇等部门采取便利化的监管政策，小商品出口通关无纸化率逾99%，全年机检查验率90%，60%以上出口商品得到快速放行，80%以上出口商品办单周期由1～2天缩短至1小时以内，小额小批量商品实行自动审单、快速签发通关单，通关效率明显提高。2016年，市场采购贸易出口1851.21亿元，占全市出口比重84.08%，同比增长5.03%，成为义乌市场小商品出口的主要通道。

（楼海虹）

义乌在全国百强县市中排名

为客观衡量中国县域社会经济综合发展、协调发展、可持续发展的状况，国家统计局连续多年根据全国2000余个县域的社会经济统计资料，从发展水平、发展活力、发展潜力3个方面对县域的社会经济综合发展进行测算。2004—2005年，国家统计局组织过2次评估，其后终止。

2004—2005年度全国百强县（市）社会经济综合发展指数测评结果（义乌）表

表3

时间	县名	位次	综合指数	发展水平	发展活力	发展潜力
2004	义乌	15	80.77	85.18	86.5	57.58
2005	义乌	12	87.49	93.67	86.46	60.89

从2000年起，北京中郡经济发展研究所连续16年对县域经济进行研究并发布报告，评出当年全国基本竞争力百强县。此评价采用县域经济的综合性、可比性、客观可行性的基本数据进行评价，评价结果基本上反映出县域经济的竞争力。

2001—2016 年中国县域经济基本竞争力百强县(市)表

表 4

时间	届数	义乌排名	竞争力等级	时间	届数	义乌排名	竞争力等级
2001	第一届	30	A	2009	第九届	8	A
2002	第二届	23	A	2010	第十届	8	A+
2003	第三届	17	A	2011	第 11 届	8	A+
2004	第四届	16	A	2012	第 12 届	7	A+
2005	第五届	12	A	2013	第 13 届	8	A+
2006	第六届	10	A	2014	第 14 届	8	A+
2007	第七届	8	A	2015	第 15 届	9	A+
2008	第八届	8	A	2016	第 16 届	9	A+

中国中小城市百强县市(简称全国综合实力百强县市)是中小城市经济发展委员会、中小城市发展战略研究院协同中国社会科学院城市发展与环境研究所等智库机构共同打造的中国中小城市发展指数研究系统工程的重要组成部分。全国综合实力百强县市评价指标从经济发展、社会进步、环境友好和政府效率 4 个方面进行评价,研究数据来源于各省市区统计年鉴、各县市统计资料、各县市统计公报、各县市统计部门提供的其他数据等官方渠道。

2008—2016 年度中国中小城市综合实力百强县市表

表 5

时间	义乌排名	时间	义乌排名	时间	义乌排名
2008	8	2011	—	2014	9
2009	12	2012	12	2015	12
2010	8	2013	11	2016	12

(陈子华)

义乌·中国小商品指数

2016年，义乌市场景气指数前三季度运行在上年均线下方，9月份达到年度低位，四季度发力上扬，突破2015年度均线。从市场监测和抽样调查的指标来看，一方面效益指数、成交额、盈利面、货运量等指标现企稳信号；另一方面市场资金流总量减少、品牌支撑薄弱、议价能力弱等压力长期存在。2016年是国际宏观环境震荡较为频繁的一年，众多政治经济大事件均在不同层面影响着义乌市场的行情走势，全年运行上调下走的波动较大，商户对下一年行情的观望气氛依然浓厚，但四季度增长的经营数据对市场信心有所提振，在投资与经营方面有相对积极地调整预期。

据义乌指数监测显示，2016年，景气指数全年平均值为1129.97点，同比下降0.77%。景气指数运行振幅较大，单月最大振幅达81.96个点，具体看，上半年呈M型走势，属持压运行，整个运行面低于上年同期，至9月到达全年底部，10月开始反弹，走出一波锯齿型攀升态势，连续3个月占据2013年以来高点。价格指数低位走稳，月价格指数全年平均值为100.04点，同比上涨0.05%，与上年均线接近重合。

从二级类别指标看，规模指数均值为847.85点，同比下调2.32%，交易额指数、交易量指数、人气指数等三级指标均有不同程度下跌，下跌幅度分别为2.96%、3.09%、0.43%，品种扩张度指数同比上涨1.18%。与上年相比，行业成交额占比上升的有工艺品类、五金及电料类、电子电器类、辅料和包装类、针纺织品类、玩具类六大类，成交额占比之和为38.9%；服装服饰类、日用品类、首饰类、鞋类、箱包类、文化办公用品类、体育娱乐用品类、护理及美容用品类、钟表眼镜类九大类同比下跌，成交额占比之和为61.1%。

（义乌指数编制办公室供稿）

义乌市场信用指数

【综合指数概况】 2016年义乌市场信用综合指数（YMCI）波动幅度较大，年初和年中波动表现尤其明显，最终YMCI从年初的157.63辗转前进至年末的172.34，增幅9.34%。

【综合指数预警监测状况】 根据YMCI波动预警子系统的监测，2016年市场信用综合指数的变化特征总体呈现“降多升少”的格局，最终年末以高于年初的终值收尾。其中：变动幅度处于“N”状态（即波动处于“−5%～5%”之间）的，有7个月，占58.33%；处于B状态（即波动处于“≥5%”）的，有2个月，占16.67%；处于W状态（即波动处于“＜−5%”）的，有3个月，占25%。

根据YMCI五色灯预警子系统的监测，2016全年市场信用综合指数均为绿色灯标志，表现为义乌市场信用状况一直处于

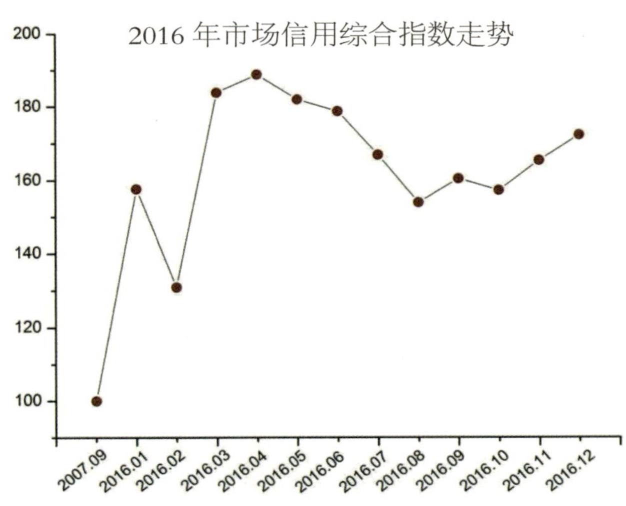

市场信用综合指数走势图

YMCI 波动预警标志表

表 6

月份	YMCI数值	YMCI波动幅度	YMCI波动预警标志
1 月	157.63	↓2.72%	N
2 月	130.91	↓16.95%	W
3 月	183.86	↑40.44%	B
4 月	188.81	↑2.69%	N
5 月	182.02	↓3.59%	N
6 月	178.75	↓1.80%	N
7 月	166.91	↓6.62%	W
8 月	153.95	↓7.77%	W
9 月	160.45	↑4.22%	N
10 月	157.35	↓1.94%	N
11 月	165.43	↑5.14%	B
12 月	172.34	↑4.18%	N

注:YMCI 波动预警子系统(NBW 预警系统)具有提示性预警能力,通过环比指标对比分析,反映本期 YMCI 综合指数及分类指数较上期变化的相关信息,NBW=本期指数 / 上期指数 *100%-1

* -5%≤NBW<5%
  NBW 为正常状态(Normal)
* NBW≥5%
  NBW 为变好状态(Better)
* NBW<-5%
  NBW 为变坏状态(Worse)

安全状态。

【综合指数月度特点】 第一季度,义乌市场信用指数比上季度有所上升。YMCI 季内月均数从上季的 155.63 上升到此季的 157.47,增长 1.18%,处于正常(Normal)变动状态。从季内各月的走势看,呈现出较大的波动,总体是上升趋势。YMCI 1 月为 157.63,2 月降至 130.91,3 月增至 183.86,两次变动幅度分别为 -16.95%,40.44%。季内月均值报收于 157.47,“五色灯预警子系统”显示为“绿色灯”安全状况;季内月均数较上季月均数增长 1.18%,变化幅度处于区间(-5%,5%),“波动预警子系统” 显示为“正常”(N,Normal)状态。

第二季度,义乌市场信用指数比上季度有所上升。YMCI 季内月均数从上季 157.47 上升到此季的183.19,增长 16.34%,均值高于 150。从季内各月的走势看,由于 4 月的高基数,二季度内呈现出小幅的波动,总体是下降趋势。YMCI 4 月为 188.81,5 月降至 182.02,6 月降至 178.75,两次变动幅度分别为 -3.59%,-1.80%。季内月均值报收于 183.19,远大于 110,“五色灯预警子系统”显示为“绿色灯”安全状况;季内月均数较上季月均数增长 16.34%,“波动预警子系统”显示为“变好”(B,Better)状态。

第三季度,义乌市场信用指数比上季度明显下降。YMCI 季内月均数从上季 183.19 降到此季的 160.44,降幅高达 12.42%,均值高于 150。从季内各月的走势看,由于 6 月的高基数,刚进入三季度,指数即呈现下降趋势。YMCI 6 月为 178.75,7 月即降至 166.91,降幅达到 6.62%。之后指数继续下降,8 月份降至 153.95,降幅高达 7.77%。9 月指数略有回升,升至 160.45,增幅为 4.22%。季内月均值报收于 160.44,远大于 110,“五色灯预警子系统”显示为“绿色灯”安全状况;季内月均数较上季月均数下降 12.42%,“波动预警子系统”显示为“变坏”(W,Worse)状态。

第四季度,义乌市场信用指

数比上季度有所上升。YMCI 季内月均数从上季 160.44 升到此季的 165.04，增幅为 2.87%。从季内各月的走势看，YMCI 除刚进入第四季度时稍有下降，季度内均呈现上升趋势。YMCI 9 月为 160.45，10 月降至 157.35，降幅 1.94%。之后指数持续上升，11 月份升至 165.43，增幅为 5.14%。12 月指数升至 172.34，增幅为 5.14%。季内月均值报收于 165.04，远大于 110，“五色灯预警子系统”显示为“绿色灯”安全状况；季内月均数较上季月均数上升 2.87%，“波动预警子系统”显示为“正常”（N，Normal）状态。

【分类指数特点】 YMCI 总分指数通过各指标相对水平数量变动的相对数和在不同时间上对比的相对数，直观清晰地观察到义乌地区经济和信用发展的特征变量和参数的变化情况。

2016 年 YMCI 综合指数和分类指数一览表

表 7

月份	YMCI	商品质量	交易活跃	客商满意	风险可控
1 月	157.63	140.63	181.62	121.11	178.78
2 月	130.91	151.36	130.99	131.23	94.78
3 月	183.86	151.03	180.99	117.03	295.73
4 月	188.81	156.66	176.47	117.63	316.94
5 月	182.02	145.90	171.42	115.15	311.28
6 月	178.75	156.85	162.89	113.64	289.71
7 月	166.91	154.00	159.56	112.93	241.03
8 月	153.95	131.40	161.70	109.24	215.31
9 月	160.45	144.74	155.98	111.20	231.60
10 月	157.35	158.52	166.63	112.59	174.94
11 月	165.43	142.72	182.21	106.83	223.98
12 月	172.34	151.19	183.08	110.05	239.98
月均数	166.53	148.75	167.79	114.89	234.51

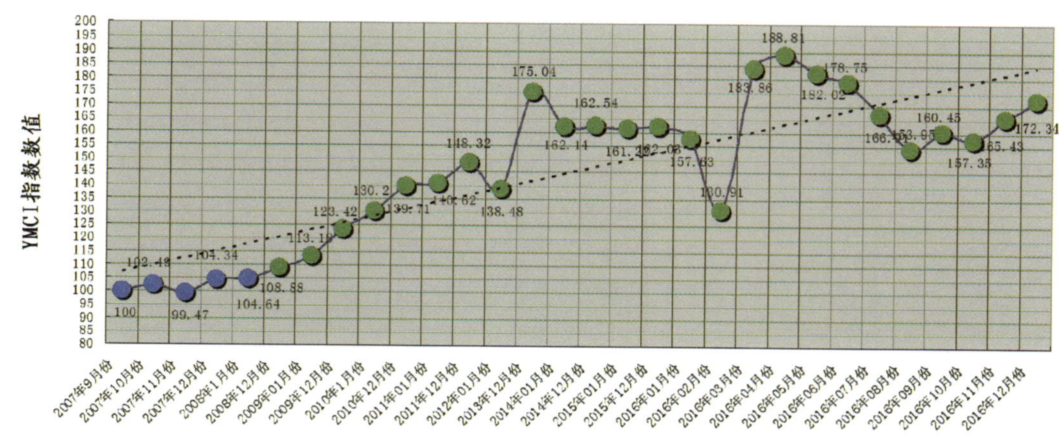

2007—2016 年 YMCI 走向趋势图

（市场监管局供稿）

义乌劳动和谐指数

3月5日，义乌市人力资源和社会保障局印发《关于2016年度各镇街劳动关系和谐指数情况的通报》，对2016年度各镇（街道）劳动关系和谐指数情况进行通报，其中佛堂镇、苏溪镇、上溪镇分列前三。

2016年劳动关系和谐指数表

表8

序号	镇(街道)名称	动关系综合指数	其　　中		
			政府职能部门工作情况指数	企业法律法规执行情况抽查指数	劳动者满意度抽查指数
1	佛堂镇	87.88	25.10	34.95	27.83
2	苏溪镇	83.79	24.50	33.12	26.17
3	上溪镇	76.96	23.60	27.48	25.88
4	大陈镇	78.85	24.74	26.47	27.64
5	义亭镇	73.99	25.70	25.31	22.98
6	赤岸镇	79.12	24.20	29.34	25.58
7	稠城街道	76.86	23.90	30.04	22.92
8	福田街道	71.45	24.74	27.99	18.72
9	江东街道	82.63	24.50	32.68	25.45
10	稠江街道	78.69	23.90	29.67	25.12
11	北苑街道	79.32	25.70	29.22	24.40
12	后宅街道	85.27	25.70	33.90	25.67
13	廿三里街道	81.06	28.10	31.94	21.02
14	城西街道	84.63	26.60	32.87	25.16

（朱永林）

义乌市2016年经济运行分析

工业经济运行情况分析

2016年，全市工业生产保持基本稳定，增加值增速趋势与产值基本保持一致。规模以上（年产值2000万元及以上）工业企业完成产值813.4亿元，同比增长4.7%；累计完成销售产值779.9亿元，同比增长4.7%；产销率95.9%，产销衔接良好；规模以上工业增加值169.9亿元，同比增长4.3%。实现限额以上（包括国有和年销售收入在500万元以上的非国有工业企业投资）工业投资150亿元，工业技改101亿元。主导行业平稳运行，纺织服装服饰业、纺织业、化学纤维制造业、文教工美体育和娱乐用品制造业、其他制造业、橡胶和塑料制品业、金属制品业、农副食品加工业八大主导行业完成工业总产值 593.2 亿元，同比增长 3.7%，占全市规模以上工业产值的 72.9%。新兴产业较快发展，规模以上工业战略性新兴产业、高新技术产业和装备制造业增加值分别同比增长 9.4%、11.7%和 23.1%，增加值占规模以上工业比重分别为 9.6%、24.2%和 9.5%。创新能力不断增强，规模以上工业企业科研经费投入 18.6 亿元，同比增长 19.1%；规模以上工业新产品产值 256.3 亿元，同比增长 9.7%。新产品产值率为 31.5%。

总体来看，2016 年全市工业经济保持健康稳健增长态势。但义乌正处于产业经济结构调整、转型经济发展方式的关键期，工业和信息化面临的国内外环境依然错综复杂，存在产业结构调整步伐偏慢，工业投资发展意愿不强，企业金融环境形势不佳，区域同质竞争日趋激烈等问题。

2017 年，义乌将进一步深化经济转型和结构调整，推进供给侧结构性改革。根据《中国制造 2025 浙江行动纲要》和义乌市委、市政府总体部署，围绕规模以上工业产值 2000 亿元、工业投资 200 亿元的目标，加大招商引资力度，加强低小散行业整治，推进稳增长、调结构、强创新，推动义乌工业健康发展。

（义乌市经济和信息化委员会供稿）

金融运行形势分析

2016 年，义乌市金融运行总体平稳，社会融资规模合理增长，信贷增长好于预期且融资结构持续调整优化，普惠金融覆盖面进一步扩大，较好发挥金融在稳增长、调结构中的作用。但有效信贷需求不足情况未得到有效缓解，不良贷款防控形势仍然严峻，信贷有效投放不足与隐性金融风险防范问题仍需高度关注。

社会融资规模稳中有升，支持实体经济发展。全市社会融资规模新增 333.1 亿元，同比增加 17.2 亿元。2016 年年末，全市各项贷款余额 2067.3 亿元，较年初下降 1.34%，若考虑全年不良贷款处置 164.88 亿元、正常类信贷资产转让规模 22.76 亿元、地方债务置换 14.96 亿元，全年贷款实际同比新增 174.6 亿元。债券融资方面，直接融资低成本优势进一步体现，全年共有 5 家企业发行短融、永续债、公司债等债务融资工具 130.5 亿元，同比增长 54.6%；股票融资方面，全年有新光控股集团、华统集团 2 家企业完成上市工作，其中新光集团成功实现借壳上市，更名为“新光圆成”，华统股份有限公司于年末启动认购工作。

贷款结构持续调整，助推产业转型升级。在经济进入新常态的背景下，中国人民银行义乌市支行继续发挥差别准备金动态调整机制的逆周期调节和结构导向作用，引导金融机构将更多信贷资源配置到经济社会发展的重点领域和薄弱环节。2016 年投向总体契合义乌市二、三产业结构调整和制造业转型升级要求，金融供给侧改革成效明显。服务业贷款快速增长，全年新增 49.8 亿元，同比增长 54.6%，高于同期全部贷款增速 56 个百分点。新型产业贷款保持增长，信息网络产业贷款、医药健康产业贷款、先进装备制造业贷款增长 32 亿元，增速 20.6%，高于同期全部贷款增速 22 个百分点。投向公共基础设施建设新增贷款 6.6 亿元，同比增长 24%。合理满足自住型购房的融资需求，个人住房贷款新增 33.8 亿元，同比增加 6.2 亿元。

银行体系流动性较为充裕。存款增长稳中有升。2016 年年末，全市各项存款余额 2665.8 亿元，较年初增长 9.03%。存款增量主要体现在个人活期储蓄存款上，全年新增 123.6 亿元，同比增加 66.2 亿元。2016 年，由于股市进入深度调整阶段，个人与企业资金逐步从证券账户、基金等证券类产品回流至银行存款账户。商业银行主动负债大幅增长。全市法人机构累计发行大额存单 36.53 亿元、发行同业存单276.7 亿元，分别为上年的 7.2 倍、10.6 倍。全市银行理财产品余额 454亿元，同比增加 91.6 亿元。

融资利率总体下行，利率市场化改革创新成效显著。2016 年，中国人民银行义乌市支行持续推动辖内银行机构“减负让利”,努力降低实体经济融资成本,鼓励各金融机构进一步推广年审制贷款、循环贷款、分期分段式等还款方式,优化还款、续贷流程,并用好应急周转资金及转贷资金等政策,合理降低小微企业转贷成本。全市银行机构贷款平均利率 5.98%,同比下降 0.52 个百分点。

商业银行对未来信贷风险预期好转,但信贷风险管控形势依然严峻。2016 年,全市信贷资产呈现出劣变速度加快、风险沿担保链条持续蔓延、大户劣变增加等特点,全市不良贷款率一直持续向上,5 月末全市不良率达到最高点 3.95%,呈现“边冒边收,冒快于收”的不良局面,严重影响辖内金融生态环境。中国人民银行义乌市支行联同政府、银行业、企业、法律部门创新银行抱团帮扶、市场化整合、政府部门出面协调等举措,综合施策,加快处置速度,提升不良贷款处置成效,年末全市不良贷款率为 2.85%,环比下降 0.56 个百分点,不良贷款逐月上升势头得到有效遏制。但大量的不良信贷资产处置意味商业银行利润的严重缩水,全市 25 家商业银行仅 13 家实现净利润。

(中国人民银行义乌市支行供稿)

消费品市场运行情况分析

2016 年,全市社会消费品零售总额 586.36 亿元,同比增长 11.6%;限额以上(批发业年主营业务收入 2000 万元及以上、零售业年主营业务收入 500 万元及以上)社会消费品零售总额 183.91 亿元,同比增长 13.4%。从区域看,城镇限额以上消费品零售总额 179.46 亿元,同比增长 15.6%;乡村限额以上消费品零售总额 4.45 亿元,同比增长 16%。从行业看,批发业限额以上消费品零售总额 5.66 亿元,同比增长 13.7%,零售业限额以上消费品零售总额 172.90 亿元, 同比增长 14.5%; 住宿业限额以上消费品零售总额 2.97 亿元,同比下降 4.1%;餐饮业限额以上消费品零售总额 2.38 亿元,同比下降 10.5%。

整体消费继续保持平稳增长态势。全市社会消费品零售总额同比增长 11.6%,增幅略高于 1—3 月的 10.8%,与 1—6 月的 11.7%、1—9 月的 11.6%基本持平,未出现增速大幅波动的情况。

城镇消费市场继续占据主导地位。全市城镇限额以上消费品零售总额与乡村限额以上消费品零售总额分别占全市限额以上消费品零售总额的 97.6%和 2.4%,乡村限额以上消费品零售总额略高于城镇。城镇消费市场依然对全市社会消费品零售总额起决定性作用。

商品零售业绩好于餐饮消费。全市批发业限额以上消费品零售总额与零售业限额以上消费品零售总额分别同比增长 13.7%和 14.5%,均高于全市平均水平,住宿业限额以上消费品零售总额与餐饮业限额以上消费品零售总额分别同比下降 4.1%和 10.5%。

生活必需品销售基本稳定。全市粮油类商品消费量有所增长, 其中大米消费增长较多, 同比增长 8.69%;面粉和食用油消费分别同比增长4.11%和2.71%;水果销量与上年同期基本持平;受外来人口减少和市场功能搬迁等因素影响,监测企业猪肉、蔬菜、鸡蛋的销量则出现不同程度的下降,其中猪肉销量降幅 7.48%,蔬菜销量降幅 10.63%,鸡蛋销量降幅 7.13%。

大型商场超市销售业绩持续下滑。从全市 9 家主要商场超市上报的销售情况看,总体销售情况继续呈下行态势。除 2016 年新开的万达广场、物美超市外,仅有乐购超市、天华世纪城、富国超市 3 家销售额实现同比增长,分别为 6.84%、2.13%、5.18%,其余商场超市均为负增长状态。

汽车、成品油消费增长乏力。全市汽车城总成交额 30.56 亿元,同比下降 1.13%。全市成品油销售量 53.8 万吨,同比增长 2.14%;其中柴油销售量 14.75 万吨,同比下降 17.27%;汽油销售量 39.05 万吨,同比增长 12.08%。

家用电器消费持续疲软。从全市苏宁电器、国美电器和新虹家电 3 家主要家电卖场的上报数据看,整体销售情况依然不甚理想，3 家企业年销售总额均出现下滑，其中苏宁电器同比降幅较大，为 11.06%；国美电器和新虹家电同比降幅稍小，分别为 7.84%和 4.94%。

（义乌市商务局供稿）

2016 年义乌市城乡居民收支情况分析

城镇居民人均收支情况分析

根据城市居民抽样调查显示，2016 年义乌市城镇常住居民人均可支配收入 60773 元，同比增长 7.4%。比金华市区城镇居民人均可支配收入 46554 元，高 30.5%；比全省 47237 元，高 28.7%。根据横向资料显示，在全省 17 个经济强县市中，义乌市城镇居民人均可支配收入位居全省之首。

其中，工资性收入 26183 元，同比增长 7.2%；经营净收入 10209 元，同比增长 8.3%；财产净收入 16887 元，同比增长 7.5%；转移净收入 7494 元，同比增长 6.5%。工资性收入仍然是可支配收入增长的主要动力。最低工资标准提高、企业同工同酬对工资性收入增长起到推动作用。但是国企、机关事业单位福利发放更加规范，企业盈利空间缩小，工资性收入增幅进一步下行，工资性收入增长进入“瓶颈”期。经营净收入增长快速，主要是一方面小微企业触底反弹，经营有所回暖。另一方面新的经济增长点不断壮大，电子商务、进口贸易、旅游业发展迅速，一步一个台阶。电商日益壮大，经过井喷式发展进入稳定增长期。财产性收入增长较快，主要由出租房屋收入和基金利息收入增加引起。转移性收入有所增长，主要由养老金或离退资金收入增加引起。

城乡居民之间的收入差距呈缩小趋势。从城镇常住居民和农村常住居民看，2015 年，城镇常住居民人均可支配收入是农村常住居民人均可支配收入的 1.990 倍，而 2016 年为 1.988 倍，义乌市城乡居民之间的收入差距有逐渐缩小趋势。

城镇居民消费性支出情况分析

根据城镇住户抽样调查资料显示，2016 年，义乌市城镇常住居民人均消费性支出 35175 元，同比增长 2.9%。比金华市全市平均水平 30311 元，高 16.0%；比全省 30068 元，高 17.0%。

食品支出和居住支出稳中有增。城镇居民人均食品支出 8611 元，同比增长 2.2%，占消费性支出的 24.5%，即恩格尔系数为 24.5%。城镇常住居民人均居住支出 9253 元，同比增长 2.8%。

交通通信和衣着支出略有增长。城镇常住居民人均交通通信支出为 6112 元，同比增长 1.0%。城镇常住居民人均衣着支出为 2637 元，同比增长 1.0%。

生活用品及服务支出和教育文化娱乐支出增长快速。城镇常住居民人均生活用品及服务支出为 1797元，同比增长 7.1%。城镇居民人均文化娱乐支出为 3680 元，同比增长 6.0%。

医疗保健支出和其他用品和服务支出增长较快。城镇常住居民人均医疗保健支出 2452 元，同比增长 4.8%。城镇常住居民人均其他用品和服务支出634 元,同比增长 4.6%。

农村居民收入情况分析

根据抽样调查显示,2016 年义乌市农村常住居民人均可支配收入 30570 元,同比增长 7.5%。人均工资性收入 15128 元,同比增长 6.7%。人均家庭经营净收入为 9276 元,同比增长 7.4%。农村常住居民人均财产净收入 3630 元,同比增长 7.8%。人均转移性纯收入 2536 元,同比增长 12.8%。

工资性收入和财产净收入增长放缓。第二产业、第三产业增速放缓,部分企业开展了技术革新,"机器换人"等原因导致全市用工需求降低。外来人口减少同时也导致租房需求下降,租房价格增长缺乏动力,导致农村居民财产净收入增长放缓。

经营净收入增长较快。全市开展环境整治,不少微小企业被关停或搬迁到隔壁县市,使得留下来的优良企业竞争压力减少,生产经营状况较上两年有所好转。另一方面电商日益壮大,电商红利向农村地区蔓延。

转移性收入增长快速。率先实施城乡统一的基本医疗保险制度,融合城乡居民医保与城镇职工医保两大制度,在全省率先建立大病医疗商业补充保险制度,构建起基本医疗保险加大病补充医疗保险为核心具有义乌特色的"1+1"医保制度。建立完善最低生活保障标准自然增长机制,"十二五"期间,全市低保标准年均增长 10%,率先实现最低生活保障城乡同标。

农村居民消费性支出情况分析

2016 年,根据农村住户抽样调查资料显示,义乌市农村常住居民人均消费性支出 18081 元,同比增长 4.9%。

食品支出和医疗保健稳中有增。农村居民人均食品支出 6031 元,同比增长 4.8%,占消费性支出的 33.3%,即恩格尔系数为 33.3%。农村常住居民人均医疗保健支出 1213 元,同比增长 4.8%。随着医保覆盖面越来越广,看病难、看病贵问题有所改善。

居住支出和生活用品及服务增长较快。农村常住居民人均居住支出 2780 元,同比增长 6.0%。旧村改造和新农村建设刺激居民支出的增长。农村居民人均生活用品及服务支出 1084 元,同比增长 5.5%。随着收入水平的提高以及网购的普及,农村居民在生活用品购买上越来越注重品牌和质量。

衣着支出、交通通信支出和教育文化娱乐支出略有增长。农村常住居民人均衣着支出 1388 元,同比增长 4.2%。人均交通通信支出 2027 元,同比增长 4.1%。人均教育文化娱乐支出 3165 元,同比增长 4.3%。

其他用品和服务支出增长快速。农村常住居民人均其他用品和服务支出 392 元,同比增长 9.1%。

(国家统计局义乌调查队供稿)

2016 年大事记

1月

4 日，东河至萧皇塘公路、国际陆港园区国内物流中心、“义新欧”公路运输中心、义乌复旦实验学校 4 个重大项目集中开工，总投资超过 50 亿元。

5 日，省教育厅公布 2015 年第二批浙江省义务教育标准化学校名单，义乌市新增 11 所省级义务教育标准化学校。

6 日，国际商贸城一区东扩市场试营业。

△义乌市举行进出口管理论坛。

8 日，义乌时尚创意产业协会成立。

9 日，融合大数据技术创新电商融资服务平台“一袋金币”(www.yidaijinbi.com)上线，现场发放首笔 50 万元电商信用贷款。

9—17 日，“2016 义乌进口商品购物节”在义乌国际商贸城五区进口商品馆和篁园市场韩国进口服装城举行。

11—12 日，省人大常委会调研组到义乌，就《浙江省流动人口居住登记条例(修订草案)》开展立法调研。

19 日，20 人获 2015“义乌创业新锐”称号。

△《中华人民共和国行政复议法》修改研讨会在义乌市举行。

21 日，“义乌市场监管”微信公众号正式上线。

28 日，“义乌—德黑兰”国际货运班列首发。中央电视台《新闻联播》聚焦“义乌—德黑兰”班列。

△义乌科发创投基金暨创投合伙企业成立大会在义乌市举行。

1 月，省商务厅、省财政厅发文公布第二批浙江省跨境电子商务园区和公共海外仓名单，义乌市 7 家企业上榜。

2 月

1—23 日，市图书馆举办《孩子眼中的义乌》作品展。

3 日，中国民主建国会义乌基层委员会换届。

13 日，2016 首届世界义商大会举行，同时举行重大招商引资项目签约仪式，5 个项目成功签约，落户义乌。

△义商总会成立。

15 日，“义乌—德黑兰”货运班列首抵德黑兰。

19 日，义乌市成功入选 2015 年度两化深度融合国家试点区。

3 月

1 日，中央电视台《焦点访谈》聚焦义乌对外开放平台建设。

△政协义乌市十二届五次会议在义乌剧院开幕。

2 日，义乌市十四届人民代表大会第五次会议在义乌剧院举行。

4 日，义乌疏港高速廿三里枢纽工程开工。

6 日，义乌经济技术开发区与正大集团、康地集团的中央厨房、肉制品深加工及配套项目在杭州黄龙饭店正式签订。

10 日，浙中地区首个呼吸综合诊疗中心在义乌市中心医院

挂牌成立。

11 日，义乌中国小商品城首个海外分市场落户波兰华沙。

△义乌天祥医疗东方医院正式启用。

14 日，义乌市与西班牙阿拉贡自治区签署战略合作协议。

15 日，由义乌市人民政府发起并支持的合作交流组织——义乌西班牙交流基金会在西班牙马德里成立。

16 日，全市首个“智慧社区”微信平台建设项目启动。

19 日，加拿大皇家科学院院长 Jamal Deen 院士与华录北邮信息文化（义乌）研究院在义乌科创园区举行院士工作站签约仪式。

△义乌市 1 名教师被评为“2015 浙江教育十大年度影响力人物”。

23 日，义乌首家珠宝鉴定实验室建成开检。

25 日，参加长江三角洲城市经济协调会第十六次市长联席会议的嘉宾与代表到义乌市参观考察。

26 日，第 11 届中国（义乌）文化产品交易会重要配套活动之一——文化部、财政部文化产业创业创意人才扶持计划申报作品初评评审会在义乌举行。

△北京中关村鼎好大厦，由义乌市政府携手清控科创打造的国内首家新型飞地孵化器“义创空间——（北京）小样青年社区”启用。同时，浙江“千人计划”（义乌）产业园北京创新中心举行揭牌仪式。

30 日，义乌市网络文化协会成立。

△义乌市发放首张江西籍跨省异地身份证。

31 日，南航汕头航空有限公司首次开通“义乌—台北”航班。

△义乌市举办首届科技新品联合发布会。

4 月

5 日，义乌市广告联合会更名为义乌市广告协会。

7 日，“浙江省光电信息技术国际合作联合实验室”落户浙江工业大学义乌研究院。

△民建中央调研组到义乌市调研“培育新生中小城市”。

△义乌市 1 名 13 岁女孩获评全国“最美中学生”。

8 日，义乌市首家农村电商线下实体店在佛堂镇雅西村开业。

9—11 日，第四届中国义乌美容美发博览会暨时尚发制品、化妆品日化原料设备包装展（简称“美博会”）在义乌国际博览中心举行。

11 日，由中国国际电子商务中心举办的“双百优秀电商园企高峰论坛”在义乌市举行。

11—12 日，2016 世界电子商务大会在义乌幸福湖国际会议中心举行。

12 日，义乌首个“农”字头特色电商创业园区开园。

△中国（义乌）首届农特电商发展高峰论坛在义乌国际博览中心举行。

△中国电子商会网商专业委员会成立大会暨首届中国诚信网商经营发展高峰论坛在义乌国际博览中心举行。

△第八届中国通信营销（电视购物、网络购物、移动购物）行业年会在义乌市召开。

△义乌首个镇机关党委义亭镇机关党委成立。

13 日，“一带一路·网上丝路”高峰论坛暨 2016APEC 中小企业跨境电商高峰论坛在义乌市举行。

14 日，市领导会见埃塞俄比亚代表团。

15 日，中非智库论坛第五届会议在义乌开幕。

20—22 日，“2016 中国义乌五金电器博览会”在义乌国际博览中心举行。

21 日，老挝驻沪总领事西沙美一行 6 人访问义乌市。

27 日，首届“金乌之梦”国际户外雕塑邀请展在义乌国际雕塑公园举行。

27—30 日，第 11 届中国（义乌）文化产品交易会在义乌国际博览中心举行。

28 日，浙江省质量技术监督局公布《2016 年第一批“浙江制造”品牌重点培育产品名单》，义乌申报的艺术吸管产品名列其中。

5 月

6 日，义乌市首单首台（套）重大技术装备保险出炉。

12 日，义乌市与韩国龟尾市签订友好交流合作意向书。

13—16 日，2016 中国义乌进口商品博览会在义乌国际博览中心举行。

14日，国家物联网标识管理公共服务平台落地义乌。

15日，义乌市1户家庭被评为“全国最美家庭”。

16日，义乌市与格鲁吉亚国家工商会签订战略合作协议。

17日，全国首个公安局防火指导大队在义乌成立。

20—22日，浙江省第二届体育社团运动会武术比赛在台州路桥举行，义乌代表队获得22金5银3铜的成绩。

24日，国家旅游局授予义乌“中国国际商务旅游目的地”称号。

24—27日，第八届中国国际旅游商品博览会在义乌国际博览中心举行。

25日，中国旅游商品产业联盟正式落地义乌。

29日，义乌市微光公益志愿者协会注册成立。

6月

3日，义乌被列入《长三角城市群发展》规划。

4日，2016年全国青少年“未来之星”阳光体育大会浙江分会场暨浙江青少年学生阳光体育武术套路比赛在义乌宾王中学开赛。

14—16日，第17届中国义乌国际针织及织袜机械展览会、第六届中国义乌国际缝制及自动化服装机械展览会和第三届中国义乌国际染整及数码印花机械展览会在义乌国际博览中心举行。

△中欧(义乌)智造园获批省级低碳园区试点。

15日，义乌市健康产业投资洽谈会举行。

16日，义乌市出租车行业协会成立。

19日，首家经过注册的搏击俱乐部在义乌市成立。

21日，义乌市创新设计产业协会成立。

23日，中国传统村落保护发展培训班在义乌举行。

25日，义乌市首家孤老党员关爱中心成立。

27日，视赚物联网新媒体产业基地投资合作暨G20专题新华电视 & 视科传媒助力义乌品牌宣传合作签约仪式在义乌市举行。

28日，韩国庆尚北道龟尾市代表团到义乌市考察。

7月

1日起，义乌市异地办证受理省份由江西省扩大至天津、吉林、江苏等11个省(市)，符合异地办证条件的人员可在市行政服务中心公安窗口或佛堂派出所申请办理居民身份证。

3日，中国(义乌)国际美食文化节在义乌国际商贸城五区丝路壹号异国风情街开幕。

4日，“希望杯”2016年浙江青少年校园足球联赛小学女子甲组总决赛在义乌市实验小学教育集团江南校区举行。

7日，国家铁路总公司就义乌加强铁路基础设施建设、推动建立综合铁路枢纽等到义乌调研。

8日，义乌市日用商品配送行业协会成立。

12日，中国建设银行义乌分行与市市场监管局、市场发展集团有限公司签约义乌“智慧市场”农副产品溯源项目。

13日，浙江省督查组到义乌市督查G20峰会维稳安保工作。

14日，首趟统一品牌中欧班列返程抵达义乌。

△浙中农副产品物流中心一期结顶。

15日，义乌市首个城乡新社区集聚项目佛堂“双林里·蟠龙花园”举行交房仪式。

△义乌市粮食收储公司全面启动夏粮收购工作。

19日，中共中央总书记、国家主席习近平考察义乌小商品宁夏运营中心，通过视频连线实时关心义乌商城建设运营。

△市政府办公室出台《义乌市货币化安置凭证管理办法》，深化义乌市房屋征收安置方式改革。

21日，全省网络评论品牌建设研讨会在义乌举行。

△义乌产业带B2B电商产业生态峰会在义乌电视台演播厅举行。

22日，甬金高速公路增设佛堂互通工程、赵龙特种车二期项目、03省道义乌段改建工程（二期)和森山健康小镇4个重大项目集中开工。

23日，义乌在杭州举行投资环境推介会，签约项目17个。

△2016全球供应链管理峰会在义乌幸福湖国际会议中心

召开。

25日，义乌市国有资本运营中心成功发行永续中票17亿元，开创全国县市级国资企业先河。

26日，义乌首发“国际卡”，外商享受同城市民待遇。

△义乌市残疾人托养（庇护）中心在怡乐新村养老服务中心挂牌成立。

△义乌和谐明芯（义乌）光电科技有限公司4亿欧元收购德国欧司朗公司通用照明事业部门朗德万斯。

27日，2016义乌市跨境电商创业大赛启动。

30日，义乌市兰溪商会成立。

31日，义乌影视文化产业协会成立。

8月

1日，义乌良库文化创意园挂牌成立。

△浙江省人民政府办公厅发布《浙江省重大建设项目“十三五”规划》，义乌14个项目入选省“十三五”重大建设实施项目。

2日，浙江省政府新闻办发布《2015年浙江省电子商务发展指数综合评价报告》，义乌电子商务发展指数达到404.73，在全省90个县(市、区)中排名第一。

△义乌市首家省级院士专家工作站在浙江森宇实业有限公司诞生。

3日，市领导带领市委办、市民政局、市财政局等相关部门到上海某部慰问“义乌舰”全体官兵。

△市市场监管局颁发首张“一证多址”化妆品生产许可证。

△2016年里约残奥会中国体育代表团新闻发布会在北京中国残联召开，吴佳龙入选田径组，成为义乌参加奥运会第一人。

4日，捷克前总理、新丝路基础设施建设与技术协会会长彼得·内恰斯一行到义乌考察。

8日，义亭镇农业公共服务中心投入使用。

9日，市城投集团启动液化气钢瓶加装“二维码”身份标志工作，实行一瓶一码注册登记。

△义乌市首次使用无人机航测出让地块。

9—13日，江苏省妇联巾帼电商服务培训班在义乌开班。

10日，义乌市新添1家机器人技术研究院。

△格鲁吉亚在义乌设立首家红酒海外仓。

△义乌市首次尝试校园安保服务外包。

13日，义乌市首次招聘雇员制教师。

△中欧班列（义乌—俄罗斯)首发。

16日，金华首单网络食品安全责任险落地义乌。

△国家口岸办发文同意义乌铁路西站作为临时口岸继续对外开放，开放期限延长1年。

17日，义乌首个关爱抗战老兵公益项目成立。

18日，上溪镇社保办事大厅启用。

19日，第22届中国义乌国际小商品博览会推介会在广东省中山市举行。

22日，义乌企业研发的新材料打破国外垄断，实现可调节温度，填补国内技术空白。

△义乌首个残疾人电商创业孵化基地落地。

23日，宗泽小学、佛堂二小、上溪二小、稠江三小4所新建学校竣工通过验收。

24日，义乌商报报业集团和义乌广播电视传媒集团成立。

△木林森投资55亿元LED照明项目落地义乌。

25日，全国工商联在北京发布“2016中国民营企业500强”“中国民营企业制造业500强”和“中国民营企业服务业100强”榜单。义乌的浙江金田阳光投资有限公司、三鼎控股集团有限公司入围“中国民营企业500强”榜单，分列第278位、296位。

26日，国内首款单面3D打印机在义乌面世。

△以义乌市双童日用品有限公司为主起草的“浙江制造”团体标准“聚丙烯饮用吸管”发布实施，是首个由义乌市主导制订的“浙江制造”团体标准。

28日，中亚班列(义乌—阿富汗)首发，是从义乌始发的第5条铁路国际联运线路。

△义乌市第四届青少年器乐(钢琴)演奏大赛在市青少年宫举行。

△在江苏徐州举办的第13届全国武术之乡武术套路比赛中，义乌武术代表队取得8金9银13铜，创造在此项赛事上义乌最高纪录。

9月

5日，应邀参加2016年二十国集团工商峰会的经合组织工会咨询委员会总书记约翰·埃文斯一行到义乌市考察。

6日，市社投集团首次获准发行项目收益债12亿元。

△义乌市发放浙江省首张香港个体工业户营业执照。

8日，顺丰义乌电子商务产业园在义乌快递物流集聚中心开园。

10日，中华丁氏总会在义乌举行第四次代表大会。

△举行义乌市2016年新兵入伍欢送大会。

△义乌至武义公路、37省道复线部分路段试通车运营。

△2016赛季义乌市篮球联赛(YBA)开赛。

13日，第二届中国(义乌)国际时尚产业创新创业大赛启动。

△凤凰社区成为义乌市首个室外固定集中电动车充电站试点单位。

△德国克雷费尔德市代表团到义乌推介投资环境。

14—15日，泰国第三区公共关系局局长端曼·西吉威来军为首的泰北媒体代表团到义乌市参观访问。

20日，义乌欧洲风情街工程开工建设。

△"义乌购"获浙江省"十二五"电子商务百强企业奖。

△义乌首次举办青年读书会。

21日，义乌电子商务创业地图上线。

△义乌举行第22届义博会上海推介会。

△义乌校园文学社团联盟成立。

△义乌首个校园食品安全科普教育基地在毛店挂牌成立。

22日，全国沿海部分区、县(市)第三十三届统计信息交流年会在义乌市举行。

23日，格林纳达总督塞茜亚·拉格雷纳德到义乌市考察商贸情况。

24日，大陈镇首届猕猴桃文化节开幕。

26日，国务院第三次大督查第九督查组第二组到义乌督查。

27日，义乌市委书记盛秋平会见西班牙工商业联合会第一副主席胡安·兰萨罗率领的马德里工商联合会一行。

△非洲法语国家智库研修班成员到义乌市赤岸镇考察。

28日，首家"科技新浙商"落户义乌企业——杭州控客信息技术有限公司首个线下体验店"控客智能生活体验中心"在义乌国际商贸城亮相。

30日，义乌市开通首条城际快速公交线金华BRT3号线。

10月

8日，市国税局"金税三期工程优化版"系统上线运行首日，共办理各项业务3171笔。

△义乌市启动第二个国有土地上房屋征收项目。

△正大中央厨房配套项目开工。

9日，义乌市首家社会化运作的社区居家养老服务中心启用。

10日，中国可信计算产业发展义乌峰会举行。

△义乌首届粮油市场订货会首日成交1357万元。

13日，金华火腿"非遗"传承技能人才培训班在义乌开班。

14—16日，义乌市第25届文化艺术节在北苑街道举行。

15日，纪念红军长征胜利80周年义乌诗会在神坛村举行。

18日，义乌市首家外籍人员子女学校成立。

19日，义乌市城市有机更新工作组成立。

20日，在义乌举行浙江省女性创业平台建设工作交流会。

△在义乌举行中欧班列(义乌—里加)推介会，中欧班列(义乌—里加)在义乌铁路西站首发。

△义乌涉外纠纷诉调对接工作法官办公室挂牌成立。

△浙江省国土资源厅批复支持义乌开展"集地券"改革试点。

20—22日，在义乌绣湖广场举行义博会广场文化周活动。

21日，中国网络零售指数发布暨义乌快递数据实时分析系统上线。

△"美国之窗"—义乌马斯卡廷中心开幕。

△"浙江制造"品牌建设高层研讨会在义乌举行。

△义乌购"快递通"上线。

△中国义乌首届移动电商创新创业高峰论坛举行。

△迪拜工业城集团首席执

行官阿卜杜拉、迪拜 TECOM 集团首席战略官卢克、迪拜批发城执行董事罗伯特等企业高管组成的迪拜投资贸易团到义乌考察访问。

△中央人民广播电台大型系列主题直播《一带一路进行时》走进义乌。

△在义乌举行“浙江制造”品牌建设高层研讨会。

△义乌市启动第三个国有土地上房屋征收项目。

21—25 日，中国义乌国际小商品博览会在义乌国际博览中心举行。

22 日，善融商务义乌进口馆开馆。

△中国零售业百货商品（义乌）采购峰会开幕。

△在国际商贸城五区进口馆举行义乌万国邮局开幕暨中国工农红军长征胜利 80 周年邮票首发仪式。

24 日，2016 年义乌世界商人创业大赛开始报名。

26 日，义乌召开农村土地制度改革试点工作推进会。

29 日，义乌市佛堂镇佛堂作家协会成立。

30 日，首批中国台湾籍大学生到义乌学习创业。

11 月

1 日，2016 中国森林休闲与健康高峰论坛在义乌举行。

△第六届中国小商品城文化艺术节开幕。

△开通义乌经停武汉至襄阳航班。

△首本户别为“家庭户”的居民户口簿发放，义乌实现“一元化”户口管理。

1—4 日，第九届森博会在义乌国际博览中心举行。

2 日，中国林业电商与创意林业高峰论坛在义乌举行。

3 日，义乌市与德国劳恩堡市在义乌幸福湖国际会议中心签署产业基金、工业项目、物流、医疗、文化等多项合作项目的战略协议。

△义乌市第三批“百名博士入企业”启动。

5 日，国家总理李克强“带”着中欧班列首访拉脱维亚，首趟来自中国的货运班列（义乌—里加）抵达。

△大陈镇入围首批浙江省美丽乡村示范乡镇。

6 日，在北京召开义乌市农村土地制度改革评估座谈会。

8 日，义乌市先进制造业高技能人才公共实训基地开工。

9 日，2016 年义乌市中小学科技运动会在义亭小学开幕。

10—11 日，国土督察上海局在义乌市召开农村土地制度改革试点会。

10—13 日，第十届义乌汽车文化节在国际博览中心开幕。

11 日，阿里巴巴发布的全国区域消费排行榜，义乌位居全国县级市第二名。

14 日，2016 中国（义乌）丝绸之路经济带城市国际论坛在义乌举行。

△中国人民大学重阳金融研究院发布《促进互联互通　共建贸易繁荣——“丝绸之路经济带”城市国际论坛（2016）报告》，义乌列“一带一路”国际贸易十大潜力支点城市。

△义乌港资产整合并入浙江省海港集团。

15 日，在义乌市公证处举行“公租房”抽签配租仪式。

16 日，义乌铁路口岸新海关监管场所启用。

△义乌海关驻机场办事处挂牌成立。

△义乌法院网上法庭首次开庭。

17 日，义乌市与德国企业开展招商对接活动，就中欧（义乌）智造园规划建设、管理运营等领域开展合作交流。

18 日，2016“浙江制造”标准发布会在义乌举行，对外发布 2016 年研制完成的 100 个“浙江制造”标准。

△中国（义乌）智能制造产业高峰论坛在义乌举行。

△德国工业 4.0 与中国制造 2025 论坛在义乌国际博览中心举行。

△第二届义乌模具协会职工技能大赛在义乌国际博览中心举行。

△华录北邮（义乌）信息文化众创园一期开工建设。

18—21 日，2016 中国义乌国际装备博览会在义乌国际博览中心举行。

19 日，中国包装供应链高峰论坛在义乌国际博览中心举行。

△2016 中国（义乌）智能制造产业高峰论坛之智能硬件分论坛在国际博览中心 A1 馆举行。

△中国制造2025创新发展论坛在义乌举行。

△首届阿拉伯商人论坛在义乌举行。

20日，义乌购·2016义乌国际马拉松赛开跑。

22日，义乌市成立抗战老兵医疗救助基金。

△义乌市新增2家院士专家工作站。

23日，上合组织成员国丝绸之路法律服务国际论坛在义乌开幕。

△后宅街道洪深、北站、起航、金城4个新社区挂牌成立。

△义乌市首支项目收益债发行。

24日，义乌市首家"企业政策超市"在福田街道投入使用。

△义乌市发放全国首本记载有契税完税信息的不动产权证。

28日，义乌市与圆通速递签署战略合作协议。

12月

1日，义乌市实施个体户"两证整合"登记制度改革。

3日，义乌市出台科技风险补偿资金管理办法，企业信用贷款额度最高达300万元。

△义乌获"浙江省女性健康万里行"项目创新公益奖。

4日，义乌启动居民幸福指数测评工作。

5日，义乌市首个房屋征收区块——仓后区块产权调换签约顺序抽签仪式在义乌剧院举行。

7日，2016浙江国际健康产业峰会在义乌市开幕。

10—11日，义乌市举办第六届武林大会。

12日，义乌入选浙江省省级信息经济发展示范区。

13日起，义乌市投票选举新一届市镇人大代表。

14日，义乌装博会获"中国十佳品牌展览会"。

16日，全国第一批"集地券"证书在义乌率先颁发。

20日，义乌市9个镇(街道)养老服务中心项目集中开工，总投资5.16亿元。

△鸡鸣山社区被命名为"全国民族团结进步创建活动示范单位"。

21日，义乌首批地名文化遗产名录出炉，绣湖、古月桥、大安寺塔等22个名称成为"文化遗产"。

22日，市后宅街道中心镇区综合开发项目签约，计划投资100亿元。

△义乌航空口岸开通航空货运，首票飞往台湾。

△义乌新丝路经贸文化交流协会成立。

△民盟义乌市总支成立。

23日，义乌市农业科技创新协会成立。

25日，37省道义乌至诸暨段复线工程及37省道义乌青口至苏溪段改建工程等5条公路通车。

△市人力资源产业园开园、市陆港电商产业园开园及义乌市中医医院开业运行。

△2016年义乌快递业务量突破10亿件。

25—26日，义乌市中心血站整体搬迁至西城路428号。

26—29日，中共义乌市第十四次代表大会召开。

29日，首届"义乌慈善奖"颁奖晚会举行，20个团体和个人获奖。

△浙中农副产品物流中心正式开业。

2016年义乌市十大民生实事

【概况】 3月，市委办印发《义乌市"创新发展义乌经验　干在实处勇当标兵"主题实践活动(二)》，将2016年十大民生实事融入"民生环境优化大行动"，细化分解为17个子项，并逐项明确了责任领导和责任单位。5月17日，市督考办下发督查通报〔2016〕23号，对17项民生实事的进展情况、存在困难进行全面梳理，其中4项进度偏慢。通报要求各牵头单位切实负起牵头责任，各责任单位密切配合，按照"改善民生早一天也是好的"理念，强化措施、科学组织，全力推进，确保完成各项工作任务。7月7日，市督考办下发督查通报〔2016〕44号，指出民生实事总体进展良好，17项民生实事中，15项进展情况正常，2项进展滞后。其中，涌金大道工程由于政策处理没有按时完成，严重影响工期。同时要求各牵头责任单位，特别是进度滞后事项的牵头

责任单位要会同责任领导，重新倒排计划，加强工作协调，强化工作措施，加大推进力度，确保各项民生实事如期完成。11月30日，市长林毅召集召开市政府专题会议，对2016年义乌市十大民生实事落实情况进行重点督查。12月2日，市督考办下发督查通报〔2016〕70号，重点对6项进展滞后的民生实事进行督办，要求进展滞后的各责任单位务必咬定目标，加大攻坚力度，发起最后的冲刺攻坚战，确保今年各项民生实事任务全面如期完成。至年底，17项民生实事中，16项已完成，1项基本完成。

2016年义乌市十大民生实事进展情况表

表9

序号	实事内容	任务细化分解及进度安排	责任领导	责任单位	进展情况	备注
1	全面实施因病、因残、因学、因灾等致贫家庭救助，对低保边缘户实施精准扶贫，确保低保标准以下贫困人口100%消除	①制定《义乌市低收入农户精准扶贫政策意见》《义乌市临时救助办法》《义乌市慈善事业发展实施意见》(6月) ②完成低保认定工作，最低生活保障标准提高10%以上，低保人数增加50%；低保边缘家庭精准扶贫措施100%到户，低保标准以下贫困人口100%消除(10月)	周丽水	▲农林局 民政局 教育局 人社局 卫计委 残联 慈善总会	①出台《关于推进低收入家庭精准扶贫工作实施意见》《义乌市临时救助办法》《义乌市慈善工作发展意见》《义乌市支出型贫困家庭救助办法》等文件 ②城乡“低保”标准统一提高至每人每月705元，增幅10.16%，发放低保金1876.96万元；全市城乡“低保”占比从年初0.5%提高到0.95%，“低保”人数增加近90% ③市财政资助8872名低收入家庭成员、重度残疾人、孤儿和困难儿童参加城乡居民基本医疗大额保险；一站式救助低收入家庭成员住院治疗1881人次，医保支付1236.13万元，民政救助524.28万元；特殊病种门诊治疗救助3237人次，医保支付204.53万元，民政救助69.60万元 ④在教育救助方面，各级财政资助困难学生300余万元	完成
2	确保贫困家庭1名以上符合就业条件成员就业	①完成贫困家庭人员就业情况调查、公益性岗位开发和合适的企业用工岗位收集(4月) ②完成就业指导和针对性免费技能培训(5月) ③举办就业专场推介和一对一帮扶，实现人岗对接(6月) ④6月30日前，建立长效机制，实现零就业贫困家庭动态归零(6月)	王新锋	▲人社局 国资委 农林局 民政局	①完成低收入家庭劳动力入户调查，建立就业帮扶台账，组织专场就业推介会8场，开展事业单位工作人员、政府雇员、国企人员定向招聘，开发公益性岗位276个，累计帮扶就业369人，实现符合就业条件贫困家庭劳动力百分百就业 ②出台《义乌市人民政府办公室关于进一步做好低收入家庭就业帮扶工作的通知》(义政办发〔2016〕171号)，建立长效帮扶机制	完成
3	每个镇（街道）建设改造养老机构各一家，共建设三星级以上养老机构13家，促进“医养结合”	①3家原地拆建的镇(街道)养老服务中心开工建设；配建医院的2家民营养老机构完成建设(10月) ②提标改造的2家镇(街道)养老服务中心投用(12月) ③异地迁建的6家镇(街道)养老服务中心开工建设(12月)	周丽水	▲民政局 卫计委	①北苑、赤岸2家改造升级的已完成建设，并于12月投用 ②3家原地拆建和6家异地迁建工程，市政府已于12月20日举行集中开工建设 ③2家配建医院已完成装修	完成

续表 9

序号	实事内容	任务细化分解及进度安排	责任领导	责任单位	进展情况	备注
4	建设5家以上市、镇(街道)两级残疾人托养(庇护)中心,开展阳光庇护等多种方式托养服务	①启动镇(街道)残疾人托养(庇护)中心建设(3月) ②完成赤岸、北苑残疾人托养庇护中心整合改造(10月) ③实施苏溪、城西2个镇(街道)残疾人托养(庇护)中心的原址改造(12月) ④在市精卫中心原址启动市特殊人员庇护中心(12月)	周丽水	▲残　联 民政局 卫计委	①3月底,下发镇(街道)残疾人托养(庇护)中心建设实施方案 ②赤岸、北苑残疾人托养(庇护)中心已完成整合改造 ③苏溪镇鸿佰洲残疾人托养(庇护)中心的项目通过验收并完成服务签约,新增残疾人托养床位350张 ④完成城西街道残疾人托养(庇护)中心改造 ⑤完成市特殊人员庇护中心改造	完成
5	为150个以上残疾人家庭安装无障碍设施或辅助器具,实现应装尽装,让残疾人体面工作生活	①完成项目申报(5月) ②完成入户勘测工作(6月) ③完成上门安装和配送工作(9月)	周丽水	▲残　联	9月底，完成150户残疾人家庭无障碍设施或辅助器具安装和配送工作	完成
6	完成11所偏远山区学校6500名学生饮用水保障工程,实现全市中小学优质供水全覆盖	①完成测绘、初步设计、方案论证(4月) ②完成立项(5月) ③完成施工图设计、预算稽核(6月) ④进场施工(7月) ⑤竣工通水(12月)	王　迎	▲教育局	水务集团 投入资金500余万元，建设管网10余千米,组建6套净水系统,完成黄山小学、溪华小学、尚阳小学、植林小学、塘李小学等12所偏远山区学校饮用水保障工程,10月底实现全市中小学优质供水全覆盖	完成
7	引入优质医疗资源,实行“双下沉、两提升”,市民本地就医比例提高到82%以上	①推进市中心医院、市中医医院与上海、杭州等知名医院开展合作；引进第三方医学检验机构2家；推动浙江大学医学院附属第四医院加强国际合作(12月)。②实施“市属医院牵手基层”工程，派专家赴基层带教、坐诊300人次以上(12月)。③开展医联体模式合作办医，完成2家卫生院和市属医院合作挂牌(12月)。④采取分级诊疗、社区卫生服务站多元化运行，村卫生室延长服务时间等措施，提升基层首诊率(12月)。⑤市新中医医院、市中心血站、市急救中心、东方医院、市妇幼保健院乳腺宫颈诊治中心投用,全市新增床位700张(12月)。⑥进一步优化医保配套制度,发挥杠杆作用(12月)	王　迎	▲卫计委 人社局 城投集团	①8月31日,义乌市中医医院与上海中医药大学附属岳阳医院正式签署合作协议。义乌市妇幼保健院与迪安公司合作已签约,义乌市中医医院与美康公司合作已签约。浙江大学医学院附属第四医院与加拿大阿尔伯特大学医学院开展医学合作,定期派出医师前往学习交流。②全市7家二级以上市属医院分别与14个镇(街道)卫生院牵手,累计派出专家432人次。③完成3家卫生院和市属医院合作挂牌,成立医联体。④《推进村(社区)卫生服务机构改革的通知》《关于义乌市基层医疗卫生机构补偿机制改革的实施意见》正式下发,分级诊疗政策、社区卫生服务站多元化运行稳步推进。⑤市中医医院搬迁工程和市中心血站、市卫生进修学校、市急救中心工程均已完工,12月完成搬迁。天祥医疗东方医院、市妇保院乳腺宫颈诊治中心投用。完成新增床位755张。⑥2016年市民本地就医比例为82.8%	完成

续表 9

序号	实事内容	任务细化分解及进度安排	责任领导	责任单位	进展情况	备注
8	深化医药付费方式改革,实行诊间结算等改革,方便群众就医	①市民卡智慧医疗结算，完成上线测试(3 月)。②市中心医院、市妇幼保健院、市第二人民医院、义亭卫生院开展智慧结算试点(6 月)。③公立医院、镇(街道)卫生院全面实行智慧结算，鼓励民营医院同步开展(12 月)	王 迎	▲卫计委 人社局	①市中心医院等 4 家单位完成智慧医疗结算上线测试 ②6 月,市中心医院、市妇幼保健院、市第二人民医院、义亭卫生院、后宅街道社区卫生服务中心 5 家医院 20 个科室开始开展诊间结算试点。③全市医院智慧结算稳步推进，诊间结算设备在 9 月底完成招标,11 月完成安装,在全市医院正常使用(民营医院中稠州医院、復元医院已同步开展)	完成
9	打通涌金大道、义东路、城北路、铁西路、铁东路等 10 条以上断头路	①6 月底前,完成新科路(西城路至雪峰路)、江滨路(塔下村至江东南路)工程,主车道通车(6 月) ②完成五中南大门周边配套道路、久府和园周边配套道路、铁西路(城中西路—稠州西路)工程，主车道通车(10 月) ③完成工人路(规划 22 米道路至湖塘老路)工程,主车道通车(11 月) ④完城北路延伸（兴隆大街至紫金南路)、铁东路(银海路—诚信大道—大通路)工程,主车道通车(12 月)	毛世梁	▲城管委 城投集团	①新科路(西城路至雪峰路)实现主车道通车 ②五中南大门周边配套道路、兴隆大街(涌金大道至五中)实现主车道通车;完成久府和园周边配套道路主线道路,具备通车条件 ③完成工人路(规划 22 米道路至湖塘老路)工程主线道路,具备通车条件 ④城北路延伸(兴隆大街至紫金南路)因与周边道路规划衔接问题,经市政府同意暂缓实施	完成
		完成宾王路延伸和义东路延伸工程,主车道通车(12 月)	毛世梁	▲交通局 交投集团 江东街道	①宾王路延伸工程完工 ②义东路延伸工程因义乌大道、江东至赤岸公路即将实施建设，为避免工程投资浪费，暂停义东路连接线路面施工	完成
		①完成涌金大道（稠州北路—阳光大道)政策处理(6 月份) ②主车道通车(12 月)	陈小忠	▲丝路新区 福田街道	拆除原尚经工业区 3 家企业（天鹏拉链厂、沪东线业、飞天现代实业)、罗店村 1 农户、齐街村,骆荣飞户已签协议未拆除,2 户未签协议	基本完成
10	建成国贸大道上下连接道路	胜利小区连接道路通车(5 月)。车站路连接道路通车(6 月)。农贸城连接道路通车(7 月)。诚信大道三处连接道路、通道二连接道路、机场路连接道路通车(12 月)	毛世梁	▲城管委 交通局 恒风集团	国贸大道胜利小区、车站路、农贸城、诚信大道三处、通道二及机场路等 8 处上下连接通道全部完工	完成
11	实施 BRT 公交线路建设	完成工可报批、初步设计编制及专家评审工作，完成国际商贸城客运中心公交站新增用地上报(3 月)。完成道路改造、站台基础、首末站等设计(4 月)。6 月完成道路改造、站台基础、首末站的招标，并开工,9 月竣工	毛世梁	▲交通局 公安局 城管委 执法局 恒风集团 城投集团	①开通金华至义乌的 BRT3 号线 ②完成义乌市 BRT 公交 1 号线基础设施改造主体工程	完成

续表 9

序号	实事内容	任务细化分解及进度安排	责任领导	责任单位	进展情况	备注
12	新增城区停车位1万个以上。	1.新增公共停车位2770个:①绣湖西路、丹溪路、城北路停车场257个(5月)。②城中西路、新科路、新马路停车场235个(7月)。③天宝路停车场108个(9月)。④老宾王客运中心400个(6月)。⑤市中心医院二期300个、浙江大学医学院附属第四医院225个、人力资源市场245个、部分学校及城市有机更新部分区块、道路两侧等新增停车位1000个以上(12月) 2. 启动建设立体停车楼(2176个):金福源(946个)、楼店南(530个)、卫校(300个),城北路江滨绿廊地下停车场(400个)(12月) 3. 小区路面及道路两侧规划停车位:新增2000个(12月) 4.商贸区实行停车收费:新增停车位200个(12月) 5.部分机关部门单位实行夜间、周末错时对外开放:新增停车位1000个以上(6月) 6.建设筒式停车楼3个:新增停车位100个(12月) 7.义乌之心项目:新增配建停车位2455个(12月)	毛世梁	▲治堵办 公安局 城管委 执法局 城投集团 恒风集团	全年共新增公共停车位1.02万个。①新建公共停车位5710个,其中国贸大道桥下7个公共停车场,共计611个车位;老宾王客运中心公共停车场,500个车位;结合交通微循环等新增路内车位2178个;江南小区、解放新村等小区改造新增车位844个;市中心医院二期、市中医院、市人力资源市场等3个公建投入使用新增车位1577个;②建成城北路—江滨路交叉口西南角和人力资源市场南侧公共停车场,以及义乌之心地下停车库和保联街等部分路内车位,新增公共停车位4445个	完成
13	整合改造镇(街道)图书分馆10个,完成新建2个,提升图书流通站50个,实现市、镇、村三级图书借阅联网	①完成镇(街道)图书分馆选址、方案设计等工作(佛堂、赤岸新建,其余镇(街道)整合改造)(5月) ②完成12个镇(街道)图书分馆、50个图书流通站建设并启用(12月) 说明:1.各镇(街道)提供300平方米以上图书分馆场地和3~4个图书流通站馆舍,并负责完成场地装修、设施及人员配备 2. 市图书馆全程指导分馆和图书流通站建设,提供智能化设施设备及首批图书5000册于各分馆、500册于流通站	王　迎	▲文广新局	①完成14个镇(街道)图书分馆建设,且配置了智能化设备及电子图书借阅机,其中佛堂(1557平方米)、赤岸(1000平方米)两个图书分馆,改造完成上溪(500平方米)、稠江(400平方米)、北苑(700平方米)、稠城、江东、福田、廿三里、后宅、苏溪、大陈、义亭、城西(各300平方米),大陈分馆配书6000册、佛堂配1.4万册、其他分馆配1万册 ②建成村(社区)图书流通站40个,每站配书500册;建成宾王中学、商贸城五区、国际贸易服务中心、赤岸与苏溪的2家农村数字电影放映点、正觉禅寺阅读吧等10家社会合建图书流通站,配发图书2万册 ③宗泽路义乌图书馆总馆完成智能化设备的安装和图书标签的加工,实现图书馆总馆、镇(街道)分馆、图书流通站之间的图书通借通还,同时开通市民卡借阅功能	完成

续表 9

<table>
<tr><th>序号</th><th>实事内容</th><th>任务细化分解及进度安排</th><th>责任领导</th><th>责任单位</th><th>进展情况</th><th>备注</th></tr>
<tr><td rowspan="6">14</td><td rowspan="6">每个镇（街道）建设改造标准化综合农贸市场1家以上。规范提升全市133家农贸市场</td><td>完成全市农贸市场规划编制(6月)</td><td>陈小忠</td><td>▲商务局规划局
各镇（街道）</td><td>8月初完成《义乌市农贸市场布局规划(2016—2030)》审定。</td><td>完成</td></tr>
<tr><td rowspan="3">①改造项目12个：胜利菜市场、廿三里综合市场、凌云菜市场、后宅综合市场、上溪综合市场、吴店综合市场、义亭综合市场、青口菜市场、下门菜市场、胡宅综合市场、大陈一村菜市场、赤岸四村菜市场完成改造并投用(12月)
②新建项目8个：福田街道项目主体结顶(11月)；城西、廿三里街道,大陈瑞云路、佛堂下市村4个项目开工(12月)；稠江街道、佛堂镇湖山路、大陈镇马畈村3个项目完成规划设计(12月)
③改建项目2个：后宅街道、苏溪镇项目完成施工图设计(12月)
④谋建市场项目3个(12月)</td><td rowspan="3">陈小忠</td><td rowspan="3">▲市场发展集团
国土局
规划局</td><td>建成星级菜市场(综合市场)18个。改造12个：后宅综合市场改造项目调整为改建，其他均已完成改造</td><td>完成</td></tr>
<tr><td>新建项目8个：其中市场集团负责项目7个；福田街道项目完成主体结顶；城西街道、大陈镇瑞云路、佛堂镇下市村、廿三里街道武岩菜市场4个菜市场完成项目前期工作并已开工；佛堂镇湖山路、大陈镇马畈村完成规划方案设计；稠江大路金菜市场调整由稠江街道负责，已开工</td><td>完成</td></tr>
<tr><td>改建项目2个：后宅、苏溪项目已完成施工图设计。谋划项目3个：新马路二期、上溪二期、稠关项目正在谋划中</td><td>完成</td></tr>
<tr><td rowspan="2">①建省级放心农贸市场3个(12月)
②规范提升全市133家农贸市场。完成调查摸底，制订整治提升标准和工作方案(4月)
③分类分批开展整治提升(12月)</td><td rowspan="2">王新锋</td><td rowspan="2">▲市场监管局
市场集团
综合执法局</td><td>上溪、义亭、凌云3个市场已通过省放心农贸市场验收</td><td>完成</td></tr>
<tr><td>133家农贸易市场：取缔马路市场28家；拆除13家不符合规划或存在安全隐患的无证市场；5家以临时便民菜市场形式进行过渡。列入2016年度改造提升的24家村居社区举办的农贸市场全部启动；列入2017年改造提升的29家村居社区办的农贸市场制订提升计划</td><td>完成</td></tr>
<tr><td>15</td><td>完成农村困难家庭危旧房改造2000户以上</td><td>①全面完成调查摸底，制定出台改造配套政策，下达年度改造任务(4月)
②各镇(街道)按计划推进，开展危旧房改造(12月)
③城管委组织相关部门对2016年危旧房改造治理任务完成情况进行验收、考核(12月)</td><td>周丽水
毛世梁</td><td>▲城管委
农　办
社区建设办
规划局
国土局</td><td>①4月底，完成全市危旧房的调查摸底工作，重点理清是否为唯一住房、出租、闲置等情况
②7月6日下发《义乌市危旧房治理改造两年行动计划》，确定2016年改造的总任务和分镇街的目标；7月29日，会同农林局、社区办、规划局、国土局、财政局联合下发《义乌市危旧房治理改造措施和配套政策》
③截至12月27日，全市完成治理改造3690户，占全年2000户任务数的184.5%；占计划完成3380户任务数的109.17%</td><td>完成</td></tr>
</table>

续表 9

序号	实事内容	任务细化分解及进度安排	责任领导	责任单位	进展情况	备注
16	提升主城区信号灯控制系统	完成环城路以内所有主干道绿波协调控制和路口信号灯系统优化，形成区域协调控制(6 月)	陈小忠	公安局	①6 月底前实现城区所有信号灯控路口的联网联控 ②完成义乌城区内280 个信号灯控路口的交通信号基础数据库的建立与更新，以及路口日常巡查、工作流程的制定 ③重点完成义乌市区 25 条主干道、共计 173 个交叉口的绿波协调优化工作 ④完成 89 个交叉口的单点信号优化工作	完成
17	启动实施义乌江串珠工程，完成江滨绿廊城区段体育设施提档改造，全面打通两岸绿道，打造全民健身长廊	①完成方案论证和设计(6 月) ②进场施工(9 月) ③完成项目建设(12 月)	毛世梁	▲城投集团 城管委 规划局 水务局 文广新局	①5 月完成方案论证和设计 ②8 月进场施工 ③原有游步道修缮工程完工，建成全民健身中心，人行栈桥基本完成，绿化景观工程基本完成，部分路灯更新安装完成	完成

（陈志明）

千年古镇赤岸镇名的由来

赤岸镇位于义乌市南部，东接东阳市，南与永康市、武义县相连，距市区 18 千米。赤岸属丘陵半山区，丹溪环镇而过，交通便利。据记载，唐时赤岸已比较繁荣，并曾在此设过县治。清朝赤岸属双林乡，民国时期为赤岸乡，1987 年设镇。赤岸原名蒲墟，《义乌县志》记载："南齐(479–502)，朱幼，字长明……曾祖汎，字孝祥，永兴元年(304)中任临海太守。秩满，徙义乌蒲墟村，浸成大族。后朱女适王，亲迎之日，两族车红辉映溪岸，因名蒲墟曰赤岸。后既又改为丹溪。"丹溪亦为赤岸别名，晋代道学家葛洪著《神仙传》云："皇初平者，丹溪人也。"金元四大医家之一、中国古代滋阴学派创始人朱震亨亦被尊为"丹溪先生"。

（陈子华）

市情概览

自然地理

【位置面积】 义乌市位于金衢盆地东部，北纬29° 02′ 13″ ~ 29° 33′ 31″ 和东经119° 48′ 52″ ~120° 16′ 25″ 。东邻东阳市，西连金华市、兰溪市，北接浦江县、诸暨市，南界永康市、武义县。市境东、南、北三面群山环抱，全市南北长 58.18 千米。东西宽 44.41 千米，境界总长 309.75 千米。

（市志编辑部）

【土地资源】 2016 年年底，全市土地总面积 11.05 万公顷。其中耕地 2.24 万公顷，园地 5559.89 公顷，林地 4.87 万公顷，草地 742.48 公顷，城镇村及工矿用地 1.78 万公顷，交通运输用地 6075.98 公顷，水域及水利设施用地 6977.26 公顷，其他土地 2270.03 公顷。

（冯建民）

【矿产资源】 2016 年，义乌市区域内发现矿产 21 种，其中金、银、铅、锌、铜、钼、钴土、锰等金属矿产 9 种；萤石、重晶石等冶金化工原料非金属矿产 2 种，石墨、花岗岩、大理岩、水泥用凝灰岩、建筑用凝灰岩、建筑用砂、砖瓦用泥（页）岩及黏土等建筑材料及其他非金属矿产 7 种，煤、铀和矿泉水各 1 种，查明资源储量的矿产有萤石、煤和水泥用凝灰岩 3 种、产地 12 处（其中萤石矿 10 处、煤和水泥用凝灰岩各 1 处），经过踏勘的矿点、矿化点 104 处。全市萤石资源较为丰富，矿体呈脉状产出，质量较好，萤石资源尚有较大的找矿潜力。

（冯建民）

【气候特征】 义乌市地处金衢盆地东缘，属亚热带季风气候区，具有光温同步、雨热同季、四季分明、温暖湿润、光照充足、雨量充沛的特征。春、秋季短，夏、冬季长；春、夏季多雨，秋、冬季干燥。但同时也常受持续低温阴雨、洪涝、高温、干旱、雷电、冰雹、大风和霜（冰）冻、寒潮、大雪等自然灾害天气影响。

2016 年，义乌气候总体特征为气温偏高，雨量、雨日偏多，日照偏少。年初出现 25 年来极端严寒天气，伴随少见大雪；年度平均气温高，极端高温与低温均处历史前列；年降水量降水日数均偏多，时空分布不均匀；初夏强对流天气多发，梅汛期降水集中，期间发布暴雨红色预警信号；盛夏炎热少雨，持续 10 天发布高温橙色预警信号；4—5 月阴雨寡照，影响农业生产；9—10 月台风活跃，秋台风集中影响；10—11 月多阴雨，光照特少；年内霾日数大幅减少，中度霾以上 1 次；年底无大雪严寒天气，气温特高。

2016 年年平均气温 18.6℃，比常年平均值偏高 0.9℃，较上年偏高 0.7℃。全年有 11 个月平均气温较常年偏高。负距平出现在 5 月，偏低 0.2℃，正距平最大值在 12 月，偏高 2.4℃。年极端最高气温 39.7℃（7 月 29 日），较上年偏高 1.3℃，历年极端最高气温值 42.0℃（2003 年）。年极端最低气温 −8.5℃（1 月 25日），较上年偏低 5.5℃，历年极端最低气温值 −10.7℃（1977 年）。月平均气温的年较差25.5℃，较上年偏高 4.7℃。

全年日最高气温 ≥35℃的

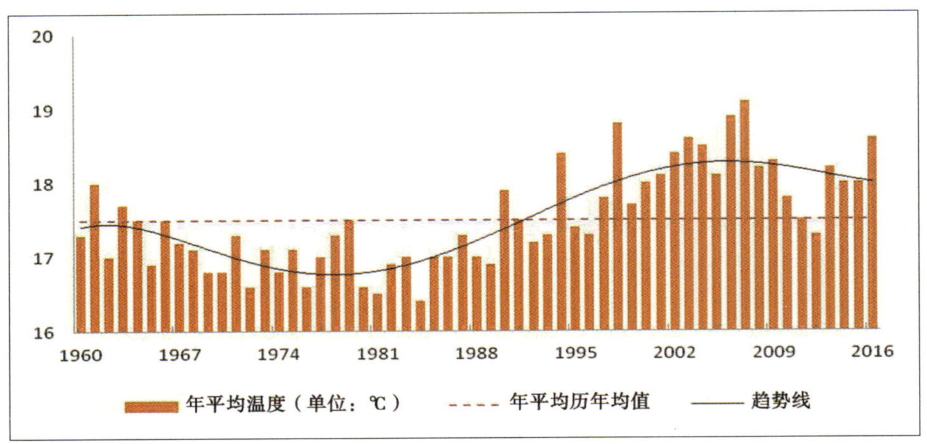

义乌市年平均气温历年变化情况

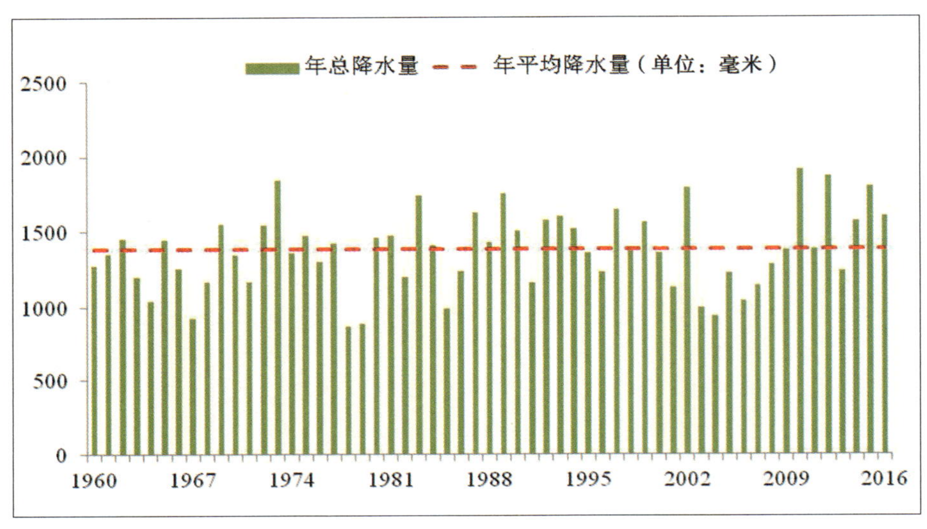

义乌市年降水量历年变化情况

天数有39天，比常年平均值偏多4天，较上年偏多20天，为近三年中日数最多。全年日最低气温≤0℃的天数为13天，比常年平均值偏少5天，较上年偏多3天。

2016年总降水量1601.2毫米，比常年平均值偏多约1.5成(214.6毫米)，较上年偏少199.1毫米。年内2月、3月、7月、8月、11月和12月比常年偏少，其中2月、3月和12月比常年偏少5成以上；其余月份偏多，9月比常年偏多1.4倍。全年降水日数171天，比常年平均值偏多23天，较上年偏多5天；年内，2月、3月和8月降水日数偏少，其他月份均偏多。日雨量达50毫米以上的暴雨日数4天，比常年平均值偏多1天。最大日雨量出现在9月15日，为89.3毫米。

下图为2016年全市各自动气象站降水分布情况，东北部、南部和东部山区总降水量高值区，中间平原地区总降水量相对较小。最大出现在江东街道山口站，年降水量达2002.9毫米，最小出现在上溪站，年降水量为1503.5毫米。

2016年日照时数1593.7小时，比常年平均值偏少195小时，与上年相比偏多168.4小时，是日照较少的年份。年内2月、3

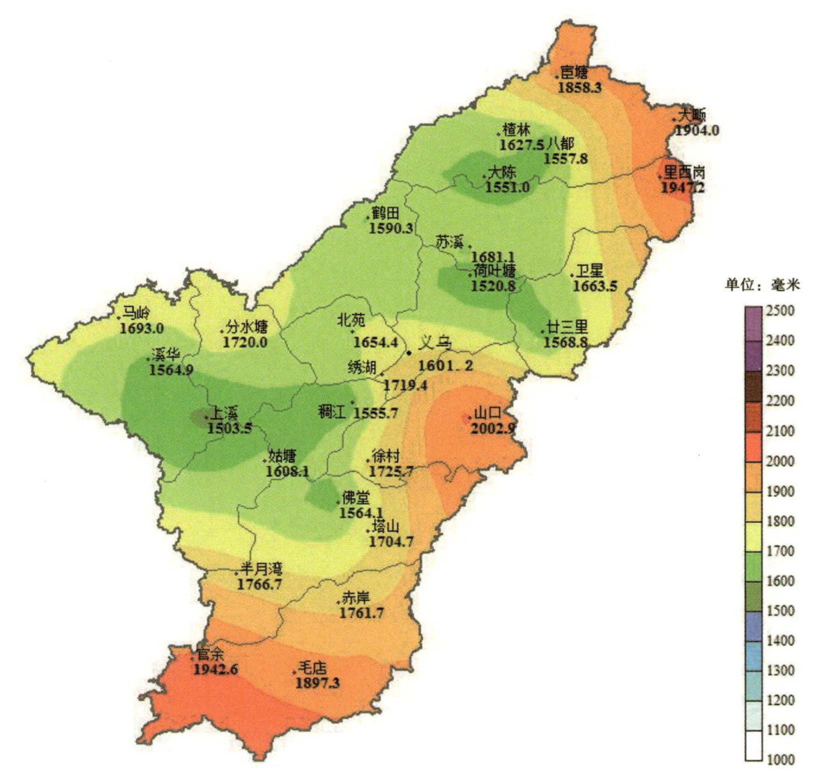

义乌市 2016 年总降水量分布图

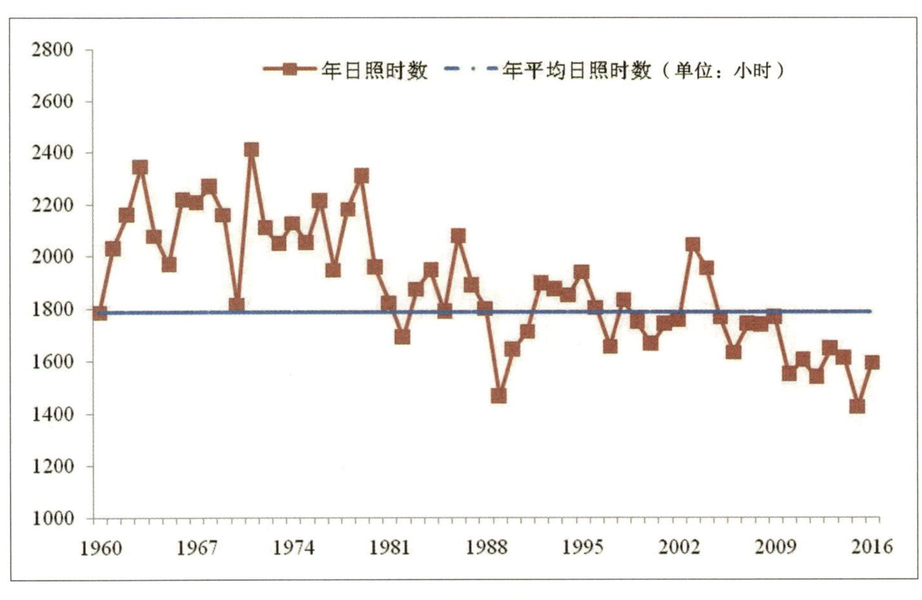

义乌市年日照时数历年变化

月、8 月和 12 月比常年偏多，其中 2 月比常年同比偏多 9 成；其余月份日照时数均比常年偏少，其中 10 月比常年同比偏少 7 成。

重大天气气候事件。年初出现 25 年来极端严寒天气，伴随少见大雪。受强冷空气影响，1 月 21—26 日义乌出现大范围雨雪和冰冻天气。同月 21—23 日过程雨雪量大到暴雪、山区大暴雪量级，全市出现明显积雪，最大积雪出现在大陈镇大畈村，深度30厘米。25日早晨，义乌国家基本气象站的最低温度-8.5℃，在近30年内仅次于1991年的-9.1℃。1月18—20日，市气象局相继进入重大气象灾害业务服务四级和二级响应，接连发布寒潮黄色预警信号、暴雪黄色预警信号、暴雪橙色预警信号、道路结冰黄色预警信号，21日，市政府启动义乌市重大雨雪冰冻灾害(二级)应急预案。

4—5月阴雨寡照，影响农业生产。4—5月冷暖空气活动频繁，出现持续阴雨寡照天气。其中4—5月份降水总量512.6毫米，比常年平均偏多72%，为1981年以来的第二多，降水日数多达43天，比常年偏多13天，总日照时数仅231.5小时，比常年平均偏少近3成。

6月强对流天气多发。6月1日与3日各有强雷电和局地6~8级雷雨大风；6月11日入梅，7月1日出梅，梅汛期全市面雨量266.8毫米，梅雨期和总降水量均接近常年平均略偏多，占全年总雨量的近20%，最强降水过程出现在6月28—29日，全市普降暴雨，部分大暴雨，并伴有雷雨大风与冰雹等强对流天气，市气象台发布暴雨红色预警信号。

盛夏炎热少雨，持续10天发布高温橙色预警信号。7月下旬—9月上旬，受副热带高压控制，持续出现晴热高温天气，城区连续8天最高气温都在38℃以上，7月29日最高气温达39.7℃，后宅鹤田自动气象站达42.4℃；8月15—20日最高温度达36℃~39℃。

9—10月台风活跃，秋台风集中影响。2016年台风影响集中。9月14—16日受台风“莫兰蒂”环流影响，普降暴雨到大暴雨；同月27—29日，受台风“鲇鱼”环流影响，普降中到大雨。10月18—19日，受台风“莎莉嘉”倒槽影响，普降中雨，局部有大雨；同月22—23日，受台风“海马”北上残余环流和北方弱冷空气共同影响，普降中雨。

10—11月多阴雨，光照特少。10月经历了多个台风和多次冷空气影响过程，阵性降水天气较多；11月又出现3次冷空气影响过程，阴雨天气特多，接近常年的2倍，日照特少，只有常年的45%，为1981年以来第四少。

年内霾日数大幅减少。2016年霾总日数57天，其中轻微霾45天，占比78.9%；轻度霾11天，占比19.3%；中度霾1天，较上年少5天，占比2%；无重度霾。2016年霾日总数只有2012—2015年平均数的一半，较上年减少30天。近5年均未出现严重霾。

年底无大雪严寒天气，气温特高。12月出现3次冷空气过程，但除市境内的东北部山区有小雪之外，其他地方未出现明显降雪；月平均气温9.9℃，较常年同期平均偏高2.4℃，是义乌有记录以来的第二高（1968年10.8℃）。

（符仙月）

【水文特征】 2016年，全市平均降雨量1509.5毫米，与常年同期降水量(1464.4毫米)基本持平。梅雨期降水时间分布不均，6月11日入梅，梅期20天，与常年持平。全市梅雨期平均降雨量262.1毫米，较常年梅雨期降雨量(249.6毫米)偏多5.0%。义乌江流域受强降雨影响，同月29日义乌江城市水文站出现洪峰水位57.44米(未超警戒)，实测洪峰流量902立方米/秒；义乌江佛堂水文站出现洪峰水位54.24米，超警戒水位1.24米，为接近10年一遇的标准大洪水。

受厄尔尼诺现象影响，全市各月平均降水量分布与常年同期相比，1月、4月、5月、6月、9月和10月明显偏多，其中1月偏多53%、4月偏多61.3%、5月偏多55.5%、9月偏多99.46%、10月偏多28%。全市遭受强降雨天气，梅雨期有3轮明显降水过程，分别是6月15—16日，全市降雨量83.6毫米，单站雨量最大前三分别为廿三里华溪国家基本站103.5毫米、赤岸枫坑水库国家基本站100毫米、苏溪国家基本站100毫米；6月25日至26日，全市降雨量58毫米，单站雨量最大前三分别义亭铜溪99毫米、义乌国家基本站97.5毫米、上溪航慈溪96.5毫米；6月28—29日，全市降雨量87.6毫米，其中6月29日3—8时的强降水较为集中，赤岸古寺水库最大6小时为89毫米，按枫坑国家基本雨量站历史水文数据分析，接近20年一遇标准。单站过程雨量最大前三分别义亭铜溪128毫米、佛堂国家基本站120.5

毫米、义乌国家基本站118毫米。

（张小红）

【防汛防旱】 2016年，全年总体汛情平稳，遇到3次过程性强降雨和多次局部性强降雨，其中6月29日强降雨给部分镇（街道）造成不同程度灾害。全年有“尼泊特”“莫兰蒂”2个台风影响义乌市，其中受“尼泊特”外围影响带来一定强降雨，但未对全市造成明显灾害。根据预警平台统计，全市累计发布各类预警、气象、水雨情信息短信21.94万条次。其中自动预警180次，涉及6169个防汛责任人，计16.04万条预警短信；人工发布5.61万短信条次。

受梅雨期强降雨影响，6月28日开始义乌市普降暴雨，全市除福田、北苑、稠城3个街道外，其他镇（街道）都出现不同程度受灾。据统计全市有478.13公顷农田受淹，23个村庄发生内涝，受灾人口675人，转移人口551人。其中受灾较重的赤岸镇1000平方米大棚等农业设施受损，房屋倒塌8处，村道塌方6个，河道塌方12处；佛堂蜀墅塘水库超正常水位（69.97）0.67米，造成塘边村部分农户房屋进水。同月29日7时40分，市防指根据《义乌市防汛防台抗旱预案》启动Ⅳ级应急响应，各镇（街道）和部门立即响应，积极部署防灾减灾工作，使灾害损失减到最低程度。

7月1日，出梅以后以晴热高温少雨天气为主，但由于2016年雨量充沛，水库蓄水量充足，全市未出现明显旱情。

2016年完成镇（街道）、村（社区、居）基层防汛体系标准化建设和赤岸镇群测群防示范建设，并通过金华市防指考核验收。

（张小红）

建置区划

【概况】 秦置乌伤县。唐武德七年（624）改置义乌县，属婺州，治所即今浙江义乌市。元属婺州路。明、清属金华府。民国初属浙江金华道。1927年直属浙江省。1988年被设义乌市，属浙江金华市管辖。

【明清时期的义乌】 明清时期义乌人口起落较大，元末的战乱，致使人口锐减，在明初得以休养生息。明洪武十四年（1381）时，开始核查田亩，造黄册（户口册），至洪武二十四年（1391），核查人户数为2.9万户，丁口为14.39万人。嘉靖元年到万历二十二年（1522—1594），朝廷数次派员到义乌招募乡民壮丁抗倭，招募兵员约2.6万人，在外阵亡者众。《义乌市志》中记载“父不得恤其子，兄不得顾其弟，妻不得有其夫，历年来散于北边、散于闽广者几数万众，倭平而生还者十无二三”，至万历九年（1581）义乌户口仅存1.29万户，人口7万余人，减少了一半。

义乌地处金衢盆地东缘，以丘陵为主，东、南、北三面环山，地势自东北向西南缓降，形成一个南北长、东西短的长廊式盆地。洪武十九年（1386），着手丈量土地，查明义乌县时有土地87.39万亩，其中田45.91万亩，并编制赋役《黄册》，以及为征派赋税而编造的义乌土地簿册（简称《鱼鳞册》，古时为征派赋税而编造的土地簿册。以田地为主，分号详列面积、地形、四至、土质及业主姓名）。各户所交田赋，按照官、僧、民的各类土地（包括山塘）及各等级额定。洪武二十四年（1391），额定义乌夏税麦2108石，秋粮米2.26万石。明永乐元年（1403），义乌县加征附加桑8466株，科丝19斤4两9钱。正德十五年（1520），加征田赋附加3项，共计征银3926两。清顺治元年（1644），义乌田赋沿用明代的“一条鞭法”，应征赋税折银。康熙六年（1667），又清查土地，修编《鱼鳞册》。是年，地丁实征银4.3万两。雍正二年（1724）推行“摊丁入亩”制度，废除人丁税。

这个时期的义乌商业经济发达，清嘉庆七年（1802），义乌较具规模的集市有29个。此外，各种不同形式的庙市定期举办，满足众多乡村百姓的商品需求，逐步形成一个以县城为中心，廿三里、苏溪、佛堂3个镇为纽带，以众多集市、庙市为基础的商品流通体系。当时义乌大规模的商人合作组织中其影响较大的有以主营糖食品零售、采用敲糖换鸡毛之类方式经营的敲糖帮和以义乌和东阳、浦江等地挑贩私盐小商人组成的挑盐帮。

明代中叶以后，有关义乌商业活动的文字记载逐渐增多，如明陶望龄的《金南湖墓志铭》中所写义乌隐士金守宪“弟喜驰猎，好行贾，隐士勿禁也”，《义乌倍磊陈氏宗谱》也有记载“货于市，聚粟连仓，不占便宜”，商人群体的不断壮大和经营范围与规模的不断扩大，为义乌商业经济的繁荣注入了活力。明代义乌的县学建设益盛，县学之管理体制奉行朝廷颁布的禁令和学规，所收学生有廪膳生、增广生和附学生3类。明洪武八年(1375)立社学，每乡每里俱设社学，设教条，以教人子弟，讲习冠、婚、丧、祭之礼。明清时期的义乌，不仅学有统绪，历有渊源，而且人才代兴，文献繁盛。留存的著述有明王祎《大事记续编》，金江《续纲目书法》，清骆宁桢《通鉴举要补》，丁先庚《资治通鉴纲目书法补》，王汶《齐山文集》，吴之器《明月斋稿》、倪仁吉《凝香阁诗稿》等。

（楼向华）

【行政区划】 2016年，义乌市下辖建制镇6个，街道8个，行政村704个，居委会36个，社区居委会44个。其中佛堂镇辖村委会96个、居委会10个；赤岸镇辖村委会66个，居委会2个；义亭镇辖村委会62个、居委会5个；上溪镇辖村委会76个；苏溪镇辖村委会68个、居委会1个；大陈镇辖村委会48个、居委会1个；稠城街道辖社区居委会13个；福田街道辖村委会53个、社区居委会4个；江东街道辖村委会51个、居委会1个、社区居委会8个；稠江街道辖村委会33个、居委会4个，社区居委会7个；北苑街道辖村委会25个、居委会2个、社区居委会8个；后宅街道辖村委会44个、居委会4个、社区居委会4个；廿三里街道辖村委会35个、居委会8个；城西街道辖村委会47个。

（罗白翎）

历史人文

【人口变迁】 2016年年末，全市户籍人口78.22万人，比上年增加1.07万人；流动人口133.59万人，比上年增加8.52万人。全年出生人口1.13万人，出生率15.5‰；死亡人口4208人，死亡率5.97‰；人口自然增长率9.53‰。本地人口中，男性39.57万人，占50.59%。登记的外来人口中，男性75.02万人；16～34周岁74.06万人，占55.44%；大专以上学历12.56万人，同比增长36.11%；有52个少数民族13.02万人暂住在义乌，占外来人员总数9.75%；来自外省的116.28万人，占87.04%，其中10万人以上的有江西、河南、贵州、安徽4个省(占56.3%)，10万人以下1万人以上的有湖南、湖北、云南、四川、福建、重庆、广西、江苏、广东、陕西、山东11个省(市、直辖市)(占26.9%)。分布在城区的外来人口74.55万人，占55.8%。

（李玮钢）

【传统体育枫溪“走马灯”】 城西街道枫溪“走马灯”是“马”和人紧密结合的一种民间舞蹈，被称为灯舞，是义乌市春节期间民俗活动不可缺少的项目之一，活动时间为正月十五。作为一项人们祈求国泰民安、向往幸福生活的传统民俗活动，走马灯具有独特别致的造型，变换多样的阵容，是人们喜闻乐见的一项文娱活动。

枫溪走马灯最早可追溯到明朝，为纪念枫溪村祖上出的14个秀才而创，至今已有400余年历史，也有传说是大明开国功臣义乌籍大将歧阳王李文忠麾下王威传下，经文人加工后完善于清朝。“走马灯”的主要道具是“马”，马身为竹编的两只兜，连接马首与马身的马脖子是一个竹圈，栽上尾巴，裱上饰纸，并把马身(两只兜)一前一后缚在表演者肚子与后背上，俨然如胯下马。走马者在表演时，一手抓马首，一手握马鞭，伴随着热闹的锣鼓，踩着轻盈的步伐向前迈进。

枫溪“走马灯”与其他地方“走马灯”区别在于“马”头是活的，“马”头由一个个的竹圈连着，所以走的时候能转动自如；“马”身用竹子编织成就，每匹“马”长约1米，小巧玲珑；“马”表面用有颜色的薄纸糊着，有红“马”、白“马”、绿“马”和花“马”。除了“马”，走马灯的其他道具还有“灯”“旗”等。马身的两个兜内可装蜡烛(现改为灯泡，以防火烛)，晚上表演更具观赏性。马队领头人是“帅”和“令”由体能较好者担当。“帅”者扛一大旗，“令”者持一小旗，背缚一盏灯。

“走马灯”走的是“花样”。行至空旷处，可以走出10余种花样：如在龙马扬威篇章中，有游蛇壳、双凯门、半个月；在龙马布阵篇章中，有小连环、三角柱、十字金花、大连环；在龙马竞搏篇章中，有铁索环、龙凤赛；在龙马腾飞篇章中，有3个跑（结局）等。表演结束叫“杀马”。每次表演时约有20匹“马”，古时扮演“马”者为数十位10～12岁的男孩，在表演时，他们中有一半要男扮女装。男装直短褂，头戴公子帽；女装斜短褂，戴假发髻，一色的古装打扮。随着时代的进步，也有女孩扮演“马”者。

2009年5月，作为传统舞蹈，枫溪“走马灯”被列入金华市第三批市级非物质文化遗产名录。2016年3月，义乌市政府将义乌市东河小学列为枫溪“走马灯”教学传承基地，是义乌市第三批市级非物质文化遗产传承基地。作为教学基地，东河小学不仅邀请枫溪“走马灯”传承人进校教学，还将枫溪“走马灯”入编到校本课程《七彩田园》的民风民俗篇，印刷成册，供全体师生每周校本课上学习，让学生随时随地了解、学习有400年历史的枫溪走马灯文化，开展系列的传承走马灯活动。

（陈子华）

【传统美食义乌红糖】 义乌红糖是义乌著名的传统土特产，与义乌火腿、义乌南枣并称“义乌三宝”。因义乌红糖色泽嫩黄而略带青色，故又名义乌青，其质地松软、散似细沙、纯洁无渣、甘甜味鲜、清香可口、营养丰富。义亭镇是义乌红糖主产区，素有“红糖之乡”之称。义乌红糖除食用、药用外，在制作义乌传统食品“年糖”中不可或缺，每年腊月时节，义乌家家户户用米、粟、花生、豆、芝麻等烘炒、炮烙，拌上调煮的红糖，制成冻米糖、粟米糖、芝麻糖、花生糖等各种“年糖”。

义乌红糖有据可考的历史有700余年，元代医学家朱丹溪（义乌人）在医学著作《格致余论》之五《治病必求其本论》中已有使用红糖治病的记载。“以茱萸、陈皮、青葱、苜根、生姜，煎浓汤和以砂糖饮一碗许”，砂糖即红糖。清顺治时期，义乌人贾惟承引进并推广木糖车榨糖技术，使义乌糖蔗生产进入商业化轨道。据《贾氏宗谱》记载：“贾维承，号明山，生于明万历甲辰（1604年）。成人后，人刚毅，善学善识，广游四方，交友甚多。于清顺治年间，客游闽越，时值绞蔗做糖，便专心留意，摹其木制糖车式样，教人仿做成功，取其糖蔗绞榨红糖。邑人享其美，利至今。”

20世纪50年代，义乌红糖的原料——糖梗主要为土种，属竹蔗，形状如现在的指头，皮灰青色，粗2厘米，长不过2米，肉段很短，远看像芦苇，竹蔗茎细早熟耐寒，但产量低。20世纪60年代，义乌糖梗引进印度种，淘汰了土种，印度种皮暗红带灰色，水分比土种多，杆粗可达3厘米，抗风弱易倒伏，糖分高可产量不高。20世纪60年代末期引进霸王种，早熟高产高糖，遇风易折不耐贮。20世纪70年代，义乌农业局引进四川农业研究生研究的品种“川十”，为中熟品种，粗3～4厘米，杆高3米以上。20世纪80年代，义乌农业局引进早熟品种型，如76567，亩产可达8吨；早熟品种贵9，皮松、肉香，带有蜂蜜香味。义乌的糖蔗以20世纪60年代引入产量高迟熟的粤糖54/474为主。

义乌红糖传统加工方法是用牛拉木车绞蔗汁，再用柴烧铁锅煎熬制糖。因未经提纯，保留的养分较多，营养价值胜于白糖。随着工业发展，义乌红糖加工经历了从纯手工、半机械化到机械化的发展过程。民国9年（1920年）《义乌县志》残稿记载：“制糖厂民国六年在佛堂镇开办，颇著成效。”民国22年（1933），浙江省政府拨发部分款子，由义乌县实业科长肖家点兼主任委员，在江湾村开始办机制糖厂，用机械压榨，用离心机制取白糖，并加工冰糖。但工厂不仅规模很小，更由于糖水榨不干净，经济效益很差，后就不得不采用直接向农民收购糖水的制糖办法。1956年前后，义亭镇雅文楼村、佛堂镇王宅乡东山村、佛堂镇合作乡晓联村各办半机械化糖厂，用动力压榨与改进的土法熬制红糖。1965年12月，一座日榨鲜蔗500吨的全机械化的糖厂在佛堂镇杨宅村附近拔地建起（1982年扩大为日处理

1000吨),与此同时,农村也逐步采用机械压榨。到20世纪70年代,牛拉土榨办法全部淘汰。

历史上,义乌红糖生产规模小,生产工具和工艺都十分落后,产糖数量少,质量差,为自食自用的自给性生产,只有逢好年景,农民才会挑往集市少量出售。待红糖生产有一定规模以后,红糖市场开始出现。义乌县城往西南30里的佛堂镇,由于水上运输方便,是红糖主要的集散地。每当红糖上市旺季,县内外客商云集,来自外地的客商主要有兰溪朱正大行,年运销量少则十几万斤,多则几十万斤。本地经营红糖业务的主要是南货栈业,只搞零售,个别的资本稍雄厚也兼外销。如原佛堂镇瑞祥泰店主、原工商业者王宗海和糖行老板裘仲豪合资经营,并借助上海糖行的势力,把红糖运销江苏、安徽、江西等地。这种联合经营组织方式的出现,有利于提高义乌红糖质量,如把红糖划分等级;按级定价。由于严格红糖质量的划分,经营范围的扩大,"义乌青"在外地市场和其他"青"种竞争中,逐步显示威力,名气也不断提高。民国18年(1929),义乌佛堂镇商会选送的黄培记义乌青红糖,曾在西湖博览会上荣膺特等奖。抗日战争时期,各地交通闭塞,市场萧条,红糖的生产和销售受到极大冲击。市场红糖奇缺,价格暴涨,曾出现1担红糖10担谷的比价,于是一些不法商人以次充好,掺假使杂等行为也时有发生,"义乌青"的声誉受到影响。抗战胜利以后,外省食糖流入浙江市场,红糖滞销,红糖生产一年不如一年。到1949年,全县红糖产量仅7万担左右。新中国成立以后,红糖生产迅速发展。到1954年,全县红糖生产量达18万多担,购销业务十分兴旺。据统计,当年全县、乡两级供销社共有25个红糖收购点,另外还组织下乡巡回收购,旺收季节,每日收红糖1500多担。1982年,全县食糖生产量达29万担,较1949年增长4.2倍。20世纪末至21世纪初期,国内糖业受国际市场冲击,红糖价格一路下滑,义乌综合糖厂停止制糖,义乌红糖产业跌入谷底,糖蔗面积锐减到266.67公顷。为挽救与传承义乌红糖,2004年,义亭镇西楼村向义亭镇政府与义乌市政府求援,义乌市政府决定在西楼村举办红糖节,至2016年共举办13届。通过10余年努力,义乌红糖的质量与知名度日渐提高,义亭镇的多个村庄与邻近的佛堂镇、上溪镇也恢复了糖蔗种植。2016年,义乌市甘蔗种植面积在666.67公顷以上,其中糖蔗面积466.67公顷,果蔗面积200公顷,全市从事红糖加工生产企业有70余家。

2010年10月,义乌市农业局向浙江省农业厅提出将义乌红糖列入农业部农产品地理标志登记的申请并通过省农业厅组织的农产品地理标志登记现场检查和材料审核。同年底,农业部对包括义乌红糖在内的一批申请列入农业部农产品地理标志范围的农产品进行公示。因有少数专家对义乌红糖是该列于农产品还是工业产品存在异议,义乌红糖未能顺利通过当期登记。2011年下半年,农业部组织有关专家召开答辩会,对义乌红糖等存在异议的申请项目进行集中论证,在浙江省农业厅支持下,义乌红糖顺利通过答辩,于2012年8月正式获准登记。同年11月20日,义乌红糖正式获得农业部颁发的农产品地理标志登记证书。2014年2月,义乌红糖加工技艺申报第四批国家级非遗项目。同年12月4日,义乌红糖制作技艺入选第四批国家非物质文化遗产代表性项目名录。

2015年11月5日,由义乌市科学技术协会、义乌市农民合作经济组织联合会、义亭镇政府联合主办的首届义乌市网上红糖文化节在义亭镇先田村文化礼堂开幕,500余人参加。2016年11月24—29日,2016浙江省农业博览会在浙江新农都会展中心和浙江农业展览馆(杭州和平国际会展中心)举行,义乌市15家农业龙头企业参展,时任浙江省委书记夏宝龙到"义乌红糖馆"参观,"义乌红糖馆"现场展示红糖、麻糖、姜糖等10余种红糖深加工食品,集中宣传义乌"鸡毛换糖"的创业精神,参展营业额10余万元。

(陈子华)

传统戏剧

【概况】 2016年,婺剧保护传承中心获由中宣部、文化部、国家新闻出版广电总局颁发的第六届"全国服务农民、服务基层文化建设"先进集体称号，并受义乌市委、市政府集体嘉奖一次。创作的婺剧电视连续剧《鸡毛飞上天》在中央电视台11套戏曲频道黄金时段首播，并获第26届浙江省电视"牡丹奖"(电视剧、动画片)入围作品奖；新编婺剧《乌孝词》入选国家艺术基金大型舞台剧和作品创作资助项目，获国家艺术基金250万元资助；创排的廉政婺剧《徐文清公》分别向市四套班子领导、集聚区管委会主任、法检两长和新当选的市党代表等作汇报演出。

市婺剧保护传承中心受邀参加第七届巴黎中国戏剧节，剧目《吕布与貂蝉》获最佳传统戏曲奖，主演楼巧珠获戏剧节最佳男性角色奖。市婺剧保护传承中心承办"喜迎'义博会'，中国义乌戏曲联盟成立优秀舞台艺术精品专场"演出活动，浙江京剧团、浙江婺剧团、广州粤剧院、浙江越剧团等8个剧团的梅花奖、文华奖获得者参演。

【婺剧电视连续剧《鸡毛飞上天》】 6月21日，义乌婺剧保护传承中心创作的6集婺剧电视连续剧《鸡毛飞上天》在中央电视台11台戏曲频道黄金时段首播上半部1～3集，同月28日播放下半部4～6集。《鸡毛飞上天》是首部反映义乌历经"鸡毛换糖"到"国际商贸名城"巨变的婺剧电视连续剧，描写一家三代人30年的坎坷经历，女主人公玉兰既继承祖辈诚实守信、义利并举的拨浪鼓精神，又发扬新时代企业家傲立潮头、急流勇进的义乌风骨，展现义乌人崇尚信义、坚韧不拔、刚正勇为的精神品格和敢为人先、薄利多销的商业智慧。由国家一级演员，第19届上海白玉兰戏剧表演主角奖获得者楼巧珠扮演女主角金玉兰，国家一级演员金伟忠扮演成兴，国家一级演员张国标扮演金友义，剧中外国人由特型演员饰演，其他主要演员均来自义乌市婺剧保护传承中心。23日，此剧获第26届浙江省电视"牡丹奖"(电视剧、动画片)入围作品奖。

【婺剧《乌孝词》获国家艺术基金资助】 2016年7月，国家艺术基金公布2016年度资助项目立项公示名单，义乌市婺剧保护传承中心的婺剧《乌孝词》入选。这是义乌市首次获得国家艺术基金资助。国家艺术基金是中央财政拨款，同时依法接受自然人、法人或者其他组织捐赠的一项公益性基金，于2013年12月30日成立，旨在繁荣艺术创作，培养艺术创作人才，打造和推广原创精品力作。2016年基金共资助966个项目7.3亿元。《乌孝词》获国家艺术基金资助250万元，由国家一级导演沈斌、二度梅获得者林为林联袂执导。此剧以流传在江浙一带坊间颜乌葬父、纯孝格天的千古传奇故事为原型，以乌鸦作为贯穿全剧的意蕴链及外化形象，通过护救伤乌、颜家风骨、相濡以沫、父贤子孝、刨土筑坟、群乌助葬、万民感叹等事件写出颜家家风清廉、夫妇和睦、父慈子孝这一感动天地的故事，歌颂其"以孝传家，仁爱待人"的美好品德，展现"百善孝为先"的最美精神。

【廉政婺剧《徐文清公》】 8月13日，婺剧保护传承中心重点创作的廉政婺剧《徐文清公》在佛堂文化中心进行首演，800余名戏迷、群众观看当晚演出。12月12日，廉政婺剧《徐文清公》在佛堂文化中心演出，市四套班子领导、集聚区管委会主任、法检两长，全市宣传文化线以及戏迷票友共600余人观看。同月26日，中心演职员在佛堂文化中心向新当选的党代表和部分镇（街道）、部门干部献演，1000余名党员干部受到廉政教育。《徐文清公》由市委、市政府出品，市纪委、市文广新局监制。此剧以历史记载的义乌人徐侨为官生涯中的真实故事为基础，以"谏君""减赋""惩贪""赈灾""拒敌""归隐"为主体事件，塑造一个心系黎民、不畏权贵、反腐惩贪、廉洁自律，以实心行实政的古代清官形象。

【中国义乌戏曲联盟成立优秀舞台艺术精品专场演出】 10月20日，由义博会组委会主办，义乌市文广新局承办的"喜迎义博会，中国义乌戏曲联盟成立优秀舞台艺术精品专场"在中心小剧场上演，晚会由全国京、昆、越、粤、绍、婺6个具有全国影响力的剧种组成，浙江越剧团、上海昆剧团、广州粤剧院的梅花奖、文华奖、白玉兰奖演员联手献演《我的姨娘我的娘》片段、《火焰山借扇》等剧目，100余名嘉宾观看演出。

【参演第七届巴黎中国戏剧节】 11月19—26日，受巴黎中国文化中心邀请，中心35人代表团赴法国巴黎参加第七届巴黎中国戏剧节。戏剧节上，代表团为外国观众献上婺剧大戏《吕布与貂蝉》和折子戏《美猴王》，2场演出共有1000名外国观众观看。同月27日，戏剧节评委会揭晓第七届巴黎中国戏剧节评选结果。《吕布与貂蝉》剧目获最佳传统戏曲奖，吕布饰演者楼巧珠获最佳男性角色奖，中心是唯一获得戏剧节2项奖项的团体。

（文广新局供稿）

经济社会发展

【综合经济实力】 2016年，全市实现地区生产总值1118.1亿元，按可比价格计算，同比增长7.7%。其中，第一产业增加值22.4亿元，同比增长2%；第二产业增加值384.8亿元，同比增长4.3%；第三产业增加值710.9亿元，同比增长9.9%。全市按户籍人口计算人均生产总值14.4万元（按2016年平均汇率折算2.17万美元），同比增长6.7%，按常住人口计算人均生产总值8.81万元。三次产业结构由上年的2：36.1：61.9调整至2：34.4：63.6，第三产业比重比上年提高1.7个百分点。全市完成农林牧渔业总产值32.2亿元，实现农林牧渔业增加值22.8亿元。扣除价格因素，同比分别增长1.8%、2.1%。完成工业增加值329.1亿元，增长4.8%，工业增加值占GDP的29.4%。实现工业总产值1845.8亿元，增长4.6%。其中，规模以上（年产2000万元及以上）工业总产值813.4亿元，同比增长4.7%，销售产值779.9亿元，同比增长4.7%。规模以上工业企业完成出口交货值193.8亿元，同比增长1.9%，占销售产值的24.8%。全年累计工业用电量47亿千瓦时，同比增长3.7%。全年建筑业总产值179.8亿元，同比下降8.6%，签订施工合同额264亿元，同比下降14%；完成竣工产值127.6亿元，同比增长15.3%。全年社会消费品零售额586.4亿元，同比增长11.6%。全市共有各类有证市场46个，经营面积594万平方米，经营商位7.5万个，市场总成交额1371.7亿元，同比增长10.2%，其中中国小商品城成交额1105.8亿元，同比增长12.6%。实现进出口总额2229.5亿元，增长5%；其中，出口总额2201.6亿元，同比增长4.7%；进口总额27.9亿元，增长24.6%。实现财政总收入130.7亿元，同比增长1.7%；其中地方财政收入81.8亿元，同比增长3%（按同口径同比增长5.3%）。完成财政预算支出114.4亿元，同比增长18.5%，其中一般公共服务支出12.2亿元，同比增长0.1%。年末全市金融机构本外币各项存款余额2665.8亿元，比年初增加220.7亿元，同比增长9%；本外币各项贷款余额2067.3亿元，比年初减少28亿元，同比下降1.3%。全市居民人均可支配收入突破5万元，达5.31万元，同比增长7.5%，其中城镇常住居民人均可支配收入突破6万元，达6.08万元，同比增长7.4%，农村常住居民人均可支配收入突破3万元，达3.06万元，同比增长7.5%。城镇居民恩格尔系数为24.4%，农村居民恩格尔系数为33.4%。年末每百户城镇居民家庭汽车拥有量47.5辆，每百户农村居民家庭汽车拥有量23.8辆。

【基础设施建设】 2016年，全市完成固定资产投资581.7亿元，同比增长13.6%。其中，房地产开发投资121.1亿元，同比增长41.2%；投资项目（单位）投资460.5亿元，增长8%。完成国有投资234.4亿元，同比增长58.8%，增速高于固定资产投资增速45.2个百分点。国有投资完成额占全部固定资产投资40.3%。完成非国有投资347.2亿元，同比下降4.8%。其中民间投资336.3亿元，同比下降7%。固定资产投资中，第一产业完成投资6.7亿元，同比增长122.5%；第二产业完成投资129亿元，同比下降7.7%，其中工业性投资129亿元，同比增长3.2%；第三产业完成投资446亿元，同比增长20.7%，其中生产性服务业投资133.5亿元，同比增长4.1%。三次产业投资结构为1.1：22.2：76.7。

【各项社会事业】 2016年，全市有普通高等学校2所，中等职业教育学校3所，普通中学35所，小学64所，幼儿园371所。共有在校学生22.8万人，其中中等职业教育学校9463人(含职高、技校、普中专)，普通中学4.6万人，小学10.1万人，幼儿园7.2万人。力推教育公平共享，义务教育段接纳外来建设者子女入学6200人。实施教师雇员制改革，推进“阳光人事”，浙江省义务教育标准化学校创建率97.6%，实现教育均衡，成功创建浙江省教育基本现代化市。引进台湾再兴学校、新世纪教育集团、贝立德幼儿园等优质教育品牌，开办枫叶外籍人员子女学校，打造多元化、国际化教育。

推进广电网络参与智慧城市建设，发展治安监控、信息咨询、远程教育等新媒体经营，监控业务新签合同300万元，签约义乌市无线城市建设项目合同122万元。数字电视互动点播用户3.07万户，宽带用户2.36万户。广播节目综合人口覆盖率99.5%，电视节目综合人口覆盖率99.86%，有线电视入户率99.8%。

新建健身路径69条，更新篮球架41副，新建灯光篮球场、门球场26个，下拨奖励经费316万元。

全市有医院、卫生院38家，其中三级以上医院4家。实际开放床位5215张，其中三级以上医院床位2104张。全市卫生技术人员7652人，其中执业医师和执业助理医师4036人，注册执业护士4364人。全年各医疗机构出生活产数1.86万人，其中本地户籍8622人，无户籍孕产妇死亡病例发生。完成上溪、义亭、城西、赤岸4个镇(街道)妇女“两癌”检查2.23万人。

年末基本养老保险参保人员62万人，比年初增加4.1万人；其中企业职工参保人员46.8万人，新增4万人。基本医疗保险参保人数84.3万人，其中城镇职工基本医疗参保人数41.2万人，新增1.8万人。

(骆晓斌)

文明城市创建

【概况】 2016年，市创建办以“创新发展义乌经验、干在实处勇当标兵”主题实践活动为载体，把创建全国文明城市工作实施方案作为“城乡建设大攻坚”重要内容，确定27项创建重点任务。协调推动实施“摇响拨浪鼓·同圆中国梦”“我诚信，我吉祥”2项工程，加快推进社会信用体系建设。发挥媒体宣传作用，义乌广播电视台和义乌商报社开辟“特别关注”“今日观察”“创建全国文明城市”专栏专题刊播文明创建内容2500余条。运用“义乌发布”“稠州论坛”“文明义乌”、微信等网络媒体播发信息2100余条。组织“最美”系列选树传承弘扬中华优秀传统文化，助推党员义工和志愿服务活动，开展好“文明商城 礼让先行——做文明有礼义乌人”主题实践和“立好家训、育好家风、建好家庭”等活动。开展农村环境“十佳村、十差村”评比活动、星级文明社区创建竞赛活动、“窗口”行业文明服务提升活动。围绕《全国县级文明城市测评体系》落实分解实地暗访项目和资料收集目标责任书，出台点位测评标准，开展业务培训；组织2次第三方模拟测评做好自查自纠；制订迎检工作方案，召开全市迎检动员部署会，落实14个镇(街道)、31个职能部门实地测评迎检重点任务；加强对55个重点单位的测评材料的指导和收集工作，抓好资料整理和审核并上报。

年内，梳理176家金华市文明单位复评资料，新培育义乌市文明村21个。周晓光家庭获评“全国文明家庭”和“全国最美家庭”荣誉。洪赛枝家庭获评“浙江省最美家庭”。入选“中国好人”1名、“浙江好人”7名、“金华好人”15名，对20名获2015年度“感动义乌人物”及提名奖获得者进行嘉奖。“春泥计划”实施村行政村(社区)达616个，全市81所公办中小学校全部建成学校少年宫。

【全市农村环境“双十村”评选工作】 2月起，根据《关于印发〈义乌市村(居、社区)房前屋后“脏乱差”整治专项行动实施方案〉的通知》文件，市创建办会同市督考办、市城管委、市农林局等单位，分成考评小组对全市镇(街道)集中开展农村房前屋后“脏乱差”整治专项行动考评和农村环境“十佳村、十差村”评选活动，组建由主要职能部门分管领导参与的评选人员库，每月确定评选工作小组，具体实施考核评选并公布结果。至12月底，在全市14个镇（街道）共评出“十佳村”97个、“十差村”110个次；其中，镇（街道）对相关“十差村”开展强力整治，创建办跟进回访督促整改落实。

【社区文明创建竞赛活动】 3月7日，市委办下发《关于开展创建星级文明社区竞赛活动的通知》，在全市建成区39个社区，开展以“改善社区生活环境、优化社区公共秩序、提升文明创建水平”为主要内容的创建星级文明社区竞赛活动，实行每月镇（街道）月考评，每季度创建办牵头部门参与联评并公布结果；每季度对最后5名社区进行挂牌整治。全年评出五星级社区10个，挂牌整治20个次。

【“窗口”行业文明服务提升活动】 4月起，市创建办在全市公共交通、出租汽车等22个窗口行业中，以“擦亮服务窗口、展示文明形象”为主题，组织开展文明优质服务实践和星级窗口评选活动。同月26日，市文明委下发《“窗口”行业文明服务提升活动实施方案》；5月16日，市创建办下发《关于开展优质服务星级“窗口”评选活动的通知》，《方案》《通知》明确此项工作目标、活动对象及活动内容，落实责任分工，推进活动深入开展。至12月底，经行业主管部门考核、推荐，市创建办和文明办组织考评小组复查，从40个候选优质服务星级“窗口”中评出优质服务星级“窗口”20个。

【志愿者服务活动】 7月22日，市委办下发《关于深化义乌市志愿服务工作的实施意见》，成立社会力量参与社会治理和志愿服务活动领导小组，并在各镇（街道）、机关单位组建志愿服务队。10月，“同年哥”APP上线，是集政府管理投诉咨询建议、社会公益活动发布参与、本地资讯共享功能、公开查询功能与便民服务功能于一体的公众与政府互动的APP。市创建办建立同年哥APP志愿服务管理平台，开展志愿活动的审核和评估，保障志愿活动的规范化。9月28日，受台风“莫兰蒂”和“鲇鱼”的先后影响，丽水市遂昌县北界镇苏村发生山体滑坡。义乌市民间紧急救援协会携带4台大型挖掘机、2台热成像搜救仪、1辆照明车、1辆应急通信指挥车等救援设备前往灾区开展抢险救援工作。至10月25日，义乌市民间紧急救援协会共有300余人次参与救援，挖开土石方2万余立方米，架设简易桥2座，拆除危房11间，铺设通道100余米。年内，广大党员志愿者、各级文明单位志愿者、民间公益组织志愿者参与“文明劝导”活动，开展义博会、森博会、马拉松比赛等重大活动的志愿服务工作，全年累计2.4万名志愿者参与志愿活动。

（赵剑强）

领导人员名单

中共义乌市委员会

市委书记

盛秋平

市委副书记

林　毅

葛国庆（女，2016年12月离任）

斯建民

市委常委

詹肖冰

傅春明（2016年12月离任）

徐涵兴（2016年11月离任）

楼国康

张利剑

蹇志惠（女，挂职，2016年11月离任）

王小颖（女，挂职）

熊　韬（挂职）

陈小忠

邵国龙（2016年11月离任）

周丽水

冯秀峰（挂职）

倪建均（挂职，2016年6月新任）

董利明（女，2016年12月新任）

陆品能（2016年11月新任）

王新锋（2016年12月新任）

毛世梁（2016年12月新任）

义乌市人大常委会

主　任

陈秀仙（女）

副主任

王清池

骆　亘

丁鼎星

颜新香（女）

吴伟兴
胡爱芬(女)

义乌市人民政府

市　长
林　毅(2016 年 3 月新任)
副市长
陈小忠
蹇志惠(女,挂职)
王小颖(女,挂职)
熊　韬(挂职)
周丽水(2015 年 7 月新任)
冯秀峰(挂职,2016 年 1 月新任)
倪建均(挂职,2016 年 7 月新任)
王　迎(女)
毛湘宏(2016 年 12 月离任)
贺少军(挂职)
王新锋
毛世梁
方　刚(挂职)
叶祖平(挂职)
张　雷(2016 年 12 月新任)

政协义乌市委员会

主　席
宋英豪
副主席
龚有群
朱　斌
王荣山
刘　峻
杨桂芳(女)
董利明(女)
何文飞
徐江琦

中共义乌市纪律检查委员会

书　记
楼国康
副书记
余绍国(2016 年 12 月离任)
吕　华(2016 年 6 月离任)
王　彧(2016 年 12 月新任)
金有富(2016 年 12 月新任)

义乌市人民法院

院　长
钱建军

义乌市人民检察院

检察长
彭　中

中共义乌市委员会

重要决策和活动

【减轻企业负担、金融支持工业发展十条意见】 2月17日，义乌市委、市政府印发《关于减轻企业负担、金融支持工业发展十条意见的通知》，义乌市以加大金融帮扶、稳定抵押物价值、化解企业互保链条等工作为重点，从稳定银行信贷规模、贷款联动挂钩、清理规范收费行为、完善政策性担保体系等10个方面精准高效做好非公企业减压减负工作。非公企业可获得担保牵连企业资产保全、暂免征收涉企行政事业性收费、严格控制中介服务费、重大技改扶持补助标准上升3%以上、符合条件的大宗工业用地分割及工业用地调整为商服用地等多项惠企举措。

【加快推进市场创新发展的若干意见】 8月28日，市委、市政府出台《关于加快推进市场创新发展的若干意见》。《意见》提出打造五星级旗舰市场，优化市场经营主体结构，加强市场招商，提升市场商品质量，鼓励打造自有品牌，优化市场功能服务。加快推进品牌连锁经营，推进国内批发市场网络整合，加快布局全球分销节点。坚持进口出口互促共荣，大力发展进口转口贸易，促进外贸出口持续平稳增长，发展贸易供应链服务，提高贸易便利化水平。推进线上线下融合发展，加快智慧市场建设，大力集聚龙头电商企业，提速发展跨境电子商务。加快发展现代物流仓储，大力发展同城物流，加快发展国际物流，完善物流基础设施。大力发展现代贸易金融，完善金融组织体系，强化金融服务创新，优化金融监管机制。积极推进文创产业发展，加快建设文化创意产业园区，加强知识产权保护和运用。不断壮大现代会展产业，发展壮大会展产业，鼓励企业和经营户境内外参展。积极发展现代商务旅游，发展国际商务旅游，打造AAAAA级旅游购物区。持续深化贸工联动战略，发展特色小微企业创业园，加快战略产业发展。构建法治化的营商环境，完善市场信用体系建设，建立以信用为核心的外商管理服务机制，推进诚信文化建设。

【农村宅基地制度改革试点相关细则政策】 9月13日，义乌市农村宅基地制度改革试点9项细则政策正式印发实施。义乌市农村宅基地制度改革试点9项细则政策分别是《义乌市农村更新改造实施细则（试行）》《义乌市农村宅基地使用权转让细则（试行）》《义乌市农村住房历史遗留问题处理细则（试行）》《义乌市农村宅基地超标准占用有偿使用细则（试行）》《义乌市农村宅基地有偿调剂细则（试行）》《义乌市“集地券”管理细则（试行）》《义乌市农村土地民主管理细则（试行）》《义乌市农村集体经济组织宅基地收益分配管理指导意见》《义乌市农村集体经济组织成员资格界定指导意见》。9项细则在制订过程中，征求各部门、镇（街道）、人大代表、政协委员和农村干部群众的意见，并向省农村土地制度改革试点工作领导小组办公室和市人大、市政协、市政府进行专题汇报。文件印发后率先在全市各镇（街道）38个试点村中试行。

【加快农村电子商务发展的若干意见】 9月30日，义乌出台《关于加快农村电子商务发展的若干意见(试行)》。《意见》强调，发展农村电子商务是创新农村商业模式、转变农业发展模式的必然选择，是打造便捷实惠的现代农村商品流通和服务网络的重要举措，有利于促消费、扩内需，推动农业升级、农村发展、农民增收。《意见》从支持创建农村电子商务专业村、鼓励第三方平台在义乌设立市级农村电子商务服务中心、鼓励第三方平台在义乌建设农村电子商务村级服务站(点)等方面，对义乌市农村电子商务发展给予政策扶持。

重要会议

【市委十三届十次全体(扩大)会议】 1月29日，市委十三届十次全体(扩大)会议在市委党校报告厅举行。市委委员、市委候补委员、市纪委委员，市级领导班子(含未退休市级老领导)，各镇(街道)、市机关各单位班子成员和邀请的相关人员共700余人参加会议，全市镇(街道)和工业园区设分会场组织集中收看会议实况直播。会议回顾总结2015年工作，研究部署“十三五”及2016年任务。会议指出，“十三五”是全面建成小康社会最后冲刺的五年，全市要坚决贯彻中央、省委和金华市委决策部署，全面分析发展形势，准确判断发展阶段，科学确定发展战略和目标。要聚焦重点问题，做强优势、补长短板、守住底线，实现在深化改革上取得突破，从“改革试验田”向“改革排头兵”转变；在市场创新上取得突破，从“全球最大批发市场”向“全球小商品贸易中心”转变；在产业提升上取得突破，从“义乌制造”向“义乌质造”转变；在扩大开放上取得突破，从“沿海内陆”向“国际陆港城市”转变；在城市建设上取得突破，从“县域城市”向“第四大都市”转变；在环境整治上取得突破，从“减少污染”向“绿水青山”转变；在民生保障上取得突破，从“富裕义乌”向“幸福义乌”转变的“七大突破、七大转变”。全面推进共享发展，坚持普惠性、保基本、均等化方向，从解决人民最关心最直接最现实的利益问题入手，构建全面覆盖常住人口的公共服务体系。审议通过《中共义乌市委关于制定义乌市国民经济和社会发展第十三个五年规划的建议》，动员全市广大干部群众进一步凝心聚力、克难攻坚、锐意进取，创新发展义乌经验，干在实处走在前列，勇当高水平全面建成小康社会标兵。

【2016首届世界义商大会】 2月13日，“情系家乡、共谋发展”为主题的2016首届世界义商大会在幸福湖国际会议中心召开。金华市委副书记，义乌市委领导、市四套班子领导，在外义乌知名人士及义乌商会会长，市内突出贡献企业、重点行业企业代表，浙商回归重点项目业主及签约单位代表，海内外义商代表等500余人参加大会。成立世界义商大会，是要把海内外义乌商人更好地组织起来、凝聚起来、团结起来。市委、市政府主动适应新常态、引领新常态，扎实推进供给侧改革，开展优化服务环境行动，通过“降成本、补短板，当好店小二，服务促转型”，进一步提升服务水平，强化制度供给，全方位优化营商发展环境。在重大招商引资项目签约仪式上，共有5个重大义商回归项目进行现场签约，总投资123亿元。华灿光电、瑞丰光电、华溪森林公园、野生动物世界、润谷食品等优质项目实现落地。

【“创新发展义乌经验、干在实处勇当标兵”主题实践活动动员会】 2月17日，市委、市政府召开全市干部大会，深入贯彻市委十三届十次全体(扩大)会议和市政府第八次全体会议精神，总结表彰上年先进单位和个人，部署开展“创新发展义乌经验、干在实处勇当标兵”主题实践活动。市级班子领导、老领导，各镇(街道)党政主要负责人，市机关各单位班子成员，义乌工商职业技术学院、浙江大学医学院附属第四医院、市中心医院、义乌中学等单位党政主要负责人，受表彰单位、企业主要负责人和先进个人等共700余人参加会议。会上提出要开展“三大活动”，塑造一流精神状态；要打好“六大攻坚”，创造一流工作业绩；要推进“五大行动”，营造一流创业创新环境。按照“建设世界小商品之都，勇当高水平全面建成小康社会标兵”的目标定位，着力在“全面”上下功夫、在“突破”上动真格、在“率先”上见实效，确保“十三五”实现“开门红”。

【市委十三届十一次全体(扩大)会议】 8月10日，市委十三届十一次全体(扩大)会议在市委党校报告厅举行。市委委员、市委候补委员、市纪委委员，市级领导班子（含未退休市级老领导)，各镇(街道)、市机关各单位班子成员和邀请的相关人员共700余人参加会议，全市镇（街道)和工业园区设分会场组织集中收看会议实况直播。会议研究义乌市补短板工作，突出抓好改革落地这一制度短板，市场创新和工业科技两大发展短板，城市建设、生态旅游、要素保障、社会治理四大基础短板。审议通过《中共义乌市委关于补短板扛旗帜走前列的决定》，动员全市上下勇扛旗帜当标兵、补齐短板走前列，加快建设现代化国际性商贸城市，打造世界“小商品之都”，勇当“一带一路”尖兵和高水平全面建成小康社会标兵。

【美丽乡村建设暨全域旅游工作现场会】 9月29日，在大陈镇召开美丽乡村建设暨全域旅游工作现场会，200余人参加会议。会上指出2016年，美丽乡村建设要抓好精品工程规划建设，抓好美丽经济提档升级，抓好农村文化传承发展，并加快把美丽乡村打造成旅游目的地，要强化“经营山水、经营乡愁、经营美丽、经营文化”的理念，推动美丽乡村建设与全域旅游深度融合，真正把“美丽”包装成产品、展现给公众、转化为财富。与会人员先后参观杜门村的九都风景线入口景观工程、山府村村口小品及竹海水韵游步道、北山村、马畈奇幻乐园及精品村培育建设现场，并在大陈镇农产品展示中心参观国外厨师与义乌厨师竞技的首届乡村美食大赛。

北山村 （市农林局供图）

【市场创新发展委员会第一次全体会议】 11月13日，召开市场创新发展委员会第一次全体会议，市级班子领导、市商务局、市市场监管局、商城集团等有关单位主要负责人共40余人参加会议。会上提出，要处理好市场转型和产业支撑的关系，全力做强实体市场、促进跨界融合、完善综合配套，持续推动市场创新转型，加快建设五星级旗舰市场。要聚焦改革深入研究，谋划建设小商品国际贸易示范区，用足用活用好各项改革政策，构建便利化法治化的营商环境；要全球视野深入研究，在融入“一带一路”大背景下，抓紧规划编制“市场走出去”路线图，加快海外布局；要借智借力深入研究，服务推动市场创新发展。要“做强平台”聚人气，全力做优做强实体市场，支持市场经营户发展，巩固经营主体优势；培育和引进新兴行业，巩固市场商品齐全优势；招引供应商和采购商，巩固客商集聚优势；降低商务成本，巩固市场综合竞争优势，全力为“客商、商户、商品”营造便利、便宜的营商环境。要“推进融合”增活力，促进跨界融合，创新发展电子商务，狠抓龙头电商招商，吸引各类电商总部集聚义乌；做大进口市场，发挥中欧班列平台作用，积极举办进口商品购物节和博览会，加快进口市场全面提升，推进国内进口市场布局，扶持外贸企业做强做大；加快市场走出去，拓展与“一带一路”沿线国家和地区的战略合作，加快布局小商品公共海外仓、境外物流分拨中心和海外分市场等境外分销节点，寻求市场新奶酪。要“综合配套”强底气，完善仓储物流，强化金融创新，发展文创产业，大力提升市场化专业化办展水平，完善商务旅游配套，着力强化电商物流金融、文创会展旅游对市场的支撑作用。

【中共义乌市第十四次代表大会】 12月26日，中国共产党义乌市第十四次代表大会在义乌剧院召开。大会应到正式代表400人，实到正式代表390人。大会回顾总结义乌市第十三次党代会以来的主要成就和经验，全市财政总收入突破100亿元，固定资产投资突破500亿元，地区生产总值突破1000亿元，外贸出口突破2000亿元，小商品市场交易额突破3000亿元。义乌市在全国县域经济百强中排名第七，12项主要经济指标位居全省各县(市、区)第一、20项进入全省前三。被联合国亚太经社会列为国际陆港城市，获国家电子商务示范城市、国家知识产权示范城市、全国义务教育发展基本均衡市、全国文明城市提名资格城市、国家森林城市和全国首个国际商务旅游目的地城市等荣誉称号，入选全球100韧性城市。会议研究部署今后五年全市的战略目标和主要任务，今后五年要紧紧围绕“五位一体”总体布局和“四个全面”战略布局，自觉践行“五大发展理念”，始终坚持“兴商建市”，创新发展义乌经验，重点做好“三篇文章”、实施“六大行动”、落实“五项保障”，不断提升义乌发展新境界，努力在高水平全面建成小康社会的伟大实践中勇立潮头、勇扛旗帜、勇当标兵，朝着世界“小商品之都”奋勇迈进。大会选举产生中国共产党义乌市第十四届委员会、纪律检查委员会和出席中共金华市第七次代表大会代表。

（杨　航）

纪检工作

【概况】 2016年，全市信访总量1398件，同比下降47.6%；实名举报率69.1%；程序和态度反馈满意率、结果反馈满意率分别为99.5%、90.7%，同比分别上升8.2个、9.6个百分点；信访村占比8.3%，创2007年以来新低。以监督执纪“四种形态”指导纪律审查具体实践，全年对党员干部谈话提醒函询600余人次。党政纪立案604件，处分党员干部604人，同比增长71.6%；要案18件，同比增长50%；移送司法机关25件，同比增长8.7%；镇(街道)纪(工)委立案514件，占全市查办案件总数的85%。开展涉刑人员党纪处理不到位问题专项整治，共追查处理人员117人。查处假借领导名义，威胁敲诈、诬告领导干部等案件4起。全年开展正风肃纪专项行动32次，问责58人，下发通报17起；严肃查处违规接受宴请等违反八项规定精神案件3起，问责6人；会同组织部门开展领导干部岗位调整不按规定办理组织、人事关系问题清理，督促12名相关人员及时整改；整治“为官不为”“不严不实”以及对中心工作不敢担当、责任缺失等问题，问责27人，通报典型案例7起。

强化“一岗双责”推动“两个责任”落实。完成年初制定的467项“处方式”廉政建设责任清单，完成率为99.05%；严格执行班子领导阅批、督办分管领域重大纪检信访责任制度，全年市级领导包案纪检信访48件，其中赴省去京信访积案40件；探索开展党风廉政建设“两个责任”履责述评工作。实行“一案双查”，全年共有56名市管领导干部因“两个责任”落实不力被问责。

开展廉洁文化社会宣教工作，婺剧《徐文清公》社会演出20余场，到场观众20余万人。徐侨家训专题片上线中纪委网站，点击量50余万人次。《义乌商报》专栏《清廉商城建设在路上》渐成品牌。

【纪律检查体制机制改革】 1月9日，市委印发《义乌市纪委派出机构工作规定（试行)》。3月10日，印发《派驻纪检机构对“三重一大”事项决策进行监督管理的办法(试行)》等8项制度。4月24日，下发《镇(街道)纪(工)委书记、副书记提名考察办法(试行)》《市纪委派驻纪检组组长、副组长提名考察办法（试行)》。11月，党中央把深化国家监察体制改革作为事关全局的重大政治体制改革，决定在北京、山西、浙江3地开展国家监察体制改革试点。全年共办结初信初访

105件，开展一般性谈话1115次，提醒谈话111次；发现问题线索并督促党委(党组)作出党政纪处分79人，组织处理16人，移送司法机关2人。

【第十三届纪委第六次全会】 2月29日，中国共产党义乌市第十三届纪律委员会第六次全体(扩大)会议在市委党校报告厅召开。市四套班子领导、市纪委委员、市直机关各单位班子成员(含垂直部门、市属国企)、各镇(街道)党(工)委书记、纪(工)委书记等500余人参加会议。会议回顾总结2015年全市党风廉政建设和反腐败斗争的主要成效，提出深入学习贯彻中共十八届三中、四中、五中全会和习近平总书记系列重要讲话精神，按照上级纪委的决策部署和义乌市委的工作要求，坚持全面从严治党、依规管党，以落实“两个责任”为工作要点，以深化体制机制改革为工作动力，以监督执纪问责为工作主线，把纪律挺在前面，坚守责任担当，增强行动自觉，创新举措路径，贯彻好《廉洁自律准则》和《纪律处分条例》，扎实推进“清廉商城”建设，以走在前列的党风廉政建设和反腐败斗争成果，为全面建成小康社会标兵提供坚强的政治与纪律保障的2016年工作总体要求。

【制度建设】 4月8日，市委印发《关于规范党员及国家公职人员房产买卖、租赁行为的办法(试行)》《关于规范党员及国家公职人员“一家两制”管理的暂行办法》《关于规范党员及国家公职人员民间借贷行为的办法(试行)》等规章制度。9月20日，市委下发《关于实施干部人事制度改革立体工程的实施意见》，出台《义乌市鼓励改革创新容错免责实施办法(试行)》。探索规范党员及国家公职人员“一家两制”、房产买卖、民间借贷行为等制度，直击义乌党员干部廉政风险防范的问题要点，中纪委领导对义乌市做法作出重要批示。

【“清廉商城”建设课题】 7月10日，举办“清廉商城”建设专家研讨会，中央纪委廉政理论研究中心领导和国内知名廉政研究专家学者齐聚义乌，为“清廉商城”建设会诊把脉。11月9日，市委组织召开“清廉商城”座谈会，清华大学教授过勇、宋伟以及市纪委领导、市场经营户代表30余人参加座谈。与清华大学合作推出的“清廉商城”建设评价指数、《“清廉商城”建设蓝皮书》(2016)等成果受到上级纪委和学者的重视肯定。

【农村基层党风廉政建设专项巡查】 8月26日，市委下发《义乌市巡察工作办法》。至年底，完成5轮对70个信访问题突出村(居)的农村基层党风廉政建设专项巡察，党纪立案83人，党纪处分59人，移送司法机关21人，效能问责45人，责任倒查6名“两个责任”不落实的镇(街道)干部。

(赵　龙)

组织工作

【概况】 全年全市发展党员970人，其中女党员304人，占31.34%；35岁以下664人，占68.45%；大专以上444人，占45.77%。全市共有党员6.2万人，其中35岁以下2.03万人，36～45岁1.12万人，46～54岁1.14万人，55～59岁3967人，60岁以上1.5万人；大专以上2.8万人，高中(含中专)1.5万人，初中及以下1.9万人。全市有各级党组织3098个，其中党(工)委139个，党总支105个，党支部2887个。

2016年，制定党员和县处级以上党员领导干部两个层面的学习教育实施方案，扎实开展“八大行动”和县处级以上党员领导干部“七个带头”。每日利用“义乌组工”微信公众号推送“红色印记”等学习教育内容，分层面印发学习教育口袋书、海报、宣传折页等10万余册(份)。组织党校讲师团、微型党课宣讲团、市管党员领导干部、联村干部、村支部书记等各个层面党员干部讲专题党课3700场次。深入开展“党徽耀商城”先锋选树行动，选树60余名身边的先进典型。部署开展手抄《党章》、参观学习教育基地、重温入党誓词、集体合影、组织测试“五个一”活动，利用陈望道、冯雪峰、吴晗“义乌三杰”故居等全市34个学习教育基地，组织1500余批4.8万人次党员开展实地观摩学习。推进“对标补短板、整改走前列”行动，全市各级党组织和党员共梳理和整改问题6.8万条次。开展基层党员干部突出问题专项整治行动，党纪立案共83人，移送司法机关21人，党纪处分59人。组织开展党员干部违建违排行为大排查，共计747名党员干部自查出违建违排问题，其中741人完成自纠。开展党员组织关系集中排查和党员违纪违法集中排查工作，共排查出失联党员216人，“口袋”党员13人，参教信教党员1人，“流动”党员265人，全部按要求进行处置。定期开展正风肃纪专项督查行动，先后开展机关效能、换届纪律执行情况、信访维稳等督查行动30次，检查单位224家，发现问题62个，问责人员58人，下发通报17起。出台规范党员及国家公职人员房产买卖、租赁行为办法9条，民间借贷行为办法10条、“一家两制” 管理办法22条。建有党群“三工”队伍75支，共有14.7万人次党员参加党员义务日志愿服务活动。其中“党员平安护航G20”活动，获得省委书记夏宝龙的批示肯定。

开展组织员队伍建设现状调研，形成组织员队伍建设情况调研报告。建立市委组织员定期学习活动制度，每期定一个主题进行集中学习、经验介绍、自由讨论等，搭建组织员交流提高的平台，提升组织员队伍的综合能力素质。做好大学生村干部管理工作，完成全市在岗的66名大学生村干部“一人一档”台账整理。制订大学生村干部创业就业促进会工作计划，重点抓好大学生村干部电商创业孵化和扶持工作，排摸可重点扶持的大学生村干部电商创业项目3个。4月，王猛彪等3名大学生村干部合办的全市首家农村电商线下实体店开张，开业首月营业额11.5万元。深化大学生村干部创业孵化培训，6月，在真爱网仓大学生村干部电商创业孵化园举办大学生村干部电商创业能力提升班，内容包括在淘宝、京东、速卖通等平台上开店运营的知识技能，侧重电商实战经验分享，帮助大学生村干部提升电商创业能力。

【基层党建】 2月，建立抓基层党建责任清单、领办项目清单和党建报表制度，推动责任落实至“最后一公里”。围绕贯彻落实农村基层党建“浙江20条”，建立党建责任、组织建设、制度执行、创业服务、阵地建设和基础保障6张工作清单，全面推进基层党建“整乡推进、整县提升”。开展整乡推进示范镇街和精品示范村(社区)创建工作，首批重点打造5条特色党建示范带和80个精品示范村。有序开展基层党组织“五星争创”活动，全市共评定五星级党组织225家、一星级党组织94家。集中整顿37个软弱落后农村党组织，安排1名市级党员领导干部挂点联系，选派1名第一书记到村任职，协调推进中心工作和村级事务的落实。加强基层组织工作保障，核发上年度村干部报酬1.1亿元、1559名农村卸任主职干部生活补助217.82万元、21个经济薄弱村村级组织运转经费29.5万元。11月，承办金华市基层党建第三季度工作例会。

【两新组织党建】 3月29日，制定下发《2016年全市两新组织党建工作要点》。同月31日，全市两新组织党建工作会议召开，回顾总结2015年工作，研究部署2016年工作任务。5月25日，全市“两新”组织党组织“两学一做”学习教育示范培训班在三鼎党群服务中心召开，60余名党组织书记参加培训，并现场参观陈望道故居、何斯路村2个市级“两学一做”学习教育基地。6月2日，“中共义乌市海外党员服务中心支部”正式成立，创新开展海外流动党员党建工作。7月1日，市民间紧急救援协会党支部书记方为成被评为全省优秀共产党员，三鼎控股集团党委被评为全省先进基层党组织。8月20日，在全市“两新”组织中部署深化开展“两新”组织党组织规范提升工作。

【村干部管理】 3月，开展村级班子“党建+创业”双承诺工作，各村(居)党组织围绕党建项目建设、农民增收、民生改善、“美丽乡村”建设以及解决历史遗留问题等方面开展创业承诺，制定细化方案和具体措施，按计划、分阶段、有步骤地开展履诺工作，全市758个村级班子共公开承诺事项4039项。加强村干部履职能力建设，创新开设村干部大讲堂，开展“五水共治”“三改一拆”、美丽乡村建设、新社区集聚等业务辅导。深化村级班子和村干部季度评议制度,推行党组织书记季度专项述职,累计评议不称职村级班子35个,不称职村干部226人。完善村级班子和村干部考评机制,修订2016年度村干部考绩和报酬核发指导意见,从日常在岗履职、重点工作落实和综合绩效测评3个维度科学考评村干部表现。

【首个孤老党员关爱中心】 5月,义乌市委组织部出台《义乌市关心关爱党员十条措施》,积极完善党员关爱制度。6月25日,义乌市首个孤老党员关爱中心在苏溪镇鸿百洲养老服务中心成立。服务对象是"三无"(无劳动能力、无法定赡养人、无生活来源)孤老党员。苏溪镇共有6名孤老党员,进苏溪镇孤老党员关爱中心实行自愿原则。此外,苏溪镇购买服务的对象还将向"1+1"延伸,即1名"三无"孤老党员加1名老伴。

【党代表工作】 9月初,组织召开镇党委换届动员会,全面铺开党委换届各项工作,指导镇党代会开展换届选举,共选举产生镇党代表649人。11月底,部署开展义乌市党代会代表推选工作,严格落实候选人资格联审、考察等工作程序,各选举单位党组织选举产生市党代表400人,代表比例结构均达到上级要求,组织意图充分实现。完成义乌市党代会筹备和组织的各项任务,12月底,义乌市召开第十四次党代会,选举产生新一届市委、市纪委。此外,全面推行镇党代会年会制,落实党委重要事项票决、党委年度履职承诺、党委和纪委及班子成员述职评议3项制度。推进镇党代表工作室规范化建设,全市22个活动小组均达到"四个有"要求。认真落实党代表调研视察、学习培训、列席会议、参与干部推荐评议等任期制制度,全年开展学习培训200余人次,组织基层一线党代表参与全市重要会议和活动125人次,开展重点项目调研视察30人次。

【镇党代表换届】 9月17—20日,各选举单位进行镇党代表正式选举,共产生镇党代表649人。同月22—29日,对镇党委委员、纪委委员差额人选进行考察和公示。9月30日至10月1日,各镇召开党代会,组织提名的候选人均高票当选,平均得票率达到98.69%。

(潘毅彬)

干部工作

【概况】 至2016年年底,全市市管干部944人,其中机关部门班子成员471人(机关正副职、纪检正副组长401人,党委委员70人),镇(街道)班子194人,"三员"(组织员、纪检员、信访员)49人,其他正副局级干部52人,退出现职领导干部178人。机关部门班子成员平均年龄46.7岁,镇(街道)班子成员平均年龄42.8岁,全市市管干部班子成员平均年龄45.6岁。在全市市管干部中(不含退出现职领导干部),35周岁以下干部48人,女干部74人,党外干部12人。全年调整市管干部286人,其中提拔69人,转任重要岗位37人。全年完成市委主体培训班45期,累计培训1万余人次,其中脱产培训5天以上的市外办班11期。开设"领导干部周末学堂",与浙江大学、新加坡国际教育集团等国内外知名高校、教育机构合作举办法治建设与城市规划2个专业研修班,此项工作被中共浙江省委组织部收编至《全省干部教育培训工作特色案例汇编》。选派32人赴4个国家部委、8个省直机关、4个金华市直机关、8个先发地区的15个部门挂职锻炼,选派103名中青年干部赴招商引资、"三改一拆"、"五水共治"、城市有机更新、市场创新发展、信访维稳等攻坚一线开展实践锻炼。全年接收省水利厅、省广电集团、浙江农林大学、金华水利局、河北承德丰宁、宁夏等地共31名干部到义挂职。10月,在市中心医院成立干部健康服务中心。

全年共办理批复任免干部4人,一般干部调动26人(含市纪委派驻纪检组公开选调4人),外地公务员调入33人,本地公务员调出10人,办理提前退休手续13人,公务员辞职3人。开展5批次镇(街道)、国企部管干部调整,共涉及37人。

【"双十佳"干部评选】 2016年2月,组织开展2015年镇(街

2015年义乌市镇(街道)机关部门“双十佳”干部表

表10

“十佳”镇(街道)干部		“十佳”机关干部	
王旭东	大陈镇大陈工作片主任	吴永强	市场发展集团办公室主任兼农发公司董事长
王基松	苏溪镇党委委员、常务副镇长	吴厚军	义乌工业园区管委会项目招商局副局长
王鹤辉	赤岸镇党委委员、常务副镇长	应文舜	市委宣传部部务会议成员、宣传科科长
冯国斌	义亭镇副镇级组织员、畈田朱工作片主任	应学勤	市妇联党组成员
李永俊	城西街道镇东工作片主任	沈锦磊	义乌商报社办公室主任
张红梅	稠城街道党工委委员	陈建平	市人力社保局办公室主任
陈春晟	廿三里街道园区工作片主任	陈建胜	市公安局刑事侦查大队大队长
金光军	后宅街道宅东工作片主任	赵　晓	陆港集团党委委员、副总经理
徐小军	佛堂镇合作工作片主任	胡晓景	市检察院职务犯罪预防科科长
黄海洋	北苑街道团委书记、建设管理办主任	楼建平	市综合行政执法局稠城大队大队长

道)、机关部门“双十佳”干部评选。经单位推荐、审核初选、投票评选、组织审定等程序,王旭东等10名同志被评为“十佳”镇(街道)干部, 吴永强等10名同志被评为“十佳”机关干部。

【镇(街道)领导班子换届】 4月20日,全市镇(街道)换届工作启动。5月,组织7个考察组到各镇(街道)开展班子换届考察,并对镇(街道)领导班子分析研判,6月29日、7月13日两次召开市委常委会研究镇(街道)领导班子人事调整方案,共配备14个镇(街道)领导班子成员194人(含人武部长),除佛堂镇书记兼镇长职务,江东、稠江人武部长空缺外,其他领导职数均到位。9月底,各镇完成党代会选举工作,2016年12月底至2017年1月中旬,各镇(街道)完成人代会选举工作,组织提名的各项选举候选人均顺利当选,镇(街道)换届工作圆满完成。

【公开比选结构性领导干部】 5月20日,义乌市公开比选结构性领导干部工作正式启动,共有111名干部推荐报名,经资格审核有109名干部符合资格条件,经综合面试、履历评价、组织考察,最终确定16名拟录用人选,其中年轻干部8人、女干部4人、党外干部4人。

【国企人才招聘】 5月30日,通过微信推广、人才网站、报纸广告、EDM直邮等多种途径发布招聘信息,推出市属国有企业副总经理、总会计师、总工程师以及市属国有企业内设机构、下属企业负责人24个职位,以RPO(招聘流程外包)和猎头招聘相结合的方式,面向全面市场化招聘,经简历筛选、履历业绩评价、在线测评、面谈、背景调查、体检等程序,共录用11人。

【人大代表换届选举】 10月,组织市纪检委、市公安局、市人民检察院、市人民法院、市卫计委等25家单位,对606名人大代表候选人的资格条件进行审核,其中75人(含2名违反计划生育政策人选,报金华审批同意)存在不得推荐或提名为人大代表人选的负面情形。11月,对符合资格条件的人大代表候选人进行考察,防止涉法涉罪人员“带病当选”。通过多轮筛选,确定485名市十五届人大代表候选人初步人选,后经市委研究,提出463名正式候选人,经选举程序,共选举产生288名正式代表。同月,向金华提名推荐64名金华市第七届人大代表人选。

(潘毅彬)

宣传工作

【概况】 2016年，组织市委中心组专题学习会、报告会10次，编发《理论学习参考》10期1万余册，举办“商城大讲堂”13期。组建“曲艺宣讲团”，中共十八大以来党中央治国理政新理念、新思想、新战略重大主题宣讲团，中共十八届六中全会宣讲团，在全市范围内开展各类宣讲活动500余场。“摇响拨浪鼓·同圆中国梦”工程获中共中央宣传部第二轮5年免费授权，研发主题产品2500余款，累计销售8500余万件。每周制定《市内新闻宣传工作要点》，在义乌电视台开设《特别关注》《今日观察》等栏目，确保每周一到周六都有新闻监督报道。在中央级、省级主流媒体刊播义乌主题新闻报道4000余篇，其中《人民日报》100余篇，中央电视台120余条(《新闻联播》11条)，《浙江日报》350余篇，浙江新闻联播250余条。树立党员干部先进标杆，组织“周峰同志先进事迹”巡回报告，在全市组织开展巡回报告会15场，听众人数6000余人。全年推评“中国好人”1人，“浙江好人”7人，“金华好人”15人。大力推动镇（街道）综合文化站建设，新建农村文化礼堂18家，组建文体队伍50支，开展各类文体活动1000余场。着力打造文化精品，完成拍摄电视剧《鸡毛飞上天》。举办第25届文化艺术节、“商城文艺大观园”等大型文化活动。全年监测涉及义乌的有效信息70余万条，组织网上舆论引导200余场。“中国义乌”等官方新媒体账号总粉丝量突破150万。成立网络文化协会，组建网络公益联盟，“义网观察”被确定为“浙江省网络社会组织县级试点样本”。举办网络文化季活动，义乌题材微电影和微纪录片累计点击量超230万次，“义乌小商品环球之旅”吸引200余个国家网友关注，点击量超1150万次。

【“一带一路”主题外宣】 1月和8月，围绕义乌市“一带一路”倡议题材及国际贸易综合改革的工作重心，成功举办“义乌至伊朗德黑兰国际货运班列首发”“义乌至阿富汗中亚班列首发”等重大主题活动；3月和6月，围绕“国际邮件突破1000万单”“中欧班列统一品牌发布”等历史节点、新闻热点，邀请《人民日报》、新华社、中央电视台、中央人民广播电台等中央级媒体以多种形式、在重要频段推出系列深度新闻报道，扩大义乌影响力，其中《人民日报》头版《打造中国经济新增长极(治国理政新实践)——党的十八大以来推进三大战略述评》、中央电视台焦点访谈栏目《做大“朋友圈” 深耕“朋友圈”——治国理政新征程》、新华每日电讯头版《世界发展的新动力新路径新理念 两会时间看“中国贡献”》等重量级文章均以“义新欧”为主线展开宣传报道，深度突显义乌在国家“一带一路”倡议中的重要地位。省级媒体更是高度肯定义乌市改革创新成果，其中《浙江日报》在头版刊发《浙商回归新进展 义乌签约五项目》《统一品牌中欧班列开跑》《义乌再出发——一座小商品名城的转型之路》3篇重要报道及评论员文章。

【新闻单位集团化改革】 根据市委统一部署，组织2家新闻单位经过一年多时间的学习考察、调查摸底、职工讨论、内部意见

2016年全市农村文化礼堂建设情况表

表11

序号	镇街	礼堂名称	开建时间	建成时间	特色
1	佛堂镇	雅西村文化礼堂	2016年2月	2016年10月	水文化
2	佛堂镇	陈村文化礼堂	2016年3月	2016年10月	生态文化
3	苏溪镇	徐樟塘村文化礼堂	2016年1月	2016年9月	乡风文明
4	上溪镇	余车村文化礼堂	2016年8月	2016年11月	传统手工艺
5	上溪镇	下宅村文化礼堂	2016年3月	2016年11月	红色文化

续表 11

序号	镇街	礼堂名称	开建时间	建成时间	特色
6	大陈镇	大畈村文化礼堂	2016 年 5 月	2016 年 10 月	红色文化
7	大陈镇	灯塔村文化礼堂	2016 年 4 月	2016 年 10 月	书院文化
8	赤岸镇	莱山村文化礼堂	2016 年 3 月	2016 年 10 月	国学文化
9	福田街道	下骆宅村文化礼堂	2016 年 2 月	2016 年 10 月	商贸文化
10	江东街道	东新屋村文化礼堂	2016 年 6 月	2016 年10 月	乡风文明
11	江东街道	永和村文化礼堂	2016 年 7 月	2016 年 11 月	乡贤文化
12	稠江街道	官塘下村文化礼堂	2016 年 5 月	2016 年 11 月	麦芽糖文化
13	稠江街道	春联村文化礼堂	2016 年 4 月	2016 年 10 月	乡风文明
14	后宅街道	曹村文化礼堂	2016 年 5 月	2016 年 10 月	义乌兵文化
15	后宅街道	俊塘村文化礼堂	2014 年 4 月	2016 年 10 月	农耕文化
16	廿三里街道	泉塘村文化礼堂	2016 年 8 月	2016 年 11 月	“水”文化
17	廿三里街道	廿三里村文化礼堂	2016 年 8 月	2016 年11 月	儒商文化
18	城西街道	枫溪村文化礼堂	2016 年 1 月	2016 年 11 月	走马灯

（杨东明）

征求、班子集体研究、部门商议、意见征求等程序，制定《新闻单位集团化改革工作方案（讨论稿）》《义乌商报报业集团、义乌广播电视集团绩效考核暂行办法》初稿等，各项改革工作稳步推进。8 月 24 日，义乌市召开新闻集团授牌仪式，义乌商报报业集团和义乌广播电视传媒集团正式成立，标志着义乌市新闻单位体制改革迈出关键性的第一步。

【文化礼堂建设】 2016 年，全市共建成农村（社区）文化礼堂 18 家，组建文体队伍 50 余支，组织、指导各农村文化礼堂以“文化礼堂杯”为载体开展文化、礼仪活动 1000 余场次，宣讲活动 600 余场次。

统战工作

【概况】 2016 年，全市 14 个镇（街道）首次单列配备专职统战委员，并全部配备统战干事。全市新提拔 7 名党外干部。年内，建立民主党派《建言直通车》、知联会《知联策论》、侨联《同心智库》3 份刊物。围绕国外在场转型、污水治理等方面的先进经验，结合义乌工作实际，以“敢问路在何方”为主题，先后撰写《奥兰多之思》《韩国首尔清溪川复兴改造项目的借鉴和启示作用》《解剖“荷兰东印度公司”》《推进义乌市场“五化三转变”应对商贸产业互联网大潮》4 篇智库文章。其中 2 篇入选市委常委（扩大）会议学习材料。组织 6 个民主党派和市知联会等相关负责人视察城市有机更新、大陈镇九都溪美丽乡村建设等工作，并召开座谈会征求意见建议。年内，少数民族流动人口社区融入的实践与经验工作获得 2016 年度全省统战工作创新成果；义乌市少数民族相关情况研究获得 2016 年度全省统战理论政策研究优秀成果一等奖。

全面规范穆斯林礼拜点管理，将 15 处礼拜点纳管，指导制定民主管理等 5 项制度张挂上墙，并依法发给行政许可。指导市佛教协会正式施行《义乌寺院财务管理规定》。推进民间信仰事务规范管理，全年累计检查场所 132 处次，查处假僧假道 122 人，引导常住教职人员到合法寺院 4 人。完成稠江、北苑、后宅、苏溪 4 个镇（街道）辖区民间信仰场所规范化建设工作，对符合要求的51处场所颁发证书和铜牌。加强宗教代表人士教育培训，全年开设培训班9期，累计受训800余人次。开展宗教“五进”工作，在有条件的宗教活动场所张挂国旗，设置宗教法律法规宣传窗，18处宗教场所竖立国旗旗杆，92处摆放国旗、设置宣传栏。开展绿化造林、“爱心送清凉”、鲁甸地震募捐等社会公益活动，五大教累计捐款捐物价值140万余元。

指导香港义乌同乡会完成换届工作。与10余个国家义乌侨团组织衔接，首批加拿大、日本、南非、澳大利亚等海外义乌人联络站挂牌成立，建立海外义乌微信群12个。加强归国留学人员队伍建设，开通留联会微信公众账号，组建留联会微信群，并与义乌本地网络平台合作，推出“留学生们，大家快到碗里来”的会员招募活动，进一步拓展义乌籍留学生资料信息建设，更新留学生信息300余条，新增信息130余条。

年内，大陈镇马畈村成立青创会、农家乐协会、民宿协会、麻糍米略协会、老驿道协会、老年协会6家协会，实现基层协商民主与村民自治有机结合。

【民族团结进步创建】 3—12月，通过开展民族体育联谊、少数民族普通话培训班、社区文艺晚会等形式，创建三鼎集团、鸡鸣山社区等一批企业、社区、乡镇、宗教场所民族团结示范单位。其中少数民族普通话培训班得到省民宗委、金华市民宗局的大力支持和充分肯定，新华社、新疆电视台等媒体相继对培训班进行报道。12月20日，国家民族事务委员会命名187家第四批全国民族团结进步创建活动示范单位，义乌市江东街道鸡鸣山社区榜上有名。

【新生代企业家队伍建设】 4月，发起成立“创赢未来·新生代企业家联盟”，邀请宁海、慈溪、桐庐等8个省内县(市)新生代企业家骨干到义乌参观考察，宣传推介义乌创业良好氛围，吸引更多创二代到义乌创业。5月，会同义乌市工商联出台金华市首个《关于加强新生代企业家队伍建设的意见》。7月，组织42名新生代企业家开展为期一周的创业创新专题培训。举办“传承·创新——老一辈与新生代”对话活动，组织40余名新生代企业家学习新光集团企业文化建设，与第一代优秀创业者交流企业管理有关问题。

【伊斯兰教活动场所民管会和阿訇换届工作】 5月16日，按照相关制度，指导原义乌市伊斯兰教活动场所民主管理管委会(简称“民管会”)制定换届推选方案，经公示、推荐、匿名投票等步骤，产生由9人组成的新一届民管会；8月底，经推荐、考察、推选等程序，指导选聘新阿訇，并于9月初上任。换届工作全程公开、透明、民主，得到穆斯林群众广泛认可，标志着“政府指导、协商推荐、民主推选”的换届推选模式趋于成熟。

【成立网络界人士联谊会】 5月21日，义乌市网络界人士联谊会成立大会在市跨界互联网文化创业园举行，金华市委统战部，市统战部、市民政局、市网信办等相关部门负责人等出席成立大会。来自全市网络媒体、网民朋友、网络技术开发、电子商务、大数据开发、平台开发与运营等互联网业态的120余名代表参加会议。会议选举产生31名理事，季顺杰为会长，龚建卫为监事长，并召开市网联会一届一次理事会。网联会纳入义乌各门户网站、超级版主、网络公司等90余名会员，先后组织开展走访慰问抗战老兵及烈属、关爱抗战老兵书画义卖、行政执法体验日等活动。至年底，义乌共有网民200余万人，手机网民170余万人，在义乌备案的网站有3000余家。新成立的义乌市网联会是一个具有统一战线性质的非营利性社会团体组织，接受义乌市委统战部、市民政局的指导、监督和管理。

【开展统一战线主题实践活动】

7月，下发《全市统一战线开展“凝聚共识画同心，发挥优势助发展”主题实践活动方案》，开展六大系列活动，把“服务助推年”“创新提升年”“队伍建设年”落实到实处。在全市范围内开展统一战线社会服务月活动，各民主党派、各统战组织开展送医送药下乡、扶贫帮困、捐资助学、慰问抗战老兵等公益活动20场，惠及群众3000余人次。

【关爱抗战老兵公益基金】 8月17日，由中共义乌市委统战部、市网络界人士联谊会倡议，成立义乌市首个关爱抗战老兵公益基金。首期由义乌市飏爽贸易有限公司捐赠10万元，此基金用于义乌市抗战老兵的公益帮扶工作，网联会志愿者分设10组，对抗战老兵实行一对一结对帮扶，每个季度发给每名抗战老兵500元标准的生活必需品，此外对老兵临时住院、过世等情况以第一时间给予慰问。

【政协委员退出机制】 12月，对照《政协委员退出管理办法》，将170名体制外政协委员的基本情况提交给市公安局、市人民法院、市金融办等9个部门，查询相关情况。对可能引起不良社会反映的政协委员进行重点关注并约谈，撤销政协委员1人，劝辞1人。

（宋　倩）

机关党建

【概况】 2016年，市直机关工委下辖新增机关党委1个，有关单位党委2个，二级党委1个，党总支1个，党支部98个，更名党支部28个，撤销党支部55个；发展党员140人，入党积极分子173人，收缴党费245.27万元。

组建由15名优秀微型党课获奖选手组成的“市直机关微型党课宣讲团”，进入机关各党组织开展微型党课宣讲78场次。对获奖的优秀微型党课作品制作DVD800份，统一发放给各机关基层党支部。开展机关党建新型阵地建设，以微信公众号为主要内容的机关党建新型阵地建设，组织实施“大数据在机关基层党建工作的应用与探索”课题，并在市行政服务中心进行试点，研发“党建”云平台，推进党务管理的智能化、党建活动的痕迹化、党员教育的数据化。依托系统管理“云仓库”，打造“网站”“PC机”“触摸屏”“手机端”多方共享的开放式机关党建新模式。通过“我的学习”“我的组织生活”“我的志愿服务”“我的好声音”“我的资产”五大核心模块，在党员、党支部、机关党委三者之间架起线上线下互动桥梁，实现线上学习、线上认领、线上反馈、线上考核，成为机关党员随身携带的“指尖阵地”。

【“绣湖先锋”公益行动】 5月起，组织每月一期的市直机关“公益广角”志愿服务活动，由市直机关各基层党组织围绕单位职能开展政策解答、技术指导、便民服务、义务劳动、业务帮扶、文明劝导、文体展示等服务。组织举办市直机关“公益广角”志愿服务活动8期，参与机关党员1360余人，现场发放各类宣传资料5.3万份、接受咨询8600余人次，为市民提供免费修理眼镜，手机贴膜和开展推拿、针灸、量血压、测血糖等服务5260余人次。

【“在浙央企—义乌市交流合作对接”活动】 6月28—29日，邀请省直机关工委组织中国联合工程公司、华东勘测设计研究院、中国水稻研究所等31家在浙央企代表，到义乌开展“在浙央企—义乌市交流合作对接”活动，双方就进一步加强交流合作展开座谈和对接，12家在浙央企与义乌市相关部门和企业建立长期对接关系或初步达成合作意向，7家在浙央企与义乌相关部门（产业平台）签订战略合作协议。

（朱庆军）

老干部管理

【概况】 2016年，全市有离休干部124人，其中义乌市离休102人（安置在外省市4人），垂直管理部门8人，军干所5人，易地安置在义乌市9人。年龄最小的83岁，最大99岁，平均年龄88.9岁。曾担任县级实职离（退）休干部35人，其中离休4人，退休31人。年内，全市离休干部逝世18人。

全年，向老干部通报义乌市经济社会发展情况、组工工作情况及老干部工作情况6次，参加市级重要会议和重大活动15次，组织迎春茶话会3场，参观考察活动8次，读书会2期，全市离休干部政治理论学习5期，分组学习63期；开展送学上门3次，为老干部购买《社会主义为什么行》《习近平总书记系列重要讲话读本(大字版)》等书籍4本、征订报刊9种,寄送文件30余次。开展“送温暖传真情”大走访、“我看义乌10年巨变”主题征文、“我看义乌这十年”专题调研、“重温红色经典、追忆革命岁月”书法活动,举办“携手童心齐飞翔”文艺会演、“唱响红色经典,传承红色精神”红歌会、“我眼中的美丽义乌”老干部书画摄影作品展等系列纪念中国共产党成立95周年、红军长征胜利80周年活动。组织解放战争时期参加革命工作老干部撰写回忆录,选送离休干部周志荣、高洪富红色故事编入《红色典藏——金华老干部解放战争回忆录》。开展“走、看、促”活动各4次,开展“我为义乌改革发展献一计”活动,集聚老干部正能量。发挥“五老”作用,新建青少年教育基地17个,组织各类宣讲53场,送文化下乡1次、赠送杂志400余册,送书画下乡(进军营)7次、赠送作品3万余幅,举办维权宣传演出2场,联合市科协、市教育局、市普法办、市人民检察院和市福彩发行中心等单位举办科普夏令营2期,“模拟法庭”1期,出庭维权、帮教外来建设者子女85人次,“福彩助学”3次,共资助学生331人,资助款64.6万元。会同市中心医院建立“夕阳红”微信群,搭建专家网上即时服务平台。组织特色音乐课32次,书画交流33次,老干部趣味运动会等各类比赛、展览30次。老年大学完成1400名学员教学任务,结业914人次,举办学员书画展、消费维权讲座、消费维权演出、中草药鲜活标本展等10次,参加各类比赛5次。市老干部局在北京国际中老年模特艺术大赛中获得铜奖,在金华市2016年全国百城千村健身气功交流展示活动暨市健身气功交流比赛大会上获最佳组织奖、健身气功·大舞项目的一等奖。选送的2幅摄影作品在《中国摄影报》、中国摄影家协会组织的评比中获奖。

【年终困难补助金发放】 12月,通过单位申报、老干部学习组长讨论、综合评审等规范程序,对有特殊困难的老干部家庭、老干部遗属进行经济帮扶。2017年1月,为48名老干部及遗孀,实施特殊困难帮扶5.9万元;为去世的16名离干家属发放病故补助2.1万元。

【“最美老干部”评选】 3月,在全市开展“最美老干部、最美老伴、最美子女”推荐评选活动,根据《关于表彰2016年金华市“最美老干部、最美老伴、最美子女”的决定》,义乌市离休干部朱光被授予金华市“最美老干部”荣誉称号,离休干部王祖同配偶朱玉珍被授予金华市“最美老伴”荣誉称号,离休干部陈无畏之子陈向阳被授予金华市“最美子女”荣誉称号。

【离休干部基本养老金调整】 根据浙人社发〔2016〕99号文件精神,7月1日起,对机关事业单位离休干部的离休费进行调整。行政管理人员,县处级正职每月上调600元,县处级副职每月上调500元,乡科级及以下每月上调400元;专业技术人员,副教授及相当职务每月上调500元,讲师(含相当职务)及以下职务每月上调400元。

(杨　英)

信访工作

【概况】 2016年,全市信访总量2941件,同比下降8.3%。其中群众来信事项1019件,同比下降25.8%;群众来访事项960件,同比下降19.1%,其中接待群众来访1152批次6500余人次,批次、人次分别同比下降13.4%、25.5%。网上信访962件,同比上升48.7%。来信来访主要反映劳资劳务纠纷、社会保障、市场管理、违法建筑、拆迁安置、旧村改造、涉法涉诉、村务财务等问题。加大非正常上访依法查处力度,政法机关依法处理去京非访人员3人(刑事判决1人、行政拘留2人),依法处理“以访牟利”案件3起,刑事处理11人。以确保G20峰会等重大活动期间的信访稳定为重点,组织全市信访维稳大攻坚行动,保证G20峰会、乌镇世界互联网大会、全国“两会”和中共十八届六中全会等重大活动期间的稳定,义乌市信访局被评为金华市G20峰会信访维稳工作先进集体。

【信访督查“百千万”专项活动】 4月,开展以“找短板、化积案、创标杆”为主题的信访督查“百千万”专项行动。完成积案化解督查5轮98人次，敏感时期信访维稳3轮45人次。按照“三到位一处理”的要求，对各级交办和本级排查出的信访积案，根据事项性质不同，分为化解、稳控、依法处置3类。各级交办信访积案173件，其中化解国家级2件；省级27件(化解类16件、稳控类11件)，成功化解16件，化解率100%；金华市级92件(化解类49件、稳控类43件)，成功化解46件，化解率93.8%；市本级52件，成功化解40件，化解率77%。属化解类的信访积案共119件，成功化解105件，总化解率为88.2%。2016年，义乌市被评为全省信访督查“百千万”行动先进集体。

【丹溪酒业重大债权债务纠纷事件】 义乌市丹溪酒业有限公司(以下简称“丹溪酒业”)由于长期举债、经营不善，2015年始陷入债务危机。此公司通过民间集资融资额9209万元，涉及债权599笔675人。2016年5月，由副市长王新锋包案。王新锋通过向赤岸镇政府、市人民法院和丹溪酒业深入了解情况，到企业实地走访察看现状，共同商讨破产重整计划方案，10余次主动约访债权人代表，面对面地进行沟通解释。通过多方努力，广大债权人情绪趋于稳定，实现从不信任到高度认可的转变，杜绝规模性、群体性上访。同年6月23日，债权人委员会全体成员签下《息访承诺书》。

(舒东阳)

风光独好——苏溪镇名的由来

义乌市苏溪镇位于市境东北部。东邻诸暨市、东阳市，南接廿三里街道、稠江街道，西连后宅街道，北接大陈镇。苏溪因溪得名，义乌苏溪，原名“酥溪”，旧志说：“其水甘而腴，有类于酥”。志载：酥溪，在县东北三十里，源出清潭山，至丫口与深溪合。“溪所从来者高，水湍悍，数为败居，民叠石成堰，以捍卫之。时有崩塌啮噬之患。”苏溪风景如画，历代有诗人题诗。唐代诗人戴叔伦，当年中举做官令吴宁，路过苏溪时，曾留下题咏《过苏溪亭》：“苏溪亭上草漫漫，谁倚东风十二栏？燕子不归春事晚，一汀烟雨杏花寒。”明代诗人汪广洋写过《过苏溪桥》2首，赞叹山野风光秀丽：“石磴盘盘卧湿云，山深瑶草不知春。马头忽见梅如雪，总有轻寒不着人。”“空谷无人响暗泉，隔溪茅屋见炊烟。东风故遣花飞出，知是桃源别有天。”清代诗人唐肃《水竹洞天》：“人间洞天三十六，谁到苏溪溪上头。湘水有人裁玉笛，武陵无地入渔舟。半泓龙起或成雨，六月夜来疑是秋。更有高楼名积翠，重重帘箔不须钩。”清代诗人范干《水竹洞天》：“苏溪溪上亭还好，水竹清幽胜倍加。万干修篁领风月，一泓寒玉浸烟霞。讵知洞府神仙窟，便在山林处士家。安得携朋并载酒，烂题诗句发英华。”

(陈子华)

义乌市人民代表大会

综　述

2016年，召开市人大常委会会议11次，听取和审议“一府两院”工作报告23个，形成审议意见、评议意见6项，作出决定决议16项，开展视察、执法检查11次，依法任免国家机关工作人员56人次。市人大常委会深入开展“两学一做”学习教育，开展手抄《党章》、参观教育基地、重温入党誓词、组织知识测试和专题研讨等活动。组织各级人大代表、街道议政员累计查找各领域存在的“短板”问题177条，梳理形成原因以及制约因素307条，上报补“短板”意见建议319条。开展“查找平安建设‘短板’，护航G20杭州峰会”主题活动，深入查找在政治安全、经济运行安全、重大矛盾纠纷、社会治安安全等方面存在的“短板”问题，收集平安建设“短板”意见建议180余条。完成市、镇两级人大代表换届选举工作，选举产生市人民代表大会代表288人。

重要会议

【市十四届人民代表大会第五次会议】 3月1—4日，义乌市第十四届人民代表大会第五次会议在稠城举行。出席会议代表292人，列席人员295人。会议听取和审议《政府工作报告》《义乌市人民代表大会常务委员会工作报告》《义乌市人民法院工作报告》《义乌市人民检察院工作报告》。审议《义乌市国民经济和社会发展第十三个五年规划纲要》（书面）、《关于义乌市2015年国民经济和社会发展计划执行情况及2016年国民经济和社会发展计划草案的报告》（书面）、《关于义乌市2015年预算执行情况和2016年预算草案的报告》（书面）。经过审议，通过上述各项报告，并作出相应决议。

2016年义乌市人大常委会常务会议情况表

表12

会议名称	时间	地点	参加人员	会议内容
市人大常委会第三十九次会议	1月7日	市政府八楼	市人大常委会组成人员23人出席会议。市委常委、常务副市长陈小忠，市人民法院院长钱建军，市人民检察院有关负责人列席会议。市委组织部，市府办、市发改委、市国土局、市规划局、市金融办、人行相关负责人，各镇（街道）人大主要负责人，市人大常委会各委办副主任，15名市人大代表列席会议	会议审议并表决通过市政府有关人事提请报告、市人大常委会主任会议关于补选义乌市出席金华市第六届人民代表大会代表的议案、市人大常委会主任会议关于提请接受部分市人大代表辞职的议案、《关于召开义乌市第十四届人民代表大会第五次会议的决定（草案）》《市人大常委会讨论、决定重大事项的规定（修订草案）》《市人大常委会关于加快推进社会信用体系建设的决议（草案）》；听取和审议《关于提请设立“诚信日”的报告》，决定将1月9日设立为义乌市“诚信日”；听取和审议《义乌市土地利用总体规划（2006—2020年）调整完善版》

续表 12

会议名称	时间	地点	参加人员	会议内容
市人大常委会第四十次会议	2月5日	市政府八楼	市人大常委会组成人员25人出席会议。市委常委、副市长周丽水，市人民法院院长钱建军，市人民检察院有关负责人列席会议。市委组织部，市府办、市发改委、市财政局、市国税局相关负责人，各镇（街道）人大主要负责人，市人大常委会各委办副主任列席会议	会议审议并表决通过市政府有关人事提请报告和主任会议有关人事提请议案；初审市十四届人大五次会议日程草案、市十四届人大五次会议有关组织人事建议名单、《政府工作报告》《义乌市国民经济和社会发展第十三个五年规划纲要草案》《义乌市2015年预算执行情况和2016年预算草案的报告（送审稿）》；审议并通过市十四届人大常委会代表资格审查委员会《关于补选的市人大代表资格审查报告》、市十四届人大五次会议列席人员名单和代表分团分组方案；听取和审议关于2016年度新建政府性重大投资项目计划安排（草案）情况的报告，书面审议《义乌市2015年国民经济和社会发展计划执行情况及2016年国民经济和社会发展计划草案的报告（送审稿）》；讨论《市人大常委会工作报告（征求意见稿）》；审议并通过《市人大常委会2016年工作要点》
市人大常委会第四十一次会议	3月31日	市政府八楼	市人大常委会组成人员24人出席会议。市委常委、常务副市长陈小忠，副市长毛世梁，市人民法院、市人民检察院有关负责人列席会议。市委组织部，市府办、市改革办、市商务局、市电商办、市陆港口岸局、市农合联、商城集团、市公安局、市监察局、市检察院反渎局、市市场监管局、市食安办、市环保局、市农林局、市卫计委、市综合行政执法局、市市场集团、市社区建设办、市规划局、市城管委、市国土局、社投集团相关负责人，各镇（街道）人大主要负责人，市人大常委会各委办副主任，14名人大代表列席会议	会议审议并表决通过市政府有关人事提请报告；听取和审议《关于国内贸易流通体制改革发展综合试点工作情况的报告》《关于打击食品药品环境犯罪情况的报告》；听取和审议《关于深化城乡新社区集聚建设的报告》，表决通过相关决定
市人大常委会第四十二次会议	5月26日	市政府八楼	市人大常委会组成人员25人出席会议。副市长王迎，市人民法院、市人民检察院有关负责人列席会议。市委组织部，市府办、“店小二”办、市经信委、市城管委、市发改委、市金融办、市科技局、市人力社保局、市市场监管局、市安监局、市环保局、市行政服务中心、市国税局、人民银行、市银监办、市规划局、市交通局、市创建办、市综合行政执法局、市国土局、市财政局、市国资委、城投集团、水务集团相关负责人，各镇（街道）人大主要负责人，市人大常委会各委办副主任，14名人大代表列席会议	会议审议并表决通过主任会议有关人事提请议案和补选金华市第六届人民代表大会代表议案、市人民法院有关人事提请报告；听取和审议市经信委《关于落实市人大常委会评议意见情况的报告》、市城管委《关于落实市人大常委会评议意见情况的报告》、市政府《关于2016年度第二批政府性重大投资项目新建计划安排情况的报告》、市政府《关于市妇幼保健院迁建工程、市美术馆及中国商业与贸易博物馆项目采用政府购买服务方式等有关问题的报告》
市人大常委会第四十三次会议	6月24日	市政府八楼	市人大常委会组成人员21人出席会议。市人大常委会各委办副主任列席会议	会议审议并表决通过人大常委会主任会议有关人事提请议案

续表12

会议名称	时间	地点	参加人员	会议内容
市人大常委会第四十四次会议	7月27日	市政府八楼	市人大常委会组成人员26人出席会议。市长林毅，常务副市长陈小忠，市人民法院院长钱建军，市人民检察院检察长彭中，市人大常委会党组成员列席会议。市委组织部，市府办、市发改委、市财政局、市审计局、市卫计委、市民政局、市国税局等部门单位负责人，市人大常委会各委办副主任，各镇（街道）人大主要负责人，30名市人大代表列席会议	会议审议并表决通过市政府有关人事提请报告、市检察院有关人事提请报告、市人大常委会主任会议有关人事提请议案；分别听取和审议“一府两院”半年工作报告；听取和审议《关于义乌市2015年财政决算情况的报告》《关于2016年地方政府债务限额及新增债务预算调整方案的报告》《关于2015年预算执行和其他财政收支情况的审计工作报告》《关于2016年度第三批新建政府性重大投资项目计划安排情况的报告》《关于市十四届人大五次会议议案和代表建议办复情况的报告》；书面审议《关于2016年上半年国民经济和社会发展计划执行情况的报告》
市人大常委会第四十五次会议	9月1日	市政府八楼	市人大常委会组成人员25人出席会议。副市长方刚，市人民法院、市人民检察院有关负责人列席会议。市府办、市发改委、市城管委、市房屋征收办、市规划局、市财政局等部门单位负责人，市人大常委会各委办副主任，各镇（街道）人大主要负责人列席会议	会议听取和审议《关于提请调整义乌市2016年国民经济和社会发展计划的报告》，并作出了相关决议
市人大常委会第四十六次会议	9月29日	市政府八楼	市人大常委会组成人员23人出席会议。副市长毛世梁，市人民法院、市人民检察院有关负责人列席会议。市府办、市发改委、市财政局、市城管委、市交通局、市国土局、市公安局、市人力社保局、市环保局、市规划局、城投集团、交投集团、水务集团等部门单位负责人，市人大常委会各委办副主任，各镇（街道）人大主要负责人，14名市人大代表列席会议	会议听取和审议《关于义乌市2016年1—8月财政预算执行情况及全年预算调整方案的报告》《关于2016年度新增政府性重大投资项目计划安排情况的报告》《关于我市建筑业、房地产行业情况的报告》。
市人大常委会第四十七次会议	10月24日	市政府八楼	市人大常委会组成人员25人出席会议。市委组织部负责人，市人大常委会各委办副主任，各镇（街道）人大主要负责人列席会议	会议审议并表决通过人大常委会主任会议有关人事提请议案；听取市、镇两级人大换届选举有关事项的通报和说明；审议通过《关于义乌市市、镇两级人民代表大会换届选举有关事项的决定》《关于设立义乌市选举委员会的决定》《关于设立义乌市各镇选举委员会的决定》
市人大常委会第四十八次会议	12月2日	市政府八楼	市人大常委会组成人员23人出席会议。市长林毅，副市长冯秀峰，市人民法院院长钱建军，市人民检察院有关负责人列席会议。市府办、市财政局、市审计局、市国税局、市发改委、市环保局、市经信委、市城管委、市规划局、市农林局、市水务局、市文广新局、市卫计委、市人力社保局等部门单位负责人，市人大常委会各委办副主任，各镇（街道）人大主要负责人列席会议	会议审议并表决通过市政府有关人事提请报告；听取和审议《关于2015年审计工作报告反映问题整改情况的报告》《关于深化医改、推进健康城市建设工作情况的报告》《〈义乌市生态文明建设规划（2014—2030）〉编制情况的报告》
市人大常委会第四十九次会议	12月30日	银都酒店	市人大常委会组成人员20人出席会议。副市长张雷，市人民法院院长钱建军，市人民检察院有关负责人列席会议。市委组织部，市府办、市司法局等部门单位负责人，市人大常委会各委办副主任，各镇（街道）人大主要负责人列席会议	会议审议并表决通过市人民法院、市人民检察院有关人事提请报告；传达学习市第十四次党代会精神；审议并表决通过《关于开展第七个五年法治宣传教育的决议（草案）》《关于义乌市第十五届人民代表大会代表资格审查的报告》

会议选举林毅为市人民政府市长。确定“招转并举，精准服务，促进工业经济提质增效”和“大力推进城市有机更新，加快打造精品城市”为大会议案，收到代表提出的议案建议331件，会后交市政府和有关部门研究办理。会议期间，举行“人大代表问政面对面”活动，并组织代表视察全市重点工程建设和国际邮件互换局运行情况。

【市十四届人大常委会会议】

2016年，召开义乌市第十四届人大常委会11次，审议通过专题报告23个。

视察监督

【视察义乌工业园区配套设施建设情况】 3月21日，市人大常委会组织12名代表对义乌市工业园区配套设施建设情况进行视察。实地视察工业园区基础设施建设情况后，听取工业园区负责人关于园区配套设施建设情况的汇报，并进行座谈讨论。视察组指出，从发展的目标要求来看，工业园区的配套设施建设存在一些差距，如产城融合特征不够明显，功能布局规划较为滞后，公共服务体系亟待完善等。此外，园区体制机制上还有创新发展的空间，工业特色小镇的定位还需进一步明晰，引领区域经济发展的能力还有待加强。提出应当注重规划先行，加强产城相关规划的完善衔接；注重特色发展，加快园区载体功能的完善提升；注重机制创新，加快园区运行体制的优化改革。

【督查“千河万塘”清淤工作】 4月7—21日，市人大常委会组织21名市人大代表，分7组对“千河万塘”清淤工作开展情况进行专题督查。实地察看义乌江和西溪、铜溪、洪溪等部分流域以及山塘水库的清淤情况，听取市“五水共治”办及有关部门、镇（街道）关于河湖库塘清淤工作情况的汇报，并进行座谈讨论。2016年，全市扎实开展河湖库塘清淤工作，认真制定方案，明确责任分工，开展重点整治，“千河万塘”清淤工作取得阶段性成效。但河湖库塘清淤工作还存在淤泥污泥未能有效区分、淤泥妥善处置难、群众积极性有待进一步调动、清淤保洁长效机制还不完善等差距和问题。督查组建议要抓好方案细化、责任落实工作，强化分类指导，紧抓源头治理，推进科学清淤，加强协调监管，强化清淤专项资金保障，建立长效管理机制。

【视察民间信仰场所管理情况】

4月21日，市人大常委会组织10名市人大代表对市民间信仰场所管理情况进行视察。实地视察协和古寺、净明讲寺、城隍庙，听取市民宗局等部门有关情况汇报，并进行座谈讨论。视察发现民间信仰场所分布多而散，对正常的宗教事务管理有一定影响，民间信仰不规范问题较为突出，活动内容较为混杂；管理者素质偏低，管理还存在漏洞等薄弱环节。视察组建议要加强宗教政策和法律法规的宣传教育，加大正面引导力度；强化依法管理、分类管理，改变现有整体状况；落实属地管理，健全基层组织网络。

【视察农产品质量安全工作】 4月22日，市人大常委会组织11名市人大代表对市农产品质量安全工作进行视察。实地视察农贸城检测中心、农贸城蔬菜市场和苏溪镇东湖门村蔬菜种植基

人大代表视察市重点工程　　（市人大供图）

地，听取市市场监管局、市农林局关于全市农产品质量安全工作情况的汇报，并进行座谈讨论。2016年，市政府及相关部门高度重视农产品质量安全工作，围绕贯彻落实农产品质量安全法、食品安全法等法律法规，持续深化监管体制改革，积极推动监管机制创新，加强农产品检验检测体系建设，开展各类专项整治活动，打击农产品质量安全领域违法犯罪行为，保障全市人民群众“舌尖上的安全”，全市农产品质量安全保持总体平稳态势。市农产品质量安全工作主要存在农产品质量安全监管机制尚未完全理顺、农产品检验检测体系不够完善、农产品批发市场源头监管存在盲区等问题。视察组建议要加快理顺农产品质量安全监管机制，加强农产品质量检测体系建设，强化市场准入监管，提高农产品质量安全监管能力，加大城乡菜市场规范化建设力度，加大农产品质量安全违法行为打击力度，着力构建农产品质量安全社会共治格局。

【督查“两路两侧”环境整治工作】 6月16日，市人大常委会组织12名市人大代表对市“两路两侧”环境整治工作进行督查。实地视察后宅街道后傅工棚点、义亭镇吴村乱堆乱放点、上溪镇樟村砖瓦厂、城西街道娃娃鱼养殖基地点及沿路的公路干线边和铁路(高铁)沿线，听取市“三改一拆”办关于“两路两侧”环境整治工作情况的汇报，并进行座谈讨论。2016年，市“三改一拆”办及相关部门、镇(街道)通过指挥前移、挂图作战、强化考核，积极主动作为，全力攻坚克难，扎实推进整治工作取得实效。“两路两侧”环境整治工作仍存在砖瓦厂、企业工棚、蓝色钢棚等遗留难点问题较多，且情况复杂；“赤膊屋”、青山白化、田间薪柴堆放整治缺乏统一标准，工作推进缺乏规范和指导；农村建房外立面色调凌乱，管理不到位；长效管理机制未建立，整治后反弹回潮现象依然存在等问题。督查组建议要创新方法，突破整治难点问题；明确标准，提高整治工作实效；点面结合，全力推进整治工作；建立长效管理机制，巩固整治成果。

【督查安全生产工作】 8月9日，市人大常委会组织7名市人大代表对义乌市安全生产工作进行专题督查。实地督查江东街道的山口村临时仓储区、端头三区22幢出租房、义乌市桔子酒店有限公司等场所，听取市安监局关于义乌市安全生产工作情况的汇报，并进行座谈讨论。高温季节是安全生产事故的易发期和多发期，要清醒地认识到义乌市安全生产形势依然严峻，液化石油气事故发生率高，液化石油气在配件更换、使用规范等方面存在诸多隐患；山口村临时仓储区整改效果欠佳；群众安全意识淡薄，企业主普遍存在应付检查观念；网格化监管责任落实不到位，整治后回潮现象依然存在等。督查组建议要明确职责，完善安全生产责任体系；狠抓落实，加大长效监管力度；强化服务，提高安全生产保障能力；加强宣传，增强全社会安全生产意识。

【视察重点工程建设情况】 8月18日，市人大常委会组织12名人大代表对全市重点工程建设情况进行视察。实地察看疏港快速路东河互通、后宅第二小学、疏港高速公路堂阁互通以及白山尖隧道等工程建设情况，听取市城管委、市交通局、交投集团、城投集团等部门相关工作情况汇报，并进行座谈讨论。市政府及相关责任单位按照全年建设计划，克服前期雨水较多等困难，精心组织，加强管理，攻坚破难，各工程项目能够按目标任务扎实推进，建设成效明显。但存在疏港快速路工程涉及兰雅农庄03省道立交桥处辅道400米路段苗木未迁移；疏港高速公路堂阁互通涉及福田街道前店村92户、堂阁村8户未拆迁；甬金高速增设佛堂互通工程新增建设用地18.33公顷土地指标未落实，涉及佛堂镇和溪村126户未拆迁；后宅第二小学北侧、南侧、东侧道路尚未开工建设等问题。视察组建议要抓住目标不放松，狠抓工程进度计划落实；加强协调配合，全力破解工程涉及的节点、难点问题；强化分析研究，加大政策保障力度；加强管理，严格监管，把好工程质量安全关。

【视察美丽乡村建设情况】 9月28日，市人大常委会组织11名市人大代表对美丽乡村建设情况进行视察。实地视察大陈镇马畈奇幻乐园、溪后猕猴桃长廊、上坑仁村等地，听取市农林局、大陈镇等部门有关情况汇报，并进行座谈讨论。义乌市在农村环境综合整治、精品村和特色村培育建设、发展美丽产业等方面取得较为明显的成效，但与浙江省美丽乡村建设先进县(市)相比仍存在精品村特色亮点不足，优质生态山水风景资源的开发还不够深入、连片连线的景观区块不成熟，美丽产业发展水平较低，农村雨污合流未全面治理等差距和问题。视察组建议要以科学规划为引领，因地制宜创出特色；以培强产业为重点，做大做强生态经济；加快推进农村基础设施建设；创立新型的建设投入机制。

【视察幼儿教育工作】 10 月 20 日，市人大常委会组织 11 名市人大代表对全市幼儿教育工作进行专题视察。视察组实地视察江东鲇溪幼儿园、东洲第二幼儿园，听取市教育局等部门有关情况汇报，并进行座谈讨论。义乌市在大力发展幼儿教育、提升教育的办学水平上作了较大努力，基本上解决入园难的问题。但义乌市学前教育还存在优质学前教育资源相对短缺（民办园占 93%，公办园仅占 7%）；学前教育师资队伍整体素质不够高；市财政对学前教育投入不足；部分民办幼儿园经济利益至上，场地、师资管理经验严重缺乏等问题。视察组建议要加强宣传，提高全社会对学前教育的重视程度；强化学前教育的总体规划和布局规划；理顺办园体制机制，提高科学管理和科学施教水平；加强幼儿园师资的培训管理及监督考核，提升办学水平。

【视察小区物业管理工作情况】

10 月 27 日，市人大常委会组织 11 名市人大代表对全市小区物业管理工作情况进行视察。实地察看词林小区、和安公寓、东方国际村、欧景名城等小区物业管理情况，听取市城管委关于物业行业发展情况的汇报，并进行座谈讨论。市政府及相关部门以文明城市创建和精品城市建设为载体，通过规范市场秩序，强化日常监管，加强从业人员培训，提高物业企业服务水平，推进物业行业健康有序发展。但义乌市物业行业存在物业管理体制机制不够完善、物业收费难、业主委员会不健全、政府对物业行业的扶持力度不够等方面问题。视察组建议要完善物业管理体制机制；加强对物业服务企业的日常监督和指导；鼓励支持物业服务企业做大做强；建立健全小区业主委员会；强化源头管理，积极破解行业发展难题；加大舆论宣传力度。

【视察公共法律服务体系建设情况】 10 月 28 日，市人大常委会组织 10 名市人大代表对公共法律服务体系建设情况进行视察。实地视察国际商贸城涉外调解委员会、稠江司法所、昌德社区等地，听取市司法局等部门有关情况汇报，并进行座谈讨论。市司法局在公共法律服务平台、服务标准和服务产品建设等方面更趋于系统、规范和精准，取得明显的成效。但在公共法律服务资源分布不够均衡，农村区域相对较为薄弱；公共法律服务的针对性和实效性等方面有待进一步提高。视察组建议要围绕发展大局，推进法律服务新发展；贴近民生需求，拓展法律服务新途径；突出重点领域，再创法律服务新业绩。

选举和任免

【概况】 1 月 7 日，市十四届人大常委会第三十九次会议决定任命冯秀峰为义乌市人民政府副市长。2 月 5 日，市十四届人大常委会第四十次会议决定任命王建新为义乌市教育局局长，黄莉青为义乌市水务局局长，黄卫勇为义乌市人民政府外事与侨务办公室主任，鲍建平为义乌市综合行政执法局局长；免去朱国清的义乌市教育局局长职务，王建新的义乌市人民政府外事与侨务办公室主任职务，黄莉青的义乌市综合行政执法局局长职务。免去楼扬勤的义乌市人大常委会稠江街道工作委员会副主任职务。3 月 31 日，市十四届人大常委会第四十一次会议决定任命朱有清为义乌市人民政府办公室主任；免去李洪斌的义乌市人民政府办公室主任职务。5 月 26 日，市十四届人大常委会第四十二次会议决定免去俞玮的义乌市人民法院民事简易审判第一庭副庭长职务，周寒冰的义乌市人民法院刑事审判第二庭副庭长、审判员职务。任命陈樟荣为义乌市人大常委会法制工作委员会副主任；免去周文华的义乌市人大常委会廿三里街道工作委员会主任职务，郑文胜的义乌市人大常委会城建环保工作委员会副主任职务，何国庆的义乌市人大常委会福田街道工作委员会副主任职务。7月27日，市十四届人大常委会第四十四次会议决定任命吴功三为义乌市人大常委会稠城街道工作委员会主任，陈小诚为义乌市人大常委会江东街道工作委员会主任，徐海芳为义乌市人大常委会稠江街道工作委员会主任，吴学民为义乌市人大常委会廿三里街道工作委员会主任，楼鑫铨为义乌市人大常委会城西街道工作委员会主任，宗一飞为义乌市人大常委会稠城街道工作委员会副主任，虞红伟为义乌市人大常委会福田街道工作委员会副主任，刘红伟为义乌市人大常委会江东街道工作委员会副主任，刘加云为义乌市人大常委会稠江街道工作委员会副主任，陈文山为义乌市人大常委会北苑街道工作委员会副主任，赵向阳为义乌市人大常委会廿三里街道工作委员会副主任，金瑞贤为义乌市人大常委会城西街道工作委员会副主任；免去张茂林的义乌市人大常委会稠城街道工作委员会主任职务，王云玲的义乌市人大常委会江东街道工作委员会主任职务，杨重德的义乌市人大常委会稠江街道工作委员会主任职务，程斌华的义乌市人大常委会城西街道工作委员会主任职务，潘继海的义乌市人大常委会稠城街道工作委员会副主任职务，吴礼科的义乌市人大常委会北苑街道工作委员会副主任职务，虞廷海的义乌市人大常委会廿三里街道工作委员会副主任职务，陈金斌的义乌市人大常委会城西街道工作委员会副主任职务。任命杨均琪为义乌市人民检察院检察委员会专职委员。决定任命倪建均为义乌市人民政府副市长，骆小俊为义乌市科学技术局局长，张根平为义乌市民政局局长；免去张根平的义乌市科学技术局局长职务，朱京义的义乌市民政局局长职务。12月2日，市十四届人大常委会第四十八次会议决定任命张雷为义乌市人民政府副市长；决定免去毛湘宏的义乌市人民政府副市长职务。同月30日，市十四届人大常委会第四十九次会议决定免去曾涌的义乌市人民检察院副检察长、检察委员会委员、检察员职务，陈凯、金远敢、何冬生3人的义乌市人民检察院检察员职务。任命王丹萍、王慧、吴晨播、余芹、周俊梅、楼小康6人为义乌市人民法院审判员；免去王胜东的义乌市人民法院副院长、审判委员会委员、审判员职务。

议案和建议

【概况】 3月1—4日，市十四届人大五次会议收到大会议案2件，代表建议意见331件，会后统一交由70个部门和单位办理。3—10月，重视开展代表建议预交办。在市府办和代表工委全面梳理基础上，首次实行代表建议网上预交办，通过代表建议网上办理系统，广泛征求市人大各委办、各镇（街道）人大、领衔代表和承办单位的意见，提高交办工作效率，提升交办工作的准确性和合理性。采取市领导领衔办理和市人大分线督办制度。经各委办筛选和主任会议研究，确定13件重点代表建议，实行市政府领导领衔办理、市人大领导及各委办分工督办，办理目录在《义乌商报》上向社会公布，接受群众监督。完善代表建议办理考核细则。继续将承办单位的面商情况、落实情况、代表满意度等情况列入考绩内容，并根据实际情况，完善计扣分细则，推动代表建议办理力度的加强。12月底，2件大会议案办理工作取得明显成效；其他331件建议，办理落实和正在解决的242件，创造条件继续办理的56件，以后工作中留作参考与日常工作结合的33件；代表对办理落实情况表示满意的和基本满意的325件，满意率98.2%。

（骆 钦）

义乌市人民政府

重要政事

【“招大引强”工作】 2月13日，义乌市召开以“情系家乡、共谋发展”为主题的2016首届世界义商大会。会上，瑞丰光电、华灿光电项目等5个总投资123亿元的重大义商回归项目进行现场签约。3月22日，义乌经济技术开发区与吉利集团完成总投资72亿元的吉利英伦新能源整车项目签约。6月6日，义乌经济技术开发区与森宇控股集团签订森山健康小镇框架合作协议。同月24日，市委、市政府召开全市招商引资工作动员大会，分析全市招商引资工作面临的机遇和挑战、具备的优势和存在的问题，对招商引资工作任务进行全面部署。7月23日，2016义乌投资环境（杭州）推介会在杭州召开，17个项目现场集中签约。8月24日，义乌工业园区管委会与木林森股份有限公司签署投资协议，总投资55亿元的LED照明项目落户义乌。11月28日，义乌市政府与上海圆通蛟龙投资发展（集团）有限公司、圆通速递股份有限公司签署战略合作协议。2016年，全市共引进重大项目52个，总投资1245亿元；浙商回归到位资金137亿元，实际利用外资超1亿美元，招引投资50亿元以上项目12个。义乌市政府获2016年度金华市招商引资和支持浙（婺）商创业创新工作综合奖一等奖。

【启动精品街改造】 3月12日，市长林毅现场调研精品街区改造提升工作，并主持召开精品街区规划建设汇报会，指出2016年实施10条以上的精品街区改造。4月19日，城市设计大会战动员会在市委党校召开，省住建厅总规划师顾浩到会指导。市委书记盛秋平作强调讲话，市长林毅作动员部署，市四套班子领导参加会议。8月20日，完成工人西路城建资源大楼、城中北路林业大厦、丹溪路市市场监管局稽查大队和市农林局大楼4座公房外立面改造工程。12月29日，完成工人西路、城中北路、丹溪路等路段的街景立面改造工程。2016年，全市共实施工人西路、城中北路、丹溪路等10条精品街外立面改造，初步形成“一线一面”的精品街路段围合格局，概（估）算总投资1.3亿元。

【“五水共治”工作】 3月17日，全市“五水共治”和“三改一拆”工作会议召开。4月6日，全市工业企业雨污合流整治试点动员大会在义亭镇召开。同月24日始，市长林毅连续18周带队开展周末“五水共治”专项督查。29日，全市“五水共治”“低小散乱”整治工作推进会召开。市长林毅对全面推进“五水共治”工作做具体要求，提出“1+9+14+6”的源头治水新模式。5月13日，全市工业、企业雨污合流整治现场会在义亭镇召开，会议决定，在全市开展工业、企业雨污合流整治百日攻坚。同月30日，市委书记盛秋平到市“五水共治办”检查指导治水工作，市委常委、副市长周丽水陪同调研，市政协副主席董利明参加汇报会。6月1日，浙江省副省长熊建平到义乌调研河长制治水工作，市委相关领导陪同调研。7月8日，全市农村生活污水治理现场会暨“五水共治”工作推进会在城西街道召开，推广城西街道试点经验。8月19日，省委副书记、代省长车俊到义乌调研，了解义乌市“五水共治”等工作。9月29日，举办“五水共治”院士专家义乌行活动，共邀请7名院士、专家为义乌市“五水共治”出谋划策。2016年，全市“五水共治”工作从末端治理转向九大源头治理，333个村实现管网专业化运维，2870宗工业用地中96.2%实现持证排水，全市7个省市控断面全部达到地表水Ⅲ类标准，获得2016年度浙江省“五水共治”“大禹鼎”。

【“三改一拆”工作】 3月17日，全市“五水共治”和“三改一拆”工作会议召开。5月11日，全市“美丽义乌建设”暨“两路两侧”整治、“三改一拆”作战指挥部成立现场会在上溪镇召开，会议确定在上溪镇设立“两路两侧”整治作战指挥部和“三改一拆”作战指挥部。11月15日，副省长熊建平在浙江政务信息（专报）第1387期《实施拔钉清障七步法 60天攻克48个历史遗留问题——义乌市再掀“三改一拆”新高潮》上批示，肯定义乌市“三改一拆”工作。12月7日，《浙江日报》头版发表《义乌城增颜值 民受惠 前10月拆违逾300万平方米拆后利用率达85.72%》，介绍义乌“三改一拆”工作成效。2016年，全市共拆除违法建筑405.75万平方米，完成金华下达年度任务指标的338.13%；改造旧住宅536.11万平方米，完成金华下达年度任务指标的1340.27%；改造旧厂区145.03万平方米，完成金华下达年度任务指标的453.22%；改造城中村906.85万平方米，完成金华下达年度任务指标的1395.15%。“三改一拆”综合排名居全省90个县(市、区)第五位。

【启动城市有机更新】 3月23日，义乌市国有土地上房屋征收管理办公室成立。5月2日，完成宾王高架桥下附属房收购项目签约工作。同月13日，颁布《义乌市国有土地上房屋征收与补偿办法》。7月15日，义乌老城区有机更新规划公示。同月19日，颁布《义乌市货币化安置凭证管理办法》。9月18日，颁布《义乌市国有土地上房屋征收补偿资金管理暂行规定》《义乌市国有土地上房屋征收社会稳定风险评估规定》《义乌市国有土地上被征收房屋拆除工程管理暂行规定》。同日，公布仓后区块征收红线范围。同月22日，仓后区块被征收人产权信息公示。30日，公布仓后区块征收补偿方案征求意见稿。10月8日，公布湖大塘区块征收红线范围。同月14日，湖大塘区块被征收人产权信息公示。21日，公布向阳上片区块征收红线范围。24日，湖大塘区块旧城区改建项目意愿征询达到90%以上。25日，公布湖大塘区块征收补偿方案征求意见稿。30日，向阳上片区块旧城区改建项目意愿征询达到90%以上。11月1日，公布《向阳上片区块旧城改建项目国有土地上房屋征收补偿方案（征求意见稿）》。同日，公布仓后区块国有土地上房屋征收决定。同月6日，正式启动老党校、教师进修学校、市环卫处、市干休所房改房收购签约。15日，完成老党校、教师进修学校、市环卫处、市干休所房改房收购签约。同日，仓后区块启动入户评估。17日，仓后区块开始正式签约。12月3日，公布湖大塘区块国有土地上房屋征收决定。同月10日，湖大塘区块启动入户评估。23日，公布向阳上片区块国有土地上房屋征收决定。25日，仓后区块完成签约，签约率100%。28日，湖大塘区块开始签约。至2016年12月31日，完成宾王路高架桥桥下附属房屋68间收购；环卫所房改房（共32户）、干休所房改房（共16户）、老党校房改房（共24户）、教师进修学校房改房（共25户）、徐江楼（50户）收购；完成仓后区块征收，涉及住户1005户，占地面积10.82万平方米，被征收房屋总建筑面积11.8万平方米。

【开展“低小散乱”企业整治】 5月9日，下发《关于印发义乌市“低小散乱”块状行业整治提升方案的通知》，提出在2016—2017年完成印刷包装、工艺品加工、饰品加工、塑料皮革加工、模具加工、汽修喷漆、铁皮及门窗加工七大行业整治任务。7月11日，市“低小散乱”综合整治指挥部印发《义乌市模具行业整治提升工作方案》，确定采用“一城一园”建设模式，在义乌模具城和廿三里街道祥艺纺织有限公司分别设立模具加工集聚点。至2016年年底，义乌市共完成模具行业企业集聚入园335家，其中义乌模具城203家，廿三里祥艺模具创业园132家。12月2日，市"低小散乱"综合整治指挥部印发《义乌市印刷包装行业整治提升工作方案》，确定采用分期分批的模式在稠江街道、佛堂镇建设印刷包装集聚点，在城西街道、苏溪镇建设丝网印刷集聚点。

【获批创建义乌信息光电高新区】 5月15日，义乌工业园区与浙江省发展规划研究院共同编制完成《创建省级高新区技术产业园区总体方案》。同月27日，义乌市政府向省政府上报《关于申请创建省级高新技术产业园区的请示》。6月7日，省委常委、常务副省长袁家军赴工业园区调研，市长林毅汇报并恳请支持义乌省级高新区创建工作。12月21日，经省政府同意，省科技厅、省发改委向义乌市人民政府发函，同意创建义乌信息光电高新技术产业园区。

【G20安保工作】 5月27日，G20杭州峰会安保百日誓师大会在梅湖体育中心召开。7月21日，召开深化出租房屋管理工作动员大会暨G20峰会维稳安保临战阶段工作推进会，部署G20峰会维稳安保临战阶段任务和深化出租房屋管理工作。8月6日，举行"动中备勤、巡处合一"勤务机制、公安武警加强型巡逻启动暨警用装备发放仪式。同月28日，全省G20峰会安保工作正式进入决战阶段。30日，省人大常委会副主任刘力伟到义乌检查指导安保维稳工作。8月1日至9月10日，全市刑事发案1398起，同比下降32.4%；接报侵财警情3341起，同比下降36.1%，社会面持续保持平稳，完成峰会各项安保任务。9月13日，省委常委、宣传部部长葛慧君一行到义乌看望慰问G20安保一线参战民警、协警。同月27日，召开G20杭州峰会维稳安保工作总结大会，对先进集体和先进个人进行表彰并颁奖。义乌市公安局成为全省唯一获集体二等功的县级公安机关。

（何建栋）

重要会议

【市政府常务会议】 2016年召开市政府常务会议26次，审议通过议题83项。

2016年市政府常务会议情况表

表13

会议名称	时间	地点	参加人员	会议内容
市政府第74次常务会议	1月18日	市政府四楼会议室	市长、副市长、人武部部长、市政府顾问、市府办主任、监察局局长、相关单位负责人	审议并原则通过《义乌市垃圾焚烧发电厂提升改造项目方案》《义乌市安全生产"党政同责、一岗双责"暂行规定》等议题
市政府第75次常务会议	1月28日	市政府四楼会议室	市长、副市长、人武部部长、市政府顾问、市府办主任、监察局局长、相关单位负责人	审议并原则通过《关于深入推进城乡新社区集聚建设工作的若干意见》《关于义乌市2015年国民经济和社会发展计划执行情况及2016年国民经济和社会发展计划草案的报告》《"十二五"规划完成情况及"十三五"规划指标安排建议》《关于义乌市2015年财政预算执行情况及2016年财政预算草案的报告》等议题。原则同意2016年有效投资、市政府全会报告、"市长奖"、集体记功等事项
市政府第76次常务会议	2月4日	市政府四楼会议室	市长、副市长、人武部部长、市政府顾问、市府办主任、监察局局长、相关单位负责人	审议并原则通过《义乌市国民经济和社会发展第十三个五年规划纲要（草案）》《邮储银行"一带一路"产业股权投资基金金融服务方案》《政府工作报告》等议题。原则同意华灿光电外延、芯片及蓝宝石加工项目，瑞丰光电LED扩产暨新能源项目，第三批"义乌英才"项目评审，兑现2015年义乌保税物流中心发展扶持资金等事项

续表 13

会议名称	时间	地点	参加人员	会议内容
市政府第77次常务会议	2月17日	市政府四楼会议室	市长、副市长、人武部部长、市政府顾问、市府办主任、监察局局长、相关单位负责人	审议并原则通过《关于减轻企业负担　金融支持工业发展十条意见(试行)》等议题
市政府第78次常务会议	2月27日	市政府四楼会议室	市长、副市长、人武部部长、市政府顾问、市府办主任、监察局局长、相关单位负责人	审议并原则通过《吉利集团新能源整车项目合作投资协议书》等议题
市政府第79次常务会议	3月9日	市政府四楼会议室	市长、副市长、人武部部长、市政府顾问、市府办主任、监察局局长、相关单位负责人	审议并原则通过《支持企业股改重组、挂牌上市十条意见》等议题
市政府第80次常务会议	3月28日	市政府四楼会议室	市长、副市长、人武部部长、市政府顾问、市府办主任、监察局局长、相关单位负责人	审议并原则通过《关于支持中小微企业发展推进产业转型升级十条意见》等议题。原则同意BRT一号线规划建设方案,深化城乡新社区集聚建设等事项
市政府第81次常务会议	4月12日	市政府四楼会议室	市长、副市长、人武部部长、市政府顾问、市府办主任、监察局局长、相关单位负责人	审议并原则通过《城市设计大会战行动计划》《关于深入推进城乡新社区集聚建设工作的意见》《义乌市公共租赁住房保障管理暂行办法》《义乌市政策性担保实施方案》等议题。原则同意开展十大城市"顽疾"综合治理行动
市政府第82次常务会议	5月2日	市政府四楼会议室	市长、副市长、人武部部长、市政府顾问、市府办主任、监察局局长、相关单位负责人	审议并原则通过《义乌市国有土地上房屋征收与补偿办法》《关于推进低收入家庭精准扶贫工作实施意见》《义乌市临时救助办法》等议题
市政府第83次常务会议	5月14日	市政府四楼会议室	市长、副市长、人武部部长、市政府顾问、市府办主任、监察局局长、相关单位负责人	审议并原则通过《2016年义乌市金融系统支持地方经济发展考核办法》等议题。原则同意促进进口贸易发展十大举措、深化与物产中大集团合作等事项
市政府第84次常务会议	5月27日	市政府四楼会议室	市长、副市长、人武部部长、市政府顾问、市府办主任、监察局局长、相关单位负责人	审议并原则通过《义乌市开展工业企业亩产效益综合评价推进资源要素配置市场化改革工作实施意见》《关于促进保税物流中心发展的意见》等议题
市政府第85次常务会议	6月8日	市政府四楼会议室	市长、副市长、人武部部长、市政府顾问、市府办主任、监察局局长、相关单位负责人	审议并原则通过《义乌市贯彻执行〈浙江省人口与计划生育条例〉实施办法》等议题。原则同意加强招商选资工作十条意见、规范调整公务员津贴补贴等事项
市政府第86次常务会议	6月18日	市政府四楼会议室	市长、副市长、人武部部长、市政府顾问、市府办主任、监察局局长、相关单位负责人	审议并原则通过《关于规范工业企业"退二进三"工作的实施意见》《义乌商报社集团化改革工作方案》《义乌市广播电视台集团化改革工作方案》等议题。原则同意支持市场发展十条意见等事项
市政府第87次常务会议	7月4日	市政府四楼会议室	市长、副市长、人武部部长、市政府顾问、市府办主任、监察局局长、相关单位负责人	审议并原则通过《义乌市社会法人守信激励和失信惩戒管理办法》《义乌市社会法人"黑名单"曝光实施细则》《义乌市在行政管理事项中使用信用记录和信用产品的实施办法》等议题。原则同意建设化工原料仓储基地、做好出租房屋管理和外国人管理等事项
市政府第88次常务会议	7月26日	市政府四楼会议室	市长、副市长、人武部部长、市政府顾问、市府办主任、监察局局长、相关单位负责人	原则同意义乌工商职业技术学院预留发展空间规划布局、居民管道天然气价格改革方案等事项
市政府第89次常务会议	8月17日	市政府四楼会议室	市长、副市长、人武部部长、市政府顾问、市府办主任、监察局局长、相关单位负责人	审议并原则通过《木林森股份有限公司LED照明项目投资协议》《2016义乌国际马拉松赛总体方案》等议题。原则同意IDG并购基金项目

续表 13

会议名称	时间	地点	参加人员	会议内容
市政府第 90 次常务会议	9 月 6 日	市政府四楼会议室	市长、副市长、人武部部长、市政府顾问、市府办主任、监察局局长、相关单位负责人	审议并原则通过《义乌市公务用车制度改革方案》《关于加快构建现代公共文化服务体系的实施意见》等议题
市政府第 91 次常务会议	9 月 22 日	市政府四楼会议室	市长、副市长、人武部部长、市政府顾问、市府办主任、监察局局长、相关单位负责人	审议并原则通过《义乌市垃圾焚烧发电厂提升改造 PPP 项目合同方案》《义乌市社会治安视频监控系统建设(四期)规划方案》等议题。原则同意实施双江水利工程项目
市政府第 92 次常务会议	9 月 26 日	市政府四楼会议室	市长、副市长、人武部部长、市政府顾问、市府办主任、监察局局长、相关单位负责人	审议并原则通过《关于仓后区块国有土地上房屋征收方案》等议题
市政府第 93 次常务会议	10 月 24 日	市政府四楼会议室	市长、副市长、人武部部长、市政府顾问、市府办主任、监察局局长、相关单位负责人	审议并原则通过《关于湖大塘区块国有土地上房屋征收方案》《责令交出集体土地强制执行操作程序》等议题。原则同意义乌港资产整合方案及资产划转协议
市政府第 94 次常务会议	10 月 31 日	市政府四楼会议室	市长、副市长、人武部部长、市政府顾问、市府办主任、监察局局长、相关单位负责人	审议并原则通过《关于仓后区块国有土地上房屋征收补偿方案及征收决定书》《关于向阳上片区块国有土地上房屋征收补偿方案（征求意见稿)》《关于国有土地上房屋征收产权认定流程》等议题
市政府第 95 次常务会议	11 月 6 日	市政府四楼会议室	市长、副市长、人武部部长、市政府顾问、市府办主任、监察局局长、相关单位负责人	审议并原则通过《义乌市人民政府、阿里巴巴集团战略合作框架协议》《关于加快跨境电子商务创新发展示范区建设的若干意见》《关于建立工业企业关停并转退机制的若干意见》《关于义乌工商职业技术学院建设和发展的若干意见》等议题
市政府第 96 次常务会议	11 月 16 日	市政府四楼会议室	市长、副市长、人武部部长、市政府顾问、市府办主任、监察局局长、相关单位负责人	审议并原则通过国有土地上房屋征收涉及认定政策等议题。研究当前禁毒工作
市政府第 97 次常务会议	11 月 24 日	市政府四楼会议室	市长、副市长、人武部部长、市政府顾问、市府办主任、监察局局长、相关单位负责人	审议并原则通过仓后区块国有土地征收个案确权问题、房屋征收垂直房建筑占地面积确认方式相关事项、产权调换期房结算建议等议题
市政府第 98 次常务会议	12 月 1 日	市政府四楼会议室	市长、副市长、人武部部长、市政府顾问、市府办主任、监察局局长、相关单位负责人	审议并原则通过《湖大塘区块旧城区改建项目国有土地上房屋征收补偿方案》《关于加快推进残疾人全面小康进程的实施意见》等议题
市政府第 99 次常务会议	12 月 18 日	市政府四楼会议室	市长、副市长、人武部部长、市政府顾问、市府办主任、监察局局长、相关单位负责人	审议并原则通过《向阳上片区块旧城区改建项目国有土地上房屋征收补偿方案》等议题

（朱力鸣）

法治建设

【概况】 2016 年，参与各类协调会 160 余个，审核各类行政、民事等涉法事项 110 余件。审查镇(街道)、部门制定的规范性文件 7 件，向市人大常委会和上级政府备案市政府规范性文件 42 件。全年受理行政复议案件 703 件，不予受理 30 件，受理的案件中作出维持决定 281 件，驳回复议申请 124 件，确认违法 10 件，作出撤销决定 19 件，作出变更决定 1 件，经调解和解而终止审理 138 件，其他 100 件，实行行政复议决定书网上公开。主动公开政府信息 2 万余件，依申请公开政府信息 300 余件。组织乡镇(街道)、各部门执法人员参加执法证培训考试 2 次，共 352 人次。开设各类法律培训班、培训会、干部大讲堂等 30 余次，受训干部 1 万余人次。

【召开行政复议法修改研讨会】 1月，“全国行政复议法修改研讨会”在义乌召开，会议由中国行政法学研究会和中国政法大学法治政府研究院主办，由义乌市人民政府行政复议局承办。最高人民法院、国务院法制办、全国人大法工委、浙江省政府法制办、北京大学、清华大学、中国政法大学、西北政法大学、浙江大学等单位领导和专家学者共计40余人参加。会议就当前行政复议体制和机制运转情况、行政复议法的修改与行政复议制度的发展进行交流探索，义乌以“全国首创设立行政复议局”实体机构模式集中审理行政复议案件，为下一步行政复议法修改建立专门机构集中复议，提供重要的参考价值。

【开展法治政府评估】 4月，委托浙江省法学会法治评估研究会对市“法治政府主要指标程序分析与治理”进行评估，义乌市是全省首个实施此评估项目的县级市。12月，浙江省法学会出具《义乌市法治政府建设评估报告》，根据义乌市法治政府建设情况，有针对性地提出相应对策建议。

【行政复议体制改革】 5月，出台《义乌市人民政府行政复议程序规则》，为复议改革提供规范性依据。在此基础上，强化审理中调解和解作用的发挥，调解、和解成功的行政复议案件104件，调解和解率从改革前的27%上升至40%。12月，被中国行政法学研究会、中国政法大学法治政府研究院授予“中国法治政府奖提名奖”。

【建设行政处罚公开系统】 6月，开展统一的行政处罚系统平台建设，组织全市30余个部门开展操作培训、自由裁量库细化、测试案件办理等各环节工作，经过半年多的努力，此系统于2017年正式运行，向社会公开裁量事项3437项，进一步促进执法部门严格规范公正文明执法，接受社会监督，保障公民、法人和其他组织的合法权益。

（赵国中）

议案建议办理

【市十四届人大五次会议议案和代表建议办复情况】 3月2—4日，市十四届人大五次会议确定议案2件、代表建议331件，其中重点建议13件（由市政府领导领衔办理）。议案主题为《关于招转并举，精准服务，促进工业经济提质增效》《关于大力推进城市有机更新，加快打造精品城市》，由市政府主持办理。会议期间收到代表建议331件，交由76家单位承办。至2016年底，331件代表建议中，已落实和正在解决的有242件，创造条件继续办理的有56件，留作参考与日常工作结合的有33件；其中代表表示满意和基本满意的325件，满意率为98.2%。

（陈志明）

行政审批

【概况】 2016年度，市行政服务中心（简称“中心”）53个成员单位共受理各类事项236.56万件，其中即办件215.67万件，承诺件20.89万件，合计办结236.2万件，无过期件，按时办结率100%，群众评议满意率99.99%。14个镇（街道）共办结各类事项23万件，其中即办件22.48万件，承诺件5128件。代办中心全年共新增代办项目19个，完成施工许可29个。浙江政务服务网义乌站总办件量330万件，平台访问量300万次，均位列全省县级市首位。

【政府投资领域审批专项改革】 4月27日，市政府办公室下发《关于简化优化2016年度民生实事项目审批的十条意见（试行）》，从审批流程、招投标程序、项目监管等方面简化、优化2016年民生实事项目审批程序，提高审批效率。5月26日，以市“三制办”名义出台《义乌市特色小镇投资项目“分步验收、先测先验”试行办法》。6月17日，市政府办公室下发《关于印发义乌市优化政府投资项目审批试行办法的通知》。改革后共削减审批环节11个，简化审批（招标）方式5个，优化审批流程3个。负面清单外的政府投资项目的政府审批（招投标）时间由112个工作日缩减至9个工作日，节约审批时间103个工作日。

【不动产信息交换改革】 8月23日，省国土厅、省地税局同意在义乌市开展不动产信息交换暨转移登记一体化办理改革工作试点。11月23日，市政府出台《义乌市不动产涉税转移登记一体化办理试行办法》，同月24日，在市行政服务中心核发国内首本载有契税完税信息的不动产权证。不动产转移登记按照“一窗受理、信息交换、同步办理、两证合一”的流程办理，不再收取税收缴款书、土地证、房产证或不动产权证及复印件，不再重复收取房地产估价报告书、买卖契约（合同、拍卖成交书等），且暂时停止收取房产交易费。

【强镇扩权】 义乌市自2009年2月开始实施强镇扩权改革，分5次向各镇（街道）、项目平台下放权限，推动镇（街道）经济社会发展。2016年年初，义乌市对下辖14个镇（街道）本级承接的扩权事项进行全面调查梳理和评估。9月28日，市委办下发《关于明确下放各镇街经济社会管理事项的通知》，取消29项已取消或合并事项，不再下放12项因机构改革或配合中心工作已不再办理事项，不再下放39项因难以放权到位导致群众办事难事项，新增4项镇（街道）需要事项。

【义乌市移动政务服务网建设三年行动计划】 11月15日，义乌市政府出台《义乌市移动政务服务网建设三年行动计划》，计划通过三年建设加快推进行政审批事项受理入口向移动端转型，办事资料向电子化转型，证照批文等行政权力结果向数字化转型，行政事业性收费和公共支付向在线支付转型。

【办理结果快递送达】 11月24日，市政府印发《关于加快推进负面清单外行政审批及公共服务事项办理结果快递送达服务的通知》，除负面清单事项外，办事群众有权要求通过快递方式送达办理结果，群众办事基本只需跑一次即可办结。市行政服务中心共梳理无法实现快递送达事项19项，并形成负面清单。

（鲍庆丰）

公共资源交易监管

【概况】 2016年，累计完成义乌市公共资源交易1902项，成交191.42亿元。其中，工程建设项目招投标1366项，预算价143.07亿元，中标价123.1亿元，节约19.97亿元，让利率13.96%；政府采购355项，预算价9.84亿元，中标价8.57亿元，节约1.27亿元，让利率12.91%；国企采购41项，预算价2.52亿元，中标价2.02亿元，节约5000万元，让利率19.84%；国有产权交易62项，成交价1.93亿元，增长3300万元，增长率20.63%；农村产权交易22项，成交价1300万元，增长200万元，增长率18.18%；土地交易56项，出让土地面积185.87公顷，出让额55.67亿元。

【整合建立统一的公共资源交易平台】 根据国家、省和金华市规定，3月，义乌启动整合建立统一的公共资源交易平台。8月，省政府批复义乌市保留独立的公共资源交易平台，义乌成为全省唯一具有独立公共资源交易平台的县级行政单位。9月，市政府下文《义乌市人民政府办公室关于印发义乌市整合建立统一的公共资源交易平台实施方案的通知》，建立义乌市公共资源土地矿产交易分中心、义乌市公共资源农村产权交易分中心、义乌市公共资源国有产权交易分中心。

【实施工程建设项目投标保证金统一管理】 6月1日起，经市政府同意，行政服务中心下发《义乌市工程建设项目投标保证金管理办法（试行）》，实施工程建设项目投标保证金统一管理。

【暂停征收工程交易服务费等三项收费】 7月1日起，经市政府同意，市发改委、市财政局、市行政服务中心联合下发《关于暂停征收国有投资项目和村级建设项目工程交易服务费等三项收费的通知》，暂停征收国有投资项目和村级建设项目的工程交易服务费、信息服务费、场地租赁费3项收费。

【举报投诉处理】 10月9日，浙江三建建设集团有限公司就义乌国际生产资料市场配套工程（中心公园地下空间工程）项目提出投诉，不同意招标人对其有关质疑的答复。经市城管委调查，此项目开标、评标符合相关法律法规和招标文件规定，驳回投诉。

（鲍庆丰）

人事·编制

人　事

【概况】 全年共招录公务员144人（含特警2人，人民警察35人，选调村干部4人）；招聘事业编制工作人员850人，其中教育系统组织招聘217人、卫生系统组织招聘424人（含浙江大学医学院附属第四医院135名）、其他事业单位招聘209人；安置军转干部30人，安置随军家属1人。“两项计划”志愿者转聘为大学生村干部2人。年内走访慰问义乌市退休、失业、退养和企业在职军转干部，并发放慰问金和报刊费163.02万元，对生活困难的失业军转干部发放生活补助15.1万元。

【公务员招考录用】 4月23日，在义乌工商职业技术学院、义乌市城镇职业技术学校2个考点133个考场进行公务员招考录用笔试，3945名考生参加招考。6月4—5日，276名入围考生在市委党校进行面试。6月7日，入围体检考生（195人入围，171人实际参加）在金华市健康体检咨询中心进行体检。经体检、复查、复检，107人体检合格入围考察。6月21日开始考察，11月23日结束，考察后确定107名拟录用人员，并分4批次进行公示。经向金华市公务员主管部门请示报批共录用107人。

【规范军转干部安置】 9月11日，进行军转干部安置笔试。实行公开、公平、公正原则，采取考试、考核相结合的办法，以总成绩从高分到低分和自主选择相结合安置岗位。全年，共安置军转干部30人，其中团职13人，营以下和技术干部17人。安置行政机关（含参公）24人，事业单位4人，自主择业2人，另安置随调家属1人。

【事业单位考试录用】 2016年，部分事业单位公开招聘计划招聘66人，取消核减岗位10人，共招聘56人。10月22日，在义乌工商职业技术学院和义乌市城镇职业技术学校2个考点100个考场进行笔试，2291人参加公开招聘考试。11月12日，155名入围考生在市委党校进行面试。同月15日，103名考生在金华市健康体检咨询中心进行体检。经体检、复查、复检，56人体检合格入围考察。12月16日考察结束后进行公示，2017年1月办理聘用手续。

（朱杨威）

编　制

【概况】 2016年12月底，义乌市设市委工作部门10个，部门管理机构2个，市委办管理机构1个，挂靠市委政法委机构1个。市政府工作部门25个（不含监察局、民族宗教事务管理局），派出机构4个，特设机构1个，直属正科级事业单位9个。群团9个，人大办事机关7个，政协办事机关7个。法院1个，检察院1个。设6个镇，8个街道。事业单位434家，其中镇（街道）事业单位84家。市级行政编制952人，街道行政编制359人，镇行政编制324人，政法专项编制1709人，综合行政执法专项编制411人，市场监管专项编制258人，地税专项编制219人，物价专项行政编制12人，工勤编制66人；全市核定事业编制1.32万人（部分事业单位未核编）。办理事业单位法人设立登记10件，变更登记77件，注销登记20件，证书补领2件，年度报告公示298件，104家单位申请注册中文域名或续费。全年新增入编940人，调动调整1419人，出编429人，信息变更788条。

年内，完成编制镇（街道）责任清单，其中镇（街道）主要职责141项，具体工作事项1109项，公布镇（街道）职责边界事项9项，编制职责边界案例9项，建立健全事中事后监管制度279项，编制镇（街道）基本公共服务事项302项，镇（街道）直接提供服务事项116项。完成编制2个功能区责任清单，其中主要职责25项，具体工作事项52项，公布功能区职责边界事项2项，编制职责边界案例2个，建立健全事中事后监管制度1项，编制功能区直接提供服务事项11项。完成编制包括劳动就业服务、社会保障等方面涉及的基本公共服务项目85项，并通过政务服务网向社会公开。清理无法律法规依据的权力事项。确定教育、科技、民宗、规划、建设5个领域的权力事项先行开展精简办事环节和办理流程、省市县三级目录比对规范等工作，提出建议举措87项。做好权力清单比对规范调整工作，共涉及全市20个部门270个事项。

【规范雇员管理】 1月，出台"1+5"系列制度("1"即统筹雇员管理的《义乌市机关事业单位雇员管理暂行办法》,"5"即涉及公开招聘、择优选聘、考核积分、薪酬待遇、监督检查5个方面的配套制度)。根据"1+5"系列制度，重新核定全市各机关和镇（街道)的雇员指标。至年底，全市雇员指标为8949人，核减17.9%。

【综合行政执法改革】 8月，下发《义乌市全面推进综合行政执法工作实施方案》，在原试点集中行使城乡规划等14个方面行政职权的基础上，进一步将安全生产等10个方面行政职权纳入综合行政执法的范围。

【推进政府职能转移】 8月，下发《义乌市政府职能向社会组织转移事项目录(第三批)》，其中通过委托方式转移事项38项、通过购买服务方式转移事项51项。委托同悦社工服务中心开展成效评估，形成评估报告。通过3年的政府职能向社会组织转移，基本实现政府职能应转尽转，政府购买服务优质高效，社会公共服务主要领域初步满足人民群众多样化需求。

（王洪健）

外事·侨务

外　事

【概况】 2016年，义乌市接待国（境）外来访代表团302批1278人次，其中副部级以上高访团34批35人次，外国新闻媒体48家94人。办理因公出国（境）团组57批222人次，邀请外国人来华4053人次，代办因私签证23人次，代办领事认证433份，办理APEC商务旅行卡332张。处理和协助处理涉外案（事)件25起。

【主要出访】 3月7—16日，市委书记盛秋平率6人组成的访问团访问英国、波兰、西班牙等国。在英国，代表团一行出席英中贸易协会会员企业对接会，与拉夫堡大学和中国驻英使馆教育处等机构负责人就中外合作办学、引进优势学科等内容进行座谈。在波兰，代表团出席商城集团与华沙中国商城市场合作框架协议签字仪式，见证义乌中国小商品城首个海外分市场落户华沙，会见波兰信息与对外投资局负责人，就促进贸易、会展、物流和经济技术等方面合作进行洽谈。在西班牙，代表团出席"'新丝绸之路'和'义新欧'中欧班列中西货运的新机遇"研讨会，并与阿拉贡自治区主席佛朗西斯科·兰波签署"义新欧"战略合作协议，出席义乌西班牙交流基金会成立暨揭牌仪式。6月5—12日，市政协主席宋英豪率5人访问团赴西班牙、瑞士访问。在西班牙，代表团出席第18届巴塞罗那国际物流与设备展及义乌城市形象馆开馆仪式，并在物流展开幕式上作主旨发言，与西班牙马德里工商业联合会以及当地华侨华人社团和侨资企业等举行座谈，与西班牙青田同乡会签署义乌市海外交流协会西班牙联络站合作协议。在瑞士，代表团重点接触世界500强企业、瑞士第一大零售商米格罗集团；调研当地中小企业发展情况；拜会中国驻联合国(日内瓦）使团；与日内瓦经济促进局开展座谈，全面宣介义乌商贸、物流环境和会展情况。

【与格鲁吉亚国家工商会签订战略合作协议】 5月16日，格鲁吉亚国家工商会主席尼诺、执行总裁塔玛，市领导季金甫、熊韬在义乌幸福湖国际会议中心签订战略合作协议。根据协议，格鲁吉亚红酒"中国仓"将落户义乌保税物流中心，并在义乌设立格鲁吉亚红酒推广中心。此外，双方还将在贸易、投资和工业等方面加强合作，促进文化、教育、科技、旅游等领域交流发展。

【获第三届"广州奖"组委会特别

推荐奖】 12月7日，在第三届广州国际城市创新奖(简称“广州奖”)颁奖典礼上，义乌市申报的“以外调外”涉外纠纷新型调解模式获组委会特别推荐奖，成为唯一获奖的中国城市。义乌市涉外调解模式首开国内先河，特聘在义经商并精通多种语言的外籍人士担任调解员，把矛盾纠纷化解在基层，对于面临相同问题的中国城市极具借鉴意义。2013年1月至2016年7月，义乌外籍调解员调解纠纷294起，成功率96.7%，为中外商户挽回经济损失2600万元。

侨　务

【概况】 2016年，接待华侨华人87批258人次，协调解决涉侨信访纠纷与案事件25起，认定华侨、归侨、“三侨生”身份29人。

市长林毅(前排左七)与韩国龟尾市代表团合影　(市外侨办供图)

【主要到访情况】 1月13日，日本浙江总商会会长林立一行4人到义乌考察跨境电商情况，寻求合作商机。同月18日，西班牙双丽集团董事长、巴塞罗那华人商贸总会会长戚丽玲，中东华商投资集团董事长、阿联酋迪拜龙城华侨华人总商会会长金国中到义乌领取第二届“商城回归奖”奖项。28日，西班牙中西百货协会主席夏永平一行2人到义乌采购。2月13日，日本金华总商会会长马健一行7人到义乌出席首届世界义商大会。3月4日，博茨瓦纳中国友好协会执行会长南庚戌到义乌洽谈对非合作事宜。6月20日，巴西中国

2016年重要嘉宾到义乌访问情况表

表14

日期	国别	来访者	会见领导	重要内容	其他活动
1月28日	伊朗、哈萨克斯坦	伊朗驻上海总领事伊瓦什、哈萨克斯坦国家铁路快运股份公司副总裁叶尔江·扎其舍夫一行6人	盛秋平	“义乌—德黑兰”班列发车仪式在铁路义乌西站举行。伊朗驻上海总领事伊瓦什、哈萨克斯坦国家铁路快运股份公司副总裁叶尔江·扎其舍夫、上海铁路局副局长徐明、义乌市委书记盛秋平共同揭牌发车。班列从新疆阿拉山口出境，途经哈萨克斯坦、土库曼斯坦，全程1.04万千米，于当地时间2月15日抵达伊朗首都德黑兰	参观国际商贸城一区、五区
3月24日	韩国	韩国驻上海总领事韩硕熙一行3人	盛秋平	双方就加强经贸、投资、科技等方面合作进行交流。盛秋平说，义乌正积极融入“一带一路”战略，大力发展电子商务，培育进口贸易，打造国际陆港城市，建设多元开放平台，为贸易提供便利化。相信随着中韩两国关系的深入发展，义乌和韩国的经贸往来将迎来更大发展空间。韩硕熙说，义乌在韩中贸易中承担非常重要的角色，总领馆将充分发挥桥梁作用，关注支持义乌发展，推动双方开展更加紧密的合作交流	参观国际商贸城一区、五区

续表 14

日期	国别	来访者	会见领导	重要内容	其他活动
4 月 27 日	印度	印度驻上海总领事古光明一行 3 人	盛秋平	盛秋平说，印度是义乌最重要的贸易伙伴之一，希望双方进一步加强贸易合作，扩大人员往来，通过参加展会吸引更多印度产品进入义乌市场，并且加大在教育、文化、科技、旅游等方面合作交流。古光明表示，将推荐印度城市与义乌结好，加强在经贸、展会、文化等方面交流合作，并邀请义乌市政府和商务代表团访问印度	参观国际商贸城一区、五区，城市规划展示馆
5 月 12 日	韩国	韩国庆尚北道龟尾市副市长朴义植一行 4 人	熊　韬	两市正式签署友好交流与合作意向书。双方共同表达以此次签约为契机，进一步加强各领域实质性交流的意愿	参观国际商贸城一区、五区，城市规划展示馆
5 月 13 日	马来西亚、毛里求斯	马来西亚驻华大使扎伊努丁、毛里求斯弗拉克大区议会主席拉克库玛辛等出席 2016 中国义乌进口商品博览会的重要外宾一行 5 人	盛秋平	盛秋平说，义乌与各国保持了十分密切的贸易合作和人员往来，近年来双方合作更是不断升温。希望义乌能以此为契机，进一步加强与各国的经贸合作，吸引各国知名企业到义乌考察投资，组织更多物美质优的商品进驻义乌开拓中国市场，共享发展商机，推进互利合作。马来西亚驻华大使拿督扎伊努丁希望能与义乌进一步加强合作交流。拿督扎伊努丁说，义乌对外贸易发展迅猛，买家和卖家遍布全球，希望今后与义乌在加强贸易上合作的同时，打开在电子商务、旅游等方面的合作新局面。	参观国际商贸城一区、五区，城市规划展示馆
5 月 14 日	韩国	韩国曾坪郡郡守洪性烈一行 3 人	周丽水	周丽水重点介绍第九届“森博会”的筹备工作，邀请作为韩国农业重郡的曾坪郡组团参展，以展促贸，实现共赢。洪性烈表示，曾坪盛产高丽参，与森博会高度契合，希望双方在农业方面开展深度合作	参观保税物流中心，国际商贸城一区、五区
6 月 13 日	哈萨克斯坦、伊朗	哈萨克斯坦铁路总公司第一副总经理加纳特·加利耶维奇、伊朗铁路公司副总经理侯赛因·阿什利一行 10 人	盛秋平 季金甫 熊　韬	盛秋平表示，希望各方共同推动中欧班列（义乌—马德里、义乌—德黑兰）运行，欢迎更多哈萨克斯坦和伊朗企业家、商人到义乌投资兴业。来宾在会见时表示，将全力推动班列运行，让更多中国商品通过班列运往全世界，也把哈萨克斯坦、伊朗等国特色商品通过回程班列运到义乌	参观国际商贸城一区、五区
6 月 28 日	韩国	韩国龟尾市市长金洧镇一行 5 人	林　毅	林毅欢迎更多韩国企业和商人落户义乌，期待更多韩国商品参展义乌展会，推动韩国企业到义投资创业。金洧镇介绍龟尾市及庆尚北道产业发展情况，邀请义乌市组团赴龟尾市产业园等地考察访问	参观国际商贸城一区、五区，城市规划展示馆

续表 14

日期	国别	来访者	会见领导	重要内容	其他活动
8 月 5 日	捷克	捷克前总理彼得·内恰斯一行 4 人	熊 韬	彼得·内恰斯一行先后参观考察国际商贸城一区、五区进口商品馆，听取市场发展历程、管理创新、行业布局、中欧班列（义乌—马德里）等情况介绍。彼得·内恰斯对义乌市场强大的集聚、辐射功能给予高度评价，希望双方开展更多经贸合作交流，实现互利共赢	参观国际商贸城一区、五区，城市规划展示馆
9 月 14 日	泰国	泰国第三区公共关系局局长端曼·西吉威来军，驻泰国清迈总领事任义生等一行 22 人	熊 韬	熊韬向代表团介绍义乌经济社会建设以及两地交流合作情况，希望媒体朋友帮助宣传义乌，将义乌的好声音、好政策传递至泰国北部，促进两地在贸易、文化、教育、旅游等各方面交流合作。媒体代表表示，他们将把在义乌的所见所闻带回泰北，向民众推介义乌历史文化、经商环境以及发展态势等，让更多泰北民众认识义乌、了解义乌	参观国际商贸城、农贸城
9 月 23 日	格林纳达	格林纳达总督塞茜亚·拉格雷纳德一行 5 人	陈秀仙	拉格雷纳德在参观国际商贸城时表示，希望进一步与义乌加强贸易往来，寻求在食品、农产品、手工艺品等产品生产销售方面的合作	参观国际商贸城一区、五区
9 月 27 日	西班牙	西班牙工商业联合会第一副主席、马德里大区工商业联合会主席胡安·兰萨罗一行 5 人	盛秋平	盛秋平表示，希望通过中欧班列（义乌—马德里），将义乌特色产品运往马德里，同时带回西班牙商品和文化，搭建贸易、旅游、文化等全方位的沟通桥梁。胡安·兰萨罗表示，将全力支持和宣传中欧班列（义乌—马德里），为加强双方互利合作做出努力	参观国际商贸城一区、五区，科创新区
11 月 3 日	德国	德国劳恩堡市市长安德雷阿斯·梯特一行 7 人	盛秋平 林 毅 王 迎 毛湘宏	义乌市与德国劳恩堡市签署产业基金、工业项目、物流、医疗、文化等多项合作项目的战略协议。签约仪式上，盛秋平与梯特分别致辞，对双方战略合作协议的签署互致祝贺，并希望通过此次签约，借助德国的高端要素、管理经验，加快推进义乌商贸流通业、先进制造业的转型升级，同时充分利用义乌市场、中欧班列等平台，实现两市互利共赢发展	参观国际商贸城一区、五区，城市规划展示馆
11 月 18 日	瑞士	瑞士米格罗集团物流部主管雷纳·德特施奇曼一行 6 人	盛秋平 毛湘宏	盛秋平表示，希望与米格罗等瑞士企业在跨境贸易、物流交通等方面加强合作，共同探讨以义乌为中心布局中国市场，将瑞士优质产品通过义乌销售至中国，带动义乌的进口贸易发展。德特施奇曼说，通过首次义乌之行已充分感受这座城市的发展魅力，接下来将进一步探索贸易合作细节，建立更加紧密的商贸联系	参观国际商贸城一区、五区

（王宁　朱晓眉）

和平统一促进会会长尹楚平到义乌考察市场。7月1日，中南美洲中国和平统一促进会秘书长、智利中国义乌商会会长成建新，加拿大国际中国商会会长陈庆文等一行17人出席“华侨小镇”设想侨商座谈会。同月4日，波兰华人慈善基金会会长缪向阳到义乌采购。8月4日，出席“‘海外红烛故乡行’——2016吴越文化之旅(浙江)”的华侨华人一行18人访问了义乌，参观城市规划展示馆和国际商贸城。同月9日，南部非洲中国义乌国际小商品总商会方梧彬一行2人到义乌洽谈市海协南非联络站成立事宜。9月25日，法国南方华人总商会会长李峰一行7人到义乌考察进口商品馆、义乌购、世界侨领商业总部大楼等项目。10月22日，墨西哥尤卡坦中墨贸易商会会长姚爱华一行10人到义乌参加中外商会会长大会。同月24日，荷兰温州同乡会副会长夏玮一行6人到义乌考察青岩刘网商创意园。28日，巴西里约华人联谊会会长邱海琴到义乌商讨市海协巴西联络站工作等相关事宜。11月2日，克罗地亚中国文化交流发展中心主任、克罗地亚中国和平统一促进会常务会长刘丽英到义乌采购。

（董晓芬）

台湾事务

【概况】 2016年，全市有台资企业及贸易机构303家，常住台商1000余人。到义乌探亲访友、旅游观光、考察访问和贸易洽谈台胞3万余人次。台湾汽车产业协会、南投宝岛时代村、台北义乌同乡会、亚太文化创意协会、南投名间乡等45个团组800余人次到义乌交流。组织经贸、文化等23批76人次赴台开展交流活动。

【市领导率团访问台湾】 3月31日至4月3日，市委书记盛秋平率团一行6人赴台湾进行了考察访问，就两地的教育交流、文创对接、人才引进、环境保护、医疗合作、经贸互动等主题，与台湾相关政府部门、机构和企业开展多层次、多领域的磋商。考察团一行先后参观考察新北市立图书馆、华山文化创意园区、松山文化创意园区、士林夜市、宁夏夜市以及诚品书店等，对智慧型图书馆、城市规划、文化夜市、文化书店等项目进行专题调研，同时拜访台北义乌同乡会义乌籍老乡、义乌台协会台商等等。

【台湾文创展】 4月27—30日，第11届中国(义乌)文化产品交易会暨2016台湾文创展在义乌市国际博览中心展出。由台湾亚太文化创意产业协会组织参展，“法蓝瓷”等120余家台湾文创优秀企业参展，共设展位230个，展出台湾文创产品1000余种，展会期间实现意向成交额2500余万元。

【首期台湾—义乌电商游学创业营队到义乌】 7月6日，由台湾Or旅读中国杂志社主办的首期台湾—义乌电商游学创业营活动在义乌工商职业技术学院开营。此次活动吸引台湾岛内25名电商爱好者，到义乌市进行为期10天的跨境电子商务知识学习。同时安排创业营队参观国际商贸城，参访“中国网店第一村——青岩刘村”，走访佛堂古镇等活动。

【海峡两岸青年创业基地】 8月18日，中共中央台办、国务院台办在义乌市召开会议，授牌新设20个海峡两岸青年创业基地和11个海峡两岸青年就业创业示范点。中共中央台办、国务院台办主任张志军出席并讲话。至8月底，中共中央台办、国务院台办共授牌设立41个海峡两岸青年创业基地和12个海峡两岸青年就业创业示范点，设立的海峡两岸青年就业创业基地和示范点为两岸青年放飞梦想、施展才华提供重要平台。义乌科创新区义台创意设计中心被授予海峡两岸青年创业基地。

【义乌市台湾同胞投资企业协会换届】 9月9日，义乌市台湾同胞投资企业协会举行全体会员大会，选举产生新一届理监事会，干部42人，选举郭令彬为会长，陈俊雄为监事长。

【义乌市台联会召开第七次会员大会】 11月23日，义乌市台胞台属联谊会第七次会员代表大会在市委党校召开。会议听取并审议通过第六届理事会工作报告、财务工作报告和《章程》草案，选举产生义乌市台胞台属联谊会第七届理事会、监事会，蒋国勇当选为会长，朱林忠当选为监事长，黄国宝被聘为名誉会长。

【义乌市台协会举行换届庆典暨尾牙晚宴】 12月16日，义乌市台湾同胞投资企业协会第八届、第九届理监事交接典礼暨尾牙晚宴在义乌日信大酒店举行。来自全国各地的台协友会会长、在义异地商会代表，以及台协会员等450余人出席见证理监事会交接。

（陈金苗）

接待工作

【概况】 2016年，市接待办接待来宾1152批4.69万人次，其中省部级以上领导111批207人次。重要来宾有全国人大常委会副委员长、民建中央主席陈昌智，浙江省委书记夏宝龙，浙江省代省长车俊等。

2016年部分省部级以上领导到义乌情况表

表15

到义时间	到访单位和职务	姓 名	级 别	人数	主要事宜
1月5日	浙江省政府咨询委员会主任	章猛进	省部级	5	调研农村土地制度改革工作
1月18—19日	中国政法大学终身教授	应松年	省部级	1	出席行政复议法修改研讨会
3月7日	浙江省委副书记	王辉忠	省部级	15	检查反恐安保工作（义乌火车站），听取相关工作汇报
3月8日	浙江省政府副省长	梁黎明	省部级	10	考察国际邮件互换局、义乌通，听取相关工作汇报
3月24日	浙江省人大常委会副主任	姒健敏	省部级	10	考察义利汽车动力总成项目、佛堂镇田心四村文化礼堂
4月7日	浙江省政府副省长	熊建平	省部级	4	调研佛堂镇综合执法平台、桥西村村庄规划落地工作、义乌城市设计工作
4月7—8日	全国人大常委会副委员长，民建中央主席	陈昌智	国家级	20	带队民建中央专题调研组调研培育新生中小城市有关情况
	全国政协常委、民建中央副主席兼秘书长	吴晓青	省部级		
4月11日	浙江省人大常委会副主任	冯 明	省部级	2	出席2016电商博览会开幕式并参观展馆
4月14日	浙江省政府副省长	孙景淼	省部级	6	考察国际邮件互换局、义乌机场飞行区、铁路西站、保税物流中心（B型）
4月15—17日	中联部原副部长	艾 平	省部级	2	出席中非智库论坛第五届会议开幕式、考察城西街道何斯路村
4月28—30日	文化部副部长	项兆伦	省部级	4	出席第11届“文交会”
	浙江省政府副省长	郑继伟	省部级	3	
5月10日	国务院妇儿工委副主任、全国妇联副主席	宋秀岩	省部级	16	带队全国“妇儿两纲”中期督导组到义考察江东街道青岩刘村，义乌工商职业技术学院，国际商贸城一区、二区

续表 15

到义时间	到访单位和职务	姓　名	级　别	人数	主要事宜
5 月 12—13 日	中国商业联合会会长	姜　明	省部级	5	出席 2016 中国义乌进口商品博览会开幕式并参观展馆，出席中国义乌进口贸易大会及主论坛
	中国物流与采购联合会会长	何黎明	省部级	2	
5 月 15—16 日	中宣部副部长	王世明	省部级	7	出席"建设核心价值　构建诚信社会"现场交流会，考察义乌港、海关知识产权保护厅、国际商贸城一区、江东街道青岩刘村、森宇集团
	浙江省委常委、宣传部部长	葛慧君	省部级	3	
5 月 23—24 日	国家旅游局党组成员	刘金平	省部级	2	参观第八届"旅博会"展馆，出席旅游厕所技术创新大赛颁奖仪式、未来养生休闲项目开工仪式、旅游业内交流会、中国厕所革命研讨会
	浙江省政府副省长	梁黎明	省部级	2	出席第八届"旅博会"开幕式并参观展览，出席旅游厕所技术创新大赛颁奖仪式、未来养生休闲项目开工仪式、旅游业内交流会
5 月 23—25 日	国家旅游局副局长	吴文学	省部级	2	参观第八届"旅博会"展馆，出席旅游厕所技术创新大赛颁奖仪式、未来养生休闲项目开工仪式、旅游业内交流会、旅游商品开发研讨会，考察城市规划展示馆、国际商贸城五区、国际雕塑公园
5 月 25—26 日	中改办副主任	陈一新	省部级	7	考察国际商贸城一区、五区，江东街道青岩刘村，国际邮件互换局，义乌科创园，听取义乌改革发展情况汇报
6 月 2—3日	国土部副部长	王广华	省部级	7	考察国际商贸城一区、五区，稠江街道香溪印象，不动产登记中心，国际雕塑公园，听取不动产登记和宅基地改革工作情况汇报
6 月 7 日	浙江省委常委、常务副省长	袁家军	省部级	3	出席全省"四队"兼备应急力量建设观摩会，考察城市规划展示馆、绿色动力小镇、光源小镇
6 月 8 日	民政部副部长	顾朝曦	省部级	3	考察国际商贸城一区、五区、义乌紧急救援协会，听取义乌公益慈善类社会组织工作情况
6 月 13 日	浙江省委副书记	王辉忠	省部级	7	调研维稳安保工作(考察义乌高速出口检查站、国际贸易服务中心、国际商贸客运中心、江东派出所)
6 月 23 日	浙江省政府副省长	梁黎明	省部级	15	考察汉韵商品采购公司、义乌铁路口岸、快递小镇、王斌装饰公司、中外产业合作园，听取义乌外贸发展、中欧班列运行工作汇报
7 月 12 日	浙江省政府副省长	朱从玖	省部级	9	调研义乌国际贸易综合改革试点及义乌金融专项改革进展情况
7 月 18 日	司法部部长	吴爱英	省部级	4	考察涉外纠纷人民调解委员会、国际商贸城五区
7 月 27—28 日	浙江省委书记	夏宝龙	省部级	8	考察城西街道何斯路村，铁路口岸，国际贸易服务中心，国际商贸城四区、五区
	浙江省委副书记	王辉忠	省部级		

续表 15

到义时间	到访单位和职务	姓　名	级　别	人数	主要事宜
8 月 17—18 日	国台办主任	张志军	省部级	11	出席青创基地授牌仪式，考察国际商贸城一区、义台创意设计中心
8 月 18—19 日	浙江省政府代省长	车　俊	省部级	10	考察绿色动力小镇，国际商贸城一区、五区，国际邮件互换局，并听取相关工作汇报
8 月 25 日	浙江省委常委、统战部部长	王永康	省部级	8	走访统战部机关，考察伊斯兰教活动场所、城市规划展示馆
9 月 2 日	财政部副部长	楼继伟	省部级	4	考察福田街道东大鲁村、行政服务中心二楼财税窗口
9 月 22 日	浙江省人大常委会党组书记、副主任	茅临生	省部级	5	考察快递小镇、动力小镇，听取人大换届工作汇报
10 月 19 日	浙江省委副书记	王辉忠	省部级	9	考察北苑街道清溪村、稠江街道下沿塘村、义亭镇农业公共服务中心、佛堂镇湖滨村、蟠龙花园、建设路东风河、佛堂老街、宝龙城市广场
10 月 20—21 日	浙江省政府副省长	梁黎明	省部级	3	出席第 22 届“义博会”开幕式及美国之窗——义乌马斯卡廷中心开幕典礼
	国家质检总局副局长	陈　钢	省部级	4	出席第 22 届“义博会”开幕式，考察义乌品牌企业（易开盖、华鼎），参加“浙江制造”高层研讨会
10 月 21 日	浙江省政府副省长	朱从玖	省部级	5	
10 月 24—25 日	全国妇联书记处书记	杨　柳	省部级	4	考察第 22 届“义博会”全国妇女创业就业展示活动、浙江妇女创客园、市场妇女组织建设和巾帼文明岗创建、江东街道青岩刘村
11 月 1 日	浙江省政府副省长	孙景淼	省部级	3	出席第九届“森博会”开幕式并参观展馆，考察城市规划展示馆、双江水利枢纽项目规划地、稠江街道下沿塘村
11 月 2 日	水利部部长	陈　雷	省部级	8	考察义乌市情
11 月 10 日	浙江省政府副省长	梁黎明	省部级	7	考察义乌企业（华灿光电、英特莱光电、瑞丰光电、棒杰数码、商翔贸易、国贸供应链、巴米、义网通、阿曼达）
11 月 14—16 日	中联部部长助理	窦恩勇	省部级	7	出席 2016 丝绸之路经济带城市国际论坛开幕式
	浙江省政府副省长	高兴夫	省部级	3	出席 2016 丝绸之路经济带城市国际论坛开幕式，现场调研（义乌港、疏港高速白尖山隧道、湖门互通）
11 月 18—21 日	浙江省人大常委会副主任	程渭山	省部级	6	出席 2016 装博会开幕式并参观展馆，听取义乌信访工作汇报
11 月 22 日	司法部部长	吴爱英	省部级	5	出席上合组织成员国丝绸之路法律服务国际论坛，考察社区矫正指挥中心、义亭司法所
12 月 1 日	海关总署副署长	李　国	省部级	5	考察国际商贸城、义乌港海关监管场所
12 月 21—22 日	全国政协经济委员会副主任，甘肃省原省委常委、副省长。	石　军	省部级	21	考察国际邮件互换局、幸福里跨境电商产业园、江东街道青岩刘村

（罗　俏）

政协义乌市委员会

重要会议

【市政协十二届五次全体会议】 3月1—4日，市政协十二届五次全体会议在稠城举行。市政协十二届五次会议有正式委员297人、列席人员247人。会议听取和审议《政协义乌市第十二届委员会常务委员会工作报告》《政协义乌市第十二届委员会常务委员会关于提案工作情况的报告》。通过《政协义乌市第十二届委员会第五次会议决议》、市政协第十二届委员会提案委员会《关于政协十二届五次会议提案审查情况的报告》。大会收到提案375件，立案320件，其中委员提案297件、集体提案23件。会议邀请少数民族代表和外地商会会长30人，金华政协副主席吴国成参加大会开幕式。会议首次邀请市机关单位、镇（街道）党政主要负责人119人参加开、闭幕大会。在开幕大会上，市政协委员12人作大会发言，其中口头发言8人，书面交流4人。会议期间，召开实体市场转型发展专题协商会议，14名政协委员与10余名市政府主要领导及部门主要负责人面对面座谈协商。组织全体委员实地视察邮件互换中心、疏港快速公路、佛堂污水处理厂及尾水湿地等重点工程建设情况。

【市政协常委会议】 市政协十二届十九次常委会议1月20日在稠城召开，会议协商通过有关委员调整人事事项；审议通过《关于召开政协义乌市第十二届委员会第五次会议的决定》《政协义乌市第十二届委员会第五次会议议程草案》《政协义乌市第十二届委员会第五次会议日程》、全会分组讨论办法及小组召集人名单和大会执行主席、秘书长、副秘书长名单。协商通过《政协义乌市第十二届委员会第五次会议邀请列席人员范围的决定》；审议通过《政协义乌市第十二届委员会常务委员会工作报告（草案）》及报告人、《政协义乌市第十二届委员会常务委员会关于提案工作情况的报告（草案）》及报告人。协商通过《关于授权市十二届政协主席会议审议政协义乌市十二届十九次常委会议未尽事宜的决定》。

市政协十二届二十次常委会议3月3日在稠城召开，会议听取市政协十二届五次会议关于分组讨论情况汇报，审议《市政协十二届五次会议决议（草案）》，审议通过《市政协十二届五次会议提案审查情况的报告（草案）》。

市政协十二届二十一次常委会议6月28日在稠城召开，会议听取发改委关于特色小镇建设情况汇报；听取规划局关于加快城市有机更新、推进精品城市建设规划情况汇报；协商通过有关委员调整和专委会主任调整人事事项。

2016年政协义乌市委员会主席会议情况表

表16

会议名称	时间	地点	参加人员	会议内容
十二届五十五次主席会议	1月15日	政协七楼会议室	市政协正副主席、党组成员、秘书长；组织部、统战部各一名领导；市政协各办（委）正副主任	听取市政协十二届五次全会筹备情况汇报；协商审议有关人事事项；协商市政协十二届五次全会有关事项；协商召开十二届十九次常委会议有关事项；听取政协办公室及各专门委员会2015年工作总结及2016年工作思路汇报
十二届五十六次主席会议	2月1日	政协七楼会议室	市政协正副主席、秘书长；市政协各办（委）正副主任；科创新区有关负责人	集体学习习近平、王岐山在第十八届中央纪律检查委员会第六次全体会议上的讲话和报告；学习中共义乌市委十三届十次全会精神；听取科创新区管委会关于浙师大义乌国际学院项目的情况汇报
十二届五十七次主席会议	2月4日	政协七楼会议室	市政协正副主席、秘书长；经济技术开发区管委会主要负责人	听取义乌经济技术开发区管委会关于吉利集团新能源整车项目的情况汇报
十二届五十八次主席会议	2月18日	政协七楼会议室	市政协正副主席、秘书长；市政协各办（委）正副主任；组织部、宣传部、统战部有关负责人	传达学习全市总结表彰暨“创新发展义乌经验干在实处勇当标兵”主题实践活动动员大会精神；协商通过市政协十二届五次会议有关事项；协商通过2015年度市政协工作先进个人评比推荐人选；协商通过委员会前活动安排方案
十二届五十九次主席会议（视察形式）	3月16日	陆港新区会议室	市政协正副主席、秘书长；陆港新区管委会主要负责人；市政协有关办（委）负责人；海关、民航局、邮政速递公司、铁路客站、陆港集团、交投集团、铁路与综合枢纽建设管委会等有关单位部门负责人	实地视察铁路义乌客站综合交通枢纽工程、国际邮件互换局、机场飞行区改造工程、义乌铁路口岸、快递物流集聚中心等项目建设情况，听取情况汇报并进行座谈讨论
十二届六十次主席会议	3月18日	政协七楼会议室	市政协正副主席、秘书长；市政协各办（委）正副主任	会议学习《中华人民共和国环境保护法》和《中华人民共和国大气污染防治法》；协商通过市政协2016年工作要点和年度协商计划；协商通过关于持续深化开展“三级政协联动、万名委员同行、助推完善和落实‘五水共治’长效机制”专项集体民主监督实施方案和关于开展“‘五水共治’民主监督‘万千行’活动实施方案”；协商通过市政协“访委员送服务，找短板促发展”工作计划；协商通过市政协领导联系政协镇（街）工委分工调整方案

续表 16

会议名称	时间	地点	参加人员	会议内容
十二届六十一次主席会议	4 月 21 日	政协七楼会议室	市政协正副主席、秘书长；市委组织部、市委统战部、“五水共治”办、“三改一拆”办有关负责人；市政协各办(委)正副主任	协商有关人事事项；听取全市“五水共治”源头治理长效机制建设和“三改一拆”工作情况通报；协商通过《政协义乌市委员会关于统一委派政协委员担任民主监督员的实施办法（草案）》；学习习近平总书记在全国政协民建、工商联界委员联组会上重要讲话和《中华人民共和国人口与计划生育法》
十二届六十二次主席会议	5 月 25 日	政协七楼会议室	市政协正副主席、秘书长；市委组织部、市委统战部、创建办、文明办有关负责人；市政协各办(委)正副主任	学习《中华人民共和国宪法》、《党政领导干部选拔任用工作条例》；听取全国文明城市创建工作情况通报；协商通过拟在媒体上公布的部分提案；协商有关人事事项；研究市政协十二届二十一次常委会议有关事项
十二届六十三次主席会议	7 月 22 日	政协七楼会议室	市政协正副主席、秘书长；市政府分管副市长；政协办、工业园区管委会、经信委、财政局、国土局有关负责人	听取工业园区管委会关于 IDG 并购基金项目、木林森 LED 照明项目、朗诗德智能健康净水设备生产项目情况汇报
十二届六十四次主席会议	8 月 11 日	政协七楼会议室	市政协正副主席、秘书长、党组成员；市政府分管副市长；市政协各办委正副主任；市府办、商务局、商城集团有关负责人	学习传达市委十三届十一次全会、省政协主席读书会精神；学习《中共中央关于加强社会主义协商民主建设的意见》《中共浙江省委办公厅关于加强人民政协协商民主建设的实施意见》；听取重点提案和媒体公开的 10 件提案办理情况汇报；协商讨论《中共义乌市委办公室关于加强人民政协协商民主建设的实施意见(代拟稿)》；协商《政协委员画册》编撰方案
十二届六十五次主席会议	11 月 2 日	政协七楼会议室	市政协正副主席、党组成员、秘书长；市委组织部、统战部一名领导；市政协各办(委)正副主任	集中学习中共十八届六中全会精神；协商《关于做好市政协换届人事安排工作的意见》(征求意见稿)；听取本届政协委员履职考核情况汇报；协商拟留任政协委员名单；协商市政协十三届一次会议筹备工作领导小组名单
十二届六十六次主席会议	12 月 9 日	政协七楼会议室	市政协正副主席、秘书长、党组成员；市政府分管副市长王新锋；市政协各办委正副主任；市委组织部、市委统战部、经济技术开发区、工业园区管委会有关负责人	协商市政协换届人事安排有关事项；听取工业园区广东爱康太阳能科技有限公司年产 60 亿瓦太阳能电池项目；听取经济技术开发区管委会关于森山健康小镇项目情况汇报；集中观看《永远在路上》第一集《人心向背》

重要活动

【政治协商】 1—12月，组织开展各类协商会议18次，其中专题协商6次，对口协商4次，重点提案办理协商1次，基层协商7次，各民主党派、工商联、专委会、基层工委及界别委员等300余人次参与协商活动，并及时向市委、市政府报送协商纪要3份。其中，市政协十二届五次会议期间市政协和市政府举办支持实体市场转型的专题协商会，市政府、市政协主要领导及分管领导，相关部门主要负责人，14名政协委员参加会议并作专题发言。

【"五水共治长效机制建设"专项集体民主监督】 4月，制定《义乌市政协关于持续深化开展"三级政协联动、万名委员同行、助推完善和落实'五水共治'长效机制"专项集体民主监督实施方案》。3月22日，市政协领导带领市政协委员、在义省及金华市政协委员组成的10个督查组分赴全市23条主要河流开展专项集体民主监督。3—11月，14个镇(街道)工委重点围绕全面清除黑臭河尤其是清污泥、提升水质水景和镇级以上污水处理设施运营、农村生活污水治理设施运维、跨区域流域治水落实情况"三个基本全覆盖"(简称"一清除、两提升、三覆盖")落实情况，每月定期开展监督调研。各界别委员发挥主体作用，采用不定时间、不要陪同，小分队、小团组等随机监督方式，切实做到"在参与中监督，在监督中参与"。全年共组织督查150余次，市政协委员及在义乌的省、金华市政协委员1200余人次参加督查。形成主席会议纪要1件报市委市政府，图片及意见建议300余条报送镇(街道)和市五水共治办。

【"农村垃圾分类"专项民主监督】 6月，根据金华市政协统一部署，市政协组织人员、制定方案，开展"市县政协联动、助推'农村垃圾分类'工作'百千行'"专项民主监督活动。通过看宣传发动、看农户初次分类、看保洁员再次分类、看制度落实、看终端运维"五看"进行有针对性的监督。6月21日、11月24日，义乌市政协对"农村垃圾分类"工作"百千行"专项民主监督活动进行了两次统一部署，由主席们、秘书长带队，分10个组对全市14个镇(街道)进行督查。

【委员论坛】 9月7日，市政协在市幸福湖国际会议中心举行"适应新常态，把握新机遇，助推'十三五'良好开局"委员论坛，全体市政协委员、各专委会特邀委员、政协机关共350人参加论坛。会上8位委员分别作强优势补短板、全力打造世界"小商品之都"，优化小微企业结构、提升小微企业品质、深化社会信用建设、擦亮"诚信义乌"金字招牌等主题发言。

【双林佛教文化论坛】 12月10—11日，市政协和中国社会科学院世界宗教研究所、中国宗教学会、中国社会科学院佛教研究中心共同主办的2016义乌双林佛教文化论坛在幸福湖国际会议中心举行。全国人大常委会委员、中国宗教学会会长卓新平，中国社会科学院世界宗教研究所原党委书记、中国宗教学会常务副会长曹中建，中国社会科学院学部委员、佛教研究中心主任魏道儒等60人参加研讨会。会上，与会人员探讨义乌弥勒信仰

双林寺　　（佛堂镇政府供图）

的源流演变和现代意义。认为，义乌双林文化是中国佛教文化中特色鲜明的重要一脉，是中华传统文化的重要组成部分。义乌市重视研究、开发和弘扬双林文化工作，在开发双林文化的丰富内涵，弘扬双林文化的精华，彰显双林文化的特色，促使双林文化成为密切人际关系、提高道德修养、加强人文氛围，推动社会、政治、经济和文化全面发展的精神动力，具有重要的现实意义和重大的社会价值。

专门委员会·镇（街道）工委·界别活动小组

【提案委员会】 2016年，提案委员会共收到委员以提案形式上交意见建议379件，其中大会期间375件，经审查，立案324件，不立案22件，撤并案33件。3月22日，提案委全体委员开展“五水共治万千行”专项监督活动，实地视察青口溪、石溪。4月7日，将320件大会期间提案集中送交市府办，对4件平时提案，于5月6日和7月6日分别交办。同月15日，组织委员对上西陶溪进行实地视察。4月中旬至5月底，市政协成立专题调研组，对义乌市市场的发展与繁荣开展专题调研，提案委承担国际生产资料市场发展与繁荣子课题，期间5次组织市场经营户、相关部门召开座谈会、实地考察市场、走访部分经营户，又组织有关人员考察广州花都等地皮具、珠宝、酒店用品等专业市场，收集意见建议，完成调研报告。4—6月，组织部分委员开展义乌市农村土地抛荒问题的调研。6月9日和9月6日，将《繁荣义乌市场，打造世界“小商品之都”》等10件提案的主要内容、承办部门、办理结果在《义乌商报》上进行公布。8月11日，六十四次主席会议专门听取了市府办关于重点提案《繁荣义乌市场打造“小商品之都”》办理情况汇报，分管毛湘宏副市长列席会议。10月20日，提案委开展学校食堂建设情况的专项视察。12月6日，所有提案及答复情况提供给电政办，在政府门户网站进行公开。

【港澳台侨与社会法制委员会】

1月起，开展“挖掘弘扬双林文化，打造义乌佛教胜地”的课题调研。6月14日，组织部分政协委员、社情民意联络员对义乌市打击食品药品环境犯罪情况开展专项视察。同月29日，组织专委会委员就加快推进人力资源产业园建设与市人力社保局有关负责人开展对口协商。同日，组织政协委员33人次分别对上溪黄山五村、毛界2个村开展“农村生活垃圾分类”专项监督。8月8日，开展G20安保专题视察。

【镇（街道）工作委员会】 2月20日，组织14名委员对赤岸西海各村环境卫生、农村污水处理设施、环溪沿岸环境卫生及河道治理工程进行视察。3月，稠江工委帮助农户解决实际困难，在下沿塘村掀起“要我集聚”转变为“我要集聚”的高潮，全村共316户，参加集聚293户。4月15日，城西工委组织全体委员对吴坎头、流村、荷村等农村的农村生活污水治理及第三方运维情况开展视察；同月26日，政协大陈镇工委举行“民主共建共商九都旅游发展”座谈，把脉“九都旅游发展”。27日，上溪镇工委组织政协委员对上溪镇农村的环境卫生、农村污水处理设施、航慈溪沿岸环境卫生、河道治理工程及新社区集聚项目进行走访调研。完成“古村落开发利用、打造民宿旅游精品线路”为主题的基层协商课题。5月10日，城西工委组织全体委员对铁路西货站扩建一期工程开展视察。5月，廿三里工委组织全体委员围绕综合市场搬迁、华溪森林公园PPP项目、新农村建设等主题开展基层协商活动。6月14日，社科、社会福利保障、少数民族、宗教界别活动小组“开展打击食品、药品、环境领域犯罪”专题视察。同月23日，后宅工委组织委员对心安溪“五水共治”工作进行专项督查。29日，参加加快推进人力资源产业园建设与市人力社保局有关负责人开展对口协商。6月，福田工委开展农村“垃圾分类”宣传活动，发放230余本宣传册，对发现的问题提出8条整改意见和建议。7月，江东工委组织政协委员深入村、社区、企业开展督促检查“五水共治”、垃圾分类工作，对全街道10个垃圾分类示范村、42个合格村创建工作开展专项民主监督，通过街道督查办或曝光台来督促“五水共治”存在问题进行整改，共回复曝光台案件56起。8月10日，苏溪镇组织部分委员视察疏港高速、37复线、苏八连接线、镇前街、好派路、3号污水干管、民丰路污水干管建设等重点工程工地现场。组织委员在统筹城乡发展、工业经济运行、重点工程建设、护航G20等方面开展调研检查，梳理出20余条有利于苏溪经济社会发展的意见与建议，并交由相关责任领导、职能办进行办理与问题改进。9月，赤岸镇工委围绕“五指溪畔美丽乡村精品路线”建设主题，开展2016年基层民主协商，提出20余条建议供镇政府决策参考。10月，义亭工委组织部分委员联合镇政府和市场监督管理局对镇区范围内进行食品安全检查。11月12日，佛堂镇工委召开基层民主协商委员会全体会议。创新制定出台《农村危房原拆原建十条建议》《治理工业企业“破墙开店”行为十条意见》。11月，组织部分政协委员配合组织室完成对上级部门满意度测评工作。同月，义亭工委组织部分政协委员考察佛堂丹山村的垃圾分类工作后对义亭部分村居垃圾分类进行检查，并对检查结果形成书面报告，交至相关科室。北苑工委服务义乌机场飞行区改造重点工程，此工程涉及前洪村270处农房，拆迁协议签订率100%。12月2日，组织部分政协委员开展“九都美丽乡村精品线”调研视察活动。4次组织政协委员开展“五水共治”专项民主监督活动。对大陈各村的宗谱进行翻阅，共摘抄诗词140余首。

【文史与文教卫体委员会】 2月，组织专委成员学习党章党规，学习习近平总书记系列重要讲话精神，学习《关于新形势下党内政治生活的若干准则》和《中国共产党党内监督条例》，观看专题纪录片《永远在路上》。3月22日，组织文艺、体育、新闻界别部分委员开展“五水共治民主监督”万千行活动，实地监督了南江流域水质情况。6月23日，组织在义乌的省政协金华政协委员，新闻出版、文艺、体育医疗卫生界委员督查后宅心安溪。6月29日和11月28日，专委会组织委员实地督查义亭镇王阡一村，先田村，缸窑村和枧畴村、叶前村农村生活分类情况和太阳能垃圾房使用情况。11月28日，组织全体委员对义乌市旅游重大产业项目建设情况进行视察。12月15日，组织专委会委员就加快打造特色民宿与市政府有关部门开展对口协商。发动各镇（街道）工委开展义乌历代文人咏颂义乌村景诗赋征集工作，征集43部宗谱，744首诗词。

【界别活动小组】 3月3日，组织部分委员参与2016年义乌市文化科技卫生“三下乡”活动；同月21日，台联、侨联界别活动小组组织20余名委员对航慈溪、缸窑溪，开展监督巡查，围绕河道清污泥、河道水质水景和镇域污水处理设施运行、农村生活污水设施运行、跨区域流域治水“三个基本全覆盖”落实情况进行督查。22日，新闻出版、文艺、体育界别活动小组组织全体委员参加市政协“五水共治”民主监督“万千行”活动。3月，医卫界别活动小组组织委员们调研义乌市卫生资源现状和多元化办医模式。5月，无党派委员在“5·1”劳动节期间，组织知联会在商城举办“画出最大同心圆，义乌知联在商城——向商城劳动者致敬”大型医卫主题活动。6月23日、11月28日，台侨界政协委员随同市政协港澳台侨与社会法制委分别到赤岸、上溪2个镇，开展“市县政协联动、助推‘农村垃圾分类’工作‘百千行’”专项民主监督活动。6月15日和7月15日，联合农工民主党义乌总支分别在佛堂镇葛仙村和赤岸镇山盆村开展为群众送医送药，健康咨询，环保宣教，走访慰问贫困家庭等多种形式的社会服务活动。6月27日，11月25日，科协科技界别活动小组分两次前往稠江街道开展视察农村垃圾分类处理工作。6月29日，10名委员参加围绕加快推进义乌市人力资源产业园建设对口协商活动。7月29日，经济一组界别活动小组组织12名政协委员视察工业投资项目情况，完成调研课题《工业投资项目分行业准入控制指标》。经济二组界别活动小组参与制定《促进小微企业发展10条意见》《进口贸易发展10项举措》等产业扶持政策。3月，九三、无党派界别开展“我为义乌改革发展献一计”“勇扛旗帜当标兵”大讨论活动，先后到稽亭、石壁、上滕、金山村等6个村开展送医送药服务活动。同月，教育界别活动小组到城西街道开展“三改一拆”“五水共治”专项视察，并参加教育系统“污水治理”“美丽校园”“小手拉大手”等活动。3—10月，农业界别活动小组把服务和推进“五水共治”“农业政策性保险”“特色农业发展”“农产品质量安全”“生态农业示范区建设”等重点工作作为调研的主要方向，组织开展视察调研活动。3—11月，工商联邀请部分委员共同参与后宅街道开展“五水共治”宣传工作，协助街道指导所属的黄龙、宅二、永宁3个村垃圾分类工作及农村生活污水治理工作。

9月20日、23日和28日，新闻出版、文艺、体育界别活动小组先后组织10余名委员赴江苏无锡灵山、义乌赤岸小官余村和淳安作民宿考察调研。10月，组织10余名委员在丹溪路体育馆开展篮球友谊赛、投篮和拔河等体育竞赛活动。12月6日，教育界全体政协委员在南环幼儿园开展以“补短板，强机制，提高幼儿教育品质”为主题的调研活动。12月，组织委员们先后与市卫计委、市环保局开展工作座谈、互相交流活动。委员们先后参加“五水共治”民主监督“万千行”活动；参加义乌市环境卫生整治及垃圾分类检查活动。

【城市与市场委员会】 3月22日，组织13名政协委员赴廿三里、后宅相关河流进行专项视察。4月7日，协助金华市政协开展“综合交通能力建设”课题调研。

同月14日，组织7名政协委员，对义乌市建筑垃圾处置和利用情况开展专项视察。4月始，就推进义乌实体市场繁荣开展课题调研，完成调研报告《关于促进义乌市实体市场平稳发展的调研与思考》并刊发。围绕跨境电商发展，形成《对义乌市跨境电商发展的几点建议》调研报告。5月27日，组织8名政协委员前往义乌消防支队、江东专职消防队、雪峰社区微型消防站、芬莉集团等地，视察消防安全工作。6月16日，组织6名政协委员，对义乌市农贸市场建设与市规划局、市商务局、市市场监督局、市市场发展集团等单位开展对口协商。根据市政协开展“市县政协联动、助推‘农村垃圾分类’工作‘百千行’”专项民主监督活动安排，6月30日，组织9名委员，赴后宅街道大傅宅、坞灶，廿三里街道华溪、联五开展“市县政协联动、助推农村垃圾分类工作‘百千行’”专项民主监督。7月27日，对义乌市甬金高速、杭金衢高速公路两侧“四边三化”工作涉及的佛堂、上溪、义亭、江东、后宅、廿三里、城西7个镇（街道）开展高速公路两侧“四边三化”工作开展专项民主监督。9月21—26日，城市委赴新疆考察，形成《关于赴新疆塔什库尔干县、呼图壁县的考察报告》。11月25日，组织8名委员赴后宅岭脚、倪村、曹村，廿三里街道张思、葛塘开展农村垃圾分类工作“百千行”第2次专项民主监督。

【农业农村与基层工作委员会】

3月，组织专委会、农业界、特邀界部分委员共20人，开展“‘五水共治’民主监督‘万千行’”活动。4月，对义乌市河流生态保护与修复治理开展专题调研，形成《树立人水和谐理念 打造自然生态河流——浅谈义乌河流生态保护与修复治理》的调研报告。5月，在市农合联的协助下，专委会组织部分农业界委员及农技人员赴廿三里街道开展“送科技下乡”活动。同月，组织专委会全体委员就美丽乡村精品村创建工作开展专项视察。6月、11月，两次组织农业界、特邀界等部分委员开展“农村垃圾分类”专项民主监督活动。区分办公室、专委会、工委、界别活动小组分别制作考核档案，对全市284名政协委员按季度分17个子项目分别进行履职考核量化分数的登记统计，确保委员履职考核的全面、准确、客观、公正。通过对门户网站16个一级栏目的及时更新，市政协门户网站在每月党政机关网站监测排名中均名列前茅，并被评为2016年十佳政务网站。

2016年市政协重要建议一览表

表17

序号	建议形式	建议人	主题	内容
1	督查活动纪要	市政协	市政协十二届五次会议提案办理落实情况督查活动纪要	建议强化监管责任。加强日常监管，加强部门联动，继续推进食堂6T管理（天天处理、天天整合、天天清扫、天天规范、天天检查、天天改进）的建设，确保日常管理的规范化、标准化。抓好制度落实。加强自身建设（此件于10月20日以政协办〔2016〕59号文件报送市政府）
2	视察纪要	市政协	视察义乌市补公共服务短板工作纪要	建议继续大力引进优质教育和医疗资源，努力打造公共服务的高地。重视分享先进办学、办医理念，促进公办、民办学校和医院互促成长，形成可复制可推广的样板。潜心研究今后深化和发展空间，不断提升自身服务水平（此件于8月31日以政协办〔2016〕54号文件报送市政府）
3	视察纪要	市政协文史与文教卫体委	视察义乌市旅游重大产业项目建设情况纪要	建议要更加注重地位提升，把旅游当作助商、兴商的战略举措抓实抓好，只争朝夕创设更加人文、休闲的环境；要更加注重环境优化，把相关政策和保障举措落实到位，为旅游行业多开绿灯；要更加注重文化挖掘，利用好本土优质、特色资源。要注重旅游项目开发效果的显现，抓好中小旅游项目建设。注重义商引导，充分调动本地客商投资的积极性和主动性，推动全市旅游产业实现跨越发展。建议有关部门加快未来养生休闲项目红线范围的溪流和地下管网改道工作，加快工程开工上马。加快青旅望道时光项目水电交通等配套设施建设，促成已建成项目早日营业（此件于12月13日以政协办〔2016〕70号文件报送市政府）
4	视察纪要	市政协城市与市场委	专项视察义乌市建筑垃圾处置和利用情况纪要	建议持续关注重视，强化规划修编；拓宽处置渠道，强化综合利用；从严落实管理，强化全面监管；改变规划理念，强化源头控制；加大宣传力度，强化人人有责（此件于4月25日以政协办〔2016〕22号文件报送市政府）
5	视察纪要	市政协农业农村与基层工作委	美丽乡村精品村创建工作视察纪要	建议严格按规划建设管理。美丽乡村精品村规划既要起点高，又要突出乡土特色。高度重视建设机制研究。高标准定位创建目标。要把精品村创建工作与提高农民收入、推进农业现代化紧密结合，确保创建目标不偏移。充分发挥群众参与创建的主体作用（此件于6月15日以政协办〔2016〕30号文件报送市政府）
6	视察纪要	市政协城市与市场委	专项视察义乌市消防工作纪要	建议强化消防支队建设，整合资源保障战斗力。强化“专业的人做专业的事”的理念，要打造专业知识过硬、战斗力强的队伍，及早形成标准化支队规模。加快出台消防事业发展规划，完善消防基础设施。在多方论证的基础上，尽快审定通过义乌市消防事业“十三五”规划。相关部门根据规划，细化分解工作任务，加快落实水系建设、市政消防管网建设等基础设施项目，加快消防应急救援指挥中心、消防培训基地、建成区域公安消防站等城市消防基础设施建设。推进镇（街道）“一队一站”建设，强化基层组织力量。加快推进镇（街道）专职消防队、消防工作站建设。大力普及消防安全知识，提高消防安全意识（此件于6月6日以政协办〔2016〕28号文件报送市政府）

续表 17

序号	建议形式	建议人	主题	内容
7	视察纪要	市政协工业与科技委	关于义乌市科技与金融结合工作的视察纪要	建议用足用活现有政策。按照科技型企业的需要去执行政策,让科技型企业充分感受到科技与金融结合的政策力度。金融机构要勇于为科技发展承担风险，要拿出敢于担当的现实表现，鼓励科技发展迈上更高台阶。不断探索科技金融结合新路径。在实践中不断完善科技与金融结合政策,不断探索科技金融结合的新路径、新渠道,加大政策支持力度。加大政策惠及面。加大对企业实施创新过程的激励力度,鼓励科技型企业努力挂牌上市。积极引导科技与金融的结合从点向面转变。鼓励科技型企业和科技研发平台服务于与市场关联性高的产业,服务于传统产业的转型升级(此件于 7 月 26 日以政协办〔2016〕46 号文件报送市政府)
8	视察纪要	市政协港澳台侨与社法委	视察义乌市打击食品药品环境犯罪情况纪要	建议引导发动群众参与。有效利用各种信息渠道和新媒体对典型事例进行宣传,提高宣传针对性,增强群众的食品安全自我保护意识和监督意识。建立完善的举报奖励制度。实施全流程监管。抓好生产、包装、储运、销售、消费等各个环节,实现全流程监管,从源头上消除隐患;学习国内外食品药品检测经验,加大设备购置投入,拓宽检测范围,提高检测效率。加大联合执法力度(此件于 7 月 5 日以政协办〔2016〕38 号文件报送市政府)
9	调研报告	市政协文史与文教卫体委	关于大力发展民宿经济的调研	指出民宿经济存在竞相上马,全面开花;趋向同质,特色不多;低价揽客,恶性竞争等问题 建议制定统一规划,多种形式扶持;大力宣传指导,规范民宿业态;全面提升环境,加大资金投入;挖掘文化资源,凸显各自特色;提升服务质量,吸引各类游客;民间力量参与,国资企业主导(此件于 12 月 13 日以政协办〔2016〕71 号文件报送市政府)
10	调研报告	市政协调研组	优布局 强配套 促服务 加快国际生产资料市场培育发展	指出国际生产资料市场在培育初期面临地理位置偏远、市场行业布局混乱、配套设施不完善等种种困难,加上外围国际经济环境恶化,目前经营状况不佳,经营户信心不足,转型发展势在必行 建议国际生产资料市场的发展,需要政府、商城集团、经营户、社会各个层面齐心协力共同推进,从行业布局、配套设施、管理服务上下功夫,为义乌市场繁荣添砖加瓦。加大市场研究力度,完善总体设计。明晰市场发展定位,调整行业布局。精准聚焦自身短板,完善配套设施。强化集团企业职能,提升经营水平(此件于 12 月 5 日以政协办〔2016〕66 号文件报送市政府)

续表 17

序号	建议形式	建议人	主题	内容
11	调研报告	市政协城市与市场委	对义乌市跨境电商发展的几点建议	指出义乌市跨境电商发展存在问题对跨境电商重要性认识不够;电商企业规模偏小;电子商务园区仍是粗放型发展;邮政互换局功能未全面发挥,跨境物流外流严重;海外仓作用未能发挥;产业发展不平衡;人才等服务体系的支撑能力不够 建议高度重视当前的电子商务发展,发挥国际贸易综合改革优势,明确义乌市电子商务发展的战略性、先导性地位,推动市场经营户和传统企业利用各种方式开展跨境电子商务业务,积极打造"全国网商集聚中心、全球网货营销中心、跨境电子商务高地"(此件于12月5日以政协办〔2016〕67号文件报送市政府)
12	调研报告	市政协农业农村与基层工作委	树立人水和谐理念打造自然生态河流——浅谈义乌河流生态保护与修复	指出义乌河流建设治理存在的问题为过度利用,河流生态保护理念缺失。目标单一,河流生态服务功能性目标要求缺乏。措施不当,河流生态系统"代谢能力"减弱。调蓄不足,河流径流量不断减少。涵养退化,水网破坏,河流源头生态功能弱化或丧失 建议转变观念,重视河流的生态保护与修复;坚持人水和谐,开展水生态保护与修复;科学调度水库水量,保证河流的生态流量;大力推进"十库九溪"工程建设,修复改善城市水环境质量;合力推进,建立更科学的河流生态保护与修复机制;大力创新,打造"多自然河川",统筹推进美丽义乌建设;注重与当地生活、文化、历史的结合(此件于12月19日以政协办〔2016〕74号文件报送市政府)
13	调研报告	市政协调研组	关于促进义乌市实体市场平稳发展的调研与思考	指出义乌实体市场存在的深层次问题主要有电子商务冲击、劳动密集型产业转移、市场研究滞后及市场管理服务跟不上形势发展4个方面 建议加强市场发展战略研究;明确市场定位;争创国际小商品自由贸易中心;实施小商品品质提升战略。1.强化知识产权保护。2.制订优惠政策措施。3.优先发展优势行业。创新销售模式。1.继续大力推动电子商务发展。2.加强实体市场与电子商务对接互动。3.积极探索新的销售模式。建设小商品物流中心。把发展物流业定位为战略性产业,并抓住"义甬舟"开放大通道建设的历史机遇,致力建设小商品物流中心。1.完善陆港功能。2.大力发展现代物流业。3.强化招商引资。不断改进服务管理。1.共同支持服务市场。2.加快政策细化落地(此件于11月30日以政协办〔2016〕65号文件报送市政府)

续表 17

序号	建议形式	建议人	主题	内　容
14	会议纪要	市政协	关于加快推进人力资源产业园建设对口协商纪要	指出目前产业园在园区周边配套、服务内容、行业监管等方面有待提升。建议加快园区配套建设。将人力资源产业园周边预留用地用于配套设施规划建设。加快人力资源产业园区基础设施及综合配套设施建设,完善餐饮、休闲、娱乐、绿化等配套功能,以满足企业发展和来往办事人员的综合需要。积极引导促进产业集聚。充分借助新媒体、新技术,加大对人力资源服务业发展的宣传和引导,最大限度增强宣传的覆盖面、影响力和感染力。充分发挥产业园培训功能。积极为不同人群服务,提升本地和外地在义劳动者就业能力。对于取得培训合格证者,政府或社会组织给予一定学费补助,从而建立培训就业的良好渠道。加强人力资源服务行业监管。完善人力资源实体市场和互联网虚拟人才市场监管制度,充分利用信息跟踪、市场巡查、受理投诉举报等监管手段,打击非法中介,综合采取信用记录、警示告诫、公开曝光、行政处罚、退出园区等措施,严肃处理各类违法违规行为,为人力资源服务业营造公平、竞争、有序的市场环境(此件于 7 月 4 日以政协办〔2016〕37 号文件报送市政府)
15	调研报告	市政协工业与科技委	关于推进义乌市工业协调发展的思考	指出义乌市工业经济的态势为新产品产值增长较快、新兴产业发展较快,产业转型升级和供给侧改革取得了一定的实效。义乌市的产业结构、企业结构将进一步的分化。稳定和提振中小微企业经营信心很紧迫 建议坚持梯度发展,培育多层次企业体系。坚持联动发展,推动大企业与中小微企业链式发展;坚持融合发展,新兴产业与传统产业交融共进;坚持可持续发展,正确处理短期阵痛与远期趋势的关系
16	调研报告	市政协港澳台侨与社会法制委	关于挖掘弘扬双林文化打造义乌佛教胜地的建议	指出义乌市传承佛教文化存在与国内名山名寺的差距、基础设施不完善、宣传力度不够及优秀佛教人才匮乏等问题 建议高度重视双林佛教文化园的规划和建设工作。高度重视双林佛教文化的挖掘、整理、宣传工作。以双林寺为中心开展项目建设工作。明确定位,切实推动双林寺的重建工作,重视做好配套工程建设(此件于 12 月 16 日以政协办〔2016〕73 号文件报送市政府)

续表 17

序号	建议形式	建议人	主题	内　　容
17	会议纪要	市政协	关于加快打造特色民宿的对口协商纪要	指出义乌市发展民宿还存在旅游环境基础设施相对欠缺，土地、环境保护对民宿发展制约较大，民宿经营管理水平不高等问题 建议澄清民宿概念，明确民宿定位。认识发展民宿经济，可以填补市场人气、吸引高端客商、培植新兴产业、增加居民收入、丰富旅游业态、提升城市品牌6个价值，坚定发展信心。把握义乌市的商贸优势、市场优势、人文优势、交通优势、资金优势5个优势，消除无奇山异水景区难以搞民宿，无大项目拉动难以搞民宿，无老房子、老村镇难以搞民宿的3个误区。抢抓发展机遇，推出相关举措（此件于12月30日以政协办〔2016〕76号文件报送市政府）
18	会议纪要	市政协	关于义乌市农贸市场建设对口协商纪要	建议强化规划引领。进一步修改完善义乌市菜市场布点规划（2016—2030）（讨论稿），充分考虑百姓需求、城乡差别及新兴业态等因素，争取规划更科学、布局更合理。建议考虑城乡区别，城区、近郊区、农村要采用不同的建设标准。丰富市场业态，根据消费习惯、经济发展程度不同，增加超市、社区服务中心、农改超等多种业态。提升建设标准。加快出台《关于推进全市集贸市场规范整治工作的意见》《义乌市星级文明规范市场标准》，明确改造提升的建设标准和整治标准，做到“进出方便、环境整洁、菜品放心”。要在整治过程中考虑过渡阶段民生需求，要对提升规范后符合条件的市场尽早补办市场名称登记证，对不符合条件的予以取缔或拆除。加强规范管理。调整现有投资政策，引导以国有资本为主导、村居（社区）集体资金等非国有资金参与市场投资建设。市场集团要开展“管理输出”，通过外派管理人员、承包管理、合作管理、业务培训等方式参与非国有资金参与市场投资建设。市场集团要开展“管理输出”，通过外派管理人员、承包管理、合作管理、业务培训等方式参与非国有资金投资市场日常管理，提升市场管理水平。聚集各方合力。各职能部门、镇（街道）要明确职责，加强联动，合力推进市场整治和提升工作。利用现代化信息手段，建设产品质量溯源、信息互联共享、协同监管为一体的智慧管理系统，推动市场监管部门、市场、消费者之间互动及信息共享（此件于6月21日以政协办〔2016〕34号文件报送市政府）

（朱小玲　孙祥和）

民主党派·工商联·人民团体

民主党派

中国国民党革命委员会义乌市基层委员会

【概况】 2016年,中国国民党革命委员会义乌市基层委员会(简称民革义乌基层委)共有党员51人,其中女性16人,大专以上学历48人,具有中、高级职称35人,有台、港、澳和海外关系32人。推举7人为党外代表人士后备人选,3人为义乌市市管干部。党员中担任省人大代表1人、金华人大代表1人、金华市政协委员3人;担任义乌市人大代表2人,其中人大常委1人;担任义乌市政协委员8人,其中政协常委3人;担任义乌市环保局、公安局、市场监管局等部门的效能监督员5人;担任义乌人民法院人民陪审员1人;担任浙江省级人民监督员1人。先后参与省委会3次专题调研、金华市委会5项专题调研,并向省委会、金华市委会、义乌市委统战部提交7项建议;向各级人大、政协提交提案议案和建议意见共计28件,其中,冯秀勤提出的《关于加快法律法规"立、改、废"工作的建议》,被列为省人大重点督办建议。

年内,冯秀勤被评为2016年度"浙江民革骄傲人物",并出席11月28日在杭州举行的"二〇一六年度浙江民革骄傲人物先进事迹宣讲会"。民革义乌市基层委被民革金华市委会评为"五星级基层组织"。

【孙中山150周年诞辰纪念系列活动】 在孙中山150周年纪念日诞辰之际,民革义乌基层委组织一系列活动。4月1日,组织全体党员参加"观故居,走多党合作之路"活动,前往义乌市上溪镇里美山村开展清明扫墓,参观吴山民故居,养护"民革林";5月1日,举办"缅怀先烈 古道寻踪"徒步越野赛;6月4日,组织党员10人参加"凝心聚力、共建金华"民革运动会并获团体第一名;11月15日,组织党员8人参加"先行杯"民革金华市委会"同心同行 共筑中国梦"毅行活动。

【开展"同心法律下基层"反家庭暴力法律宣讲及法律咨询】 8月3日,联合江东街道,共同开展"同心法律下基层"反家庭暴力法律宣讲及法律咨询系列活动,市委常委、统战部部长傅春明,副部长王瑞金出席活动,江东街道全体工作人员、辖区村支部书记、村主任及治保主任、妇女主任、部分村民等共计150余人参加听课。法律宣讲会由基层委组织委员、全国律师协会理事、全国"同心律师服务团"签约律师冯秀勤主讲,重点宣传《中华人民共和国反家庭暴力法》以及村干部职务犯罪等实务法律知识。会后还为部分群众提供旧村改造、老人赡养、财产纠纷等法律咨询,发放宣传资料500余份。

【丽水遂昌救灾爱心募捐活动】

9月28日,受17号台风"鲇鱼"影响,浙江丽水遂昌县北界镇苏村上村自然村发生山体滑坡灾害,造成重大人员伤亡和财产损失。民革义乌基层委根据省委会倡议,在义乌民革党员微信群里发出爱心捐款倡议,党员们采用微信、支付宝、银行转账的方式，通过基层委3个支部汇总至办公室，2天时间募集捐款4.56万元。其中，吕世良捐款2万元、朱俭军捐款1万元，获得民革浙江省委会荣誉表彰。

【民革“党员之家”揭牌成立】 10月12日，民革义乌市基层委员会“民革党员之家”举行揭牌仪式，全国人大常委、民革中央副主席修福金，民革中央宣传部副部长蔡永飞，中共义乌市委常委、统战部部长傅春明等相关领导15人出席揭牌仪式。

义乌的“民革党员之家”包含历史沿革、领导关怀、组织建设、参政议政、祖统联谊、社会服务、党员风采七大方面内容，使用图片200张，集中展示义乌民革的发展历程、历届中央主席的风采、义乌籍革命者和知名爱国人士的非凡事迹以及党员立足本职积极发挥社会作用，较为全面地展示义乌民革组织的风貌。

（何　彦）

中国民主同盟义乌市总支部

【概况】 2016年，中国民主同盟义乌市总支部（简称民盟义乌市总支部）共有盟员38人，发展新盟员2人，转入1人。其中高级职称9人，中级职称19人；硕士（学位）16人，本科20人；担任金华市政协委员1人，义乌市政协委员3人（常委1人），义乌市人大代表1人，民盟浙江省第十一次代表大会代表1人，华夏书画学会第五届理事会理事1人，义乌市第七届教育科学学术委员会委员1人，特邀行风监督员4人；中国美协会员、国家一级美术师1人，盟员企业2家。年内，接待来访考察5批次90余人次，“两会”期间，提交建议意见、提案7件。吴光东主委提交的《坚持兴商建市发展战略，建设世界小商品之都》提案成为2016年度政协唯一重点提案；翁春菊盟员提交的《关于扎实有效推进我市养老服务建设的建议》被列为义乌市2016年度人大代表重点建议，被市领导挂牌督办。民盟义乌市支部获民盟金华市委会2014—2016年度十佳基层支部、2015年度思想宣传先进单位等荣誉。11人次获省、市各级先进盟员等荣誉称号。盟员韩飞《论基层公共决策中的协商民主现状、问题及对策》获省政协理论研究会第八次理论研讨会优秀奖。

【学习实践活动】 3月，在民盟成立75周年之际，先后组织新盟员开展“学盟章、读盟史”活动。7月1日，在中国共产党成立95周年之际，组织10余名新老盟员赴城西街道陈望道故居，举行庆祝纪念活动。

【换届大会】 12月22日，民盟义乌市总支部在商城宾馆召开成立大会暨换届大会，民盟金华市委会和中共义乌市委、市政府、市政协、市委统战部及各民主党派、知联会有关负责人、兄弟县市民盟组织代表及在义民盟43人参加会议。大会审议并通过吴光东主委代表民盟义乌市第一届支部委员会的工作报告；选举产生由主委吴光东，副主委朱友龙、翁春菊，委员何中联、吴雪飞组成的民盟义乌市总支部委员会。

【社会爱心服务】 4—12月，在上溪、大陈组织2次送教下乡活动，4名教师讲课，240余人听课。7月30日，组织10余名盟员在义乌市佛堂镇梅林村开展“同心”社会服务活动，为村民讲解国家法律法规规定和义乌市当前土地政策，及时为村里在集体土地流转及其他法律问题进行解疑释问，提供专业的法律咨询服务。8月底至9月初，9名盟员参加村居社区的治安巡查，为保障峰会举办集中展现盟员风采。

（朱友龙）

中国民主建国会义乌市基层委员会

【概况】 2016年，中国民主建国会义乌市基层委员会（简称民建义乌市基层委）共有会员101人，担任企业董事长正副总经理63人，会员企业53家，担任行业协会（商会）正副会长25人。民建义乌市基层委有委员11人（其中主委1人，副主委3人），下设8个支部，有支部正副主委23人。民建会员中担任浙江省政协委员1人，金华市人大代表2人，金华市政协委员4人，义乌

市政协委员15人（其中担任政协副主席1人，政协常委4人）。11名会员担任16个部门的特邀督察员、审计员、行风监督员、人民陪审员。“两会”期间，提交人大常委会议案1件，政协提案37件。其中汪宁在金华市六届人大五次会议上提出《关于对新行政诉讼法实施情况组织执法检查的建议》议案，翁荣金在省政协十一届二次会议上提交《关于“创造宽松科技环境”的提案》等提案21件，朱琴芳、丁革胜、经俊毅、吴雪峰在金华市政协六届四次会议上分别提交《关于加快推进社区居家养老的建议》《关于加强对实体经济扶持的建议》《“疯长”的马路市场该如何管》等提案。

【基层委换届】 2月3日，民建义乌基层委召开第八次会员大会，选举产生黄芳、翁荣金、陈呈钢等11名委员组成的民建义乌市第八届基层委员会，其中黄芳任新一届主委，翁荣金、陈呈钢、何俊任副主委。

【政协委员换届】 12月，根据统战部的通知和安排，民建义乌基层委开展推选市政协委员换届提名对象工作。经过支部推荐、基层委投票等民主推荐、沟通协商等程序，选出政协委员候选人17名推荐给市委统战部，经市委审查和考察后，确定杨桂芳、黄芳、王焕英等10名会员为第十三届政协委员会代表人选。

（朱晓棠）

中国民主促进会义乌市总支委员会

【概况】 2016年，中国民主促进会义乌市总支委员会（简称民进义乌总支部），现有会员33人，由教育、文艺、经济、医学等各界人士组成。会员中大专以上学历29人，硕士研究生学历4人，中级以上职称18人，高级职称6人。会员中担任义乌市政协常委1人、市政协委员4人，金华市人大代表1人，金华市政协委员1人；民进浙江省委员1人、金华市委员1人；金华市青联委员2人，义乌市青联常委1人、委员2人、会员3人。担任部门特邀、特约审计员、行风监督员7人，法院陪审员2人。“两会”期间，支部各级政协委员共计提交提案、建议案15篇。12月，民进义乌支部换届并升格为民进义乌市总支部。

【社会服务】 1月12日，民进义乌总支部在后宅街道曹村文化礼堂，开展“春联万家送文化下乡”活动，10余名书法家泼墨挥毫，为到场的800余名百姓送去300余幅对联、1200余个福字。3月11日，民进义乌市一支部开展“送教下乡慰问孤残儿童”活动，对特殊儿童学习生活现状进行调研，并对寄养在赤岸镇尚阳村村民家里的6名重症儿童进行慰问。7月8日，民进义乌市总支部携手浙江大学医学院附属第四医院支部、义乌市外科质控中心到福田街道下西陶村联合开展“送医下乡”社会服务义诊活动，活动共义诊患者300余人，发放免费药品300余盒（袋），发放宣传资料500余份。同月9日，民进义乌市三支部主委周名松组织会员赴上溪镇里美山村金义浦抗日根据地开展“追忆先贤、不忘初心、勇担使命”缅怀革命先烈吴山民、走访慰问村里的贫困群众等系列社会服务活动。共计走访慰问10户贫困户，并为村里困难群众赠送内衣、消暑用品等慰问品。

【结对共建】 2月28日，民进义乌市总支部与浙江大学医学院附属第四医院支部举行“凝心聚力，共谋发展”联谊座谈会，30余人参加活动，会员们就提高会员参政议政水平和能力、多形式有效开展组织生活等方面进行深入探讨。4月9—10日，民进杭州上城区基委会主委薛鸿翔及副主委徐敏一行10余人与民进义乌总支委开展联谊交流活动。两地支部就组织建设、建言献策、如何更好地服务当地社会经济发展和支部活动开展等方面作交流。同时，活动组考察了义乌美丽乡村大陈镇北山村和马畈村，并在义乌商城学校举办书画联谊活动，民进艺术家们为到场的百姓创作10余幅书法、国画。5月5日，浙江昆剧团支部、浙江大学医学院附属第四医院支部与义乌市总支在大陈镇杜门村文化礼堂联合举办“剿灭劣V类水”宣传文艺演出暨文艺工作者走进治水一线活动，为到场的300余名百姓送去戏曲、戏歌、昆曲等9场精彩表演。

（邓鹏辉）

中国农工民主党义乌市基层委员会

【概况】 2016年，农工民主党义乌市基层委员会共有党员76名，其中医卫界44名，教育和其他界别32名。党员中有金华市人大代表2人，义乌市政协委员5人（其中常委2人）。“两会”期间，共提交《加快社区居家养老建设力度的建议》等提案8件，提案《我市文化创意产业发展现状及建议对策》被市委统战部建言直通车采纳，提案《关于进一步完善我市污水管网系统的建议》和调研论文《义乌市固体废物处置现状及对策研究》获得上级好评；参加“中国环境与健康宣传周”大型义诊活动各类大型义诊2次，受惠600余人，分发健康宣教资料1000余份，免费发放药品5000余元。

全体党员在国家级、省级刊物发表专业论文20余篇。主委吴亦被评为浙江省神经内科医师协会常委；朱建忠校长获“全国校园文学艺术教育示范单位模范校长”称号；陈红卫被评为义乌市第一届最美天使，主编专著《创伤骨科基础与手术技术》，参编《肘关节》《复杂胫骨平台骨折该怎么治》2部专著，在SCI杂志《*Int J Clin Exp Med*》《中华创伤杂志》等发表论文共计10余篇。贝新法编写《中医妇科治疗心法》，由人民卫生出版社出版，其著作《中医杂病治疗心法》第12次印刷，《风湿病中医治疗心法》第四次印刷，被浙江省中西医结合学会选为“先进工作者”，被浙江省中医风湿病专业委员会连续当选为副会长；葛海有出版著作5本，其中《百岁不是梦——丹溪养生，春风夜雨》由光明日报出版社出版。

【送医下乡暖民心】 6月15日，组织骨科、内科等20余名专家联合农工党金华市委会在佛堂镇葛仙村开展第九届“中国环境与健康宣传周”大型义诊活动。现场，主委吴亦进行《高血压和中风的预防和治疗》的知识讲座，专家们为老百姓把脉会诊、开具药方，并赠送4000余元的药品，发放健康环保资料300余份。7月15日，在赤岸山盆村开展“同心服务月活动”，共接诊治疗300余人次。

（陈金弟）

九三学社义乌市委员会

【概况】 九三学社义乌市委员会（简称“社市委”）有社员114人，分布于工业、农业、教育、卫生、金融、法律等领域，下设医卫、中心医院、工业、科教4个支社。其中高级职称84人，占73.7%，中级职称30人，占26.3%。担任金华市政协委员1人，义乌市政协委员16人，金华市人大常委会代表1人。“两会”期间，丁光海、吴中兴等12位市政协委员在政协义乌市第十二届委员会第五次会议上提交提案29篇。开展科普讲座4场，科技服务3场，医疗大型服务2场，不定期的服务咨询活动8场等社会服务，累计参与人数69人次。发放科普资料1800余份，累计受益群众1700余人次。年内，义乌市委会获社省委授予社会服务先进集体荣誉称号。

【宣传工作】 4月17日，九三学社义乌市委员会举办信息工作培训会。王瑞金常务副部长和《义乌商报》编辑部虞建飞主任分别作题为《民主党派信息调研工作的思考》《新闻写作与信息报送》的讲座，各支社主委、分管宣传工作副主委、信息员及青年骨干社员等40余人参加专题学习信息调研、信息报送、新闻宣传等知识。至12月12日，被《浙江九三》录用稿件1篇、《浙中新报》新闻稿件3篇、《义乌商报》新闻稿件2篇、金华新闻网信息1篇、义乌电视台商贸频道栏目2期、义乌统战信息18篇、《义乌九三》信息33篇。

（叶静飞）

工商业联合会

【概况】 2016年，义乌市工商业联合会有行业商会2个，基层商会14个、义乌人去外地商会18个、异地商会65个，合计99个，会员2.08万人。新组建异地商会5家，9家商会换届。新组建异地商会调委会镇街商会调解

室5家。全年调解各类纠纷矛盾180起，调解金额280万元。开通义乌市工商联微信企业号，加入微信企业号平台的会员有4899人，实现省、市、县三级工商联信息共享，确保惠企政策通过微信平台及时通达会员企业。编辑上传惠企政策、非公经济发展最新动态等信息58条。加强与兄弟商会和海外工商社团的联系，与常熟市工商联、鄂托克前旗工商联等6家工商联结为友好商会。年内，接待张家口市工商联、陕西省工商联等兄弟商会来访16批次共计193人次。举办阿拉伯语翻译人才就业创业助推会，助推义乌市国际贸易发展。义乌市12家中外企业与临夏外国语学校的毕业生签署就业合同，义乌市青海商会等9家社团和企业成为“定点实习单位”。

【“一带一路”经济合作推介会】 3月，与广东省阳江市工商联携手举办阳江（义乌）“一带一路”经济合作推介会。推介会在义乌幸福湖国际会议中心举行，阳江市市委常委、统战部部长岑国健，义乌市工商联主席楼良回等360人参加，会上签订两地工商联战略合作协议，义乌、阳江两个地区将在产业协作、商贸流通、科技创新、文化旅游等领域实现互依共赢、共同发展。

【进会入企调研】 5—6月，走访调研15家商会、部分常委企业和2015年营业收入5亿元以上企业。通过走访调研，督促商会启动换届工作，指导商会规范化运作。完成6家企业500强申报工作。8月25日，全国工商联主办的2016中国民营企业500强新闻发布会在北京召开，浙江金田阳光投资有限公司、三鼎控股集团有限公司入选500强，分别列278位和296位。

【服务非公有制经济发展】 6月，与市人民检察院联合发文《服务非公有制经济发展协作办法》，建立工作联系等制度，通过健全工作机制、完善服务措施、共建服务平台、营造良好环境、增强服务效果，助推义乌市非公有制经济更好发展。

【首届趣味运动会】 12月1日，“连商”杯义乌市商会首届趣味运动会在梅湖体育馆举行，来自工商联所属40个商会290余名商会骨干参加了运动会，走齐心协力、定点投篮、乒乓球、羽毛球等5个项目中进行比赛，有100名运动员受到表彰。

【中外商会会长合作发展论坛】 10月22日，由浙江省委统战部、省工商联、省侨联支持，中共义乌市委、市政府主办的中外商会会长合作发展论坛在义乌举行，来自全球20余个国家侨商会长、国内20个地区的商会会长和省市有关部门领导200人出席论坛。邀请阿拉伯联合酋长国潮汕总商会、阿拉伯联合酋长国浙江商会、新加坡华源会、菲律宾菲华潮汕联谊会、日本关东总商会、全非洲浙江企业家协会等17家海外社团考察进口馆，协助义乌市泉州商会和新加坡华源会签署市场采购合作协议书，培养进口市场。

（何庆荣）

人民团体

总工会

【概况】 全市有基层工会3320家，其中单建工会3180家，联合工会140家，涵盖3800家企事业单位。全市单建基层工会达到“六有”标准的2260家，占单建基层工会的71.07%。新建基层工会65家，换届85家。基层工会主席实行直选12家。开展工资集体协商要约行动，全市工资协议到期续签率达100%，签订工资专项协议2018份，重点培育307家工资集体协商示范企业。开展“争示范·强活力”星级工会创建工作，全市创建“五星级”工会75家、“四星级”工会66家、“三星级”工会142家。招聘工会职业化工作者8名，制定并实施职业化工会工作者考核办法。成功推荐“全国五一劳动奖章”1人，省工人先锋号1个，金华市劳动模范18人，金华市劳动模范集体3个。关心关爱劳模，走访慰问困难劳模32次，发放慰问金33.95万元；发放劳模津补贴15.65万元。组织100名劳模免费体检。

开展元旦、春节前送温暖活动，救助标准由原来每人1800

元提高到每人2000元，共走访慰问困难职工223人(其中农民工134人)，发放慰问金42.16万元。完善特困职工家庭认定办法，确认特困职工家庭42户，特困职工家庭生活优待金由原来每月每户275元提高到每月每户360元。日常救助困难职工8名，发放救助金2.45万元；“爱心透析”9名，发放救助金4.05万元；“金秋助学”83名，发放助学金27.8万元；“大病重病”救助72名，发放救助款27.35万元。全年累计救助455人次，发放救助金131.19万元。

开展电子商务、进口贸易、“一路一带”、婚姻家庭、文明健康、法律法规等知识培训24期，参训职工2500余人。组织金融、旅游、卫生等系统的1200余名职工开展技能培训、技能比武。开展“垃圾分类、美丽工厂”活动，在大陈镇贝克曼集团召开全市“垃圾分类、美丽工厂”工作现场会，选择53家企业先行开展试点工作。组建15支队伍120余名技术人员，深入企业、社区、建设工地开展技改扶持和服务指导21次，解决技术难题13个，为职工群众维修各类家电、农机212件，发放各类宣传资料1万余份。

成立工会劳动法律监督委员会，加强基层劳动关系调解组织规范化建设，建设区域性、行业性劳动争议预警机制规范化单位10家，建立工会调解组织示范点52家。开展劳动纠纷巡回受理27场次，受理各类劳动纠纷(侵权)案件25起。开展“百名工会主席参加仲裁旁听活动”，先后组织120余名重点骨干企业工会主席参加劳动争议案件庭审旁听。建立由专职律师、司法干部、工会主席和社会热心人士等30人组成的职工法律援助服务志愿者队伍，出台《义乌市总工会职工法律援助服务实施办法(试行)》，开展法律援助7次，涉及职工7人。市职工服务中心全年共受理各类劳资纠纷投诉75起，成功调处74起；职工服务中心工作人员担任独立仲裁员开庭51次；共为职工追讨工资或挽回经济损失78.5万元。

全年共参与安全事故调查处理18起；全市各级工会开展安全生产教育培训工作，职工参与率达94.6%。开展以“企业关爱员工、员工热爱企业”为主题的和谐企业创建工作，新建义乌市“职工三满意”示范企业16家。浙江红辣椒袜业有限公司等7家企业被授予金华市“职工三满意”示范企业称号。扎实开展工资集体协商要约行动，全市工资协议到期续签率达100%，签订工资专项协议2018份。其中单建工会1880份；区域性协议134份，覆盖企业6691家；行业性协议4份，覆盖企业543家。

【职工疗休养】 2月22日，市总工会、市财政局、市人力社保局联合下发《关于进一步完善和规范职工疗休养工作的通知》，职工疗休养由原来的3年1次改为现在的1年1次，疗休养费用每人每次不高于2000元。5月，市总工会主动出击全省职工疗休养市场，赴北仑、余姚、文成等9个县(市、区)推介义乌职工疗休养基地，并与当地总工会签订职工疗休养合作意向书。7—10月，市总工会组织开展优秀一线职工疗休养，全市共有491名(其中金华市总工会组织90名)一线优秀职工、优秀工会工作者、先进模范人物赴金华、磐安、象山、文成、安吉等地参加为期3天的疗休养。

【“工人先锋号”创建】 3—11月，市总工会在全市开展“工人先锋号”创建活动，全市73家单位申报创建，经评选，市中心医院急诊科等42家单位被授予市级“工人先锋号”称号。

【心灵港湾工作室】 6月24日，市总工会建立16家心灵港湾工作室，并招募3名“心灵港湾工作室”指导老师和15名“心理咨询师志愿者”，工作室主要为职工提供心理咨询、讲座、培训等服务。10—12月，市总工会举办“心灵之约心理互助”大型巡回活动和各类心理咨询服务28场次，受益职工2600余人。

【首届“义乌工匠”】 11—12月，开展首届“义乌工匠”推荐评选工作，经基层推荐、资格审核、专家评审、媒体公示、领导小组审定，市劳动竞赛委员会确定朱兴良等“义乌工匠”10名，并在全市总结表彰大会上表彰。

(恽光曦)

共 青 团

【概况】 2016年，全市共有基层团委101个，下属团支部3154个，在册团员6.8万人，专职团干部4人。开展以“勇扛旗帜·青春争先”“学党史、知党情、跟党走”“我是义乌接班人”等主题教育实践活动，4.2万人次参加活动。举办浙江省跨境电子商务职业技能大赛、爸妈带我去种树、跟着河长去巡河、垃圾分类变废为宝等活动，4000余人次参加活动。打造“越志愿　越青春”志愿服务系列品牌，招募2.3万名“同年哥”志愿者助力“平安义乌”建设。致力于“网上共青团”建设，成立青春义乌全媒体中心，新建青少年综合服务平台40个，“青春义乌”微信公众号稳居全国基层团组织综合影响力前15。

举办百名青年家乡创业启动暨城镇化电商产业创业发展论坛，开展农业科技创新大赛，探索众创空间、人才集聚、实体运营、对接合作四维服务模式驱动农村青年返乡创业，全年共吸引100余名创业青年返乡，投身农村电商发展。联合金融机构开展小额贷款助力青年创业行动，为青年创业者提供小额贷款4253万元，扶持青年创业503人次。开展“义乌创业有‘位’来”就业创业推介会，带领在义乌改革发展中勇挑重担的国企和在新兴领域表现优良的民营企业走进下沙高教园区招兵买马，推介就业岗位300余个，吸引优秀青年到义乌就业创业。开展“青春吆喝进口市场”活动，通过现场涂鸦绘画、摄影作品征集、进口商品推介等系列活动汇聚进口商品馆人气。

年内，义乌市民间紧急救援协会获得“第十一届中国青年志愿者优秀组织奖”的荣誉称号；国网浙江义乌市供电公司团委、义乌市大陈镇马畈村团支部获2016年度金华市级五四红旗团委(团支部)；义乌市卫生和计划生育委员会团委、义乌市十八腔文化传媒有限公司团支部获2016年度金华市级先进团组织。

【民间紧急救援协会党支部成立】 4月，全市首个民间公益协会党支部——义乌市民间紧急救援协会党支部成立，隶属于共青团义乌市委党总支，协会会长方为成任支部书记。此支部的“青年突击队”在丽水苏村救援中奋战28天，先后派出救援人员3000人次，大型器械350余台次投入人员搜救。

【网上共青团建设】 9月，团市委开通团属微信公众平台“青春义乌”，成立“青春义乌”全媒体中心，同期举办义乌市首届青年职业秀，评选出8名青年职业代言人，成功吸引粉丝10余万人。全媒体中心根据青年需求，组建亲青帮、亲青恋、亲青创、亲青筹、亲青游5个网络团小组，为40余万青年网友提供细致、精准的服务。

(徐燕玲)

妇女联合会

【概况】 2016年，市妇女联合会(简称妇联)接待各地妇联干部和来访经纪人4285人次，承办全国妇联六盘山片区、大别山片区妇女电子商务培训班、江苏省妇联巾帼电商服务培训班、义乌市“巾帼闯e网”电商创业培训班等有关来料加工、电子商务类培训班35次，培训1608人次。

在各镇(街道)开展“建设法治义乌　巾帼在行动”宣传咨询、法律援助等服务28次。开展“护航G20　巾帼助平安”行动，成立“同年嫂”队伍780支，开展各类平安宣传巡查活动2300余次，创“平安家庭”示范户200户。全年处理来信来访来电203件，接待来访群众258人次。

按照“家居环境美、文化素养美、勤劳创业美、家庭和谐美、爱心奉献美”的“五美”要求，开展“五美文明家庭”创建活动，全市命名“五美文明家庭”1.03万户。全年开展垃圾分类集中宣传培训151次，宣传面达1.16万人次。寻找推荐“最美家庭”“最美好媳妇”“最美母亲”，弘扬家庭美德。1户家庭获评“全国文明家庭”“全国最美家庭”，2户家庭获评“省级最美家庭”。开展“幸福家庭成长计划”活动10场，“中国梦·家庭梦”家庭教育活动走进5个街道9个社区。全年结对“春蕾计划”512人，助学款项33.53万元。扩大异地结对范围，与兰考、井冈山、浦江、兰溪结对75人。第三轮“两癌”筛查已完成4个镇（街道)2.29万名妇女的筛查。

【妇女创业园联盟模块】 4月11日至12日,浙江省妇联、义乌市妇联组团参加2016中国国际电子商务博览会青岩刘“众创梦想秀”分会,成为分会上妇女创业园联盟模块。浙江妇女创客园、杭州、宁波、丽水、金华、衢州、常山等地驻义乌来料加工联络处负责人及来自浙江省各地的23名女创客代表参与活动。妇联系统10个展位展示参展品种1300个，达成意向订单369笔900万元。现场成交订单239笔34.03万元。

【康乃馨行动】 7月1日，市妇联开展关爱贫困母亲“康乃馨行动”启动仪式。仪式上,市女企业家协会、美女会、旗袍会、狮子会等社会组织共筹集14万元,对全市80位贫困母亲进行帮扶。通过发动各级妇女组织和社会爱心人士,整合协调社会上的资源力量,共同来关心关爱因病致贫的妇女,家庭遭受突发意外导致生活困难的妇女,因身体残疾丧失劳动能力的妇女,以及失独母亲或独居老年妇女。

【全省女性创业服务平台建设工作交流会】 10月20日,全省女性创业服务平台建设工作交流会在义乌市举行,全省各市妇联分管主席、发展部部长,26个加快发展县(市、区)及部分县(市、区)妇联主席,省巾帼建功和双学双比活动协调小组部分成员单位联络员等120余人参加会议。会议总结交流各地工作经验,部署新形势下妇女创业就业工作,并观看妇女服务平台宣传片,听取杭州市、宁波市、金华市、义乌市、诸暨市妇联相关负责人的工作经验汇报。会议现场,省妇联与杭州万色城电子商务有限公司签订战备合作关系。与会人员参观省妇联创业就业工作服务平台——浙江省妇女来料加工推广中心、浙江妇女创客园,就来料加工项目与电子商务融合进行接洽。

【全省女性创业项目推介会】

10月20日，义乌市妇联在幸福里国际电子商务产业园承办全省女性创业项目推介会。浙江省各市妇联主席、副主席、发展部部长,26个加快发展县(市、区)及部分县(市、区)妇联主席或副主席,省巾帼建功和双学双比活动协调小组部分成员单位的联络员以及第25期浙江妇女创客园全体学员等150余人观看现场推介。推介会采取“现场推介+网上直播”的方式同步进行,在现场和不在现场的妇女群众均可以通过网络全程观看项目推介、进行在线互动,有6500余人参与抽奖环节,并为项目投票。通过创业导师点评、观众投票,兰溪张玉伟蓝孔雀养殖与效用开发项目获优秀奖;海宁童俊农村电商“放心大米”项目获优秀奖;海盐陆有珍互联网+生态农业养殖项目获优秀奖。杭州叶海燕手工拼接工艺项目获创意奖;丽水徐丽媛(团队)“千层底”畲族布鞋项目获创意奖。义乌岳丹制造业转型中老年打底裤品牌化项目获潜力奖。

【妇女创业就业精品展】 10月21—25日，在第22届中国义乌国际小商品博览会上,全国妇女创业就业展示展洽、浙江省妇女来料加工精品展同期举行,活动共设86个展位,来自全国17个省（市、区）和浙江省30个县(市、区)的247名优秀经纪人带着各自富有地方特色的创业就业精品参展。活动期间,共达成实际业务1744项3862.79万元,达成合作意向1891项8230.38万元;发放名片、产品宣传资料5.04万份,参展产品进入义乌市场代理销售255项。

（季阳春）

法治·人民武装

法 治

政法委及综治

【概况】 2016年,实现平安义乌建设“九连创”目标,完成G20杭州峰会等重大活动维稳安保任务,市委、市政府被省委、省政府评为全省G20峰会安保工作先进集体。开展平安义乌创建,确定19项系列平安创建内容、7项重点问题和14个治安重点整治区域,组织开展各类督查检查63次。深化社会治安防控体系建设,全市侵财警情3.14万起,同比下降20%;“两抢”案件发118起,同比下降48.02%。批准逮捕1906人,提起公诉4253人,有罪判决2986人。完善矛盾纠纷多元化解机制,共有1123个人民调解委员会在矛盾纠纷化解中发挥重要作用,共调处矛盾纠纷1.85万件,调处成功1.83万件,成功率99.1%。成立市网格化服务管理中心,建立“智慧网格”信息系统统一平台,编制《义乌市网格工作手册》,推进网格工作规范化建设。深化群防群治工作,推动社会力量参与社会治理及志愿服务活动,建立5200人的“同年哥”平安志愿者、1.13万人的平安服务队和3794人的治安信息员和楼道管理员队伍。

【政法工作会议】 3月8日,市委召开政法工作会议。会议传达学习市委书记盛秋平关于义乌市政法工作的重要批示,总结2015年全市政法工作,表彰“百日维稳攻坚战”先进集体和个人,分析当前形势,明确2016年政法工作。会议强调要以五大发展理念为统领,以“平安护航G20”大会战为牵引,以平安义乌建设为载体,以维护稳定大攻坚行动为抓手,以推进司法体制改革为动力,以过硬政法队伍建设为根本,补齐短板,破解难题,服务发展,为维护全市社会和谐稳定作出应有的贡献。市委、市政府及各镇(街道)副书记、部门分管领导、政法各部门、信访局全体班子成员110余人参加会议。

【G20杭州峰会维稳安保工作动员会】 4月19日,市委市政府召开全市建设“平安义乌”工作会议暨G20杭州峰会维稳安保工作动员会。各镇(街道)党政主要领导和政法工作分管领导、G20杭州峰会维稳安保工作领导小组成员单位及市有关单位主要负责人共150余人参加会议。会议表彰2015年度平安创建工作先进集体和先进个人,市委、市政府和各镇(街道)签订2016年平安综治暨G20安保工作责任书,确保平安创建和G20峰会安保工作落到实处。

【中国法学会国际经济法学会年会】 4月24日,中国国际经济贸易法学研究会暨中国法学会国际经济法学会2016年年会在义乌市召开,围绕国际贸易综合改革法治保障的主题进行交流互动。来自最高人民法院、中国法学会、中国国际经济贸易仲裁委员会、省内外各大高校等国内相关领域顶级专家学者以及法律界实务人士与义乌市相关职能部门负责人100余人参加年会。

【法官与律师良性互动机制建设调研】 8月22日,市委副书记、政法委书记斯建民就法官与律师良性互动机制建设工作开展调研,市人民法院院长、市司法局局长参加调研。斯建民强调，要严格按照省高院的要求，高标准推进试点工作的顺利开展。要结合义乌实际，进行有益的探索和实践。要将法官与律师良性互动机制试点工作作为社会治理领域的一项具体改革内容，切实补齐社会治理短板。要积极吸取全国各地在良性互动机制方面的特色工作经验和做法，为我所用。调研中，斯建民还就市场诉调衔接机制建设问题进行部署。

（蒋尚莉）

公　安

【概况】 2016年，全市未发生危害国家安全和政治稳定的事件，未发生影响社会安定、惊动高层的重大群体性事件，未发生影响恶劣的重特大案件和事故。全市命案发19起，破19起，实现连续两年命案全破的目标。1—12月，侵财警情3.14万起，同比下降20%；刑事打击数6583人，同比上升30%。G20峰会安保取得完胜，市公安局成为全省唯一荣立集体二等功的县级公安机关。开展“智慧公安”二期建设，在一期项目基础上启动“智慧公安”二期项目建设。建设完成利剑平台子系统、企事业单位门卫登记子系统、电动车登记子系统、流口三色管理子系统、商贸城基础管理子系统、火车站境外人员少数民族管理子系统、旧货流通系统升级、出入境管理子系统等子系统。完善提升数据整合应用分析功能，整合公安内部数据和社会数据43类共6.2亿条。在全市范围内开展3次“毒战”系列专项行动。期间,共破获涉毒刑事案件125起；抓获涉毒刑事犯罪嫌疑人198名；查处涉毒行政案件879起，处理行政违法人员1189名，其中查处吸毒人员1177名；破获公安部督办目标案件1起；破获省督办目标案件2起，缴获各类毒品80.73万克。毒战系列专项行动成绩位列金华市第二名。连续12年被评为全省执法质量优秀单位，连续4年获评全省公安队伍正规化建设优秀单位，连续8年获金华先进（2016年第一），市政府考核连续8年位居前二。

【G20杭州峰会安保工作】 2015年11月20日，市公安局全面启动G20峰会安保工作，成立由市委常委、公安局长詹肖冰为组长的安保工作领导小组，梯次推出“护航”系列行动，共开展7个护航行动。安保期间，下发责任清单7张，任务清单5张，问题清单33张。2016年8月10日至9月4日，全市刑事发案948起，同比下降44.17%，社会面持续保持平稳，峰会期间义乌未发生“大事”，义乌人无入杭滋事，完成峰会安保任务。10月28日，市公安局被浙江省公安厅评为G20杭州峰会安保先进集体。

【防范处置金融领域违法犯罪专项行动】 2015年12月21日至2016年12月20日，开展防范处置金融领域违法犯罪专项行动。立案侦查非法吸收公众存款案件13起，骗取贷款、承兑汇票案8起，违法放贷案4起，贷款诈骗案4起，拒不执行判决、裁定案4起，信用卡诈骗11起，涉案金额5亿余元；抓获各类犯罪嫌疑人81人。其中抓获年前逃犯15名，抓获率占45%，超过金华市局的20%考核要求；抓获当年逃犯27名，抓获率占77%，达到金华市局的70%考核要求。考核结果列

公安巡航活动　　（楼子荣摄）

金华第一。

【少数民族、境外人员服务管理站运行】 1月27日，市公安局在火车站出站口举行少数民族、境外人员服务管理站揭牌仪式，义乌火车站首个面向境外人员和少数民族人员的便民接待服务点正式投入运行。此服务管理站隶属于公安局站前派出所，主要开展嫌疑人员盘查、逃犯查缉、人员移交、信息报送、资料整理等工作。同时，与铁路义乌客站、铁路派出所共同为境外人员和国内少数民族群众提供咨询、翻译、找人、住宿、送达等服务。至年底，共登记境外人员8.02万人次，查获吸毒人员268人、逃犯3人。

【制作《假如暴恐来临》反恐宣传片】 1月，市公安局联合市反恐办策划拍摄制作反恐宣传片《假如暴恐来临》，通过模拟还原暴恐事件现场，让群众知晓应对暴恐事件最基本的行动原则和方法。上线后，在全国范围内得到广泛关注，相继被警界、POLICE等公安自媒体转载，阅读量10万余人次。

【破获"20160401"故意伤害致死案】 4月1日，义乌市香山路劳务市场门口发生一起故意伤害致死案件。案发后，市公安局立即全力开展对犯罪嫌疑人高某的抓捕工作。经9个月的不懈努力，犯罪嫌疑人高某迫于压力，于12月18日向公安机关投案自首。

【深化户籍制度改革】 4月8日，成立义乌市户籍管理制度改革工作领导小组。5月下发《义乌市户籍制度改革实施意见》，由市户改办牵头，统筹推进户籍制度改革各项工作，先后开展户口专项清理整顿、三项确权登记、政策梳理、配套政策拟定、财政测算、户口迁移登记暂行规定的制定等工作，研究制定《义乌市户口迁移登记暂行规定》，调整放宽了户口迁移政策。以11月1日0时为节点，全面完成"农业"与"非农业"二元制户口性质转换，统一登记为"居民户口"。

【打霸拔钉专项行动】 4月至年底，市公安局在全市范围内组织开展"打霸拔钉·清障护航"专项行动。期间，参与"三改一拆""五水共治""集聚区建设""城市有机更新"工程等现场维护97次，出动警力2425人次。查处阻扰重点工程施工刑事案件7起，处理27人，行政案件5起，处理18人。

【成立全国首个防火指导大队】

5月17日，市公安局成立全国首个公安局防火指导大队，实有民警11人，事业编工作人员1人，辅警4人。主要职能是指导派出所开展消防安全宣传教育，督促和指导村(居)民委员会、物业服务企业等有关单位落实消防安全措施；指导派出所开展日常消防监督检查管理工作，依法处理消防安全违法行为；指导派出所协助消防支队开展火灾事故调查；组织开展派出所民警消防监督等业务培训工作；牵头开展派出所防火业务考核评估工作；及时开展上级部署和领导交办的专项工作。协助支队对全市消防重点单位定期进行监督检查，协助支队开展开业前检查、投诉举报核查、火灾原因调查等。至年底，大队共检查社会单位4571家，发现整改火灾隐患5784处；指导各派出所检查单位数1.58万家，发现整改火灾隐患6144处。

【侦破"6·23"特大全国性制售假麻醉药案】 6月21日，市公安局在北苑街道黄杨梅抓获一销售假麻醉药膏的团伙，现场查扣麻药膏等假药共计15种1152支，涉案金额150万元，此案被公安部列为督办案件。10月31日，在广东佛山开展收网行动，成功捣毁生产窝点，当场抓获犯罪嫌疑人6人，现场查扣假药生产线1条，扣押假药成品6万余支、100余万只包装盒和空管以及一大批专业制药设备、假药原材料，此窝点生产的假麻醉药膏销往全国各省市、东南亚等，案值3000余万元。

【物联网电动车智能防盗系统建设】 9月初，市公安局正式启动物联网电动车防盗系统建设，至年底，完成首期系统建设，完成基站建设1000余个。11月18日，物联网电动车智能防盗系统启动仪式在绣湖广场举行，物联网电动车智能防盗系统安装工作全面向社会铺开。至12月底，为全市16万余辆电动车上安装接收器，系统运行后，接报150余起起物联网登记电动车被盗案件，破获112起，查获率达75%。

【破获“20161118”嘉博朗毯业公司纵火案】 11月18日，义乌市佛堂镇朝阳东路106号嘉博朗毯业有限公司发生一起火灾，造成重大财产损失及人员伤亡（2人死亡）。火灾发生后金华、义乌市各级领导高度重视，公安刑侦、特警、网警、消防等部门协同作战，经过连续10天奋战，成功抓获犯罪嫌疑人楼某某。

（李玮钢）

消　防

【概况】 2016年，支队共配备各类执勤消防车辆23辆，其中通信指挥车1辆，灭火消防车10辆（水罐消防车6辆、泡沫消防车4辆），举高消防车4辆（55米、32米云梯车各1辆、25米高喷车1辆、32米高喷车1辆），抢险救援车2辆，战勤保障车2辆（供气消防车1辆、器材消防车1辆），执勤消防车灭火剂总装载量94吨，消防员个人防护装备3770件（套），特种防护装备360件（套）（防蜂服、防化服、避火服、隔热服等），抢险救援装备器材1080件（套）。

全市共发生火灾1493起，其中垃圾堆垛火灾170起；直接财产损失1814.44万元；死亡10人，受伤17人。全市消防部队出动车辆5454辆次，抢救财产价值2684.2万元，出动警力3.5万人次，抢救被困人员447人，疏散被困人员66人。

义乌支队监督执法检查单位5472家，办理行政处罚案362起，拘留190人，临时查封60处，办理审核项目85个，验收项目101个，备案项目297个，安全检查175起，火灾调查51起。

年内，义乌支队被省公安厅表彰为G20杭州峰会安保先进集体。

【14个镇（街道）设立公益一类事业单位消防工作站】 1月，义乌市政府、市编办对14个镇（街道）消防工作站的人员编制、机制、职责进行了明确。14个镇（街道）设立的消防工作站，为镇（街道）所属全额拨款公益一类事业单位，各站配备工作人员7名，其中专职人员3名，兼职人员4名，工作站站长由镇（街道）分管领导兼任，并增加一名镇（街道）中层副职干部为专职副站长。佛堂、稠城、福田3个镇（街道）为首批先行试点镇（街道），探索消防工作站和专职消防队“防消合一”模式的各类制度与长效工作机制。至11月28日，全市14个镇（街道）全面启动开展“防消合一”消防工作站新模式建设，消防工作站主要承担本辖区防火、灭火相关工作，履行消防安全管理、消防宣传、多种形式消防队伍建设、消防专项治理与检查等各项职能。至年底，全市各消防工作站共检查各类场所3482家，发现并消除各类隐患4250处，消防宣传89次，受益人群1.6万人。

【首届“最美消防人”评选活动】 5月21日至11月9日，义乌支队联合市委宣传部和文明办联合开展义乌市首届“最美消防人”主题活动。有44名最美消防人候选者进入投票环节，40余万网友对此关注、投票，共评选出1个集体和8个“最美消防人”及8个提名奖。李龙生、刘雷标、吴海鸣、楼国军、楼益胜、何炜、楼钟华、万马（也门）获“最美消防人”。

【五级五动·应急综合演练】 8月11日，义乌市“五级五动·13356”应急救援综合演练暨跨区域部门联动演练在国际生产资料市场举行。义乌市公安局长、常务副市长、公安局副局长，金华市消防支队以及义乌市消防支队等9位主要领导出席演练。义乌市重大火灾事故“五级五动·13356”应急救援预案为“企业单位级、镇（街道）级、义乌市消防支队级、义乌市政府级、金华市政府金华市消防支队级（五级）”和“企业当班班组、乡镇街道应急力量、义乌市消防支队救援力量、义乌市政府应急联动力量、金华市增援力量（五动）”分别在“1分钟、3分钟、3分钟、5分钟、6分钟”内快速联动响应、专业协同处置。

火灾演练现场成立应急救援总指挥部，指挥部下设灭火作战组、通信保障组、政工宣传组、安全保障组、后勤保障组和现场警戒组6个小组。各小组各司其职、密切协同，按照指挥部下达命令开展各项救援工作。各参战单位严格执行各项战斗指令，经过全体参战官兵的共同努力，从火场内救出被困人员，成功将“大火”扑灭，演练圆满完成。

（楼　颖）

检　察

【概况】　2016年，市人民检察院受理提请批准逮捕案件1814件2483人，批准逮捕1438件1906人；受理移送审查起诉案件3910件5102人，提起公诉2337件4253人，移送金华市院19件25人。自侦工作方面，办理职务犯罪案件23件23人，其中贪污贿赂案15件15人，渎职侵权案8件8人，其中现职正科级1人，副科级6人，为国家挽回经济损失100余万元。诉讼监督工作方面，立案监督13件15人，追捕4人，追诉9人，刑事抗诉10件，民事行政抗诉19件。围绕“五水共治”等转型升级“组合拳”，建立提前介入引导侦查、专项案件集中办理、执法司法无缝对接、主管单位协作治理4项机制，督促公安、环保等部门妥善处理相关案件27件53人。

【“诚信发展·检察伴你行”专项活动】　3月，出台《工业企业发展十条举措》，建立服务企业办案“三优先”制度和企业难题化解“一企一档”月度登记制；联合市工商联制定《服务非公经济发展协作办法》，建立联系紧密的联合调研、法律服务、信息交流等六大工作机制；召开非公经济预防犯罪年度会议、发放自行编印的法律风险防控手册《民营企业（家）最易触犯的十类罪名》，强化非公企业负责人及企业关键岗位人员的法律风险意识。4月，开展“诚信发展·检察伴你行”专项活动，严格按照“一月一核查一登记”要求，中层以上干警深入非公企业一线，以检察视角切实帮助困难企业解决实际问题。先后面对面帮扶非公企业解决困难问题130余次，在具体案件中落地宽严相济刑事政策150余件200余人，依法对涉企轻罪案件的49名犯罪嫌疑人做出不起诉决定。

【司法体制改革】　9月19日，市人民检察院正式启动司法体制改革工作，主要内容是完善检察人员分类管理制度，改革后，市人民检察院工作人员划分为检察官、检察辅助人员、司法行政人员3类，其中检察官实行员额制，员额比例为43%；健全检察机关司法办案责任制，完善检察机关办案组织，全面实行办案责任终身制；健全检察院工作人员职业保障，经本人申请，由市人民检察院提出意见，报省人民检察院核准后，符合条件的一线办案检察官可延迟退休；建立人员省级统一管理体制，员额检察官实行遴选程序，检察官遴选办公室和检察官惩戒办公室设在省人民检察院；构建省以下检察院财物省级统一管理体制，根据《浙江省司法体制改革方案》规定，对纳入省级财物统一管理的检察院作为省财政一级预算单位管理。

（李　菲）

法　院

【概况】　2016年，市人民法院受理各类案件4.16万件，办结3.89万件，收结案数均创历史新高，同比分别上升17.2%和12.2%，均居全省第一；法官人均结案372件，是全省平均数的1.9倍。审结各类刑事案件3451件，对4600名被告人作出有罪判决。审结民商事纠纷2.14万件，同比上升18.9%。依法保护妇女、儿童、老年人合法权益，1案例入选全国法院侵害未成年人权益被撤销监护人资格典型案例。审结行政诉讼案件249件，同比上升19.7%。审查环保、土管、行政执法等行政非诉案件634件，准执率95.9%。办结各类执行案件1.2万件。

【法官宪法宣誓仪式】　2月19日，举行法官宪法宣誓仪式。在院党组成员、政治处主任高扬的带领下，26名法官身着法袍，高举右手，向着国旗和宪法庄严宣誓，进一步激发法官依法行使审判权力的意识和责任。班子成员、全体干警及法官家属代表，媒体记者等300余人参加典礼。

【“知识产权司法保护浙江行”活

司法体制改革动员大会 （市司法局供图）

动】 4月24日，最高人民法院组织的“中央媒体知识产权司法保护浙江行”活动到义乌，此次活动汇集新华社、《光明日报》、人民网、《法制日报》、《科技日报》等10余家中央新闻媒体记者，到浙江省各知识产权司法保护工作成效突出地区进行集体采访报道。活动旨在宣传各地知识产权司法保护创新形式，加强司法公开，推动完善知识产权法律制度。新华社、人民网、《光明日报》、《法制日报》、《人民法院报》等8家中央媒体走进义乌市知识产权诉调对接中心，对知识产权司法保护工作进行集中报道。至年底，义乌知识产权诉调对接中心接受法院委托调解案件1218件，调解成功587件，调解不成功294件，不接受调解198件，调解终止案件139件，调解成功率为57.55%。接受当事人委托，自行受理案件163件，调解成功24件，调解不成功28件，不接受调解52件，调解终止案件5件，在调案件54件，调解成功率为21.62%。

【成立涉外纠纷诉调对接工作法官办公室】 10月20日，市人民法院涉外纠纷诉调对接工作法官办公室在市涉外纠纷人民调解委员会挂牌成立。市人民法院法官直接入驻市涉外纠纷人民调解委员会，为调解达成协议的当事人申请司法确认，并提供一站式、便利化的法律服务。

2015年11月，市涉外纠纷人民调解委员会与市人民法院建立了国内首个涉外民商事纠纷诉调衔接平台。2016年4月，通过这个平台，市人民法院法官帮助涉外纠纷人民调解委员会内20余名经营户现场办理司法确认申请手续，使他们的调解协议获得法律保障。这种以低成本、高效率、高保障的调解方式解决涉外纠纷，给当事人以更大的申请便利和法律保障，是涉外民商事诉调衔接机制的进一步深化，也是全国首创。除方便当事人申请司法确认，市涉外纠纷人民调解委员会与市人民法院还在市场法律咨询、法制宣传等方面为中外客商提供更专业的法律服务。

【开展“冬季执行行动”】 12月7日，开展“冬季执行行动”的专项集中行动。行动自19时一直持续至23时，共强制传唤被执行人15人，执毕案件10件，和解5件，执行到位标的24.92万元，一批老案得以清理。

（应全鑫）

司法行政

【概况】 2016年，全市1123个调解组织共排查调处纠纷1.05万件，其中成功调处1.01万件（疑难复杂案件623件），成功率96%，涉及金额1.74亿元。接待群众法律咨询7434人次。受理法律援助案件2001件，挽回经济损失约3125万余元。印制发放《法治护航G20峰会》宣传册9000册，在1000辆出租车、60辆公交车的LED屏上宣传法律护航G20相关内容，编印“五水共治”、“三改一拆”、“四边三化”、两路两侧、城市有机更新法律知识宣传册共3万册，定制普法围裙6000个，普法购物袋1.2万个，普法雨伞1200把。全年开展法治文艺进农村、进社区、进企业活动14场，推送普法手机报42期，通过义乌微司法和义乌普法发送信息60余期，向21万名义乌市民发送普法短信。全市在册社区服刑人员808人，连续十年未发生社区服刑人员严重刑事犯罪案件。全市53家律师事务所共收案1.86万件，收费1.72亿元。公证处共办理公证案件1.96万件，其中民事类公证

9131件，经济类公证287件，涉外公证3955件，现场监督类公证6211件，收费1370万元。联合市民政局、市外来农民工法律援助工作站、《金华日报》等单位筹建浙江省首个专门帮扶贫困服刑人员子女的公益创投项目，为8名困难服刑人员子女发放救助金2.4万元。

市司法局因“上合组织成员国丝绸之路法律服务国际论坛”的成功举办获司法部在全国司法行政系统内通报表扬，被中央宣传部、司法部、全国普法办公室评为“2011—2015年全国法治宣传教育先进单位”。市外来农民工法律援助工作站被司法部法律援助工作司、司法部法律援助中心和中国法律援助基金会评为“‘十二五’期间中央专项彩票公益金法律援助项目示范单位”。年内，义亭司法所被浙江省司法厅授予“五星级规范化司法所”称号，成为义乌市首家五星级规范化司法所。

【法律援助便民服务专项行动】 2月始，开展“温情手牵手，法援面对面”主题活动，依托慰问大陈敬老院、文化科技卫生三下乡活动、农村流动大舞台等多种形式进乡村活动8次，发放妇女、老人、农民工维权等密切联系农村实际的法律宣传册1000余册，解答法律咨询180余人次。4月，开展人才市场双爱活动，面向农民工实际需求，助力构建和谐劳动关系。10月，开展寻找缺失的诚信等多场进市场活动，在人群集聚处利用音响流动播放宣传，向市民介绍法律援助的申请条件、程序、范围等常识，提高法律援助知晓率。12月，开展“进医院”活动，到医院为困难患者进行法律援助相关事项的讲解和宣传，同时为医生和护士开展普法讲座。

【“人民调解工作规范年”活动】 4月始，分3个阶段开展为期半年的“人民调解工作规范年”活动。组织编印《人民调解工作指南》5000册，内容包含《人民调解法》、人民调解整套示范文书、人民调解应用程序等知识要点，有效解决基层人民调解员更换频繁、组织培训有限、专业技能不够等困境。在省内率先出台《关于设立行业性、专业性人民调解组织的指导意见》，对行业性专业性调委会的设立相关事宜进行明确。与义乌市电视台合作，在《同年哥讲新闻》栏目中新设“娘舅来了”调解专栏，取得良好反响。

【“一带一路”法律服务论文征集】 6月，为明确法律服务“一带一路”倡议实施的总体思路、服务领域、服务路径和方式方法等工作，提高法律服务的前瞻性和实效性，与省律协、全国律协等3家单位进行沟通，联合《中国律师》杂志在全国范围内开展华统杯“一带一路”法律服务论文征集活动。征文共收到律师、学者投稿50余篇。经过初审和专家评审，共评出一等奖2名，二等奖5名，三等奖8名，43篇优秀论文编印成《“一带一路”法律服务论文集》。

【发放“法律服务包”】 8月23日，为推进全市招商选资“一号工程”，做好法律服务工业企业“店小二”，市司法局为市工业园区18家企业集中发放“法律服务包”。“法律服务包”含1批企业宣传资料、1堂法律讲座、1场现场法律咨询活动、1次企业法律体检、1份法律服务合作协议等内容，为企业量身定制法律“套餐”。

【网上公共法律服务中心建设】 10月，标准建设义乌市公共法律服务网，提供“我想咨询”“我想查找”“我想办理”“我想学法”“我想参与”五大板块功能，同时在网站和“义乌微司法”微信公众号内建设在线值守移动视频咨询系统，包括人工值守和智能值守两种模式，智能值守需维护常见业务问题库、知识库，人工值守支持视频咨询、文字咨询模式。系统支持PC端+手机等移动设备终端混合视频模式，通过每天安排值班律师在线互动交流，实现群众实时通过电脑、手机申请免费法律服务咨询功能，做到远距离即时解答。全年共接待网上咨询3024人次。

【“七五”普法】 10月，提交市委、市政府下发《市普法依法治市领导小组关于在全市公民中开展法治宣传教育的第七个五年规划》。召开“七五”法治宣传教育工作部署会，总结表彰“六五”普法工作，研究部署“七五”

普法任务。12 月,组建普法志愿者队伍,下设 1 个直属中队、1 个协会中队、1 个外国人中队和 14 个镇(街道)中队,由普法办领导和管理,主要负责全市普法志愿服务活动的规划、协调、指导和管理工作。同月,组建由 27 名来自工商学院、职能部门和律师行业专家学者组成的“七五”普法讲师团及 82 位来自镇(街道)和机关部门的普法联络员组成的“七五”普法联络员队伍。确定每年 12 月的第一周为义乌市普法志愿服务周。

【上合组织成员国丝绸之路法律服务国际论坛】 11 月 23 日,由司法部主办、义乌市人民政府承办的上合组织成员国丝绸之路法律服务国际论坛在义乌市开幕,上合组织成员国和观察员国、对话伙伴国共 13 个国家的司法部副部长,上合组织秘书处代表,香港、澳门特别行政区法律界、法学界代表,外交部、国家发改委等有关部委代表以及华东政法大学、上海政法学院等高校代表,各省(区、市)司法厅(局)、律师协会负责人及律师代表,司法部有关司局、直属单位负责人 260 人出席论坛。论坛以“推动‘一带一路’法律服务,促进区域经济繁荣发展”为主题,与会代表围绕“上合组织成员国框架下‘一带一路’愿景与行动”“法律服务面临的机遇与挑战”“双边与多边合作机制”,以及“国际经贸争议解决机制”等议题进行讨论。为期 2 天的论坛增强了上合组织成员国间法律服务领域的交流与合作,为义乌市融入“一带一路”国家战略带来新机遇和新思考。

(吴小凡　王　宁　朱晓眉)

【2 家律师事务所签署合作协议】 11 月 24 日,上合组织成员国丝绸之路法律服务国际论坛上,浙江红太阳律师事务所与西班牙嘉理盖思律师事务所签署合作协议。红太阳律师事务所成立于 1993 年 8 月,是一家以中青年律师为骨干力量的律师执业机构,下设刑事法务部,民事、行政法务部,公司法务部,涉外商务部,金融、建筑、房地产法务部 5 个专业部门。嘉理盖思律师事务所成立于 1941 年,为全球市场的主要经济领域提供商法咨询服务。此律师事务所于 2005 年在上海设立首个中国代表处,2015 年在北京设立第二个代表处,如今是遍及中国、拉美和欧洲大陆的全球性律师事务所。

(除署名外均由吴小凡撰稿)

人民武装

武　警

【概况】 2016 年,武警义乌中队全年押解犯人 2300 余人次,连续 23 年安全无事故。全年落实党日活动52 个,上党课 18 课,召开民主生活会 4 次,选拔各类集训人员 35 人,开展各类教育 130 余次,2 人立三等功。武警一中队担负义乌市反恐维稳、城市武装巡逻和抢险救灾,以及义乌驻地的两警武装联勤巡逻勤务和特勤排 A 队反恐处突任务。全年解决群众纠纷、冲突 40 余次。年内,市人武部党委被省军区表彰为“先进团党委”;市人武部被省军区表彰为“先进团单位”。武警义乌中队第四年获评“先进基层中队”,被武警总队评为“标兵中队”。

【G20 峰会安保】 9 月 4—5 日 G20 峰会期间,武警义乌中队有 22 名官兵担负义乌卡点警戒设卡勤务。共检查车辆 2.5 万台次、人员 7.37 万人次,收缴违禁物品 15 件,抓捕公安部在逃人员 3 人、法院监控人员 20 人,查获吸毒人员 23 人,其他违法嫌疑人 45 人;查获管制刀具 15 件,拦截重点人员 24 名(涉疆涉恐人员);其他人员(信访人员)35 人,劝返可疑人员 552 人。武警一中队有 80 名官兵分别担负杭州方向的要人住地警卫和特勤排 B 队反恐处突任务,以及义乌驻地的两警武装联勤巡逻勤务和特勤排 A 队反恐处突任务。其中义乌驻地两警武装联勤巡逻勤务,每天动用巡逻车辆 18 台、摩托车 32 辆,抽调武警 38 名、特警 32 名、特勤队员 56 名和特勤机动防暴队员 30 名,组成 8 个昼夜不间断的常态联勤巡逻小组以及 16 个街面摩托机动防爆小组,对义乌市进行全覆盖、全方位、不间断的定点警戒、街面步巡以及机动车巡。特勤排A 队 16 名特战队员在营区担负机动备勤任务,以车带库、人装结合,随时待命。峰会期间，一中队出警67次，协助公安特警处置治安事件25起，缴获各类管制刀具9把，抓获犯罪嫌疑人7人。

（苏胜彬　刘　青）

【平阳救援】 9月29日,受台风“鲇鱼”影响,浙江省温州市平阳县普降大雨,受灾严重。凌晨2时35分，武警一中队组织官兵50人前往温州平阳参与救援。经过24小时的连续奋战，成功转移涉险群众98人，运送发放救灾物资2000余件。

（刘　青）

国防教育

【概况】 2016年,加强全民大国防教育,在全市公办中小学校和村文化礼堂落实“军人荣誉墙”建设,严密组织纪念红军长征胜利80周年系列活动，对502名现役干部家庭进行走访慰问。

7月,市政府被省政府、省军区表彰为全省“征兵工作先进单位”,市人武部党委被省军区表彰为“先进团党委”；年底，市人武部被省军区表彰为“先进团单位”。

【国防教育图片展】 9月中旬至年底,义乌市国教办会同该市党史研究室联合组织的“弘扬长城精神　决胜全面小康”暨纪念长城胜利80周年国防教育图片巡展系列活动。图片分“主力红军踏上征程”“南方三年游击战争”“义乌名人与长城”3个方面内容共25块。图片展在义乌115所公办中小学校、市镇两级党政机关和部分大中型企业、村居进行。

（吴雄辉）

人民防空

【概况】 2016年,市人防窗口完成总办件116件,人防易地建设项目93件，全市人防工程竣工验收22个。新安装人防警报器4台,在“5·12”“9·18”组织全市警报试鸣。开展民防知识进社区活动,印发人防法规政策和宣传资料3000余册。开展人防宣传教育“五进”活动,为全市13所初级中学发放人防知识教材7000册,运用社会媒体和网络开展防空防灾知识和人防法规政策宣传。建成重点镇——苏溪镇的指挥平台,使镇(街道)、义乌市人防、金华市人防及省办4级实现互联互通。

【学校疏散演练】 4月25日,市人防办与市人武部、市教育局、市交警大队在义乌市稠江中学开展学生应急避灾移动疏散演练,参演学生人数300余人。演练与交警部门配合,学生们分别乘坐6辆50座的大巴车，由警车护送从学校疏散到赤岸镇人防疏散基地内。11月30日,邀请省内有关专家以讲课、培训等形式学习宣传人防知识法律法规，受训300余人次。

【“浙江金盾-1608”演习任务】 9月,3人观摩参加金华市人防办组织的“金盾-201608”演习。参加由金华市人防办组织的演习集训、培训,进行演习文本准备。加强指挥场所运行调试,进行指挥通信系统技术保障准备。完成400余人参加的演习VCR录制,完成演习任务。

（傅文俐）

民　兵

【概况】 2016年,组织新任民兵连(排)长和市属民兵应急连全员额军事训练、民兵骨干跨区联训、东海舰队现役预编士兵返岗训练、行业企业武装部规范化建设培训、全市专武干部集中强化训练考核、民兵兼职教练员培训、网评员队伍集训考核等军事训练活动。利用节日战备时机组织对应急连、防卫和战场管制分队、重要目标警戒分队应急拉动,组织机场跑道抢修分队配合海军东海舰队完成2016-A演习任务。配合市委做好处突维稳工作，春节、“两会”“7·5”、G20峰会、义乌马拉松比赛期间先后出动民兵2.3万人次,协助公安武警开展联治联巡联保工作。组织民兵1100人次参与全市文明创建、五水共治、植树造林、防台抗台等活动。

创新民兵预备役教育模式，底线思维牢固树立。组织“百人网军”通过省军区“智慧网军”管理系统、“之江民兵”APP和微信群，参与网上舆情引导和处置，加强军地隐蔽斗争协作。全年在中央电视台七套、《解放军报》、《国防报》等省级以上媒体刊载新闻报道30余篇，年底被省军区表彰为"新闻报道先进单位"。年内，市属民兵应急连机动排被省政府记集体一等功。

【"四队"兼备应急力量建设观摩会】 6月初，完成全省"四队"兼备应急力量建设观摩会的各项训练和保障任务，为全省规范抓好应急连建设提供可看、可学、可复制的模板。形成队伍编组向"基本+" 转型升级、战备建设向"三化"转型升级、军事训练向"实战化"转型升级、管理教育向"智慧化"转型升级、作用发挥向"多能化" 转型升级5个方面的成果。

【苏村山体滑坡救援】 9月28日17时28分，丽水市遂昌县北界镇苏村突发大面积山体滑坡。市人武部第一时间响应，紧急动员民兵应急排45人，挖机4台，生命探测仪2台，无人机2架，各类通信指挥车6辆，火速奔赴灾区参加救援，于23时30分到达灾区后，昼夜不停开展"地毯式"搜救，先后探寻到可能生命迹象点位6处。持续奋战28天后返回。9月30日，夏宝龙书记到遂昌苏村慰问全体救援人员时说"义乌救援队，你们是功臣，好！"。10月4日，再赴苏村指挥救援工作的车俊省长赞扬："你们好钢用在刀刃上。"

（吴雄辉）

预备役·兵役

【概况】 2016年，道桥一营完成兵员整组、新入队训练、应急排训练、班长骨干训练等任务，全年累计参加训练人员75人。开展强军目标主题教育，组织开展"改革强军" 主题教育、"进退走留听党的，担当责任看我的"专题教育活动，切实用全会精神统一官兵思想行为。开展"两学一做"学习教育活动，结合改革强军主题教育同步展开，找准3种类型党员需要重点解决的突出问题，以及官兵对预备役部队调整改革的思想反映。开展1人1事思想工作，围绕党员干部从军入伍"七种初心"开展思想交锋，保证工作精力的投入投向，把官兵思想引导到职责岗位上来。8月下旬，道桥一营在民兵训练基地组织为期7天共30名班长骨干集训，通过训考，增强班长骨干人员素质，储备一批过硬的训练骨干。为扩大预备役部队在地方建设中的影响，道桥一营共出动预任官兵200余人次参与水库巡查、美丽乡村改造和帮助地方学校、企事业单位开展军事训练和国防教育活动。

【兵员整组】 1月，全营因年龄、工作岗位和其他原因调整出队预备役士兵33人，新编入队士兵33人（均为退伍军人）；调整出队预任军官8人，入队8人，调整过程中严格按照"七个比例"标准（退伍军人率、专业对口率、党团员率、高中以上文化率、经训率、在位率、28周岁以下率），注重提升退伍军人率、在位率和专业对口率，比例达标。5月，团组织整组工作检查，参加点验人数230人，到点率达到95%，点到率为100%。

【征兵】 7月底至9月，市人武部严格贯彻落实征兵工作法律法规及上级有关征兵工作的各项指示要求，坚持依法征兵，廉洁征兵，按时完成年度新兵征集任务。

（吴雄辉）

【后备力量建设】 结合担负G20杭州峰会安保任务，9月1—9日，道桥一营组织应急力量共30人在团教导队进行战备值勤。9月28日至10月25日，道桥一营10人跨区驰援遂昌苏村参加山体滑坡抢险救灾行动，3小时内到达现场并展开救援，先后完成人员搜救、场地平整、道桥抢修、古樟树抢救等任务。

（除署名外均由叶国强撰稿）

城乡建设

综　述

2016年，全市建成区面积103平方千米，建成区绿地面积3693.21公顷，绿地率35.86%；建成区绿化覆盖面积4210.26公顷，绿化覆盖率40.88%，人均公园绿地面积13平方米。全年新增道路长度45.55千米，面积94.2万平方米；新增桥梁5座；新增雨水管道50.07千米、污水管道81.6千米。

启动以老城区征收改造为核心的5.78平方千米城市有机更新工作，推进仓后、向阳上片和湖大塘三大区块的征收工作，共计征收范围占地37.8万平方米，被征收房屋1954户建筑面积32万平方米。完成“十大民生实事”工程15项，新建丹溪路、城北路、新马路等桥下停车场7个，新增车位611个，完成车站路、机场路、诚信大道等上下连接道路8条。

全面开展沿街立面改造、店招改造、屋面平改坡等工作，以绣湖区块为核心、义乌大道为主线，改造城中路、工人西路等共计10条路13个路段，初步形成“一线一面”的精品街路段围合格局。民主路、工人西路、城中北路、丹溪路、春江路完成改造。出台人才住房保障政策，经申报、审核，579名人才符合条件，其中193人进行购房并享受人才补贴，落实安置款6641.51万元，人才购房面积共2.35万平方米，购房总额3.18亿元。市城管委承担城市道路清扫保洁总面积1663.61万平方米，转运站55座，城区公厕133座。全年清运处理生活垃圾87.05万吨，日均垃圾清运处置量2378吨；清运处理粪便1.29万吨，日均处理粪便35.46吨，实现日产日清。11月，稠州中路100号公厕被中国城市环境卫生协会评为“全国最美公厕文化奖”。

规划管理

【概况】 2016年，市规划局以省政府首批城市设计试点城市为契机，开展城市设计百日大会战工作，邀请大师名家、大院名所，集中编制城市设计项目65个，参编的设计单位40余家。牵头制订“美丽义乌攻坚作战图”，从城市更新、精品街改造、入城口、社区提升等12个方面统筹落实各项工作任务，会同相关部门全面推进美丽义乌建设工作。编制老城区5.78平方千米城市有机更新规划、主城区39个社区改造提升规划、中心城区300余块闲置用地利用规划等实施类规划。对菜市场、养老中心、学校、幼儿园、停车场、回迁安置房等重大民生项目，主动服务，及时办理。在做好招商引资项目的规划服务基础上，创新性地开展全市山坡地、山谷地利用规划，系统梳理出一批环境条件好、宜开发利用的地块，为重大项目的招商引资提供空间保障。全程跟踪服务杭温高铁、甬金铁路、金义东轨道等重大基础设施工程的前期规划论证，按照有利义乌长远发展的要求，与上级有关部门汇报对接，优化三大铁路工程的线站位。牵头申报第六批中国传统村落，义亭缸窑、赤岸朱店、赤岸尚阳3个村成功入选中国传统村落名单。

【义乌市域总体规划（2013—2030）】 进一步发挥义乌的优势和特色，优化市域的产业和功能布局，推动城市转型升级和实现城市的可持续发展，按照预定工作计划，义乌市于2013年年底启动新一轮市域总体规划的修编工作。此轮总规修编规划期限为2013—2030年，由中国城市规划设计研究院和义乌市城市规划设计研究院共同承担具体编制工作。2014年7月23日，《规划纲要》通过省建设厅组织的专家、省市部门联合评审。2015年4月8日，《规划》成果通过义乌市政府组织的专家论证，并于同年4月进行为期1个月的公示，7月6日通过义乌市人大常委会审议。2016年，编制单位根据省建设厅及金华市政府的要求与《金华—义乌都市区规划纲要》《浙中城市群规划》、金华市“同心圆”战略等上位规划和精神文件加强衔接，并按照“多规融合”的要求与土地总体规划等相关规划做进一步对接，对区域协调、城市性质与职能、城市发展规模和总规强制性内容进行进一步修改。《规划》对义乌城市的战略定位准确、空间布局合理、功能配套完善、生态保护有力，具有很强的前瞻性和现实指导性，对指导全市下一步后续规划具有重要的意义。

【总体城市设计】 为贯彻落实中央城市工作会议精神，深入推动全国城市设计试点工作的开展，2015年11月，市规划局委托中国城市规划设计研究院启动总体城市设计的编制工作。2016年3月16日召开专家咨询会，同年8月22日完成成果编制。此次规划探索行动导向的总体城市设计技术思路，从整体平面和立体空间上统筹城市建筑布局、协调城市景观风貌，指导全市城市设计工作顺利开展，探索建立符合义乌实际的城市设计管理机制。

【综合交通规划（2016—2030）】 为实现协调市域交通格局、统领城乡交通发展、指导下层次交通专项规划编制等目标，1月，市规划局委托上海市城市规划设计研究院、义乌市城市规划设计研究院、上海市政工程设计研究总院（集团）有限公司联合开展《义乌市综合交通规划（2016—2030年）》编制工作。3月起，编制单位会同市规划局、市统计局、街道办和乡镇等单位，完成第1次全市性综合交通大调查。10月，组织相关单位和专家对编制成果进行审查工作。12月，完成编制成果。《规划》是义乌市城市综合交通发展、建设的纲领性文件，在市域、中心城2个层面落实新时期义乌市交通发展的格局，是对《义乌市总体规划（2013—2030年）》中综合交通规划的深化，并涉及“十三五”期间全市对外交通、道路系统、公共交通、客货运枢纽布局、停车设施等设施布局的引导，用于指导全市新形势下的综合交通设施布局、落实总体规划确定的城市布局。

【充电桩（站）布点规划（2016—2030）】 为贯彻落实全省新能源汽车产业发展和推广应用工作会议及省领导指示精神，加快义乌市电动汽车充电基础设施建设发展，落实“桩站先行”的原则，5月，市规划局委托义乌市城市规划设计研究院编制《义乌市充电桩（站）布点规划（2016—2030）》，于11月底完成编制成果。《规划》分析义乌市新能源汽车和充电设施发展的现状，对未来新能源汽车发展规模和充电设施规划按照新能源车的用途进行分类测算，分别测算私家车、公交车、公务车、专用车等各类新能源车的充电设施数量，并在全市范围内进行布局，对每个场址进行适用性评价，用于指导“十三五”期间全市的充电设施布局和建设。

（虞航峰　刘兆欣）

建设投资

城市建设投资

【概况】 2016年，义乌市城市投资建设集团有限公司（简称“城投集团”）承担市重点及一般性工程186项，其中重点工程共45项（续建16项，新建17项，前期12项），一般性项目共141项（续建28项，新建84项，前期29项）。全年计划完成有效投资30.8亿元，实际完成40.6亿元，提前3个月超额完成目标任务，超年度任务32%。城投集团所属资产共 65 个区块，合计标的 216 处，全年租金 3200 万元。年内，在市委、市政府年终综合考评中，城投集团获“综合考绩优秀单位”“投资贡献奖”“民生实事奖”。

【森林通道工程】 五洲大道森林通道项目实施面积 45.5 万平方米，实施长度 9100 米，两侧宽度各为 25 米，概算投资 1.13 亿元。五洲大道为郊野型绿道工程，主要包括绿廊系统、慢行系统、驿站系统、交通衔接系统、服务设施系统、标志系统建设。项目 2013 年 12 月 1 日开工建设，2016 年 2 月 29 日建设完成。项目施工单位一标段为东阳市中驰生态建设股份有限公司，二标段为杭州绿馨园林有限公司义乌分公司，三标段为浙江新天地市政环境绿化有限公司，四标段为绍兴市四季青景观建设有限公司，五标段为杭州恒鼎园林建设集团有限公司。设计单位为杭州园林设计院股份有限公司，监理单位为浙江金瑞工程咨询有限公司。

四海大道森林通道项目投资概算 1.41 亿元，实施面积 45.5 万平方米，实施长度 1.2 万米，两侧宽度各为 29 米。四海大道为郊野型绿道工程，主要包括绿廊系统、慢行系统、驿站系统、交通衔接系统、服务设施系统、标志系统建设等。项目 2014 年 2 月 1 日开工建设，2016 年 2 月 29 日建设完成。项目施工单位一标段为浙江中茂园林绿化有限公司，二标段为广厦东阳古建园林绿化有限公司，三标段为浙江荣耀园林建设有限公司，四标段为万源生态集团有限公司，五标段为杭州市园林绿化股份有限公司。设计单位为义乌市城市规划设计研究院，监理单位为浙江双圆监理咨询有限公司。

阳光大道森林通道项目南起商城大道、北至苏溪镇齐山楼村，途经稠城街道、苏溪镇。概算投资 1.13 亿元，绿化面积 40 万平方米，工程以常绿乔木和落叶乔木等基调树种为两侧道路的背景，保留部分已建绿化地块，并在林带中设置一条 4 米宽的绿道用于骑行。工程以乡土树种为骨架，适地适树，选择叶面毛糙、厚度大、树冠密实的树种为主，并采用复式的群落结构，以乔木为主，地被、灌木为辅。项目 2014 年 3 月 20 日开工建设，2016 年 6 月 30 日完成建设。项目施工单位 A 标段为湖州天明园艺工程有限公司，B 标段为东阳市中驰生态建设股份有限公司，C 标段为浙江新天地市政环境绿化有限公司，D 标段为杭州恒鼎园林建设集团有限公司，E 标段为绍兴四季青景观建设有限公司。设计单位为义乌市城市规划设计研究院，监理单位为浙江蟠龙工程管理有限公司。

佛堂大道森林通道项目位于佛堂镇佛堂大道两侧，南起吴溪，北至南江，全长 6500 米，按道路两边 50 米红线进行控制，估算总投资 1.66 亿元。整体与沿途村庄、园区有机结合，绿化景观总用地面积 35 万平方米。主要建设绿化景观、绿道停车场、进出村道及附属工程等。项目 2015 年 5 月 15 日开工建设，2016 年 12 月完工。项目施工单位一标段为杭州市金溢市政园林工程有限公司，二标段为绍兴市第一园林工程有限公司，三标段为义乌市禾泰园林绿化工程有限公司。监理单位为义乌市建安建设工程监理有限公司。

【义乌市人力资源市场迁建】

义乌市人力资源市场迁建项目是义乌市年度重点建设项目，位于经济开发区西城路以南、新科路以西。人力资源市场设招聘大厅、人才招聘服务、人力资源中介服务、就业培训、市场管理、生活配套、地下停车等功能区块。区块项目规划总用地 1.13 万平方米，建筑占地面积 5204.45 平方米，总建筑面积 3.28 万平方米，其中地上建筑面积 2.05 万平方米，地下面积 1.22 万平方米；建筑层数为主楼 12 层，次楼 5 层，地下 2 层，建筑高度为 47.55 米。项目概算总投资 1.16 亿元。浙江明珠建设工程有限公司为施工单位，浙江省建工建筑设计院有限公司为设计单位，浙江双园工程监理咨询有限公司为监理单位。2014 年 5 月 16 日工程正式开工建设；2015 年 2 月 2 日，工程通过中间结构验收；2016 年 2 月 5 日工程整体竣工验收，同年 5 月工程实体钥匙移交，6 月 17 日义乌市城市投资建设集团有限公司、义乌市人力资源和社会保障局、义乌市资产管理中心三方对义乌市人力资源市场迁建工程移交，完成交付使用。

【义乌市中心血站、卫生进修学校、急救中心项目】 义乌市中心血站、卫生进修学校、急救中心项目是义乌市年度重点建设项目，位于义乌市西城路与绣湖西路交叉口。规划总用地1.37万平方米，建筑面积1.58万平方米，地上7层局部8层，地下1层，其中地上建筑面积1.16万平方米，地下建筑面积4118.68平方米，投资概算6056万元。义乌市广润建设工程有限公司为施工单位，浙江中道建筑设计有限公司为设计单位，义乌市正信建设工程监理有限公司为监理单位。2014年7月31日，项目开工。2016年10月28日，工程竣工并交付使用。

【广告经营管理】 1月5日，城投集团下属义乌市城建资源经营有限责任公司对导流岛遮阳棚和环城南路、西江路等路段户外广告设施（场地）进行公开出让。6月14日，对篁园路、解百地下通道、行政二号楼楼顶等户外广告设施（场地）进行公开出让。同月20日，4座公园小木屋试点（市民广场1座、孝子祠公园1座、国际雕塑公园2座）建设项目开工建设，于7月16日建设完成。8月1日，对市民广场1座、孝子祠公园1座、国际雕塑公园2座公园小木屋使用权进行公开出让。10月1日，与金华市金报传媒有限公司签订《义乌站广告发布合同》，要求义乌站高铁通道广告设施用于发布公益广告，合同期限为2016年10月1日至2018年9月30日。全年发布“创建全国文明城市”“社会主义核心价值观”等公益广告累计2600面，各类公益广告宣传画面发布及费用合计200万元。

【公共自行车经营管理】 1月中旬，佛堂镇38个新增站点完成站点建设并开通运营，投资500万元。至年底，义乌全市共有公共自行车站点414个，公共自行车9100辆。全年借车472.48万人次，日均借车1.29万人次，单日最高1.9万人次。

【鸡鸣山景观建筑工程】 项目位于义乌市鸡鸣山西峰，北靠江东中路，西邻义东路，南面为鸡鸣山公园，概算投资3299万元，总建筑面积2220平方米，主要建设内容包括鸡鸣阁主楼及配楼、观景平台、廊桥、观景亭、树池、坐凳等景观小品。项目2016年4月18日开工建设，预计2018年4月建设完成。绍兴市园林建设有限公司为项目施工单位，东南大学设计院为设计单位，浙江省古典建筑工程监理有限公司为监理单位。

【快速公交（BRT）一号线】 项目起点设于龙回枢纽，终点设于国际商贸城客运中心。途经正觉路、新科路、西城路、稠州路、诚信大道，共有站台15对，道路全长12千米，概算投资3.28亿元，其中由市城投集团实施道路及市政设施。改造范围为途经道路的车行道、人行道、侧平石、雨污水、给水、通信管线等。南方联、民主路、国际商贸城一区15号门增设3座人行天桥，在稠州北路现有的两座人行天桥处增设上下楼梯。5月31日工程开工建设，12月底完工。项目施工单位一标段为成龙建设集团有限公司，二标段为杭州之江市政建设有限公司，三标段为卓越市政园林建设集团有限公司。设计单位为浙江义乌城市规划设计院有限公司，监理单位为浙江华正建设项目管理有限公司。

【项目土地使用权办理】 6月8日，城投集团以1.51亿元竞得市中心06-01地块的国有建设用地使用权，宗地面积5.57万平方米，用于建设商业与贸易博物馆及美术馆工程。7月13日，地块不动产权证书办理完成。9月22日，城投集团以1.8亿元竞得稠州北路东侧地块的国有建设用地使用权，宗地面积1.44万平方米用于建设金福源南地块立体停车楼工程。11月24日，地块不动产权证书办理完成。

【中国商业与贸易博物馆及义乌市美术馆项目】 中国商业与贸易博物馆及义乌市美术馆项目是义乌市年度重点建设项目，位于商博路西侧、清波路北侧区块。项目规划总用地5.57万平方米，建筑占地面积1.58万平方米，总建筑面积6.23万平方米，其中地上部分4.42万平方米，地下部分1.81万平方米，概算总投资6.31亿元。两馆通过下沉通道连接，总体设计为统一的整体，并保持运营的可分可合。此项目绿化面积1.93万平方米，绿化率34.58%，有机动车停车位300个。成龙建设集团有限公司为项目施工单位，同济大学建筑设计研究院(集团)有限公司为设计单位，温州宏业建设监理有限公司为监理单位。7月20日，中国商业与贸易博物馆及义乌市美术馆项目基坑围护工程竣工验收。9月7日，工程主体工程开工建设，预计2019年建成开放。

【义乌江串珠工程】 项目范围为义乌市城区内义乌江两岸绿地，南临钓鱼矶公园，北至城北路，长度13.8千米，面积8.22万平方米，估算投资5161万元。建设内容主要包括苗木栽植养护、围堰、铺装、侧石、木栈道、园路、挡墙、公共厕所、照明等。工程7月开工，12月完工。项目施工单位一标段为宁波弘程园林建设有限公司，二标段为浙江新四季园林建设工程有限公司。设计单位为上海园林工程设计有限公司，监理单位为浙江望泰工程咨询有限公司。

【梅湖体育健身中心配套工程】 项目位于义乌市梅湖体育中心内，东临江东东路，南至宾王路，西临江滨北路，北邻宗泽东路。改造总用地面积1.97万平方米。项目建设管理用房建筑面积178.67平方米；建设篮球场6个、网球场6个，并在运动场地四周设镂空围网，概算投资642万元。项目同时实施机动车位、绿化等配套工程。8月6日，工程开工建设，10月16日建设完成。义乌聚佳建设有限公司为项目施工单位，浙江公和建筑工程设计有限公司为设计单位，天宇建设监理有限公司为监理单位。

【先进制造业高技能人才公共实训基地工程】 义乌市先进制造业高技能人才公共实训基地工程项目是义乌市年度重点建设项目，位于浙江省机电技师学院内。集职业技能培训、实训、鉴定和技术攻关为一体，以培养先进装备制造产业、时尚产业、信息经济产业高技能人才为主体的公共实训基地。项目占地面积3345.46平方米，主楼11层，建筑面积2.46万平方米。基地建成后，每年可提供数控车、数控铣、模具、针织机修、电子技术等20余个职业（工种)1万人次的高技能人才实训，为义乌培养和输送与义乌市产业发展相适应的实用型高技能人才。义乌市大洋建筑工程有限公司为项目施工单位，浙江省机电设计研究院有限公司为设计单位，义乌市天宇监理工程有限公司为监理单位。2016年11月8日开工建设，计划2018年4月完工。

【公共停车场和道路泊车管理】 11月11日，城投集团下属义乌市城建资源经营有限责任公司与第三方软件公司合作开发的智能停车管理系统—“停车有道”APP在苹果系统和安卓系统同时上线。系统可以实现在线支付停车费，实时查找空余车位，导航绑定车主手机号、车牌号的车辆前往停车场功能。全年新增三挺路、剧院、国贸—丹溪路、国贸—绣湖西路、现代花园、丹溪(铁西路)、中医院、国贸—新科路、国贸—城北路、城中西路桥下、天宝路、新马路12个停车场，新增车位1900余个，其中国贸—新科路、国贸—城北路、城中西路桥下、天宝路及新马路5个停车场未开始正式收费。同月23日，新马路(通惠社区办公楼至新华书店路段）共计36个泊位设置道路停车开始收费。此区域采用新咪表进行收费，并首次实现咪表微信支付功能。全年新增三期道路停车泊位721个，道路收费泊位1493个，其中人行道停车354个泊位采用POS机收费模式并支持市民卡、泊车卡、公共自行车卡及微信支付，咪表收费刷卡率95%，缴费率99%，POS机缴费率85%。至年底，城投集团共接管26个停车场5444个车位。停车场收入1220万元，日均流量1.7万辆。全年道路停车总收入1027万元。

【树人中学迁建工程】 11月29日，义乌市树人中学迁建工程举行开工仪式。此项目是义乌市年度重点建设项目，位于稠义西路东南侧，总用地面积5.67万平方米。项目建成后新增班级30个，可容纳1350名学生。一期新建3幢教学楼，教学中心、男女生宿舍、体艺楼、食堂、门卫及配电房，概算总投资1.02亿元；二期新建教师工作间、图书实验室、多功能报告厅，概算总投资4800万元，一期工程计划于2018年建成，二期计划于2018年开工，2020年投入使用。义乌市大洋建筑工程有限公司为项目施工单位，浙江宸泰建筑设计研究院有限公司为设计单位，浙江鑫龙工程项目管理有限公司为监理单位。

【发行金华首笔专项债券】 12月27日，国家发展和改革委员会正式同意义乌市城市投资建设集团有限公司发行不超过16.2亿元专项债券，所筹资金6.9亿元用于义乌市立体停车场项目，6.7亿元用于义乌市03省道（宗泽路—环城北路）管廊工程项目，2.6亿元用于补充营运资金。此笔专项债券期限7年，采用固定利率形式，单利按年计息，是金华地区范围内首笔停车楼和综合管廊专项债，也是义乌额度最高的1笔企业债。此期债券通过中央国债登记结算有限公司簿记建档发行系统，按照公开、公平、公正原则，以市场化方式确定发行利率。

【项目招商】 2016年，福田银座项目签约入驻企业5家，完成招商销售单元6个，销售面积9000平方米。按引进企业地域区分，境外1家（菲律宾），省外1家（北京），市内3家。按在义乌设立企业的行业划分，从事进出口贸易企业3家，投资公司1家，电商1家。全年总收取预收房款2.1亿元（含2015年招入企业二期房款）。至年底，福田银座AB座二幢可售楼层共64层，完成招商52层，总销售面积7.6万平方米，总房款6.4亿元，收取预售房款4.56亿元。

2016年义乌金融商务区福田银座项目招商情况表

表18

时　间	单　　位	备　　注
6月	义乌美泰投资管理有限公司	签订商品房买卖合同
	浙江福鼎国际货运代理有限公司	
	浙江浪仕威电子商务有限公司	
	义乌市丰意进出口有限公司	
10月	浙江兆康进出口有限公司	签订入驻协议

（陈俊伍）

新社区建设投资

【概况】 2016年，义乌市城乡新社区投资建设集团有限公司（简称“社投集团”）实际完成有效投资30.6亿元，完成率117.69%。其中14个集聚建设项目完成有效投资28.5亿元，完成率120.78%；6个集中建设（代建）项目完成有效投资2.1亿元，完成率210%。累计筹集建设资金44.28亿元，完成年度计划的170.31%。取得国家发改委批准发行廿三里·金麟花园项目收益债12亿元，成功发行首期7亿元；取得中国农业发展银行义乌市支行义东北整体城镇化项目开发贷款授信50亿元，放款23亿元；取得国家开发银行北苑·和聚园项目棚户区改造项目贷款授信7.24亿元，放款4亿元；低成本引入信托资金，以基准利率取得新时代信托股份有限公司二年期信托资金5亿元；筹集专项资金，取得浙江稠州商业银行城市有机更新湖大塘区块征收补偿资金贷款11亿元。联系各镇（街道）收取集聚项目保证金及安置项目房款4.56亿元。

在建有7个高层住宅和7个产业用房项目，总建筑面积306.96万平方米，总投资106亿元。续建的7个高层住宅项目中，7月，佛堂·蟠龙花园、稠江·香溪印象交付；11月，上溪·上和家园竣工验收，具备交付条件；12月，城西·香溪裕园竣工验收；廿三里·金麟花园、苏溪·安福家园和北苑·和聚园项目预计2017年6月前竣工。续建的6个产业用房中，上溪产业用房竣工验收；佛堂盘塘A地块完工；稠江前仓项目厂房竣工；福田下余地块主体结顶；佛堂盘塘D地块和廿三里钱塘山背地块主体完成中间验收；城西产业用房准备进场施工。代建政府性投资项目有市老年大学、江东卫生院、城西异地奔小康等11个项目（含5个产业用房），总建筑面积131.6万平方米，总投资24.25亿元。其中浙江大学医学院附属第四医院、江东卫生院和城西异地奔小康3个项目通过竣工验收并交付使用，市老年大学完成竣工初验。

通过公开招投标引进绿城物业服务集团有限公司对集聚区住宅项目进行管理，并按物业管理考核办法进行管控；严格筛选交付策划公司，按照各项目实际情况制定交付工作计划、方案和流程，完成交付楼书等各类文本编写、设计、校对和印刷；配合稠江街道和佛堂镇开展安置分房，全面推进集聚对象购房款现场收取工作。至年底，累计完成集聚项目收款3.5亿元，完成稠江下沿塘村第一批、佛堂湖滨村集聚安置1122套房屋的建房款及各项补助资金的结算工作，向稠江下沿塘村、佛堂湖滨村18户集聚对象发放义乌市首批货币化安置凭证350万元。

年内，社投集团承接民主路、春江路、篁园路、宾王拉链街、曲苑小区、词林小区、赋城小区、诗园小区和临江社区等精品街区及老小区改造任务，完成前民主路科普一条街、春江路茶文化一条街、曲苑小区等改造工程。2月17日，社投集团获2015年度义乌市投资贡献奖。

【龙山雅苑小区首批房屋交付】 城西街道异地奔小康一期工程龙山雅苑位于城西街道益公山，是义乌市重点下乡脱贫的高层项目。规划总用地5.22万平方米，总建筑面积20.03万平方米，其中地上建筑面积14.1万平方米，地下面积5.93万平方米，由11幢高层住宅（地上15～17层，地下2层）组成，概算总投资4.5亿元。

2013年12月6日开工，2016年7月1日竣工验收，浙江城建工程监理有限责任公司为监理单位，由社投集团下属子公司——义乌市建筑工务管理有限公司集中建设管理。同年11月30日，龙山雅苑小区开始首批房屋交付，交付120平方米和140平方米2种户型房屋358套。

【稠江·香溪印象项目】 稠江·香溪印象位于稠江街道龙回村改造区块西侧，东靠开诚路、南至四海大道、西临新香溪、北接安和路。总建筑面积13.7万平方米，其中地上面积10.5万平方米，地下面积3.2万平方米，总投资4.7亿元，规划建设18～22层高层公寓9幢，浙江三丰建设有限公司为建筑施工单位，杭州市建筑工程监理有限公司为监理单位，义乌绿城房产建设管理有限公司等为代建单位。2014年3月24日开工建设，2016年6月15日竣工验收，同年7月25日，首批房屋开始交付，至年底完成房屋交付485套，交房率99.6%。

【佛堂·蟠龙花园项目】 佛堂·蟠龙花园项目位于佛堂镇双林路北侧，北至规划中的蟠龙路，西至规划二号路，东至规划四号路，南至规划三号路。总建筑面积28.7万平方米，其中地上面积22.2万平方米，地下面积6.5万平方米，总投资10.5亿元，规划建设17～26层高层公寓21幢。浙江稠城建筑工程有限公司、成龙建设集团有限公司为建筑施工单位，浙江建效工程监理有限公司为监理单位，义乌绿城房产建设管理有限公司为代建单位。2014年5月23日开工建设，2016年6月23日竣工验收，同年7月15日，首批房屋开始交付，至年底完成房屋交付237套，交房率99.6%。

【发行项目收益债】 2016年9月6日，由社投集团首次申请非公开发行的义乌市廿三里街道第三集聚区六中西侧地块工程（金麟花园）收益债，通过国家发展和改革委员会批准。此次项目收益债为5年期固定利率债券，发行总额不超过12亿元，信用级别为AA+级，由主承销商中信建投证券股份有限公司牵头组成的承销团，面向机构投资者非公开发行，以余额包销的方式承销。债券采用分期发行的方式，第一期发行7亿元，直接投资人通过中央国债登记公司提供的簿记建档发行系统参与申购；承销团成员和其他投资人通

佛堂镇蟠龙花园

城西街道香溪裕园

蟠龙花园交付

香溪裕园交付

（以上图片均由市社投集团供图）

过传真的形式进行申购。募集资金将全部用于义乌市廿三里街道第三集聚区六中西侧地块工程。此工程被列入浙江省2013—2017年城市棚户改造规划，总投资17.85亿元，用地面积14.64万平方米，总建筑面积58.45万平方米，由23幢26～33层高层住宅、1所4层12班幼儿园和2幢独立商铺组成，其中设计住宅套数3274套，停车位3869个。

【北苑·和聚园发放首批权益证】 2016年9月23日，北苑·和聚园首批权益证发放暨权益交易仪式在北苑·和聚园项目部举行，义乌市社区建设办、北苑街道、社投集团、绿城代建等相关单位负责人及北苑街道前洪村村民代表、首批获得权益证的村民代表12人参加会议。会上，义乌市社区建设办、北苑街道负责人分别向首批集聚对象发放权益凭证43本，其中2名户主现场完成权益交易。北苑·和聚园位于北苑路以北、春晗路以东，由义乌绿城房产建设管理有限公司代建、义乌市建安建设工程监理有限公司监理。总建筑面积37万平方米，由23幢15层高层建筑和1个整体地下车库组成，沿街设置商铺裙房，共有房屋1922套，可安置2200户家庭。高层套房有70平方米、105平方米、140平方米、175平方米4种户型，精装修样板房有新中式和法式2种风格。项目于2014年12月5日开工，2015年11月20日主体结顶。

社投集团2016年新社区集聚项目进展情况表

表19

序号	项目名称	工期	项目内容	项目规划	开工日期	合同竣工日期	年底进度	概算投资（亿元）	完成投资额(亿元）
1	苏溪·十和里	1000天	位于阳光大道以东，龙祈路以南，高塘路以西，苏华街以北。总建筑面积53.6万平方米，其中地上38万平方米，地下15.6万平方米	规划建设26～32层高层公寓21幢	2014年5月23日	2017年2月16日	装饰装修、分项工程收尾阶段	17.8	10.8
2	佛堂·蟠龙花园	820天	位于佛堂镇双林路北侧,北至规划中的蟠龙路，西至规划二号路，东至规划四号路，南至规划三号路。总建筑面积28.7万平方米,其中地上22.2万平方米,地下6.5万平方米	规划建设17～26层高层公寓16幢	2014年3月18日	2016年6月15日	完成竣工验收及第一批交付	10.5	7.4
3	稠江·香溪印象	820天	位于稠江街道龙回村改造区块西侧，东靠开诚路、南至四海大道、西临新香溪，北接安和路。总建筑面积13.7万平方米，其中地上10.5万平方米,地下3.2万平方米	规划建设18～22层高层公寓9幢	2014年3月24日	2016年6月20日	完成竣工验收及第一批交付	4.7	3.7
4	城西·香溪裕园	680天	位于城西街道新江村南侧，东靠宝港路、南至开运路、西临香溪路、北至四季路。总建筑面积30.3万平方米，其中地上21.6万平方米，地下8.7万平方米	规划建设10～13层高层公寓28幢	2014年5月29日	2016年4月8日	完成单体竣工验收	12.4	8.4
5	廿三里·金麟花园	1050天	东临金麟路，北接永泰路，南朝规划道路，西靠白沙湖(华盛路)。总建筑面积58.5万平方米，其中地上44万平方米，地下14.5万平方米	规划建设26～32层高层公寓23幢	2014年5月4日	2017年3月19日	装饰装修、分项工程收尾阶段	20.85	11.4
6	上溪·上和家苑	780天	东靠上佛路，其他三侧为规划道路，总建筑面积约5.37万平方米，其中地上约4.3万平方米，地下1.06万平方米	一期规划建设12～18层高层住宅5幢	2014年4月30日	2016年6月3日	完成竣工验收	1.85	1.1
7	北苑·和聚园一标	800天	位于春晗路以东、规划路以西、春月路以南、北苑路以北。总建筑面积37.1万平方米，其中地上26.7万平方米，地下10.4万平方米	规划建设14～16层高层公寓23幢	2014年12月5日	2017年2月12日	装饰、装修阶段	15.9	8.4
8	北苑·和聚园二标	800天			2014年10月24日	2017年1月1日			
9	北苑·和聚园三标	800天			2014年12月4日	2017年2月11日			

（胡友大）

市政工程建设

【概况】 2016年,市城市管理委员会(简称“市城管委”)办理道路挖掘审批204项,道路开口审批12项,占道审批9项。全年修复人行道花岗岩1.95万平方米,更换小方块1.85万平方米、侧石1.49万米、荷兰砖2846平方米、石板152平方米,修复水泥路面3364平方米、沥青路面16.51万平方米。清理桥梁伸缩缝9.23万米,更换西站大道西俞村边桥、五洲大道翁村桥等29座桥梁伸缩缝止水带共计2900米。清理窨井12.58万次,清捞淤泥6000立方米,韦德曼综合养护车清理管道3.2万米。桥梁(隧道)定期检测128座,桥梁特殊检测10座;桥梁伸缩缝锚固区维修5座,桥梁栏杆修复12座。完成广告审批200余件。开展14块经审批的电子屏的安全巡查、抽查工作。完成路灯2016—2018灯具库组建工作。结合园林景观改造,完成五岔路口圆盘、篁园路精品街绿化景观、福田公园等公园庭院灯、投光灯改造工程。以“精品化”建设为目标,指导完成城中路、香山路、机场路等样板路段的灯具提档,并实施幸福湖区块、大通路、广场路、商城大道等路段的路灯美化改造。

110联动全年接警259起,其中市政处处理案件182起,转其他部门处理案件77起;接受社会公共举报118次,其中市政处处理案件63起,转其他部门处理案件55起;接收96150数管中心派发案件1136起,其中市政处处理案件487起,转其他部门处理案件649起。

【机场路(西城路—公安局前)拓宽改造工程】 项目南起市公安局大门前,北至西城路,总投资1.93亿元,建设总长度1190米,红线宽度55米,占地面积6.55万平方米,主线双向6车道。下穿车站路和跨城东河处各设一座箱涵,车站路箱涵净宽13.75米,净高5米,主要建设道路、给水管道、雨水管道、污水管道、电力管线、燃气管线、综合管线、绿化和交通附属设施等。项目2011年12月15日开工建设,2016年5月完工。义乌汇达市政工程有限公司为项目施工单位,中国电建集团华东勘测设计研究院为设计单位,浙江虎跃建设有限公司为监理单位。

(陈俊伍)

【环城南路(龙回立交至义乌江)改造工程】 项目总长3364米,概算投资5.71亿元。主要建设环城南路主线上跨正觉路、四海大道、戚继光路、城店路、五洲大道、西江路的桥梁;环城南路辅道与03省道近期规划的匝道连接;环城南路主线两侧辅道和人行、非机动车道;以及道路管道、交通安全设施等。2014年1月18日项目开工建设,2016年2月竣工。项目三标段施工单位为成龙建设集团有限公司,设计单位为义乌市城市规划设计研究院和上海市政工程设计研究院(集团)有限公司,监理单位为浙江正中工程监理咨询有限公司。四标段施工单位为浙江镜湖建设集团有限公司,设计单位为义乌市城市规划设计研究院和上海市政工程设计研究院(集团)有限公司,监理单位为浙江正中工程监理咨询有限公司。五标段施工单位为浙江川卓建设工程有限公司,设计单位为中国电建集团华东勘测设计研究院有限公司,监理单位为浙江正中工程监理咨询有限公司。

(陈俊伍)

【环城西路(雪峰路—西站大道)改造工程】 项目改造路线全长2490米,概算投资6.26亿元,主要建设为环城西路主线高架桥及地面辅道、西站大道下穿隧道及地面改造、环城西路与国际生产资料市场一期地库连接通道、雪峰路增加定向匝道。项目同时建设雨污水、综合管线等配套设施工程。2014年1月18日,项目开工建设,2016年1月17通过竣工初验。项目一标段施工单位为浙江金城建设集团有限公司,设计单位为杭州市城建设计研究院有限公司,监理单位为浙江双圆工程监理咨询有限公司。二标段施工单位为杭州中航建设集团有限公司,设计单位为杭州市城建设计研究院有限公司,监理单位为浙江双圆工程监理咨询有限公司。

(陈俊伍)

【03省道指挥部城市配套工程】

2014年7月18日,新科路开工建设,道路总长668米,与

03省道平行4个匝道,分东西辅道,分别长623.4米和577.38米,施工中标价2835.29万元,由浙江环宇建设集团有限公司施工,2016年1月21日完工。

2015年5月7日,稠州西路改造工程开工,道路宽35米,双向6车道,稠州西路与国贸大道及铁东路相交,与国贸大道相交采用立面下穿桥梁形式。稠州西路改造段的总长度为410米,稠州西路与03省道衔接的两侧辅道总长1175米,总投资2456.7万元,由浙江利宏建设景观工程有限公司施工,2016年6月8日完工,获义乌市文明标化工地。

2015年8月18日,铁东路(环城南路—新科路)、铁西路(环城南路—经发大道)工程开工,铁东路长984.89米,铁西路长1871.79米,宽14米,横跨杨村溪2座桥梁,桥面宽15米,合同价3593.8万元,由浙江利越市政园林有限公司施工,2016年11月18日完工。

2015年8月22日,国际商贸城段匝道及道路工程开工,建设地点为03省道至银海路匝道、03省道至铁东路匝道、口岸路入口匝道。包括土石方挖运、排水沟砌筑,新建沥青、雨污水管道施工等内容,合同价826万元,由义乌市众恒建设有限公司施工,2016年8月24日完工。

2016年3月15日,农贸城连接道路开工,工程按支路设计,道路采用沥青砼路,由农贸城与国贸大道连接部分及国贸大道辅道拼宽部分组成,总长624米,宽7米,新建沥青路面,建安费总投资196万元,由义乌市畅达建设工程有限公司施工,8月31日完工。

同年4月29日,铁东路(银海路—诚信大道)工程开工,长743.22米,宽16米,包括土方开挖,道路铺砌,排水工程等内容,合同价967万元,由浙江伟达建设工程有限公司施工,12月31日完工。

4月,车站路连接道路开工,此工程按支路设计,道路采用沥青砼路面,采用一板式单面坡形式,长127米,宽7米,总投资66万元,由浙江省景鸿建设有限公司施工,8月完工。

5月16日,胜利小区连接道路开工,长3.3米,宽13米,新建混凝土路面,总投资9000元,由义乌市诚兴市政工程有限公司施工,6月30日完工。

7月3日,机场路连接道路开工,工程为机场路连接国贸大道的道路,按支路设计,道路采用沥青砼路,长317米,宽7米,新建沥青路面,总投资199万元,由义乌市中远市政工程有限公司施工,10月24日完工。

7月21日,城中北路连接道路开工,工程由平行通道二的连接道路部分及国贸大道拼宽部分组成,对现状国贸大道洪溪桥进行拼宽处理,采用跨径为3×16米、宽度9米的先张法装配式预应力桥梁,道路采用沥青砼路,长368米,宽8米,新建沥青路面、桥梁,总投资435万元,完成桥梁和水稳层铺设,由义乌市鼎润建设工程有限公司施工,12月4日完工。

7月,诚信大道A、B匝道开工,工程由国贸大道南北两个上下匝道分别跟诚信大道相连接,按支路设计,道路采用沥青砼路,长769米,宽7米,新建沥青路面,总投资407万元,由浙江诚际建设有限公司施工,10月竣工。

8月,诚信大道C匝道开工,工程为口岸路连接国贸大道的道路,按支路设计,道路采用沥青砼路,长140米,宽7米,新建沥青路面,总投资154万元,由义乌市嘉诚市政有限公司施工,12月完工。

【城西街道伏龙山路延伸工程】

项目位于城西街道,伏龙山路向北从雪峰路延伸至西站大道,依次与雪峰西路、规划24米路、圣智路、西站大道相交;向南从西城路延伸至安和路,依次与西城路、安澜路、安和路相交。项目概算投资1.1亿元,道路共分南北两段建设:西站大道至雪峰西路段长903米,西城路至安和路段长675米,道路宽42米,全线需拆迁的建筑面积2.06万平方米。主要建设内容包括土地征用、房屋拆迁、道路工程、管道工程、绿化及交通标志附属工程等。2014年9月12日开工建设,2016年1月12日建设完成。浙江川卓建设工程有限公司为项目施工单位,义乌市城市规划设计研究院为设计单位,浙江城建工程监理有限责任公司为监理单位。

(陈俊伍)

【新科路(西城路—雪峰路)市政工程】 项目位于北苑街道,道路全长900米,宽49米,起点为新科路与雪峰西路交叉口,终点为新科路与西城路交叉口。主要建设路基路面、给排水管道、燃气管道、综合管线、绿化以及照明、交通标志标线等附属工程。2015年6月20日开工,2016年5月28日完工。浙江汇洋建设工程有限公司为项目施工单位,义乌市城市规划设计研究院为设计单位,浙江求是工程咨询监理有限公司为监理单位。

(陈俊伍)

【人行过街天桥建设】 西城路绣湖中学人行过街天桥项目位于西城路上,绣湖中学北门,投资概算780万元,桥长57.5米,桥面宽3.8米,天桥上部结构采用钢箱梁,桥墩采用钢管混凝土结构。主要建设内容包括桥梁上部结构、桥梁基础、景观照明、隔离栏杆等配套设施。工程2015年11月15日开工建设,2016年5月完工。恒尊集团有限公司为项目施工单位,中设设计集团股份有限公司为设计单位,义乌市建设工程监理有限公司为监理单位。

西城路农贸城人行过街天桥项目位于西城路农贸城公交车站附近,投资概算823万元,桥长67米,桥面宽3.8米,上部结构采用钢箱梁,桥墩采用钢管混凝土结构。主要建设桥梁上部结构、桥梁基础、景观照明、隔离栏杆等配套设施。2015年11月15日开工建设,2016年5月完工。恒尊集团有限公司为项目施工单位,中设设计集团股份有限公司为设计单位,义乌市建设工程监理有限公司为监理单位。

城中西路农贸城人行过街天桥项目位于立交桥的两侧,在绿化带内设置4处多跑式楼梯,连接03省道与城中西路,概算投资150万元,楼梯主体采用钢结构,落地采用钢筋混凝土箱型基础。主要建设楼梯基础、楼梯上部结构、景观照明、交通标线等配套设施。2015年11月15日开工建设,2016年5月完工。恒尊集团有限公司为项目施工单位,中设设计集团股份有限公司为设计单位,义乌市建设工程监理有限公司为监理单位。

诚信大道客运中心人行过街天桥项目位于国际商贸城客运中心正门西侧40米处,项目概算投资1050万元,横跨诚信大道,桥长69.5米,桥面宽度5.3米,桥面面积380平方米,主要建设桥梁上部结构、桥梁基础、人行过街上部结构、人行过街楼梯基础、增设人行道、景观照明、隔离栏杆、交通标线等配套设施。2015年11月15日开工建设,2016年5月完工。恒尊集团有限公司为项目施工单位,中设设计集团股份有限公司为设计单位,义乌市建设工程监理有限公司为监理单位。

望道路世纪联华人行过街天桥项目位于北苑街道望道路天华世纪城与福泰隆超市之间,概算总投资895万元,采用上下自动扶梯及楼梯形式,在望道路人行道之间设上下入口2处。人行天桥总长90米,共分三段:望道路段红线内长度为42米,宽度5.8米;东侧天华世纪城接线段长度为24米,宽度4.8米;西侧福泰隆接线段长度为24米,宽度4.3米。天桥采用下承式钢桁架结构,采用桩接盖梁式平台桥墩,基础采用钻孔灌注桩。工程2015年11月15日开工建设,2016年5月完工。恒尊集团有限公司为项目施工单位,中设设计集团股份有限公司为设计单位,义乌市建设工程监理有限公司为监理单位。

(陈俊伍)

【道路维修】 望道路(西城路—北苑路)道路维修于2015年11月开工,道路长2000米,宽42米,绿化带缩小、辅道拓宽,进行路面改造及人行道增设改造。投资1900万元。由中鹏市政有限公司施工,2016年11月完工。

商博大桥维修养护2016年6月20日开工,工程主要内容为斜拉索锚头养护、支座更换及保养、伸缩缝更换、裂缝修补、砼面养护、钢结构除锈等。建筑安装工程费总投资560.16万元,同年10月28日竣工。

北苑路(机场路—宗泽路)维修于7月31日开工,投资986万元,道路全长2470米,宽36米,其中望道路—丹溪路侧分带绿化删除改为沥青路面,人行道花岗岩破损修复,机场路—宗泽路主车道破损沥青维修。由浙江王宅建筑有限公司施工,10月28日完工。

幸福湖及大通路大修工程

7月开工，道路长2500米，宽12～24米，包括路面透水沥青改造，人行道花岗岩铺装，电力、路灯、自来水等管线改造，投资2601万元。由浙江土木建设有限公司施工，10月完工，获义乌市文明标化工地、商城杯。

【道路改造】 2015年12月10日，江东江滨路市政改造工程开工，道路长245米，宽10米，改造道路、绿化、给水管道、电力管线、综合管线，投资629万元，由义乌市中鹏市政工程有限公司施工，2016年9月15日竣工。

2016年5月8日，五洲大道维修提档改造工程开工，长9557米，宽70米，采用基础注浆加固和泡沫沥青工艺，结合局部路段零星维修，投资4846万元，由浙江八达建筑有限公司施工，同年12月3日竣工。

7月，工人路(丹溪路—北门街)市政改造工程开工，道路长500米，宽18～24米，总投资484万元，由义乌市嘉诚市政工程有限公司施工，9月竣工。

9月3日，银海路（工人北路—商博路）改造工程开工，投资3283万元，道路全长1954米，宽42米，对路基注浆加固，再加铺11厘米沥青面层，人行道花岗岩铺装，侧分带绿化改为沥青路面，由义乌市第三建筑有限公司施工，12月竣工。

9月10日，城中西路(丹溪路—贝村路）改造工程开工，投资2250万元，道路全长801.06米，加铺厚11厘米的沥青，人行道改为花岗岩，项目由义乌市晟鑫建设有限公司施工，12月7日竣工。

9月27日，03省道与商城大道交叉口改造工程开工，总投资400万元，项目由义乌市旭升市政工程有限公司施工，11月竣工。

9月，商城大道(洪深路—西城路)道路改造工程开工，总投资1947万元，道路长2800米，宽55米，由义乌市旭升市政工程有限公司施工，11月竣工。

10月，商城大道(洪深路—西城路）路面改造工程开工，道路长2800米，宽55米，总投资1218万元，由义乌市旭升市政工程有限公司施工，11月竣工。

10月，雪峰路(丹溪路—商城大道）道路改造工程开工，长3200米，宽60米，总投资1501万元，一标段施工单位为义乌市中义市政工程有限公司，二标段施工单位为义乌市诚兴市政工程有限公司，12月竣工。

【国贸大道桥下停车场】 丹溪路(铁西)停车场3月4日开工，新增停车位120个，建筑安装工程费总投资111万元，由义乌市旭升市政工程有限公司施工，7月10日完工。

城北路停车场3月26日开工，新增停车位70个，建筑安装工程费总投资70万元，由浙江欣耀建设有限公司施工，6月24日完工。

绣湖西路停车场3月26日开工，新增停车位62个，建筑安装工程费总投资67万元，由浙江欣耀建设有限公司施工，8月9日完工。

城中西路停车场4月30日开工，新增停车位28个，建筑安装工程费总投资32万元，由义乌市汇达市政工程有限公司施工，7月28日完工。

新科路停车场6月10日开工，新增停车位98个，建筑安装工程费总投资127万元，由义乌市顺华市政工程有限公司施工，8月18日完工。

天宝路停车场工程6月15日开工，新增停车位115个，建筑安装工程费总投资112万元，由天阳建设集团有限公司施工，9月9日完工。

新马路停车场6月15日开工，新增停车位78个，建筑安装工程费总投资112万元，由浙江亨达建设有限公司施工，9月9日完工。

【神舟路天桥工程】 项目位于环城北路与神州路交叉口，横跨环城北路，建成后位于环城北路上方。估算投资1008万元，主桥采用钢桁架结构，桥长58米，宽5米。两侧折跑楼梯，非机动车坡道采用混凝土结构，下部基础为混凝土桩基＋部分扩大基础工程。项目5月21日开工建设，9月完工。项目施工单位主体结构为天阳建设集团有限公司，设计单位为中设设计集团股份有限公司，监理单位为杭州中新建筑工程监理有限公司。

（陈俊伍）

【兴隆大街市政工程（涌金大道—第五中学）】 项目位于涌

金大道与第五中学之间，概算投资3246万元，总长329米，道路及人行道宽36米。主要建设道路土石方，塘渣换填，道路基层，沥青面层，人行道及雨污水管道，检查井，雨水口等。项目5月31日开工，8月30日完工。晟元集团有限公司为项目施工单位，义乌城市规划设计院为设计单位，义乌建安建设工程监理公司为监理单位。

（陈俊伍）

【第五中学南大门道路市政工程】 项目位于义乌市第五中学南大门，工程起点为第五中学西侧围墙外，终点与兴隆大街相接，概算投资1170万元，道路全长339米，宽度为24米。主要施工内容包括沥青道路、人行道、排水及相应土石方工程等。项目5月31日开工，8月31日完工。义乌市诚兴市政工程有限公司为项目施工单位，义乌城市规划设计院为设计单位，浙江鑫龙工程管理有限公司为项目监理单位。

（陈俊伍）

【城市家具提档工程】 5月起，市城管委以“四清”（清除、清理、清运、清洗）工作为目标，结合马拉松等大型活动路线，着力推动清杆清牌精细化、人性化，至12月底，共清理市域范围内各类杆件、路牌1.2万处，包括实施绣湖等精品区块内107块路牌、64块公厕牌的寄杆工作，井盖美化304处。7月，完善绣湖地下通道导视系统，以“12条道路12种风格”目标展开箱体美化工作，完成合箱、绘画63处，交警箱体外罩精品化试点3处，大型环网柜美化1处。9月，推动精品街改造中卷拉门、保笼改造等清门工作；落实义乌市承建100个充电桩建设任务。10月，市城管委邀请专家团队完成城市家具初步计划书，包含3款井盖，2款路侧石，3款挡车设施，4款人行、车行护栏，2款路面铺装方式等方面内容，并对交叉路口合杆、幸福湖路路牌、银海路空调格栅进行方案设计。

【城市顽疾整治】 结合义乌实际，摸索出“人性化捕犬”“社会化寄养”“无害化处理”的“三化”管理模式，加大文明养犬宣传力度，8月11日，市城管委下发《义乌市犬类专项整治工作方案》，建立犬只整治开展情况通报机制。至12月底，会同各街道共计开展文明养犬宣传186次，下放宣传材料2万余份，设立“狗狗粪便屋”15个，并捕捉无主犬、流浪犬1407只，犬主领回466只。

依据各类管线“规范设置、集线纳管、由明变暗、统筹调整”的思路，以“一张图管到底”的形式严格把控，减少重复开挖；截至12月底，按照“高压先行，低压跟进”的原则，完成BRT沿线、“白改黑”道路、侧石改造道路等共计25千米强电落地以及丹溪路、九联全路段、城中路青少年宫段等沿线共30千米的弱电集线纳管。12月，根据先道路后社区的顺序，开展民主路、工人西路2条精品街管线梳理，概算造价90万元，指导开展江滨“四园”、词林“四苑”小区管线整治工作，跟进39个社区改造中社区管线梳理进度。

【阳光大道立交改造工程】 项目总投资16.22亿元，分二阶段实施，主要包括一阶段地面道路改造和二阶段立交改造，其中一阶段起点为苏溪镇高岭村，终点为苏溪镇齐山楼村，长3.44千米，宽80米；二阶段南起于义乌江大桥北桥头，北至苏溪镇高岭村，主线高架跨越商城大道、银海路、诚信大道、大通路、环城北路等相交道路，全长6.45千米。11月开工建设。

项目一阶段一标段施工单位为浙江利宏建设景观工程有限公司，二标段为义乌市宏胜市政工程有限公司，三标段为春晗环境建设股份有限公司。设计单位为义乌市城市规划设计研究院，监理单位为浙江致远工程管理有限公司。二阶段一标段施工单位为浙江通园建设集团有限公司，二标段为浙江金城建设集团有限公司，三标段为深川控股集团有限公司，四标段为杭州华水市政工程有限公司，五标段为成龙建设集团有限公司。设计单位为中国联合工程公司。监理单位一、二标段为浙江信安工程咨询有限公司，三、四标段为浙江森威监理有限公司，五标段为义乌市博信建设工程监理有限公司。

（陈俊伍）

（除署名外均由傅俊供稿）

城市管理

执法监察

【概况】 2016年,市综合行政执法局办理一般程序案件8456起,收缴各类罚没款3261.94万元,拆除各类违法建筑87.78万平方米,查扣各类流动摊点7389个,查处人行道车辆违停13.7万起,施划人行道停车泊位7000余个,拆除各类广告牌4.74万块,查扣燃气钢瓶4432只,受理处置“96150”热线、来信来访2.2万起,按期反馈率100%,办理行政审批1416件。

【建筑垃圾清运整治】 1月,开展环城线建筑垃圾专项整治4次,出动执法队员42人次,查扣车辆8辆次;3月,开展建筑垃圾联合整治3次,出动执法队员32人次,移交路政车辆4辆次;7—9月,开展建筑垃圾夜间整治10次,出动执法队员80余人次,查扣车辆27辆次;9月开展建筑垃圾跨区域交叉执法4次,出动执法队员50余人次,查扣车辆8辆次。至年底,共组织开展建筑垃圾夜间整治、交叉检查、联合整治等各类专项行动21次,查扣违规车辆734辆次,办理违规处置建筑垃圾案件946起,罚没款877万元。

【精品街区创建】 1月起,在全市选定县前街、工人西路、稠州路、篁园路、丹溪路、江东路等21条严管路段进行人行道停车严管示范街重点创建,全年对人行道车辆乱停放拍照13.7万辆次,共施划人行道汽车停车泊位7000余个。2—5月,以绣湖区块为中心,研究制定绣湖精品区块整治方案。配合市城管委、各镇(街道)、城投集团做好宾王路、城中北路、丹溪路、春江路等10条精品街外立面改造,协助做好“两路两侧”市级以上3条精品道路创建。配合稠城街道、稠江街道开展仓后、向阳上片、湖大塘区块城市有机更新工作。5月起,加大违法户外广告的整治力度,通过“减量提档”的方式,提升城市户外广告的美观度。至12月底,共拆除各类户外广告4.74万块,其中拆除大型墙体广告1520块,大型落地广告426块,店堂广告369块,竖式灯箱585块,屋顶广告78块;清理灯杆广告1.27万块,落地小灯箱5096只,横幅2.66万块。

【油烟噪声专项执法】 1—12月,开展油烟整治行动,出动执法队员680余人次,完成3257家餐饮单位的油烟整治任务,办理油烟污染案件8起。6月,开展文化娱乐场所噪声专项整治和“绿色护考”行动,出动执法队员200余人次,向环保部门发函申请噪声监测14次,监测场所60家次,查办噪声污染案件147起,罚没款15.79万元。

【燃气违法专项整治】 1—12月,组织开展燃气执法专题宣传4次,出动执法队员2600余人次,重点打击无证经营、违规充装燃气等行为,全年共办理燃气执法领域案件27起,查扣燃气钢瓶4432只,查扣燃气8097千克,捣毁燃气黑窝点7个,罚没款28.74万元。

【“五水共治”行动】 2—12月,开展非法取水整治,完成全市14个镇(街道)工业企业非法取水整治工作。4月,建立赤塘溪工作联系微信群,每月联系河长,江东街道对赤塘溪流域开展2次巡查,全年巡查26次。5月4日,联合江东街道制作完成《2016年赤塘溪深化整治提升实施方案》和赤塘溪污染源分布图、截污纳管推进图、攻坚治理作战图,项目表、责任表、时间表的“三图三表”编制工作。至12月底,累计排查工业企业3427家,查封非法取水井1750眼;排查宾馆酒店、洗浴中心等商贸服务业企业1392家,查封非法取水井442眼,查办水事违法案件36起,罚款65.97万元。拆除涉水违建45处,面积1.17万平方米。

【农业专项执法】 3—4月,在全市开展种子市场大检查暨新种子法宣传活动,出动450人次、检查种子经营单位72家,期间,共发放种子600余包,种子法单行本500余册。3—5月,开展“绿剑”系列执法行动,出动执法人员1023人次,检查农资生产经营单位68家,检查农资市场10个,农产品生产基地33家,农机维修点19个,抽检农业投入品35批次,印发宣传资料7200余份，查获假劣农资236千克，立案查处违法行为26起，罚没款2.13万元。3—6月，在全市组织开展春安行动暨保障春耕备耕检查，出动377人次，检查农资生产经营单位65家，农产品种植基地49家，立案查处违法行为8起。6—8月，开展夏季卫生杀虫剂专项检查活动，出动387人次，立案查处卫生杀虫剂违法行为13起。7—9月，开展产品质量安全专项整治暨“三大一严”行动，出动执法人员1057人次，检查农资生产经营单位213家次，农产品生产基地129家次，抽检农业投入品8批次，印发宣传资料2780份，立案查处违法行为23起，结案20起，收缴罚没款2.11万元。全年抽检农业投入品42批次，查处违法案件98起。市综合行政执法局查处的义乌市路双电器商行销售伪劣农药产品、义乌市中尚日用品有限公司销售伪劣农药产品2起假劣卫生杀虫剂大要案首次实现与省外公安部门联合对违法源头进行打击，获浙江省农业行政执法总队表彰通报。

【“三改一拆”工作】 2016年，市综合行政执法局牵头“三改一拆”工作，以无违建为抓手，强化拆违攻坚，聚焦“两路两侧”，实施拔钉清障，牵头组织农村宅基地遗留问题处置试点。5月，开展“两路两侧”“四边三化”专项整治行动，全面推开“蓝色屋面”专项整治；5月15日至7月30日，开展以“盯重点、破难点”为主题的违法建筑整治集中攻坚行；8月1日至11月10日，开展第二个拆违“集中攻坚”行动。12月，浙江省“三改一拆”行动领导小组办公室发文通报，义乌“三改一拆”工作综合排名全省第五，拆违单项综合排名全省第一。S103省道(大陈三村—后宅俊塘）入选全省首批20条省级精品示范道路，得到浙江省、金华市、义乌市各级政府的肯定。至12月底，共拆除规划类违法建筑79.79万平方米，国土类违法建筑7.99万平方米，拆除存在安全隐患的违法建筑57.4万平方米，拆除屋顶“蓝色钢棚”违法建筑230处1.66万平方米,会同镇(街道)拆除违法建筑278万平方米，拔钉清障解决历史遗留问题53个。

（陈俊健）

市容环卫

【概况】 2016年，市环卫处城市道路清扫保洁总面积1663.61万平方米，其中机扫709万平方米，占总清扫保洁面积42.6%；人工清扫954.61万平方米，占57.4%；市场化运作面积820.4万平方米，占49.3%。由环卫处管辖的垃圾转运站55座，城区公厕133座。全年清运处理生活垃圾87.05万吨，其中填埋处理37.95万吨，焚烧处理49.1万吨，清运处理粪便1.29万吨。

【环卫市场化】 1月12日，市环卫处根据实际情况修改《义乌市环境卫生管理处清扫保洁市场化质量要求及考核办法》，办法进一步规范清扫保洁市场化运作标准，对市场化运作的质量要求、承包单位内部管理要求、考核内容及处罚标准等重新进行修订。2月26日，新一轮的清扫保洁市场化项目开标，义乌市威酷保洁服务有限公司、义乌市速丽保洁服务有限公司、义乌市先拓保洁服务有限公司、义乌市美雅保洁服务有限公司、义乌市清新保洁服务有限公司中标，中标价合计每年1976.59万元。3月12日，5家新市场化公司全面接管江东、稠江、城西、北苑、后宅5个区块清扫保洁工作。3月12日至5月31日，对市场化公司现场保洁质量、作业车辆、人员到岗率等进行检查，共计考核扣款46.24万元。

【环卫基础设施建设】 2月起，市环卫处启动15座公厕和3座垃圾转运站的改建工作，至12月底，完成13座公厕改造，稠州西路转运站完成验收。9月，环卫处对市民广场周边安装灯箱式果皮箱，并对环卫处部分三轮车更新至不锈钢三轮车，并加装反光条，提高三轮车的美观度和安全系数。全年采购不锈钢果皮箱370只，维修732只，安装624只，拆除190只。维修公共厕所2606次，垃圾转运站551次，其余环卫设施136次。

3月15日，配合城投集团对二期封场及生态修复工程污泥坑处置、垂直防渗施工及防渗层上回填土3个专项方案进行专家论证，并进行封场及生态修复工程施工图技术交底;在填埋场库区最前端位置安装 HDPE 管,对垃圾库区内平整后垃圾暴露面进行 HDPE 膜覆盖焊接;针对三期填埋场一阶段库容不足的严峻形势,做好二期填埋场增容填埋垃圾各项工作。

【建筑垃圾审批备案】 义乌市经备案的建筑垃圾运输车辆共计 1180 辆,其中本地籍清运车辆 733 辆,外地籍 447 辆。12 月 22 日,市城管委召集市公安局、市交通局、市执法局、市国土局、江东街道等单位,就非义乌市登记的工程车辆不得从事建筑垃圾处置运输的事宜进行协调,停止外地籍车辆的备案和审批。至 12 月底,共核准发放建筑垃圾运输许可证 887 批次,核准运输车辆共 8650 台次,初步估算清运建筑垃圾 590 万立方米。

(傅　俊)

园林绿化

【概况】 2016 年,开展城市重要节点、城市公园、城区闲置地等一系列绿化工作,完成建设、改造项目 60 个,在建 15 个,共计完成建设改造绿地面积 89.16 公顷,种植乔木 3.55 万株、球类 1050 株,观叶植物、观花植物 45.8 万株,铺设园路 1.52 万平方米。完成 35 个养护工程招标工作、18 个设施维修、29 个设施采购,准备 10 个绿化养护工程招标工作。春、秋季内部责任制苗木补种灌木 19.2 万株、地被80.4 丛、藤本 3.28 万株、草皮 1130 平方米。完成裸露地块覆绿及地被更新 35 万平方米,乔木更换 1142 株;设置各类公园文明宣传牌 210 块,更换价值观户外广告图说 280 张,更换"巩固国家卫生城市"宣传户外写真 118 张,更换管理公告牌 20 块,设置公园意见箱 8 个。完成 26 个点的苗木移植工作,移植乔木 2841 株,球类 425 株。完成绿地占用审批项目 26 项,广场公益活动审批项目 9 项,房地产开发项目绿化竣工验收备案 1 个。完成骆宾王公园水体防渗处理、水生植物种植营造;与中国花卉协会月季花分会对接,通过协会平台,开展月季花研究拓展的相关工作,提升市花月季的种植品质;完成城区范围内 139 株古树名木生境普查,与杭州植物园专家合作,对北站大道、青口公园、稠江四公园等处的古树进行系统复壮保护。实施和平公园、义乌江串珠、鸡鸣山顶 3 个景观工程,完成孝子祠等 4 个公园的设施及绿化提升改造,完成绣湖公园、樱花园景观整治。开展空闲地绿化、拆围墙透绿项目,全年共完成 119 处,新增绿化面积 86 公顷。完成佛堂大道森林通道建设 6.5 千米,增加绿地面积 34.9 公顷。

【园林工程】 3 月 19 日,荷叶塘公园设施改造工程开工,工程位于荷叶塘公园内,由义乌市景润园艺场施工,改造总面积 3.79 万平方米,投资 91 万元,主要包括土方整理、绿化种植及铺装、排水沟、侧石、健身器材、景观亭、指示牌、水域绿化等改造,9 月 10 日竣工。

3 月 20 日,绣湖公园、广场绿地整治及景观亮化绿化景观改造工程开工,工程位于绣湖公园、市民广场内,由义乌市绿之源花木绿化工程有限公司施工,改造面积 19.49 万平方米,投资 134.36 万元,主要内容有古建筑外立面油漆面积 2000 平方米,实施树池修复、破损侧石修补、特色路灯安装等,9 月 10 竣工。

3 月 25 日,樱花园、香雪园等江滨绿廊道路边侧绿化景观整治工程开工,工程位于江滨香雪园、樱花园内,由义乌市禾泰园林绿化工程有限公司施工,改造面积 1.36 万平方米,投资 95.81 万元,主要包括香雪园、樱花园、芳草地护栏改造,绿化种植;丹溪大桥下儿童公园侧安放成品集装箱房屋 3 座,体育园增加 4 条 1.2 米宽青石园路,总长 120 米,塔下村边道路现有行道树景观改造等。10 月 5 日竣工。

3 月 30 日,骆宾王公园水体环境提升工程开工,工程位于骆宾王公园内,由上海园林科学研究院设计,上海景观实业发展有限公司施工,改造面积 3500 平方米,投资 128.46 万元,主要包括公园水体绿化种植,水体净化,树荫裸露地块种植等,10 月 10 日竣工。

7 月 1 日,雪峰公园绿化整治工程开工,工程位于雪峰公园内,由义乌市现代园林绿化建设工程有限公司施工，改造面积11.08万平方米，投资96.04万元，主要内容公园内水域绿化、树荫裸露地块的种植等，12月1日完工。

9月10日，江滨主题公园棚架等设施更新工程开工，工程位于江滨公园内，由浙江深华新生态建设发展有限公司施工，改造面积3650平方米，投资135.1万元，主要内容公园棚架搭设、座凳、喷泉等基础设施更新等，12月10日竣工。

（傅　俊）

公用事业

供　水

【概况】 2016年，全市自来水供水总量1.42亿立方米，同比增长11.3%；完成固定资产投资6.91亿元，完成率111.4%；处理污水1.67亿立方米，同比增长1.8%；削减化学需氧量3.29万吨，削减氨氮3671.2吨，削减总磷469.6吨，分别完成省里下达减排任务数的140%、129.8%、130.8%。

年内，义亭污水厂扩建工程开工建设；省重点工程江东水厂、市重点工程义乌市第一污水处理厂再生水利用工程分别完工，进入单机调试阶段；江东污水厂、稠江污水厂扩建工程按生态化、园林化、集约式设计，各项工作有序推进；中心污水厂、义亭污水厂除臭改造工程完工并投入试运行，通过设备更新和重点部位加盖改造，厂区及周边空气环境得到明显改善，污水厂和周边居民和谐共处；参与城市有机更新，四季社区雨污分流整治项目开工，银苑、鸡鸣山、塔下洲、南苑、五爱5个社区基础治理项目完成设计。

完成城北水厂配水井溢流堰技术改造，高峰时可有效提升水厂10%产能。解决义亭污水厂流砂滤池易堵塞、反冲水量大的生产运营难题，此厂有效处理水量从设计每日3.5万吨提升至每日4万吨。通过对现有工艺合理优化，污泥产量由原来的每万吨水5吨降至每万吨水2.11吨，减量57.8%，大幅节约污泥处置成本。

全年新建供水管网69.59千米，改造供水管网103.52千米，完成"一户一表"改造2.5万户。市政供水扩面农村54个，有序推进102个农村平面给水改造工作。对供水范围内5248只消防栓出水情况、水压进行全面检查和保养，全年供水110联动出警7940次，出警及时率100%。坚持饮用水水质全过程监测，加大管网末梢"最后一千米水"和岩口水库源水水质跟踪检测力度，全市自来水水质综合合格率100%。"96390"热线共接听来电3.78万起，解决率100%。

【"智慧水务"】 1月，水处理公司自行开发的微信实时数据监控管理系统投入运行，可通过手机实时查看全市9个污水厂的进出水水质监测数据。3月，开通支付宝、微信交水费功能，方便用户交纳水费。至年底，累计支付宝交水费7.04万笔，微信交水费1.23万笔。12月，建立一体化集中监控平台，将9个污水厂的运行、水质数据和重要生产节点的图像信号等接入到统一监控平台，实现"1点控9厂"。同月，初步建成供水数据综合平台，完成151个测压点的建设及主要水厂、智能消防栓等数据整合，做到供水科学合理调度。充分运用在线监测平台、水力模型，实时监测供水管网压力，加强全市9652只市政消防栓养护管理，确保正常运行。

【护航G20杭州峰会】 3月，进一步深化"网格化管理，组团式服务"工作，组建8个综治维稳服务站、22个安全生产和消防管理网格，强化民兵队伍建设，提高应急抢修能力。4月13日，成立平安护航G20峰会领导小组，制定安保、维稳工作计划，出台党政同责、一岗双责，110应急联动接警、出警、汇报等相关制度，层层落实责任。增强防范意识，同月28日，组织"平安三率"全员测评，知晓率、参与率、满意率全部100%。6月15日，组织19名安保人员赴金华学习安保示范单位工作经验，同月17日，在义乌市城北B幢二楼会议室邀请专业人士宣解反恐形势。年内，每天做好全市消防栓、引水管线等供水设施的日常检查与维护，各供水企业严格按照《生活饮用水卫生标准》要求的检验频率，及时做好水源水、出厂水、管网水的跟踪监测工作，全面出厂水合格率100%。增强技防配备，提升重点场所安保，对下属所有厂区增加视频监控覆盖密度，实现水厂全域视频监控，在各关键部位配备警棍、催泪瓦斯和防毒面具等应急装备。全年开展企业维稳、消防、信访、安全生产、矛盾纠纷、平安创建、反恐等各类专项排查52次，督促整改103起。化解国家级信访积案1起，并被金华市G20信访安保指挥部评定为信访积案化解“五星”。

【源头治理污水】 4月起，在全市工业企业、城镇社区、农村雨污分流整治中，义乌市排水有限公司从源头介入，全过程参与，对全市纳管的569个农村共计583个污水管出口和1719家规模较大的用地工业企业污水出口进行晴、雨天水量跟踪监测，及时为农村、企业雨污分流工作提供基础数据。5月，编写、发放《雨污合流整治技术指导书》7264册，对各镇(街道)、企业、工地等开展技术指导、业务培训1500余人次，与1265家企业和58个在建工地签订排水协议。7月，初步制定市、镇(街道)、村三级的管网建设作战图，为全市范围内的污水管网建设制定计划，实现全市污水管网的有效规划、统筹、监督、管理。全年累计巡查管网2.55万千米，污水管网深度检测548千米，疏通、清淤477千米，清捞窨井3316处，污水管网零星修复2.23千米，安装窨井防坠网6200个。实现雨天雨污合流减量每日21万吨。

【城市内河水系激活工程】 6月，香溪城店路配水口投入运行。10月，完成义驾山生态水厂改造工程可研文本设计。12月，白岸头至建设水库配水管道工程(一期)开工建设。同月，完成杨村溪(西城路桥处)配水口景观改造，由原先的中水经配水管直接冲入河道改造成假山瀑布型，同时对配水口阀门控制进行自动化改造，实现远程控制。全年完成城市内河水系激活工程(三期)稠江污水处理厂至香溪、杨村溪配水管道工程管道铺设4.1千米。利用义乌江水、中水回灌城南河、城西河、城中河、城东河、洪溪、杨村溪、香溪等内河合计4745.7万立方米。外部水源的补充，改善了缓流水体的理化环境和透明度，形成一个良性循环。

【农村生活污水治理设施专业化运维】 8月，市水务集团出台《关于义乌市农村生活污水治理设施委托运维相关事项的通知》，明确生活污水治理设施委托运维前提，确保纳管村与终端村污水收集率、纳管率均达95%，雨天水量与晴天水量比值不超过1.2，终端村终端处理系统建设达标，实现农村生活污水处理设施一次建成，长久使用。《通知》明确，需移交村由镇(街道)初验后统一申请，市水务集团进行现场验收后出具验收意见，并与验收合格的农村签订运维协议书。全年完成接管运维纳管农村254个污水管网985千米，接管运维未纳管农村97个污水终端处理设施195千米，配套污水管网。配齐配强软硬件力量，新增农村运维人员75人，截至年底共计137人。年内，配备各类巡查、检测、养护车辆10辆，CCTV机器人、管道潜望镜、小型疏通车等设备18套。建立运维点13个，做到已接管农村生活污水治理设施运维服务全覆盖。利用现有的“智慧排水”综合管理平台，加强农村管网数据采集，及时发现隐患与故障，促进农村生活污水治理设施智能化运维。

【全市中小学优质供水全覆盖】

针对偏远地区供水模式难以改变的短板，“一校一策”，因地制宜量身定制供水方案。9月，将塘李小学、西山下小学、苏溪二小、苏溪三小4所学校纳入市政供水，对不具备水厂供水条件的溪华小学、黄山小学、毛店小学、毛店初中、东塘小学、云溪小学6所学校，安装6套深度净水系统。每套净水系统相当于一座微型水厂，集水厂核心功能于一体，实现全自动制水与供水，这是在义乌首次应用国内最新领先技术。10月，实施枫坑水厂提标改造工程，直接改善包括毛店小学和初中在内的整个枫坑片区饮用水条件。至此，全市所有中小学全部用上放心水，实现优质供水全覆盖。至12月底，投入资金500余万元，新建管网10千米，改善全市12所中小学饮用水条件，8000名师生受益。

（陈建雄）

供 气

【概况】 全市累计建成天然气过渡气源站1座，液化天然气应急气源站1座，天然气门站1座。市政天然气中压管网252千米，管道天然气累计安装入户7.1万户，管道天然气累计供气6059万立方米，天然气管网覆盖稠城、江东、北苑、福田、城西、廿三里、苏溪等10个镇(街道)。全年全市供气总量天然气2050万立方米，其中家庭用气量470万立方米。液化石油气供气量2.03万吨。新建城市天然气管网27.1千米，新增入户绿城玫瑰园、佛堂蟠龙花园、季宅、游览亭等35个小区2.18万户，完成新科花园、金城高尔夫(一期)、西景园、北苑商贸区4个小区2690户的天然气转换。签订"煤改气"改造协议72家，完成改造42家。3月底实现佛堂公交LNG加气站投运。汽车加气站布点规划编制完成，6月初获省发改委批复。检查燃气经营企业及供应站点306家次，发放整改通知书42份，消除安全隐患63处。全年完成国际大厦、后宅小学、宾王中学、胜利幼儿园等86项公福、公建用户并实现通气；完成沪江线业、伊美一期、伊美二期、捷康医疗等"煤改气"工业用户37家；完成莲塘高层、龙回九号、大湖头村等34个小区的供气竣工验收工作，累计竣工验收2.18万户。

年内，进行燃气安全网格化排查和宣传教育，对燃气用户进行全面排查和用气安全宣传教育，共完成排查宣教15.8万户，排查气瓶22.3万只；组织开展燃气安全公益宣传，以"安全生产月""119消防宣传月"等为载体，组织相关部门、企业开展燃气安全知识宣传，通过发放安全手册、赠送金属软管等形式，宣传普及用气安全知识，提升用气安全水平。维护燃气市场秩序，通过约谈规范、监督检查等手段，规范燃气明码标价行为，平抑瓶装液化气价格。8月28日，义乌市城建资源经营有限责任公司义亭液化气储配站取得气瓶充装许可证，正式开始充装。

(傅　俊　陈俊伍)

【佛堂LNG加气站建成并投用】

义乌市佛堂LNG加气站是义乌市天然气有限公司建设的首个LNG加气站，位于义乌市佛堂大道与朝阳路交叉口附近，3月11日，通过浙江省能源集团城市燃气有限公司安全生产验收。站内设1只60立方米LNG储罐，1套LNG潜液泵撬、4台单枪LNG加气机，LNG日加气量2万标准立方米，供应能力可以满足恒风公交公司佛堂区域内150余辆LNG公交车加气服务。至12月底，为80辆公交车加气，全年共累积加气77.09万标准立方米。

(陈俊伍)

【瓶装液化气销售实名制】 5月30日，市城管委、市公安局联合发布《关于瓶装液化气销售实行"实名登记"的通告》，自6月1日起，在全市范围内全面实施瓶装燃气销售实名制管控。全市各瓶装燃气经营单位共完成实名制登记用户26.7万户，登记气瓶28.8万只。市城管委共组织开展安保维稳不定期检查45次，检查经营单位550家次，发放整改通知书75份，责令停止供气整顿17家、取缔2家，消除安保隐患150余处，进一步督促落实燃气场站"人防、物防、技防"各项反恐安保措施。8月，市城管委推出瓶装燃气销售实名制信息化登记系统，各瓶装燃气经营单位通过安装身份识别读卡终端，利用网络信息化平台，实现用户身份信息各企业间的共享，提高实名登记工作效率，提升安全管控水平，至12月底，累计完成信息化实名登记销售记录12.6万条。

【液化气管理】 8月初，义亭液化气储配站完成消防验收，同月28日取得气瓶充装许可证。至年底，全市有合作经营液化气门市部26个，销售瓶装液化气40.8万瓶，其中YSP118型(50KG)大瓶2.38万瓶，YSP35.5型(15KG)中瓶36.82万瓶，YSP12型(5KG)小瓶1.59万瓶，全年销售额为3595.15万元。

(陈俊伍)

(除署名外均由傅俊供稿)

建 筑 业

【概况】 2016年，全市完成建筑业总产值179.8亿元，同比下降

8.6%;签订施工合同总额264亿元,同比下降14%;完成竣工产值127.6亿元,同比增长15.3%。全市共有建筑业施工总承包企业243家,其中本地企业138家(有建筑工程资质的69家,市政公用工程资质的97家),外地进义企业105家(有建筑工程资质的59家,市政公用工程资质的46家);专业承包企业67家(本地企业35家,外地进义企业32家);监理企业53家(本地企业11家,外地进义企业42家)。市政企业70家,其中一级5家,二级26家,三级39家。园林企业60家,其中一级2家,二级14家,三级44家。在义乌市入库的勘察设计企业共33家,其中勘察企业4家,本地及设分公司设计企业13家,外地信用入库企业13家。审图机构2家,民用建筑节能评估机构1家。

出具监督报告土建498份,发放质量整改通知书350份,查出质量隐患1952处,下发安全隐患通知书1253份,查出安全隐患9109处。新受监房屋建筑工程项目105个,建筑面积285.06万平方米。全市民用建筑节能评估和审查率100%。完成新建建筑太阳能设计应用117万平方米。民用建筑节能审查项目39个;其中19个达到基准建筑规模以上,累计建筑面积138万平方米。新建民用建筑全部开展建筑节能设计,建筑节能设计达50%。完成公共建筑节能改造(义乌市中心医院门诊楼改造项目、义乌市行政二号楼节能改造项目、义乌市城乡规划设计研究院节能改造项目)12万平方米;教育系统的学校居住建筑节能改造1.68万平方米。义乌市文化馆—博物馆项目、铁路义乌站综合交通枢纽工程2个项目按二星级绿色建筑设计强制性标准建设,取得金华市建筑节能星级建筑示范项目奖项;浙江大学医学院附属第四医院门诊楼获绿色建筑二星运行标志。5月1日起,所有新建民用建筑均按一星级绿色建筑强制性标准建设。确立义乌市老年大学迁建工程为2016年用能监管示范工程。

采取压缩审批时限,优化服务内部流程,施工合同备案和“三价”(控制价、中标价、结算价)报送内部确保“当日件当日毕”,方便企业办事。完成施工合同备案900件,变更合同6件,完成招标控制价报送988个,中标价报送900个。

预收新型墙体材料专项基金(以下简称专项基金)项目44个,预收专项基金715.21万元,征收专项基金1527.89万元;返退专项基金4264.26万元,项目89个;提前返退专项基金75.75万元,项目3个。全市完成预拌混凝土供应量148.05万立方米,预拌砂浆供应量2411吨。预收散装水泥专项资金(简称“专项资金”)项目11个,预收专项资金5.92万元;返退专项资金405.2万元,项目89个,征收专项资金453.06万元。

评出义乌市标准化优良工地33项,义乌市房屋建筑工程商城杯奖8项;获浙江省建设工程“钱江杯”优质工程2项。评出2015年度义乌市建设工程(房屋建筑、市政道路、园林、交通类)优秀勘察设计项目商城杯奖一等奖4个,二等奖8个,三等奖6个。

【安全生产监管】 1月19日,市城管委组织开展建筑施工安全生产检查,相继下发《关于进一步加强雨雪灾害天气和节前建筑施工安全生产工作的紧急通知》《关于立即开展预防建筑施工高处坠落专项整治工作的紧急通知》《关于开展建设行业2016年“安全生产月”活动暨“平安建设”专项行动的通知》《关于开展建筑施工安全隐患排查整治“百日攻坚”专项行动的通知》等文件。3月2日,市城管委在市行政三号楼召开全市建设系统安全生产工作会议,430余人参加会议。会上,市城管委与所有施工企业签订安全生产目标管理责任书,明确安全生产职责和管理目标,逐级细化分解责任任务;定期召开建筑施工安全生产联络员工作会议,传达贯彻上级会议、文件的精神,分析安全生产形势,部署各个阶段的安全生产工作,推进建筑施工安全生产工作。4月,市质(安)监站检查建筑起重机械管理制度执行情况、实体安全情况等,出动35人次,共检查设备121台,发放整改通知书25份,封停起重设备4台。同月,市城管委会同各建筑业协会加强施工现场标准化管理。实施企业创标和市场联动管理,要求企业根据自身编制的《施工现场标准化管理图册》

予以实施。

【工程造价咨询成果文件质量检查】 1—12月，市造价站联合市招标中心、市造价管理协会出动60余人次，对全市51家次本地企业和外地进义的工程造价咨询和招标代理企业的工程造价咨询成果文件质量进行专项检查，其中48家次企业合格，3家次企业不合格，市造价站及时把检查中发现的共性问题反馈给各工程造价咨询、招标代理企业的执(从)业人员，推动促进规范义乌市工程造价咨询行业计价行为，维护建筑市场秩序和社会公共利益。

【勘察行业管理】 1—12月，市住建局根据《义乌市民用建筑工程质量缺陷防治措施100条(试行)》《关于进一步加强本市建设工程勘察设计单位施工现场服务工作的通知》等文件，在全市范围内组织开展专项检查，出动专家50余人次。5月30日起，市住建局开展在“义乌市建设行业信用信息平台”上对勘察设计企业实施入库企业信用管理，取消进义企业备案管理方式，方便企业办事，提高工作效率。全年完成勘察项目信息登记336项，开展勘察外业检查21次，勘察企业动态管理检查10次，勘察成果质量检查5次，引进勘察综合类甲级的企业2家。完成设计项目信息登记219项，其中外地设计企业项目信息登记49项。组织设计招标联席会议10次，组织年度设计质量综合检查3次，专项检查7次，设计企业动态管理检查5次，设计人员履职服务检查3次，查处企业4家。

【市场秩序规范】 3月，义乌市政府出台《义乌市建筑市场信用信息管理和评价办法(试行)》，4月，市城管委出台《义乌市建筑施工企业信用评价标准(试行)》和《关于建设工程招标投标中应用建筑市场诚信评价信誉分的指导意见(试行)》，启用建设行业信用信息系统，将工程建设领域各环节各企业的基础信息及主管部门的监管、审批情况纳入平台，实现统一平台、统一信息、统一标准。通过结果运用，实现市场与现场“两场联动”，形成奖优罚劣的市场规范化管理机制。至12月底，对在建工程项目经理信用记分985次，其中20名项目负责人因信用扣满12分被责令暂停执业；对136个违法违规责任主体予以处理处罚，其中通报批评65家，信用降级49家。结合工程隐患大排查大整治工作开展工程质量专项检查，累计检查工程81个，发放质量整改通知书21份，发现各类质量问题35项。

【企业服务优化】 7月15日，市城管委会同市建筑协会拟定《关于扶持我市建筑业发展的十条建议》并上报市政府，从义乌市建筑业的定位及企业的土地、税收、技改等转型扶持需求等10个方面提出合理化建议。8月28日，义乌市政府下发《义乌市人民政府办公室关于政府投资工程全面应用装配式建筑技术建设的通知》，明确义乌市新型建筑工业化推广实施的具体要求，由政府投资、地上建筑面积1万平方米以上、具备实施装配式建筑技术条件的新建项目，必须实施装配式建筑技术进行建设，装配化率不低于20%。开展建筑业企业资质换证工作，至12月底，共办结企业资质新批申请6件；完成建筑业企业资质换证230本，其中部级换证16本，省级换证69本，市级换证127本。

(傅　俊)

房地产业

【概况】 全市有资质的房地产开发企业43家，其中一级开发企业2家，二级4家，三级12家，四级8家，暂定17家。完成固定资产投资581.7亿元，同比增长13.6%。房地产开发投资121.12亿元，同比增长41.2%。全市房地产开发房屋施工面积596.6万平方米，同比增长5.8%。新开工面积73.5万平方米，同比增长83.1%；竣工面积2.7万平方米，同比下降73.7%。投资总额上亿元的房地产开发项目主要有万达广场、新城吾悦广场、久和园、世界侨领商业总部大楼、城北商业中心、浙铁绿城玫瑰园、世贸中心、万厦御园、佛堂城市广场综合体、荷塘月色、西景悦府、现代城、复兴嘉园13个项目，占全市房地产开发项目投资总额96.1%。发放预售许可证7

本,总建筑面积48.54万平方米,其中商品住宅面积19.05万平方米。

年内,完成新开工棚户区改造住房3127套,其中货币化安置3127套,完成率125%;基本建成3420套,完成率118%;竣工7213套,完成率154%;交付入住5073套,完成率108%;农村危房改造77户,完成率220%。义乌市各类保障性安居工程累计受益家庭14.07万户30.5万人,其中公共租赁住房受益家庭1.07万户2.15万人;经济适用住房受益8011户家庭1.6万人;城市旧住宅区综合整治受益1.7万户家庭3.9万人;城市棚户区改造征收(拆迁)受益10.5万户家庭22.85万人。配合市人力社保局等相关职能部门,完成人才住房档案的相关审核工作任务。共受理市人力社保局、市经信委、市商务局转送的人才房申报户数共计649户,人才住房补贴审核工作全部按时完成。

全年商品房销售面积80.48万平方米,同比增长5.73%,其中住宅销售面积53.47万平方米,同比下降6.24%;商品房销售均价每平方米1.59万元,商品住宅每平方米1.38万元。存量房销售面积100.74万平方米,同比增长22%,其中住宅销售面积63.26万平方米,同比增长65%;二手住房销售均价每平方米1.43万元。完成商品房(预)销售合同备案5419宗,建筑面积80.48万平方米,其中含商品住房3793宗53.47万平方米,商业营业用房10.47万平方米,办公16.47万平方米,其他700平方米。受理租赁备案969宗,档案利用3094宗,受理查封168宗,受理解封73宗,各类档案接收2.3万宗。新建白蚁预防受理项目149个,面积297.15万平方米,收取白蚁防治费334.83万元;白蚁防止竣工项目218个,面积684.04万平方米,完成回访复查面积697.09万平方米。完成危房鉴定1.01万宗,鉴定面积141.88万平方米。

【中介市场监管】 3月26日,市房管处组织全市11家评估机构103人,邀请浙江财经大学教授王直民讲解新的《房地产估价规范》。5月23日,市房协举办2016年度房地产经纪人业务培训,50人参加培训,邀请杭州职业科技学院教授吕正辉授课,学习房地产经纪实务和经纪能力。6月3日起,房管处及房协秘书处分9批次对全市294家房地产经纪机构进行实地检查,传达反恐安保要求,发现问题10处,发放督办清单217份;通过房地产经纪人QQ群、义乌房地产经纪微信群等多种形式发布租赁实名登记督查通报达50余次,限期整改2家违规租赁经纪机构,整改3家无照经纪机构。同月24日,市房协在房地产交易大厦十六楼会议室进行经纪人执业水平考试,参加考试44人,考试合格34人。8月26日,市房地产经纪行业协会成立大会在市建设局召开,37家会员单位代表参加会议并签署行业自律公约,大会选举12家单位为协会第一届理事会成员。

【城市住房资金收缴利用】 4月,市住房办下发《关于上交城市住房资金的通知》,通知要求佛堂、义亭、苏溪、上溪、后宅、城西、廿三里7个镇(街道),将各自存放的住房资金统一上交城市住房资金账户(统一用于退休干部职工住房补贴发放等房改事业),并将资金上交相关数据报市住房办。市住房办及时提供相关的文件依据和成本价房申购情况的相关数据,协助各镇(街道)及时完成资金上交任务。至12月底,催收城市住房资金1187万元。

【公共租赁住房分配】 5月10日,市政府出台《义乌市公共租赁住房保障管理暂行办法》。《办法》共分总则、保障方式、资金保障和房源筹集、申请和审核、配租、管理和退出、法律责任和附则等9章共42条。同月25日,市建设局下发《义乌市2016年度公共租赁住房保障管理实施细则》。实施《细则》共分22条,分别明确此次配租房源位置,规定了保障对象、申请条件、申请材料、申请审核程序,明确了异议复核要求,以及配租后的手续、合同及后续管理的规定等内容。废止原来的公租房、廉租房相关政策,统一并轨为廉租住房、公共租赁住房。义乌住房保障工作逐步过渡到以公共租赁住房实物配租和租赁补贴发放为主。新的公租房政策进一步扩大配租对象,在原有保障对象的基础上添加新就业创业大学生和外来创业人员。

6月6日，启动公租房申报工作。共计受理公租房申请269户，经审核公示符合197户。至12月底，完成配租183户，其中和欣花园配租76户，惠民家园续租105户，货币补贴2户。此次公租房政策改变以往单一实物配租模式，实现“实物配租”和“租赁补贴”并举。

【危旧房大排查】 7月6日，市政府下发《义乌市危旧房治理改造两年行动计划》，《计划》明确危旧房治理改造的工作目标、职责分工、重点工作、工作计划及保障措施；同月29日，市建设局会同市农林局、市社区办、市规划局、市国土局、市财政局联合下发《义乌市危旧房治理改造措施和配套政策（试行）》，明确镇（街道）可根据实际，灵活采取城市有机更新、新社区集聚建设、旧村改造、空心村改造或异地奔小康等方式加以改造，以及城镇规划区范围外的农村危旧房户、符合条件的低保和低保边缘的危旧房户进行危旧房治理改造的相关补助政策。经鉴定的全市危旧房总量为2.16万宗（其中2016年鉴定1.02万户，面积141.88万平方米），其中城镇危房189幢，农村困难群众危房1350户，残疾人家庭危房61户。至12月31日，全市3690户危房通过拆除（重建、水平房安置、下山脱贫等）、修缮加固、腾空封闭等多种方式进行治理改造。

【货币化安置凭证购买商品房推介会】 10月23日起，市房协在仓后征收区块举办为期1个月的货币化安置凭证购买商品房推介会，万厦房产、联利联信、小商品城、万达广场投资、金绣房产、久府房产、华统房产及宝龙房产8家开发公司的10余个在售楼盘及6家二手房经纪机构参与推介。推介会共吸引928人次观展，收集意向客户208人次，组织实地看房149人次，现场成交房屋5套，成交金额1192.8万元。

（傅　俊）

物业管理

【概况】 2016年，全市有资质的物业服务企业53家，其中义乌企业38家，外地驻义乌分公司15家；具有一级资质企业15家，二级8家，三级26家，暂定级4家。全市物业管理项目164个，在管面积1181.71万平方米，其中住宅面积956.73万平方米；5万平方米以上的住宅小区42个，面积849.32万平方米，从业人员5925人。共有国家级物业管理示范项目1个，省级物业管理示范项目1个，市级物业管理示范项目13个。

全年办理物业专项维修资金缴存19宗1.27亿元；物业专项维修资金申请使用91宗，拨付维修资金240.12万元（其中应急使用申请38宗，拨付维修资金72.82万元）；住宅物业保修金缴存16宗3383.88万元；调处租赁纠纷、物业纠纷172宗。开展专题培训13次。完成2016年度诚信考核及信用等级评定。

【制度建设】 4月起，“物业专项维修资金、住宅物业保修金”存放按照《义乌市人民政府办公室关于印发义乌市市级行政事业单位公款竞争性存放管理暂行办法的通知》公开招投标，合计7700万元分别由稠州银行（1400万元）、兴业银行（5300万元）和农商银行（1000万元）中标；5月，物业服务企业实施《诚信手册制度》（试运行），根据综合信用得分情况，物业服务企业信用等级从高到低分别为A（优秀）、B（良好）、C（一般）、D（较差）4个等级。物业服务企业信用档案将作为企业日常监管、奖惩、资质升级、项目评优、物业项目招投标的重要参考依据。同月18日，市人大相关领导走访稠江街道欧景花园和北苑街道丹溪一区，主要了解物业行业存在的问题和困难，对收费难、停车难、违建等问题提出了意见建议。8月1日至15日，开展物业小区安全隐患大排查，大部分物业公司能在规定时间内上报排查结果及整改方案，对未能按要求完成排查及整改方案的15家公司在行业内进行通报。10月27日，市人大常委会副主任吴伟兴带队城建工委领导及人大代表10余人，到祠林小区、和安公寓、欧景花园视察物业管理工作；11月4日，市建设局在《义乌商报》公告2015年度物业维修金、保修金管理情况，让业主了解自己居住小区的“两金”情况，同时公开查询电话接受咨询；同月17日，交通大厦迎接金华市级物业管理示范项目考评，虽考评未获通过，在考评专家的指导下物业公司有了改进的目标；为方便物业公司、业委会、相关部门在日常工作中对法律法规的学习和查询；12月，市房管处编印《物业管理法律法规文件汇编》，《汇编》包含综合法律，业主、业主大会、业主委员会，资质管理、物业招投标及收费，“两金”管理，项目考评，秩序维护，消防安全等方面内容。同月，开展市级物业管理项目先进单位、先进个人评比，对15个项目进行考(复)评，其中12个项目通过考(复)评，撤消3个考核不达标项目。对先进单位、先进个人奖励，金额共计28.7万元。

（傅　俊）

城市有机更新

【概况】 2016年，为打造多元、高效、活力、绿色的都市化先导区，改变以往城中村改造“破旧村建新村”的模式，启动以老城区征收改造为核心的5.78平方千米城市有机更新工作。2月，组建副科级的义乌市城管委下属事业单位国有土地上房屋征收管理办公室，负责组织实施国有土地上房屋征收与补偿具体工作。从全市抽调12名经验丰富、能力突出的专职工作人员以及若干名房产评估师、律师等兼职人员，强化人员力量。4月，成立由市主要领导任组长的城市有机更新和政策攻坚“拔钉清障”工作领导小组。拟定《义乌市国有土地上房屋征收与补偿办法》，于6月1日起施行。7月起，《义乌市货币化安置凭证管理办法》《义乌市国有土地上房屋征收补偿资金管理暂行规定》《义乌市国有土地上房屋征收社会稳定风险评估规定》等征收配套政策相继出台实施。10月，从市各部门抽调人员36人，成立城市有机更新工作组，加强对城市有机更新政策处理、法律咨询、疑难问题解决、复杂建筑认定等工作的统筹、协调力度，确保各项工作推进。

【小区块收购】 2月27日至5月2日，完成宾王路高架桥桥下附属房全部68间签约工作，并于5月10日完成腾空。10—12月，做好“五水共治”、危房改造及部分学校改扩建工作，对环卫所32户房改房、干休所16户房改房、老党校24户房改房、教师进修学校25户房改房、徐江楼50户实施收购。11月15日，市环卫所等4个区块97户房屋全部完成签约，其中选择现金补偿的61户，选择货币化安置凭证的8户，选择产权调换的28户。12月30日，完成徐江楼50户的收购协议签订工作。

【湖大塘区块城市更新】 5月20日，城投集团对湖大塘区块原纺器厂启动拆除工作，至6月16日全部拆除完毕，完成84家承租户清退工作，共拆除房屋17幢，建筑面积1.5万平方米，腾空仓后、向阳上片、湖大塘区块7处资产，建筑面积2.22万平方米。

（陈俊伍）

【大区块征收】 9月18日，市政府公布仓后区块征收红线范围为东至城中中路，南至工人西路(不含临街房屋建筑)，西至通惠门路，北至机场路。征收范围占地10.82万平方米，被征收房屋总建筑面积11.8万平方米1005户。同月30日，公布《仓后区块国有土地上房屋征收补偿方案征求意见稿》。11月1日，公布征收决定。同月17日起，启动正式签约工作，至12月25日，签订补偿协议共计1005户，签约率100%。

10月8日，市政府公布湖大塘区块征收红线范围为东至城南河，南至稠州西路，西至香山路，北至城中西路(不含城中西路临街房屋)。征收范围占地18.35万平方米，被征收房屋总建筑面积10.8万平方米，涉及户数220户。同月24日，完成征收意愿的征询，同意改建的比例达90%以上。25日，公布《湖大塘区块国有土地上房屋征收补偿方案征求意见稿》。12月3日，公布征收决定。同月28日起启动正式签约工作。

10月21日，市政府公布向阳上片区块征收红线范围为东至义东路，西至城中中路，北至五岔路口，南至工人西路。征收范围占地约8.64万平方米，被征收房屋总建筑面积9.4万平方米，涉及户数729户。10月底，完成两清调查工作，公布房屋调查结果。11月1日，公布《向阳上片区块国有土地上房屋征收补偿方案征求意见稿》。12月23日，公布征收决定。

【老铁路职工房屋拆迁安置工作】 2016年，围绕03省道改建工程和宾王路延伸工程建设需要，城投集团对铁路职工房屋进行集中拆除，会同稠城街道车站社区、北苑街道迎宾社区、03省道指挥部组织拆除老铁路职工公租房房屋，共拆除老铁路职工116户房屋，建筑面积1800平方米，12月完成拆除工作。

（陈俊伍）

（除署名外均由傅俊供稿）

住房公积金管理

【概况】 2016年，全市住房公积金有实缴职工7.95万人，缴存总额86.71亿元，缴存余额38.1亿元。新增缴存职工2.46万人，同比增长40.49%；归集住房公积金13.93亿元，同比增长14.99%，行政审批窗口服务群众18.7万人次。至年底，全市累计发放个人住房贷款1.52万笔66.09亿元，贷款余额41.8亿元。发放贷款1583笔14.35亿元，提取9.1亿元，其中支持住房消费7.38亿元。全市个人住房贷款率109.71%，同比增长12.28%，达历史最高水平。全市公积金个贷逾期率0.37‰。全市住房公积金归集和还贷18.01亿元，提取和贷款23.45亿元，2016年资金缺口5.44亿元，存贷比超过105%。8月中旬至11月底，市公积金中心开展“双百”（百日走访百家企业）活动，缴存净增人数比自然净增人数多3500人。

【扶植困难企业】 5月起，市住房公积金管理中心根据《住房公积金管理条例》，允许生产经营困难企业降低公积金缴存比例，待企业经济效益好转后，再提高缴存比例。至12月底，有30家企业降低缴存比例，其中有17家企业降低1个百分点，4家企业降低2个百分点，4家企业降低4个百分点，2家企业降低5个百分点，3家企业降低7个百分点，涉及职工数3355人，减少归集额553.38万元。

【助力城市有机更新】 5月20日，义乌市住房公积金中心首次开展用权益证质押向缴存职工或缴存职工近亲属发放住房公积金，分别向蟠龙花园湖滨村发放贷款5户379万元，向香溪印象下沿塘村发放贷款25户1635万元。9月14日，针对义乌市委、市政府关于仓后、向阳、湖大塘3个区块实施城市更新有机工作，义乌市住房公积金中心最大限度放宽居民公积金提取、贷款政策，因旧住房实施城市有机更新，购买自住住房的居民，可提前提取住房公积金；因旧住房实施城市有机更新，修缮房产的，可申请提取住房公积金；因实施城市有机更新，企业（法人）搬迁而暂停缴存住房公积金的，暂停期间其所属职工视为正常缴存，可以申请住房公积金贷款。

【“互联网+”】 6月25日，按照浙江省住房和城乡建设厅制订的《互联网+政务服务（公积金信息查询）工作方案和技术方案》要求，市住房公基金管理中心与全省住房系统的12家中心及53家分中心同步实现查询功能与浙江政务服务网身份认证系统和手机APP查询功能的对接和联通，完成基础数据“双贯标”（住房公积金管理中心对于《关于贯彻住房公积金基础数据标准》《住房公积金银行结算数据应用系统与公积金中心接口标准》这两项标准的贯彻落实情况的检查和验收）工作。8月上旬，市住房公积金综合业务管理系统北京伟奥2.0版升级为3.5版。同月15日，住房公积金完成基础数据贯标。10月28日，完成银行结算数据应用系统贯标。

（张萍丽）

新农村建设

【概况】 2016年，在调研分析义乌市美丽乡村现状条件的基础上，完成《义乌市美丽乡村建设总体规划》的编制并获得市政府规审会通过，明确义乌市“中国众创乡村”的主题定位。制定《义乌市美丽乡村建设攻坚实施方案》,“十三五”期间,重点实施美丽乡村“131010”精品培育工程及百个特色村创建工程,建立美丽乡村建设联席会议制度、市领导联系制度、八大集团结对共建制度、月度例会考核通报制度、村级班子和村干部责任落实制度五大工作推进机制。全年共实施美丽乡村建设项目103个,年内核拨补助资金4787万元,完成马畈、钟村、缸窑、李祖4个村庄的规划编制和审批,全市38个村成功创建特色村。大陈镇成功创建为首批省级美丽乡镇,马畈村、缸窑村、何斯路村成功创建为省级特色精品村,石明堂村、缸窑村新增成为省级历史文化村落保护开发重点村。

【美丽乡村建设机制创新】 3月,义乌市美丽乡村建设领导小组办公室制订下发《义乌市2016年美丽乡村建设重点任务表》,由市级领导班子成员与42个美丽乡村精品村、风景线、特色村一对一进行联系,每月进行汇总通报,督促指导镇街、相关村(线)开展美丽乡村建设工作,协调工作中存在的问题。5月,义乌市大陈镇与交投集团合作,由交投集团实施大陈镇八楂线、鸽白线精品公路绿化提档改造工程,6月完成初步立项,11月正式进场施工,增加投资4000万元。5月11日,市委办下文成立美丽义乌建设总指挥部,下设美丽乡村建设作战指挥部,同月13日,指挥部在大陈镇正式挂牌办公,市农合联、市发改委、市财政局、市城管委、市规划局、市交通局、市水务局、市农林局等相关部门进驻现场办公,每周召开例会,筹划、启动各类工程项目20个。7月13日,指挥部转至城西街道通过现场考察、现场办公、专家座谈等办公形式推进美丽乡村建设工作。

【农村生活垃圾治理】 3月,义乌全面启动农村生活垃圾分类减量化处理资源化利用工作和分类减量化处理资源化利用终端处理设施项目建设。6月,市农办出台《义乌市农村生活垃圾分类工作考核办法(试行)》,将垃圾分类工作纳入镇街和部门的年度绩效考核内容,每月对工作进度和日常管理工作进行考核通报,强化考核问责机制,促进农村垃圾分类工作。至12月底,全市679个村庄完成农村生活垃圾实施分类减量化处理资源化利用,占全市行政村总数的95.1%,其中太阳能垃圾房330座覆盖478个村,机械处理站17座覆盖201个村,同时创建垃圾分类优秀村(示范村)79个,配备农户分类垃圾桶25余万套、分类收集车1185辆、分拣员1600余人,投入资金8850余万元,基本实现全市行政村农村生活垃圾分类全覆盖。

【义乌市美丽乡村建设总体规划】 4月19日,在城市设计百日大会战动员会上,市农林局与浙江大学城乡规划设计研究院签约,正式启动义乌市美丽乡村建设总体规划编制工作。4月19日至5月19日,浙江大学生态规划与景观设计研究所、市农林局、各镇(街道)共出动160余人次,集中调研走访400余个行政村,征求市人大、市政协、各镇(街道)、各部门的意见,完成《义乌市美丽乡村建设总体规划》的编制,并于11月6日获得市政府第16次规划集体会审会议通过。《规划》确定全市一环三带四片十线的总体布局,明确义乌“中国众创乡村”的主题定位。

【省级美丽乡村(镇)创建】 4月19日,浙江省第四批(2016年度)历史文化村落保护利用重点村和一般村名单公布,城西街道石明堂村被列入全省第四批历史文化村落保护利用重点村。10月14日,浙江省委、省政府公布《关于表彰浙江省美丽乡村示范县、示范乡镇和美丽乡村建设突出贡献者的通报》,大陈镇获评首批浙江省美丽乡村示范乡镇。11月8日,大陈镇马畈村、义亭镇缸窑村、城西街道何斯路村获评2016年度全省美丽乡村特色精品村。12月1日,浙江省第五批(2017年度)历史文化村落保护利用重点村和一般村名单公布,义亭镇缸窑村被列入全省第五批历史文化村落保护利用重点村。

【精品村、特色村培育建设】 6月27日,马畈村业态培育办公室和马畈精品村建设作战室成立,陕西咸阳袁家村、杭州天脉环境艺术设计、亿朋衬衫、马畈村青创会等首批16家商户签约入驻,整个业态项目由村集体统一运作。拟打造美丽乡村风景线的项目有九都入口、华溪绿道、桃花溪景观等19个具体项目开工建设。12月,市美丽乡村领导小组办公室根据《义乌市美丽乡村精品村、特色村培育建设实施方案》及其《实施细则》的要求,组织相关单位对13个镇(街道)的46个申报义乌市美丽乡村特色村的村庄进行现场考评,经考评组评定并报市领导审核,佛堂镇上村、廿三里街道里忠村、大陈镇上坑仁村等38个村被评为第二批"义乌市美丽乡村特色村"。全年共实施美丽乡村建设项目103个,年内核拨补助资金4787万元。全市已确定的5个精品村中,马畈、钟村、缸窑、李祖完成规划审批,何斯路正在编制规划。

(刘　娟)

美丽乡村建设　　　　(市农林局供图)

环境保护

环境质量

【概况】 2016年，开展"五水共治""五气共治""低小散乱整治"等项目清理，全市水环境质量实现改善，7个省市控断面、3个出境断面Ⅲ类水达标率100%。城市集中式饮用水源地水质均符合国家标准，达标率100%。大气环境质量持续向好，市区环境空气质量优良率为80.3%。城市区域环境噪声54.9分贝。

对八都水库、巧溪水库2个城市集中式饮用水源地水质开展12次（1次每月）29个项目的常规监测，4次（1次每季度）《地表水环境质量标准》（GB3838—2002）中表3的33个优选特定项目的水质补充监测，1次109个项目的全项监测。2个城市集中式饮用水源地水质均符合《地表水环境质量标准》Ⅲ级标准，达标率均为100%。对横锦水库调节池、岩口水库、柏峰水库、卫星水库、枫坑水库、王大坑水库6个集中式饮用水源地水质开展12次（1次每月）29个项目的常规监测。6个饮用水源地水质均符合《地表水环境质量标准》Ⅲ级标准，达标率均为100%。

【大气环境质量】 2016年共监测366天，有效天数366天。市区环境空气质量优良率为80.3%，优良天数达294天，同比增加29天，PM2.5平均浓度降至43微克每立方米，同比下降15.7%。环境空气质量总体良好，城区环境空气中SO_2、NO_2、PM10、PM2.5、CO和O_3 6项污染物的年平均值分别为0.018毫克每立方米、0.040毫克每立方米、0.068毫克每立方米、0.043毫克每立方米、1.100毫克每立方米、0.089毫克每立方米。酸雨频率34.8%，同比下降59.6%；酸雨量占总降水量46.0%，同比下降49.7%；降水pH值分布在范围3.94～7.56之间，pH值年雨量加权平均值为5.27，同比上升0.35。

【声环境质量】 义乌市区域环境噪声等效声级为54.9dB（A），噪声来源以生活噪声、交通噪声为主。道路交通干线噪声的平均等效声级为67.9dB（A），同比下降0.5dB（A）。居民文教区噪声昼夜等效声级从上年的52.8dB（A）下降至50.2dB（A），混合区噪声昼夜等效声级则从上年的53.6dB（A）上升至53.7dB（A），工业集中区噪声昼夜等效声级从上年的56.3dB（A）下降至56.0dB（A），交通干线两侧区域噪声昼夜等效声级从上年的58.6dB（A）下降至58.5dB（A）。

【地表水环境检测】 2016年，按照《地表水环境质量标准》，对义乌市义乌江、南江、大陈江和洪巡溪12个地表水断面开展12次（每月1次）23个项目的常规监测。12个地表水断面180站次常规监测中，Ⅳ类水为11站次，占6.1%；Ⅲ类水为169站次，占93.9%。相比上年，劣Ⅴ类水站次比例下降5.9个百分点，Ⅴ类水站次比例下降4.7个百分点，Ⅳ类水站次比例下降16.4个百分点，Ⅲ类水站次比例上升27个百分点。

义乌江6个监测断面水质均为Ⅲ类，达到水质功能要求。

相比上年，塔下洲、杨宅、倏芹渡和低田 4 个断面分别从Ⅳ类水质上升至Ⅲ类水质，义东桥和兴中桥断面维持Ⅲ类水质。南江的 2 个监测断面水质均为Ⅲ类，维持 2015 年Ⅲ类。大陈江的 3 个监测断面中，邢宅和龙潭断面为Ⅲ类，外朝塘断面为Ⅱ类，邢宅和龙潭断面维持上年Ⅲ类，外朝塘断面好于上年Ⅲ类。洪巡溪石斛桥断面水质为Ⅲ类，维持上年Ⅲ类。

【小流域水环境检测】 2016 年，对义乌市 41 条小流域 74 个断面开展 12 次(每月 1 次)水质常规监测，监测项目为氨氮、总磷，入江口断面增加高锰酸盐指数，共获得监测数据 2140 个。74 个监测断面中，Ⅰ～Ⅲ类水 31 个，占 41.9%；Ⅳ类水 7 个，占 9.5%；Ⅴ类水 8 个，占 10.8%；劣Ⅴ类水 28 个，占 37.8%。

环境综合治理

【概况】 2016 年，全市固体废物产生量为 134.23 万吨，其中工业固体废物产生量为 35.01 万吨(含危险废物 4.88 万吨)，综合利用量 30.13 万吨，处置量 4.85 万吨，处置利用率 99.91%，危险废物均转移至周边有危险废物经营处置许可的单位进行处置；集中式污水厂污泥产生量为 12.01 万吨，处置率 100%；城市生活垃圾产生量为 87.05 万吨，处置率 100%；医疗废物产生量为 1600 吨，处置率 100%，产生的医疗废物统一委托金华市莱逸园环保科技开发有限公司进行无害化焚烧处置。

引进国内领先、节约用地、环境友好的“半地埋式”设计对江东、义亭 2 座污水厂实施扩建；提前完成扩建前期政策处理，实现当年审批，当年建设；推进华川垃圾焚烧技改项目技术可研论证和生活、工业污泥资源化利用前期谋划；累计完成环保基础有效投资 5.17 亿元，完成年度任务数的 141%。

【“五水共治”】 2—11 月，紧扣水质提升目标，摸清 9 大污染源头，查明 41 条河道水情，制定治水“三图三表”(污染源分布图、截污纳管推进图、攻坚治理作战图，项目表、责任表、时间表)，指导部门、镇(街道)合力治污，形成源头治理系列“义乌标准”。3 月，强化“河长制”，新增市级河长 17 人，出台 8 项制度规范河长履职，配齐河长 APP 移动终端，落实河长“治管保”作用。阻击“清三河”反弹，挂牌销号隐患河道 23 条，“一口一策”整治排水口 114 个。引入中科院技术实施农村污水治理提标改造，终端出水实现一级标准，343 个村实现雨污分流达标创建和第三方专业化运维，运维覆盖率位居金华首位；狠抓行业污染治理，完成 1300 余家洗衣洗浴整治，创建示范社区 2 个，新增刷卡排污系统 24 套，实现重点源企业总量控制全覆盖，完成中水回用项目 3 个，年削减废水排放 56 万吨。

【“五气共治”】 3 月，牵头抓总，分解细化治气任务，推进大气治理五大行动，完成 G20 峰会环境质量保障任务；5 月，建立治气 4 项推进机制，首次将大气考核列入部门镇(街道)年终考绩；摸清全市 8 大类 29 种污染源底数，为 PM2.5 源解析提供技术支撑。11 月底，强化烟气污染控制，超额完成重点行业 VOCs 治理企业 60 家，榨糖烟气、燃煤烟气清洁排放改造企业 81 家。全年，常态化开展“遥感 + 执法”路检，提前实现黄标车全面淘汰。

“五水共治”后的农村 （市农林局供图）

【"低小散乱"整治】 5月,义乌市委、市政府成立作战指挥部,牵头开展"低小散乱"综合整治,对模具、印刷包装等7大行业全面摸排,建立全市统一的"低小散乱"企业经济户籍档案,实现"清单式"管理;8月创新"1+2+8"模具行业整治提升模式,围绕"模具出城、化行归市"1个总体方案,建成"一城一园"2大集聚点,出台租金减免等8项扶持政策,凝聚各方力量推进595户模具经营户整合入园419户、合理转移123户、关停淘汰53户。围绕城市有机更新,加快推进向阳、市场社区印刷包装行业整合集聚,关停取缔污染加工作坊75户,新建、改建安置点7.9万平方米。响应企业诉求,10月底完成新建朵莉、宝隆、新光3个饰品抛光集聚点,整合集聚企业120家,实现废水"零排放"。

环境管理

【概况】 2016年,完成项目环评审批备案项目998个,其中报告书项目26个,报告表项目256个,登记表项目716个;核发排污许可证265本,工程竣工验收168件。实施环评瘦身,取消"三同时"验收,对负面清单外一般建设项目执行承诺备案制,实现发证与备案同步,审批量同比增长150%;开辟重大项目和"零土地"技改项目绿色通道,助推吉利英伦整车、垃圾焚烧技改、污水厂扩建等项目建设,65个"零土地"项目实施登记备案。首次将排污权税收指标纳入亩产效益综合评价体系,出台要素配置管理办法,从出让、交易、租赁、收费、考核5方面实行差别化管理,为吉利、金哥、真爱等6家优质企业调配总量;激活要素交易市场,提高排污权使用效益,累计办理业务15笔,交易金额2919万元,同比增长53.9%。

【化学品生产使用情况调查】 为全面贯彻《水污染防治行动计划》"严格化学品环境管理"精神,8月,市环保局下发《关于开展义乌市化学品生产使用情况调查的通知》,全面启动义乌市生产化学品生产使用情况调查。此次调查行业范围包括农副食品加工业,食品制造业,纺织业,皮革、毛皮、羽毛及其制品和制鞋业,石油加工、炼焦和核燃料加工业,化学原料和化学制品制造业,医药制造业,化学纤维制造业,橡胶和塑料制品业等行业中相关子类下生产使用化学品的现有企业。调查内容包括化学品生产使用企业的基本情况、化学品生产使用信息,包括化学品名称、化学文摘号、生产量、使用量、使用用途等,调查基准年为2015年。根据环境统计、排污申报以及环评审批验收情况筛选,全市共有261家企业纳入此次调查。9月30日,《义乌市化学品生产使用调查数据》上报至金华市,标志完成化学品生产使用情况调查工作。调查完成261家企业的化学品生产使用情况,其中个体工商户43家,停产、改行、搬迁或破产25家,实际完成化学品生产使用报表填报193家,涉及染料、助剂、化妆品原料、增塑剂等2678种化学品。

污染减排

【概况】 2016年,全市化学需氧量(COD)、氨氮(NH_3−N)、二氧化硫(SO_2)、氮氧化物(NO_x)排放总量减排比例分别为4.91%、3.0%、4.5%和4%。其中全市工业化学需氧量(COD)、氨氮(NH_3−N)、二氧化硫(SO_2)、氮氧化物(NO_x)排放总量2016年排放总量分别是647吨、37吨、2819吨、1221吨。

【汽油车检测新标准】 为促进老旧车淘汰更新,进一步减少在用车污染物的排放,4月28日,浙江省人民政府批准发布《在用点燃式发动机轻型汽车简易瞬态工况法排气污染物排放限值》(DB33/660—2016)。根据要求,全省分2个阶段实施污染物排放限值。7月1日起,义乌开始执行其中第一阶段的排放标准。在新标准中,对第一类轻型汽车和第二类轻型汽车都分别作出不同的规定。第一类轻型汽车是指设计乘员数不超过6人(包括司机),且最大总质量不超过2500千克的M1类车。涉及最多的家用小轿车,大部分都属于第一类轻型汽车范围内,排放限值将降低近一半。第二类轻型汽车第一阶段排放限值降低三分之一。至7月,全市恒风和安通2个检测站完成新标准软件更新。

【项目减排】 2016年，完成大陈污水处理厂新建重点减排项目和华川集团集中供热范围内企业锅炉淘汰重点减排项目认定。新建重点污染源刷卡排污系统24套，联网率100%。

环境监察

【概况】 全年共立案查处环境违法案件712件，同比增长43.8%，处罚金额1800余万元，其中办理环境违法重大案件190件（行政拘留28件、查封扣押151件、停产限产8件、按日计罚3件），同比增长239.3%；案件查处数量占金华地区的40%，执法多项指标位居全省前茅，执法大队代表浙江入选全国环保执法先进集体。

【创新监管机制】 1月，推行环境监管网格化，落实镇（街道）属地管理责任；建立污染源"双随机"（通过对企业信息数据库和执法人员数据库中的数据进行随机处理，抽选出待查企业与执法人员，以便执行对企业的执法抽检工作，实现抽检数据随机，执法人员随机，保证执法抽检的公平公正）抽查和重点源分类监管机制，实现重点源现场检查全覆盖和"阳光执法"；建立错时执法和"直查快办"机制，减少监管死角盲区。4月，成立案件后督察小组开展执法"回头看"，案件初次执行率提升至70.5%。7月，推进环保执法与公检法有效衔接，建立行政刑事案件"双移送"制度，办理移送公安案件48起（追究刑责20起24人），同比增长20.5%。2016年全年联合部门镇（街道）开展"春雷斩污"等专项执法行动34次，检查企业1.43万家次，依法关停取缔企业1087家，同比增长41.2%。

（朱志红）

国土资源

【概况】 2016年，市国土资源局推进农村宅基地制度改革。结合义乌市实际，从宅基地的取得置换、抵押担保、入市流转、有偿使用、自愿退出、明晰产权及民主管理7方面入手，系统设计义乌市农村宅基地制度改革的"一意见、七办法、九细则"，在全市范围选择38个不同类型的村庄，在先行先试基础上，在全市面上推开。集体经营性建设用地入市改革、土地征收制度改革分别完成6个配套政策初稿制订。完成国土资源部对义乌市农村土地制度改革的评估，提交的20条修法建议中大部分被中央修改《中华人民共和国土地管理法》（修正案草案）采纳。城乡新社区集聚建设加快推进。佛堂镇湖滨村和稠江街道下沿塘村2个新社区集聚建设试点村，首批535户1035套高层公寓顺利分房到户，部分农户已经入住。"集地券"试点稳步实施。颁发首批2本"集地券"证书，证载新增耕地面积1.1公顷，建立"集地券"后备资源储备库，首批符合试点条件的27个项目，面积20.54公顷完成规划设计，并通过专家评审。历史遗留问题处理取得突破。各试点村按照不动产登记的要求开展权籍调查，完成测绘1274户，建筑面积16.29万平方米，北苑街道83户农户缴纳264万元有偿使用费，并签订有偿使用合同。改革试点工作受到中央政研室农村局和经济局、国土资源部、省委、省决咨委等诸多领导的充分肯定。

谋划土地规划空间。完成市、镇两级土地利用总体规划调整完善工作。全市新增规划建设空间30平方千米以上。全力保障用地需求。建立项目储备库，入库项目384个，总用地面积1640.3公顷，涉及新增建设用地1341.6公顷。多途径向上争取用地指标。2016年义乌市取得各类新增建设用地指标510公顷，较上年增加40.53公顷。多方式解决耕地占补平衡指标。全年通过省调剂、从兄弟县市调剂耕地占补指标202.91公顷。积极盘活存量建设用地指标。完成7个调整建设用地批文盘活批而未供土地转用指标的报批，共可盘活新增建设用地指标25公顷，其中耕地23.05公顷。实施储备土地精细化、标准化管理。新储备入库土地73宗14.71公顷，出库供应83宗229.11公顷，现在库储备土地69宗447.29公顷。倾力推进土地有序出让。全年全市共招拍挂出让土地57宗，土地出让成交价款63.7亿元。推进耕地有偿保护，出台《义乌市耕地保护补偿实施意见》，核定发放耕地奖补资金3648.5万元。科学划定永久基本农田。划定永久基本农田保护任务1.83万公顷，示范区为7900公顷，签订保护责任书2400余份，设立各级保护牌315块，埋设保护界桩1851个，设立永久基本农田示范区保护标语4处。狠抓土地整治工作。全市在建垦造耕地项目共16个，规划新增耕地面积120.33公顷，其中新增水田面积42.73公顷，旱地面积77.6公顷，完成标准基本农田面积1676.93公顷，耕作层剥离再利用面积41.67公顷。提高垦造耕地补助标准。将旱地的补助标准从每亩12万元提高至每亩20万元，水田的补助标准从每亩22万元提高至每亩35万元。盘活存量建设用地。全年，义乌市消化批而未供234.79公顷，完成任务数的117%；盘活存量12.91公顷，完成任务数的145%。城镇低效用地再开发146.16公顷。加大土地违法查处力度。2016年义乌市违法耕占比仅为0.99%，3月，通过国土资源部大图斑检查验收，完成2015年度土地变更调查暨卫片执法检查工作。全年下达行政处罚68件，其中2起已移送公安部门追究刑事责任。加强对重点信访人员的排查化解，妥善处置各类应急事件，完成G20杭州峰会和世界互联网大会等各个重点时期的信访维稳工作。全年共办理行政诉讼复议案件126件，较上年同期下降37%，降幅较为明显。

深入推进不动产统一登记。完成省国土厅和省地税局布置的义乌市不动产涉税转移登记一体化改革试点工作，11月24日成功颁发全国首本记载有契税完税信息的不动产权证，为群众提供更为简便的服务。截至12月底，全市累计发放不动产登记证书证明80161本，其中不动产权证书42492本，不动产登记证明37669本；办理各类抵押登记28843宗，抵押金额达1283.26亿元。破解农民建房难。共争取农民建房专项指标314公顷，解决无房户、危房户农民建房1220户，其中无房户621户，危房户599户。打造阳光征地工程。完成征地前期工作和协助镇街开展征地项目121个，涉及土地面积1.33万公顷，核付征地费9261.06万元。严格落实被征地农民养老保险政策，已核定被征地农民养老参保人员5.6万人，切实维护群众利益。做好矿政管理工作。开展矿产资源规划修编，加快地矿信用体系建设，完成采矿权人信息录入17家。抓好废弃矿山治理，开展矿山生态复绿工作，共治理废弃矿山6处。做好地质灾害防治，组织地质灾害防治知识培训420人次，参加应急演练600余人。2014—2016年共投入地质灾害防治专项基金1500余万元用于开展33处地质灾害治理工程，其中24处已完工，9处正在施工。12月，义乌市被国土资源部评为全国地质灾害防治高标准"十有县"。

【出台《耕地保护补偿机制实施办法》】 为贯彻落实耕地保护制度，保障粮食生产安全，建立耕地保护长效激励机制，6月12日，义乌市出台《耕地保护补偿机制实施办法》(简称《实施办法》)。《实施办法》确定总体目标是通过耕地保护补偿机制的建立和实施，落实耕地保护共同责任机制，使承担耕地保护任务与责任的农村集体经济组织和农户能从保护耕地和基本农田中获得长期的、稳定的经济收益。《实施办法》规定自2016年起，义乌市全面实施耕地保护补偿机制，并按照"谁保护、谁受益""分级负责、突出重点"的要求，对耕地保护全面进行经济补偿。耕地保护补偿资金由村集体经济组织耕地保护奖补和农户耕地地力保护补贴两部分组成。《实施办法》明确补偿范围为年度土地利用变更调查确定的耕地中，经依法批准的土地利用总体规划确定的永久基本农田和其他一般耕地。补偿对象承担耕地保护任务和责任的农村村级集体经济组织；农户耕地地力保护补贴为农户(承包权人)。补偿标准为每亩每年120元。根据全市耕地面积计算，义乌市每年用于耕地保护经费为4300余万元。

【入选全国国土资源节约集约模范县（市）】 2016年，6月27日，义乌市获得全国国土资源节约集约模范县(市)奖牌。2005年10月，义乌市被中共中央宣传部确定为全国5个节约集约用地先进典型之一;2007年被浙江省委、省政府确定为全省节约集约用地先进典型之一;2009年国土资源部徐绍史部长到义乌考察调研时充分肯定了义乌市土地集约利用工作;2012年9月国土资源部副部长胡存智到义乌调研国土资源工作,认为义乌节地模式值得借鉴和推广。

【发放全国首本记载有契税完税信息的不动产权证】 11月24日,义乌市市民周春仙领到全国首本记载有契税完税信息的不动产权证。标志义乌在利用部门间信息交换和共享来提升群众办事体验上迈出实质性的一步。

8月,义乌启动不动产信息交换暨转移登记一体化办理改革试点。义乌市行政服务中心管委会负责改革试点统筹,牵头制订《义乌市不动产涉税转移登记一体化办理试行办法》;市国土局、地税局是重点改革部门,调整不动产登记相关的岗位、流程、办事资料等事宜,并合作开发信息交换系统。11月24日起,不动产转移登记将按照"一窗受理、信息交换、同步办理、两证合一"的流程办理,办事群众先到不动产登记窗口申请,再到地税窗口缴税,完税后3个工作日内领取不动产权证。各相关部门通过数据共享,减少工作量和行政成本。

通过实施不动产信息交换暨转移登记一体化办理改革试点,义乌市在全国范围内率先实现国土部门的不动产信息系统与税务部门的"金税三期"信息系统之间的数据交换。通过数据交换,实现契证与不动产权证的"两证合一"。

(冯建民)

廿三里街道——义乌小商品市场发祥地

廿三里街道位于义乌市东部,与东阳市接壤。关于廿三里地名的由来,明朝万历《义乌县志》及《大清一统志》记载:"其西至县郭,南至(东阳)画溪,北至酥溪,皆二十三里故名。"廿三里因离义乌市区、苏溪镇及隔壁东阳市皆为23里而得名。清时廿三里属缙云乡四、五都,民国时为廿三里镇、华李乡,1950年划分为华溪、李塘、廿三里、何宅、陶店、东陈6个乡,1955年将何宅、陶店、东陈3个乡并入廿三里乡,1956年李塘乡并入华溪乡。1961年成立廿三里、华溪2个公社,1983年改称乡,1986年廿三里乡改为建制镇。2003年,撤销廿三里镇,设立廿三里街道。

廿三里街道是中国小商品城的发祥地,素有"拨浪鼓之乡"的美称。廿三里的拨浪鼓历史及其文化,可以追溯到明末清初时期。明末,有为数不少的货郎在民间走街穿巷,敲糖换鸡毛。到了清道光年间(1821—1850),已形成一个组织严密、分工细密的敲糖帮。随着中国市场化取向改革和商品经济的活跃,廿三里镇在原先敲糖换鸡毛基础上,进入了开拓专业市场和专门经营小商品的新阶段。在20世纪的70年代中期,廿三里镇就出现了几百个经营小商品的地摊,成为当今名闻天下的义乌小商品市场的发祥地。

(陈子华)

工业经济

综　述

2016年,全市完成工业增加值329.1亿元,同比增长4.8%,工业增加值占GDP的比重为29.4%。实现工业总产值1845.8亿元,同比增长4.6%。其中,规模以上工业增加值169.9亿元,同比增长4.3%;完成规模以上(年产值2000万元及以上)工业总产值813.4亿元,同比增长4.7%;限额以上(全部国有和年销售收入在500万元以上的非国有工业企业投资)工业投资150亿元,工业技改投入101亿元;战略性新兴产业、高新技术产业、装备制造业增加值分别为12.95亿元、41.04亿元、16.16亿元,分别同比增长9.4%、11.7%和23.1%;规模以上工业新产品产值256.3亿元,同比增长9.7%。工业用电量47亿千瓦时,同比增长3.7%。

发展四大重点产业。引进总投资60亿元的华灿光电、20亿元的瑞丰光电、55亿元的木林森照明3个上市公司项目,引进总投资52亿元的森山健康小镇和50亿元的乐土健康小镇项目;吉利发动机、动力总成、海之纳一期、森宇一期项目相继竣工投产,新能源整车、赵龙特种车二期、正大中央厨房项目等项目开工建设。开展中欧时尚月2016春季时尚秀活动,新光饰品公司创建省级重点企业设计院,袜业、无缝针织服装、线带和手套行业通过中国纺织工业联合会复评,继续保持中国针织(袜业)名城、中国针织(无缝内衣)名城,中国针织(手套)名城和中国线带名城荣誉称号,加快提升时尚消费品产业转型。

制定出台《关于开展工业企业亩产效益综合评价推进资源要素配置市场化改革工作实施意见》,修订2015年亩产效益综合评价办法并完成评价,1846家企业纳入评价范围,评出A类企业105家、B类企业1006家(其中B1类企业281家、B2类企业725家)、C类企业617家、D类企业118家。加快推动D类企业关停并退转,全年累计征收差别化水电气费用1000余万元,拆除D类企业违章建筑9431平方米,102家D类企业完成整治98家。

完成企业清洁生产审核16家,创建省级绿色企业2家。全市累计清洁生产验收企业354家,创建省级绿色企业31家。完成淘汰印染行业落后产能1.41亿米和织造行业落后产能4510万米,淘汰改造高污染燃料锅炉1092台,拆除产能3000万块砖瓦窑1座,腾出用能量6.3万吨;新投放新能源汽车423辆,累计达592辆。

融合发展“中国制造+互联网”。2016年,义乌市信息化指数为1.02,列全省第一梯队。成功申报省级信息经济发展示范区和省智慧健康示范推广项目。协调中国电信、中国移动、中国联通三大运营商投入3亿元,铺设光纤线路2300千米,淘汰铜缆300余吨,实现村村通光纤,城乡光纤到户全覆盖,全市230余个公共区域的免费无线网络覆盖。实施智慧教育云平台、智慧健康、政务大数据平台、智慧生态等26个政府投资信息化项目,总投资8000万元。“两化融合”(信息化和工业化融合)示范项目23个,总投资7000万元。入驻阿里巴巴义乌产业带平台企业3.2万家，年度交易额150亿元。

开展金融扶企惠企工作，启动实施政策性融资担保实施方案，全年政策性融资担保3.4亿元；“转贷通”业务办理1758笔205.11亿元，惠及企业1135家。开展降成本“春风”行动，为企业减负14.5亿元。

【创业创新推进会】 1月17日，为进一步鼓励和支持企业创业创新，2016义乌市企业家迎新年会暨创业创新推进会在义乌幸福湖国际会议中心举行。义乌国际贸易综合改革试点工作领导小组、浙商总会、浙江省企业联合会、浙江省工业经济联合会、浙江省企业家协会等单位领导及义乌市领导和义乌企业家共1000人参加会议。会上，义乌企业家们回顾企业过去一年回报社会、创富创业的成绩，共叙义乌企业未来。同时举行《义商》杂志首发式、“义乌市企业家阅读中心”授牌仪式和义乌“互联网+”企业展示、部分义乌籍优秀企业主的经验交流、电视剧《鸡毛飞上天》新闻发布会等环节。义乌市企业家联合会与美国中华工商总会、中国中小企业协会信用管理中心、中亚采购中心、杭州大数据股份有限公司签署战略合作协议。与会人员畅谈义乌企业发展创新，认为在新常态下，义乌企业家们要顺应“互联网+”发展趋势，发挥市场集聚优势，把握国际贸易综合改革试点契机，专心致志做好百年老店，推动义乌经济又好又快发展。

【出台3个《十条意见》】 2月17日，为进一步减轻企业负担，建立政府、金融机构、企业三方“同进共退”的合作机制，市人民政府公布《关于印发减轻企业负担　金融支持工业发展十条意见（试行）的通知》，提出稳定银行信贷规模、协商处置担保链风险、实行工业用地收储制度、充分显化抵押物价值、帮助重点企业解担保、完善政策性担保体系、鼓励企业做强做大、清理规范收费行为、落实贷款联动挂钩机制、严厉打击恶意逃废债10条意见，做好企业服务工作，优化经济金融生态环境，促进工业经济稳定健康发展。3月13日，为引导全市企业进行股份制改造，加快挂牌上市步伐，鼓励企业通过资本市场实现资源优化和制度创新，进一步增强企业核心竞争力和可持续发展能力，市人民政府下发《义乌市人民政府关于支持企业股改重组挂牌上市的十条意见（试行）》，提出实行企业股改重组、挂牌上市全过程服务，化解企业信贷风险，降低企业股改成本，鼓励企业并购重组，引导设立企业股改挂牌上市基金，优先保障募投项目用地，提前兑现、分阶段实施企业挂牌上市奖励，支持企业开展直接融资，鼓励解禁的限售股在义乌减持，加强中介机构培育和发展10条意见，促进企业股改重组、挂牌上市。4月5日，为进一步减轻企业负担，优化企业服务，当好“店小二”，加快工业提质增效，市人民政府发布《义乌市人民政府关于支持中小微企业发展推动产业转型升级的十条意见（试行）》，从拓展企业发展空间、优化企业供地方式、降低企业用地成本、降低企业融资成本、激励企业规范升级、支持企业持续发展、推动企业技术改造、鼓励企业科技创新、助力企业品牌建设、优化要素配置环境10个方面优化政策扶持措施，支持中小微企业发展推动产业转型升级。

【《义乌市产业发展规划（2016—2020）》】 3月14日，市人民政府发布《义乌市人民政府关于〈义乌市产业发展规划（2016—2020）〉的批复》的通知，以时尚产业、装备制造产业、信息产业、健康产业四大重点产业发展为重点，明确产业布局和发展方向，为“十三五”期间推动义乌市工业经济结构调整、转型提升的行动指南。其中千亿级日用时尚消费品产业集群重点发展时尚饰品业、时尚服装服饰业、时尚家居用品业、时尚化妆品业；千亿级信息网络经济产业集群，重点打造以LED全产业链为核心的第三代半导体光电全产业链集群，大力支持大数据、云计算、移动互联网产业发展，巩固扩大电子商务规模，大力发展跨境电商；百亿级先进装备制造产业集群重点形成以新能源整车生产为龙头，以发动机、变速箱等核心零部件为配套的新能源汽车与零部件产业集群，大力发展无缝织机、高端袜机等专用设备制造业，积极培育航空设备制造业；百亿级食品医药健康产业集群重点提升农副食品加工制造业，培育和引进高附加值的生物制药、中药饮片、保健品、饮品产业，培育医疗器械制造业及与之关系密切的新材料产业。

【出台政策性融资担保实施方案】 4月21日，市人民政府发布《义乌市人民政府关于印发义乌市政策性融资担保实施方案的通知》。根据《通知》，改组义乌市农信融资担保有限公司为政策性融资担保公司。《通知》适用对象为义乌市内财务规范、能正常履行信贷关系的亩产效益综合评价A类企业和非C、D类国家高新技术工业企业以及完成股改的拟上市企业、上市培育企业和“新三板”挂牌培育企业；所有适用对象可获得上一年度企业实缴纳税额1倍贷款担保额度，入库税收连续两年增长的，可获得企业上一年度实缴纳税额2倍以内贷款担保额度；入库税收连续两年增长超过全市平均水平的，可获得企业上一年度实缴纳税额3倍以内贷款担保额度；入库税收连续3年增长的，可获得企业上一年度实缴纳税额4倍以内贷款担保额度；入库税收连续3年增长超过全市平均水平的，可获得企业上一年度实缴纳税额5倍以内贷款担保额度。单个企业贷款担保额度最高不超过1亿元；贷款担保额度在企业上一年度实缴纳税额1倍的，年担保费率为1%；1倍以上3倍以下，年担保费率为1.5%；3倍及以上，年担保费率为2%。费率累进计算。免收担保保证金。贷款只能用于企业在义乌市区域内正常生产经营活动、正常转贷、解互保或增加有效投入。

【试点电力直接交易】 6月下旬，为贯彻落实《国务院批转国家发展改革委关于2016年深化经济体制改革重点工作意见的通知》精神，市经信委会同市环保局和市供电公司首次在全市大面积开展电力直接交易试点工作。此次试点的电力用户范围为上年度年用电量在100万千瓦时以上的工商企业，并限制高污染、落后产能及过剩产能企业参与。符合要求列入试点的电力用户下半年电费可直接享受电费打折的优惠。至12月底，全市共有900余家工商业用户可享受电价优惠。

【创新设计产业协会成立】 6月21日，义乌市创新设计产业协会第一届一次会员大会暨成立大会在义乌市科技创业园举行。市政协、市科技局、市外侨办、市文广新局等单位领导和嘉宾、社会媒体、义乌市内设计机构和会员代表160余人参加成立大会。成立当日，协会召开第一届会员大会及理事会，审议通过义乌市创新设计产业协会章程，选举产生第一届领导班子，李丹当选第一届协会会长，季慎峰、黄以新等15人当选协会副会长。协会成立为义乌创新设计发展水平提供坚强技术支撑，帮助企业转型升级、技术提升，解决专利和标准等瓶颈问题；推动义乌市创新设计产业事业发展，实现创新设计的产业化，提高企业及其产品的市场竞争力，促进义乌经济发展和社会进步。

【获省“创业之星”】 7月6日，根据《浙江省人民政府办公厅关于促进小微企业转型升级为规模以上企业的意见》精神，浙江省经信委对2015年新上规企业组织“创业之星”评选，经过对入选企业的产业范围、成长指标、创新能力等方面的考核，205家企业获选。其中，义乌市浙江锋锐发动机有限公司、浙江圣石激光科技股份有限公司2家企业入选。

【中小微企业“微融贷”项目】 7月8日，为进一步解决义乌市中小微企业融资难、融资贵难题，由义乌市经信委牵头，中国邮政储蓄银行义乌市支行和义乌市农信融资担保有限公司合作设立的义乌市中小微企业“微融贷”项目在义乌市农信融资担保有限公司签约。“微融贷”项目主要服务对象是全市亩产效益评价A类、拟上市和挂牌培育企业以及亩产效益评价非C、D类国家高新技术企业，总规模5亿元，由中国邮政储蓄银行义乌市支行出资，义乌市农信融资担保有限公司提供政策性担保。“微融贷”项目贷款利率上浮不超过贷款基准利率的20%、担保费率平均在2%以内。贷款额度按适用企业上年度纳税实际入库数及前3个年度增长情况确定，最高可获得纳税实际入库数的5倍。贷款期限最长为2年。至年底，“微融贷”项目累计办理贷款2214万元。

【入选省级两化融合示范试点企业】 8月29日，根据《浙江省人民政府关于建设信息化和工业化深度融合国家示范区的实施意见》等文件精神，按照《关于组织申报2016年省级两化融合试点企业的通知》要求，在企业自愿申报、各市经信委初审和推荐、专家评审基础上，确定2016年浙江省级两化融合示范试点企业160家，其中示范企业74家，试点企业86家。义乌4家企业入选，浙江新光饰品股份有限公司互联网跨界融合项目被列入示范企业，义乌华鼎锦纶股份有限公司和浙江曼姿袜业有限公司的数字工厂、浙江三鼎织造有限公司的协同管控项目被列入试点企业。

【入选全省信息经济发展百家重点企业】 9月8日，浙江省信息化工作领导小组办公室根据开展信息经济重点培育企业申报工作要求，经企业自主申报、地方经信部门和省级有关部门推荐，并经浙江省信息经济协调推进小组成员单位审核同意，公布2016年省信息经济发展百家重点企业名单，阿里巴巴、中电海康等100家信息经济九大领域重点企业入围，是浙江省首次发布信息经济百家重点企业名单。义乌2家企业入选，浙江义乌购电子商务有限公司入选电子商务板块重点企业，义乌市国际陆港集团有限公司入选智慧物流版块重点企业。

【吉利英伦新能源整车项目】

10月21日，义乌市经信委在杭州组织召开浙江英伦汽车有限公司吉利义乌新能源汽车研发生产项目节能评估审查会，行业和能源专家及义乌经信委等部门代表14人参加评审会，项目节能评估报告通过专家评审。11月18日，吉利英伦新能源整车项目开工仪式在义乌经济技术开发区赤岸南青口区块举行。浙江省人大常委会、浙江省人大农业与农村委员会、德国前国防部长、鲁道夫·沙尔平战略咨询公司董事长沙尔平以及金华市、义乌市领导，吉利控股集团董事长等20余人参加仪式。项目由吉利控股集团有限公司旗下“浙江英伦汽车有限公司”出资建设，位于义乌经济技术开发区中欧(义乌)智造园内，总投资72亿元，总用地47.72公顷，生产TX5系列新能源乘用车、新能源物流运输车、轻型商务车和高端豪华商务车、高端行政商务车、皮卡等车型，建设形成年产10万台整车生产规模，达产后年营收208亿元，上下游拉动810亿元，解决直接就业4500人。

【入选2015年省工业强区强镇】 10月11日和11月4日，浙江省经信委分别公布2015年度全省工业强镇、强区(开发区)名单，对全省65家国家级经济技术开发区和省级经济开发区规模效益、创新发展、集约发展3个一级指标和规模以上工业增加值等13个二级指标，以及67个2015年度规模以上工业总产值100亿元以上的建制镇的规模、速度和质量效益7个评价指标进行综合评价，其中，义乌经济技术开发区位列国家级经济技术开发区第31名，义乌市佛堂镇位列规模以上工业总产值100亿元以上的建制镇第57名。

【获“全国优秀中小企业主管部门”】 12月21日，由中国中小企业协会和深圳市人民政府共同主办，以“适应引领新常态，创新创业创未来”为主题的第十届中国中小企业节在深圳市开幕。来自全国各地政府机构、商协会和服务机构以及中小企业代表等1000余人参加会议。同期，中小企业协会在深圳举行成立十周年大会，大会表彰全国10家优秀中小企业主管部门。义乌市经济和信息化委员会作为全国唯一一个县级市中小企业优秀主管部门在大会上受到表彰，获“全国优秀中小企业主管部门”。

(韩红英)

小商品制造业

服装行业

【概况】 2016年，义乌市有服装生产企业570余家(不含无缝内衣),从业人员4.66万人,先进流水线1370条,年产服装3.32亿件。其中,衬衫产品为服装主导产品,占全市服装总产量90%以上,占全国衬衫总产量30%。规模以上(年产值2000万元及以上)企业67家,规模以上企业产值占全市服装总产值59.54%。产品远销五大洲190余个国家和地区,在美国、俄罗斯、阿联酋、南非等国设立厂家直销点60余个。行业内引入新设备600余套,投入技改资金5000余万元,淘汰落后流水线350条,新增流水线321条。全年,行业实现产值126.26亿元,其中,出口占57%。

【交流合作】 3月和9月,两次组织72家企业参观上海服装服饰博览会。4月,协会组织3家企业参加浙江省服装行业统计工作会议。10月,中国服装大会在青岛即墨召开,协会派专人参会。11月,协会组织60余家服装企业参观义乌(国际)装备博览会,参观和购买新型服装生产设备,在展会现场达成初步购买意向企业8家。

(楼　骞)

化妆品行业

【概况】 2016年,义乌化妆品行业有生产许可证企业102家(全行业进行重新换发证),数量比上年同期有所减少。国际商贸城化妆品经营商位、经营主体数量与上年基本持平。完成出口化妆品2.47亿美元,同比增长17%。1月,召开浙江省化妆品标准化技术委员会换届会议,义乌化妆品行业有浙江颜雪化妆品有限公司、义乌市蝶妃化妆品有限公司等5家企业成为浙江省化妆品标准化技术委员会的委员(单位);11月,浙江维雅化妆品有限公司、浙江美雪化妆品有限公司、义乌市妮妃化妆品有限公司和义乌市凯琪化妆品有限公司4家企业被认定为2016年度第三批浙江科技型中小企业。

【五届一次会员代表大会】 4月,行业协会启动换届工作,成立换届工作领导小组,召开筹备工作会议;6月28日,召开协会五届一次会员代表大会换届大会,义乌化妆品行业50余名会员代表参加代表大会,市民政局、市经信委、市商务局及市市场监管局和市出入境检验检疫局等单位应邀参加此次会议。大会选举产生义乌市化妆品行业协会20名第五届理事会成员和1名监事,第五届理事会一次会议选举产生会长、副会长和秘书长,会议聘请协会顾问2人。

【省级外贸预警平台年度考核获“优秀”】 6月,协会换届后,开通协会理事、会员微信群,至12月底,通过微信平台发布行业动态和有关法律法规等信息70余条,协会网站和微信群发布信息逾400条,平均每周更新信息8条。年内,预警点参加关于国外技术性贸易措施应对的交流培训活动3次,组织或参与为全行业提升技术能力,质量管理水平的会议和培训5次,化妆品行业生产企业遭国外通报1起,化妆品市场采购通报为零。因预警工作突出,12月,在浙江省商务厅组织的外贸预警示范点工作考核中被评为“2016年度省级对外贸易成绩突出预警点”。至年底,行业外贸预警平台(网站)发布信息330条,较上年增加108条。

【化妆品技术成人大专班】 8月,为解决行业专业技术力量薄弱问题,协会与金华市化妆品行业协会、浙江医药高等专科学校3方联办“化妆品技术成人大专班”,行业有14家企业,17人报名参加化妆品专业的系统学习。对学习时间难以安排的,协会鼓励企业组织技术、质量岗位员工参加化妆品相关专业的函授学习,13人参加西北工业大学开设“应用化工技术”和“化学工程与工艺”专业的函授学习。

【技术合作对接】 12月10日,义乌市化妆品行业与上海应用技术大学合作对接活动在义乌市海洋酒店举办。来自上海应用技术大学香料研究所和香料学院的8名专家与义乌市化妆品行业协会14家企业的负责人进行交流对接。会上,化妆品行业协会会长向专家们介绍义乌化妆品行业的历史和基本情况。上海应用技术大学香料研究所专家介绍学校在化妆品相关领域的研究及相关专业基本情况和此次参加会议的各位专家的研究方向。参会人员分别根据自己企业的主要产品和技术需求向专家们提出问题，双方围绕学校与行业如何开展高效合作等进行讨论。同月11日，专家教授参观考察浙江颜雪化妆品有限公司和浙江美之源化妆品有限公司。

（王新建）

拉链制造业

【概况】 2016年，义乌市有拉链生产企业及拉链配套企业300余家，从业人员3万人，实现销售产值65.6亿元，其中，外贸出口47.2亿元，同比增长5.9%。外贸自营出口额实现1.82亿美元，同比增长5.81%。

【六届一次会员大会】 1月9日，市拉链行业协会第六届一次会员大会暨换届选举大会在义乌大酒店举行。中国五金制品协会、义乌市委市政府、义乌市民政局、义乌市经信委、义乌市商务局、中国五金制品协会拉链分会等部门单位领导和来自福建、广东、常熟、无锡、杭州、温州、永嘉等地拉链商（协）会的嘉宾，以及拉链行业全体会员共220余人参加会议。会议选举产生六届理事单位46家，澳升拉链（义乌）有限公司董事长楼旭峰被选举为六届协会会长。至年底，协会会员发展至190家。

【行业对外贸易预警平台建设】 3月13日，组织12家企业参加浙江省商务厅举办的“全省进出口贸易形势报告会”。4月9日，《中国拉链》通讯员会议期间，市拉链行业协会与义乌市拉链行业对外贸易预警示范点全国各地外贸预警信息联络员举行交流座谈会，巩固预警信息收集渠道。6月27日，组织15家企业参加浙江省商务厅在义乌举办的“对外贸易法律服务月”活动。12月26日，义乌市拉链行业对外贸易预警点工作通过浙江省商务厅组织的年终考评验收。至12月底，行业对外贸易预警平台共发布预警信息398条。

【产品质量检测】 4月15日，市拉链行业协会组织开展拉链产品检测活动，抽取22家拉链企业送检的产品进行相关性能测试，完成金属拉链、树脂拉链、尼龙拉链、拉头在内的共计156个批次300余件拉链产品763项物理性能的测试，检测产品合格率95%。

【行业培训】 7月22日和10月21日，市拉链行业协会联合市市场监督管理局在义乌市产品（商品）质量监督检验研究院，先后举办主题为“义乌市拉链行业产品质量提升”和“义乌市拉链行业企业质量检测员业务培训”的培训班，2次培训共有66家企业的部门经理、技术骨干等相关人员共76人参加。培训内容分别为中国拉链行业新老标准的异同及注意事项、浙江省拉链产品品质监督检查评价规则；拉链产品检测方法、国家纺织品基本安全技术规则。培训后，参加培训人员在产品检测设备上进行实践操作。

（梅　予）

线带产业

【概况】 2016年，义乌市线带行业有生产企业315家，其中织带企业176家，制线企业120家，电脑织标企业16家，消防水带企业3家，从业人员2.17万人，在义乌国际商贸城设立线带经营国际标准商位和店铺1700余个，产品外销率60%，形成研发、生产、供应、销售运输为一体的产业链。线带生产2000万元以上规模企业51家，占全市线、带工业企业总产值57%。拥有各种织带机、宝塔绕线机、电脑织标机等设备2.49万台，其中织带机1.19万台、宝塔绕线机5000余台、电脑织标机8000台。生产销售缎带、涤纶带、背包带、松紧带、缝纫线产品、消防水带等产品27.55万吨。工业总产值65.47亿元，同比增长3.6%；销售产值63.3亿元，同比增长3.61%，占国内市场主营业务收入20%。至年底，市场销售额52亿元。

【“义乌中国线带名城”复评】 8月18日，中国纺织工业联合会和中国产业用纺织品行业协会对“义乌中国线带名城”进行复核，对“义乌中国线带名城”的平台建设以及对义乌线带产业的发展有积极作用进行复评，肯定义乌市委市政府、义乌经信委和义乌市线带行业协会对义乌中国线带名城的支持和付出及义乌中国线带名城2014—2016年发挥的作用和影响力，决定继续授予义乌市线带产业集群为“义乌中国线带名城”荣誉称号。12月14日，义乌市线带行业协会在服务纺织产业集群工作中表现突出，被中国纺织工业联合会评为“纺织产业集群地区优秀协会”。

【著名商标】 12月20日，浙江三鼎织造有限公司的“三顶”织带被浙江省质量技术监督局评为浙江省名牌产品。同日，浙江三鼎织造有限公司的“丝美”注册商标和义乌市笑容线带厂的“山星”注册商标被金华市市场监督管理局评为金华市著名商标。

（陈曹毅）

制笔行业

【概况】 2016年，全市有制笔行业生产企业400余家，规模以上（年产值2000万元及以上）企业30家。市场经营主体1863家，产品涵盖中性笔、圆珠笔、铅笔、水彩笔、毛笔和钢珠笔头、油管、笔芯等笔类零部件七大类40余个品种。制笔产业主要分布在义乌国家经济技术开发区、义东工业区、义南工业区、荷叶塘、城西特色工业区以及稠城街道宗宅村、城西街道上杨村。2005年被授予“中国制笔工贸基地”。从业人员3.8万人。全行业工业产值29.88亿元，义乌市场销售额40.1亿元。产品销售以内外销相结合，产品出口值占销售额60%，外销主要销往南美、中东、欧洲、东南亚等80余个国家和地区。

【营销高峰论坛】 7月30日，为引导和提升企业营销和品牌性战略的实施，行业协会在中国义乌小商品城第三公司举行“2016年制笔行业——品牌营销高峰论坛”，100余家制笔企业参会。论坛上，资深营销主讲人就行业显著特点、行业成长路径、行业发展方向等方面做深入浅出的独到分享；认为当前义乌制笔业是一个品牌和企业话语权相对弱势的行业，缺少体系和持续性发展策略，企业和行业的发展更加需要大力推动品牌建设。

【企业对接】 9月20—21日，行业协会组织相关会员企业40余人，对上海晨光文具、上海学泰印业、江苏雄鹰科技、江苏真彩文具、江苏凯磊胜自动化设备5家制笔和相关配套企业进行为期2天的调研，考察上海晨光文具中央电脑控制高度进出立体仓储存等先进仓储管理方法与上海学泰印业的员工管理制度，参观江苏雄鹰科技的墨水调配中心。

【协会荣誉】 2016年，协会配合中国制笔协会，实施一年一度的经济区域内信息采集和汇总工作，引导企业向品牌路线发展。5月30日，完成“十二五”中国制笔工贸基地（义乌）特色区域和产业集群发展报告。9月27日，义乌制笔行业协会参加在新疆乌鲁木齐举行的中国制笔行业协会八届二次理事会，听取中国制笔行业协会工作报告，回顾总结行业工作。会上公布2016中国笔类制备行业十强企业，义乌的浙江英代文具有限公司位列第七。

（骆黎莉）

袜业行业

【概况】 2016年，义乌市有袜业企业1000余家，其中规模以上（年产值2000万元及以上）企业62家，营业总收入89.8亿元，同比增长3.8%。有收入超5亿元的4家，超3亿元的6家，超亿元的20家。行业企业营业总收入219亿元，同比增长4.5%。年内，行业协会收集、整理、发布针纺织行业实用外贸信息525条，编发预警信息通报6期，共8万余字。至12月底，全行业拥有中国驰名商标18只，其中国家工商总局认可的3只；浙江省著名商标13只，浙江省名牌9只；连续3届获“中国袜子标志性品牌”。义乌袜业外贸出口超5亿美元，达5.36亿美元，为市内外贸出口大户。全年累计推广“机器换人”各种自动化机械180余台，节省人力1500余人。

【人才技能评价】 1月，行业协会委托中国针织行业权威专家编写10万字的专业培训教材和题库，通过审阅批准并印刷出版。2月，行业协会与市人力资源和社会保障局人才评价中心合作，举行袜业行业挡车工人才技能考核评价工作，签订《人才评价中心和袜业协会联合开展袜业挡车工人才评价工作协议》，明确双方责任，把双方的技能人才评价工作计划方案、评价工作重点、评价时间节点及责任义务予以明确。选择浙江曼姿袜业有限公司和浙江弘尚智能科技股份有限公司2家企业作为考核评价试点，根据和教材《织袜挡车工》进行48课时面对面的培训授课，对报名参评的64名学员进行理论和实际操作培训。10月20日，评价中心和行业协会组织监考人员下企业进行书面考试和车间技能考评，实行理论和技能双评价。至10月底，按照改卷评分选优，发证书建人才库。按照理论试卷得分和车间技能考核得分按"六四"比例综合评分，有10人被评为初级工，38人被评为中级工。

（金善富）

印刷行业

【概况】 2016年，义乌市新增印刷企业31家，有各类印刷包装企业600余家，从业人员5万余人，固定资产50亿元，年创生产总值100余亿元，外贸出口产值2000余万元，外商投资总额671万美元，工业增加值10亿元。全市拥有300余台四色以上进口印刷机，全年投入技改资金5000余万元。年内，行业协会通过中国包装联合会3年一次的"中国商品包装印刷产业基地"复评。组织义乌市威斯特彩印包装有限公司、义乌市双得利商标彩印厂、义乌宝隆彩印厂3家企业各选送1件产品参加第六届中华印制大奖，义乌市威斯特彩印包装有限公司获浙江省银奖，义乌市双得利商标彩印厂、义乌宝隆彩印厂获浙江省铜奖。参与全市"低、小、散、乱"工业企业（印刷企业）综合整治工作，在浙江华莱氨纶有限公司原有厂房基础上，新建、改建标准厂房4.8万平方米。初步建成义乌包装科技产业园，组织向阳社区、市场社区等社区内的中、小印刷企业进驻园区。

【对外交流】 4月，行业协会组织30余名常务理事到湖南省津市进行参观考察，考察团首先参观津市工业集中区和当地印刷包装企业，随后参加津市工业集中区管委会召开的招商引资推介会并作交流发言。10月，行业协会5人与市文广新局考察团8人赴陕西省西安市、宝鸡市等地考察学习，参观当地知名印刷企业、文化传播公司。

【校企合作】 5月，义乌工商职业技术学院召开产教融合经验交流会，印刷行业协会作为先进典型在会上作经验交流发言，协会常务副会长赵品辉、秘书长傅效峰被聘为义乌工商职业技术学院客座教授。11月，义乌工商职业技术学院举行印刷类专业"现代学徒制"拜师仪式，6名印刷类专业的大三年级学生，分别与义乌市部分"现代学徒制"定岗实习试点印刷企业及企业师傅签订现代"学徒制"拜师协议。年内，行业协会首次开展义乌市印刷行业平版印刷工技师自主评价工作，委托义乌市工商职业技术学院专业教老师为印刷企业职工进行印刷专业技能理论培训、理论和实操考试成绩的评定及专业论文答辩，全市5家印刷企业15名选手报名，8名考生理论和实操考试成绩合格，取得技师资格。

【行业技能大赛】 7月，由印刷行业协会组织的义乌市第二届印刷行业技能大赛分别在义乌工商职业技术学院、浙江百思得集团举行，比赛分平版制版、凹版印刷两大工种，考试内容为理论考试、实践考核。来自全市16家企业的31名选手参加比赛，其中平版制版参赛选手20人、凹版印刷比赛参赛选手11人。最终，有11名选手获得高级工职业技能证书，平版制版工比赛前3名方义忠、何亮亮、虞旭雷，凹版印刷工比赛前3名黄继文、黄新江、杨勤福获"义乌市技术能手"称号。8月3—4日，第五届全国印刷行业职业技能大赛浙江赛区选拔赛凹版印刷工职工组实操比赛在义乌市浙江百思得集团公司举行，经过前期各地推荐、理论培训、理论考试等层层筛选，有17名凹版印刷能手参加比赛，6名国家级裁判全程监控评判。经过设备维护的专业理论培训后，选手在凹版印刷车间进行调墨、校样张、上机操作等实操比赛。同月9日，在义乌市浙江百思得集团公司举行第五届全国印刷行业职业技能大赛浙江赛区选拔赛凹版印刷工学生组实操比赛，义乌市有2名职工及12名学生参赛，比赛分设备维护专业理论考试、凹版印刷模拟软件操作、调墨、凹版印刷质量分析4个环节，全面综合考量选手的专业知识、实操技能、职业素养。最终，行业协会选送选手浙江百思得集团的黄继文取得大赛职工组第一名，全市14名参赛选手受到浙江省新闻出版广电局发文表彰，浙江百思得集团获浙江省印刷行业职业技能大赛暨第五届全国印刷行业职业技能大赛浙江初赛特别贡献奖，义乌市印刷行业协会获优秀组织奖，义乌工商职业技术学院、浙江百思得集团获突出贡献奖。

（何勇坚）

2016年度义乌工业企业“五十强”前十强企业

三鼎控股集团有限公司

【概况】 三鼎控股集团有限公司位于义乌市戚继光路658号，拥有华鼎锦纶和三鼎织带2家子集团及30家全资或控股的子公司，形成金融、资本、工业、健康、旅业、环保、国际、科技互联网八大产业板块，总资产200亿元，员工2万人，具有年产110亿码彩带，30万吨锦纶丝的生产能力，工业产品销售网络遍布中东、欧洲、美国、日本、韩国等170余个国家和地区，在中国香港地区、纽约、东京等地区设有办事处。3月，三鼎开元名都大酒店获中国饭店最高荣誉“金马奖”；5月，三鼎控股集团未来养生休闲项目开工建设；7月，三鼎控股集团党委评为浙江省先进基层党组织，8月，三鼎控股集团再次入围民营企业500强，位列第296位，连续3年入围中国民营企业500强。至年底，公司营业收入177亿元，税收8.2亿元。

【获“中国工业大奖”提名奖】 12月11日，第四届中国工业大奖颁奖典礼在北京人民大会堂举行，此奖项每2年评选表彰1次，主要用于表彰深入实施创新驱动发展战略，推进两化深度融合，增强综合国力、推动国民经济发展做出突出贡献的企业及项目。此届大奖共授予13家企业、9个项目中国工业大奖，授予13家企业、8个项目中国工业大奖表彰奖，授予14家企业、16个项目中国工业大奖提名奖。义乌华鼎锦纶股份有限公司的“高品质锦纶6高效低耗规模化智能化生产集成技术项目”获得“中国工业大奖”提名奖。“高品质锦纶6高效低耗规模化智能化生产集成技术项目”是在深入研究锦纶6加工技术特点基础上，结合锦纶6输送、挤出、纺丝、卷绕、加弹等工程技术体系，融合全流程品质及物流、能源管理，实现系统的整体解决方案。项目形成具有自主知识产权的高品质锦纶6高效低耗规模化智能化生产集成技术，建成国内首条年产10万吨锦纶6长丝智能化与自动化生产线，提升产品品质，综合能耗降低30%，实现“智能生产”“智能工厂”和整体升级，对提高中国锦纶行业的整体技术水平，加快中国化纤工业实现智能化生产具有引领和示范作用。项目申请专利2项，其中发明专利1项，发表论文2篇，制定行业标准3项。

（胡　方）

浙江大德药业集团有限公司

【概况】 浙江大德药业集团有限公司（简称公司）位于义乌市经发大道218号，前身为成立于1992年的杭州胡庆余堂制药厂义乌联营厂。现公司发展为集药品研发、生产、药品批发、零售连锁于一体的、农业开发、生态养殖、科工贸结合的集团企业。是浙江省高新技术企业，中科院金华科技园骨干企业，国家火炬重点高新技术企业，浙江省专利示范企业，浙江省“隐形冠军”培育企业，金华市品牌商标示范企业，拥有“大德 dade”“回力神”2个中国驰名商标。公司在全国除西藏、台湾、香港外的所有省市均设有办事处，产品实现中国全覆盖。公司申请国内外发明专利82项，获得国家授权专利发明专利44项，授权实用新型专利10

项，外观设计专利 2 项，公司申请国外发明专利，获得授权 20 项。公司拥有抗病毒口服液、益气养血口服液、通脉口服液、阳春玉液、四季三黄片等 29 个品种药物。其中有国家新药 4 个，国家中药保护品种 3 个；多个国家 1.1 类新药正在开展临床前或临床研究。2016 年，公司完成销售 13.5 亿元，上缴税收 6328 万元，创利 6450 万元。列义乌市工业“五十强”第 2 位，综合纳税排名列 14 位，义乌市 100 亩以上用地工业企业亩产税收排名列第 2 位。

【入选 2016 年省级“隐形冠军”培育名单】 12 月 20 日，根据《浙江省经济和信息化委员会关于培育隐形冠军，促进中小企业“专精特新”发展的通知》，经各地和有关省级行业协会推荐、征求意见、专家评审，公布 2016 年浙江省“隐形冠军”企业和“隐形冠军”培育企业名单。全省 20 家企业入选 2016 年浙江省“隐形冠军”企业，108 家企业入选 2016 年浙江省“隐形冠军”培育企业，浙江大德药业集团有限公司入选 2016 年浙江省“隐形冠军”培育企业名单。

【慈善活动】 2016 年，公司先后投入 1000 余万元，积极捐款捐物，救灾救难。3 月，向尼可地尔学术会议、儿童喘息诊治主体研讨会、帕金森病区域论坛分别捐赠 3 万元。4 月，向脑卒中诊治区域交流会捐赠 3 万元。5 月，在义乌市雷锋协会义卖款 50 万元全部捐赠，向血管综合管理专家论坛捐赠 5 万元。6 月，向高血糖管理专家共识义乌城市会捐款 4 万元。7 月，赞助义乌二院学术论坛 10 万元。9 月，在后宅卫生院康复医疗中心成立义诊经费 10 万元。11 月，向义乌慈善总会捐款 20 万元，赞助义乌马拉松比赛 1.73 万元，在后宅卫生院血球投放 80 万元。12 月，在义乌中医医院开业典礼捐赠爱心义诊 15 万元。公司全年向义乌市慈善总会捐赠冠名基金 1000 万元。每年出资捐助贫困山区的失学儿童，至 12 月底有 100 名儿童得到资助。

（楼香娟）

浙江华川实业集团有限公司

【概况】 浙江华川实业集团有限公司始创于 1966 年，位于赤岸镇华川南路 72 号，是一家集团化管理、多元化经营的国家高新技术型企业。下辖义乌市义南纸业有限公司、义乌市华川废纸收购有限公司、义乌华川投资有限公司、义乌市华川彩印包装有限公司、义乌市华川印染有限公司 5 家子公司。集团本部注册资本 2.04 亿元，占地面积 20 余万平方米，员工 1600 余人，中、高级职称的技术人员 280 人，研发人员270 余人。拥有造纸生产线 14 条，年产各类纸张 40 余万吨。主要生产牛皮纸、中高强瓦楞原纸等包装用纸及高透窗饰纸、半透明纸、格拉辛原纸、装饰原纸等 14 种特种纸品。累计获国家发明专利 20 项，实用新型专利 35 项。企业被认定为“高新技术型企业”“省级高新企业研发中心”“省级科技型企业”。“华川”牌系列纸被评为“金华市名牌产品”，“华川”牌被认定为“浙江省著名商标”。2016 年公司实现销售收入16.56 亿元，上缴入库税收 1.2 亿元。

【垃圾焚烧发电厂提升改造 PPP 项目】 1 月，项目通过环评各项数据检测；4 月 1 日，经市发改委、市环保局、市规划局、赤岸镇政府、佛堂镇政府与浙江华川实业集团有限公司等单位讨论，通过《义乌项目环境影响报告书》。同月 5 日，经市发改委、市财政局、市环保局等单位讨论，通过义乌项目可行性研究报告。18 日，经市维稳办、市环保局、市农林局、市规划局、市水务局等单位讨论，通过《义乌市垃圾焚烧发电厂提升改造项目社会稳定风险评估》。5 月 13 日，市发改委通过义乌市垃圾焚烧发电厂提升改造 PPP 项目的实施方案。8 月，完成项目设计院选定，中国核电工程有限公司深圳设计院入选。同月，完成招标代理的定标工作，确定招标代理单位为浙江至诚工程咨询有限责任公司。9 月，完成项目总平面图的设计、义乌项目建设制度初稿、项目现场清表工作，以及义乌项目电力接入系统报告的审批等。同月，义乌市城管委发出预中标通知书，预中标单位为浙江华川和深能环保联合体，预中标垃圾处理费单价为每吨134元(不含税)。10月,市城管委发出中标通知书。11月29日,浙江华川深能环保有限公司注册成立。12月6日;浙江华川深能环保有限公司与义乌市政府签署PPP合同,是义乌市首个实行PPP投融资模式的项目。12月底,完成对主设备焚烧炉的招标以及其他部分设备的技术交底工作。

（楼旭军）

浙江华统肉制品股份有限公司

【概况】 浙江华统肉制品股份有限公司(简称公司)位于义乌市义亭镇姑塘工业区,注册资本1.79亿元,员工1774人,大专以上学历人员333人。是农业产业化国家重点龙头企业、浙江省畜禽屠宰龙头企业,为国内少数几家拥有完整产业链的畜禽屠宰加工企业之一,以畜禽屠宰业务为核心,打造产业链一体化经营模式,形成“饲料加工—畜禽养殖—畜禽屠宰加工—肉制品深加工”四大业务环节,对外销售的产品主要包括饲料、生鲜猪肉、生鲜禽肉、金华火腿、酱卤制品等。

年内,公司全资子公司湖州华统畜禽屠宰业务在浙江省内区域布局初步完成,制定、完善各项质量标准14项,修订完善4项生产工艺流程。投入30万元增加针对家禽、肉制品及饲料的质量检测设备,提高检测技术水平。技术部门与品控部门围绕食品安全,组织各项技能标准的培训13次,培训生产、技术人员350人次。投入200万余元新建1条鸭屠宰线,保证鸭产品质量;投入250万余元,对猪肉白条产品发货流程进行提升改造,提高发货速度,减少产品的出水发白。投入25万元对厂区雨污分离进行全面的清理改造,对污水、雨水井标志管理,生产污水经公司污水处理厂处理达标后纳管排放。投入50万余元对生猪养殖场污水处理进行改造,加大污水处理能力。投入300万余元对公司10个养殖场按照美丽牧场建设要求改造,通过设施美化、养殖场绿化、雨污分离、污水设施完善、危险废物的处理、道路硬化等项目改造,于11月完成美丽牧场项目改造。年底,公司加入义乌市慈善总会设立的“义乌市留本捐息慈善冠名基金”,捐赠1000万元留本捐息慈善冠名基金,每年捐赠利息20万元,期限为五年,用于义乌市范围助学、助残、助孤、助老及重大疾病的救助。

至年底,实现营业总收入39.92亿元,同比增长105.39%。实现净利润9218.54万元,同比增长22.61%。生猪及家禽屠宰20.67万吨,同比增长90.55%;生产销售饲料6.11万吨,同比减少6.54%。全年屠宰生猪58.39万头。

【融投资活动】 3月,台州华统中央厨房项目开工建设。4月,对全资子公司华农屠宰增资1500万元。12月2日,经中国证券监督管理委员会《关于核准浙江华统肉制品股份有限公司首次公开发行股票的批复》核准,华统股份在深圳证券交易所上市(证券代码:华统股份002840);同月27日,首次公开发行4466.67万股人民币普通股。

【人才培养】 10月,公司组建专门负责培训的华统商学院,聘请专业资深教师作为培训负责人,定期有计划地组织中高层及基层员工技能培训,建立公司内部讲师队伍,聘请外部专业人员进行培训。至年底,华统商学院组建内部培训讲师队伍19人,外部讲师5人,组织培训9场。年内,与华中农业大学、江西财经大学、江西农业大学、皖西学院合作开展人才培养,从高校招聘优秀大学毕业生124人;与浙江大学、浙江省农业科学院等科研院所建立合作关系,举办专题讲座2次、座谈会4次、团队活动2次、外出培训18人次。

（任信元）

浙江棒杰数码针织品股份有限公司

【概况】 浙江棒杰数码针织品股份有限公司(简称:棒杰股份)位于义乌市苏溪镇,总资产10.85亿元,员工1500余人,占地10.67公顷。拥有意大利进口一次成型无缝针织机387台,各类缝纫设备800台(套),拥有

3000平方米省级高新技术企业研究开发中心，形成从产品前道打样、缝制一体化的产品开发体系。拥有6台Santoni最高端的SM4-TR2，其中的18英寸针筒直径是义乌无缝产业集群内针筒直径最大的无缝针织设备。拥有“法维诗”“丸美”“棒杰”等多个自主品牌，拥有浙江姗娥针织有限公司、义乌市棒杰物业服务有限公司、浙江棒杰资产管理有限公司和棒杰医疗投资管理有限公司4家全资子公司及义乌市棒杰小额贷款股份有限公司1家控股公司。6月17日，棒杰股份收到中国银行间市场交易商协会下发的中市协注《接收注册通知书》，同意接受棒杰股份定向工具注册金额为人民币2亿元，注册额度自《接受注册通知书》发出之日起2年内有效，由宁波银行股份有限公司和南京银行股市有限公司联席主承销。11月21日，浙江棒杰数码针品股份有限公司获得由浙江省科学技术厅、浙江省财政厅、浙江省国家税务局、浙江省地方税务局联合颁发的“高新技术企业证书”，证书编号为GR201633001947，有效期为3年。根据相关规定，公司可连续3年享受国家关于高新技术企业的税收优惠政策，即按15%的税率缴纳企业所得税。年内，棒杰股份董事长陶建伟获评2015年度“标准化工作先进个人”，棒杰股份获评2015年度“标准化工作先进单位”，棒杰股份获评义乌市2015年度“纳税先进单位”。至12月底，实现销售收入3.89亿元，上缴税收5523万元。

【发明专利】 1月27日，棒杰股份经国家知识产权局授权，获“D成型女子适体保健运动裤”“一种女子径赛功能运动背心”发明专利。“3D成型女子适体保健运动裤”用无缝针织机进行全片3D编织，罗口处没有接缝，可达到无缝贴身的3D合体效果；同时采用多种组织，适应人体3D凹凸体型，增加弹性及弹性回复力，起到保形作用。“一种女子径赛功能运动背心”通过采用合理的材料与组织结构搭配，结合径赛运动的人体工学理论，研制出能有效降低运动员快速移动时的空气阻力与湿热阻力，从而更好的提高运动员竞赛成绩。

【企业慈善】 6月20日至25日，棒杰股份联合义乌市稠州医院为公司全体员工1528人进行免费体检。9月27日，棒杰股份的全资子公司义乌市姗娥针织有限公司员工丁聪正式在浙江省中医院造血干细胞采集爱心工作室为一患者捐献造血干细胞。丁聪被提取150毫升造血干细胞，捐献成功。当晚，这一包救命血从杭州送达重庆，为一患者带去生的希望。10月1日，为缓解员工工作压力，丰富业余生活，公司花费11.33万元，特别组织员工755人开展国庆杭州集体秋游活动。全年为员工举行集体生日会12次。

（黄剑峰）

义乌市易开盖实业公司

【概况】 义乌易开盖实业公司厂区分别位于义乌市丹溪北路711号和春晗路127号，总占地10公顷，资产总额10.4亿元，员工800余人，其中专业技术人员94人。公司专业从事易开技术研究、易开装备开发、易开产品制造。主导产品有食品易开盖、饮料易开盖、两片罐和底盖。拥有美国Stolle、德国Alfons Haar、Cantec及瑞士Bruderer易开盖生产线40余条，食品易开盖年产能60亿只，饮料易开盖年产能50亿只。食品易开盖国内市场占有率60%。出口量占总销量48.5%。是中国马口铁易开盖和二片罐龙头企业，国家火炬计划重点高新技术企业，国家知识产权优势企业。省科技型和创新型试点企业，拥有“省易开技术研究院”和“易开技术及应用省级高新技术企业研究开发”中心。至2016年年底，共计完成国家、省、市各级科研项目35项，申报国家专利109项，授权96项，其中发明专利授权13项，主持(参与)制定国家标准6项。实现销售收入7.3亿元，上缴税金4568万元。公司2016年为义乌市慈善总会捐款20万元。

【首席技师与技能大师工作室】

11月1日，根据市人力资源和社会保障局《关于开展第二届义乌市首席技师选拔活动的通知》和《关于实施2016年义乌市技能大师工作室建设项目的通

知》文件，经申报推荐、审核筛选、专家评审，确定第二届义乌市首席技师人选及2016年义乌市技能大师工作室新建项目。公司何樟进获“义乌市首席技师”称号，公司宋连墨机修钳工技能大师工作室获选义乌市技能大师工作室建设项目。同月，公司“宋连墨机修钳工技能大师工作室”获评浙江省技能大师工作室。

（李瑞秋）

浪莎控股集团有限公司

【概况】 浪莎控股集团有限公司位于义乌市经发大道308号，注册资金1.5亿元。集设计、开发、生产于一体，是世界规模最大针棉纺织服饰生产企业。公司占地面积66.67公顷，员工3000人。拥有世界最先进数码袜机等设备1万余台(套)，年产袜子3亿双，内衣3000万件(套)。旗下子公司有浪莎针织有限公司、四川浪莎控股股份有限公司(股票简称：浪莎股份股票代码600137)，浙江浪莎内衣有限公司、义乌市宏光针织有限公司等10余家。旗下品牌主要有浪莎、浪仕威、白莎女王、立芙、飘忆、安星、蓝色枫叶、森态等10个品牌。专卖店2000余家，销售终端网点10万个，国外客户300余个。浪莎集团在全国5000余家袜子、内衣企业中，是唯一拥有“中国驰名商标”“中国名牌产品”“国家免检产品”的企业，被中国品牌研究院认定为“中国袜子行业标志性品牌”。2016年，实现产值14.5亿元，销售12亿元，其中外贸销售1780万美元，上缴税款3850万元。

【金浪莎微商】 6月，浪莎控股集团有限公司通过大S、周华健、任达华、阿杜、水木年华、黄日华、海鸣威等代言明星推出金浪莎微商精品袜子、内裤、毛巾、打底裤等产品，金浪莎微商是专门针对微商推出的品牌，拥有20余种纺织类产品。9月4日，“金浪莎”被中国电子商务微商委员会评为“中国十大品牌微商。至12月底，金浪莎在全国有销售团队5万人，年销售额5000万元。

（胡毓杰）

浙江真爱毯业科技有限公司

【概况】 浙江真爱毯业科技有限公司坐落在浙江省义乌市江东街道徐江工业区，是一家集差别化生态纤维材料及其毛毯织品的研究、设计开发、生产、销售于一体的国家级高新技术企业，产销规模、产品质量、市场占有率位居国内行业首位。公司注册资本5800万元，总资产2.94亿元，员工1051人，其中研发人员146人，被评为浙江省企业研究院，被浙江省人力资源和社会保障厅评为博士后工作站。2016年，申报国家专利16项，授权专利20项，其中发明专利授权10项。“真爱”商标被评定为“驰名商标”荣誉。全年销售收入4.43亿元，上缴税金3955万元。

【入选省节水型企业】 12月，浙江省经信委、浙江省水利厅联合开展2016年浙江省节水型企业评价工作，评选出2016年浙江省省级节水型企业名单，全省59家企业通过部门和专家评审，被列为“浙江省节水型企业”，浙江真爱毯业科技有限公司入选，是金华4家入选企业之一。

（厉巽巽）

浙江梦娜袜业股份有限公司

【概况】 浙江梦娜袜业股份有限公司位于义乌市北苑工业区雪峰西路888号，公司占地36万平方米，建筑面积23万平方米，拥有全进口织袜机器设备6000台(套)，员工3000余人。为全球专业生产袜子最大规模的企业之一，国家级高新技术企业、省级技术中心、省级高新技术企业研发中心和浙江省梦娜新型袜品研究院。下属子公司、分公司5家，营销网络遍布全国，产品远销欧盟、美国、日本、东盟、中南亚等20个国家和地区。公司生产“梦娜”“原字弹”“比奇”“爱国者”“NBA”等品牌，“梦娜”“原字弹”袜子系列产品为“中国名牌”“国家免检产品”“浙江出口名牌”，“梦娜”商标为“中国驰名商标”。2016年，公司实现销售收入5.51亿元，税收4021万元。

【入选工信部服装家纺自主品牌重点跟踪培育对象名单】 2017年1月5日，工信部下发《关于印发重点跟踪培育服装家纺自主品牌企业名单(2016版)的通知》。经过各省、自治区、直辖市及计划单列市、新疆生产建设兵团工业和信息化主管部门推荐，及有关专业机构对服装家纺自主品牌建设情况的分析研究，最终全国共120家企业入选全国服装家纺自主品牌重点跟踪培育对象名单，其中，义乌市梦娜袜业股份有限公司成功入选，成为金华市唯一一家入选企业。此名单是工信部为贯彻落实"三品"战略专项行动拟定的，旨在营造良好市场环境，支持企业提高核心竞争力，促进形成一批具有较强市场影响力和国际竞争力的优势服装家纺品牌企业。

（韩红英）

浙江博尼时尚控股集团有限公司

【概况】 浙江博尼时尚控股集团有限公司总部位于义乌市义乌工业园区，注册资金9000万元，总投资7.5亿元。员工2600余人，占地8.67公顷。拥有7万平方米标准化厂房及1.5万平方米职工公寓。公司在无缝行业通过ISO 9001-14001质量环境管理体系认证、国家计量体系认证，每一件产品都符合德国HOHENSTEIN研究院Ocko-tex100认证标准。以生产高档内衣、文胸、家居服饰、运动产品、功能型产品及保暖衣等产品为主，具有年产4000万件成衣的生产能力，形成从纺纱—织造—染整—成衣—专店直营的完整产业链的现代化内衣企业。引进意大利最先进的"圣东尼"无缝三维织造设备300余台，建成中国最先进的纤维包纱合成车间，在成衣后整工序中引进国际知名品牌Brother等缝纫设备800余台。公司产品远销美国、加拿大、澳大利亚、新西兰、意大利、西班牙、德国等40余个国家和地区。博尼品牌建设从单一向多元化多渠道品牌发展，自主品牌"bonny女士""bonny男士""Bonny生活家"建设初具规模。在全国30余个大中型城市开设自营店柜400余家，在20余个省市建立分公司办事处，与王府井集团，百联集团，大商集团，万达集团等国内连锁巨头建立战略合作关系，为公司品牌发展奠定良好基础。2016年，公司年产值4.53亿元，销售额3.51亿元，创税3581.2万元。

【2016年度"最佳雇主"】 2017年1月10日，"我的企业我的家"2016义乌最佳企业文化暨"最佳雇主"评选颁奖典礼在义乌工商学院举行，100余名企业主参加。2016义乌年度"最佳雇主"评选从品牌战略、雇主形象、组织管理、薪酬福利、培训发展、工作环境6个维度进行评选，经评审团评审，实地考察、企业征信查询等方面辅助。参评企业共计564家，参与网络投票网友2万人。浙江博尼时尚控股集团有限公司获2016年度"最佳雇主"30强、"最具社会责任雇主"称号，并登义乌市亩产税收A类企业榜单之首。

（李占海）

电力工业

发　电

【概况】 义乌市有10千伏并网地方小水电站11座，共计28台发电机组8365千瓦装机容量。2016年，有半月湾、杨宅、岩口、塔下等8座小水电站发电，全市小水电合计上网电量为1957万千瓦时。10千伏并网地方小火电厂1座(华川热电)，按自备电厂管理，发电机组容量为6000千瓦，上网电量为1835.95万千瓦时。孤网运行电厂1座(义乌市双峰环保热电有限公司)，共计2台发电机组，装机容量2.4万千瓦，自发自用电量1.83亿千瓦时。为实现集中供热，义乌市规划建设浙江富元能源开发有限公司9兆瓦热电联产项目。义乌国际商贸城三期市场光伏电站总装机容量1295千瓦，2010年2月28日投运，2016年自发自用电94.51万千瓦时。义乌港分布式光伏电站总装机容量4102.8千瓦。至年底，全市居民分布式光伏用户共并网1522户，容量1.05万千瓦，上网电量260.35万千瓦时。

义乌市 2016 年度水电站发电量统计情况一览表

表 20

电站名称	装机容量(千瓦)	上网电量(万千瓦时)	电站名称	装机容量(千瓦)	上网电量(万千瓦时)
六都	800	0	八都	640	47
长堰	410	0	半月湾	1800	593
岩口	805	236	王大坑	280	0
柏峰	885	0	双枫	360	59
塔下	1120	212	姑塘	160	0
荷火塘	115	0	东塘	275	0
古寺	570	80	巧溪	670	35
杨宅	1705	695			

供　电

【概况】 全市供电量 74.13 亿千瓦时,同比增长 5.76%。最高网供负荷 169.77 万千瓦，线损率 2.43%。可控费用和利润总额完成省供电公司下达的年度指标。全员劳动生产率每人每年 137.89 万元，供电可靠率 99.98%，综合电压合格率 99.92%。年内,义乌市供电公司运行管理专业获省供电公司专业标杆,绩效考核获金华电网县公司第一名,获浙江省电力公司 2016 年度县级供电企业安全生产劳动竞赛先进集体。

出台服务工业企业十大举措,当好工业企业“电小二”。开启“线上全天候受理,线下一站式办电”服务模式,低压更名、低压新装等 8 项业务实现线上受理。深化高压业扩报装“1+1”联动服务，完善客户经理负责制，平均接电时间同比减少 10.27 天。开展 35 千伏大用户直购电交易试点，累计办理直购电 786 户，共节约用户电费支出 5307.77 万元。开辟分布式电源并网和充换电设施接入服务绿色通道。公司客户服务中心供电营业厅获“省公司五星级供电营业厅”称号。

“零距离”服务市重点工程、重大产业项目建设,实施公司领导负责跟踪制,主动服务市重点工程、重大产业项目 72 个,完成投运 28 项，新增容量 23.5 万千伏安。实施电能替代五年计划,推出“一站式”服务,全年累计完成电能替代电量 1.1 亿千瓦时。

【供电抢修】 北山村位于义乌市大陈镇最北端，与诸暨市交界,距市区 35 千米,1 月 21 日至 23 日,连续 2 天的低温暴风雪导致北山村大批树木(竹)断裂,倒压 10 千伏输电线路，造成导线断线等故障。

1 月 23 日,市供电公司紧急派出电力抢修人员、“拨浪鼓”党员服务队 30 余名干部员工奔赴北山抢险现场，克服低温严寒、能见度低等恶劣条件,以“换人不停工”的 24 小时连续作业方式,全面清除输电线路廊道内被雪压倒的树木(竹),修复 10 千伏输电线路。当日下午,北山分支架空线断线更换工作结束,受到此次灾情影响的 484 户用户全部恢复供电。

自 1 月 21 日始，受寒潮冰雪影响，义乌市境内 10 千伏公用线路主线故障停电 7 次,分支线故障 14 次。义乌市境停电共涉及 6 个镇（街道)、86 个行政村、208 个台区，影响用电 1.37 万户,经全力抢修,同月 23日基本恢复送电。

电网建设

【概况】 2016 年,完成义乌市电力设施布局专项规划修编。开展电网前期工作,完成 110 千伏南江、赤岸变电所扩建等输变电工程核准,完成 110 千伏苏陈变电所迁建工程可研编制。110 千伏徐村、派塘变电所投运,220 千伏宗泽变电所、110千伏柳青、西山下变电所开工建设，220千伏望道变电所、110千伏山翁、商务及稠城变电所改造工程稳步推进。

成立配网建设中心，实现配网建设横向协同、纵向管控。完成新增城农网工程7大项，开展佛堂新型城镇化配网示范区建设，完成一期配电网、10千伏线路联络化改造。开展“一图一表”编制，形成标准化竣工资料模板，推进配网建设标准化管理。实施配网自动化实用化升级，安装在线监测装置764个，78座开闭所实现“三遥功能”。助力“美丽义乌”建设，完成大徐、江徐等12条电力线路迁改。

【110千伏徐村输变电工程】

5月21日，随着最后1条10千伏线路重合闸投入完成，110千伏徐村变投产送电工程结束，成为2016年义乌电网新添的第1座110千伏变电所。是全市首座五防与自动化一体化的变电站，第二座110千伏智能变电站。此工程为智能变电站，由变电站与进出线路组成，采用国家电网公司输变电工程通用设计。金华电力设计院有限公司为设计单位，金华八达建设监理有限公司为监理单位，义乌市恒诚市政工程有限公司为变电所土建施工单位，金华送变电工程有限公司为电气安装及线路施工单位。

徐村输变电工程变电所所址位于义乌市环城南路北侧50米，规划道路塔下洲路东侧。2014年12月土建开工，2015年8月送变电进场电气施工。变电站用地面积3000平方米。工程总投资5696万元。工程建设规模为变电所主变压器2台，容量均为5万千伏安，10千伏出线24回，110千伏线路2回，为大元变电所至徐村变电所线路与江湾变电所至徐村变电所线路。

【110千伏派塘输变电工程】

11月21日，110千伏派塘变的投运工作完成。整个输变电工程由变电站与进出线路组成，线路分成110千伏与10千伏，变电站用地面积2735平方米，位于廿三里街道大通路和武溪北路交叉口东南侧，为智能变电站，有主变压器2台，容量均为5万千伏安，110千伏线路2回，分别T接大元—望道线与望道—李宅线，采用电缆敷设。10千伏出线24回。工程总投资4806万元。金华电力设计院为工程设计单位，成龙建设集团公司为土建施工单位，金华送变电工程公司为电气安装及线路施工单位，2015年11月5日土建开工，2016年3月进行电气施工。

（蒋奕军）

农村经济

综　述

【概况】 2016年,完成农林牧渔业总产值31.9亿元,同比增长5.4%,实现农林牧渔业增加值22.6亿元,同比增长5.8%。实现农业产值23.5亿元,同比增长7.8%;林业产值7175万元,同比增长4.2%;牧业产值5.7亿元,同比下降1.9%;渔业产值1.53亿元,同比下降1.3%;农林牧渔服务业产值5053万元,同比增长11.7%。全市有市级以上农业龙头企业117家(国家级3家,浙江省级5家,金华市级20家,义乌市级89家),农民专业合作社309家,家庭农场208家,特色农业精品园8个,无公害农产品基地1个。

全市绿化面积788公顷,实有封山(沙)育林面积1910公顷。生态公益林面积3.14万公顷,其中省级以上公益林面积1.6万公顷,义乌市级公益林面积1.54万公顷。

全市有水库105座,水电站9座,泵站254处,水闸94座,机电井1091眼,农村集中式供水工程70处。水利工程年实际供水量2.78亿立方米。农田水利总灌溉面积18150公顷,有效灌溉面积18150公顷,其中农田灌溉面积16330公顷,林果灌溉面积2080公顷。水利工程年实际供水量2.78亿立方米,农业灌溉年实际供水量5425万立方米,工业生产年实际供水量1.09亿立方米,城镇生活年实际供水量4671万立方米,乡村生活年实际供水量1192万立方米,生态环境年实际供水量1732万立方米。

(刘　娟　余夏萌　张小红)

农　业

种植业

【概况】 2016年,全市粮食播种面积8806公顷,总产量5.42万吨;油料作物1430公顷,总产量3400吨;棉花种植面积11公顷,总产量18吨;甘蔗种植面积871公顷,总产量7.35万吨;药材种植面积186公顷,总产量739吨;蔬菜种植面积8348公顷,总产量20.32吨;水果、果用瓜种植面积5514公顷,总产量9.84万吨;花卉园艺种植面积1367公顷;桑园总面积81公顷,饲养蚕种张数174张,蚕茧总产量11吨;茶园总面积204公顷,总产量998吨;其他作物播种面积531公顷。各镇(街道)辖区内的义乌市级以上示范性合作社、农业龙头企业、家庭农场积极开展农产品质量安全二维码追溯建设,全市力争完成35家以上,2016年完成36家。

(刘　娟　余夏萌)

【粮食生产功能区建设】 2010年,义乌市启动粮食生产功能区建设,规划至2018年,全市规划粮食生产功能区6666.67公顷。同年,义亭镇枧畴村,廿三里街道华溪村粮食生产功能区被浙江省人民政府认定为省级粮食生产功能区;2012年,赤岸镇乔亭村粮食生产功能区被浙江省人民政府认定为省级粮食生产功能区。2010—2016年,全市完成粮食生产功能区建设任务6000公顷,其中2016年投入资金1175.27万元完成粮食生产功

义乌稻田

义乌糖梗田

东河田藕

义乌大枣　（以上照片均由市农林局供图）

能区 666.67 公顷。

【省级现代农业综合区建设】 2010 年 7 月,义亭省级现代农业综合区获省政府批准,成为全省第二批 50 个创建点之一。项目位于义亭镇上佛路西南区域,涉及王阡,畈田朱,杭畴 3 个工作片 35 个行政村,土地总面积 3166.67 公顷,概算投资 1.1 亿元,建设“六区两园”(稻瓜轮作示范区、糖蔗产业示范区、葡萄产业示范区、生猪产业示范区,农产品加工区,生态农业休闲区,田藕、苗木两大精品园)。2011 年 9 月,佛堂省级现代农业综合区获省政府批准成为全省第四批 39 个省级现代农业综合区创建点之一。综合区位于佛堂镇西南部,涉及城区、王宅、田心、合作、倍磊 5 个工作片的 44 个行政村,区域面积 3046.67 公顷,规划示范区耕地面积 1333.33 公顷。2014 年 10 月,佛堂省级现代农业综合区被浙江省人民政府评为 10 大“省级标杆性现代农业园区(综合区)”。同年 11 月 28 日,佛堂省级现代农业综合区通过省农业厅,省发改委等有关专家和领导考核验收评审。2015 年,义亭省级现代农业综合区完成建设。2016 年,金华市农业“两区”建设现场会在义乌市召开,推荐义亭镇为 2017 年金华市和省级农业特色强镇建设对象,协调指导义亭镇做好规划设计、项目申报等工作,不断推进“两区”建设扩面提质。

（除署名外均由刘娟撰稿）

畜牧业

【概况】 2016 年,全市生猪年末存栏 1.93 万头,同比下降 78.79%,其中能繁母猪存栏 2240 头,同比下降 73.62%;年出栏 12.41 万头,同比下降 24.24%。家禽年末存栏 70.4 万羽,同比下降 12.22%,年出栏 377.75 万羽,同比增长 32.21%。牛年末存栏 89 头,同比下降 45.06%。羊年末存栏 1100 只,同比下降 88.65%,羊年出栏 4300 只,同比下降 70.34%。蜜蜂年末存栏 2400 箱,同比下降 11.11%。肉类总产量 1.76 亿吨,同比增长 2.84%;禽蛋产量 20 吨,同比下降 98.59%。2016 年累计外地调入检疫生猪 82.04 万头,外地调入家禽 530.8

万羽；冷冻畜禽产品 5212.91 吨；调出县境检疫生猪 2.67 万头，调出县境检疫家禽 59.53 万羽；屠宰检疫生猪 86.74 万头，家禽 874.8 万羽。

【美丽生态养殖场建设】 5 月，市政府下发《关于印发义乌市美丽生态养殖场建设实施方案的通知》，根据“规范、生态、美丽”内涵要求，按“场区布局合理、设施制度完善、生产全程清洁、产出安全高效、资源循环利用、整体绿化美化”的美丽生态养殖场标准，进行美丽生态养殖场建设，加快养殖业转型升级。至 12 月底，全市有 91 家畜禽养殖场主动退出养殖行业。13 家畜禽规模养殖场完成改造提升，通过由市农林局、市环保局、市农合联及相关镇组成验收组的集中验收，达到市级美丽生态养殖场验收标准，其中义乌市浩康养猪场和义乌市星科养殖场通过省级美丽牧场验收。

【义乌市畜牧业“十三五”规划】 12 月，市政府出台《义乌市畜牧业“十三五”规划》，《规划》对义乌市“十三五”期间畜牧业的定位目标、区域布局、主要任务和重点工程等进行规划，确保义乌市畜产品有效供给和公共卫生安全。

【畜产品质量安全专项整治】 2016 年，义乌市加大对畜禽产品的安全监管力度，进一步规范畜禽生产、畜产品经营、饲料兽药生产经营行业。2 月，义乌市人民政府办公室出台《义乌市推进家禽净膛“杀白”上市工作专项行动方案（2016—2018 年）》，《方案》明确义乌市家禽定点屠宰、净膛“杀白”上市工作，保障上市“杀白”禽质量和人民群众消费安全，有效防控禽流感，保障义乌市公共安全。

（刘　娟）

农业机械与设施

【概况】 全市有各类农业机械 3.5 万台（套），农机总动力 29.3 万千瓦。推进农机监理规范化建设，加强农机牌证管理工作，共办理拖拉机注册登记 59 台次、变更登记 103 台次、转移登记 110 台次、转入登记 5 台次、补换登记 97 台次、注销登记 78 台次、年检审 1189 台次；拖拉机驾驶证申领考试 18 人次，有效期满年审换证 189 人次、60 周岁审验 76 人次、补证 18 人次、注销 295 人次、记分学习 11 人次。

【农机年检】 9 月 21 日至 10 月 19 日，为确保农机安全生产，市农机站在佛堂毛陈水稻专业合作社进行拖拉机免费实地检验，共年检拖拉机 1201 台次，年检率 93.3%。12 月，市农业机械管

2016 年义乌市农业机械拥有量情况表

表 21

名　称	数　量(台,套)	动力(千瓦)
耕作机械	3420	27479
其中：大中型拖拉机	326	12104
手扶拖拉机	675	6128
田园管理机	2150	11852
种植机械	163	1536
其中：水稻插秧机	159	1487
排灌机械	7566	22719
植保机械(机动喷雾机)	2865	5234
联合收割机	160	6375
收获后处理机械	3533	13124
其中：粮食烘干机	113	1180
农产品加工机械	1300	11513
茶叶机械	435	1505
运输机械	4455	97752
其他机械	8254	72543
合　计	35574	292531

（刘　娟）

理站安排工作人员深入镇（街道）开展联合收割机、纯农田作业拖拉机及驾驶人年检审，年检联合收割机、纯农田作业拖拉机361台次，年检率96.5%。至12月底，公安驻农机联络室出勤2150人次，查处违法车辆3097台次，罚款28.2万元。发生拖拉机负主责以上事故8起，死亡3人，重伤5人，直接经济损失8500元。

【农机安全监管】 2016年，全市共办理农机新车上牌61辆，转移变更登记240台次，报废高耗能农业机械93台。新发农机驾驶证24人次、换证212人次。检验上道路拖拉机1201台，纯农田作业机械3611台。至12月底，全市有省级“平安农机”示范镇5个、示范村2个，市级示范村111个、示范专业合作社1个。

产业化经营

【概况】 2016年，全市有市级以上农业龙头企业117家，其中农贸城、浙江华统肉制品股份有限公司、浙江森宇控股集团实业有限公司3家国家级农业龙头企业；义乌华隆食品有限公司、义乌章舸生物工程有限公司等5家省级龙头企业；金华市级龙头企业20家，义乌市级龙头企业89家；培育农民专业合作社311家，其中国家级示范性合作社2家，省级示范性合作社10家。全年完成总保费785万元，其中自交保费90万元，财政补助695万元(包括中央财政补助253万元，省财政补助185万元，市财政补助约257万元)。

（刘　娟　余夏萌）

【出台规划办法】 2月，根据浙江省、金华市农业发展规划思路和《义乌市国民经济和社会发展第十三个五年规划纲要》要求，制定《义乌市现代农业发展“十三五”规划》。《规划》主要介绍“十二五”农业发展的成效与经验，“十三五”农业发展面临机遇及挑战，指导思想和战略目标，义乌市“十三五”期间现代农业发展的空间布局、主要任务、重点建设工程及主要保障措施。3月，结合《义乌市美丽乡村建设总体规划》，就加快发展现代农业出台《义乌市人民政府办公室关于进一步加快现代农业发展的若干意见》。《意见》主要介绍义乌加快现代农业发展的总体要求以及大力推进土地流转，加强农业基础设施建设，培育壮大特色主导产业，积极培育农业品牌，加快推进农业生产机械化、智慧化，加强对发展现代农业的工作领导等的政策意见。6月，制定出台《义乌市中央农业支持保护补贴(耕地地力保护)实施办法》。《办法》主要介绍中央农业支持保护补贴（耕地地力保护)资金的补贴对象、补贴依据和补贴标准、补贴程序和申报材料。10月，修订出台《义乌市粮食生产功能区基础设施建设项目和资金管理办法》。《办法》主要介绍了义乌市粮食生产功能区基础设施建设项目和资金管理办法的总则以及项目管理、资金管理和监督检查的具体要求。11月，制定出台《义乌市农业专项资金项目管理办法》。《办法》主要介绍义乌市农业专项资金项目管理办法的总则以及项目储备、项目申报、项目实施、项目检查、项目验收与绩效评价的具体要求。

【首届乡村美食大赛】 9月29日，由市农林局(农办)主办，大陈镇人民政府、义乌市商务局协办，市餐饮宾馆行业协会承办的首届乡村美食大赛在大陈马畈村农产品展示中心举行。大赛分乡村美食大赛(分设流水席奖和单个菜品奖)、农家特色小吃展示、异国风情小吃展示3部分，场地分比赛区和展示区。各镇（街道）农家乐经营户和民间厨艺达人共20支参赛队以流水席方式开展厨艺比拼，同时邀请11家餐饮单位现场展示来自10个国家的特色风情小吃。经比拼，后宅街道子凤山庄获金奖，大陈镇保侣农庄，赤岸镇毛店村毛松民，江东街道新兴村杨文斌分获银奖，上溪镇瀑布泉酒家，义亭镇古陶土菜馆，后宅街道瑶铭山庄，赤岸镇柏峰村陈慧卿，廿三里街道缕策饭店获铜奖。中央电视台4套及各级电视台、报刊对比赛情况进行报道。

【农家乐产业】 2016年，全市农家乐经营户共接待游客315.2万人次，营业收入1.45亿元，同比分别增长16%和20.2%。大陈马畈农业奇幻乐园在中秋期间布置灯光秀开拓乡村夜游市场，国庆长假期间进行马术表演，吸引接待游客14万余人次，乐园门票及游乐项目收入350余万元。城西街道何斯路村在志成湖畔开办书院、客栈、饭馆和生活馆，新增游船项目。大陈镇北山村在原有农家餐的基础上，新增乡村民宿，大畈村农家餐馆从无到有，现有7户。完善农家乐村、点负责人联络方式等信息，建立农家乐安全联络网，全年全市农家乐未发生严重安全事故。

（刘　娟）

农村经济管理

【概况】 2016年，全市经工商注册登记并备案的各类农民专业合作社309家，新增3家，取消9家。其中种植业252家，畜牧业20家、水产业9家、养蜂业7家、农机业21家。农民专业合作社社员3701人，注册资金2.6亿元，义乌市级规范化考核合格28家，金华市示范性合作社10家，省级示范性合作社10家，国家级示范性合作社2家。全市在工商部门注册登记的家庭农场208家，新增47家，其中到市农林局备案共169家；义乌市市级示范性家庭农场11家，金华市市级示范性家庭农场5家，省级示范性家庭农场4家。注册个体工商户182家，注册个人独资企业26家；种植业178家，渔业1家，种养结合型29家；经营总面积1772公顷，平均8.36公顷；从事生产家庭劳动力共有774人，其中家庭成员437人，常年雇工337人。全市土地流转总面积1.12万公顷，流转率65.3%。完成3个村土地流转养老保险初次核查，投保448人。至12月底，158个村办理养老保险。

【村级财务清理专项行动】 1—6月，市农林局做好全市三分之一村财务审计和清理工作。同年7月起，根据《浙江省农业厅等5部门关于组织开展村级财务清理专项行动的通知》，市委组织部、市农林局、市民政局、市财政局、市审计局5部门联合下发《关于转发〈浙江省农业厅等5部门关于组织开展村级财务清理专项行动的通知〉的通知》，召开专题会议部署要求对全市所有村社2014年以来村级财务进行全覆盖清理。10月，抽调5部门人员组成3个检查组，对各镇（街道）工作开展情况进行督查，总体情况较好。至12月底，完成774个村级财务专项清理，涉及货币总收入77.43亿元，货币总支出89.05亿元。

【农村集体资金管理情况抽查】 1月16日至3月25日，为落实省委巡视组反馈意见，组织开展全市农村集体资金管理情况自查整改工作。工作分制定方案、镇（街道）自查、市级检查、组织培训4个阶段。1月25日至2月19日，对全市14个镇（街道）68个村的村级财务公开情况进行抽查，3月10日下发《关于部分村财务公开抽查情况通报》。2月22日至3月11日，对全市14个镇（街道）79个村2015年集体资金管理使用情况进行实地检查，3月18日下发《关于农村集体资金管理检查情况通报》，同月28日，下发《关于进一步加强村集体资产和财务管理公开的若干意见》。3月，由市、镇街两级分别组织召开村级财务管理相关人员业务培训，市级组织镇（街道）农经负责人、代理中心工作人员业务培训78人次。指导协助镇（街道）开展村级相关人员业务培训2575人次。9月，贯彻《浙江省农村集体资产管理条例》，开展政策宣传及业务培训会，发放条例小册子3000本、培训资料汇编和释义100本，要求进一步落实好村民代表会议制度等工作。10月，联合市委组织部、市民政局开展“三务”公开检查工作，义乌市农村经营管理站重点对财务公开情况进行1次复查，每个镇（街道）抽2～3个村实地抽查，总体情况良好。

【村股份经济合作社股东股权实行静态管理工作】 1月，结合义乌市本年度开展的户籍制度改革工作，义乌市政府提出村股份经济合作社股东股权实行静态管理工作，股东截止基准日为9月30日。户籍制度改革后，不改变其原村（股份）经济合作社社员的身份，不改变其原有的权利义务，其所拥有的股权固化到人（户），实行静态管理，股权可依法继承和本社内部转让。8月底，结合户籍制度改革，下发《关于认真做好村股份经济合作社股东股权实施静态管理工作的通知》，全面布置开展村股份经济合作社股东股权实施静态管理工作。村社股权确权到人(户)后，“权跟人(户)走”，生不增、死不减、可在社内流转(包括继承、转让、赠予等)。

【农村土地承包经营权确权登记颁证工作】 2月初，通过公开招投标完成义乌市农村土地承包经营权确权登记颁证项目的招投标工作，确定浙江臻善科技有限公司为测量外包作业单位；市、镇(街道)、村相继成立土地确权工作领导小组和工作小组；编发土地确权工作政策汇编、印发致农民朋友的一封公开信。6月底，印发《义乌市深化农村土地承包经营权确权登记颁证工作方案》，全面推进农村土地承包经营权确权登记颁证工作。至12月底，开展村523个，完成承包地块指界测量村424个，完成承包地块测量面积1.03万公顷，完成实测比率81%，超额完成金华下达的50%实测比率。

(刘　娟)

林　业

森林资源保护与利用

【概况】 2016年，完成林业产值7000万元，同比增长0.5%。全市生态公益林面积3.14万公顷，其中省级以上公益林面积1.6万公顷；义乌市级公益林面积1.54万公顷。发放14个镇(街道)545个行政村及1个国有林场的自留山，责任山林农户1.83万户，生态公益林补偿1224.83万元。林木火灾险参保面积3.14万公顷，总保额1.41亿元；毛竹综合险投保面积314.33公顷。全市发生林业政策性保险理赔案14宗，理赔11.66万元。投入白僵菌粉炮5万枚，花绒寄甲成虫73.5万头，卵卡1.1万张，实施噻虫啉防治面积2万亩次。2015年冬天至2016年春天，清理枯死松树2.6万株。解聘护林员19人，新选拔护林员11人。全年市森林消防值班室接到各类报警电话100余个，其中森林火情20余起，未发生森林火灾。全年共救助国家二级重点保护野生动物猫头鹰6只，蛇雕1只，蟒蛇1条，已放生或送动物园饲养。

【森林资源二类调查工作】 3月，完成新一轮森林资源二类调查外业工作，国家林业局华东林业调查规划设计院对苏溪、大陈2个镇等部分外业进行完善和补充调查。4—9月，市农林局完成外业调查数据录入工作，并行文要求省林业厅尽快对义乌市新一轮森林二类调查外业调查进行质量验收，以便尽快开始成果报告撰写及森林资源管理系统开发工作。10月，省森林资源监测中心与义乌市农林局就外业调查质量验收事宜进行对接，相关矢量数据库资料委托华东院报送省森林资源监测中心。

【古树名木保护工作】 8月，组织开展古树名木普查工作，委托浙江省林业科学研究院对全市的古树名木进行全面普查。11月1日，出台《义乌市古树名木保护项目资金管理办法》，明确古树名木保护对象，以及项目的组织、建设与管理，补助标准、补助资金的拨付和监管。至12月底，完成现场调查，进行系统数据录入，初步查清现存古树名木1247株，其中国家一级古树74株，二级古树144株，三级古树1028株，名木2株(1株既是名木又是古树)。

【公益林矢量数据库完善工作】 2016年12月，按照2016年浙江省林业厅的统一部署2次对公益林矢量数据库进行完善。义乌市上溪镇与浦江县交界处，由于2001年公益林区划界定采用的是老的行政区划界线，致使有9.8公顷国家级公益林落实在浦江县界内，并与浦江县公益林区划产生重叠(浦江为省级公益林)。重叠区块林地权属大多数属于浦江，少量林地属于义乌市的插花山。义乌农林局与浦江县林业局、上溪镇及相关行政村协商沟通后，同意将重叠的9.8公顷国家级公益林去掉，在义乌市范围内同等区位林地上进行补充。另外，经省测绘局配准及卫片判读，义乌市公益林图斑中所包含的非林地面积213.47公顷。义乌农林局委托华东勘测设计研究院根据省林业厅有关要求结合最新二类资源数据对非林地等地类进行处理，并完善相关矢量数据。

2016 年义乌市新成立农民专业合作社情况表

表 22　　　　单位：万元、个

序号	组织名称	地　址	负责人	成立时间	社员	注资	经营内容
1	曲文菊花	佛堂镇大田村 2 幢 2 号	王　辉	1 月 5 日	5	500	林业
2	健蓝蔬菜	佛堂镇六石村 58 号	沈晓斌	10 月 21 日	5	50	蔬菜
3	城纳果蔬	苏溪镇徐塘村 8 幢	吕祥荣	11 月 7 日	5	1000	果品

【公益林规范调整工作】2015—2016 年，共办结 2 起公益林调整。义沪昆铁路客运专线浙江段附属配套项目，涉及国家级公益林 4000 平方米、省级公益林 4666.67 平方米；义乌市东河至萧皇塘公路项目，涉及省级公益林 2 公顷，共计 2.87 公顷重点公益林。市级公益林共调整 2 件，调整面积 46.6 公顷，主要是村里产业结构调整，准备开发种植经济林。

【野生动物疫源疫病监测站】 2016 年，野生动物疫源疫病监测站设 1 个监测点(赤岸镇上八石监测点)，毗邻义乌市蜀墅塘水库，监测点共监测鸟类数万余只，救助各种受伤鸟类 20 余只，雇常年在家熟悉监测区域的上八石村书记陈荣春为监测员，负责每天野生鸟类疫源疫病数据的采集。

（刘　娟）

林业管理

【概况】 2016 年，市森林公安先后开展“2016 利剑 1 号清火行动”“利剑”“打击破坏野生动物资源违法犯罪专项行动”“2016 禁种铲毒”“净网行动”、严厉打击非法占用林地等涉林违法犯罪专项行动、“清网行动”等执法专项行动，共出动警力 280 余人次，车辆 160 余车次，查处各类涉林违法案件 46 起，其中非法收购、运输、出售国家珍贵濒危野生动物及其制品刑事案件 9 起，非法狩猎刑事案件 1 起，行政案件 36 起(包括毁坏林木案 1 起，擅自改变林地用途案 23 起，滥伐林木案 12 起)，被采取强制措施 16 人，行政处罚 36 人，行政罚款 60 余万元。共办理行政审批事项 302 件，其中木材运输证 39 件，森林植物检疫证 49 件，检疫要求书 24 件，林木种子生产经营许可证 30 件，木竹经营加工核准证 2 件，野生动物经营利用许可 9 件，狩猎证年审 86 件，林地审批 15 件，林木采伐许可 48 件。实施林业有害生物监测面积 7.49 万公顷，其中松材线虫病监测面积 2.96 万公顷，未发现有害生物；松褐天牛监测面积 2.96 万公顷，发生面积 329 公顷；松毛虫监测面积 1.69 万公顷，未发现有害生物；焦艺夜蛾 2032 公顷，未发现有害生物；松茸毒蛾监测面积 1.69 万公顷，发生面积 104 公顷。开具检疫要求书 23 份，木材及其制品调运检疫 1.77 万件，苗木 16 株，未收取检疫费。

【市林木种苗质量通过省级检查】 3 月 9 日，省林业种苗管理总站对义乌市 2015 年冬天至 2016 年春天绿化造林种苗质量进行抽查。检查人员抽查上溪镇上店村、寺口陈村新造林地的榉树和枫香 2 个苗批。经随机抽取样株，逐一测量苗木地径、苗高，结果显示，2 个苗批的苗木质量合格率 100%。检查人员就林木种苗生产经营许可证制度、林木种苗标签制度、林木种苗质量自检、林木种子来源、造林地种苗档案等情况进行检查，未发现问题。

【猕猴桃关键技术培训班】 3 月 18 日，市农林局和大陈镇政府联合举办猕猴桃关键技术培训班，30 余人参加培训，培训班邀请浙江省农业科学院园艺研究所所长谢鸣作技术讲解和现场指导，重点讲解猕猴桃溃疡病、猕猴桃根腐病(茎腐病)、猕猴桃藤肿病等病害的防治措施。针对 3 月 9—10 日的倒春寒，大陈猕猴桃受害较重的情况，谢鸣就倒春寒冻害防控进行辅导，走进大陈猕猴桃示范区的浙江永乐生态农业开发有限公司、三军水果专业合作社、鸽溪桥头农场、小马猴等猕猴桃基地进行现场指导、答疑。

【省级林业重点龙头企业测评】 3月29日，省林业厅公布2015年度省级林业重点龙头企业名单，全市有浙江义乌林业开发有限公司、浙江王斌装饰材料有限公司、义乌市城林园林绿化有限公司、浙江鸿新家具有限公司和义乌市亚冠果业开发有限公司5家企业通过测评，继续保留省级林业重点龙头企业的称号。

【首家国家林业重点龙头企业】 5月20日，国家林业局公布第二批国家林业重点龙头企业名单，浙江省共有10家企业榜上有名，浙江森宇实业（简称"森宇公司"）名列其中，成为义乌市第一家获此殊荣的企业。1997年，森宇公司联合浙江农林大学等单位，在国家科技支撑计划等资助下，开始进行《铁皮石斛良种选育与高效栽培技术研究》项目开发。2015年11月，此项目获第六届梁希林业科学技术奖一等奖。同年8月，森宇公司生产的"森山铁皮枫斗及其制品"通过生态原产地保护产品专家评审组评定，成为行业内首个"国家生态原产地保护产品"。

【花卉旅游景点调查】 2016年6—7月，市农林局首次组织开展花卉旅游景点调查。通过对5个花卉旅游景点调查统计，2015年共接待游客130万人次，营业额1780余万元。其中，龙溪香谷薰衣草花园2015年接待游客15万人次，营业额500万元；上溪镇的十里桃花坞，面积333.33公顷；佛堂镇的万盛幸福花园，引进牡丹品种160余个、面积6.67公顷，引进玫瑰花品种200余个；佛堂镇福劳尔乐园，建成面积20公顷，引种向日葵、波斯菊、百日菊、玫瑰花等多种花卉；赤岸镇的大新屋村栀子花基地，面积14.47公顷。

龙溪香谷薰衣草花园　　（市农林局供图）

【林木种子法律法规知识培训】 9月14日，市农林局在市委党校举办林木种子法律法规知识培训班，邀请省林业种苗管理总站专家授课。全市各镇（街道）分管林技员，以及花卉苗木生产、经营企业及合作社负责人共109人参加培训。培训班上，专家对新《中华人民共和国种子法》及相关管理办法进行解读，结合花卉苗木生产经营实际，重点对林木种子生产经营档案、苗木质量检测、苗木标签、苗木使用说明、许可证办理与延续变更、林木种子广告发布等作详细讲解。培训班上还开展林木种子法律法规知识测试。

【首家国家林业标准化示范企业】 12月30日，国家林业局和国家标准化管理委员会联合发文公布2016年国家林业标准化示范企业名单，浙江省7家林业企业榜上有名，其中复评3家、新增4家，浙江森宇实业有限公司为全省新增的4家企业之一。森宇公司建立从种植、加工、销售、售后一体化标准管理体系，产品生产执行企业标准。2013年，森宇公司承担的国家农业标准化示范项目——铁皮石斛栽培标准化示范区通过国家质量技术监督总局专家组的验收。森宇公司与浙江农林大学共同制订《铁皮石斛栽培技术规程》国家行业标准，于2014年11月1日正式发布，填补行业的空白。

（刘　娟）

生态建设

【概况】 2016年，全市完成绿化造林788公顷，其中城镇绿化183公顷，道路绿化277公顷，河道绿化93公顷，村庄绿化40公顷，森林产业221公顷，其他绿化37公顷。新发展香榧、猕猴桃、油茶等林业特色基地38.27公顷、花卉苗木35.27公顷。完成珍贵彩色健康森林901公顷。全年义务植树65万株，四旁零星植树50万株。年内，廿三里街道成功创建成为浙江省森林城镇，城西街道何斯路村被省生态文化协会、省林业厅授予“浙江省生态文化基地”。

【创建浙江省森林城镇】 2015年10月20日，《义乌市廿三里街道森林城镇建设方案》通过评审。廿三里街道以建设绿色、生态、美丽、宜居廿三里为目标，开展城镇公园、森林村庄、通道河道绿化生态屏障建设等一系列工作，先后完成银海公园、莲塘公园、前溪后溪绿化等生态工程建设，形成通道林荫化、农田林网化、农村森林化的城乡绿色新格局。2016年6月14日，省森林城镇预检组对廿三里街道创建浙江省森林城镇情况进行检查。12月28日，浙江省关注森林组织委员会下文授予廿三里街道“浙江省森林城镇”称号。

【彩色健康森林建设】 8月10日，义乌市农业林业局委托国家林业局华东林业调查规划设计研究院开展《义乌市“两路”沿线林相改造规划》编制。10月，浙江农林大学园林设计院对杭金衢高速后宅出口周边山体及义乌火车站后侧沿线附近山体，进行山体植被彩化试点规划设计。11月完成《义乌市“两路”沿线林相改造规划(送审稿)》。12月19日，市委常委、副市长倪建均召集市城管委、市财政局、市规划局、市农林局、城投集团、后宅街道等有关单位，对《义乌市森林植被景观优化示范工程建设规划(征求意见稿)》进行讨论，就建设范围、设计要求、树种选择及规格、种植、投资预算等方面提出意见和建议。

（刘　娟）

水　利

【概况】 2016年，义乌市实施饮用水工程建设85项，饮用水源工程可供水量1.32亿立方米，加上横锦引水，共可供水量1.82亿立方米。全市日供水规模54万吨，日供水量最高52万吨。全年实施农民饮用水工程项目76项，其中续建34项，新建39项，前期3项，改善130个行政村5.8万人的饮水问题。至年底，完成投资8000万元，完成68项农村饮用水工程，新增日供水规模1.8万吨，改善94个村4.2万人的饮水问题。全市758个村(居)全部通上自来水，其中619个村通上城镇水厂自来水，139个偏远山区农村实行点片状集中供水。推进江东水厂新建(每天18万吨)、苏溪水厂(每天5万吨)、上溪水厂(每天5万吨)、卫星水厂(每天2万吨)扩建和管网连通工程建设，江东水厂完成总工程量的95%，上溪水厂、苏溪水厂和卫星水厂完成施工图设计等前期工作，江东水厂和上溪水厂，城北水厂和上溪水厂、苏溪水厂的二期主管网连通工程正在推进。杨梅岗调节池扩容改造工程基本完工。

加强节水型社会建设。市水务局委托浙江省水利河口研究院编制《义乌市水资源综合规划(修编)》和《义乌市节约用水规划》，通过专家组审查。积极申报水利部和科技部联合组织创建的全国节水创新试点市。稠江再生水厂(规模每天3万吨)主体工程基本建成，为义乌经济技术开发区提供生产用水。推进“千万亩十亿方”节水灌溉工程建设，完成渠道改造50千米；新发展喷滴灌面积173.33公顷；持续推进“一户一表”改造和节水器具改造工作，完成“一户一表”改造7000户，建成屋顶雨水收集系统209处，改造节水器具1万套，建成区管网漏损率从2010年的11.8%下降至9.98%。

强塘工程和加固工程。1月8日，大拨春水库除险加固工程开工，概算投资980万元。3月，干村坑水库与中心塘水库完成验收。6月，门里塘水库除险加固工程开工，概算投资499万元。8月，深塘水库清淤工程开工，概算投资606万元。9月15日，开工羊马岭水库除险加固工程开工，概算投资658万元。至年底，全年一般性政府投资项目中的“强塘工程”续建项目完成5项。前期仇宅水库、洞坑水库、反修水库、倍磊塘水库、深塘水库（佛堂）、窖塘水库除险加固工程6项工程中，完成大坝安全认定3项，正在编制初步设计报告2项，完成总投资3500万元。山塘除险加固15座，其中新建8座，续建7座，完工10座。

流域综合治理和生态化河道整治监管。年内，做好双江水利枢纽工程的前期准备工作，推进义乌江水环境综合治理项目，白沙堤及拦河坝建设项目已完成可研和初设审查；完成义乌江干堤加固600米；完成小农水重点县深溪河道治理项目建设，完成乔溪河道治理项目30%工程量；完成农村河道综合整治9.95千米，有效投资7257.6万元。配合市五水办完成河道淤泥调查摸底工作及全市清淤实施意见编制工作。全年完成河道清淤方量70万立方米，清淤河道长度160千米。指导半月湾水轮泵站、塔下水轮泵站、杨宅水轮泵站3个大型水闸的创标工作，塔下水闸完成定岗定员和维修养护测算、划界定桩、两册一表编制等工作，通过省水利厅考核验收工作。启动半月湾水轮泵站水闸除险加固项目的前期工作。开展省级河道义乌江划界工作。

【河道生态建设优秀示范工程】

根据省水利厅布置，2015年完成《吴溪流域综合治理规划》的编制并通过省厅专家组评和市政府审批，从规划方面做好吴溪全流域生态建设和保护。2016年7月5日，省考评组到义乌市开展河道生态建设示范工程考核工作。根据省水利厅《关于做好2016年省河道生态建设示范工程申报有关工作》的文件要求，义乌市申报佛堂镇吴溪（雅西村段）河道治理工程和赤岸镇枫坑溪（枫坑水库—三角毛店村）改造工程2个项目。其中吴溪（雅溪村段）治理段中心长度1300.74米，两岸实际治理长度2506.46米，改造堰坝1座，新建涵管115米，新建排水沟655米，恢复渠道62米，新建鱼巢25处，共建成河道生态护岸2506.46米，疏浚清淤1300.74米，河岸绿化面积1.55万平方米。枫坑溪（枫坑水库—三角毛店村）治理长度1.74千米，两岸堤防长度3.47千米，改造堰坝1座，新建涵管30处，新建亲水台阶2处及修复原有亲水台阶，新建农桥2座，新建汀步4处，新建石凳10处，共修复河道生态护岸3472米，疏浚清淤1740米，河岸绿化面积6539.99平方米。枫坑溪在维持及保护河道自然面貌、生态环境和生物生存环境的基础上，提升河道的防洪、灌溉、景观、亲水等方面的功能。省考评组先后对2个申报项目进行现场察看、取证走访，并听取相关汇报。11月28日，浙江省水利厅下发《浙江省水利厅关于公布2016年浙江省河道生态建设示范工程名单的通知》，义乌市吴溪（雅西村段）整治工程获河道生态建设优秀示范工程，义乌市枫坑溪（枫坑水库—三角毛店村）改造工程获河道生态建设示范工程。

（张小红）

民营经济·经济开发区

民营经济

【概况】 2016年，全市新设内资经济主体6.58万户，同比增长21.16%，注册资本648.66亿元，同比增长114.34%。其中新设内资企业2.18万户（公司2.15万户，个人独资企业229户，合伙企业113户，集体企业6户，国有企业3户），同比增长90.6%，注册资本600.52亿元，同比增长148.24%；新设个体工商户4.4万户，同比增长2.65%，注册资本48.03亿元，同比下降20.81%；新设农民专业合作社3户，同比下降76.92%，成员出资总额1100万元，同比增长67.43%。至年底，全市累计实有内资经济主体31.93万户，同比增长19.48%，注册资本2203.52亿元，户均注册资本由原40.79万元增至69.02万元。实有内资企业6.76万户，同比增长38.29%，注册资本2030.18亿元；个体工商户25.14万户，资金数额170.64亿元；农民专业合作社306户，成员出资总额2.7亿元。与年初相比，内资企业占全部市场主体的比重从17.82%上升至20.8%。

电子商务行业主体数量迅猛增长，新增电商主体2.48万户，占37.74%，电商企业1.26万户，占内资企业57.72%。互联网成为义乌大众创业的热土。

年内，新设注册资本（金）500万元以上（含500万元）1000万元以下公司制企业655户，占新设内资经济主体1%，同比下降31.63%；注册资本（金）1000万元以上（含1000万元）1157户，占新设内资经济主体1.76%，同比增长72.43%。

市场主体结构进一步优化，第三产业增量占绝对主导地位。从产业结构上看，第一产业新设内资经济主体134户，注册资本（金）2.83亿元；第二产业新设9340户，注册资本（金）76.64亿元；第三产业新设5.63万户，注册资本（金）569.08亿元，分别占新设经济主体数量和注册资本（金）的85.61%和86.41%。与2015年相比，第一产业、第二产业经济主体数量分别减少14.65%、14.18%，第三产业同比增长30.21%。至年底，第三产业经济主体24.95万户，注册资本（金）1696.24亿元，分别占全市三大产业经济主体总数和注册资本（金）总额的78.23%和77.07%，第三产业主体地位明显。

【民营企业发展联合会】 2016年，加强与市市场监管局、市科技局等部门沟通协调，委托开展企业数据采集分析，发布民营企业景气指数季报4期，累计发布25期。组织企业参加“浙江省小微企业三年成长计划”活动、中国国际中小企业博览会、商业模式创新与“新业态、新金融”思享会等活动，推动市中小企业与世界各国（地区）中小企业的交流与合作，通过政府搭平台、建机制，引导小微企业走质量强企、品牌强企和绿色发展之路，推动小微企业由低、散、弱向高、精、优迈进。开展会员培训，提升会员素质，全年开设初级英语20个班，中级英语6个班，高级英语2个班，电子商务2个班，招收会员1343人。扎实开展“诚信民营企业”和“诚信工商户”评选工作，评选出“诚信民营企业”101家，“诚信工商户”643家，营造诚实守信、争先创优的良好氛围，提升民营经济整体素质。

（金　婕）

经济开发区

义乌经济技术开发区

【概况】 义乌经济技术开发区成立于1992年,2012年3月经国务院批准升级为国家级经济技术开发区。义乌经济技术开发区整合提升面积106.51平方千米,主要负责义乌西南产业带的开发建设。实际开发范围包括稠江街道、上溪镇、义亭镇、佛堂盘塘区块以及赤岸镇南青口区块,面积92平方千米。2016年,开发区(整合提升区)实现规模以上工业总产值650.7亿元,财政总收入53.88亿元,税收收入42.54亿元。按照义乌市委、市政府“工业强市”发展战略和“空间拓展、功能完善、转型发展”要求,义乌经济技术开发区引进装备制造、新材料、生物医药、信息技术、节能环保、汽车整车及零部件等战略性新兴产业项目,进一步拓展完善产业链条。加快中欧(义乌)智造园、义乌市绿色动力小镇、森山健康小镇、高层次人才创业园等重点园区和特色小镇建设,努力建成现代产业集聚区和转型升级示范区。年内,引进英伦新能源整车、森山健康小镇、正大中央厨房、太固互联网总部等项目14个,总投资200亿元,其中投资额50亿元以上项目2个,10亿元以上项目4个。英伦新能源整车项目总投资72亿元,是义乌市首个整车制造项目,新能源整车年产量将达到10万台;森山健康小镇项目总投资50亿元,将建成生活、生产与生态融合发展的新型现代化特色小镇;正大中央厨房项目总投资24.4亿元,将打造“饲料加工—畜禽养殖—特色盒饭生产、肉制品深加工—冷链物流—连锁销售”为一体的现代特色经营业态。总部经济A组团实现交付,文化广场工程建设基本完工,万达广场开业。锋锐发动机项目投产,义利动力总成项目进行设备安装,森宇铁皮石斛胶囊和冲剂、海之纳大米蛋白等项目有序推进。赤岸一期配套道路、锦纶三号、欧景东路等道路完工,基础配套体系进一步完善。2016年,高创园引进科技孵化及人才项目6个,培育市级研发中心2家,市级高新技术企业5家、省科技型中小企业3家、市级科技型小微企业3家。高创园二期3幢厂房交付使用。义乌经济技术开发区列入省级园区循环化改造示范试点;中欧(义乌)智造园获批首批省级低碳园区试点。

【项目签约】 3月6日,义乌经济技术开发区与正大集团、康地集团的中央厨房、肉制品深加工及配套项目在杭州黄龙饭店正式签订。正大集团、康地集团中央厨房、肉制品深加工及配套项目由世界500强企业正大(中国)投资有限公司和大陆资本有限公司投资建设,涵盖中央厨房和肉制品深加工、饲料加工、有机肥料加工3个工业项目,10个生态型家禽养殖场和1个生态型生猪养殖示范场建设项目。项目将现代科技成果不断融入餐饮的产品加工、管理、经营、开发等各个环节,打造“饲料加工—畜禽养殖—特色盒饭生产、肉制品深加工—冷链物流—连锁销售”为一体的现代特色经营业态。项目建成后,预计年销售收入60亿元,税收3.9亿元,新增就业1800余人。

【吉利新能源整车项目】 3月22日,吉利新能源整车项目签订项目投资协议。项目投资72亿元,用地48公顷,建设形成年产10万台新能源高端商务用车整车规模。此项目为英国TX5技术国产化项目,产品运用吉利集团最新研发的新能源动力系统、轻量化、专属造型、智能化等技术,生产6个系列车型,主要包括TX5系列新能源乘用车、新能源物流运输车(LCV)、轻型商务车(MPV)和高端豪华商务车、高端行政商务车、皮卡。项目预计创造年产值超过200亿元。11月18日,吉利新能源整车项目举行开工仪式。

【与中兴(义乌)研究院签订框架协议】 3月25日,义乌市政府与中兴通讯股份有限公司签订框架协议,协议内容包括成立“中兴(义乌)研究院”,包括打造工业设计创新中心、打造中兴新丝路跨境电商综合服务平台、打造义乌中兴结算中心、整合义乌城市大数据、推进“人才兴市”5个方面及打造“中兴(义乌)新品产业化基地”。依托工业设计创新中心的创新能力,不断创新设计智能化新产品,并通过产业化手段，实现集中、集聚、集约、集群发展态势，在义乌打造“中兴（义乌）新品产业化基地”。“中兴（义乌）新品产业化基地”包括“中兴（义乌）新品产业化基地”规划、中兴（义乌）研究院创新设计的新产品2个方面。

【年产5万吨功能性淀粉糖生产基地开工】 5月31日，义乌市海之纳生物工程有限公司年产5万吨功能性淀粉糖生产基地举行开工仪式。项目是海之纳公司向大米蛋白的产业链上游延伸的举措，主要生产大米膳食纤维、海藻糖、高果糖、高麦芽糖等功能性淀粉糖。项目用地3.75公顷，总建筑面积8.19万平方米，建筑物占地面积1.94万平方米，总投资2.99亿元，建设周期36个月，建成后形成年产5万吨、年产值5.22亿元功能性淀粉糖生产规模。

【签订“森山健康小镇”框架协议】 6月6日，义乌经济技术开发区与森宇控股集团签订“森山健康小镇”框架协议，总投资50亿元、规划用地3.1平方千米。小镇将按“一轴三带五区”进行产业布局，即以“一切为大众健康服务”为理念，集大健康产业、金融业、大网络产业为“三带”，以特色农业休闲体验、智慧工厂、旅游文化、养生养老、服务平台为“五区”，通过依托得天独厚的地理环境、自然资源以及产业基础，运用大数据、云计算、物联网等新技术推动互联网与健康的跨界融合，建立“生态旅游+健康”“互联网+健康”相互支撑的产业融合发展体系。建成后将成为生活、生产与生态融合、美丽和谐智慧的新型现代化特色小镇。

【总部经济园】 2016年6月18日，总部经济A组团开始正式交付。总部经济园位于义乌江畔，是义乌经济技术开发区的重点服务业招商项目，是义乌市推动产业转型升级的重大平台之一，承载“城市建设新地标、转型升级示范区、企业财富集聚区”的使命。项目于2013年4月开工建设，总投资17亿元，占地4.13公顷，建设8幢总部大楼，采用统一设计、统一建设模式，建筑形式融合西方建筑设计简约、新颖、生态科技等元素，突出的是制造业、科研、信息产业总部功能，重点引入研发、营销、采购、展示等职能型总部和专业化的生产性服务机构。2016年6月中旬完成整体工程验收。同年8月18日，总部经济A8建筑企业交房，入驻21家建筑企业。同日，中国农业银行义乌新科支行开业，是总部经济园首家新开业的银行网点，将进一步优化中心区金融网点布局，带动中心区的繁荣发展。11月3日，义乌市与德国合作项目在义乌幸福湖举行签约仪式，义乌经济技术开发区与福建摩尔基金管理有限公司签订医疗及食用类酵母的研发及生产项目框架协议；与德国易北邮政股份有限公司签订招商合作框架协议。

（倪　伟）

浙江义乌工业园区

【概况】 浙江义乌工业园区（简称工业园区）于1999年挂牌成立并实施首期开发。2006年经省人民政府批准设立，同年通过国家发改委核准并列入国家开发区目录。2014年7月被工信部批准为国家新型工业化产业示范基地。是义乌市工业经济转型和深化“工业强市”战略的重要平台；是义乌市“两翼”工业经济转型发展的重要组成部分。义乌工业园区分为综合统计范围、开发范围2个空间范围，综合统计范围包括苏溪镇、大陈镇、廿三里街道、后宅街道、福田街道相应规划区，面积192平方千米；开发范围包括苏溪镇、大陈镇、廿三里街道可开发区域，面积91平方千米；其中创建省级高新区面积14.3平方千米，光源科技小镇面积为3平方千米。

自建区以来，园区培育和引进华鼎、棒杰等5家上市公司，引进央企大唐高鸿信息产业园、华灿光电、瑞丰光电、木林森照明等20余个省、市重特大产业项目，项目总投资额超250亿元，形成以信息光电、先进装备制造、时尚服饰为特色的优势产业集群，成为义乌乃至浙中地区重要的高新技术产业基地。

2016年，园区现有规模以上企业286家。工业园区整合提升区内（苏溪、大陈、后宅、廿三里、福田）累计完成工业总产值580.63亿元，其中规模以上（年产值2000万元及以上）企业完成工业总产值229.23亿元；完成销售产值549.56亿元，其中规模以上企业完成销售产值204.65亿元；园区全部企业实现利税40.79亿元，其中规模以上企业实现利税18.23亿元；完成出口交货值88.32亿元。

2016年工业园区有在建项目13个，其中省重大产业项目5个，核心区内全年实现有效投资20.62亿元。园区积极推行全程代办，为企业提供“一对一”保姆式全程服务，瑞丰、伊彤、年年旺等5个项目投产；规划二路等道路建成通车；华灿、时尚产业园等8个项目主体厂房结顶，商住楼、综合市场等配套项目开工建设；木林森、铂瑞等项目开工建设；高新区产业服务中心、中小学、医院，大型综合体等项目前期准备。

【华灿光电】 华灿光电LED外延、芯片及蓝宝石加工项目是省特别重大产业项目，由华灿光电（浙江）有限公司总投资60亿元，用地18.69公顷，建设周期5年。第一期用地面积9.33公顷，建筑面积29万平方米；第二期用地面积9.33公顷，建筑面积30万平方米。项目主要研发、生产LED外延、芯片，并对蓝宝石晶棒进行切、磨、抛、图形衬底、镀膜等深加工，主要应用于蓝宝石衬底材料、LED光源及手机屏幕、智能穿戴设备屏幕等诸多领域的产品。项目于2016年2月13日首届世界义商大会上正式签订《项目投资协议》，同年5月31日正式开工，预计2017年6月部分投产。项目全部建成达产后可年产2400万片LED外延芯片和5200万片蓝宝石材料，实现年产值60亿元，年纳税10亿元，将推动企业成为市值超400亿元的国内第一大显示屏行业LED芯片制造商、全球第二大LED芯片生产和供应商。

【瑞丰光电】 浙江瑞丰光电有限公司LED扩产及新能源项目是省重大产业龙头项目，总投资20亿元，用地13.2公顷，建设周期5年。项目分两期建设，第一期用地面积6.67公顷，建筑面积14.7万平方米；第二期用地面积6.53公顷，建筑面积14万平方米。项目于2月13日首届世界义商大会上正式签订《项目投资协议》，5月18日正式开工，12月部分投产，实现“当年签约、当年落地、当年开工、当年投产”的目标，成为园区有史以来建设时间最短、进度最快的项目。为加快项目进度，园区成立项目推进服务领导小组，协调各镇（街道）、部门全力推动项目建设；设立专门服务机构，与市项目审批代办服务中心实行无缝衔接，为企业提供从公司注册、业务申请、前置审批等方面高效、精准服务，实现服务全程通。项目全部建成达产后实现年销售收入40亿元，年纳税3亿元。此项目的实施将进一步巩固瑞丰公司在国内高端背光源LED和照明LED封装细分领域的龙头地位，在未来几年内发展成为国内LED照明、LED背光源领域的领军企业，全球LED光源的核心企业之一。

【创建义乌信息光电高新区】 5月15日，编制完成《创建省级高新区技术产业园区总体方案》。27日，义乌市政府向省政府上报《关于申请创建省级高新技术产业园区的请示》；6月7日，市长林毅向莅临园区调研的省委常委、常务副省长袁家军作汇报，恳请支持义乌省级高新区创建；12月21日，经省政府同意，省科技厅、省发改委联合发文，同意创建义乌信息光电高新技术产业园区；2017年1月4日，省科技厅副厅长章一文在园区重大产业项目开工现场宣读同意创建义乌信息光电高新技术产业园区文件。

（蒋弛啸）

【跨国并购】 工业园区创新基金招商新模式，成功实施跨国并购项目2个，实现义乌制造业跨国并购零的突破。6月，工业园区开发有限公司与IDG共同组建基金以2.5亿美元成功竞购美国美新半导体项目。美新半导体主要生产微电子机械系统集成（MEMS）传感器，主要用于测量X、Y两个独立方向的加速度变化。6月16日，园区管委会帮助IDG在义乌完成基金公司注册，并将该项目报市招商选资工作领导小组会议研究审定。同月27日，园区管委会帮助IDG在义乌完成SPV公司的注册工作。8月30日，此跨国并购项目获浙江省发改委同意；9月，项目获得浙江省商务厅同意。收购完成后，华灿光电主营业务将横跨LED和半导体领域。美新半导体将在义乌设立研发以及销售中心，相关研发人员将到义乌工作。

7月26日，园区携手国资平台与木林森股份有限公司、IDG组建40亿元的基金以5亿欧元成功竞购全球第二大照明企业德国欧司朗照明项目。9月底，提交相应材料，上报12国进行反垄断审查，2017年3月3日完成交割。标的项目海外产能将逐步转移到义乌工业园区生产制造。

【光源科技小镇】 光源科技小镇位于义乌工业园区核心区块，规划总面积2.99平方千米。小镇以发展第三代半导体光电全产业链集群为主，智能家居、物联网设备研发与制造等产业为辅。2016年，华灿光电、瑞丰光电、英特来光电等10余个省市重大产业项目入驻并全面开工建设。与国资平台、IDG共同组建3个基金，成功竞购德国欧司朗照明项目和美国美新半导体，实现义乌制造业跨国并购零突破。这些项目的入驻，标志着工业园区一个以LED产业为主导的光源科技小镇正在形成。年内，完成金华特色小镇评审考核，省级特色小镇概念规划已经过部门评审，正在进一步完善。

【招商引资】 2016年，相继引进总投资60亿元的华灿光电项目、总投资20亿元的瑞丰光电项目、总投资55亿元的木林森照明项目以及总投资7亿元的铂瑞热电联产项目，总投资142亿元，其中省特大项目2个，省重大项目1个，“无中生有”打造国内首个LED全产业链。全年实际到位内资5.22亿元，浙商回归实际到位资金8.18亿元，实际利用外资6654万美元。

义乌商贸服务业集聚区

【概况】 2016年，义乌商贸服务业集聚区重点规划区涉及项目450余项，完成固定资产投资248.7亿元、产业增加值81.76亿元，同比分别增长20%和12%。实现服务业营业收入181.93亿元，实现利税总额48.39亿元。核心区涉及项目260项，完成固定资产投资152.26亿元，实现产业增加值45亿元，实现利税总额33.3亿元。2016年，新引进各类科技项目30个，引进和培育省部级以上人才11人，其中国家“千人计划”专家7人、省“千人计划”专家2人、省部级人才2人。工业园区联系人才项目9个，其中“国千”项目2个、“省千”项目3个、金华双龙计划项目1个、义乌英才计划项目4个、浙江省151第二层次人才培养对象推荐1个。与国内外高校、科研机构、企业等开展对接洽谈300余次，成功签约科研院所类项目13个，落地7个项目，在谈协议2个项目，储备项目8个。丝路金融小镇完成有效投资36.44亿元。金融服务功能核心区完成30幢大楼招商落地，其中21幢大楼主体结顶，4幢大楼投入使用。金融小镇城市会客厅项目进场施工，金融贸易企业注册落户小镇，其中世界500强企业、中国民营企业500强企业各3家。

【搭建平台】 融入国家“一带一路”倡议和省委、省政府“义甬舟”开放大通道建设战略，初步构建涵盖海、陆、空、铁、邮、网、“义甬舟”“义新欧”的“义乌码头”。2015年12月，义乌铁路口岸正式纳入国家口岸“十三五”规划，进口肉类指定口岸获批，义乌铁路西站海关监管场正式启用。“义新欧”中欧班列初步实现提质、拓线、增效运行，截至2016年12月31日，“义新欧”中欧班列往返运行134次，运载标箱1.01万个。相继开通中亚五国、马德里、德黑兰、俄罗斯、阿富汗、白俄罗斯、里加、伦敦8条国际联运线路，境外到达国家34个，运行速度提升24%，运输成本下降22%。“义甬舟”开放大通道建设正式启动，2016年5月29日，甬金铁路、杭温高铁获批接入义乌站，12月，甬金铁路奉化段开工建设。11月，义乌港与省海港集团正式签约，完成义乌港资产整合并入省海港集团。B型保税物流中心引进格鲁吉亚红酒“中国仓”、深圳怡亚通等优质主体，保税政策不断优化完善，全年进出口货值累计5.07亿美元，同比增长93.8%，继续位列全国县级市第一。国际邮件互换局自运行以来，完成邮件处理量4682万件，日均13万件。航空口岸进一步开放,义乌至香港航班实现常态化运行,开通义乌至台湾、义乌至韩国航班。机场临时国际货站开工建设,义乌机场国际(地区)航空货运正式起航。邮政快递规模继续做大,2016 年“双十一”当天快递业务量突破 1000 万件,全年快递业务量突破 10 亿件,同比增长 68%,位居全国城市排名第七位。

【招商引资】 年初,组建 5 支招商小分队,常驻广州、深圳、北京、上海、杭州 5 个重点区域,深挖央企国资、优质民资和高端外资等信息资源,全年共走访上市公司 400 余家,收集企业信息 1000 条,接待企业考察 100 余次。储备中国机器人智慧城项目、华商云信用保险公司、成都 517 公司、嘉里大通、运满满、心怡科技、鸿利智汇、英飞特、麦格米特等多个优质企业和项目。

2016 年,集聚区全年协议引进投资额 246.4 亿元,其中 50 亿元以上项目 3 个,20 亿 ~50 亿元项目 1 个,10 亿 ~20 亿元项目 3 个。相继引进总投资 60 亿元的华灿光电项目、总投资 20 亿元的瑞丰光电项目和总投资 55 亿元的木林森照明项目,圆通速递浙江总部项目在航空物流、妈妈商贸、全球集运网等方面实现突破,项目投资总额从 15 亿元提升至 50 亿元。以丝路金融小镇为载体,引进 60 家基金公司,基金资产管理总规模超 200 亿元;组建 3 个基金,总规模达 124 亿元(和谐芯光 24 亿元、和谐明芯 40 亿元、IDG 与国资组成基金 60 亿元)。

【招才引智】 1 月,完成浙江工业大学义乌研究院维亚切斯拉夫·彼得罗夫院士专家工作站、华录北邮信息文化(义乌)研究院院士工作站建设。2016 年,成功引进中国美院现代智造促进中心义乌中心、中国义乌新能源技术研究院及产业化、大唐高鸿信息通信(义乌)研究院、聚讯北信机器人技术研究院、浙江求是药膳科学研究院、浙江工商大学义乌环境治理技术研究院、重庆大学航空航天学院义乌研究院、西南科技大学制造科学与工程学院义乌研究所等项目。

【项目建设】 推进陆港新区建设。3 月,普洛斯物流园一期 A1-A4 库完成建设并投用,二期年底开工建设;5 月,铁路口岸一期完成建设并封关运行;6 月,快递物流集聚中心申通、中通、万通、顺丰、韵达、中国邮政义乌跨境电子商务基地建成投用;截至 2016 年年底,机场飞行区改造工程土石方工程、跑道中间 2000 米沥青混凝土盖被完成过半,南侧跑道延伸水泥混凝土道面已开工建设。国内公路港物流中心、红狮智慧物流园、浙江东宇物流有限公司总部基地等项目土石方工程全面完成。全年新区建成道路 3165.64 米,完成绿化面积 174 公顷。

开发建设科创新区。11 月,华录北邮(义乌)信息文化众创园一期工程项目、百合路商城大道以东段建设工程开工建设,标志着科创新区从规划设计迈入开发建设阶段;中航新能源技术研究院及产业化项目启动区块 3.33 公顷用地预审、征地工作;科创园智慧园区一期工程开展建设。

(龚双鹏)

【科学规划】 编制特色小镇规划。8 月,完成光源科技小镇概念性规划金华市级特色小镇评审考核。11 月,云驿小镇概念性规划设计方案、陆港电商小镇概念性规划与城市设计方案通过市规划集体会审会会审。12 月,西班牙小镇完成最终设计成果,陆港电商小镇一期于同月 25 日正式投用,30 余家电商企业正式入驻。年内完成航空小镇概念性规划方案初稿。

丝路金融小镇 AAAA 级旅游景区开展申报创建工作。市政基础设施(地下空间)等项目建设,为产业项目顺利投用提供支撑。

高效生态农业示范园区

【现代农业综合区】 佛堂镇现代农业综合区位于佛堂镇西南部,涉及镇区、王宅、田心、合作、倍磊 5 个片 44 个村,区域面积 3047.93 公顷,其中示范区耕地面积 1334.67 公顷。2010 年 5 月初启动建设,同年 10 月初完成规划设计并通过省有关专家论证,2011 年 9 月正式获批创建,2014 年通过省级验收,先后被评为省级高效农业示范园区、休闲观光农业示范园、现代农业科技示范园及全省十大金华唯一标杆性示范园区，示范区建设走在全省前列。现代农业综合区在原有农业产业基础上，运用地形地貌特征，先后投资1.35亿元，规划实施果蔗、蔬菜两大主导产业示范区；邦乐生猪、铁皮石斛2个精品园以及粮食功能区、农业高新技术示范区等“四区二园”布局。2016年，现代农业综合区实现农业总产值4.58亿元，年增农业产值3000万元。

（胡　尘）

【七一农业生态园】 七一农业生态园位于城西街道七一村，规划建设总面积27.33公顷，计划总投资6000余万元。生态园主营生态观光农业，集休闲旅游区、绿色农产品生产区、花卉观赏区、湿地生态区4个功能区块于一体。至2016年年底，建成湿地生态区面积13.33公顷，玻璃温室2公顷，生态栈道1500米，湿地配水渠2600米，观光小火车铁路2000米，生态木屋15幢，培植荷花、波斯菊、向日葵、马鞭草等观赏植物6.67公顷，引进72座观光小火车2列。将治理污水和实现循环经济农业有机结合，休闲旅游与生态观光农业结合，提升农业附加值，带动周边经济发展。

（王静莉）

丝路新区

【概况】 义乌丝路新区位于义乌市东北部，规划面积40.8平方千米，是义乌完善国际化功能、建设全球小商品贸易中心的主承载区，致力于打造国家对外合作交流平台、国际贸易转型升级高地、国际化都市新区。金融商务区是承载丝路新区发展总部经济加快现代服务业集聚战略的核心区，规划总面积1.67平方千米，分两期建设。一期规划面积75公顷，拟建48幢各类大楼，建筑体量320万平方米；二期规划面积92公顷，建筑体量220万平方米。2016年丝路新区引进挂牌落地重大项目6个，总投资42亿元，包括11.8亿元的上海阜兴2幢贸易金融大楼、11.6亿元的未来城水上乐园项目和投资18.6亿元的4个万国风情街区项目。招引69家基金公司和15家商贸企业，基金管理规模超过200亿元；丝路金融小镇全年完成有效投资21.33亿元，位居全省特色小镇前列，被列为全省4个省级特色小镇统计监测规范化试点之一。

【汇商天地项目开工建设】 汇商天地项目投资额2亿元，于2月4日挂牌成交，受让企业为义乌市市场发展集团有限公司，成交总价7200万元。11月16日，汇商天地工程举行开工仪式。汇商天地工程由义乌市市场发展集团有限公司旗下全资子公司义乌市汇商置业有限公司开发建设。工程地处义乌国际商贸城核心区块，东至稠州北路，西至与银海一区区间道路，南至与新光国际商务大厦间规划道路，北至与稠州北路10号地块建筑间规划道路，工程建设规划用地7835.19平方米，总建筑面积3.4万平方米，建筑高度34.65米。汇商天地将打造成一座高品质的综合性商务大厦，毗邻义乌国际商贸城，拥有极佳的区位优势，致力打造成城市创业的乐土和城市生活的乐园。

【金融商务区一期国信证券大楼投入使用】 国信证券大楼于2009年12月7日挂牌，2010年10月8日开工建设，2014年4月8日竣工，2016年11月投入使用。国信证券大楼概算投资3.8亿元，建筑落地面积为7715平方米，总建筑面积7.89万平方米，其中地上建筑面积为6.16万平方米，地下建筑面积为1.72万平方米。主楼高30层，裙房4层，地下室3层，容积率面积6.16万平方米。

【农村合作银行金融商务综合大楼投入运营】 金融商务区一期农村合作银行金融商务综合大楼概算总投资5.6亿元，建设用地面积为7970.7平方米，总建筑面积7.22万平方米。地上建筑30层，地下建筑3层，总建筑高度149.80米。项目于2010年4月8日开工建设，于2013年10月8日竣工，2016年7月投入运营。

【万国风情街区4个重大项目挂牌出让】 2—3月，万国风情街区4个项目挂牌落地，总投资18.6亿元。稠州北路4、5、6号地块项目，投资额5.7亿元，宗地面积1.87万平方米，于2月3日挂牌成交，受让企业为浙江中国小商品城集团股份有限公司，成交总价为2.2亿元；汇商天地项目，投资额2亿元，位于稠州北路9号地块，宗地面积7835.19平方米，于2月4日挂牌成交，受让企业为义乌市市场发展集团有限公司，成交总价7200万元；欧洲风情街项目，投资额5亿元，位于稠州北路11、12、13号地块，宗地面积2.83万平方米，于2月6日挂牌成交，受让企业为义乌市交通置业有限公司，成交总价1.55亿元；恒风旅游商务大厦项目，投资额4.5亿元，位于稠州北路10号、诚信大道11号地块，宗地面积1.55万平方米，于3月7日挂牌成交，受让企业为浙江恒风集团有限公司，成交总价1.83亿元。

【丝路新区核心区城市设计及控制性详规取得初步成果】 5月17日，丝路新区管委会与德国欧博迈亚工程咨询（北京）有限公司、悉地国际设计顾问（深圳）有限公司开展项目签约仪式，签订《义乌丝路新区核心区城市设计及控制性详细规划》合同，年底完成初步成果，通过专家及部门评审，顺利推进丝路新区规划工作，新区城市设计大会战取得初步成果。

【服务企业十条举措启用】 5月31日，义乌丝路新区管委会制定“服务企业十条举措”，建立部门联合会商机制，提高协调效率；切实减轻企业负担，对投资项目建设履约保证金，采取履约保函的形式缴纳；同时建立一站式服务体系，会同市市场监管局、市金融办等单位对入驻丝路金融小镇的基金公司工商登记等手续采取全程代办制。

【第二届丝路论坛】 11月14—15日，“2016中国（义乌）丝绸之路经济带城市国际论坛”成功举办。来自全球30余个国家的400余名政府官员、商界精英和专家学者共聚一堂，共同探讨“丝绸之路经济带”上的国际贸易支点城市合作与发展之路。此次论坛由“一带一路”智库合作联盟、中国人民大学重阳金融研究院与义乌市政府联合主办。论坛共设“城市高峰对话”“跨界对话”“大学校长对话”3个平行分论坛，通过《“一带一路”义乌倡议》《关于支持义乌经贸发展的声明》《16所中外大学与义乌合作培养国际化人才共同声明》3个成果文件。

【天天安途（北京）信息技术有限公司签约落户】 12月19日，丝路新区管委会与天天安途（北京）信息技术有限公司签订投资合作协议。天天安途（北京）信息技术有限公司，在义乌注册成立独立法人的浙江省公司作为天天安途的子公司，并作为独立核算的区域结算中心，注册资本1000万元。公司承诺在义乌市第一年纳税总额1000万元及以上，第二年纳税总额1500万元及以上，第三年纳税总额2000万元及以上（包括增值税、所得税和车船税等），以后年均增长不低于10%。天天安途（北京）信息科技有限公司是大唐电信科技股份有限公司旗下专门从事互联网保险的公司，大唐电信集团是隶属国资委管理的中央企业。天天安途（北京）信息科技有限公司入驻丝路新区，负责对接央企资源引进义乌市，未来双方合作开展政府公益投保项目。

【新丝路经贸文化交流协会成立】 12月22日，新丝路经贸文化交流协会成立大会在商城宾馆举行，市民政局、市文广新局、市教育局、市商务局、市外侨办、丝路新区管委会等相关单位负责人以及新光控股集团有限公司、比中友好协会促进会负责人等参加会议。协会成立之际，收到了海外商协会、侨团的热情欢迎，收到了来自美国浙江温州工商总会、美亚经贸文化促进会等25个商协会发来的贺信。初期阶段，协会成员70余人，分布于企业界、教育界、文化体育界，旨在团结对外合作的民间力量，对外联络各国商协会、企业机构，实现对外对接、优势互补、资源共享，成为对外交流领域中与政府对接的平台和桥梁，为推动义乌与世界各国，特别是“一带一路”国家的友好交流和互利合作，为义乌经济发展，社会进步和文化繁荣服务。

【金融商务区一期宇业大厦项目开工】 宇业大厦项目由义乌宇业投资有限公司投资开发，系浙商回归项目。项目占地5802.58平方米，概算投资5亿元。总建筑面积5.57万平方米，其中地上建筑23层，建筑面积4.35万平方米，地下3层，建筑面积1.22万平方米，建筑高度为90米，项目于12月开工建设。宇业大厦项目功能定位为国际标准AAAAA甲级写字楼，依托临夏·义乌商贸城等项目，致力于打造西北采购中心、对外投资建设平台，实现义乌小商品与穆斯林中西亚国家的无缝对接。项目拟引进北京华联义乌商品采购中心、甘肃电商义乌商品采购中心，西北市场义乌商品采购中心、现代金融服务业等业态。项目正式运营后，每年纳税1700万元以上。

创意园

【概况】 2016年，义乌工商职业技术学院创意园有入驻企业65家，举办公益性“一米创意集市”7次，开展“创意大讲堂”6期，承办“浙江省时尚创意产业大赛”“全国林业产品大赛”等赛事，服务企业3000余家，先后与江苏商会、大韩振兴社创意设计企业、贵安新区旅游产业发展中心、东北商协会、义乌市文化用品行业协会、时尚产业创新创业大赛校企对接会等12个企业、行业协会进行设计对接活动。至12月底，园区实现创意产值1710.28万元，间接带动生产产值2.57亿元，同比增长23%。

【与上海海事大学签订合作协议】 3月，创意园与上海海事大学签订《设计学子实践基地合作协议》。设计学子实践基地是创意园与高等院校共同搭建的产学研平台，由园区组织管理。根据《协议》，园区通过对接行业协会、镇（街道）企业、商会社团等，将产品落地，帮助学子进行实地调研，了解项目操作与设计需求，把概念产品转化成为实际产品，并投入生产与销售。至12月底，共计来自全国合作院校2000名师生到义乌进行实习实践，举办校企合作对接会5次，为企业提供设计稿件1500余份，并对协约进行有序的过程管理、项目推动及成果考核，举办学子基地作品展1个。义乌工商职业技术学院为义乌设计单位及其他合作企业推荐引进设计人才50余人，为设计院校学生提供实习岗位100个。

【举办“一米创意市集”】 3—12月，义乌工商职业技术学院主办、创意园承办“一米创意市集”，参与市集的摊位都为1米宽。来自高校师生作品、创意园的创意企业、社会创意设计机构及民间手工技艺师参与“摆摊”。至12月底，义乌工商职业技术学院开展“一米创意市集”7次，150余家企业5万余人次参与，现场直接交易额60万元。

【举办创意创新大赛】 5—12月，义乌工商职业技术学院与市人力社保局主办，帽业行业协会、内衣行业协会、首饰行业协会共同承办的第二届“浙江省时尚创意设计大赛”在创意园举行。大赛设饰品设计、内衣（文胸）设计、帽子设计3个项目组别。9—11月，大赛进行报名投稿，大赛组委会共收到作品1331份，其中饰品设计作品761份，内衣（文胸）设计作品299份，帽子设计作品271份。11月下旬，进行投稿作品初评。12月上旬，组委会邀请10名来自国内外知名高校学者以及业内专家组成评审团，对大赛组委会初赛60份作品进行评审考核，义乌工商职业技术学院师生9人入围，3人获铜奖，大赛获奖选手与义乌市创意园签订入驻协议书，和义乌企业签订合作意向书。

【举办金蓝领高技能人才培训】
9月12日，义乌工商职业技术学院创意设计学院与省人社厅共同承办全省饰品设计与制作“金蓝领”高技能人才培训，邀请10余名国内外著名高校、企业教授和专家团队为浙江省饰品设计与制作领域高技能人才展开培训，为企业及院校教师培训工艺制作、首饰色彩设计、中国元素设计与运用、市场需求与设计等专业知识。40余名来自全省各地的首饰设计师、贵金属首饰制作工接受培训，其中市级以上工艺美术大师2人，企业技术骨干5人，高级职称技术人员6人。

（龚晓嵘）

商 贸

综 述

2016年,全市社会消费品零售额586.4亿元,同比增长11.6%,其中城镇单位实现消费品零售额440.7亿元,同比增长11.5%;乡村单位实现消费品零售额145.7亿元,同比增长12.1%。分行业看,批发零售业零售额529.5亿元,同比增长11.8%;住宿餐饮业零售额56.9亿元,同比增长10%。限额以上(批发业年主营业务收入2000万元及以上、零售业年主营业务收入500万元及以上)单位零售额中电子出版物及音像制品类同比增长28.4%,通信器材类同比增长27.8%,五金电料类同比增长20.6%,文化办公用品类同比增长18.6%。各专业市场累计成交额199.62亿元,同比增长2.81%,其中粮食市场同比增长6.72%。汽车消费市场平稳迹象明显,限额以上批零企业实现汽车类商品零售额93.6亿元,同比增长4.7%。城区公路、铁路、航空客运总量3186.41万人次,同比增长6.85%;公路、铁路、航空货运总量3474.62万吨,同比下降0.29%。

经营方式多样,批发格局有所弱化。随着经济下行压力,商户经营方式更加灵活,批零兼容、内外销兼营呈现上升趋势。以批发为主的占比63.81%,下降3.18个百分点;以零售为主的占比13.5%,上升6.06个百分点。以外销为主的占比44.58%,下降0.91个百分点;以内销为主的占比32.38%,下降0.15个百分点;内外销兼营的占比23.04%,上升1.06个百分点。

小单居主导,薄利为常态。受部分国家货币汇率不稳、消费者需求变化加快、外部经济环境疲软等影响,订单短小化趋势延续,单笔金额在1000美元以下

2016年义乌市各专业市场成交情况表

表23

专业市场	金额(万元)	同比(%)	专业市场	金额(万元)	同比(%)
粮食市场	176249	6.72	物资市场	37940	-0.97
农贸城	1028002	-0.02	通信市场	23270	0.04
其中:副食品市场	584050	-4.05	家电市场	6585	1.46
国际家居城	308348	12.16	汽车城	305621	-1.13
其中:一区家具市场	148928	5.96	二手车市场	110239	25.67
二区市场	33520	-			
三区市场	125900	-3.09			

的订单占比 61.45%，上升 2.88 个百分点。加上用工成本上升、一般产品竞争激烈等因素影响，商户盈利持续“薄利”状态。80%左右的商户反映内外贸毛利率在 10%以内，40%左右的商户反映内外贸毛利率在 5%以内。

线上线下融合进一步加深。面临激烈的市场竞争环境，商户拓展电子商务平台意愿进一步增强，多数商户建有网络平台。在网络成交方面，33.36%的商户在网上接到订单，上升 8.77 个百分点；在网络平台选择方面，37.36%的商户使用“义乌购”平台进行网络贸易，下降 7.43 个百分点；阿里巴巴、淘宝网次之，占有率分别为 30.2%、14.52%。

【第五批“浙江老字号”】 3 月 11 日，浙江省老字号企业协会开展第五批“浙江老字号”认定工作，义乌三溪堂国药馆、乌商拉面和春萱堂药业获评为“浙江老字号”。至 12 月底，义乌有“浙江老字号”企业 10 家。

（吴　越）

国内贸易

粮食流通

【概况】 2016 年，全市社会粮食需求总量 62.49 万吨，其中口粮 35.46 万吨，饲料用粮 15.47 万吨，工业食品用粮 2.28 万吨，种子用粮 600 吨。食油需求总量 3.12 万吨，其中口油 2.62 万吨，工业用油 3500 吨。全市粮食生产总量 5.42 万吨，从市外采购粮食 62.55 万吨，油 3.04 万吨，销往市外粮食 12.12 万吨、油 4900 吨。总体实现供需平衡。与 109 户种粮大户签订早中晚稻粮食订单合同。共签订粮食订单合同早稻 9740 吨、中晚稻 1.38 万吨，小麦 1564 吨。发放预购定金 7 户 196 万元。粮食收购执行国家粮食最低收购价政策，每 50 千克早籼谷（三等，下同）最低收购价 133 元，当市场收购价低于最低收购价时，由国有粮食收购企业按最低收购价收购。对粮食订单合同执行政府奖励政策，凡订单内属地方储备轮换的粮食给予每 50 千克 30 元补贴。对市内售粮大户实行奖励政策，凡粮食播种面积在 0.67 公顷以上，且投售粮食订单合同在 2500 千克以上的，再奖励每 50 千克 5 元。2016 年，义乌“粮食订单”早籼谷市场收购价为每 50 千克 133 元，加政府补贴 35 元，即实际结算价为每 50 千克 168 元。“粮食订单”中晚籼稻每 50 千克订单粮收购结算价 150 元；粳稻每 50 千克订单粮收购结算价 156 元；小麦订单粮收购结算价 135 元。全市共收购本地小麦 227 吨；收购订单粮食早籼谷 8780 吨；中、晚籼谷 9018 吨，合计收购入库 1.8 万吨，安排轮换市级储备粮 1.69 万吨。对种粮大户采取补贴送粮运费的优惠措施，全年补贴运费 37.94 万元。投资 604 万元粮食风险基金专项用于粮食仓储设施建设，具体为义乌市中心粮库扩建项目。义乌市中心粮库扩建项目经义乌市人民政府专题会议纪要〔2015〕27 号明确实施，项目地块位于义乌市义亭镇上佛路以北，甬金高速义亭出口以西地块，占地约 4.44 万平方米，建筑面积 2 万平方米，计划总投资 1.04 亿元，建设 5 万吨粮食储备库，库区包括 11 幢粮食仓库、1 幢机械库及 1 个日处理 100 吨大米应急加工厂、成品库等。义乌市域范围内共有粮食价格监测点 7 个，粮食应急加工点 2 个，应急配送中心 3 家，粮食应急供应单位34 个和粮食应急运输企业 3 家（汽车运输能力 710 吨位）。全市粮食批发市场成交量 41 万吨，成交额 17 亿元。年内，经金华市粮食局组织鉴定，义乌市被评定为 2016 年度“一符四无”粮仓县（市）；义乌市中心粮库通过浙江省“四星级”粮库考核复评。

（金英毅）

【轮换出库市级储备粮网上拍卖】 2016 年，义乌市轮换出库储备早籼谷 1.28 万吨、晚籼谷 3500 吨、粳谷 500 吨。针对各地粮食库存高企、仓容压力大，粮食市场行情低迷的现状，义乌市粮食收储有限公司按照2016 年轮换补库的仓容安排，实现公开竞价销售。3 月 9 日，义乌市粮食收储有限公司委托浙江粮油交易网举行储备粮轮换出库早稻、晚籼稻、粳稻网上竞价销售交易会，1.68 万吨轮换出库的市级储备粮全部成交，总成交额 3683 万元。早籼谷最高成交价每吨 2202 元，最低成交价每吨

2100元,均价每吨2131元,晚籼谷每吨2421元,粳谷每吨2200元。

(徐瑶瑛)

【"四星级粮库"复评】 3月29日,浙江省粮食局"星级粮库"考评组10余人对义乌市中心粮库进行两年一度的星级考评。义乌市中心粮库是浙江省首批"四星级粮库",也是金华地区唯一一家四星级粮库,考评组听取义乌市中心粮库创建"四星级粮库"的工作汇报,并实地检查各级储备粮仓库、药剂库和机械库,对照考评办法进行的考评。义乌市中心粮库以花园式库貌、规范化管理、科学化储粮为核心,以信息化平台为依托的智慧型粮库管理模式,顺利通过省"四星级粮库"复评。

(徐瑶瑛)

供销合作

【概况】 2016年,全年完成商品总销售37.2亿元,同比增长10%;实现经济效益2476万元,同比增4%;利润823万元,同比下降37%,总资产6.41万亿元,同比增长1895万元。年内,市供销联社获"全国供销合作社百强县级社""省供销社系统年度综合业绩考核特等奖""2016年度综合考绩优秀单位"。

实施旱粮高产示范、水稻产业提升,农机化促进工程等省级及以上农业项目建设,涉及补助资金441万元;抓好扶农政策和资金兑现,立项特色农业项目21个,完成冬种油菜示范畈,大户大小麦、早稻、晚稻面积的抽查复核工作,全年完成粮食生产、设施农业、农业保险、购机补助、休闲观光等财政补助资金4000余万元。联手社会资本合作共建绿禾电子商务有限公司,搭建本土O2O农产品电商平台——"绿禾网",开设"淘宝义乌馆"。"绿禾网"入驻商户300余家,销售额1500万元,"淘宝义乌馆"入驻店铺224家,销售额4000余万元。

【榨糖灶烟气治理工作】 3月25日,市政府印发《义乌市榨糖灶烟气治理设施改造实施方案》,根据《方案》,市农合联在2—4月进行调查摸底、宣传动员,全面开展义乌市域范围内榨糖厂数量、自有基地面积、规模、燃烧原材料、现有烟气治理设施等情况调查摸底工作。3—4月,制订榨糖灶烟气治理设施改造实施方案和验收标准,明确榨糖灶烟气治理设施改造技术模式和采用标准,抓好以榨糖厂业主为重点的各类技术培训。4月11日,市农合联联合市环保局和市农林局共同出台《义乌市榨糖灶烟气治理设施改造验收办法》。同月14日,为推动义乌市榨糖灶烟气治理设施改造工作,市农合联在农合联三楼会议室召集各相关部门、镇(街道)分管负责人、各榨糖厂负责人就榨糖灶烟气治理设施改造工作进行培训,90人次参加培训。培训会上,市环保局污染防治科有关人员就《义乌市榨糖灶烟气治理设施改造验收办法》进行讲解,详细阐述有关榨糖灶烟气治理设施改造的方案、技术、设备、验收标准和验收流程等内容;市农技推广服务中心相关人员对《义乌市人民政府办公室关于印发义乌市榨糖灶烟气治理设施改造实施方案的通知》文件精神进行传达,对全市榨糖灶烟气治理设施改造的目标任务、时间节点、奖励额度、实施程序以及验收资料等进行讲解。4—8月,各镇(街道)相关部门根据工作任务和职责要求开展整治和烟气治理设施改造,确保在规定的时间节点内完成榨糖灶烟气治理设施改造;8—10月进行达标验收工作。至12月底,完成制糖企业烟气治理设施改造验收51家,关停或拆除12家。

【义乌市农创园开园】 4月12日,位于北苑街道的义乌市农创园开园。市农创园是由市供销集团打造的义乌首个"农"字头特色电商创业园区,分农产品展示中心、综合服务功能区、电子商务企业及农特微商集聚区、创客中心4大区块,占地面积2000平方米。市农创园致力于打造农产品O2O体验、融资服务、信息交互、创业孵化、风投对接、电商秘书服务、电商运营中心7大运营平台,通过聚集电商企业、生产方、第三方供货商、产品设计与包装企业等产业链相关环节企业,打造线上集聚和交易平台,打通并拓宽生产企业与电商企业之间的渠道,孵化农产品创业电商。至12月底，京东、丰收购、供销E家等7家平台和39家电商企业入驻，并与本地4家电商园区和8个省内外农特产品基地达成合作。年内实现销售总额9300万元。

【农药废弃包装物回收】 11月，市农合联先行推进农药废弃包装物回收工作，制订农药废弃包装物回收办法，明确包装物回收分类、归集存放标准，确定40家农资销售店为首批回收点，加强对回收网点的集中培训、指导督促。至12月底，回收农药废弃包装物64.4吨。

（余夏萌）

烟草专卖

【概况】 2016年，义乌市烟草专卖局共查处各类卷烟违法经营案件314起，查获各类违法经营卷烟6.89万条，总案值1108.66万元。推进“利剑2号”专项行动，构建“事前防、重点管、严厉打”三位一体监管模式，加强拓展与公安、交通、海关、邮管、口岸等部门协作，全年查获假冒烟2.41万条、走私烟1.72万条。认定国际网络案2起。移送公安案件22起，刑拘8人、提请批准逮捕3人；法院判决5起28人。

至12月31日，金华市烟草公司义乌分公司实现卷烟销量6.66万箱，同比下降3.1%；实现含税销售额25.75亿元，同比增长0.59%，占全市销售额的27.05%，同比增加0.37个百分点；单箱销售额3.87万元，同比增长3.81%；累计实现税利7.45亿元，同比增长8.28%。

【“3·04”走私烟网络案】 2014年3月4日，市烟草专卖局根据线报在江东街道某托运站查获1318条违法运输卷烟，案值20万元。为深入经营此案件，市烟草局高度重视，立即与公安部门成立联合专案组。通过连续多月的侦查，联合专案组累计查获卷烟6790条，案值102万元，于同年10月21日将中转托运站涉案人周某、周某某、叶某3人抓获，最终锁定货主顾某、李某，并对2人进行上网追逃。2016年6月27日，市烟草专卖局将主犯顾某抓获，同年8月24日，义乌市公安局、市烟草专卖局联合常州市公安局连夜开展跨省追捕，将另一主犯李某抓获归案。至此，2014“3·04”走私烟网络案成功收网，全部案犯已落网。

【“利剑2号”专项行动】 4月1日至10月31日，市烟草专卖局在全市范围内开展“利剑2号”专项行动，以整顿和规范卷烟市场秩序为重点。行动期间，投入稽查力量514人次，出动稽查车185车次，查处各类卷烟违法经营案件29起，查获各类违法经营卷烟2.28万条，其中假冒卷烟1.38万条，真品卷烟828条，走私卷烟8204条，总案值270.42万元。

【打私百日会战】 6月1日至10月15日，市烟草专卖局根据金华地区统一部署，与公安、海关、市场监管等部门协作机制，在违法运输、寄递、仓储、销售等环节加大对走私烟的打击、查堵、治理力度。行动期间，查获走私烟案件31起，其中包括走私烟网络案1起。查获走私烟5826条案值103.47万元。

（孙璐琦）

医药经营

【概况】 全市有药械生产经营企业676家，其中药品零售企业591家，药品生产企业4家，药品批发企业4家，药品零售连锁企业431家，医疗器械生产企业18家，医疗器械经营企业59家。2016年，全市药品经营企业销售收入3亿元，药品生产企业总产值5亿元，销售额4亿元，实现利税1.05亿元；医疗器械生产企业总产值1.9亿元，实现利税985万元。办理药械检查涉药单位600余家，完成药品监督抽样150批次，医疗器械抽样22批。药品医疗器械经营企业审批事项200件，备案药械事项320件，药品及医疗器械案件37起，罚没款189.3万元，移送公安机关涉嫌销售假药案件5起。年内，杭州华东医药集团义乌医药有限公司被评为AA级企业。

【“药品安全宣传月”活动】 9月，在“药品安全宣传月”期间，市市场监管局开展药品安全进村居、进学校等系列活动。联合街道中心卫生院、药房等进村文化礼堂、学校内开展形式多样、内容丰富的宣传活动。向群众宣讲药品知识，为老人免费测量血压，并详细叮嘱降压药服用方式方法，为颈肩酸痛的老人拔火罐、艾灸。营造“药品安全，人人参与”氛围，并发布风险消费警示。

【药械经营使用单位质量信用等级初评】 12月26日，市市场监管局对全市575家药品零售企业药品质量信用等级评定结果、57家医疗器械经营企业医疗器械质量信用等级评定结果和47家医院类医疗机构药械质量安全诚信等级初评结果进行公示。其中，药品质量信用等级评定结果守信企业(A级)87家，基本守信企业(B级)474家，轻微失信企业(C级)13家，严重失信企业(D级)1家；医疗器械质量信用等级评定结果守信企业（A级）20家，基本守信企业（B级)34家，轻微失信企业(C级)3家；在47家医院类医疗机构中，药械质量安全诚信等级评定守信(A级)24家，基本守信（B级)18家，轻微失信企业(C级)5家。

电子商务

【概况】 2016年，注册新增电子商务主体2.45万家，注册资本157.72亿元，其中内资企业1.25万家，同比增长188.98%，注册资本143.18亿元，同比增长150.84%。登记电子商务秘书企业41家，登记被托管电子商务企业4973家。至年底，网站建档11.43万户，其中网络交易平台1户，非网络交易平台3565户，网店11.08万户。网络标志7.73万张，其中平台服务商办理7.09万张。办理网络案件164起，其中大要案件89起，移送案件5起，罚款192.22万元。出台《“义乌购”网商注册登记指导意见》，在全国率先开展个体户集群注册，创造性地将义乌有形市场内的网商集群注册到“义乌购”平台，力促电子商务主体迅猛发展。

全市实现电子商务交易额1770亿元，同比增长17.14%。其中，内贸1120亿元，同比增长20.6%；跨境电子商务交易额650亿元，同比增长11.7%。全市在各类知名平台的电商账户25.5万户，其中内贸网商店铺数情况为内贸B2B（1688平台)3.1万家、天猫平台3500家、淘宝平台10.5万家、京东平台1900家，计14.14万家。外贸网商店铺数情况为中国供应商4400家、速卖通3.6万家、敦煌网2.1万家、e-bay3.5万家、亚马逊2000家、wish1.2万家，计11.04万家。全市建成投入使用的电子商务园区28个，建筑面积200万平方米，集聚规模电商企业1000余家。在阿里研究院公布的《中国淘宝村研究报告(2016)》中，义乌有淘宝村65个，占全国5%；淘宝镇3个。

（金　婕　骆旭锋）

【第二届世界微商大会】 4月11日，由中国电子商会微商专委会和义乌市人民政府主办的2016年第二届世界微商大会在义乌电视台演播厅举行，大会以“规范、发展、国际化”为主题。中国电子商会会长、商务部中国国际电子商务中心主任、新华网副总编辑、韩国在线购物协会会长主等100名国家部委、地方县市、电商企业相关负责人出席。大会吸引来自韩国、加拿大、意大利等12个国家的557个微商代表团参加，涉及664个品牌。会上，正式启动国内首个微商诚信认证平台；大会组委会发布《2016—2020全球微商行业全景调研与发展战略研究报告》，对微商行业存在的问题、解决的对策、产业的未来进行系统化、专业化、权威化解读。

【首届中国电商网络模特论坛】 4月11日，首届中国电商网络模特论坛在义乌国际博览中心举行，300人参加论坛。论坛上，中国纺织服装教育学会秘书长、英模国际娱乐集团董事长、光灿网红孵化公司联合创始人、中国服装设计师协会职业模特委员会总干事、米仓资本创始合伙人等业内人士和专家就电商网络模特发展趋势、粉丝经济等内容进行探讨。论坛发布全国首份《中国电商网络模特白皮书》及《中国电商网络模特服务标准规范》，并成立“中国电商网络模特联盟”。《中国电商网络模特白皮书》阐述电商网络模特的基本概念、特点及其与传统模特的区别，对如何实现电商网络模特行业的可持续发展给出专业建议。《中国电商网络模特服务标准规

首届中国电商网络模特论坛　　（市电商办供图）

范》是义乌市在电商网络模特行业标准方面探索的结晶，进一步规范电商网络模特行业发展，提升电商企业品牌价值，打响“电商网络模特义乌造”的品牌形象。至12月底，义乌有职业网模、兼职网模400余人，英模文化、新丝路等大型模特公司均在义乌设有分公司或办事处。

【获批设立浙江（义乌）跨境电子商务创新发展示范区】 5月24日，省政府下发《关于设立浙江（义乌）跨境电子商务创新发展示范区的复函》，批复同意设立浙江（义乌）跨境电子商务创新发展示范区。11月11日，市政府印发《浙江（义乌）跨境电子商务创新发展示范区实施方案》，《方案》要求通过管理创新、服务创新和要素驱动，经过3～5年的建设试验，进一步打造跨境电子商务高效完整的产业链和生态圈，力争把义乌打造成为“一中心、三高地”（跨境电商全球小商品网货中心，跨境电商产业发展高地、跨境电商物流服务高地、跨境电商创业创新高地）。

【获2015年中国电子商务百佳县榜首】 5月25—26日，第三届中国县域电子商务峰会在山东寿光举行，阿里研究院发布《2015年中国县域电子商务报告》和2015年中国电子商务百佳县榜单。继2013年、2014年连续名列中国电商百佳县榜首之后，义乌再次夺魁，实现“三连冠”。在大众电商创业、大众网购消费、快递服务、电商消贫等子榜单中，义乌在“2015年中国大众电商创业最活跃的50个县”“2015年中国大众网购消费最活跃的50个县”“2015年中国快递服务五十佳县”3个子榜单上都排名首位。

【获批开展义乌市小商品产业集群跨境电商发展试点】 6月17日，省商务厅、省财政厅下发《关于在义乌市等10个县（市、区）开展产业集群跨境电子商务发展试点的通知》，义乌市获批开展义乌市小商品产业集群跨境电商发展试点。文件要求义乌市把产业集群跨境电商发展工作作为推进本地区产业、外贸转型升级和跨境电商发展的重点任务，着力做好主体培育、模式创新、品牌打造、产业链构建、境外物流配送和营销服务体系建设以及监管服务创新等方面的工作，不断形成符合试点产业集群特点的跨境电商发展模式和较完备的产业体系。

【出台农村电子商务工作实施方案】 10月10日，市委、市政府印发《义乌市农村电子商务工作实施方案》，明确“十三五”期间，在制定《义乌市“百村电商”建设标准》的基础上，建成100个以上电子商务专业村（其中网络销售超10亿元的10个，超1亿元的20个，超1000万元的70个）。同时，打造千万元以上电子商务企业100家以上，总年度交易额达200亿元以上，农村电子商务经营主体达1万个以上，构建农村电子商务服务、城乡物流、农村电商人才培育和农产品电商应用四大体系。

【全国首个快递数据实时分析试点】 10月21日，义乌快递数据实时分析系统在第22届中国义乌小商品博览会开幕式上正式上线。义乌快递数据实时分析系统是由国家邮政局邮政业安全中心和义乌市人民政府在国家邮政局邮政业安全中心大数据平台的基础上定制开发集成的，主要通过实时分析全国快递业数据，及时生动直观地展示义乌

义乌快件业务总量实时数据　（市电商办供图）

快递全行业的发展实况，同时也可反映出快递行业所服务的电子商务行业在义乌的发展情况。此系统进一步促进义乌乃至全国市场流通业发展，为义乌市采购商、经营户、生产企业及电商提供准确、丰富商情信息，为生产引领消费时尚、适销对路的商品提供有参考价值的信息。

【签订战略合作协议】 11月9日，“义乌市农村电子商务工作推进会暨市政府与京东集团签约仪式”在青岩刘村网商服务中心召开，120人参加推进会。义乌市副市长毛湘宏出席推进会并代表义乌市人民政府与京东集团签订战略合作协议。京东集团、邮政公司、青岩刘村、高桥村作为农村电子商务发展的典型代表，分别从不同角度就如何发展农村电子商务作经验分享。12月30日，义乌市人民政府与阿里巴巴集团在阿里巴巴集团西溪园区签署战略合作协议。义乌市是阿里巴巴集团在全国首个签约的县级城市，双方在国际贸易、物流通道、金融服务、大数据、智慧城市等领域开展合作，助力义乌打造世界“小商品之都”，实现互利共赢和转型发展。义乌有速卖通卖家1.1万家，卖家交易订单笔数超越广州，排名全国第二；阿里巴巴义乌产业带项目入驻企业3.2万家，2016年度交易额达150亿元，综合排名居阿里巴巴100余个政府签约产业带第一名；在淘宝网建成上线“特色中国·义乌馆”。

【出台跨境电商创新发展示范区扶持政策】 11月18日，为加快浙江（义乌）跨境电子商务创新发展示范区建设，进一步优化义乌市跨境电子商务发展环境，推动“互联网＋外贸”实现优进优出，打造跨境电子商务高地，市政府出台《关于加快跨境电子商务创新发展示范区建设的若干意见》。《意见》指出，义乌要做好跨境电商主体培育，积极引进跨境电商企业做好龙头跨境电商企业用地（房）保障，引导跨境电商集聚发展；要加快跨境电商平台建设，鼓励建设第三方交易平台和自建平台，加快建设跨境电商综合服务平台，鼓励企业、市场经营户开发多语种网站；引导跨境电商创新发展，鼓励跨境电商规范发展，鼓励企业应用海外仓拓展业务，鼓励跨境电商品牌化发展，推进跨境电子商务创新发展示范基地建设；营造良好氛围和环境，加大金融支持力度，加大跨境电子商务行业技能培训，加强跨境电商人才服务保障。

（除署名外均由骆旭锋撰稿）

服务业

超　市

【概况】 2016年，全市较大规模零售网点12个，总营业面积23万平方米。全年消费市场整体销售平稳，限额以上社会消费品零售总额183.91亿元，同比增长13.4%，其中，限额以上批发业实现零售额56.61亿元，同比增长13.7%，限额以上零售业实现零售额172.9亿元，同比增长14.5%，限额以上住宿业实现零售额29.71亿元，同比下降4.1%，限额以上餐饮业实现零售额23.88亿元，同比下降10.5%。

万达广场和物美超市开业，原有格局被打破，全市原来监测的10家大型商场超市销售额18.25亿元，同比下降15.5%。其中，银泰百货销售额7.25亿元，同比下降7.43%；义乌解百销售1.18亿元，同比下降33.72%，好又多超市销售额 1.27 亿元,同比下降 5.22%,乐购超市销售额 1.58 亿元,同比增长 6.84%,世纪联华超市销售额 3.36 亿元,同比下降 6.54%,天华世纪城超市销售额 3.59 亿元,同比增长 2.13%,富国超市销售额 8000 万元,同比增长 5.18%。万达广场销售额 1.6 亿元,物美超市销售额 2900 万元。

【2016 夏之夜美食文化节】 5 月 21—23 日,在义乌国际商贸城五区西大门丝路一号大街举办由市商务局牵头的义乌 2016 夏之夜美食文化节,共设商位 70 余个,展出东河肉饼、糖饧、马蹄酥等 100 种以本地特色为主的美食,吸引消费者 5 万人次。

【义乌万达广场开业】 9 月 16 日,义乌万达广场开业,万达广场 10 万平方米的城市综合体正式开放,140 余家品牌店同步亮相。广场位于义乌新科路 9 号,总建筑面积 64.7 万平方米,购物中心建筑面积 20.97 万平方米,为万达在全国开业的第 157 座广场,是义乌规模最大的城市综合体。开业首日,客流量 30 余万人次,营业额 2028 万元。义乌万达广场是一座集购物、休闲、娱乐、餐饮为一体的超大型城市综合体,广场内规划有大型生活超市、星级酒店(嘉华酒店)、五星级数码影院(万达影院)、大型连锁儿童娱乐(宝贝王)、电玩城(大玩家)、国际知名时尚品牌、大型品牌餐饮等多种业态及时尚步行街。

【金秋购物节】 9 月 23 日至 11 月 21 日,举办由义乌市政府主办、市商务局和各大商场超市承办的义乌金秋购物节,义乌解百、银泰百货、天华世纪城、世纪联华、沃尔玛、万达广场、富国超市 7 家联合开展大型促销活动。活动期间,天华世纪城推出"万圣嘉年华"活动,万达广场举办美食节,解百举办"万圣钜惠,全城乐享"活动,富国超市化工店举行周年庆等活动。购物节期间,银泰百货和义乌解百销售额共 3.83 亿元,同比下降 9.63%;天华世纪城超市、世纪联华超市、乐购超市和富国超市销售额共 1.99 亿元,同比增长 3.25%。新开业的万达广场在购物节期间销售额为 2 亿元。

(吴 越)

对外经济贸易

对外贸易

【概况】 2016 年,全市进出口总额 2229.46 亿元,同比增长 4.95%;其中,进口 27.86 亿元,同比增长 24.61%;出口 2201.6 亿元,同比增长 4.74%,占全省出口份额由上年的 12.24% 提高至 12.46%,占全国份额由上年的 1.49%提高至 1.59%。市场采购贸易出口 1851.21 亿元,占全市出口比重 84.08%,同比增长 5.03%。一般贸易出口 342.91 亿元,同比增长 3.74%。对"一带一路"沿线国家整体出口 1139.9 亿元,同比增长 4.86%,占全市出口比重 51.78%。全市出口前十国家中除美国、阿尔及利亚外其余均为"一带一路"沿线国家。从出口的主要商品类别看,服装、餐厨用具、文体用品、鞋帽伞、家具、箱包、饰品、工艺礼品等日用商品为全市出口商品的主体,其中服装及附件出口 256.4 亿元,同比增长 0.2%;餐厨用具出口 189.1 亿元,同比增长 3.4%;文体用品出口 106.8 亿元,同比下降 1%;鞋帽伞产品出口 102.6 亿元,同比下降 22.5%。全市共培育市级以上外贸综合服务企业 4 家,其中省级 3 家;引进一达通、融易通等外贸综合服务企业 2 家。外贸综合服务企业出口 215.41 亿元,同比增长 54.19%。在各类跨境电商第三方平台账户数超 11 万个,外贸网商密度居全国第二。义乌国际邮件互换局投用 1 年通关量超过 4700 万票,通关量列全国第四。跨境电商交易额 650 亿元,同比增长 11.7%。全市进口商品货源来自全球 100 余个国家和地区,中国台湾地区、美国、德国、泰国、荷兰为义乌五大进口来源国(地区)。从"一带一路"沿线国家进口 5.5 亿元,同比增长 10.97%,占全市进口比重 19.83%。进口商品种类有 10 万余种,主要以日用消费品、食品为主。全年日用消费品进口 6813.63 万美元,同比增长 107.39%,实现连续两年翻番。

全国性进口商品集散中心功能初现端倪。初步形成以义乌

2016 年义乌市出口前十位情况表

表 24

序号	国　别	累计出口额（万元）	同比（%）	序号	国　别	累计出口额（万元）	同比（%）
1	印度	1231184.98	7.08	6	菲律宾	758439.15	19.45
2	伊拉克	1125812.08	6.19	7	沙特阿拉伯	635615.76	−10.13
3	伊朗	1020225.47	18.62	8	巴基斯坦	629713.16	8.36
4	美国	925114.55	−0.93	9	马来西亚	577628.2	−2.69
5	阿拉伯联合酋长国	801550.45	−8.64	10	阿尔及利亚	549389.66	9.39

2016 年义乌市进口前十位情况表

表 25

序号	国　别	进口额(万元)	同比(%)	序号	国　别	进口额(万元)	同比(%)
1	中国台湾	85852.55	74.22	6	尼日利亚	10563.68	–68.71
2	美国	33029.52	142.42	7	韩国	9405.27	25.66
3	德国	12250.37	176.83	8	日本	9158.36	10.18
4	泰国	11879.02	17.04	9	马来西亚	6499.46	491.82
5	荷兰	11737.03	306.82	10	英国	4699.93	162.76

国际商贸城五区进口商品馆为首，篁园市场进口韩国服装城、进口副食品市场为辅的进口商品营销平台体系，总面积 20 万平方米。其中五区进口馆集经营、展销、洽谈于一体，源头货比例达 61%。年内，五区进口馆实现进口商品成交额 14.37 亿元，同比增长 49.25%。

入驻 B 保商品大幅增长。义乌保税物流中心累计进出口额 5.09 亿美元，其中进口 1.39 亿美元。在全国 30 余家 B 型保税物流中心名列前茅。

（陈铁军　朱勇健）

【网上办理对外贸易经营者备案登记】 5 月 5 日，市商务局通过对接浙江省政务服务网和统一审批平台，实现“对外贸易经营者备案登记”事项全流程网上办理。凡申请新办、变更和注销的企业，可直接登录浙江省政务服务网上传资料，市商务局通过平台统一受理。市商务局自 2012 年 10 月承接商务部下放对外贸易经营者备案登记事项以来，至 2016 年 12 月底，共办理相关业务 5572 件。

（陈丹花）

利用外资

【概况】 2016 年新设外资企业 365 家，同比增长 145%；合同外资累计 1.55 亿美元，同比增长 213.44%，实际利用外资 1.02 亿美元，同比增长 65.2%，成为金华首个年利用外资破亿美元的县市。引入重大外资项目 2 个，世界 500 强泰国正大集团中央厨房项目和和谐芯光项目落地义乌。

【签订三方合作框架协议】 3 月 23 日，中白工业园发展股份有限公司 CEO 胡政到义乌访问，市商务局邀请商城集团董事长朱旻、天盟公司董事长冯旭斌与胡政对接，三方达成合作意向。4 月，中白工业园发展股份有限公司委派代表商谈合作细节。明斯克时间 5 月 13 日，市招商局中白商贸物流股份有限公司总经理张懿代表招商物流与浙江中国小商品城集团总经理赵文阁、义乌市天盟实业投资有限公司董事长冯旭斌在白俄罗斯签订三方合作框架协议。根据框架协议,小商品城集团、天盟实业与招商物流未来将建立长期合作关系,通过结合三方各自的资源优势,在中白商贸物流园区、国际运输、贸易清关、海外业务拓展、供应链管理能力提升等领域进行一系列战略合作,进一步推动义乌商品贸易在白俄罗斯及欧洲的发展。

(李 强)

对外经济合作

【概况】 2016 年,经备案的企业和机构 11 家,对外投资备案合同额 2.8 亿美元,对外实际投资额 1.7 亿美元。和谐芯光 2.5 亿美元收购美国美新公司项目创义乌境外并购金额之最。

【投资欧盟国家培训班】 3 月 23—25 日,由中国贸促会贸易投资促进部主办,中国贸促会培训中心、浙江省贸促会、义乌市贸促会承办的企业“走出去”系列之投资欧盟国家培训班暨双向投资说明会在义乌市商城宾馆举行,230 余名来自全国各地贸促系统负责人和有意在境外开展投资的企业负责人报名参加培训班。培训期间,中国对外投资、境外经贸合作领域的专家和企业负责人从境外尤其是欧盟投资规则、法律信息、税收政策、融资策略、合作区建设运营等方面展开培训,结合实际案例,为现场学员答疑解惑。

(舒卫明)

【德国北威州、克雷费尔德市投资环境推介会】 9 月 13 日,德国克雷费尔德市市长佛兰克·梅耶一行到义乌访问,推介德国北威州、克雷费尔德市的投资环境,并在义乌幸福湖国际会议中心举行德国北威州克雷费尔德市投资环境推介和中德贸易经贸文化交流论坛暨 CTCC 启动仪式。推介会上,市商务局局长向德国朋友介绍义乌的投资和贸易环境,重点介绍义乌进口贸易环境和中欧智造园,邀请德国企业到义乌投资。会后,市商务局邀请克雷费尔德市市长佛兰克·梅耶、经济促进局局长埃卡特·普里恩考察中欧智造园。

(除署名外均由李强撰稿)

涉外服务

【概况】 2016 年,涉外服务中心以面对面、一条龙、一站式的模式为到义乌外商及驻义乌外商提供有关涉外投资、国际贸易、涉外生活信息、涉外法律等全方位的咨询和服务,为外商免费代办签证、营业执照、邀请函、就业证等业务计 2279 项。利用世界商人之家开展各类活动 121 场,参与外商共计 1.14 万人次。

【第三届中外商人联谊会】 12 月 9 日,由市商务局举办的第三届中外商人联谊会、2016 世界商人之家年会暨 2017 中国义乌进口商品博览会推介会在开元名都酒店举行。来自英国、加拿大、韩国、巴西、哥伦比亚、秘鲁、伊朗、墨西哥、也门、叙利亚、苏丹等 60 余个国家的 300 余名外商及义乌市部门企业代表 40 余人参会。联谊会现场,进行 2017 中国义乌进口商品博览会推介;宣布世界商人之家添加行动委员会、撒哈拉投资贸易俱乐部、小乌侨商俱乐部以及志愿者服务队;年会设置最具活力会员奖项,30 名在各项活动中表现活跃的外商受到表彰。

(赵志刚)

贸易促进会

【概况】 2016 年,签发一般原产地证 5.8 万份,代办优惠产地证 605 份,代办商事证明书 1311 份,代办使(领)馆认证 419 份,新增注册企业 107 家,签证涉及的出口目的国和地区 170 余个。参加马来西亚—中国工商界对话会,与巴生中华总商会签订《战略合作框架备忘录》。在美国、德国、西班牙、意大利等国设立 11 个海外联络点。2017 年 1 月 13 日,在杭州召开的全省贸促工作会议上,义乌市贸促会获“2016 年度浙江贸促工作先进单位”,连续六年获此殊荣。

【交流访问】 4 月 20 日,市贸促会会见智利中国义乌商会带队的智利圣地亚哥商会商务团一行 10 余人,双方在会见中就进一步加强交流,拓宽合作领域,为义乌与智利圣地亚哥的企业搭建更加有效的经贸桥梁进行交谈，智方商务团对义乌市国际商贸城、义乌市国际生产资料市场、义乌相关生产企业等地进行实地考察。同月29日，美国驻沪总领事馆领事处处长文玉洁一行3人到义乌市进行工作访问，宣传推介美国签证更新电子系统 EVUS，市贸促会向对方介绍义乌市场的基本情况、义乌对美贸易情况及义乌市企业在美投资情况，重点推介第二届中国义乌进口商品博览会。9月16日，秘鲁首都利马大省帕卡玛克市市长等3名市长带队的考察团到义乌市考察交流，双方就深化双边经贸合作及加强友好往来等方面，展开深入交流会谈。11月2日，厄瓜多尔莫卡切市市长罗德里格斯率团到义乌考察访问，双方就继续加强经贸合作，把厄瓜多尔优质的农产品引进到义乌展示、销售开展交流。

【展会商事法律服务】 4月27—30日，第11届中国(义乌)文化产品交易会举办期间，义乌市贸促会联合浙江省贸促会法律部连续第三年在“文交会”现场设立商事法律服务展位，为企业提供知识产权保护服务，提高企业主在知识产权方面的自我保护意识，减少知识产权纠纷的发生。4天累计发放法律宣传资料1000余份，现场解答法律咨询、商标侵权、涉外贸易问题等30余人次。

（黄辰静）

信义双全——义亭镇名的由来

义亭镇位于义乌市西南部，是全国环境优美乡镇。义亭镇镇名因其驻地义亭村得名。相传，唐朝末年，山东有一姓鲍员外，两个儿子乃原配所生，一直不讨欢心。分家时，前两个儿子只分得几间老屋和几亩薄田。时值天下大乱，两兄弟一时性起，半夜点火烧掉父亲半份家业，然后逃到江南谋生。半路上兄弟俩走散了，二弟流落到义乌，仗着逃出家乡时带着的一点银两，决定去衢州经商。一天，二弟走在路上只觉烈日炎炎，暑气逼人。忽见前面不远处一小山冈上有一片茂密的树林，遂大喜跑到树林中歇息。他发现左侧30步外有条瘦小的灰狗卧在一座新坟前。灰狗皮包骨头，无精打采，想必有多日没吃饭。二弟触景生情，怜悯之心油然而生。他将口袋里的两个烧饼拿出，一个自已吃，另一个抛给灰狗。日头正悬中天，小山冈上却清凉舒爽，二弟有了困意，于是席地而睡。等他醒来时，那瘦狗已不见了。二弟见日头有些偏西，继续往前赶路。走出五六里远后，忽然发现身上的钱袋不见了。他觉得钱袋可能是在午睡时弄丢的，于是匆匆赶回午睡的小山冈，发现那条瘦狗仍蜷卧在他午睡过的地方。

那狗见二弟回来，便起身走开。二弟眼睛一亮，原来钱袋就在那狗蜷卧的地方。二弟十分感动，给狗磕了三个响头，欲将狗带走。然而，那狗始终不肯跟他而去。二弟心想，新坟里埋着的人一定是狗的主人，遂感慨一条狗竟如此有义气。他忽想起自已背井离乡的原因，一时间无法移步。特别是听说他失落钱袋的地方正是义乌(因孝子颜乌而命名的县)的属地时，不禁百感交集。后来，二弟在衢州经商赚钱后，决计回山东故乡尽孝。在他回山东前，特意到失落钱袋的地方造了一个亭，取名“义狗亭”，纪念那条保住他钱袋的瘦狗。二弟回乡后，发现父亲过世，兄弟们又不容他。最终二弟回到“义狗亭”处安家落户。后来，二弟子孙们居住的地方逐渐演变成“义亭”。

（陈子华）

市　场

综　述

2016年，义乌小商品市场实现交易额为3731.2亿元，同比增长7.8%。实体市场平稳发展。全市拥有有证市场46个，经营面积594万平方米，经营商位7.5万个，集贸市场总成交额1371.7亿元，同比增长10.2%，其中，中国小商品城成交额为1105.8亿元，同比增长12.6%。

市场规模扩张。浙中农副产品物流中心一期建成开业，建筑面积18万平方米，商位588个。

市场集聚能力增强。义乌小商品市场成为中国最大的日用消费品流通中心、展示中心和信息中心，成为中国制造链接全球市场的重要门户之一。市场汇集20余万家日用消费品生产企业的210余万种商品，拥有各类品牌总经销、总代理1万余家，设立福建、新疆、安徽、四川等区域特色商品馆。

（赵江英）

市场建设

【概况】 2016年，完成上溪综合市场、廿三里综合市场、吴店综合市场、佛堂综合市场及胜利菜市场的改造提升工作。新建市场6个，福田街道国际商贸城三小区（银海二区）菜市场在年底完成主体结顶；大路金菜市场项目经沟通协调后由稠江街道办事处负责；佛堂镇下市菜市场位于佛堂镇下市村，项目总投资估算7538万元，总建筑面积2.3万平方米，地上建筑面积1.73万平方米，地下室建筑面积5760平方米，一至三层是综合市场部分，至年末完成地下室开挖工程施工；城西街道伏龙山菜市场位于城西街道伏龙山路，项目总投资估算5956万元，总建筑面积1.68万平方米，其中地上三层建筑面积1.26万平方米，地下一层建筑面积4200平方米，年内进行施工和监理合同签订，2017年年前开工建设；廿三里菜市场位于廿三里街道武岩路与通宝路交叉口，项目总投资估算4900万元，总建筑面积1.23万平方米，地上一层市场建筑面积6338平方米，地下一层建筑面积5724平方米，附属用房两层建筑面积266平方米，至年末，完成项目办理土地出让手续，进行施工图初步设计及编制初步设计文本，2017年年前开工建设；大陈镇菜市场位于大陈镇瑞云路与镇中南路交叉口，项目总投资3400万元，总建筑面积8894.77平方米，地上四层建筑面积6750.9平方米，地下一层建筑面积2143.87平方米，一至四层为综合市场，项目进行基坑支护设计，2017年年前开工建设。

【浙中农副产品物流中心一期】 浙中农副产品物流中心一期项目位于五洲大道以北、上佛路以西区块，2015年动工建设，2016年7月14日完成主体结顶。概算投资5.08亿元，占地面积13.33公顷，总建筑面积18万平方米。布局有8幢交易用房、3幢辅助用房、整车交易区、自产自销交易区、高层商务中心及其他配套服务设施，主要经营蔬菜、果品、水海产、冷冻冷藏等农副产品，有各类经营户400余

浙中农副产品物流中心一期　　（市市场集团供图）

户。同年10月15日，市场集团发布《浙中农副产品物流中心选商通告》。12月15日，市市场监督局、市综合行政执法局、市商务局、市公安局联合发布《义乌农贸城蔬菜批发市场、北苑水产市场搬迁公告》。同月26日，原农贸城蔬菜批发市场（含稠关区块）、北苑水产市场整体搬迁至浙中农副产品物流中心一期。29日，一期市场正式开业。

【义乌汽车交易中心】 义乌汽车交易中心由义乌市市场发展集团有限公司全资子公司义乌市汇商汽车发展有限公司投资开发，为浙江省重大产业项目，是省、市重点项目。项目位于后宅街道义浦二线旁，占地11.87公顷，总建筑面积23万平方米，投资7亿元，规划有二手车交易A、B、C馆，汽车交易D、E馆，综合服务楼、车辆登记管理、汽车安全检测等功能建筑。其中，二手车交易馆总建筑面积13万平方米，车位3500余个，计划2018年底完工。2016年12月30日，二手车交易A、B、C馆土石方工程开工，计划2017年年底交易A馆完成至二层底板，B、C馆完成至一层底板。

（陈思远）

市场监管

【概况】 2016年，下发《义乌市集贸市场规范整治实施方案》和《关于推进全市集贸市场规范整治工作的意见》，完成《义乌市农贸市场布局规划（2016—2030年）》编制，加强全市城乡集贸市场建设管理和规范整治工作，建立完善现代集贸市场体系，促进城乡集贸市场健康有序发展，解决规范整治过程中出现的困难和问题，规范整治全市农贸市场166家。开展鹏城旧货市场搬迁工作。投资2490万元，完成廿三里综合市场、上溪综合市场和吴店综合市场改造提升工作。启动智慧菜市场创建活动，打造“市场网络全覆盖、内外监控全方位、电子支付全追溯、网上交易全过程、农残检测全品种、信息数据全公开、信用等级全透明”的农贸市场智慧监管新模式。完成商贸区菜市场和词林菜市场的四星级文明规范农贸市场创建，江南菜市场、凌云菜市场和义亭综合市场的三星级文明规范农贸市场创建。凌云菜市场、上溪综合市场和义亭综合市场3家农贸市场成功创建省级放心农贸市场。对全市国有菜市场开展定性检测19.93万批次，检出不合格342批次，合格率99.82%，退市销毁农产品1718.1千克。

开展“守合同重信用”企业公示申报活动，新公示国家级“守合同重信用”企业3家，新公示“守合同重信用”AAA级企业6家、继续公示AAA级企业13家，新公示AA级和A级、继续公示AA级A级企业共65家。开展合同争议行政调解工作，受理合同争议463件，解决争议450件，受理争议金额813.4万元，解决争议金额608万元。

办理动产抵押登记，全年办理动产抵押登记175件，抵押登记金额27.25亿元。动产抵押注销登记46件，主债权金额13.14亿元。全市有开展拍卖业务企业5家，备案63次，受理拍卖委托书40份，金额2.94亿元，审核拍卖成交确认书137份，拍卖成交金额8986万元。

【"雷霆3号"行动】 3—11月，市市场监管局开展"雷霆3号"虚假违法广告、户外电子广告显示屏隐患排摸等整治活动，同时加强对利用手机短信、微博、微信、APP应用等新媒体形式发布的广告监管，重点查处多媒体、网络、手机短信等新媒体广告违法行为。全年累计摸排网站370余家次，广告2600余条次，查处违法广告案件85起，罚没款33.79万元。

（金 婕）

中国小商品城

【概况】 2016年，义乌中国小商品城坐落于浙江省义乌市，拥有营业面积550余万平方米，商位7.5万个，从业人员21万余人，日客流量21万人次，经营26个大类、180万个单品，是国际性的小商品流通、信息、展示中心。与全球200余个国家和地区有贸易往来，外向度65%，义乌常驻外商有1.3万人，外交部、中国电信、中国移动等机构在义乌建立采购信息中心，有100余个国家和地区在市场设立进口商品馆，经营8万余种进口商品，是中国最大的小商品出口基地之一，被联合国、世界银行与摩根士丹利等权威机构称为"全球最大的小商品批发市场"。9月20日，义乌中国小商品城（浙江中国小商品城集团股份有限公司）获"浙江省电子商务专业市场10强企业"称号。至12月底，义乌中国小商品城成交额为1105.8亿元，同比增长12.58%。

【进口商品购物节】 1月9日至17日，由商城集团主办的2016义乌进口商品购物节在义乌国际商贸城五区进口商品馆和篁园市场韩国进口服装城举行。来自100余个国家和地区的6.5万种商品参与活动，主打韩国服装、红酒、休闲食品、工艺品、厨具用品、婴童用品、化妆品、珠宝、服饰、箱包10个种类。活动期间义乌国际商贸城五区进口商品馆以"买洋货、迎新春"为主题，推出"全场五折起，大奖有好礼""跟着跑男买洋货""范大姐砍价特卖会"等特价促销，举办"扫微信、分享朋友圈送好礼"等活动；篁园市场韩国进口服装城以"韩之尚、首尔风"为主题，推出"冬装特卖会""扫微信分享朋友圈送好礼""进口年货一条街""韩国品牌服装走秀"等活动。商城集团开通国际商贸城五区到篁园市场的免费往返巴士，并开辟专门场地，用于停放自驾游车辆。购物节期间，总客流量45.02万人次，日均同比增长8%；总车流量11.69万辆次，日均同比增长18.9%，成交额为1.15亿元，日均同比增长77%。

【猴年开市】 2月23日（农历正月十六），义乌中国小商品城猴年新春开市，相比往年延后4天开业。利用市场销售渠道多元化特点，部分经营户从年初八开始通过电话、网络等渠道联系客商提前发货，市场首日开业率大幅度提升，为77%，开市首日客流量为21.76万人次，同比增长0.38%（同比数据不含一区东扩市场部分，下同）；首日外商流为828人次，同比增长14.33%。

【获文化影视时尚产业十佳成长型企业称号】 2月26日，金华市政府下发《关于表彰金华市文化影视时尚产业十强企业和十佳成长型企业的通报》，根据《金华市人民政府办公室关于印发金华市文化影视时尚产业十强企业、十佳成长型企业评选办法的通知》有关规定，评选出金华市文化影视时尚产业十强企业10家，金华市文化影视时尚产业十佳成长型企业10家。义乌国际博览中心通过产值和税收贡献增长情况，由义乌市主管部门推荐申报，义乌市文产办初评，义乌市文化影视时尚产业发展工作领导小组联评，最后由金华市政府审定评为"金华市文化影视时尚产业十佳成长型企业"，给予20万元奖励。

【首个海外分市场】 当地时间3月11日，中国小商品城集团股份有限公司与波兰华沙中国商城签订市场合作框架协议，义乌中国小商品城首个海外分市场——波兰华沙分市场正式授牌。中国驻波兰大使馆政务参赞、义乌市委书记和中波金融、物流业界代表和当地华人社团负责人等10余人出席仪式。双方建立市场合作框架协议后，将发挥资源整合优势，在品牌推广、商品商户对接、信息服务、贸易平台、海外仓建设、电商资源共享、市场开发建设等方面开展友好合作，探索在华沙中国商城设立“义乌特色商品展示中心”，引进波兰优质日用消费品落户义乌市场，促进两地市场发展。波兰华沙中国商城是中东欧地区最大的批发市场之一，1000家商户入驻，建筑面积15万平方米，设金融、律师、会计、物流、报关、仓储等配套服务。市场主营服装、鞋帽、箱包、床上用品以及日用小商品等，商品辐射波兰全国及德国、匈牙利、捷克、乌克兰、白俄罗斯等周边国家。

【市场宠物（水族）用品行业开业】 4月，商城集团在国际商贸城五区开辟宠物(水族)用品经营区，设商位366个，经营面积2万平方米。将原先散落在国际商贸城一区、二区、四区等相关行业的商户集聚起来，并与上海、杭州、温州等地的宠物用品行业协会对接。7月8日，宠物（水族）用品行业开业，主营玩具、洗护、服饰等4万余种宠物用品。至12月底，入驻经营主体99户，定位商位358个，入驻率97.81%，引进进口宠物用品专区项目。

【国际商贸城五区丝路壹号异国风情街】 5月15日，位于国际商贸城五区的丝路壹号异国风情街开门迎客。丝路壹号异国风情街主要分为异国餐饮区、进口超市区、体育休闲区三大功能区域，集购物、旅游、休闲于一体，全长475米，经营面积5000平方米，旨在打造外商商贸、休闲、文化生态圈。街区分为欧洲、东南亚、非洲、中东4种地域风情。设有七人制足球场、半场篮球场、羽毛球场，为海内外采购商、游客提供多元化健身活动空间。首批签约入驻商家有永信辣妈派大型进口超市、全球啤酒屋、马来西亚肉骨茶、日本料理、加拿大主题餐厅、意大利咖啡厅、美国之窗以及中国香港兰桂坊等异国餐饮品牌。

【复评“中国一级广告企业”】 7月11日，商城集团收到中国广告协会函件，商城集团旗下商城广告公司“中国一级广告企业（设计制作类）”资质通过复审，被中国广告协会许可使用“中国一级广告企业(设计制作类)”证明商标，是金华地区唯一一家一级广告企业。中国一级广告企业资质认证由中国广告协会(企业资质认定委员会）组织发起，是中国传媒与广告行业的最高奖项和至高荣誉。

【习近平考察义乌小商品宁夏运营中心】 7月19日，习近平总书记在宁夏回族自治区考察时，到地处银川市贺兰县的宁浙创业园，了解创业园规划建设及浙江对口支援情况。在宁浙创业园考察期间，习近平参观义乌小商品宁夏运营中心——网货直采基地，现场观看创业园规划建设视频短片，到“义乌购”运营中心通过大屏幕实时了解义乌商城建设、运营及宁夏商品在浙销售情况，了解宁夏本地电商企业发展和发展跨境电商产业情况。习近平对宁浙协作取得的成绩表示肯定。义乌小商品宁夏运营中心是宁浙合作、市场共建的重点项目。中心于2015年10月开业，主要面向西北地区的商品市场、商超和网商提供义乌小商品直采配送服务。客商在这里看样体验，再上义乌购网站下单，做到线上线下一体化、两地商品同质同价。至2016年12月底，义乌小商品宁夏运营中心——网货直采基地有10余万种商品，并设立31个“一带一路”沿线国家的进口商品馆。

【获全国“诚信之星”称号】 8月18日，中央宣传部、中央文明办

获全国“诚信之星”称号　（市商城集团供图）

在中国文明网向全社会公开发布10个获得“诚信之星”称号的企业与个人，商城集团获选，成为全国首批全省首家获此荣誉的单位。发布活动现场播放反映商城集团先进事迹的短片，展示并诵读反映他们先进事迹的楹联和诗词，商城集团的楹联是“小商城，大市场，客从千里至；精体系，严信用，物向五洲流”。诗词是《诚信义乌歌·赞中国小商品城集团》：“八方客户义乌来，贸易门从信誉开。端木生涯存善念，陶朱事业赖英才。言出九鼎真神矣，利是双赢最美哉。天下浙商都知道，诚如金字大招牌。”

【义乌购“快递通”上线】 10月21日，义乌购“快递通”上线运营。义乌购“快递通”是一种能够聚合快递资源，通过义乌购手机客户端智能派件、接单定位、移动支付等技术，提高快递员接单效率，降低快递资费，提升商户网上零售的竞争力的快递服务。商户通过义乌购APP，可随时发起收件预约，快递通专员将速响应并上门收件。同时，商户通过义乌购APP，可查询快件物流状态，并对快递服务点评。

【美国之窗—义乌马斯卡廷中心开幕】 10月21日，美国之窗—义乌马斯卡廷中心在国际商贸城五区丝路一号步行区举行开幕典礼，浙江省政府与义乌市政府领导10余人出席开幕仪式。美国之窗—马斯卡廷中心位于五区进口商品馆丝路一号026—029号，共2层，面积637平方米，总面积700平方米。中心以文化板块、友谊板块、商业板块以及故乡亲情四大板块构成，旨在打造成为中美文化交流合作平台、贸易平台、民间外交平台；以文化和经贸并举，侧重于经贸交流，中心内部通过展览习近平总书记2次访美图片展、马斯卡廷城市历史文化故事展、与中国的深厚友谊等内容，梳理中美两国民间文化交流的有趣故事。通过整合美国中西部10余类商品100余个品牌1000余种单品展示，参观者可以亲身体验马斯卡廷文化，了解当地民众和中国的特殊情谊。

【惠商紫荆二期母基金成立】

11月10日，由市国资委、商城集团为基金主发起人，清华控股、浙江清华长三角研究院为基金联合发起人共同设立的惠商紫荆二期母基金成立揭牌仪式在幸福湖国际会议中心举行，规模不超过10亿元，母基金股东代表、市场经营户、媒体记者等200余人出席揭牌仪式。义乌惠商紫荆二期母基金将延续一期的投资策略，重点发掘战略性新兴产业领域内有爆发性的增长点。

（高宇立）

专业市场

【农贸城】 义乌农贸城位于义乌市城中西路立交桥旁，占地面积45万平方米，营业面积27万平方米，下设副食品、果品、蔬菜、花卉、收藏品、模具等子批发市场以及粮油零售交易区、蔬菜和果品自产自销区等。市场内有固定经营户3679户，市场日均客流量3.7万人次，车流量2.1万车次。2016年实现交易额102.81亿元，同比下降0.02%，其中副食品市场58.41亿元，同比下降4.05%；蔬粮市场30.03亿元，同比增长0.2%；果品市场9.72亿元，同比增长3.5%；花卉市场2500万元，同比下降0.39%；收藏品市场5800万元，同比下降7%；模具城3.63亿元，同比增长142%；自产自销区1900万元，同比增长32.84%。蔬菜、果品市场总成交量77.49万吨，同比下降7.3%。全年实现营业收入1.48亿元，同比下降0.34%，实现利润1630.65万元，同比增长3.08%；上缴税收1903万元。至12月底，义乌农贸城先后获“农业产业化国家重点龙头企业”“农业部定点市场”“浙江省重点市场”“中国商品专业市场竞争力50强”等称号。12月26日，为完成市场有机更新，根据全市行业布局规划，农贸城蔬菜批发市场搬迁至浙中农副产品物流中心，超市区临时搬迁至稠关自产自销区，并更名为蔬菜零售市场。原蔬菜粮油市场仅有冷冻区和粮油区。

【义乌副食品市场】 义乌副食品市场位于义乌市城中西路立交桥旁，市场建筑面积14.8万平方米，内设标准商位2160个，大型展馆50个，经营户2226户。主营非定型包装干果炒货、参茸等高档补品、酒饮料水果罐头、非定型包装糖、茶叶、调味品食用类、其他副食品以及杂货8大类3万余种商品。

2016年,义乌副食品市场交易额58.4亿元，同比下降4.05%,日均客流量2.12万人次,日均车流量1.04万车次。受周边地区市场的蓬勃发展分流不少客商、外来人口减少等因素影响,市场交易有所下降。总体运行情况呈两头旺、中间淡的形态,受季节、节假日影响大,1—2月年货展期间达到销售高峰。年货展期15天，三楼共计成交额1001万元,其中展位成交额349万元,展馆成交额653万元。在经济大环境不景气的背景下,副食品市场引进进口经营实体,做大进口交易市场。三楼面对年初大批展馆缩馆退馆情况,积极招商,至年底,共有71个展馆开业经营,其中国内馆43个,进口馆28个。三楼全年共计成交额1.02亿元,同比下降30%。

【粮食市场】 义乌粮食市场紧临义乌西站大道,与火车西站隔道相望,交通便利。市场占地3.7万平方米，建筑面积5.5万平方米,有经营店面200余间,店铺面积2万平方米,拥有占地2.13万平方米的铁路中转场地,铁路粮食专用线331米,是集粮油批发、交易、仓储服务、物流配运等功能于一体的粮油专业市场,是义乌及周边地区的粮食集聚地,经营品种有大米、面粉、大豆、玉米、食用油、高粱等30余类,为国家重点扶助的粮油现代物流项目,有批发经营户83家。市场内设工商管理办公室、国税专营办公室、商品准入办公室、315维权办公室、市场运行部、安保物业部、化验室等部门。2016年,粮食市场运行平稳，交易量36万吨,交易额16亿元。

【新马路菜市场】 新马路菜市场位于稠城街道新马路,由一幢12层商务主楼和4层裙房组成,总建筑面积5万平方米,经营面积8778平方米。有摊位、店面、冷库等685个(间),经营商品有蔬菜、鲜肉、调味品、蛋类、水产品、海产品、熟食等17个类别。市场客流量日均2.5万人次,车流量日均8000余辆次。2016年,市场商品交易价格较上年略有起伏,鲜猪肉全年平均零售价为每千克26元，与上年相比有所下降,水(海)产及其他类别商品的零售价格略有上涨。由于全年天气较好,未受到灾害天气的影响，蔬菜零售价格较上年下降。2016年菜市场成交额17.12亿元。

【物资市场】 义乌物资市场位于义乌市环城西路，占地面积4.46公顷，建筑面积5万平方米,商位451个,经营户270户。主要经营墙地砖、卫生洁具、石材及工艺雕件、铝型材及门窗、水暖管材、不锈钢、玻璃、五金配件等8大类商品。2016年,香溪路老铁路地块的石材加工堆放场地完成建设并投入使用;义乌万达、绿城、荷塘月色等高层楼盘集中装修,明显带动物资市场中高档品牌产品的销售。市场外贸行情保持稳步发展态势,其中以中东、非洲、东欧、东南亚等外商居多，采购的商品以陶瓷卫浴、石材及铝合金门窗中的低端产品为主。至12月底,市场运行平稳，实现成交额3.79亿元,商位出租率100%，平均开门率99%。

【义乌国际家居城】 义乌国际家居城由义乌国有控股企业浙江义乌林业开发有限公司承办,市场投资5.4亿元,建筑面积34万平方米,经营户942户。2016年，市场日均客流量超5000余人次,车流量超3500余车次,实现成交额31.24亿元。市场集家具、家居、装饰材料于一体,高中低档商品齐全、批零兼营、内外贸并举,是义乌市内率先实现行业高度集聚的专业市场。市场共分3个经营区,分别为义乌国际家居城一区、二区和三区。

义乌国际家居城一区(原义乌家具市场),2008年10月26日开业,位于义乌市西城路1779号,投资额逾2.5亿元,是浙江省四星级文明规范市场、浙江省重点市场、中国浙商行业龙头市场、中国最具品牌价值商品市场50强、中国百强市场、全国诚信示范市场。市场建筑面积16万平方米,营业面积10万平方米,有经营户300户，商位398个。市场共7层，分为地下2层、地上5层。实行划行归类,分别设有办公家具、普通民用家具、沙发软体、五金玻璃、藤器、现代板式、儿童套房家具区。设有家具品牌进口馆，拥有如金可儿、丝涟、澳洲比尔德等知名的纯进口家具品牌。2016年,市场实现成交额14.89亿元。

义乌国际家居城三区位于义乌市西城路1775号,2014年5月25日开业，投资1.5亿元，建筑面积10万平方米，营业面积7.5万平方米，有商位1146间,经营户482户,市场分为四层,主要经营板材、扣板、木地板、木楼梯、装饰五金、橱柜、吊顶、衣柜、移门、木门、整体定制家居、木条子、木线等行业。2016年,市场成交额12.59亿元。

义乌国际家居城二区位于义乌市西城路1777号,2016年1月1日,市场试营业,投资1.4亿元，建筑面积8万平方米,营业面积3.8万平方米,有经营户160户，商位633间。市场共五层,分地下一层、地上四层,主要经营瓷砖、卫浴、灯具、墙纸、窗帘、智能家居、太阳能等行业。2016年,市场成交额3.76亿元。

【木材市场】 木材市场位于佛堂镇稠佛公路边,主要经营原木交易和锯材加工业务。市场占地3.3万平方米,建筑面积2900平方米。2016年,木材市场整体形势较上年略有好转,但市场需求仍不旺盛,价格水平偏低。木材市场引进建材类产品，将原木、建材形成互补,拓宽市场发展方向。由于市场木材经销商面临木材销售困难,价格上不去,木材库存大等各种因素,市场原木经营户由原来的92户降至70户，通过引进建材经营户,现有市场经营户105户,2016年，市场成交额7000万元。

【原材料机械市场】 原材料市场位于城中中路93号，占地9500平方米。根据义乌市委、市政府城市有机更新决策部署,5月11日起，市场集团全面启动篁园路商场腾空搬迁工作。6月10日，完成所有商位腾空工作。篁园路商场征收搬迁完成之后，篁园路商场停车场经过改造升级,对外开放。8月18日,智能停车场投入运行,拥有400个停车位，实施停车位24小时对外开放并对入场社会车辆实行计时收费。

【收藏品市场】 义乌收藏品市场位于西城路农贸城蔬粮批发市场三楼,市场经营面积3.6万平方米,分外围店面和场内商位2个区域。设商铺521间,入驻经营户404户。主营古玩杂项、翡翠玉器、瓷器、书画、木雕、石雕、珠宝等10余种热门品类以及字画装裱、珠宝加工的配套行业商品。2016年,收藏品市场举办收藏品交易会、名家鉴宝活动、特卖会、书画鉴赏讲座、全国炉友大会等46场次活动。其中春、秋两季收藏品交易会人气旺,交易量大。春季交易会实现交易额900万元,同比增长13%;秋季交易会实现交易额1000万元,同比增长43%。两季交易会共吸引全国各地1600余家古玩商参展,1万人次观会。周六地摊集市平均每月售出地摊2000余个。至12月底,收藏品市场交易额5801万元,同比下降7%。

【装饰城】 义乌装饰城位于西城路266号，市场营业面积2.1万平方米，仓储面积5000平方米,由于装饰城橱柜、木地板、移门、灯具、墙纸等行业已搬迁至义乌国际家居城经营,2016年2月起,装饰城停止营业,处于腾空状态,此区块用地由于市政府另有规划,已收回。

【模具城】 义乌模具城位于03省道(义乌—金华)上溪镇贾伯塘村路段，建筑面积11.95万平方米，总投资3.4亿元。拥有商铺753间,经营户640户,从业人员5000人，机械销售及弹簧交易区有企业13家，原材料加工区9家,模具加工配件14家。市场分为模具交易及衍生产品加工区,原材料交易加工区，模具配件交易加工区，模具研发检测、机械销售及弹簧交易4个区块。

2016年,根据市政府《关于印发义乌市“低小散乱”块状行业整治提升方案的通知》，推进义乌经济转型升级和城市有机更新,农贸城利用原屠宰区及模具城一期东侧两个地块,分两期实施建设小微孵化园项目,项目总投资3000万元。其中,一期项目建筑占地面积8513平方米，店面205间,总投资2000万元，8月9日开工建设,9月27日竣工验收,10月17日完成集聚入园定位工作。模具城小微孵化园二期建设项目建筑占地面积3360平方米，店面116间，总投资800万元。11月5日开工建设，同月30日完成招商定位，12月14日通过竣工验收。同月30日，模具科技交易中心土石方项目开工建设。模具科技交易中心项目用地面积5.67公顷，项目总投资2亿元，被列为浙江省重大产业项目、浙江省重点工程。至年底，义乌模具城市场成交额3.6亿元，同比增长142%。其中，模具交易及衍生产品加工区成交额约3.16亿元，同比增长147%；原材料交易加工区成交额约3344万元，同比增长161%；模具配件加工交易区成交额202万元，同比增长59%；机械销售及弹簧交易区成交额664万元，同比增长51%。市场整体日均客流量2000人次，日均车流量1000车次。成交额提升较大的主要原因是市场知名度提升，城区模具行业整治工作和小微孵化园的开业，使市里"低小散乱"模具行业集中到模具城经营，行业集聚效应提升，市场生产交易情况进入正轨并呈现良好的上升趋势，设备升级改造，新订单和外贸订单数量增加。

（陈思远）

【汽车城】 2016年，义乌汽车城有中心展馆和A、B、C馆共4个展馆，展位面积1.3万平方米，市场配有商品车专用停车位800余个，来客停车位530余个，城内从业人员1000余人，其中有12家汽车品牌4S专卖店，欧龙、之远、长安3家城市展厅。来自杭州、金华、东阳及义乌市内汽车经销商51家，奔驰、进口大众、一汽大众、福特、东风雪铁龙、沃尔沃、鑫龙悦达起亚、郑州日产、长安马自达、海马、尼桑等汽车知名品牌在城内均有入驻销售，是义乌市汽车销售品种最齐，汇聚品牌最多的汽车销售市场。至年底，汽车成交量3.56万辆，同比下降2.03%；全年总成交额30.56亿元，同比下降20.77%。汽车城商铺出租率99.8%。

（何向东）

【二手车交易市场】 义乌市二手车交易市场是经市政府批准，由恒风集团和宝丰公司等共同投资组建的专业市场。市场位于望道路299号，毗邻义乌市行政服务中心和北苑商贸区，占地面积2.4万平方米，建筑面积5550平方米，营业房86间，每间门前配有6个车位，另有11家室内中高档二手车展厅，有东大门和南大门2个出入口，水电、电话、网络等一应俱全。2016年，来自吉林、安徽、江西、杭州、温州、金华及义乌周边县市的94家经纪公司驻场，出租率100%。场内建有交易大厅、车管所办证大厅、汽车修理厂、餐饮、商住、信息网络和监控等软硬件设施，为交易双方提供信息查询、鉴定评估、验证开票、过户上牌、汽车维修、装潢美容、办理保险和代办年审过户等一站式服务。至年底，市场二手汽车成交量3.46万辆，同比增长16.33%；成交额11.02亿元，同比增长25.66%。摩托车成交量1369辆，同比下降6.29%，成交额273.8万元，同比下降6.29%。从二手车交易总量数据分析，交易量持续增长；从二手车价格数据分析，主要是以2万元以下的乘用车为主，低价小排量的经济型乘用车、面包车较多，占比50.22%；从二手车交易品牌和车型数据分析，主要品牌有大众、丰田、本田、别克、现代、宝马、奥迪等，主要车型有宝来、凯美瑞、雅阁、悦动、骐达、宝马5系、奥迪A6L等。

（朱燕春）

义乌二手车交易市场　（市市场集团供图）

【商品房市场】 2016年，新增商品房预售许可证7本，总预售面积为48.54万平方米，同比增长81.52%。其中新增住宅面积19.05万平方米，同比增长149.67%；办公面积22.62万平方米，同比增长87.40%；其中商业面积6.87万平方米，同比下降2.41%。

2016年取得预售许可项目一览表

表26

楼盘名称	预售证号和取得时间	预售面积(平方米)、套数			
		住宅	商业	办公	合计
佛堂宝龙广场6号、7号、9号楼	20160001 2016-01-13	28796.55 (240套)	4938.99 (38套)	—	33735.54 (278套)
义乌经济开发区总部经济A组团	20160003 2016-03-11	—	8771.33 (22套)	226155.55 (179套)	234926.88 (201套)
佛堂宝龙广场8号、10号楼	20160004 2016-06-08	13273.86 (128套)	3447.73 (22套)	—	16721.59 (150套)
义乌世贸中心	20160005 2016-06-20	—	26016.71 (18套)	—	26016.71 (18套)
大家里	20160006 2016-10-25	14582.64 (44套)	—	—	14582.64 (44套)
新城吾悦	20160007 2016-11-18	54561.86 (334套)	7215.70 (111套)	—	61777.56 (445套)
新城吾悦	20160008 2016-12-19	79295.67 (586套)	18323.54 (269套)	—	97619.21 (855)
合计		190510.58 (1332套)	68714.00 (480套)	226155.55 (179套)	485380.13 (1991套)

未来供应量同比增长。至12月底，在建或即将开建的项目尚未申请预售许可的楼盘有11个，预计可售建筑面积44.81万平方米，同比增加13.8万平方米，同比增长44.5%。其中“新城吾悦广场”可售面积6.55万平方米，滨江德信公园壹号可售面积13.01万平方米，万厦御园可售面积6.8万平方米。

商品房备案。备案面积创历史新高。2016年商品房备案面积80.48万平方米(5419套)，同比增长5.73%，为2011年以来最高水平，其中商品住房备案53.47万平方米(3793套)。全年平均备案价格商品房上升，住房下降。2016年商品房和商品住房备案价格分别为每平方米1.59万元和每平方米1.38万元，商品房同比增长5.77%，商品住房同比下降11.13%。

2月，商品住房均价最低为每平方米1.21万元，逐月上升至5月的每平方米1.4万元，6月下折至每平方米1.31万元，逐月上升至11月的每平方米1.53万元。12月翘尾明显，达每平方米2.97万元，主要原因是世贸中心17间商业(2.6万平方米)备案均价达每平方米10.38万元；商品房合同备案金额上升。2016年商品房销售备案合同金额为128.09亿元，同比增长10.55%；商品住房为73.96亿元，同比下降18.89%。2016年商品房备案总量为80.48万平方米，其中住宅为53.47万平方米，占比66.44%；办公楼16.47万平方米，占比21%；商业用房成交10.47万平方米，占比13%。受经济开发区总部经济A组团和万达广场E区上市等影响，办公楼占比同比增长11%。按户型分类，商品住房成交户型前三位依次是144～180平方米、120～144平方米、大于180平方米的户型，分别占总数的34.54%、20.14%和

未申请预售许可的楼盘情况一览表

表 27

楼盘名称	住宅(平方米)	商业(平方米)	办公(平方米)	合计面积(平方米)
新城吾悦广场	—	19521.74 (234 套)	45980.08 (422 套)	65501.82
锦都豪苑 H 地块	44 套	33 套	—	约 10568
稠州北路 4 号、5 号、6 号地块	—	18828	—	18828
汇商天地	—	7049	—	7049
恒风旅游商务大道	—	30000	—	约 30000
望道时光文化旅游度假区	—	34990	—	约 34990
滨江德信公园壹号	130140 (786 套)	—	—	130140 (786 套)
万厦御园	68044.68	—	—	68044 (214 套)
丹溪金街	32000	8000	—	约 40000
苏华街 2—4 号商住楼项目	16405 (120 套)	3996 (48 间)	—	20401
义乌工业园区综合市场项目	18327 (120 套)	4288 (64 间)	—	22615

14.24%。成交均价前三位的区间段是每平方米 1.2 万～1.5 万元、每平方米 1.5 万～2 万元和每平方米 6000～10000 元。

商品房库存总量减少。至 2016 年 12 月底，商品房库存面积为 166.76 万平方米（1.09 万套），商品住宅库存面积为 115 万平方米(7794 套)，与 2015 年末相比，商品房库存减少 41.96 万平方米(4879 套)，商品住宅库存减少 42.96 万平方米(2905 套)。商品房去化同期按照库存面积与备案面积（近 12 个月的月均备案面积）之比计算，2016 年商品房去化周期为 24.86 个月，较年初减少 7.84 个月；商品住宅去化周期为 26 个月，同比减少 6.63 个月。

不含抵缴出让金商品房库存为 133.8 万平方米(7966 套)，去化周期为 19.94 个月，同比减少 7.54 个月；其中商品住房为 82.69 万平方米(4898 套)，去化周期为 18.7 个月，同比减少 7.24 个月。

根据省住房和建设厅统计口径，不包括已售房源、在建工程抵押或(预)查封等限制类房源或不具备网签销售条件的商品房，商品房库存面积为 65.9 万平方米（4145 套），去化周期为 10.35 个月，其中商品住宅库存面积为 37.46 万平方米(2292 套)，去化周期为 9.08 个月。商品房库存较多的镇(街道)依次是江东、稠江、福田、后宅和稠城。其中，江东街道的商品住房库存共计 69.68 万平方米，占全市商品住房总库存的 42%，主要集中在商博花园、久和园、新城吾悦 3 个项目。而福田街道的库存主要集中在荷塘月色和世贸中心两个项目。稠江街道的库存则主要集中在总部经济 A 组团和万达广场 2 个项目。2016 年 8 月，浙江万厦房地产开发有限公司取得的江东街道万厦御园项目，预计总建筑面积约 7.29 万平方米；滨信房地产开发有限公司取得的后宅街道滨江德信公园壹号项目，预计建筑面积为 14.15 万平方米。

（傅　俊）

【二手房市场】 2016年，义乌市二手房（含住房、非住宅、工业）成交面积100.74万平方米（5130宗），同比增长22%。二手住房成交面积63.26万平方米，占比63%；商业营业房5.7万平方米，占比5.6%；工业仓储用房成交26.44万平方米，占比为26.24%，其他用房成交面积1.87万平方米，其他用房占比2%。较上年同期相比，二手住房比重上升14个百分点。

二手住房成交量明显上升。2016年，义乌市二手住房成交面积63.26万平方米（4623套），同比增长65%。成交户型以中等户型为主。全年中等户型90~144平方米的户型成交比重最高，占35%；其次是90平方米以下户型，占比33%。这两种户型成交量占比达68%。从成交区域分布看，成交宗数和面积排名前四的街道依次是：稠城街道、江东街道、北苑街道、稠江街道。面积分别占总数的28%、19%、16%、13%。

司法拍卖成交量大，年度参拍标的量和成交量创新高。2016年义乌共有857宗标的参拍，其中成交355宗标的物，平均成交率为41.5%。司法拍卖中住宅用房成交216宗，占比最大，成交面积5万平方米，成交价达到评估参考价的0.92；拍卖次数为1.68次，为各类用房最少，中心城区学区配套较好的住宅用房上市后基本上一次能够成交，个别住宅用房竞拍十分激烈，如江东新村某别墅竞拍次数达到248轮。办公用房仅成交8宗，占比最少，成交价远低于评估参考价，仅为评估参考价的0.65；平均成交次数达到3次，办公用房拍卖市场遇冷。

（傅　俊）

生产要素市场

人才市场

【概况】 2016年，通过举办大型人才交流会、人才集市、电子滚动屏幕发布、专场招聘会、网上人才交流会及组团外出招聘等方式组织各类招聘活动141场次，提供招聘岗位14.57万个，引进各类人才1.61万人次。浙江健惠生物医药科技有限公司、浙江工业大学义乌科学技术研究院有限公司、中国科学院沈阳自动化研究所义乌中心获批浙江省博士后科研工作站，全年引进博士后研究人员3人。新增专业技术人才3617人，其中副高级职称349人、正高级职称73人。全市共有经技类聘请单位19家，文教类聘请单位26家，引进外国专家24人，其中经技类外国专家2人，文教类外国专家22人。新批中等以下教育机构聘请外国专家单位资格认可6项，办理来华工作许可44项，新办外国专家证46项，延期41项，注销13项。完成2015年度人才住房保障补助184人6397.22万元。开展2016年人才住房保障资格申报，接收申报材料462份，公示通过401人。接收人才子女入学申报材料213份，经审核符合申报条件人才子女208人，全部安排入学（一至八类45人，九至十六类163人）。建立企业人才工作联系制度，全年联系企业240家，收集解决各类人才需求和企业难题700余条。推荐2016年度义乌市“133创新人才工程”第三层次培养对象52人，义乌市华鼎锦纶股份有限公司张守运被列为浙江省“151人才”第二层次培养对象。

（龚丽娅　陈望远）

【人才招聘】 4月11—12日，在国际博览中心D2馆举办2016中国（义乌）电子商务人才节，采用线上投档线下洽谈交流的模式，345家参会企业提供岗位4180个，达成意向1980人次，现场录用292人。7月23日，在国际博览中心C1馆举办2016义乌“相约成功”夏季人才交流大会，920家企业参会，提供岗位1.58万个，9260人次参会，达成意向3560人次，现场录用1320人次。12月9日，第七届“放飞梦想”高校毕业生校园洽谈会在义乌工商职业技术学院举办，400余家企业参会，提供岗位7000余个，1966名毕业生参会，达成意向863人，现场录用160人。

【网络招聘会】 4月11日，承接第四届大中城市联合招聘高校毕业生活动义乌电子商务企业网络专场招聘会，800余家电商企业参加，提供电商类岗位1.95万个，企业信息点击量18万次，接收简历7530份。12月9日，在中国国家人才网开设电子商务企业招聘专区，同时在义乌人才网开辟特色专区，730家电商企业参加网络招聘，提供电商类岗位1.56万个，企业信息点击量20.1万次，接收简历8200份。

【开展高端项目洽谈会】 11月12日至16日，组织“相约义乌·成就梦想”旅外高端人才义乌行活动2场，举办高端人才小型见面会4次，组团参加杭州、上海、北京、南京和宁波高层次人才洽谈活动5场，共组织服务和推荐51名海内外博士专家带相关技术和项目与义乌市高创园、科创园、英创园等创业创新平台孵化载体及企业进行洽谈对接，达成意向19个，并与中法青年企业家协会签订《高层次人才交流合作意向书》，就关于做好旅外高端人才和科技项目与义乌创业平台载体及企业的对接和服务等方面，达成人才交流合作初步意向。

（龚丽娅）

【职称制度改革】 11月7日，义乌市人力资源和社会保障局、义乌市教育局联合下发《义乌市中小学教师职称评价办法（试行）》，建立统一的中小学教师专业技术职务制度。将过去中学和小学教师相互独立的职务系列，统一并入新设置的中小学教师职务系列，覆盖范围除普通中小学外，还包括职业中学、幼儿园、特教学校、工读学校、教科研机构及青少年宫等校外教育机构。同时，改变过去中学和小学各自不同的职务层级，统一设置员级、助理级、中级、副高级、正高级职务。实现中小学教师职称评审和岗位聘用的统一。进一步完善中小学教师职称评审的标准条件和方式方法。全年完成7800余名中小学教师的职称过渡工作。

（陈远望）

人力资源市场

【概况】 1月24日，义乌市政府出台《关于加强义乌人力资源产业园建设的若干意见》，组织28家企业53人参加人力资源服务业素质提升培训班。推荐2家企业参加“金华市人力资源服务业绩效考核优秀企业”评选，义乌市恒信人才开发有限公司被列为一类人力资源服务企业，获资助5万元；义乌搜才网络科技有限公司列为二类人力资源服务业企业，获资助3万元。

【人力资源产业园】 2013年10月，义乌人力资源产业园启动建设，位于新科路和西城路交叉口，地处义乌城西交通要道，占地面积约1.13公顷，建筑占地5200平方米，总建筑面积3.3万平方米，总投资1.16亿元，设人力资源市场、人才市场、人力资源中介机构、职业培训、生活配套及地下停车场等功能区块。2016年6月22日投入试运行，12月25日正式开园运行，香山路市人力资源市场搬迁至新科路义乌市人力资源产业园。首批入驻企业有浙江省对外服务公司、全联青创（北京）教育科技有限公司、上海仁联集团等市内外人力资源服务企业51家，建立覆盖从招聘、猎头、咨询、培训、测评、派遣等环节的人力资源服务全产业链集聚平台。

（陈远望）

会展业

展会

【概况】 2016年，全市举办各类会展活动131个，展览93个(商业性展会37个)，会议、论坛及节庆等活动38个。展览面积90.18万平方米，同比增长20.98%；参展企业1.49万家，同比增长17.89%；展位3.68万个，同比增长12.09%，客商151.53万人次，贸易成交额389.33亿元，同比增长8%。1万平方米以上的展览项目18个，新办经贸性展览项目7个，国家部委司局或国家级行业协会参与主承办的展览项目8个。

(曹国强)

【第四届义乌美博会暨时尚发制品、化妆品日化原料设备包装展】 4月9—11日，第四届义乌美博会暨时尚发制品、化妆品日化原料设备包装展在义乌国际博览中心举办，展会由浙江省美发美容行业协会、浙江省日用化工行业协会等单位主办，台湾国际美容交流协会、浙江省发制品行业协会等协办，义乌市创杰展览服务有限公司承办。设化妆品个人护理用品、时尚发制品与美发用品、日化技术及原料设备包装、美容美体及健康养生产品、微商电商、美容美发体验区六大主题展区，展览面积1.5万平方米，共设国际标准展位600个，预登记专业买家和观众1.23万人次。

【2016中国国际电子商务博览会、2016世界电子商务大会】

4月11—13日，2016中国国际电子商务博览会、2016世界电子商务大会在义乌国际博览中心和幸福湖国际会议中心举办。此届电商博览会以“电商换市、全球机遇”为主题，展览面积5万平方米，1185家企业参展，设国际标准展位2551个，谷歌、亚马逊、阿里巴巴、百度、京东商城等国内外知名电商企业悉数到场，吸引27个国家和地区的196个团组11.66万人次参观，同比增长15.08%，现场达成合作意向4.34万个，同比增长13.6%。电商大会共吸引6578人参加，为国内外电子商务产业链企业搭建高效务实的交流合作平台。同期举办“e模未来星”电商网络模特大赛总决赛、电子商务人才节、青岩刘众创梦想秀、“创客我最型”投融资对接会、第二届世界微商大会、中国电子商务创新规范发展高峰会、首届农特电商发展高峰论坛等20项特色活动。

【位列全国会展活力城市第六位】 4月11日，在珠海举行的“点亮中国暨中国会展城市活力风云榜”颁奖仪式上，浙江省排名第一，义乌与珠海、长沙、常山、成都、广州、杭州等城市居前十，其中义乌位列第六名，并且是唯一上榜的县级市。此次活动由中国会展经济研究会指导，会展中国和联展会展人共同发起，得到全国会展行业主管部门、会展行业协会、会展企业等会展机构的关注和参与。自活动开展以来，全国(含港澳台)有219个会展活力城市参与竞争，36万点击量、2万名代言人参与。

【中非智库论坛第五届会议】 4月15日，由浙江师范大学、义乌市政府共同主办的中非智库论坛第五届会议在义乌幸福湖国际会议中心举行。来自40余个国家和地区的智库领袖、专家学者、政府官员和企业家共350余人集聚一堂，围绕“中非产能合作与非洲工业化”主题，设立3个分议题共9场讨论，共同探讨、凝聚共识，为中非友好合作的宏伟篇章增添色彩。

【2016中国义乌五金电器博览会】 4月20—22日，2016中国义乌五金电器博览会在义乌国际博览中心举行。展会共设国际标准展位1300个，900余家企业报名参展，总展览面积3.3万平方米，涉及建筑五金、日用五金、机械机电、电子电器等五大行业1000余种商品。展会到会客商4.7万人次，同比增长16.3%，其中境内专业观众同比增长83.03%，境外客商同比增长7.7%，分别来自印度、巴基斯坦、美国、伊朗等96个国家和地区。

【第11届中国(义乌)文化产品交易会】 4月27—30日，第11届中国(义乌)文化产品交易会在义乌国际博览中心举行。展会以“传统文化与时尚生活”为主题，设国际标准展位3360个，展览面积6万平方米，来自15个国家和地区及国内19个省(市、区)的1300家企业参展，吸引93个国家和地区的11.65万名客商及观众到会；实现洽谈交易额52.04亿元，同比增长2.7%，其中外贸成交额32.67亿元。同期举办文化产业创业创意人才扶持计划系列活动、“义新欧·丝路行”全国美术名家主题创作展、全国独立设置美术学院研究生作品展、中国义乌“骆宾王诗歌奖”颁奖活动、义乌国际电子竞技大赛、首届“金乌之梦”国际户外雕塑邀请展、中欧时尚月义乌站活动、动漫衍生品授权交易会等20余项高品质的文化经贸活动。

第11届中国(义乌)文化产品交易会现场 (楼子荣摄)

【2016中国义乌进口商品博览会】 5月13—16日，2016中国义乌进口商品博览会在义乌国际博览中心举行。展会以“汇聚全球精品，引领中国消费”为主题，设国际标准展位2113个，展览面积5万平方米，吸引100余个国家和地区的1560家企业参展，汇集10万余种境外商品。70余个国家和地区以及境内24个省(市、区)18万人次的观众参会，达成产品代理意向3万余项，意向总成交额12.51亿元，同比增长6.6%。

【第八届中国国际旅游商品博览会】 5月24—27日，第八届中国国际旅游商品博览会在义乌国际博览中心举行。此届展会以“旅游新品·智行天下”为主题，吸引来自美国、德国、法国、印度、日本、新加坡等27个国家和地区的1305家企业参展，共设国际标准展位2031个，展出面积5万平方米；参会总人数10万人次，总成交额36.12亿元。本届展会设A1旅游厕所馆、B1省市旅游展示馆、C1主题馆、D1户外休闲用品及伴手礼馆和E1露营体验馆，实现市场化招展(占总展位数的68.09%)，上海华杰、江苏华虹、北京科洁阳光、杭州晨基、西贝虎特种车、上海真趣等一批知名企业都携新产品、新科技亮相；利用汉诺威米兰展览(上海)有限公司覆盖全球的资源网络及强大的买家数据库，邀请来自78个国家和地区的采购商赴会采购，同时加强与主流电商合作，推动旅游产品线上线下融合。开展国内旅游市场高峰论坛、中国旅游商品产业联盟启动仪式暨旅游商品流行趋势发布会、景区智慧旅游高峰论坛等一系列研讨活动。“互联网＋旅游新业态”，一大批智能化、便捷化的旅游产品上线；聚焦旅游厕所革命，第一届全国厕所技术创新大赛也在旅游厕所馆进行，并向21家获奖单位代表颁发优秀案例奖、优秀理念奖和海外优秀奖三大奖项。

【中国义乌进口商品博览会通过UFI认证】 6月23日，义乌商城展览公司收到全球展览业协会（UFI）执行董事Kai Hattendorf先生从法国总部发回的通过认证确认函：义乌进口商品博览会顺利通过UFI认证。至12月底，义乌市共拥有UFI认证展会4个，列居全国县级市首位。进口商品博览会成为义乌继“义博会”“森博会”之后第三个通过UFI认证的展会，也是全国首个通过UFI认证的进口消费类主题展会。

【获2016金五星优秀会展城市奖】 7月28日，由机械汽车展联合中外会展杂志社推动的“第六届中外会展项目合作洽谈会暨金五星会展颁奖典礼”在北京举行，义乌与厦门、成都等城市获“2016金五星优秀会展城市奖”，义乌市旅展委主任楼瑞清获“2016金五星全国优秀会展人物”，义乌中商展览有限公司荣获“2016年度金五星优秀组展单位奖”。

此次洽谈主题为“引爆一带一路下会展业的新增长”，会展总理机构，行业协会，组展单位，会展场馆代表及服务供应商共1000余人参会。

【第14届中国框业与装饰画展览会】 9月18—20日，由亚洲画框业联合会主办，义乌市中商展览服务有限公司承办的全球画框行业第一展——第14届中国框业与装饰画展览会在义乌国际博览中心举办。展会有来自美国、德国、捷克、意大利等11个国家和地区的360余家国内外企业参展，展览面积2.5万平方米，设3个展馆，共计国际标准展位1100个。展会到会客商2万余人，国外专业采购商500余人，成交额2.8亿元，同比增长12%，成为画与框行业最具规模的采购商交易平台。

【2016中国义乌物流产业博览会】 9月18—20日，由中国电子商会指导，宁波江东区物贸联合会、金华市现代物流协会、义乌市电子商务促进会、义乌市快递物流行业协会、义乌市国际货代物流协会等共同协办，义乌市翔达展览服务有限公司、物博会展服务（义乌）有限公司承办的2016中国义乌物流产业博览会在义乌国际博览中心举办。展会以“区域联合、产业联动、特色发展、互补共赢”为主题，吸引来自中国香港、北京、上海、广东、河南、浙江等12个省（市、地区）200余家企业参展，浙江省外的企业占70%，义乌市外的企业占90%，展览面积2万平方米，设国际标准展位708个，集中展示跨境物流及快递企业、物流应用技术、物流运输车辆、物流办公耗材、物流服务企业、物流设备。展会期间成交额2.36亿元，其中内贸成交额1.51亿元，外贸成交额8500万元，到会专业采购商1.15万人次，在线博览会访问量为22.96万人次，其中展期访问量为4.3万人次。另外有来自四川、湖南、江苏、浙江宁波、金华、衢州、丽水、乐清等省市物流快递协会等组织会员300余人参会。知名电商平台的快递公司苏宁物流，京东速递，国美在线，1号店也派代表观摩展会现场。

【双赢家居行业展】 9月28—30日，由义乌市双赢广告有限公司主办的双赢家居行业展在义乌国际博览中心举办。双赢家居展以专业化、品牌化、国际化为导向，全面展示家居产业的最新发展成果和趋势，促进国内外企业之间的交流与合作，为家居行业企业展示品牌形象、洽谈合作贸易、了解行业动态、交流业界技术、培育产品品牌搭建服务平台。展览面积4万平方米，设展馆5个，国际标准展位1706个。来自30个省（市、区）的1350家企业参展，展会参会客商6.5万余人，吸引韩国、印度、马来西亚、泰国等境外专业采购商1358人，现场成交3.7亿元，意向成交

6.4亿元。

【第22届中国义乌国际小商品博览会】 10月21—25日，第22届中国义乌国际小商品博览会在义乌国际博览中心举行。展会设国际标准展位4100个，来自海外15个国家和国内22个省(市、区)的2200家企业参展。到会参观者、采购商21.63万人次；到场专业采购商6.32万人，同比增长1.7%。实现成交额174.82亿元，同比增长1.8%。展会同期举办"浙江制造"高层研讨会暨"浙江制造"品牌企业与市场、资本对接会。

【第九届中国义乌国际森林产品博览会】 11月1—4日，第九届中国义乌国际森林产品博览会在义乌国际博览中心举行。来自45个国家和地区的1595家企业参展，设国际标准展位3736个，展览面积8.5万平方米；到会客商31.66万人次，其中境外客商5028人，专业采购团队22个，境外采购团队6个；实现成交额47.79亿元，其中内贸成交额35.55亿元，外贸成交额12.24亿元。

【第十届义乌汽车文化节】 11月10—13日，由浙江中国小商品城集团股份有限公司国际博览中心主办，义乌昊卓展览服务有限公司承办，浙江卓信文化传播有限公司协办的第十届义乌汽车文化节在义乌国际博览中心举办。展览面积6万平方米，共吸引劳斯莱斯、宾利、兰博基尼等79个汽车品牌参展，到会客商6.5万人次，累计成交车辆3453台，其中豪华玛莎拉蒂成交14台、宝马120台、别克96台、长安马自达89台、长城188台，现场成交额3.6亿元。

【中国(义乌)丝绸之路经济带城市国际论坛】 11月13—15日，由"一带一路"智库合作联盟、中国人民大学重阳金融研究院与义乌市政府联合主办的"2016中国(义乌)丝绸之路经济带城市国际论坛"在义乌国际博览中心举办。来自全球30余个国家400余名政府官员、商界精英和专家学者参会，探讨"丝绸之路经济带"上的国际贸易支点城市合作与发展之路。中联部部长助理窦恩勇，坦桑尼亚前总统本杰明·威廉·姆卡帕，浙江省副省长高兴夫做开幕致辞，中国人民大学校长刘伟向大会发来贺信。澳大利亚前总理陆克文，吉尔吉斯斯坦前总理卓奥玛尔特·奥托尔巴耶夫，波兰前副总理兼财政部部长格泽高滋·科勒德克，葡萄牙前外交欧洲事务部部长布鲁诺·玛萨艾斯，国家发改委西部开发司巡视员欧晓理，商务部综合司巡视员宋立洪，金华市委常委、义乌市委书记盛秋平，外交部前驻吉尔吉斯、拉脱维亚、哈萨克斯坦、乌克兰大使姚培生等多位"重量级"嘉宾做开幕式主旨演讲。中国人民大学重阳金融研究院执行院长王文在开幕式上对外发布题为《促进互联互通　共建贸易繁荣》的报告。此次论坛共设"城市高峰对话""跨界对话""大学校长对话"三个平行分论坛，海内外与会各方将就如何推动国际贸易城市的协同发展、构建怎样的跨境贸易合作模式和便利化网络、国际化人才培养战略与义乌未来等问题进行深入讨论。会议通过《"一带一路"义乌倡议》《关于支持义乌经贸发展的声明》《16所中外大学与义乌合作培养国际化人才共同声明》3个成果文件。

【2016中国义乌国际装备博览会】 11月18—21日，2016中国义乌国际装备博览会在义乌国际博览中心举行。设国际标准展位3054个，展览面积8万平方米。共吸引4.6万人次的观众参会，其中企业等专业采购商2.62万人，境外专业采购商1075人，同比分别增长12.9%和30.3%。展会达成意向成交额36.5亿元，同比增长11.9%。期间，举行2016中国(义乌)人工智能产品博览会、2016中国智能制造产业高峰论坛、德国工业4.0与中国制造2025论坛，国内外100余家人工智能领域先进企业和100名人工智能专家参会。人工智能产品博览会设展位数396个，展示面积3564平方米，华录集团、海康威视、北京雪人科技、北京联奇、杭州控客、小样青年社区等137家国内外人工智能领域的领先企业参展。同时邀请北京融创空间、中关村硬件联盟、创新设计联盟、硬蛋、中国发明协会等智能硬件领域权威平台参展。参展产品包括国内首款口袋无人机、AR/VR、智能

机器人、智能穿戴、智慧停车、智能微型投影、大数据及云计算平台、智能家居、智能安防等智能硬件新产品。展会共吸引1万余名观众参观，专业采购商2000余人。

（曹国强　赵晓兵）

【上合组织成员国丝绸之路法律服务国际论坛】 11月23—24日，上合组织成员国丝绸之路法律服务国际论坛在义乌国际博览中心举行。来自13个国家的200余名嘉宾到会，论坛以“推动‘一带一路’法律服务，促进区域经济繁荣发展”主题，与会代表围绕“上合组织成员国框架下‘一带一路’愿景与行动”“法律服务面临的机遇与挑战”“双边与多边合作机制”以及“国际经贸争议解决机制”等议题进行讨论。

【首届“义博会”越南展】 11月30日至12月3日，首届“义博会”越南展在越南西贡国际会展中心SECC举办，义乌市共组织17家企业参展，均为义乌本地企业或在义的经营户，设展位28个，参展产品主要来自五金工具、礼品、印刷包装、电子电器等行业。展会期间，组织参观考察胡志明市金边市场、平西市场、安东大市场三大批发市场以及五金、地毯、灯具专业街，参展企业通过会展平台多数达成意向成交或代理合作。

【第四届“义博会”马来西亚展】

12月2—4日，第四届“义博会”马来西亚展在马来西亚巴生市GM Klang批发城举行，展会以“多元跨界，前瞻创新”为主题，义乌市组织企业42家，设展位69个，均为义乌本地企业或在义乌市场的经营户，主要涉及工艺品、礼品、针织服装、五金工具、文化办公、印刷包装、电子电器等。展会期间，义乌组织2场商业配对洽谈会，邀请60名来自包含柬埔寨、泰国、缅甸、孟加拉、菲律宾、印度尼西亚、文莱等东盟十国地区的企业家与中国企业家进行一对一的商业洽谈。

【义乌会展业获奖】 12月22—23日，隶属于国家发展和改革委员会的中国会展行业权威专业媒体《中国会展》杂志社主办的2016会展产业展洽会、第七届中国国际会议产业周全体大会等系列活动在北京国家会议中心举行。在23日举行的2016会展行业颁奖大会上，义乌与北京、上海、深圳、成都等全国16个会展城市被评为“中国会展最具办展幸福感城市”；义乌幸福湖国际会议中心与北京国际会议中心等8家高端会议酒店被评为

2016年义乌展会情况表

表28

序号	展会名称	举办时间	举办地点	主办单位	承办单位	展览面积（平方米）	参展商（家）	经济效益（万元）
1	第三届义乌市汽车流通协会购车会	3月25—28日	国际博览中心	义乌市汽车流通行业协会	义乌市汽车流通行业协会	5万	70	12400
2	2016中国（义乌）美容美发博览会、第四届义乌时尚发制品与美发用品展暨第四届义乌化妆品、日化产品原料及设备包装展	4月9—11日		浙江省日用化工协会	义乌创杰展览服务有限公司	1.6万	264	18600
3	2016中国国际电子商务博览会	4月11—13日		中国国际电子商务中心、中国电子商会、义乌市人民政府主办	义乌网博展览有限公司	5万	1185	合作意向4.34万个

续表 28

序号	展会名称	举办时间	举办地点	主办单位	承办单位	展览面积（平方米）	参展商（家）	经济效益（万元）
4	2016 中国义乌五金电器博览会	4 月 20—22 日	国际博览中心	义乌市人民政府	浙江中国小商品城集团股份有限公司、义乌市五金电器行业协会	3.3 万	900	13000
5	第 11 届中国（义乌）文化产品交易会	4 月 27—30 日		中华人民共和国文化部、浙江省人民政府	浙江省文化厅、浙江省文化产业促进会、义乌市人民政府	6 万	1300	520400
6	第 11 届义乌汽车展览会	5 月 5—8 日		中国汽车工业国际合作总公司、浙江省汽车行业协会	浙江中汽会展有限公司义乌分公司	3.04 万	50	25500
7	2016 中国义乌进口商品博览会	5 月 13—16 日		中国国际商会、中国商业联合会、中国物流与采购联合会	商务部外贸发展事务局、中国国际商会会展部、浙江省商务厅、中国国际贸易促进委员会浙江省分会、义乌市人民政府	3.8 万	1560	125100
8	第八届中国国际旅游商品博览会	5 月 24—27 日		国家旅游局、浙江省人民政府	中国旅游协会、浙江省旅游局、义乌市人民政府	5 万	1305	361200
9	第二届义乌佛事文化用品展览会	6 月 14—17 日		义乌翕智文化传播有限公司	义乌翕智文化传播有限公司	7600	100	600
10	2016 中国义乌物流产业博览会	9 月 18—20 日		义乌市翔达展览服务有限公司	物博会展服务（义乌）有限公司	2 万	200	23600
11	第 14 届中国框业与装饰画展览会	9 月 18—20 日		亚洲画框业联合会	义乌市中商展览服务有限公司	2.5 万	360	27000
12	双赢家居行业展	9 月 28—30 日		义乌市双赢广告有限公司	义乌市双赢广告有限公司	4 万	1143	37000

续表 28

序号	展会名称	举办时间	举办地点	主办单位	承办单位	展览面积（平方米）	参展商（家）	经济效益（万元）
13	第 22 届中国义乌国际小商品博览会	10 月 21—25 日	国际博览中心	中华人民共和国商务部、浙江省人民政府、中国国际贸易促进委员会、中国轻工业联合会、中国商业联合会	浙江省商务厅、义乌市人民政府	15 万	2200	1748200
14	中国义乌汽摩配用品交易会	10 月 21—23 日		义乌中国小商品城展览有限公司、浙江省汽摩配协会	义乌励展投资有限公司	1 万	300	20000
15	第 9 届中国义乌国际森林产品博览会	11 月 1—4 日		国家林业局、浙江省人民政府	中国林业产业联合会、浙江省林业厅、浙江省人民政府台湾事务办公室、义乌市人民政府	8.5 万	1595	478000
16	第 10 届义乌汽车文化节	11 月 10—13 日		浙江中国小商品城集团股份有限公司国际博览中心	义乌昊卓展览服务有限公司	6 万	80	36000
17	2016 中国义乌国际装备博览会	11 月 18—21 日		浙江省人民政府	义乌市人民政府、中国机电产品进出口商会	8 万	807	365000
18	品牌直销年货会	2016 年 12 月 24 日至 2017 年 1 月 3 日		浙江中国小商品城集团股份有限公司	义乌中国小商品城展览有限公司	3.8 万	900	150000

（曹国强）

“中国最具影响力会议型酒店”；义乌国际博览中心被评为“中国会展最佳城市形象展馆”。

会展管理

【概况】 2016 年，全市用于扶持民营展会及企业走出去参展的会展业发展专项资金 361 万元。新培育举办 2016 中国义乌物流产业博览会，双赢家居行业展，2016 义乌照明灯饰博览会暨电工电气电线电缆展览会，2016 义乌广告印刷技术产品展览会暨涂料油墨、胶粘制品展，义乌智慧城市安防技术、应急装备、安全防护劳保展览会等 7 个新兴产业专业性博览会。组织“智慧会展”、长三角重点城市巡回沙龙“移动会展的创新实践”义乌专场、会展政策宣传 3 场培训，为广大中小企业拓展国际国内市场提供优质服务。年内，义乌市先后被评为 2016 金五星优秀会展城市、中国会展标志名城、中国十大会展名城、中国会展最具办展幸福感城市等荣誉。“旅博会”、电商博览会和“装博会”入选中国十佳品牌展览会，进口商品博览会被评为中国十佳优秀特色展会。幸福湖国际会议中心和国际博览中心分别获中国最具影响力会议型酒店和中国会展最佳城市形象展馆。

【会展培训】 3月16日，市旅展委在行政七号楼会议室组织召开2016义乌“智慧会展”专题培训会，全市会展业业务骨干90人参加，培训包括互联网+会展的现状与趋势、会展的创新技术与服务、智慧会展项目、义乌城市的智慧会展构想等内容。同月23日，市会展业联合会在行政七号楼会议室组织举办长三角重点城市巡回主题沙龙“移动会展的创新实践”义乌专场，全市会展业业务骨干60人参加，会议邀请长三角城市会展联盟专职秘书长徐成、开开会创始人朱帆、会展人微广播群主王涛、尚格会展集团董事长张珺、E展会创始人雷强等专家参会，对业务骨干进行信息化办展培训。12月16日，为进一步贯彻执行《国务院关于进一步促进展览业改革发展的若干意见》《浙江省关于进一步促进展览业改革发展的实施意见》文件精神，贯彻落实《关于进一步促进会展业改革发展的实施意见》《义乌市展览活动管理办法》和《义乌市会展业发展专项资金使用管理办法》，市旅展委在义乌工商职业技术学院望道楼阶梯教室组织召开全市会展行业从业人员培训，重点开展会展政策宣传、会议服务、会展营销、会展企业财务工作和商务礼仪等内容的培训，市商城展览、中义公司、翔达展览等30个会展机构80余人参加培训。

【会展政策制度出台】 7月28日，市委、市政府下发《义乌市促进会展业发展联席会议制度》，制度包括主要职责、成员单位、工作规则和工作要求四方面，加强对会展工作的指导、协调和服务，增进部门之间的协调配合。《义乌市会展业发展“十三五”规划》作为市委重点规划，9月，经市政府审核批复下发全市各相关单位，规划主要对义乌会展“十二五”时期发展回顾和现状分析以及展望“十三五”时期的总体要求和发展举措。年内，市旅游与会展管理委员会完成《关于进一步促进会展业改革发展的实施意见》《义乌市展览活动管理办法》和《义乌市会展业发展专项资金使用管理办法》修订工作并上报市政府审核，12月1日正式印发。《关于进一步促进会展业改革发展的实施意见》主要从总体要求、发展目标、理顺行业体制机制、推进展会市场化发展、提升会展主体竞争力、拓展会展业发展空间和完善会展服务体系7个方面提出会展业发展要求。《义乌市展览活动管理办法》从总则、备案制度、展览筹备、监管协调、法律责任和附则等六个方面进一步加强义乌市展览活动管理，规范展览行为。《义乌市会展业发展专项资金使用管理办法》从总则、资金使用范围、资金使用条件和标准、资金申请、拨付及监督管理、附则五个方面加强会展业发展专项资金使用管理，提高财政资金使用效益。

（曹国强）

会展企业

【义乌国际博览中心】 义乌国际博览中心属浙江中国小商品城集团股份有限公司全资分公司，是国际展览联盟(UFI)会员单位，从事展馆租赁及各类展会的全过程服务。国际博览中心有员工85人，其中大专以上学历43人。2016年，完成商业性展会39个，展览场地使用面积482万平方米，搭建标准展位2305个，标改特展位1.08万个，会议66场，签约外出搭建工程15项。

（郑循禄）

【义乌中国小商品城展览有限公司】 义乌中国小商品城展览有限公司（简称商城展览公司)是浙江中国小商品城集团股份有限公司旗下控股企业，专业从事国内外展览组织业务，是国际展览业协会(UFI)、国际展览管理协会(IAEE)会员企业。公司有员工80余人，平均年龄30岁，大专及以上学历占100%。主要承接、承办义乌国际小商品博览会、中国义乌进口商品博览会、中国义乌国际森林产品博览会、中国义乌五金电器博览会等展会。4月，商城集团将原商城展览公司、义博展览公司、国际博览中心3家下属公司合并为义乌中国小商品城展览有限公司，优化调整内部机构及人员配置。至12月底，承办第九届中国义乌国际森林产品博览会、第13届中国国际五金电器博览会、2016中国义乌进口商品博览会、第22届义乌国际小商品博览会等展会。

（郑循禄）

【中义国际会展（义乌）有限公司】 中义国际会展(义乌)有限公司(简称中义会展)是由中国文化传媒集团有限公司、中国国际展览中心集团公司、浙江中国小商品城集团股份有限公司三方合资组建的专业展览会议经营企业，是文化部指定的中国（义乌）文化产品交易会的执行单位,负责中国“文交会”的具体运作。公司有员工30人,平均年龄31岁,大专以上学历占97%。主要承办中国(义乌)文化产品交易会。中义国际会展(义乌)有限公司依托中国文化传媒集团公司、中国国际展览中心集团公司、浙江中国小商品集团股份有限公司各自所属系统内的资源优势,从国家层面以国际水准搭建文化产业交流平台,发布文化产业动态信息,汇聚文化产业精英,引领文化产业潮流,促进文化产业走向世界,促成文化产品输出。2016年承办第11届中国(义乌)文化产品交易会。

（贾文俊）

【义乌市中商展览服务有限公司】 义乌市中商展览服务有限公司成立于2004年10月,注册资金50万元，是专业举办画与框行业的展览公司,是美国PFA及英国相框与艺术协会组织成员之一。公司现有员工20人，2011—2012公司被义乌市政府评为展览公司先进单位,2013年成为义乌框业行业协会秘书长单位,2014年成为中国美术产业联盟义乌秘书处。2014年新增上海框业展,首次进入上海展览市场。2015年上海框业展规模增长28%,义乌框业展规模增长20%,公司营业收入500余万元,同比增长21%。2016年上海展规模增长20%,展位数达300个。义乌框业展首次启用A馆,3个馆共计1000余个展位，规模再次增长15%。

（毕新荣）

【义乌翔达展览服务有限公司】

义乌市翔达展览服务有限公司,专业从事展会策划、组织、主办、承办等业务,公司有员工46人。2016年,公司先后参与策划“中国国际五金电器博览会”“义乌家装建材博览会”“中国国际电子商务博览会”“中国淮阴商品博览会”“中国义乌物流产业博览会”。

（赵梅君）

【义乌市双赢广告有限公司】

义乌市双赢广告有限公司成立于2004年，注册资金500万元,是专业举办杯壶,笔业,厨具,小家电,电筒行业展与日用品行业的展览与广告公司,是义乌广告协会理事长单位。公司有员工80人，十年专注于行业期刊行业,2014年9月转型升级进军展览行业,中国(分水)笔业博览会的主办。2015年开发厨具与电筒行业,并举办首届汕头不锈钢博览会和首届宁海电筒博览会。2016年汇聚义乌打造双赢行业展,5馆齐开,5个馆设1706个展位,办展以来规模最大。

（任文俊）

旅游度假区

LVYOUDUJIAQU

古韵佛堂

廿三里民俗

何斯路　　　　（以上图片均由金福根提供）

综　述

2016年，全市共接待游客1773.21万人次，同比增长15.43%，其中境外游客92.66万人次，同比增长19.17%；实现旅游总收入216.65亿元，同比增长16.27%，创旅游外汇5.7亿美元，同比增长10.16%。全市在册住宿单位687家，客房数4.27万间，床位数6.65万张。举办第八届中国国际旅游商品博览会，设国际标准展位2031个，1305家中外企业参展，10余万人次参会，总成交额36.12亿元。全年受理依申请事项211件，办结211件，其中旅行社审批28件，领队证办理45件，导游证办理138件。

提升国际商贸城景区休闲娱乐设施，丝路壹号异国风情街开业，设计成欧洲、东南亚古建筑、非洲、中东4个地域风情，吸引马来西亚肉骨茶餐厅、日本居酒屋、美国之窗、中国香港兰桂坊、香港静吧等9家餐饮企业入驻；完善全市旅游厕所等基础设施，完成55座厕所新建、改建工程；促进产业融合发展，培育浙江省休闲农业与乡村旅游示范点、浙江省级休闲渔业精品基地、金华市农旅融合示范点等；联合各有关部门、镇(街道)组织举办各类丰富多彩的文化旅游活动，包括美食节、音乐节、毅行比赛、非遗文化展演、亲子马拉松等系列活动，深受广大市民的青睐和好评。

开展旅游市场秩序专项检查与整治，依法查处旅行社委托代理不规范、合同签订不完整、广告宣传涉嫌超范围等违法违规行为，重点整治“不合理低价游”，制定《关于开展打击旅游活动中“欺骗、强制购物行为”和组织“不合理低价游”的联合检查方案》，联合市市场监督管理局、市发改委出动检查人员40人次，共检查旅游相关企业32家。全年共收到各类投诉58起，其中处理有效旅游投诉纠纷案件18起，共涉及金额21.89万元，结案率100%。

旅游规划

【概况】 2016年，《义乌市旅游产业发展“十三五”规划》正式实施，以创建全域旅游示范区和全面建成形象鲜明、产品多元、服务一流的国际知名世界商务旅游胜地、“一带一路”游线重要节点城市、浙江省旅游产业发展示范市为目标，计划到2020年，全市接待游客总量达2131.5万人次以上，年均增幅达12%以上；旅游总收入达316.8亿元，年均增幅达15%以上；全市旅游业增加值占GDP的比重提高到8%以上，旅游业增加值占服务业的比重提高到14%，旅游业从业人员占服务业从业人员的比重超过20%。修订出台《义乌市购物旅游奖励实施细则》，提高奖励力度；指导特色小镇建设，出台省级特色小镇建成旅游景区的指导意见，丝路金融小镇正在争创国家AAAA级旅游景区；积极培育发展乡村旅游，参与美丽乡村精品线建设，指导乡村旅游项目规划编制，指导“赤岸西海”山水浪漫精品线冯雪峰文学小镇规划 2 次，赤岸五指溪畔精品线路规划 1 次，佛堂“千年古镇”文化慢旅精品线规划 2 次，后宅“德胜古韵”田园乡梦精品线规划 1 次，“人文上溪”桃园休闲精品线规划 1 次，何斯路精品村规划 1 次，马畈精品村规划 3 次，缸窑精品村规划2 次，李祖精品村规划 5 次，钟村精品村规划 1 次，石明堂村“美丽经济”产业规划 1 次、石明堂历史文化村落规划 1 次，黄山五村村庄更新规划 1 次，指导大陈大畈村“多规融合”村庄发展一体化规划，佛堂坑口村多规融合规划。

【《义乌市旅游发展总体规划(2015—2030)》提请审议】 2015 年 12 月 28 日，市旅展委就《义乌市旅游发展总体规划(2015—2030 年)》分别提请义乌市人大和市政协进行审议。明确将以打造“国际购物旅游天堂、万国风情休闲之都和商务度假旅游胜地”为特色的国际商务旅游目的地城市，把握国家提升旅游业为战略性支柱产业的重大机遇，努力转变旅游发展方式，优化产业发展环境，实现旅游业快速健康发展，显著提高对义乌市的经济贡献率，将旅游业打造成为义乌国民经济的战略性支柱产业和人民群众更加满意的现代服务业。市人大、政协均对规划编制成果做充分肯定并提出了许多建设性的意见，市发改委根据意见对规划进一步修改完善。《义乌市旅游发展总体规划(2015—2030 年)》专门邀请北京大学吴必虎教授作为规划编制团队组长，为义乌市的旅游发展把脉问诊。

旅游行业管理

【概况】 2016 年，开展行业活动，做好导游大赛、旅游行业技能安全培训以及星级饭店评定、绿色饭店评定、品质旅行社评定工作，完成义乌大酒店和华美达之江大酒店 2 家星级酒店的四星复评，并开展商城宾馆四星评定和三鼎开元名都酒店五星评定。上半年，恒风国际旅游有限公司、海洋酒店被评为金华十佳旅游龙头企业，金秋国旅被评为金华最具活力旅游企业。恒风国际旅游有限公司、金秋国际旅行社有限公司、华夏国际旅行社有限公司、顺风国际旅游有限公司、天马国际旅行社被评为 2015 年度全省百强旅行社。加强旅游安全监管，开展季度安全大检查、旅游用车专项检查、安全生产月、旅游安全百日整治、安全生产大排查大整治等检查活动，完善各类安全应急预案，全年开展应急演练 4 次，部署星级饭店开展“微型消防站”建设。完成旅游行业信用体系建设。完成旅游行业信用情况上报义乌市社会信用体系，报送信用承诺、信用核查和信用报告应用事项清单，报送社会法人黑名单、完成制定旅游行业联合奖惩实施细则，开展信用核查和信用承诺使用。

【义乌市 3 人入选“2015 中国好游客、好导游”】 2015 年，为树立一批身边好游客、好导游先进榜样，国家旅游局组织开展“2015 中国好导游、中国好游客”推选征集活动。市旅展委向全行业和全社会征集，筛选推选 1 名导游和 2 名游客，2016 年 1 月，由义乌华夏国际旅行社选送的导游戴敏入选为“2015 中国好导游”，由义乌市金秋国际旅行社选送的游客张升一和义乌市顺风国际旅行社选送的游客朱星明入选“2015 中国好游客”。

【开展智慧酒店专题培训班】 3 月底，市旅展委开展智慧酒店专题培训班，邀请杭州君瑞科技有限公司专家进行现场授课，义乌市 19 家高品质饭店 50 名高管参加培训。培训会上，市旅展委相关负责人指出智慧化是当下酒店发展的趋势，在酒店核心竞争力提升方面起到不可忽视的作用，如何结合酒店现状做好顶层设计，逐步深入融入智慧元素，循序渐进进行优化迭代升级，是酒店今后能否可持续发展的一个重要课题。杭州君瑞科技有限公司相关负责人就酒店打造移动互联网高速公路、智慧酒店控制系统、酒店微营销、“智慧生态链助力酒店转型”分别进行详细的讲解。

【2016 义乌市导游大赛】 11 月 9 日，由市旅游与会展管理委员会、市人力资源和社会保障局、市总工会、共青团义乌市委员会、义乌市妇女联合会主办，

市风景旅游协会、市财贸工会承办的2016义乌市导游大赛在义乌大酒店举办。大赛以“讲道德、比技能、赛服务”为宗旨，通过以赛促训的方式，展示义乌市导游形象风采，交流导游服务经验，激励导游提升素质，提高导游服务质量，推进中国国际商务旅游目的地城市建设。全市15家单位的35名选手代表参赛。大赛通过风采展示、景点讲解、知识问答、情景再现和才艺表演5部分构成选手比赛总得分。奖项设置分为单项奖和团体奖。程旭霞、沈燕敏、陈夏倩获个人奖前三名；义乌工商职业技术学院、浙江省义乌市恒风国际旅游有限公司、义乌市天马国际旅游有限公司获团体奖前三名。义乌市导游大赛自2005年起每两年举办一次，已成功举办6届，成为义乌市导游展现才艺，互相切磋，提升全市旅游接待服务水平的重要平台。

购物旅游

【概况】 2016年，对70家组织到义乌购物旅行社的1921个团队奖励兑现旅游发展专项资金274.09万元。先后参加宁波旅交会、上海旅游销售洽谈会、第83届全球展览业协会（UFI）会员大会等多个专业展会，并组织旅游企业组团参加在杭州、温州等省内各地市以及北京、广州、苏州等高铁沿线城市组织举办的系列推介会，广泛宣传推介义乌城市、市场、旅游和会展发展环境。推出“购物＋乡村休闲游”“购物＋欢乐采摘游”等特色旅游线路，将国际商贸城与何斯路、马畈、开心谷、缸窑、赤岸西海以及民宿村庄、采摘基地等有机串联，精心打造系列精品线路，形式多样开展营销活动，吸引各地游客到义乌旅游购物。促进展旅融合，组织长三角地区采购商和游客9000余人参加2016进口商品博览会。

【创建中国国际商务旅游目的地】 义乌市自2014年12月启动“中国国际商务旅游目的地”创建工作，2015年5月22日获批开展创建。2016年5月24日，在第八届旅博会开幕式上，国家旅游局领导宣读授予义乌市“中国国际商务旅游目的地”称号文件，并进行授牌，义乌市成为全国首个经创建并获批的“中国国际特色旅游目的地”。

【107个旅游团队赴进口商品博览会购物旅游】 5月13—16日，为期四天的2016中国义乌进口商品博览会期间，义乌旅展委牵头组织长三角游客义乌进口展万人行活动，共有长三角各地107个团队到义乌购物旅游，此次万人行活动瞄准国内消费者对国外日用消费品的采购需求，重点招引长三角地区的高端消费者和专业客商，吸引游客到义乌购买来自日韩、欧美、东南亚、澳洲等地的日用消费品、进口家居用品、进口食品及饮料、进口服饰及配件、进口工艺品饰品等，对接全球消费资源，推动义乌市购物旅游的发展。

旅游市场推广

【概况】 2016年，投入推广旅游市场宣传促销经费360万元，整合旅游、会展、文化等信息，编印《义乌旅游》地图、《义乌旅游》导刊、《义乌文化旅游会展手册》《万国美食在义乌》等系列宣传资料，分发放置在各窗口单位（机场、火车站、游客服务中心、国际贸易服务中心等）、旅行社、景区景点以及全市宾馆酒店的大堂、客房等处。借力各类新闻媒体宣传推广，采取传统媒体与互联网新媒体兼顾、普惠式宣传与精准化推广结合的模式，与浙江电视台、上海第一财经广播、浙江之声、《义乌商报》、凤凰网、今日头条等新闻媒体机构深入合作，积极参与2016“诗画浙江”全媒体旅游品牌形象宣传。参与各类评选宣传推广，动员全市旅游企业积极参与各项评选活动，年内，马畈农业奇幻乐园入选2016年金华市“十一”黄金周十大最热乡村目录；义亭镇缸窑村、赤岸镇尚阳村、赤岸镇朱店村入选第四批中国传统村落目录；佛堂古镇被浙报传媒“浙江在线”评为“民俗文化风情小镇”；何斯路村被列入“浙江十大最美乡村”评选活动候选名单；国家旅游商品研发中心的百家布艺、白藤手工编织工艺品、十竹九造灯、五德丰农业开发公司

的红糖麻花、华统集团有限公司的华统火腿、梦娜袜业股份有限公司的抗菌系列袜等9个系列产品被列入省旅游局举办的“浙江符号旅游商品”评选活动候选名单。

【义乌东阳游客接待中心】 在义乌、东阳双方长期沟通协调的基础上，5月中旬，义乌市旅游与会展管理委员会与东阳市旅游局达成合作意向，在义乌火车站出口通道边共同设立义乌东阳游客接待中心。6月，设在义乌火车站出站通道边的义乌东阳横店游客接待中心正式投入运行。此接待中心占地70平方米，内设游客休息区、咨询中心、会客室，由工作人员负责义乌、东阳双城旅游资源产品的咨询、介绍服务工作，每天向出站的20余万乘客展示义乌东阳两地旅游资源和风采，同时开通义乌火车站—义乌国际商贸城—东阳中国木雕城（木雕博物馆）—横店影视城的双城旅游线路，游客可在各大旅游网站、各地旅行社咨询购买高铁直通车旅游套票，旅游直通车定时定点发车免费接送，为游客提供一站式服务。至12月底，接受游客咨询4万余人次，发放宣传资料5万余份。

【义乌与沪杭知名媒体开展旅游形象推广合作】 8月，义乌市旅游部门与杭州电视台综合频道《行走》节目、上海第一财经广播《乐游天下》节目达成合作协议，在《行走》节目中设置专题报道，播出专题节目1期，节目长度为5~7分钟，并在7—10月插播26次15秒的义乌形象宣传片；在7—11月《乐游天下》节目中每天播放2次义乌旅游宣传信息，共计76次，以充分利用G20峰会召开带来的机遇和上海迪士尼开园带来的溢出效应，加强义乌市在沪杭及周边地区的宣传力度，精准对接长三角地区游客资源，提升义乌影响力和知名度。

旅游景点

【概况】 2016年，完成旅游项目投资8.4亿元。未来养生休闲项目水上乐园一期8公顷土地摘牌并奠基开工，完成施工便道、河道改道红线放样，正在编制未来城项目水上乐园设计方案，对区块内苗木补偿进行了评估，启动场地平整工作。青旅望道时光项目一期2.67公顷的土地摘牌，坡地村镇17.93公顷建设用地指标由省国土局专项下达，并进行一期施工许可证办理及项目配套道路、给排水和供电、通信管网等规划设计。为推进后宅汽车文化旅游项目落地，市领导参加与亚洲勒芒公司、中铁建投资集团的洽谈，市旅游委及相关部门，就《义乌勒芒小镇政府与社会资本合作框架协议》与对方进行谈判，组织相关部门专程赴法国勒芒镇、珠海、上海实地考察国际赛车场建设运营情况及举办亚洲勒芒系列赛事情况，组织专家对《勒芒义乌汽车文化旅游小镇概念规划》进行论证。佛堂古镇完成老街综合管线下埋、乌克兰油画创作基地建设等工程，在6月份对外开园，佛堂文化旅游区编制完成申报省级旅游度假区资源价值评估材料并上报省局，省局组织专家对申报省级旅游度假区资源价值评估进行现场考核。同时积极谋划新项目，在第八届“旅博会”上召开旅游项目招商推介会；签订栖隐·大安慢养社区项目投资框架协议；谋划“义乌上河图景区”，为创建国家AAAAA级旅游景区做准备。

【开展旅游厕所建设管理专项整治行动】 为全面提升全市旅游公共服务水平，加快义乌市创建中国国际商务旅游目的地城市进程，3月15日，义乌市制定《旅游厕所建设管理专项整治方案》，以推进义乌市旅游厕所建设与改造，加强旅游厕所的管理与维护，提升旅游形象和服务质量，促进全市旅游业健康持续发展。3月15日至5月15日，《方案》要求各相关镇（街道）、单位和旅游企业，以学习对照、自查自纠、检查整改、总结提高4个阶段开展旅游厕所整治攻坚行动。行动以旅游厕所的新建与改造、旅游厕所的管理与维护、旅游厕所文化建设为整治重点，要求在A级景区、乡村旅游点、旅游集散中心的重点区域新建及改造A级旅游厕所，落实旅游厕所管理的主体责任，完善管理制度，落实管理人员，建立长效管理机制，做好旅游厕所的日常管理和维护，确保旅游厕所设施齐全、干净卫生。

【未来养生休闲项目开工】 5月24日，未来养生休闲项目举行奠基仪式，标志项目正式开工，是义乌史上第一个开工建设的大型旅游综合体项目。未来养生休闲项目计划总投资278亿元，分三期9年建设，已被列入浙江省服务业重大项目预选类、重大产业项目预选类，也是全国优选旅游项目，以“全国领先、华东旅游新龙头”的国家AAAAA级景区为总目标，积极嫁接国际国内顶尖旅游品牌，融入义乌本土文化元素，建成后将是长三角地区规模最大、综合性最强的旅游度假项目之一，改变义乌市缺乏大型旅游项目的现状，为义乌旅游乃至浙江旅游产业的提升注入新的活力。其中项目一期以“未来生活体验”为主题，围绕“动感主题游憩、慢享生态休闲”两条环线，着力打造卡拉哈利度假区、新丝路文化演艺区、时尚创意之都、机器人智慧园、航天航空科技文化体验基地、三鼎乐高玩具乐园6大引擎项目。

【创建省级旅游度假区资源价值评估现场考核】 11月30日，省旅游局规划发展、浙江工商大学旅游与城市管理学院、浙江省环境保护设计研究院的4名专家赴佛堂镇对佛堂旅游度假区申报创建省级旅游度假区工作进行资源价值评估现场考核。金华市旅游局副局长、义乌旅游会展委、佛堂文化旅游区管委会等陪同评估专家组现场考察了佛堂古镇老街、古民居苑、双林文化园、半月湾湿地公园等度假区内重点区块。现场专家向相关部门询问度假区范围内涉及各部门的内容，对佛堂现有资源表示肯定，对佛堂旅游度假区的规划、建设提出意见及建议，希望佛堂通过创建省级旅游度假区来整合旅游资源，完善旅游基础配套设施，将佛堂旅游度假区打造成为旅游产品的集聚区、旅游产业的新型区。

（陈含笑）

颜乌感孝——义乌地名由来

颜乌，历史上关于颜乌的最早记载出现在西汉刘向所著《说苑》一书中：“颜乌，乌伤人。亲亡，负土为大冢，群鸦数千，衔土相助焉。乌既死，群鸦又衔土葬之。”《义乌县志》记载：“秦颜孝子氏，事亲丧，葬亲躬畚锸，群乌衔土助之，喙为之伤。后旌其邑曰乌伤，曰义乌，皆以孝子故。”颜乌以其感天动地的孝德备受历代推崇，有关他的故事在义乌广为流传。

颜乌，乌伤（今义乌市）人。先祖从鲁国迁居而来。父颜凤。他们一家独居荒原，以耕作为生。生活虽苦，却也自在。可不久颜乌母亲因操劳过度、身体虚弱而离开人世，丢下年幼的颜乌与父亲相依为命。父亲颜凤，因受祖上被称为圣人的颜渊的一箪食、一瓢饮而不变其志的安贫守道思想的影响，对颜乌言传身教甚笃。他既当爹又当娘，把颜乌拉扯大。家境贫困、生活磨难，培养了颜乌勤快、孝顺、善良的品格。颜乌体贴父亲年老体弱，不让父亲干重活。从田头回到家里，总是抢着做饭烧菜，且每次都等父亲吃好才拿起筷子。夏天，蚊子肆虐，颜乌总是给父亲打扇驱蚊；冬天，颜乌总是用自己身体温暖被窝后再请父亲安睡。（下转第239页）

交通·物流·口岸

交 通

综 述

2016年，义乌交通共安排在建重点工程28个，其中新建7个，续建9个，完工11个。全年完成有效投资40.8亿元，向上争取资金3.89亿元。国贸大道一期、37省道改建、37省道复线等6个重点项目建成通车，国贸大道二期、甬金高速佛堂互通等6个重点项目开工建设，义乌至武义、兰溪、东阳等互联互通公路主体完工，疏港高速、疏港快速路、东河至萧皇塘公路等重点项目加快推进，义乌至永康公路、佛堂二线、新环城南路等重大项目完成前期工作。开展公交都市创建，出台《加快推进城乡公交一体化的实施意见》，制定《公交企业服务质量考核办法》，完成智慧公交建设，电子站牌、调度中心、公交信息服务平台等投入使用，新增公交线路10条、公交车80辆，调整优化公交线路11条，改造公交亭100个，金华BRT3号线投入营运。继续深入推进出租车市场化改革，深化网络预约出租车规范化管理工作，巡游出租车注重提升服务质量，建立与改革相配套的监管机制，成立行业协会，出台单班制、退出制、招投标评分、诚信考核等办法和机制，出租车监管系统一期投入使用，全市1430辆出租车按照高铁“一等座”的标准全部进行车内座套脚垫提档改造，进一步提升文明服务水平。开展杭金衢高速上溪出口、甬金高速义亭出口等主要入城口绿化提档改造工作；完成210、103、310等三条省道的美丽公路创建，美丽公路好路率达到100%。加强行业管理，推进“平安交通”“五水共治”“四边三化”“三改一拆”“两路两侧”等行动，先后开展非公路标牌整治、桥下空间环境整治、洗车场所及在建工程污水排放规范化整治等行动；加开展以打击非法营运和站外组客为重点的“二号行动”，加大同公安等部门的联合整治力度，全年共查处非法营运汽车529辆；在服务G20的工作中，率先在全省实行客运实名制售票，率先在全省推出客运站“人、票、证”验视乘车制度，在全省开出首张10万元《中华人民共和国反恐怖主义法》违法罚单。全年全市完成客运量1.67亿人，同比下降14.57%；旅客周转量17.66亿人，同比下降13.7%。新增公交线路9条，优化12条。公交车（含农村支线）新增56辆、更新40辆，报废客运车辆87辆，公交车65辆。新建、改建港湾式公交站155个，新建公交首末站5个，新增客运站2个。年内，义乌市交通运输局被交通运输部授予“全国交通运输行业文明单位”称号。

（张 璐 黄 钢）

城乡公交

【概况】 2016年年底，全市共有城市公交班车1260辆（其中纯电动车公交车92辆，气电混合动力213辆，天然气公交车387辆、油电混合动力公交车85辆、柴油动力公交车483辆），农村支线班车193辆。全市城乡公交线路184条(其中城市公交线路120条，农村支线64条)，平均每天公交输送旅客44.5万人次。

全市农村行政村714个，城乡公交班车已通达至711个农村行政村，覆盖面为99.6%。

【智慧公交建设】 智慧公交系统主要功能分公交行业运行监控平台、公交运营调度平台、公交行业监管平台及公交信息服务平台；项目总投资9079万元，从2014年开始筹划，2016年11月完成各平台搭建，其中公交行业监管平台通过专家组评定，同时公交运营调度平台进入试运行阶段，各项指标进入调试阶段，义乌出行通手机APP软件上线运行并逐步完善。

（黄 钢）

【公交首末站及港湾式公交站建设】 6月，2016年度公交首末站工程项目开工，至12月底，共完成华溪、义乌—金华BRT、孔村、上溪、廿三里、龙回6个公交首末站建设，完成有效投资200万元。新建改建港湾停靠站158个、独立站牌25站点、简易立杆100个，涉及江东路、西城路、商城大道、机场路、城中路等区块道路，完成有效投资900万元。

【快速公交BRT3号线】 10月1日，快速公交BRT3号线(义乌—金华)投入运营。全线采用纯电动、充换结合式公交车，具有无噪音、零污染、零排放等特点。义乌恒风公交公司投资3250万元，购置公交车25辆。BRT3号线东起义乌国际商贸城客运中心，西至金华站北广场，分A线和B线，A线经停金义综合保税区，单程70.4千米，B线经停菜鸟新城，单程65.5千米，沿金义快速路直行。A、B线交替间隔发车，单程运行约120分钟。投放班车100辆，全天计划开行80个班次，实行双向对开。BRT3号线采用多票制，起步价2元，按运距分级加价，票价分为2元、3元、5元、7元、10元，实行进、出站刷卡收费或使用专用币投币，市民卡乘车不打折，70周岁以上老年人和1.3米以下儿童免费乘车及特殊人群享受优惠乘车规定。快速公交BRT3号线全年完成营运收入71.64万元，完成客运量12.91万人次(含免费及享受各种优待乘车群体)，旅客周转量505.84万人公里，共计应发班次2940趟，实发班次2876.5趟，正班率97.84%。总行驶里程为40.61万千米。正点率达100%，乘客满意率达100%。

出租车管理

【概况】 2016年，全市共有出租车企业12家，出租车1429辆,面的36辆。其中义乌客货运输有限公司178辆，浙江恒风交通运输股份有限公司197辆(其中面的16辆)，义乌市万方交通有限公司133辆，浙江省义乌市长途汽车运输有限公司221辆；义乌市杭长运输有限公司150辆，义乌市联运有限公司116辆，义乌市恒风运达出租客运股份有限公司90辆，义乌市之江出租车客运股份有限公司90辆，义乌市顺凯出租车客运股份有限公司90辆，义乌市速达出租车客运股份有限公司90辆，义乌市怡达出租车客运股份有限公司90辆，义乌市廿三里公交公司面的20辆。经营权分属12家出租车企业。年运送旅客3151.6万人次。1429辆出租车安装3G实时音频视频监控系统，450辆出租车安装计价器智能终端。出租车营运权有偿使用费从1月1日起全部免收。全市持有效客运出租车从业资格人员1.1万人，在岗从业人员2829人。在岗从业人员中，义乌籍以外驾驶员占82.1%，以河南、江西、安徽3省居多。针对出租车行业中存在的宰客、骗客、甩客及野蛮待客，以及邻近县市出租车异地经营等行为进行严厉打击，全年查处各类出租车违章违规案件558起，查处非法营运车辆529辆次。

【出租汽车运价调整】 根据《关于调整我市客运出租汽车运价的通知》，义乌市所有出租车从1月30日起实行新运价政策。基本运价：起步里程2千米，起步价格8元；超过起步里程后的车千米运价为每千米2.50元。放空费，单程行驶超过6千米部分，加收车千米运价的40%。夜间补助，载客时间在23时至次日5时，按基本运价，放空费总和的10%加收。等候费，在营运过程中因路堵，红灯以及应乘客要求发生等候的，可免费等候2分钟。超过2分钟后，按每1分钟0.5元计费。不足1分钟按1分钟计收。取消现行每载客车次2元的燃油附加费,如油价上涨需要重启新的燃油附加费时，以 92 号汽油价格每升 7.06 元为基期价格确定。

【出租汽车行业改革】 由于网络预约出租汽车的冲击,巡游出租汽车行业经营效益下滑,义乌市运管局根据存在的问题,6 月 30 日下发《义乌市出租汽车经营退出机制的指导意见(试行)》和《义乌市出租汽车单班工作制运行方案(试行)》等文件,并支持成立出租汽车行业协会和工会。同时,全面提升出租汽车信息化服务水平,引入出租汽车服务管理信息系统开发计划,11 月完成出租汽车服务管理信息系统一期建设。11 月 1 日《金华市网络预约出租汽车经营服务管理实施细则(试行)》开始实施,义乌市区域内网络预约出租车开始依法纳规管理。

(郭振华)

公路运输

【概况】 2016 年,义乌市共有营运客车 1885 辆（其中跨省班车 145 辆,跨地 96 辆,跨县 78 辆,城市公交班车 1260 辆，农村支线班车 193 辆, 包车客运车辆 110 辆,机动车 3 辆)。共有客运班车线路 239 条,其中省际班车线路 107 条，市际班车线路 54 条,县际班车线路 14 条,县内农村支线 64 条;城市公交线路 120 条。外地进义乌客运线路 186 条,其中跨省 98 条,跨地 65 条，跨县 23 条。城乡公交班车通达覆盖面 99.6%。全年完成客运量 1.67 亿人，同比下降 14.57%;旅客周转量 17.66 亿人千米，同比下降 13.7%。其中客运站完成旅客运输量 499.9 万人次，同比下降 11.5%，完成旅客周转量 6.13 亿人千米,同比下降 27.9%;公交完成客运量 1.62 亿人次,同比下降 14.62%,周转量 11.53 亿人千米,同比下降 3.68%。

全市共有货运(物流)企业 1128 家，其中危化运输企业 10 家。在册营运货车 6981 辆,其中普通货运车辆 6335 辆，专用运输车辆 490 辆，危化运输车辆 156 辆。国有货运站场 3 家,分别是国际陆港集团第一分公司,国际陆港集团第二分公司,国际陆港集团保税物流园区。全市全年完成国内货运量 3342.92 万吨、周转量 200.58 吨,分别同比下降 2.47%和 2.45%;义乌港完成集装箱施封量 51.08 万标箱，同比下降 3.59%。

【2016 年春运】 2016 年春运从 1 月 24 日开始,3 月 3 日结束。义乌市铁路、公路(含公交)、民航三大运输部门共输送旅客 1550.98 万人次，同比下降 13.26%;铁路部门输送旅客 98.4 万人次,同比增长 10.35%;公路部门发送旅客 1440.9 万人次,同比下降 14.28%。其中发送跨县以上旅客 62.56 万人次，同比增长 6.87%；市内公交输送旅客 1378.34 万人次，同比下降 14.96%。民航部门旅客吞吐量 11.68 万人次，较 2015 年同期 12.04 万人次下降 2.96%。其中出港 6.59 人次，同比增长 2.47%;进港 5.09 万人次，同比下降 9.2%。

(黄　钢)

公路工程

【概况】 全年共安排公路建设重点项目(含前期)25 项,概算总投资 330 亿元,其中新建重点项目 5 项，续建重点项目 8 项,前期项目 12 项，全年完成有效投资 40.8 亿元,占计划的 112%。疏港高速公路全年完成有效投资 16.8 亿元,37 省道义乌至诸暨段复线工程、37 省道义乌青口至苏溪段改建工程、阳光大道与 37 省道连接线工程、义乌至武义公路(佛赤线—尚阳)、八楂公路至 37 省道复线连接线工程 5 条道路建成通车,通车里程 52 千米;37 省道东阳李宅至义乌青岩刘改建工程、义乌至兰溪公路、义乌至武义公路 3 个省重点工程主体完工,其中义武公路佛堂至赤岸尚阳正式通车;义乌至永康公路、佛堂二线、新环城南路等重大项目完成前期工作。加快实施公路惠民工程,完成农村公路等级提升 30.5 千米、安保工程 23 千米、大中修 66.9 千米。

【03 省道二期工程】 7 月 22 日,03 省道义乌段改建工程二期开工建设。项目全长 18.7 千米,建设单位为义乌市交通投资建设集团有限公司,设计单位为浙江省交通规划设计研究院,施工

单位为海港路桥股份有限公司、中天路桥有限公司、浙江大舜公路建设有限公司。概算投资30.38亿元，按双向六车道一级公路标准设计，兼顾城市道路功能，主线设计速度每小时80千米，计划工期36个月，分北段和南段。其中北段起点为规划稠大线，终点位于苏福路，长8.83千米；南段起点位于环城南路菱形互通式立交，终点位于上佛路菱形互通式立交，长9.87千米。项目通车后，按照设计时速，从大陈镇到义亭镇的时间压缩至26分钟。

【甬金高速增设佛堂互通】 7月22日，甬金高速增设佛堂互通工程开工建设。甬金高速公路增设佛堂互通工程是义乌市交通规划"两环一纵两横"中"高速环"重要组成部分，是疏港快速路接入甬金高速公路的"最后一千米"，项目包括改造甬金高速公路1.2千米，新建疏港快速路550米。互通采用双喇叭形式，被交线处喇叭与疏港快速路的五洲互通组成复合式互通，新建匝道总长4.6千米，设置收费站1处(4进6出)，管理用房1处，概算总投资4.25亿元。建设单位为义乌市交通投资建设集团有限公司，设计单位为浙江省交通规划设计研究院，施工单位为浙江正方交通建设有限公司。

【37省道义乌至诸暨段复线通车】 12月25日，37省道义乌至诸暨段复线建成通车。项目于2013年6月15日开工建设。项目起点为廿三里街道坑塘村西侧，经廿三里、苏溪、大陈，在大陈镇燕窝村附近进入诸暨市，义乌市境内道路主线长23.5千米，至商城大道、东阳的李宅支线长3.3千米，全线按六车道一级公路标准建设，项目总投资10.6亿元。建设单位为义乌市交通投资建设集团有限公司，设计单位为义乌市交通设计有限公司，施工单位为浙江宝业交通建设工程有限公司、龙游县通途交通建设工程有限公司、浙江顺通路桥工程有限公司、浙江省台州市交通工程公司、浙江永达交通工程有限公司 、浙江省大成建设集团有限公司、浙江八咏公路工程有限公司。

【37省道义乌青口至苏溪段改建工程】 12月25日，37省道义乌青口至苏溪段改建工程建成通车。此项目于2011年8月31日开工，路线起点为青口圆盘，途经江东、稠城，终点位于苏溪镇周村与原37省道相接，路线全长18.15千米，实际实施改造里程14.7千米，按六车道一级公路标准建设，总投资7.3亿元。建设单位为义乌市交通投资建设集团有限公司，设计单位为义乌市交通设计有限公司，施工单位为宁波市公路局路桥工程处、浙江交建路桥工程有限公司、浙江华通路桥工程有限公司、衢州华通交通工程有限公司、中铁十六局集团第三工程有限公司。

【义乌至武义公路工程（佛赤线—尚阳）】 12月25日，义乌至武义公路工程（佛赤线—尚阳）建成通车。此项目于2013年5月12日开工，路线起点为佛堂镇田心村附近的佛赤公路，经赤岸镇镇区、毛店、尚阳至方坑水库进入武义境内，与44省道和330国道相接，义乌段路线全长22.96千米，按4车道一级公路标准建设，总投资14.36亿元。先期开通佛赤线—尚阳段。

【阳光大道与37省道连接线工程】 12月25日，阳光大道与37省道连接线工程建成通车。此项目于2015年6月21日开工，工程起于阳光大道大陈江大桥东侧，与规划兴苏路相接，终于37省道K99+355处，与凯旋路相接，通车里程1千米。建设单位为义乌市交通投资建设集团有限公司，设计单位为义乌市交通设计有限公司。

【八楂公路至37省道复线连接线工程】 12月25日，八楂公路至37省道复线连接线工程建成通车。此项目于2013年8月16日开工，项目位于大陈镇、苏溪镇，全长1.76千米，为二级公路，路基宽36米，设计时速为每小时60千米，总投资为9358万元。建设单位为义乌市交通投资建设集团有限公司，设计单位为义乌市交通设计有限公司。

（张　璐）

铁路运输

【义乌铁路客站】 义乌铁路客

站是沪昆铁路上的一等中间站，隶属上海铁路局金华车务段，有职工 206 人。线路 15 股道，站台 11 个，是高铁与普铁共同运营的综合性车站。全年实现安全运行 3590 天，超额完成车务段下达的运输任务，全年发送旅客 1058.62 万人，首次超千万人，同比增长 19.8%。其中 10 月 1 日为全年最高峰，发送旅客 4.9 万人次。全年运输收入实现 12.28 亿元，较上年增长 8.6%。年内，车站党支部获车务段先进党支部称号，车站获车务段先进集体称号。QC 攻关课题《义乌站站改施工条件下的高普共用站台客运组织安全研究》获得全国铁道行业质量管理优秀成果奖。

（斯多林）

【铁路义乌西站】 铁路义乌西站隶属于上海铁路局金华车务段，位于义乌城西街道西站大道 800 号，中心里程为沪昆线 K318+612。站管长度 24.47 千米。现有到发线 11 条，货物线 5 条，集装箱专用线 2 条，此外还有生产资料专用线、粮食专用线、盐业专用线、化工专用线、油料专用线、军事专用线等，有货物仓库共 4.21 万平方米，其中货场仓库 2.5 万平方米，专用线仓库 1.72 万平方米，堆场 2.21 万平方米。铁路义乌西站属上海铁路局一等车站，职工 64 人。与车站并列的有金华货运中心义乌经营部，职工 187 人。义乌西站货运经营部主要办理快速货物列车、整车、国际集装箱等运输。设有生产资料、盐业、粮食、油料、化工等专用线。发送东北三省、成都、昆明、拉萨、乌鲁木齐、贵阳、重庆等地快速列车，此外还有发往乌鲁木齐、贵阳、成都、重庆、达州、昆明等地的快速班列及其他去向的货物。2016 年，中欧、中亚班列开行已成常态化。2016 年车站安全持续稳定，安全天达 3851 天。2016 年发送货物 85 万吨，装车 3.02 万吨，卸车 2.26 万吨，货物收入(含基金、行包收入)2.81 亿元，货物吞吐量 209.2 万吨，日均接发列车 218 列。

2014 年 9 月 26 日，习近平总书记在人民大会堂会见西班牙首相拉霍伊时说："'义新欧'铁路计划从浙江的义乌出发，终点为西班牙首都马德里。从义乌西站到达西班牙首都马德里，这是中国政府实施'一带一路'战略构想的具体行动。"2014 年 11 月 18 日至 2016 年年底，满载着义乌小商品的国际列车从义乌西站出发，经过新疆出国，而后途经俄罗斯、白俄罗斯、波兰、德国、法国、英国、西班牙、伊朗等国，全程 1.3 万千米。由此，义乌西站正式成为新丝绸之路的起点。

（毛跃进）

民航运输

【概况】 2016 年，义乌机场全年共安全起降航班 1.13 万架次，运送旅客 122.67 万人次，吞吐货邮 1.38 万吨，同比分别增长 0.3%、2.5%、5.2%；其中保障国际（地区）航班 426 架次，运送旅客 4.5 万人次，同比分别增长 21.4%、25.1%；各项指标均呈现出良好的上升势头。全国 219 个机场中排名第 67 位。

【义乌机场飞行区改造工程】

2015 年 5 月，义乌机场改造扩建获批立项，按满足波音 767 等飞机起降需要，改造扩建义乌机场。11 月，工程初步设计通过军民航专家组评审。2016 年 4 月，完成场道工程施工单位招标，由北京中航空港建设工程有限公司中标。同年 5 月 31 日，义乌机场飞行区改造工程举行开工仪式。东航部队首长、金华市政协主席、市四大班子领导、中国民航浙江安全监督管理局副局长等 10 余人出席开工仪式。工程主要建设内容为跑道向南延长 500 米达到 3000 米，升降带向东侧拓宽 60 米，新建民航平行滑行道为 850 米，对跑道、站坪及联络道盖被加厚，新建 I 类精密进近助航灯光系统，更新通信导航设施及给排水、围界等工程，并带动部队的部分基础设施建设。整个项目总投资 5.5 亿元，建设用地 815 公顷。工程实施后，义乌机场飞行区等级达 4D 级，可以起降空客 300 型、波音 757、波音 767 等大中型客机及波音 757 货机，进一步满足空港口岸开放要求，对改善地方投资环境、服务国际贸易综合改革试点工作发挥重要作用。

【开通义乌至台北航班】 3 月 31 日，义乌机场正式开通义乌至台北航班，由中国南方航空公司执飞，机型为波音737-800，每周四往返一班，17时20分台北（桃园机场）起飞，18时40分到达义乌；19时25分义乌起飞，20时45分到达台北（桃园机场）。义乌台北经济舱往返票价最低900元（不含机建费、燃油费、税费），旅客可在南航官网（WWW.CSAIR.COM）直属售票处及授权代理处购买优惠机票。当日，义乌机场举行首航仪式，省台办、民航浙江监管局运输处、南航汕头公司等相关单位主要领导20人参加仪式。义乌—台北航班是继香港航班后的又一定期国际（地区）航线。对于深化义台经贸往来和文化交流，推进义乌国际贸易综合改革试点和城市转型发展，推动义乌民航打造成为立足浙中、辐射浙西赣东的国际空港枢纽机场具有历史意义和现实意义。

（王颜珍　陈　锚）

【开通义乌—武汉—襄阳航班】　11月1日，义乌机场开通义乌—武汉—襄阳航班。此航班由幸福航空公司执飞，机型为新舟60，计划每周二、四、六往返各3班。具体时刻为11时55分义乌起飞，13时50分到达武汉，14时45分武汉起飞，15时45分到达襄阳；7时15分襄阳起飞时间，8时15分到达武汉，8时55分武汉起飞，10时50分到达义乌。

【国际（地区）航空货运业务】　12月22日，义乌机场国际（地区）航空货运业务正式开办。首批发往台北的货物，不算上海、杭州途中的运输费用，运价每千克便宜1元左右。为企业提供了更便利、更快捷的通道，不但降低货运成本，而且减少到上海、杭州途中的运输风险。对推进“一带一路”国家发展战略、巩固全球小商品贸易中心、打造国际货运航空港有着十分重要的意义。至12月底，共运送出境货物5225千克。

（除署名外均为王颜珍撰稿）

物　流

【概况】　2016年，义乌共有国内物流企业1639家，国际货运代理1056家，航空货代100余家，进出口公司4876家，邮政速递、中通、圆通、联邦、DHL等快递企业134家，跨境电子商务物流企业100余家。全市有A级物流企业57家，其中AAAAA级1家，AAAA级16家，AAA级36家。

全年全市商贸货运量6564.61万吨，同比增长2.36%，其中公路货运量6411.55万吨，同比增长3.07%；铁路货运量151.68万吨，同比下降20.87；航空货运量1.38万吨，同比增长5.22%。海关全年监管义乌出口小商品88万标箱，义乌港施封量达50.9万标箱；国际邮件互换局通关量逾4600万件，覆盖全球127个国家和地区，位居全国第四；保税物流中心进出口货值超5亿美元，同比增长94%，位居全国第十。

“义新欧”中欧班列实现常态化运行。新开通义乌至德黑兰、俄罗斯、阿富汗、里加、伦敦5个方向国际货运班列。至年底，班列累计开通运输线路8条，往返运行137次，运输标准集装箱1.04万个标箱。“义乌—宁波”海铁联运班列累计发运集装箱1.19万个标箱，同比增长47.9%。

5月，国家发改委正式发文确定义乌入选全国20个现代物流创新发展城市试点。9月，在“2016中国物流业大奖颁奖仪式”上，义乌获“一带一路”建设突出贡献奖。12月，在2016中国物流业大奖“金飞马”奖颁奖晚会上，义乌获“一带一路”物流发展贡献奖；陆港口岸局获中国城市物流发展年度贡献奖，中国物流城市联盟先进单位；义乌两家物流企业浙江创运物流有限公司、浙江集海物流有限公司获中国品牌价值百强物流企业。

【铁路口岸海关监管场所建设】　铁路口岸监管场所占地168公顷，累计投资1.8亿元，2015年5月20日开工建设，2016年4月29日通过竣工验收，同年11月14日通过海关验收。监管场所建有查验平台、监管仓库、集装箱堆场等核心功能，实行全封闭管理，与省电子口岸大通关数据平台互联互通。同月16日，铁路口岸海关监管场所启用，由义乌市陆港集团经营有利于进一步优化铁路物流通关环境、降低物流成本、提升物流时效、助推义乌市中欧班列和海铁联运发展，对义乌市加快国际陆港城市建设，构筑对外开放通道，提升对外开放水平，深化国际贸易综合改革具有重要意义。

【义乌国内公路港物流中心项目建设】 义乌市国内公路港物流中心是国际陆港物流园区的重要基础设施，已被列入浙江省重大产业项目。按照“全面打造国内物流转型升级版”的思路，项目以实体平台为依托，信息化为核心，物流金融为提升，整合社会物流资源，开展多式联运，打造物流功能齐、物流信息全，物流服务优的现代物流集聚和服务公共平台。项目位于四海大道以北，疏港快速路以东，龙海路以南，圣达街两侧地块，规划总用地744公顷，概算投资28.07亿元。其中一期工程用地557公顷，计划投资19亿元。项目对加快义乌市国内物流业转型升级，实现物流出城、提升城市品位具有重要意义。1月4日，项目开工建设，由中国中建建筑设计院设计，浙江环宇建设集团有限公司、浙江中天建设集团有限公司施工。2016年度完成土地出让金以及土石方工程。

【义新欧班列开启新征程】 1月28日，“义乌—德黑兰”首趟国际货运班列从铁路义乌西站发车。2月15日，“义乌—德黑兰”国际货运班列抵达伊朗首都德黑兰市区南部的中心火车站。3月14日，义乌市政府与西班牙阿拉贡自治区签署“义新欧”战略合作协议。同月15日，义乌西班牙交流基金会在西班牙首都马德里举行成立暨揭牌仪式。5月31日，全国首批搭上“义新欧”列车的跨境电商的德国产奶粉，通过二次转关后抵达杭州跨境电商空港园区。6月8日，义乌中欧班列统一品牌启用仪式在义乌西站举行。8月13日，运载着100个标箱出口小商品的首趟中欧班列（义乌—俄罗斯）鸣笛开行。同月28日，“义乌—阿富汗”班列从铁路义乌西站首发启程，驶往阿富汗马扎里沙里夫。10月8日，推进“一带一路”建设工作领导小组办公室印发《中欧班列建设发展规划（2016—2020年）》，义乌市列入内陆主要货源地节点，义乌—马德里班列确定为既有直达班列线，义乌—德黑兰班列确定为规划直达班列线。同月20日，中欧班列（义乌—里加）从义乌铁路西站出发。12月31日，首列中欧班列（义乌—伦敦）从义乌发车。

【陆港电商小镇开园】 陆港电商小镇项目是浙江省重点工程，是义乌目前规模最大的电子商务产业园区，也是义乌“电商换市”战略的重要载体。小镇按照“特色明显、产业链完整、服务功能健全”的总体思路布局，一期占地99.89公顷，投资12.8亿元，建有数据中心大楼、电子商务产业园、互联网产业园、服务型公寓、下沉式商业广场和地下停车场等。12月25日，一期开园运营，陆港电商小镇的投用将极大地推动义乌传统制造业与信息产业的融合发展。

【国内物流市场】 2016年，江东货运市场和北下朱货运市场由义乌市国际陆港集团有限公司第一分公司经营管理。江东货运市场有经营户147家，其中142家托运处，5家卸货点；有货运专线160余条，可达全国260余个大中城市，2016年货物吞吐量逾502万吨。江北下朱货运场有经营户154家，其中托运处148家，卸货点6家。货运网络齐全，有专线140余条，全年货物吞吐量逾405万吨。

（俞　旦）

（除署名外均由叶杭佳撰稿）

邮政速递

【概况】 2016年，义乌邮政速递物流实现“三个亿元”的首次突破，业务总收入3.16亿元，分项业务中，国际速递业务收入突破2亿元大关，国内速递业务收入首次突破亿元大关，速递业务总收入连续位居全国县（市）分公司第一位。义乌国际邮件互换局正式启用运行，全年进出口处理量突破4600万件。积极推进邮政速递电商市场化运营，电商专业服务能力进一步提升。获市政府“集体记功一次”、市快递行业“五星级企业”等称号。

【义乌国际邮件互换局运行】

义乌国际邮件处理中心工程即国际邮件互换局自2015年12月31日运营以来，义乌邮政速递作为项目运营方，至2016年4月底，电商专线全面业务量实现1061万件，同比增长593%，一小时最快可分拣包裹2万件，日处理峰值达35万件。同年5月，义乌国际邮件互换局开办进口业务，境外邮政机构发来的邮件直接在义乌国际邮件互换局接受处理，快速发放到客户手中，给客户带来进一步便利。

【机构调整】 4月17日，成立平台事业部，负责运能集采调度，支撑电商市场化运营；7月27日，将政务、商企中心合并成立政企中心，开展实体化运作，下设同城经营部、楼宇经营部、政企服务班。12月，为进一步规范企业职务名称，对安保中心等8个机构及经营单位经理助理岗等进行更名。

【邮路建设】 4月18日，义乌邮政速递“众包众筹、众创众享”电商社会化试点投入运营，先后开通义乌至广东、湖北、福建、湖南、山东、河南6条省际直达专线，“众包众筹，众创众享”经营模式，即成立平台事业部，下设资源采集调度中心，通过社会车辆调度平台采集市场上廉价的顺风车与返程车，开通专线邮路，降低物流成本。设置专线发运计划，实行独立损益核算，设定准班准点率，邮件去损，安全等考核指标，以“众包众筹”方式运营。极大提升6省及周边地区经济类邮件的全程时限水平，专线业务量迅速提升，初步显现了试点线路开通对邮政速递市场核心竞争力的拉升作用。

【为G20峰会顺利召开保驾护航】 9月4—5日，承担全省(除温州）国际邮件的集散功能，义乌国际邮件互换局共处理出境邮件222.5万件、进境邮件3.98万件，其中杭州分流出境邮件11.9万件、进境邮件3.46万件，实现100%国际安检，未发生一例安全事故，圆满完成任务。

【业务实现再突破】 至9月30日，义乌邮政速递物流完成速递物流业务收入2.01亿元，超2亿元，相比上年提前34天。至2016年12月21日，义乌市分公司业务收入再创新高，国内业务收入首次超1亿元，同比增长111%，公司整体收入首次超3亿元。

（金　昕）

口　岸

海　关

【概况】 2016年，义乌海关完成分类通关、通关无纸化、转关无纸化等配套改革，小商品出口通关无纸化率达99%以上。完善小商品出口查验“四个随机”制度，强化H986大型集装箱检查设备运用，全年机检查验率90%。全年义乌海关实际监管出口报关单34.1万票，出口集装箱54.4万标箱，同比分别增长3.7%和0.2%。铁路口岸海关监管场所通过验收，新增义乌始发运抵德黑兰、俄罗斯、白俄罗斯、阿富汗、里加、伦敦6条国际联运线路，发展海铁联运、公铁二次进口转关等业务。监管铁路运输集装箱2万标箱，同比增长60.2%。监管进出境邮件4696万件，出境邮件单日业务高峰达34.7万件。发挥保税仓储、“一日游”等功能，复制推广上海自贸区监管创新制度，实现分送集报业务常态化，加强与上海等海关特殊监管区间的货物流通。受理进口报关单票5760份，同比增长85.5%。开展“国门利剑2016”专项行动，打击涉税商品走私、毒品枪支等非涉税走私。办理行政案件791起，侦办刑事案件10起，其中办理走私毒品进出境案8起，缴获恰特草977千克，办理涉税走私进口香烟案件1起，涉税22万元，参加集中侦办“5·26”走私进口狐狸皮专案1起，维护良好的贸易秩序。继续开展“清风”行动，强化执法规范化水平，探索邮递渠道知识产权保护的查办机制，查办的出口假冒打火机案被评为2015年度中国海关知识产权保护典型案例。大进口报关审单力度，定期开展报关单批量复审和价格水平专项分析，发现问题及时启动价格质疑程序，确保各项税款应收尽收。2016年实际税收入库4.1亿元，同比增长62.8%。

【义乌海关驻机场办事处】 11月16日，义乌海关驻机场办事处在义乌机场揭牌成立，10余人参加揭牌仪式。新成立的义乌海关驻机场办事处机构规格为副处级，由海关总署在2015年批复同意设立，下设综合科、旅检科、通关科等科室，满足人流和物流的监管，在原有旅检业务基础上，拓展航空口岸业务多元化发展。12月22日，随着立邦国际货运代理有限公司申报的首票空运货物完成海关监管手续，义乌航空口岸正式开通货运业务。至12月底，义乌口岸共有至香港、台北2条地区航线。全年监管出入境航班432架次，监管出入境人员4.9万余人次，同比增长26.3%。

（何剑涯）

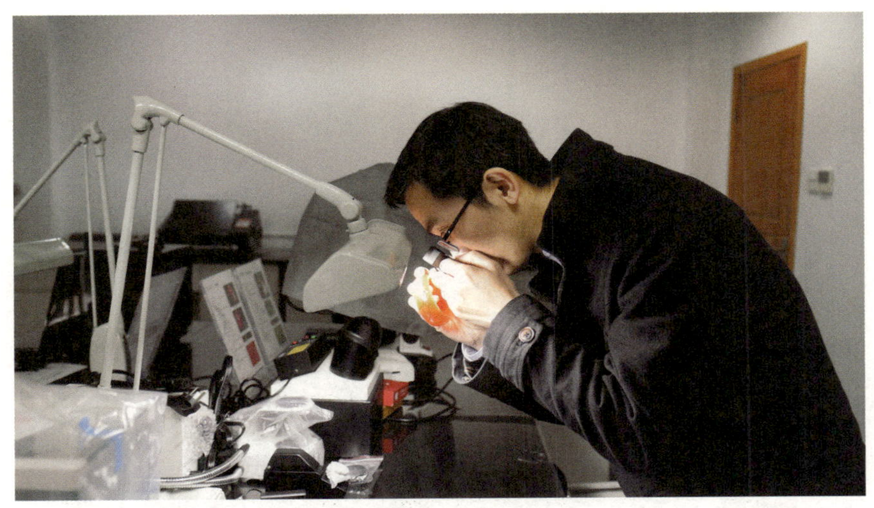

首家珠宝鉴定实验室建成开检（吴丹丹摄）

出入境检验检疫

【概况】 2016年，义乌检验检疫局（以下简称“义乌局”）共受理出入境货物报检8.23万批，货值32.25亿美元，批次同比下降6.48%，金额同比增长11.36%。共查处案件70起，货值240.45万元，其中以假充真案件18起，货值12.94万元。共签发各类原产地证书10.95万份，货值19.7亿美元，同比分别增长62.9%和42.91%，可为企业减免9854万美元的关税优惠。共截获有害生物1116批，检疫性有害生物77批。

全年义乌局保健中心累计查验出入境人员6950人次，同比增长11.93%。发现病例5542例，发放国际旅行健康证书6760份。航空口岸共查验出入境航空器428架次，查验出入境人员4.93万人次，共发现有症状者62人次，确诊为传染病者22例，发现率为万分之12.56，确诊率为35.5%。邮路口岸累计截获禁止进境物347批次，截获率0.38%，截获浙江邮路口岸首例放射性超标邮寄物。

年内，义乌局获得全省系统绩效考核优秀单位，义乌市综合考绩优秀单位称号，连续四年获得义乌市委颁发的改革贡献奖，政工处获得义乌市级“巾帼文明岗”称号。卫生检疫寨卡病毒病、黄热病等疫情，检出全国第四例、第五例输入性寨卡病毒病确诊病例。机场口岸、邮路口岸完成G20峰会公共卫生安全保障，获得地方政府表彰。

【义乌首家珠宝鉴定实验室建成开检】 3月23日，义乌首家珠宝鉴定实验室于义乌出入境检验检疫局建成开检，是浙江地区检验检疫系统内唯一一家珠宝鉴定实验室。实验室是义乌检验检疫局与广州检验检疫局合作共建实验室，现有技术人员3人，并有广州局珠宝实验室技术人员常驻进行培训业务。实验室目前配置有3个鉴定室，并配有进口红外光谱仪、X射线荧光光谱仪、美国GIA宝石显微镜、折射仪等先进仪器和常规专业设备。实验室将为海关、司法仲裁机关、市场监督管理提供技术支撑，同时为企业和个人提供委托检验鉴定服务，至2016年年底完成鉴定珠宝业务2205批次业务。珠宝实验室的建成，进一步完善义乌局以国家级重点实验室为中心，常规实验室为辅的实验室网络体系，为检验检疫技术执法和市场开拓提供强有力的技术保障。

（张之亮）

【交流考察】 5月18—19日，由苏丹、尼日利亚、南苏丹、肯尼亚、喀麦隆、巴勒斯坦6个国家18名司处级官员组成的“中国与西亚非地区合作打击进出口假冒伪劣产品官员研修班”到义乌参观考察。义乌局副局长会见考察团一行，检验监管处处长作接待陪同。考察团先后对义乌国

中国和西亚非地区合作打击进出口假冒伪劣产品官员研修班赴义考察（吴丹丹摄）

际商贸城、义乌局市场采购出口商品打假展示厅及市场采购监管区进行参观考察。双方就打击市场采购出口假冒伪劣商品进行讨论，并在共同打击假冒伪劣商品问题上达成共识。

（傅　琪）

【义乌口岸进口肉类指定查验场获批筹建】 7月8日，国家质检总局正式批复同意义乌口岸筹建进口肉类指定查验场项目(国质检食函〔2016〕294号)，待各项筹建工作完成并通过专家审核验收后，义乌口岸将正式被批准为进口肉类指定查验场，进口肉类将可以通过义乌口岸直接进口。对符合条件的商品实施绿色通道，优先办理检验检疫手续，并允许符合条件的进口商品收货人提前提货，提升通关便利化程度。

（阮宏伟）

【口岸生物突发事件应急处置演练】 8月10日，由浙江局主办、义乌局承办的口岸生物有害因子突发事件应急处置演练在义乌空港口岸成功举行，质检总局卫生司张际文司长、浙江检验检疫局副局长陈孟裕和北京、天津、上海、江苏、广东、深圳6个直属局专家，以及浙江局通关处、卫生处、各分支机构相关负责人、业务骨干与核生化培训班学员共90余人观摩演练。

（贾　英　周丽萍）

【义乌航空和邮路口岸植检现场实验室通过验收】 11月9日，浙江检验检疫局组织专家组对义乌局机场植物检疫实验室和邮检现场办植物检疫实验室进行核查验收，经过审核，验收组一致认为义乌局机场植检实验室和邮检现场办植检实验室各项指标满足植物检疫现场实验室要求，同意通过此次植物检疫现场实验室验收。植物检疫现场实验室验收的顺利通过，标志实验室具备常见有害生物的初筛检测能力，为快速有效检测提供技术保障。

（涂彬彬　黄　金　楼丹萍）

邮政·信息·通信

邮　政

【概况】 2016年中国邮政集团浙江省义乌市分公司(简称"义乌市分公司")实现业务总收入6.39亿元，同比增长34.73%，累计总收入和同比增长率均列全省县(市)邮政公司第一。8月24日，公司储蓄余额达到100.9亿元，余额规模首上100亿元新台阶，成为浙江邮政第一个余额规模超过100亿元的现业公司。年末储蓄余额达到107.95亿元，年增21.76亿元，网点点均余额达到3.71亿元，3个网点上6亿元，6个网点年新增1亿元。同时，全年实现系统保费3.13亿元，标准保费6.61亿元，中邮期缴保费3626万元，中邮长期险366万元，扎实推进保险业务特别是中邮保险业务发展。全年共完成包裹业务收入4.08亿元，同比增长52.7%，实现业务量5141.19万件，同比增长103.65%。全年建成"邮乐购"点474个，达到义乌市政府建设标准的100个，累计完成商品代购1.92万笔，代购金额42万元；累计完成各类便民代缴57.6万笔，缴费金额6303.18万元；提供助农小额取款服务8.27万笔，累计金额4586.5万元；邮掌柜加办会员3.54万人。完成500余平方米的市级农村电子商务服务中心和3000平方米农村电商仓储批销配送中心，以及苏溪、佛堂、上溪、廿三里4个分仓等配套设施建设，批销业务892万元。

【重要会议】 1月28日，义乌市分公司成功召开一届一次（会员)职工代表大会。52名正式代表、35名列席代表和1名特邀代表参加了会议。2月17日，义乌市分公司召开2016年度工作会议，贯彻落实全省、金华全市邮政工作会议精神，部署2016年任务。8月11日，义乌市分公司召开中期工作会议，传达贯彻省公司、金华市分公司中期工作会议精神，部署下半年重点工作。

【领导视察】 2月4日，省公司总经理陈清与义乌市委书记盛秋平、市委副书记葛国庆、副市长陈小忠以及市改革办、市商务局、市电商办、市农合联等领导进行会谈，就浙江邮政助推义乌市国内贸易流通体制改革战略合作进行深入的交流。3月10日，集团公司战略规划部战略研究处处长潘峰一行莅临义乌市分公司调研义乌投递网建设和包裹快递的发展情况。6月3日，义乌市委书记盛秋平一行莅临中国邮政跨境电子商务义乌基地调研跨境电子商务工作。6月23日，浙江省副省长梁黎明莅临中国邮政跨境电子商务义乌基地，实地视察中国邮政跨境电子商务义乌基地运行情况。8月16日，中国邮政集团公司市场协同部调研组严红雷经理一行莅临义乌调研指导邮政包裹快递业务发展工作。11月16日，集团公司张荣林副总经理莅临义乌邮政跨境物流基地视察指导工作。

【机构调整】 设置职能机构5个：综合办公室、市场经营部、人力资源部、计划财务部、安保(视察)部。设置专业局：金融业务局、电商分销局、函件邮票局、发行投递局。3月16日，义乌分公司下文(义邮分〔2016〕40号)撤销义乌市分公司金融业务部。设立中国邮政集团公司浙江省义乌市分公司金融业务局,级别为主任级。为便于经营管理,金融业务局下设综合岗、财富岗、风控岗、客服岗等职能岗位;撤销义乌市分公司电子商务分局和网购分销分局。设立中国邮政集团公司浙江省义乌市分公司电商分销局。为便于经营管理,电商分销局下设综合岗、电商岗、分销岗、集采岗等职能岗位;撤销义乌市分公司函件分局和集邮分局。设立中国邮政集团公司浙江省义乌市分公司函件邮票局。为便于经营管理,函件邮票局下设综合岗、函件岗、集邮岗等职能岗位;撤销义乌市分公司发投局、报刊发行班、报刊零售分局、分拣封发分局、邮件运输班。设立中国邮政集团公司浙江省义乌市分公司发行投递局。为便于经营管理,发行投递局下设综合岗、发行岗、质检岗、分拣封发岗、邮运岗、零售维护岗等职能岗位。

【中国邮政跨境电子商务义乌基地】 5月17日,中国邮政跨境电子商务(义乌)基地投入试运行。占地面积4.8万平方米,总建筑面积6万平方米,拥有办公区、培训区、独立仓储、邮件处理、安检封发、运输等一条龙配套设施和服务。基地位于义亭镇香溪路与四海大道交叉口,逐步实现邮政与跨境电商实体运营、电商培训、产品分销、仓配物流一体化、电商货、资金结算等多维度的结合,建立具有邮政特色的跨境电商企业集聚园区和孵化培训基地。基地日邮件处理量40万件,大大提升浙江邮政对WZSH平台客户的服务能力,支撑包裹快递业务发展。

【人事任命】 6月13日,义乌市分公司召开干部大会,金华市分公司人力资源部卢爱华主任宣读了李倩任义乌市分公司党委委员、副总经理的任命文件。

(杜　帅)

信　息

电子政务

【概况】 2016年,积极做好G20期间全市政务网络信息安全保障工作,完成网上安全保障任务。全年不断加大信息公开力度,政府信息公开专栏全年共发布信息5.38万条,同比增长3%;“中国义乌”政府门户网站全年发布各类信息9.06万条,网站日均点击量130万次以上。至12月底,义乌市政务数据中心各类物理设备共650台(含50家单位托管设备458台);各类服务器(含虚拟机)数量为671台,其中部门托管(含虚拟机)为431台,同比增长14.62%。年内新增市市场监管局、市环保局、市公安局等19家单位云主机96台,涵盖智慧监管平台、智慧环保、网上警务室等26个部门应用,共为全市各部门70余个应用系统提供软硬件支撑,同比增长14.28%。

中国义乌政府门户网站第九次蝉联“中国政府网站领先奖”并继续获区县级网站第一名。浙江政务服务网建设年度考核居全省各县市第二,义乌平台访问量稳居全省前三。

【深化浙江政务服务网建设】 3月,完成义乌市经济技术开发区、商贸服务业集聚区政务服务网站点建设,实现主要服务事项网上运行。完成全市政务服务网各镇(街道)“权力清单、责任清单”页面开发和数据对接等工作。6月,完成义乌平台首页导航、今日关注、政策解读等栏目优化调整,更新14个镇(街道)及757个村级站点标志。10月,配合法制办开展行政处罚系统部署工作,总入库行政处罚事项3437项。全年累计对外公开行政处罚结果信息3.46万件。累计修复各类异常数据2000余条。

【强化政府门户网站建设和监管】 3月,开通“掌中义乌”微信,搭建完成党政机关、镇(街道)、企事业、社会团体、博览会5条线的政务微信矩阵。4月,联合市志办开展“全民阅读·书香商城”义乌丛书微竞答活动,参与人数3000余人。4月起,组织对全市61个网站普查单位和70家信息公开单位4个批次专项普查,顺利通过全国网站普查。为契合社会热点,关注民生实事,5月开设“创新发展义乌经验干在实处勇当标兵”“天南海北义乌人”“市长书记报道集”等专栏;为全面贯彻省委、省政府、金华市委、市政府有关企业帮扶工作要求，深入开展“创新发展义乌经验、走在前列勇当标兵”主题实践活动，7月，开设企业服务专属网页，切实当好“店小二”做好网上服务企业工作。8月，网站群智能搜索平台上线。11月底，完成政府门户网站市长信箱整合链接至浙江政务服务网“统一平台”。全年开展全市总结表彰暨“创新发展义乌经验干在实处勇当标兵”主题实践活动、电商大会等网上宣传直播活动；与新华社合作开展四大博览会网上直播活动。

【加强系统网络安全体系建设】

3月，政府门户网站系统通过等级保护复评。6月，政务云平台通过三级等保测评。7月，制定和完善《机房安全管理制度》《机房门禁制度》《机房消防安全制度》等制度。12月，完成省电子政务视联网义乌平台71个点位建设并通过验收。全年开展政务云平台、网站、供配电、机房空调系统等各类应急演练10余次，组织机房空调系统、UPS巡检、消防系统等相关系统的原厂巡检共计25次。

【拓展协同办公平台应用】 6月，协同办公平台政务督查系统投入使用，至12月底，政务督查任务单已发150个，上报完成情况320余条。8月，完善协同平台邮件系统功能，对内部电子邮件与外部电子邮箱进行集成，做到内外部邮件的单点登录。12月，启用市领导移动办公系统，有效提高市政府公文流转速度。全年新增正式文件1.53万个，文件库收录文件已达15.66万个，发送会议通知4231个，短信620万条，日均短信2万条。全年改进考勤签到、工作日志等模块，完善协同平台整体架构，丰富平台的整体功能，提高办公效率。办公助手注册用户总计9564人，同时在线最高1680人。年度协同办公应用相关培训共计200余人次。

【推进政务数据资源整合共享】

10月，完成政务云平台软硬件的扩容，有效提高义乌市在数据存储、数据灾备、安全保障方面网络信息安全防护水平，至12月底共完成34家单位的整合。数据共享交换方面，完成市场监管局、市公安局、市国税局、市行政服务中心等20余个部门的数据对接，通过对各部门数据进行清洗比对，初步建成人口、法人数据库，实现基础数据共享，落地数据总量4000余万条，每天的交换量30余万条。11月，启动政务大数据项目建设。

（杜 帅）

通 信

电信通信

【概况】 2016年，中国电信义乌分公司（简称“义乌电信”）在建立并保障优质高效的全方位信息通信服务的基础上，聚焦民生工程，配合推进“智慧义乌”城市建设，以云业务项目为重点，在电商应用云建设、4G网络建设、光网改造等创新业务与基础建设方面，加大投资力度，不断改善网络基础建设，提升全市信息化水平。其中投资4000余万用于宽带核心网络改造及光纤网络优化扩容，全面实现全市城乡百兆光纤接入能力。投资1.1亿元，新建4G基站450个，全面加强弱覆盖区及农村地区的信号覆盖度。同时加强室内分布设备建设，改善楼宇内的信号分布，全年完成投资708万元，建设室内分布设备410套。加快i-zhejiang无线网络建设，开通运营i-zhejiang无线点位1028个，重点完成各旅游景区的无线覆盖工作。年底，义乌市共有本地电话用户29.7万户，移动电话用户数36.8万户，互联网宽带接入用户数35.7万户。

【华为CC08交换机退网】 宾王华为CC08交换机1997年上线，承载着全市固定电话交换网络的作用，经过不断地新建、扩容、升级、缩容，至2016年3月，实占线路达到6万门，随着技术不断更新，光网络全面覆盖义乌市，CC08交换机已逐渐无法满足用户需求。6月底，经过电信工作人员割接，华为CC08交换机顺利退网，完成传统交换机的交换任务，标志着宾王传统交换正式退出历史舞台。

【签约智慧市场合作协议】 7月23日，义乌投资环境推介会在杭州举行。中国电信浙江公司与义乌商城集团签署智慧市场合作协议，包括大数据应用管理等内容，该协议的签约标志着双方的信息化合作迈向更深层次。一方面，随着“互联网+”时代的来临，以智慧市场、智慧物流、智慧服务为重点的智慧商贸应用体系正在形成，新的需求不断提出。另一方面，启动中国电信打造领先的综合智能信息服务运营商的“战略转型3.0”，通过网络智能化、业务生态化、运营智慧化，加快以云和大数据为承载，“互联网+”开放平台和安全为切入，构建新型ICT生态群；依托物联专网+IOT核心平台，构建面向公众和政企市场的物联网生态圈。

【建成“电商应用云”一期项目】

10月初，义乌电信电商应用云项目一期工程完工，186个标准机柜全部就绪，完成其配套的云计算中心线路、光缆布放、网络、存储联调，以及大容量后备油机准备等工作。项目投入使用后，能够为入驻的中小企业提供定制化IT服务平台，企业可通过租用IT服务的方式轻松实现企业自助建站并按需定制移动办公、呼叫中心等IT系统和云主机、云存储、云桌面服务，帮助中小企业有效节省IT开支及人员投入，提升企业工作的效率和效益。至年底，完成首家企业办公业务迁改至电商云平台。

（傅铁民）

移动通信

【概况】 2016年，中国移动义乌分公司（简称“义乌移动”）有手机用户174.2万户，用户份额82.2%；宽带用户24.1万户，全年净增4.35万户。全年纳税3918.6万元，运营收入连续排名全省县级公司第一。全年累计投资光网络7800万，完成新增家宽端口5万个，汇聚接入机房6个，管道85孔千米、光缆2468千米，实现城区光网络覆盖率99%，农村光宽带覆盖率95%。开展工业园区、电商园区、开发区等光网络连片厚覆盖建设，实现1000兆有线光宽带进企业，工业区PON厚覆盖率95.6%。全年完成市级应急通信保障16次，乡镇通信保障29次，累计出动应急通信车6次、工作人员220余人，累计扩容637个载频次。

【开通电子政务视联网平台】 2月4日，义乌移动和市电子政务办合作建设电子政务视联网平台。6月20日，完成一期工程71个点位的施工建设并开通视联网业务。此平台为全省统一的骨干网络、高清视频核心平台，提供视频会议、多方通话、视频监控、移动视频等业务，并和已有视频会议系统互联互通，实现视频信息资源共享应用。全年共保障视联网会议48次，完成义亭、赤岸、后宅等5个镇（街道）视联网会议室的搬迁割接工作，处理各乡镇视联网故障10余次，新增四季社区和市中纪委2个站点，视联网累计73个点。

【助力平安义乌建设】 2月，承建全市高空监控项目；3月，承建福田街道楼道监控项目；10月，承建北苑街道治安监控项目。借助移动基站高空监控和基础有线网络优势，打造高空监控和平面监控的立体化监控体系，深化视频监控体系，助力“平安城市”建设。至12月底，完成1500个监控点位部署，覆盖人群密集、交通干道、村镇出入口等850余个重点区域。

【建设“爱浙江”免费无线网络】

6月23日，义乌移动承建“爱浙江”二期项目，在一期项目基础上新增2538个AP建设，至12月底累计建设AP点6463个，覆盖260个公共区域，传输带宽达5Mbps，下载速率达500Kbps。无线网络建设点位的不断增加，为广大市民提供良好的免费无线上网环境，使人们在校园、医院、大型商场等公共区域随时随地高速上网成为现实。

（王　斯）

联通通信

【概况】 2016年，全市有移动用户13.8万户，宽带用户5.78万户，固定电话用户3.05万户，收入2.01亿元。中国联通集团公司物资信息与采购中心机构交易额1亿余元，辐射全国31个省市联通公司。2G基站676个，GSM交换容量128万户，网络信号全面覆盖市区、县市城区、发达及中等发达乡镇及部分欠发达乡镇、乡村，铁路线、高速公路、国道基本实现连续覆盖，绝大部分风景旅游区实现信号覆盖。3G 逻辑站点 967 个（含室分），WCDMA 交换容量 112 万户，网络信号经覆盖市区、县城、4A 级景区、高速高铁、乡镇和行政村。4G 逻辑站点 950 个(含室分)，出口带宽 20GE，网络信号覆盖市区、县城、主要乡镇、4A 级以上景区、高速高铁、交通枢纽和大型商超、重点校园。金华宽带总出口 100G，覆盖用户总数 190 万户。6 月 1 日起，中国联通义乌分公司全面下调国际漫游资费，涵盖语音及数据业务，其中数据漫游降幅 72%，语音国际漫游资费也有大幅下降。宽带接入一般 20M 及以上。

【签订大数据应用业务合作协议】 7 月 1 日，中国联通义乌分公司在省市公司大力支撑下，利用集团一体化平台及境外客商的落地优势，助力义乌商城大数据开发，与义乌中国小商品城信息技术有限公司签约《大数据应用业务合作协议》，此项目整合中国联通全国范围的 CRM 数据，基于手机位置数据、上网行为数据，为商城提供人流统计、区域分析等脱敏基础数据，同时大部分境外客商的相关数据也通过联通端口传送给平台，便于商城信息通过自有的数据分析平台进行整合加工。后续将根据商城信息需求增加开发模块。

【“暖心联通　关爱夕阳”公益活动】 12 月 21—23 日，中国联通义乌分公司党政工团协同公司 VIP 客户共 50 余人分别走进上溪、义亭、赤岸敬老院，开展“暖心联通　关爱夕阳”公益活动。活动期间，公司及 VIP 客户共为 259 名老人们送上价值 3.5 万元的羊羔被、热水袋等暖冬物资，陪同老人聊天、包饺子等家常活动。

（黄　丹）

（上转第 224 页）

有一次，颜乌发现有一只小慈乌因腿伤而落在地上。颜乌将它抱回家，精心治疗、喂养。把它伤治好，稍大一点就放它飞回蓝天。从此，鸟儿们将他当作好朋友，这只慈乌常领着一群群慈乌在他家房前屋后盘旋，不肯离去。颜乌父子俩不但不骚扰驱赶它们，有时还特意撒些粮食喂它们。就这样几年过去，颜乌逐渐长大成人，而父亲却更加衰老。天有不测风云，颜凤终因一场大病后，撒手西去。颜乌悲痛万分，哭了三天三夜，死去活来。泪哭干了，但父亲也不能复活，颜乌开始准备父亲的后事。颜乌家贫如洗，附近也没有什么人家，安葬先父只得靠自己。他拼命地挖，工具坏了，用手挖，整整挖了三天三夜，直挖得双手血肉模糊……过度的伤心、劳累，饿着肚子的颜乌终于晕倒在地。颜乌的孝心深深地感动了慈乌。那只被他救过的慈乌领着一大群慈乌“呱呱”地飞了过来，它们衔着泥来帮颜乌筑坟。慈乌们的喙在啄泥时都被磨破，流出殷红的血，只见坟上堆起的竟是一个个紫红色的泥团。第四天，坟筑好了，慈乌渐渐离去。可是不久，慈乌突然又多了起来。过路行人甚为奇怪，过去一看，原来颜乌由于过度悲伤和劳累，竟死在父亲的墓旁。慈乌又在衔土掩埋他的尸体。颜乌纯孝格天，慈乌帮助他衔土葬父，他死后慈乌又衔土葬他，人们奔走相告。这件神奇的事情很快传扬开去，传遍大江南北、六国九州。后来，人们在这里建起祠堂，称为孝子祠。为纪念那些筑坟受伤的正义的慈乌，人们把这一带地方叫做乌伤。秦始皇平定江南后，这里建县，名乌伤，公元 624 年，称义乌。

（陈子华）

财税·金融

财　政

【概况】 2016年,完成财政总收入130.69亿元,增长1.7%。完成一般公共预算收入81.79亿元,增长3%(同口径增长5.3%)。实现非税收入104.95亿元,其中国有土地使用权出让收入59.95亿元。一般公共预算支出114.40亿元,增长18.5%。其中,民生支出77.48亿元,增长14.8%,占一般公共预算支出比重为67.7%。全年共拨付财政扶持企业资金21.7亿元,其中科技平台建设及产业化扶持资金1.37亿元,市场采购扶持资金2.96亿元,现代服务业专项资金3.68亿元,城乡公交一体化专项资金5.27亿元。推行清税减费政策,全年减免各项税费7.39亿元,其中暂停征收行政事业性收费2043万元、减免水利建设基金2.16亿元、社保费1.70亿元。深化预算管理改革,扩大部门预算三年规划试点范围,探索编制中长期财政规划,试点单位从3个增至14个。推进参与式预算改革扩面,共计选取10个部门和30个项目纳入参与式预算评审,评议预算金额33.89亿元。推广PPP合作模式,被列入浙江省2016年推荐PPP项目5个,被列入财政部示范项目1个,争取到省PPP项目综合奖补资金378万元。推行绩效目标全过程管理,跟踪170项绩效目标运行情况,抽查46个2015年绩效目标管理项目。强化工程项目稽核管理,全年总计审核各类项目1131个,核减概算资金11.28亿元。加强政府债务管理,向上争取获批地方政府债券67.66亿元,节省利息1.13亿元。

【实质运作政府产业基金】 1月,义乌市成功设立2个创业投资引导子基金,总规模3.48亿元,其中政府出资1.25亿元,已投资具体项目7个。2月14日,市政府批复同意设立义乌市产业发展投资管理有限公司。公司注册资本10亿元,经营范围为国有资本经营、股权投资、投资管理,作为政府投资基金统一出资、管理的平台,由市财政局履行出资人的职责。12月,省产业基金管委会审议通过与义乌市合作设立总规模为5亿元的子基金,其中省产业基金出资1亿元,义乌市政府产业基金出资1亿元,社会资本3亿元。

【政府购买服务】 3月18日,市政府出台《政府向社会力量购买服务指导目录(2016年度)》,此目录在省级目录基础上更加突出义乌特色和部门实践,涵盖公共服务、政府履职所需辅助性事项两大领域共161项目录,其中义乌特有的目录有公办学校民营化运营、企业技能人才的社会化评价、公办养老机构民营化运营、社区卫生服务站多元化运行、土地一级开发服务等31项。至12月底,全市实施政府购买服务项目超过指导目录的60%。

【完善社会保障体系】 4月13日,市政府出台《义乌市基层医疗卫生机构财政补偿机制改革的实施意见》,建立专项补助与付费购买服务相结合、资金补偿与服务绩效相挂钩的基层医疗卫生机构财政补偿新机制。5月17日,市政府出台《义乌市人民政府关于完善基本医疗保险政策的通知》,提高普通门诊统筹待遇,调整异地就医转外自付比例,扩大职工基本医疗保险参保对象。6月14日,出台《义乌市基本医疗保险家庭型个人账户实施办法》(义人社〔2016〕117号),拓展职工基本医疗保险个人账户支付范围,建立家庭型个人账户,实现个人账户家庭共济。12月1日,市政府出台《义乌市人民政府关于加快推进残疾人全面小康进程的实施意见》,促进残疾人共享经济社会发展成果,同步迈进全面小康社会。

【推行会计实名登记改革】 4月,在全市范围内推广会计岗位实名登记改革,实施会计信用管理,规范代理记账管理,明确会计人员责任。全年新增代理记账机构101家,建账企业会计实名登记户数4.71万户,登记率超过70%。通过实施会计信用管理,至12月底,更正1.8万条会计人员错误信息,督促629户零申报企业自行整改,调整2239户国地税报表不一致企业,会计信息失真现象得到有效遏制。

【出台管理办法】 9月27日,市政府出台《义乌市镇街财政预算管理办法》。《办法》明确镇街预算体系及收支范围,规范镇街预算编制、预算执行、预算调整和决算编制,要求镇(街道)预算、决算和"三公经费"支出按照相关要求及时向社会公开。11月11日,市政府出台《义乌市政府采购绩效管理办法(试行)》。《办法》建立和完善政府采购绩效管理机制,明确政府采购绩效管理工作职责和工作程序,强化绩效评价报告及结果应用,规范政府采购行为,提高政府采购资金使用效益。

(吴夏樱)

税　务

国家税务

【概况】 2016年,义乌市国家税务局累计组织国税收入64.43亿元,同比增长2.63%;地方财政收入21.3亿元,同比增长27.4%。办理出口退(免)税46.96亿元,同比下降6.25%。落实各类减免税11.35亿元,同比增长49.8%;固定资产抵扣3.2亿元,同比增长98.76%。根据中央、省、市各级政府下发的《深化国税、地税征管体制改革方案》,为落实国地税征管体制改革,市国税局在市政府和市局两个层面成立领导小组,基本落实《方案》中的62项改革措施(除少部分需要上级税务部门统一部署落实和由地税部门负责落实外)。年内,进行国地税互相委托代征税收,全年国税帮助地税代征各类税费3626万元,地税帮助国税代征增值税5791万元;开展国地税合作,通过服务高度融合、执法适度整合、信息高度聚合,实现纳税服务、税收征管、税务稽查3个方面42个项目的深度合作;落实商事登记制度改革,完成56379户"五证合一、一照一码"工作任务。

【营业税改增值税】 3月18日,国务院常务会议决定,从5月1日起全面推开"营改增"(营业税改增值税),将试点范围扩大到建筑业、房地产业、金融业和生活服务业。义乌市涉及3.44万户纳税人的数据移交、系统发行、发票开具、业务培训、纳税申报等一系列工作。3月18日至4月30日,市国家税务局完成3.44万户纳税人数据移交、2826户纳税人票种登记、375户纳税人一般纳税人资格认定登记、1582户纳税人防伪税控系统发行、1189户纳税人发票领购、1万人次以上业务培训。5月1日,市国家税务局50名工作人员分别前往义乌市银都酒店、海皇世嘉餐饮有限公司、王家拉面馆3家生活服务业纳税人经营地及行政服务中心和海洋商务楼2个办税服务大厅开展零点行动,至5月1日零时30分,企业自开增值税专用发票1份,普通发票1份,通用机打发票1份;办税大厅代开增值税专用发票1份,普通发票2份,均顺利开出发票。5月3日,税制转换后首个工作日地税二手房代征窗口顺利开具增值税发票;6月1日,首个申报日各办税服务点运转正常。

【国际税收服务点】 为服务"一带一路"发展战略,服务企业"走出去",9月26日,由浙江省国税局、浙江省地税局联合规划,义乌市国家税务局、义乌市地方税务局联合承办的省内首个国际税收服务点在义乌市国际贸易服务中心二楼国地税联合办税厅揭牌成立,服务点设有国税窗口30个,地税窗口9个,开展涉外税收业务办理、国际税收争端或诉求收集等业务,可办理和变更涉外企业的税务登记及办理涉外企业纳税申报、出口退(免)税备案等国际税收具体业务。至12月底,国际税收服务点累计接受各类税收业务咨询4000余人次,办理各项涉税业务4.56万件,其中国际税收业务1681件,受到外商和企业的好评,得到国家税务总局和浙江省政府肯定性批示。

【虚开增值税专用发票案】 5月10日,义乌市国家税务局在接到深圳市国家税务局对义乌市多迟贸易有限公司等10家公司的函调任务后,市国家税务局开发区分局对辖区内涉及的10家企业进行案头分析和实地查验。经初步调查,发现诸多疑点,市国家税务局立即启动增值税专用发票应急反应机制,紧急召开案件分析研判会议,并初步认定这10家企业存在虚开增值税专用发票的重大嫌疑,由稽查局实施立案检查。5月12日,义乌市公安局对此案进行立案侦查。7月6日,在宁波警方的协助下成功抓获田某、张学某、项淑某(张学某妻子)3名犯罪嫌疑人,并查获手机、笔记本、银行卡、电脑等犯罪工具。经审讯后得知,犯罪嫌疑人张学某等人于3月、4月在义乌成立义乌市多迟贸易有限公司等10家空壳公司,向国税窗口领用增值税专用发票1000份,其中600份已开具,涉及金额5960余万元,虚开税额1013万元。

(余耀曦)

地方税务

【概况】 2016年,市地方税务局组织各项收入159.93亿元,同比增长29.27%;累计完成地方财政收入52.94亿元,同比下降6.39%,占全市地方公共财政预算收入64.72%。全年入库税收收入65.77亿元,同比增长1.53%,其中:营业税入库12.35亿元,同比下降42.67%;企业所得税入库13.23亿元,同比增长90.25%;个人所得税入库12.27亿元,同比下降2.46%;地方九税入库27.33亿元,同比增长15.33%,其中契税、耕地占用税入库7.21亿元,增收2.30亿元,同比增长46.45%。全年组织非税收入94.17亿元,同比增长59.74%,其中:社会保险基金收入89.9亿元,增收36.33亿元,同比增长67.83%;水利建设专项资金收入1.22亿元,同比下降30.74%;文化事业建设费收入173万元,下降69.27%;教育费附加收入1.65亿元,同比下降16.65%;地方教育费附加收入1.1亿元,同比下降16.92%;残疾人就业保障金收入2813万元,同比增长7.28%;其他罚没收入89万元,同比下降11%。全年减免各类税费7.39亿元。

12月7日,浙江省地方税务局关于2016年全国纳税人满意度调查中浙江地税情况的通报中,义乌市地税局的总体满意度排名全国第九。

【上线应用"金税三期"系统】 2月22日,市地税局成立金税三期工程优化版推广工作领导小组及其办公室,制定《义乌市地方税务局金税三期工程优化版推广工作实施方案》,《实施方案》明确"金三优化版"推广工作的原则、目标实施步骤和工作要求。准备阶段完成数据清理34万余条,开展内部全员培训9批次,开展纳税人端培训12期,覆盖企业1万余户。8月1日,作为省局"金税三期工程优化版"小范围双系统运行10个基层单位之一,组织试点分局开展小范围双系统试运行工作。10月8日,"金税三期优化版"在义乌正式上线。

【"营业税改征增值税"】 5月1日起,建筑业、房地产业、金融业和生活服务业营业税改征增值税改革试点工作在义乌全面实施。营业税作为地税收入的主税种,彻底告别历史舞台。此次"营改增",涉及全市3.4万户纳税人。"营改增"后,纳税人不动产转让(不包括房地产开发销售不动产)及其他个人出租不动产,由国税委托地税代征。

【建立"管事制"税源管理模式】

8月15日,在市地税局商城分局试点基础上,进一步深化税收征管改革,制定《义乌市地方税务局税收征管改革实施方案》，全面推开“管事制”税源管理模式。开展管事制改革，就是将原税管员保姆式管户制的工作模式分解成为若干相对独立的责任事项，按股室职能进行合理分配，实行团队化管理，工作流程上体现为流水作业方式，以达到分散风险，提高工作效率的目的。

【设立国际税收服务点】 9月26日，全国首个国际税收服务点在义乌国际贸易服务大厅正式揭牌。国际税收服务点内设国地税联合办税厅，可办理和变更涉外企业的税务登记及办理涉外企业纳税申报、出口退(免)税备案等国际税收具体业务。国际税收服务点的设立，是不断完善税收服务“一带一路”发展战略的重要举措，更好地助力义乌开放型经济发展，为外资在义投资创造更好的税收环境，同时为企业“走出去”保驾护航。

【开展不动产涉税转移登记一体化改革】 11月24日，全国首本载有契税完税信息的不动产权证在市行政服务中心正式颁布，义乌成功实施不动产涉税转移登记一体化改革。不动产涉税转移登记一体化改革是地税、国土部门实现登记、完税业务联办和信息的共享，建立“一窗受理、信息交换、同步办理、两证合一”的不动产转移登记一体化办理模式。不动产登记窗口受理后，市民凭受理单即可到契税窗口缴税，解决了资料重复提交、信息交换不对称等问题，为市民办理不动产转移登记提供极大便利，也为税务部门今后加强房地产等税收征管奠定基础。

（宋　娇）

金　融

银行业

【概况】 2016年，中国银行业监督管理委员会金华监管分局义乌办事处以义乌国贸综合改革为契机，继续推进义乌金融专项改革工作，引领辖内银行业金融机构在服务实体经济、加强供给侧改革金融要素保障等方面加大支持力度，为义乌经济转型升级提供金融保障。加强“三农”金融服务，消灭基础金融服务空白村274个，义乌714个行政村设立村村通商户，“村村通”覆盖率100%。至年底，义乌银行业各项存款余额2665.8亿元，较年初增加220.7亿元，同比增长9.03%；各项贷款余额2067.3亿元，较年初减少280亿元，同比下降1.34%。全市共有各类银行业金融机构25家，非银行业金融机构1家，小微专营机构21家，社区支行9家，营业网点308个。

【完善金融组织体系】 3月30日，宁波银行金华义乌支行正式开业。9月10日，浙江银监局正式批复同意浙江稠州金融租赁有限公司开业的请示，10月28日，正式对外营业，也是全国首家注册地在县(市)的金融租赁公司。至年底全市新设小微专营机构4家，设区支行4家。

【支持实体经济发展】 3月，银监办出台《义乌银行业支持实体经济减轻企业负担十一条措施》，提出创新企业融资模式、拓宽抵押担保渠道、开展还贷方式创新、规范银行收费行为等十一条措施，要求辖内各银行机构进一步减轻企业负担，确保经济发展金融要素保障，促进义乌工业经济稳定健康发展。

【推动“一带一路”建设】 2016年，加强金融资源布局，支持“一带一路”基础设施建设，支持义乌丝路新区、陆港新区和科创新区建设。辖内银行为义乌内陆口岸场站建设发放贷款12.45亿元，有力支持“义乌港”项目建设。为国际陆港园区公路港物流中心工程投放中长期项目贷款4.5亿元。为机场飞行区改造工程投放5年期项目贷款1.1亿元。

【推动成立债权委员会】 2016年，根据《浙江银行业分类帮扶困难企业的指导意见》和《金华市银行业突发信贷风险信息共享和企业帮扶公约》精神，推动辖内多家银行成立相关企业银行债权人委员会，要求银行以组建债委会为契机结合自身实际情况，认真研究对策，尽可能为企业解决实际困难，帮助企业渡过难关。至年末，辖内各银行机构成立银行债权人委员会共11个，涉及金额27.5亿元，对维护银行债权发挥积极作用。

（金　磊）

中国人民银行义乌市支行

【概况】 2016年，全市各项贷款余额2067.3亿元，较年初下降1.34%；全市各项存款余额2665.8亿元，较年初增长9.03%；年末不良贷款率为2.85%。围绕供给侧改革要求和义乌实际，出台《中国人民银行义乌市支行关于2016年货币信贷工作的指导意见》《中国人民银行义乌市支行关于金融支持工业稳增长调结构增效益的实施意见》等指导意见，采取定向支持、评估、约谈等多种窗口指导形式，引导金融机构脱虚向实，"稳增长、优结构"，强化对重点项目信贷支持，深耕"互联网＋供应链金融"，深化科技金融结合，落实"三去一降一补"（去产能、去库存、去杠杆、降成本、补短板）工作。全年实际新增贷款174.6亿元，社会融资规模新增333.1亿元，发行债务性融资工具130.5亿元，压缩落后过剩产能贷款3.2亿元，降低融资成本0.52个百分点。推广商标权、排污权、股权等多种抵质押贷款扩面增量，全年累计新增创新类贷款52亿元。

【普惠金融服务】 1月起，推进金融助农服务工程建设，引导助农取款点承办银行围绕目标，结合实际重新调整布局，通过督导合力推进承办银行通过各具特色的措施，加大村级电子商务服务点与银行卡助农服务点的合作共建力度，至12月底，建成银行卡助农服务点702个，实现义乌行政村全覆盖。将普惠金融政策措施植入小微企业三年行动计划，年末小微贷款覆盖面提高8个百分点，特别是小额担保贷款和"数据质押"电商贷款全年累计发放1亿元和2.45亿元。提升货币金银管理服务水平，确保辖内现金正常供应，超额完成激活沉淀币100万枚任务。

【征信管理服务】 推进征信体系建设，积极配合义乌市政府开展国家级社会信用体系建设综合示范城市创建，推动商城征信公司征信产品在金融领域的场景应用，完善省级征信服务示范点建设，扩大征信宣传效应。5月，中国人民银行义乌市支行有关做法在中宣部、中央文明办联合举办的现场会上作交流发言。11月，组织拍摄征信宣传微电影《一封写给自己的信》，通过在互联网、银行营业大厅、国际商贸城巨型显示屏等公众场合播放，进一步深化诚信宣传。

【金融改革】 7月，开展区域金融改革总结评估，得到中国人民银行总行肯定。获批开展农房抵押贷款国家级试点，规范推进农房抵贷试点工作，累计发放71笔余额9900余万元，占全国15个试点地区总量的三分之一，获中国人民银行总行副行长高度评价。年内，深化个人跨境人民币结算业务，累计办理268亿元；推动人民币跨境双向资金池业务扩面增量，支持企业境外并购。深化个贸改革试点，探索开展互联网结汇，全年累计办理2399笔1.18亿美元。完善金融组织体系，10月28日，浙江稠州金融租赁公司在义乌成立，是金华辖内首家金融租赁类非银行金融机构。

【辖区金融稳定】 12月，围绕"守住不发生系统性风险底线"工作重心，加强与政府部门联动，与义乌市人民法院签订《关于共同推动供给侧结构性改革防范金融风险的合作框架协议》，共同维护辖内金融生态环境。年内，引导金融机构通过核销、转让、重组等方式加大不良贷款处置力度，全年累计处置不良资产165亿元。配合促稳办做好"两链"风险处置工作和企业资金帮扶工作，参与全市集中整治恶意逃废金融债务专项行动。树立扛旗意识，强化外汇管理，稳妥开展"控流出，扩流入"工作。发挥存款保险制度作用，倒逼法人机构增强风险应对能力。推进反洗钱工作，全年共移送可疑交易线索53条。合力整治支付结算领域违法犯罪，成功堵截异常开户661起，协助破获电信网络诈骗案236起。

（陈子龙）

中国银行股份有限公司义乌市分行

【概况】 2016年，中国银行股份有限公司义乌市分行(简称“义乌中行”)实现营业收入5.76亿元,同比下降18.27%;实现拨备前利润3.99亿元,同比下降14.99%;实现净利润负3.48亿元,同比下降45.39%。本外币客户存款年末时点余额168.17亿元,较年初新增22.92亿元,增幅15.78%;本外币贷款年末时点余额151.02亿元,较年初下降2.53亿元,同比下降1.65%。

年内,对接国家开放战略以及中国银行总行提出的努力成为“一带一路”国家战略的金融大动脉战略目标,义乌中行加强与地方政府部门的合作,出台针对“一带一路”的专项授信业务指引;为“义新欧”班列运营平台公司天盟实业提供专项授信额度;为“义新欧”铁路物流中心项目申报15亿元的政府股权基金;全面推动开展与“义新欧”沿线国家跨境贸易人民币结算业务,跟进“义新欧”中欧班列境外发债、海外仓项目,助力市政府“义新欧”大平台建设。

通过信用恢复、重组平移、利息催收等方式阻止云南中豪置业有限责任公司、贝克曼企业、梦家园等多户高风险企业进入不良,涉及授信金额本金13.71亿元。至12月底,义乌中行不良贷款余额4.37亿元,较年初减少0.84亿元,不良率2.9%,较年初增加0.39个百分点。

【科技金融体系建设】 1—12月,义乌中行通过开展股权质押、商位质押,扩大抵押物范围,在有效防控风险的前提下,全面推动科技型企业金融产品创新,逐步扩大订单、应收账款、产业链融资、商标质押融资以及股权质押融资贷款的规模。全年累计完成应收账款质押贷款(含福费廷二级市场买入业务)7590万元。为进一步支持市场发展,义乌中行坚持“质押+信用”的商位质押贷款授信模式,为优质经营户提供资金保障。至12月底,累计发放商位质押贷款3.6亿元。上半年,义乌中行为浙江棒杰服饰集团开展股权质押融资服务,累计为其解决1亿元流动资金需求。

【引入境外资金支持地方经济】

2016年,义乌中行立足外汇优势地位,加大出口商贴、福费廷、订单融资、融易达等传统贸易金融产品的推广,至12月底,累计发生各类外汇贸易融资3000万美元,累计发生人民币贸易融资3.5亿元。利用海外联行优势,积极叙做各类协议融资产品,加强与海外行业务联动,至12月底,累计引进各类海外资金1.21亿元,有效转移境内融资规模,支持本地经济转型发展。进一步加强出口单证、保函、结售汇等业务叙做范围,提升收入来源。至12月底,累计出单5058笔,累计托收出单3378笔,开立保函9300万元,同比增长401%。

【小微企业金融服务】 2016年,义乌中行加强小微企业金融服务专业化、集约化经营,主动对接小微企业信贷需求,加强客户排查和甄别力度,尝试围绕核心客户上下游,依托供应链金融等产品进行批量叙做小微企业客户,推动中小微企业授信的合理增长。至12月底,完成小微企业贷款户数2863户,同比增长220户,小微企业贷款同比增速2.51%,较义乌中行各项贷款平均增速高出4.15个百分点。

(周　晗)

中国工商银行义乌分行

【概况】 2016年,中国工商银行义乌分行全部存款余额334.85亿元,较年初减少4.97亿元,其中储蓄存款余额230.40亿元,公司存款余额103.68亿元,同业存款余额0.77亿元。各项贷款余额195.77亿元,较年初减少62.55亿元,其中公司贷款余额142.48亿元,个人贷款余额52.98亿元,票据贴现余额3100万元。表外业务余额27.31亿元,较年初减少39.9亿元。实现中间业务净收入3.64亿元,同比增5226万元,增幅14.37%。不良率4.63%;不良贷款余额9.07亿元,较年初减少1.65亿元;剪刀差、关注类贷款以及红橙黄3色贷款余额分别较上年末减少10.76亿元、15.59亿元和1.64亿元。营业网点25家,自助银行(含自助点)37家。全行有员工558人。

【支持地方产业转型】 围绕义乌市国际贸易综合改革试点、“金改”各项工作部署,投带联动,为重大项目提供资金支持,支持地方产业转型升级。年初，中国工商银行义乌分行成立“大客户中心”，专门对接重点基础设施、重点工程、重大产业项目方面的资金需求。全年向上级行上报预审重大项目融资8个，融资总金额41.25亿元；完成项目批复4个28.5亿元，实现对经营类国企融资全覆盖。9月8日，由中国工商银行义乌分行和进出口银行主承销的浙小商5亿元超短期融资在全国银行间债券市场成功发行，发行利率2.8%，发行金额5亿元，其中工行主承销发行2.5亿元。同月19日，由工行义乌分行和兴业银行主承销的浙小商5亿元超短期融资债券在全国银行间债券市场成功发行，发行利率2.87%，发行金额5亿元，其中工行主承销发行2.5亿元。

【扶持实体经济发展】 年初，中国工商银行义乌分行成立小微企业金融服务中心，向中国工商银行浙江分行争取到单户1500万元的自主审批权限，主动地对接小微企业、电子商务企业的融资需求，提升服务质量和效率。全年累计审批小微企业贷款1660户2287笔39.57亿元。

（万国花）

中国建设银行义乌分行

【概况】 至12月31日，中国建设银行义乌分行一般性核心存款余额199.55亿元，各项贷款余额142亿元，实现中间业务净收入1.76亿元，不良贷款余额5.76亿元。完成义乌国有资本运营有限公司40亿元综合授信，浙江省重大项目义乌市国内公路港物流中心11亿元固定资产贷款、浙易资产6亿元综合授信、“义乌通”1亿元授信等项目获得中国建设银行总行批复。通过市场化招投标获得义乌国资60亿元超短期融资券主承销商资格，作为牵头主承销商，份额为30亿元，并获银行间交易商协会注册批复。营销开立政府产业引导基金管理企业义乌浙科汇富创业投资合伙企业基本结算账户；成功获取非税电子化系统支付宝接口；加强与公共资源交易中心合作，运用网上平台，独家承办线上投标保证金缴退业务。建立“银税热线”，促进“税易贷”批量营销步入“大数据”快车道，加大对“助保贷”产品的宣传力度。至年底，全行新营销小企业客户134户，发放贷款1.81亿元；新营销“五贷一透”小企业客户93户，发放贷款8960万元；“税易贷”客户新发放34户，发放贷款共计3609万元；“助保贷”客户新发放17户，发放贷款共计6831万元。

【金融创新】 1月，成功开办跨境双向人民币资金池业务，成为金华地区推出此业务的首家金融机构。跨境双向人民币资金池业务是指跨国企业集团根据自身经营和管理需要，在境内外成员企业之间开展的跨境人民币资金余缺调剂和归集业务，至12月底，实现跨境双向人民币资金池业务量8902万元，收入3笔，金额665万元；支出6笔，金额8237万元。3月18日，为浙江义乌保税港联合发展有限公司办理2笔买入深价内美元看涨期权，金额分别是9.51万美元及15.3万美元。

【普惠金融】 为解决农副产品安全，从源头到餐桌的全流程跟踪，5月，中国建设银行义乌分行与义乌市市场监管局、义乌市市场发展集团合作，推出“智慧市场”农产品溯源项目，使义乌成为全国首家推广应用此项目的城市，并于2016年8月和11月在词林菜场和上溪菜场两个菜场先行上线运行。为打破政策瓶颈，缓解农村金融痛点，8月，推出农房改造个人住房贷款，成为浙江区域系统内成功试点农房贷款的第一家二级分行，此业务主要针对农户向其发放用于建设、改造农村住房的个人住房贷款，贷款额度最高为建造成本的60%，且单户最高不超过100万元，贷款期限最长8年，担保方式为保证＋抵押，待房屋建造完成产权证办妥后落实房产抵押，还款方式采用等额本息或等额本金还款法。至12月底，累计发放9户290万元。10月，为推进“互联网＋农村服务”，与河北宜农网络科技有限公司合作建立义乌市佛堂镇剡溪村惠农金融综合服务站，成为在浙江区域内第一例引入宜农科技的农村金融服务点，同时揭牌“乡邻小站”服务平台。

【善融商务义乌进口馆】 10月22日，中国建设银行义乌分行和义乌小商品城集团联合打造的善融商务义乌进口馆开馆，为义乌市场的进口商品辐射全国的一条全新线上渠道。善融商务是中国建设银行面向广大企业和个人用户推出的电子商务金融服务平台。在电商服务方面，提供B2B和B2C的客户操作模式，涵盖商品批发、商品零售等领域，为客户提供信息发布、交易撮合、社区服务、在线客服等配套服务。

善融商务义乌进口馆是全国第8家、浙江首家整体入驻善融商务平台的地方品牌馆，成为展示义乌形象、特色、文化的一个全新窗口。同日，举行首届善融商务义乌进口馆线上线下订货会，云集中粮、物美、央广等60家国内大型采购商。订货会包括供需双方见面会、建行善融商务介绍及体验、商务洽谈3个环节，现场成交300余笔600余万元；达成合作意向60余笔3200余万元。

（楼　建）

中国农业银行股份有限公司义乌分行

【概况】 2016年，中国农业银行股份有限公司义乌分行各项存款382.96亿元，较年初增加38.01亿元；各项贷款余额235.99亿元，较年初减少22.55亿元；中间业务收入2.78亿元，同比减少1200万元。承兑汇票余额12.06亿元，较年初减少4.21亿元；信用证余额1100万元，较年初减少1700万元。设立离行式自助银行33个，投入使用ATM机397台，较年初增加12台。

【义乌新科支行成立】 2015年12月31日，中国银监会浙江监管局下发《中国银监会浙江监管局关于筹建中国农业银行股份有限公司义乌新科支行的批复》，中国农业银行义乌新科支行获准筹建。2016年7月26日，中国银监会金华监管分局下发《关于中国农业银行股份有限公司义乌新科支行开业的批复》，并签发“金融许可证”，机构编码B0002S333007O110，营业执照统一社会信用代码91330782MA28E4YQ4X（1/1）。营业地址位于义乌经济技术开发区总部经济区A组团A8号楼，共有员工9人。8月18日，中国农业银行义乌新科支行举行开业庆典，正式对外营业。至12月31日，各项存款余额4804万元，贷款余额4266万元。

【全自动保管箱业务】 7月1日，中国农业银行股份有限公司义乌分行在金华地区独家推出银行全自动保管箱业务，全自动保管箱采用进口全自动化设备，性能卓越，安全坚固，具备防火、防潮、防爆等功能，为单位和个人存放贵重物品（如契约、黄金、珠宝、存单、债券、收藏品等）提供保管服务。至12月底，共出租保管箱85只。

（周宗荣）

中国农业发展银行义乌市支行

【概况】 2016年，中国农业发展银行义乌市支行（简称“农发行义乌市支行”）各项资产总额38.68亿元，较年初增加3.08亿元。各项贷款余额38.49亿元，较年初增加3.08亿元，贷款日均余额19.79亿元。各项负债总额38.23亿元，较年初增加2.97亿元。各项存款余额4.17亿元，较年初减少1.04亿元，存款日均余额5.92亿元。在全省农发行系统存贷款总量排名第五，贷款余额排名第五。全年中间业务收入120.57万元，实现账面利润4547.23万元。

【PSL优惠政策获批】 4月1日，义乌市交通投资建设集团有限公司义乌至武义公路、义乌至兰溪公路项目抵押补充贷款（PSL）优惠政策贷款获中国农业发展银行总行批复，义乌市交通投资建设集团有限公司获批义乌至武义公路PSL贷款1亿元，义乌至兰溪公路PSL贷款1.7亿元，贷款利率均为4.445%，比基准利率4.9%下降0.455%。抵押补充贷款业务（PSL）是中国农业发展银行以信贷资产作为抵押品，由总行向中国人民银行借用抵押补充贷款资金并按规定的利率支付利息，专用于国务院或相关部委明确指定支持的项目，为支持地方政府投融资项目建设的新型货币政策工具，补充抵押贷款资金支持范围包括农村公路、水利建设、棚户区改造在内的基础设施建设。

（王　峰）

交通银行股份有限公司义乌分行

【概况】 2016年,交通银行股份有限公司义乌分行(简称“交通银行义乌分行”)在职从业人员74人。人工网点3家,在行式24小时自助银行3家，离行式24小时自助银行5家，离行24小时自助单机点2个。至12月末，人民币各项存款时点余额30.14亿元，较年初减少7.04亿元,降幅18.93%，其中对公存款余额17.36亿元，较年初减少7.81亿元,降幅31.03%;储蓄存款余额12.78亿元，较年初增加0.77亿元,增幅6.41%。人民币各项贷款余额38.58亿元，较年初下降3.74亿元,降幅8.84%。不良贷款余额1.05亿元,较年初减少0.34亿元,不良贷款率为2.72%,较年初下降0.56%；逾期贷款余额3.27亿元，较年初减少1.54亿元,逾期贷款率8.5%,较年初下降2.8%。12月1日,交通银行义乌分行营业部各项存款超10亿元，截至2016年12月1日,分行营业部总存款达10.2亿元,其中储蓄存款7.8亿元，低成本核心负债5亿元,低成本核心负债占比达50%。交通银行义乌分行义乌分行全年实现经营利润4020万元。

【首家普惠型网点开业】 2015年12月6日，浙江银监局下发《中国银监会浙江监管局关于筹建交通银行股份有限公司义乌江南支行的批复》，同意交通银行义乌分行在浙江省义乌市江东中路666号筹建“交通银行股份有限公司义乌江南支行”，简称“交通银行义乌江南支行”。2016年4月27日，中国银监会金华监管分局下发《中国银监会金华监管分局关于交通银行股份有限公司义乌江南支行开业的批复》，并签发“金融许可证”，机构编码B0005S333070008，营业执照注册号91330782MA28D70AXG；核准交通银行义乌江南支行业务经营范围为吸收公众存款;发放短期、中期和长期贷款;办理国内外结算；办理票据贴现;代理发行、代理兑付、承销政府债券;代理收付款项;经营上级行在中国银行业监督管理委员会批准的业务范围内授权的其他业务。6月22日,交通银行义乌江南支行顺利开业。义乌江南支行为义乌分行首家普惠型网点，也是交通银行义乌分行辖内第二家同城支行,交通银行普惠型网点是主要服务于社区居民、小微企业主和个体工商户的小型精品式银行，依托网点智能化、便民化的特点向市民提供差异化服务。开业当日,支行实现新增存款2500万元，开立借记卡56张、贷记卡进件38张、网银签约27户、第三方存管签约16户，新受理经营性贷款2笔,金额300万元。至12月底,江南支行各项存款余额20467万元,各项贷款余额6703万元。

【首笔大额存单业务】 3月4日,交通银行义乌分行营业部成功营销分行首笔大额存单业务115万元。大额存单业务是指由银行面向个人、非金融企业、机关团体等发行的1种大额存款凭证。与一般存单不同的是,大额存单在到期之前可以转让,大额存单比同期限定期存单有更高的利率。

【首笔国际信用证项下同业福费廷买入业务】 3月29日，交通银行义乌分行国际业务部与交通银行香港分行联动,成功为交通银行香港分行办理交通银行首笔国际信用证项下同业福费廷放款业务,金额4499.17万元。国际信用证项下同业福费廷买入业务是无追索权地买入国际信用证(包括承兑信用证、延期付款信用证及远期议付信用证)项下产生的未到期债权,有效满足客户规避风险的需求,实现应收账款落袋为安,无需占用客户授信额度,即可方便快捷的获取融资。

（鲍晓龙）

浙江义乌联合村镇银行股份有限公司

【概况】 浙江义乌联合村镇银行股份有限公司(简称“义乌联合村镇银行”)是以小微企业、农户和个体经营户为主要服务对象的新型农村商业银行,由杭州联合银行主发起,浙江棒杰数码针织品股份有限公司、浙江华统肉制品股份有限公司等义乌市内外20家优秀民营骨干企业参股组建，注册资本3亿元。2012年12月31日获准筹建，2013年5月30日正式对外营业。至2016年年底，义乌联合村镇银行各项存款余额21.99亿元，较年初增加4.57亿元；各项贷款余额25.78亿元，较年初增加1.95亿元；资产总额28.99亿元。年内，获"全国百强村镇银行"及"全国服务三农与小微企业优秀村镇银行"称号；被浙江银监局评为"2016年度浙江银行业小微金融服务先进单位"。

【"支农支小"】 支农再贷款是央行支持农村金融机构壮大支农资金实力、支持"三农"经济发展的一项货币政策，义乌联合村镇银行积极争取政策支持，3月，获批7000万元支农再贷款，以年利率5.75%的较低利率支持三农客户发展，并在1个月内将7000万元支农再贷款全部发放完毕，开业以来累计获批发放1.5亿元支农再贷款。7月，为解决失地农民养老保险投保资金难题，推出面向一次性缴纳基本养老保险有困难的46～65周岁的义乌籍失地农民及新型城镇农民，用于缴纳社会保险的产品"社保贷"。至12月底，共贷出621笔5927万元。为发挥小法人机构机制灵活、决策快速、贴近市场的比较优势，支持小微客户贷款，至12月底，发出小微企业贷款5015户，贷款余额24.21亿元。支持"新义乌人"创业创新，此群体大多无本地户籍、无本地经营性房产、无本地自住性房产，具有轻资产、高流动、担保难、融资难问题。至12月底，累计发放"新义乌人"创业贷款1.97万笔38.59亿元，分别占个人总贷款笔数40.91%和个人贷款金额的33.48%。

（滕国超）

浙江义乌农村商业银行股份有限公司

【概况】 2016年，浙江义乌农村商业银行股份有限公司（简称"义乌农商银行"）资产总额585.92亿元，负债总额529.23亿元，所有者权益56.69亿元。各项存款余额453.15亿元，较年初增加32.83亿元；各项贷款余额335.01亿元，较年初增加20.07亿元，存贷款规模位居义乌市银行业金融机构首位。按五级分类不良贷款余额6.89亿元，不良占比为2.06%。按新资金本管理办法计算，资本充足率为13.62%，核心资本充足率12.47%。全年财务总收入28.55亿元，利润总额7.35亿元。全年完成国际结算量14.54亿美元，全行所有网点均开办外汇业务；发行173期人民币理财产品，较上年多发行14期，2016年年末余额34.38亿元，较上年增加8.27亿元，投行业务净收入6.04亿元，较上年增加1.12亿元。全行ATM机减少10台，POS机减少36台；新增个人网银及手机银行客户7.3万户，有效企业网银覆盖率27.66%；实现银行卡交易额178.3亿元。电子银行替代率80.35%，较年初提升9.45%。改建传统营业网点66家，完成20家离行式自助网点装修。至年末，全行共有传统营业网点83家，设立村镇银行1家。

【发行"三农"专项金融债券】 4月19日，义乌农商银行发行金华地区第二期"三农"专项金融债券，债券发行额度8亿元，募集资金全部用于发放涉农贷款，支持义乌"三农"事业发展。

【发行浙江农信首张丰收万事达国际卡】 5月26日，浙江省农村信用社联合社在义乌农商银行试点，与万事达卡国际组织联手推出浙江农信丰收万事达国际卡，并在义乌成功举行首发仪式。丰收万事达国际卡是浙江省农村信用社联合社率先在全国农信系统推出的首款以美元结算并自动购汇后用人民币记账的省级品牌信用卡。至12月底，义乌农商银行共发行万事达国际卡79张。

【城乡新社区集聚建设配套贷款业务】 6月7日，义乌农商银行推出"城乡新社区集聚建设配套贷款"业务。城乡新社区集聚建设配套贷款业务是指参加城乡新社区集聚建设的农户及购买城乡新社区集聚建设置换权益（以下简称置换权益）的自然人，首先以其拥有的置换权益为担保物，从银行取得质押贷款，银行与政府部门联动协调，采用"提前委托、封闭运行"的方式，接受借款人委托，在借款人完成缴款分房定位后，为借款人封闭办理不动产权证和不动产抵押登记，再在不归还贷款的情况下，通过银行内部操作将贷款由置换权益质押担保转为不动产抵押担保，实现农户“零首付”购房需求，达到贷款风险闭环操作。至12月31日，累计办理集聚建设质押权益贷款209笔1.15亿元。

【服务市民卡】 7月1日，义乌市正式启用市民卡，义乌农商银行以市民卡为载体，结合智慧城市建设、民生服务、地方特色等推出各类市民卡优惠产品和服务，融入“随心贷、贴心存、欢心购、畅心行、惠心享、爱心助、同心聚”七大主题，推出活期靠档的“贴心存”业务、“随心贷”信用贷款产品、水费9折、电费95折代扣、9元观影、部分当地景区门票打折、市民卡专属理财等优惠活动。至12月底，义乌农商银行累计发行市民卡52.92万张，通过市民卡购票观影2.28万人次，让利超过45.65万元；在全市22家公立医院全面上线诊间结算功能，签约自行车应用977户，公交车、泊车、免费图书借阅功能通过市民卡得到广泛应用。

【“爱心贷”业务】 7月18日，义乌农商银行围绕浙江省实施低收入农户收入倍增计划，对接弱势、帮扶贫残，加大对低收入阶层和弱势群体的帮扶力度。针对辖内2.19万户低收入农户发放的丰收爱心卡为载体，推出“爱心贷”产品，按照信贷资金优先、贷款流程简便、最高30万信用等措施帮助低收入农户发展生产、自主创业，增加收入。贷款采取“一次授信、循环贷款”的模式，执行基准利率，一般不超过10万元。至12月31日，支持低收入农户消费和经营贷款639户6346万元。

（陈秀丹）

浙江稠州商业银行

【概况】 至2016年年末，浙江稠州商业银行资产总额1582.22亿元，较年初增长262.19亿元；存、贷款余额957.64亿元、662.54亿元，分别较年初增加167.36亿元和72.72亿元；全行客户总数136万户，较年初增加34万户；全行小微贷款余额276.37亿元，较年初增加21.02亿元，户均贷款59.39万元；全行不良贷款余额8.2亿元，不良贷款率1.24%；拨备覆盖率291.64%；拨贷比3.61%。全年纳税8.5亿元，纳税总额在义乌市金融业综合纳税中连续六年蝉联第一、综合纳税排名第二，连续第二年获义乌市金融机构考核先进单位。代理发行义乌社会保障市民卡，支持诊间结算、社保代扣、养老金代发、医保代扣、农保代缴、市民卡APP快捷支付、市民卡网关支付、自助充值等业务；支持公交车、公共自行车、停车场停车、路边泊车、十足超市市民卡账户购物消费等便民服务。至12月底，累计发行义乌市民卡37.03万张，其中激活金融功能的19.96万张，开通公共自行车应用的1.58万张。

年末，浙江稠州商业银行在职员工3959人。在浙江、上海、江苏、福建、广东、重庆、云南、四川、江西等全国9省（直辖市）设立分行及管理部14家、发起设立村镇银行9家，分支行及村镇银行网点共176家。在县域及以下新设支行13家，占全年新设网点的81.25%。发起设立浙江省（不含宁波）第二家金融租赁公司——浙江稠州金融租赁有限公司。

3月14日，浙江稠州商业银行获义乌人行2015年义乌市商业银行代理国库集中收付A类行；同月24日，获浙江省创建治安安全单位活动成绩突出单位；4月9日，在“2016中国（杭州）Golden20理财峰会”被授予“金牌理财银行”称号；5月31日，浙江稠州商业银行“惠金卡”获2016中国金融创新奖之“十佳金融产品创新奖”；7月5日，浙江稠州商业银行“市场通”获中国银行业“2015服务小微五十佳金融产品”称号；2016年度在英国《银行家》“全球1000家大银行”中位列第492名；保持中国人民银行综合评价最高等级A等、中国银监会监管评级二级，大公国际主体信用评级AA+等荣誉；被《金融时报》等评为“最具竞争力中小银行”“最佳小微企业金融服务城市商业银行”“最佳产品创新城市商业银行”“最佳IT建设城市商业银行”。

【“微粒贷”联合贷款】 1月26日，浙江稠州商业银行与微众银行合作的“微粒贷”联合贷款业务正式上线投产。“微粒贷”是国内首家互联网银行—腾讯微众银行面向微信用户和手机QQ用户推出的纯线上个人小额信用循环消费贷款产品。“微粒贷”采用用户邀请制，受邀用户可以在手机QQ的“QQ钱包”内以及微信的“微信钱包”内看到“微粒贷”入口，并可获最高30万元借款额度。至12月底，“微粒贷”总授信10.88万户22.72亿元，贷款8.67万户10.9亿元。

【浙江稠州金融租赁有限公司开业】 9月11日，浙江稠州商业银行取得《中国银监会浙江监管局关于浙江稠州金融租赁有限公司开业的批复》，成为浙江省内（不含宁波）第二家获准开业的金融租赁公司。批复核准浙江稠州金融租赁有限公司中文名称为“浙江稠州金融租赁有限公司”，英文名称为“Zhejiang Chouzhou Financial Leasing Co.,Ltd.”；公司注册地为浙江省义乌市商城大道L33号。公司注册资本为10亿元，浙江稠州商业银行股份有限公司出资6.5亿元，占注册资本的65%；浙江中国小商品城集团股份有限公司出资2.6亿元，占注册资本的26%；浙江东宇物流有限公司出资9000万元，占注册资本的9%。公司经营范围：融资租赁业务、转让和受让融资租赁资产、固定收益类证券投资业务、接受承租人的租赁保证金、吸收非银行股东3个月(含)以上定期存款、同业拆借、向金融机构借款、境外借款、租赁物变卖及处理业务、经济咨询10类本外币业务。10月28日，浙江稠州金融租赁有限公司正式开业。当天，浙江稠州金融租赁公司与义乌丝路新区管委会签署入驻协议，并与义乌市华大包装印刷厂等3家企业举行合作签约，签约授信4.5亿元。

【上海票据交易所首批试点银行】 12月8日，上海票据交易所开业仪式在上海黄浦区锦江小礼堂举行，中国人民银行、银监会、证监会、保监会、各政策性银行和商业银行、上海市人民政府及政府有关部门、上海票据交易所股东单位、有关金融机构和新闻媒体等单位代表合计200余人参加仪式。同日，上海票据交易所试运行票据交易系统，系统按照接入方式和实现功能分为两期，一期通过客户端形式接入，实现纸票交易功能；二期实现纸票和电票功能，具有技术实力的可以直联接入。票据交易所系统（一期）试点机构共计43家，包括35家商业银行、2家财务公司、3家券商、3家基金，浙江稠州商业银行成为首批试点接入的商业银行之一。

【义乌稠州大厦竣工验收】 2016年12月28日，义乌经济开发区稠州大厦项目顺利竣工验收。稠州大厦位于义乌经济开发区中心区B地块，占地面积3138.83平方米，总建筑面积5.31万平方米，主体建筑24层、高99.9米，裙楼4层。工程由浙江中道建筑设计有限公司设计，标力建设集团有限公司承建，浙江森威监理有限公司监理。2013年11月开工，2016年12月28日竣工，预计2017年下半年投入使用。

（徐善武）

浙江民泰商业银行义乌分行

【概况】 至2016年年末，浙江民泰商业银行义乌分行（简称“分行”）各项存款余额21.57亿元，贷款余额26.52亿元，其中小微企业贷款余额20.68亿元，占全部贷款比例为77.98%。全年国际结算量2.06亿美元。分行根据义乌市政府相关帮扶管理办法，配合帮扶办工作，创新还款方式，解决困难企业的周转资金问题，全年对逾期贷款采用财政资金转贷19笔5300万元；采用第三方融资担保公司和小贷公司转贷51笔6300万元；采用“以贷还贷”方式解决临时周转资金共计554笔5.76亿元。新设武义江南社区支行、金华磐安小微企业专营支行。

【推出“光伏贷”】 5月，义乌分行联合晶科光伏推出“光伏贷”产品，重点支持农户及小微企业主建造光伏发电站。产品最长可贷款5年，采用按揭贷款方式，前期用户不用出1分钱，全额贷款、无担保无抵押，大大降低农户的融资成本，解决了农户建站的启动资金问题。农户光伏发电系统采用“自发自用余电上网”模式，每年预计发电5500千瓦时，自用电价每千瓦时0.83元，按“国家补贴每千瓦时0.42元，浙江省补贴每千瓦时0.1元，义乌市每瓦2元初装补贴”计算，能保证一家人日常生活用电且5年能收回全部的投资。“光伏贷”的推出，不仅支持绿色环保产业，而且为农户增收致富开创一条新路子。至12月底，分行共办理“光伏贷”35笔，金额370.37万元。

【建立金融服务站】 7月，义乌城西小微企业专营支行在城西街道七一村设立首个驻村“金融服务站”，客户经理长期驻点，宣传金融知识，接受村民上门咨询，现场受理贷款业务，并为有需要的客户提供专车接送服务，填补农村、偏远地区金融服务网点空白，打通金融服务“最后一公里”的问题。至12月底，金融服务站接待咨询1万人次，吸收存款500余万元，发放贷款27户360万元。

（王　龙）

中国邮政储蓄银行义乌市支行

【概况】 2016年年末，中国邮政储蓄银行义乌市支行（简称“邮储银行义乌市支行”）亿元网点36个，实现金融总收入3.38亿元。存款总额134亿元，较年初增长26.01亿元；全辖累计发放贷款28.16亿元，资产总额30.99亿元，为3759户个体户、小微企业提供信贷资金支持。发放金融IC卡19.96万张；销售理财产品23.34亿元，同比增长50.29%；销售国债6036.63万元，同比增长68.48%；代理保费3.94亿元；结售汇交易量5190.38万美元，国际结算量7835.39万美元；电子银行交易39.6万笔。当年实现金融市场业务累计交易29.5亿元。

【“微融贷”】 为解决企业融资难、融资贵等问题，邮储银行义乌市支行与义乌市经信委、相关政策性融资担保有限公司共同签署微融贷业务合作协议，为广大小微企业融资开辟一条“绿色通道”。“微融贷”业务是邮储银行义乌市支行面向义乌市政府重点扶持的中小微企业发放的贷款，由政府提供的政策性风险补偿铺底资金作为增信手段的信贷业务。8月，邮储银行义乌市支行正式受理首笔“微融贷”业务。9月6日，全省邮储系统首笔“微融贷”业务落地义乌，贷款金额800万元，授信期限2年。

（楼伶俐）

中信银行股份有限公司义乌分行

【概况】 2015年，中信银行股份有限公司义乌分行（简称“中信银行义乌分行”）年末本外币存款余额103.67亿元，比年初下降15.34亿元；日均存款112.74亿元，比年初下降7.42亿元；贷款余额185.92亿元，比年初增长30.77亿元；全行不良贷款余额2.66亿元，不良率1.56%。在义乌市支持地方经济发展考核中名列第四，获评“金融机构考核先进单位”“金融系统思想政治工作先进单位”等称号。

【成功发行义乌市国有资本运营中心首期20亿元短期融资券】

1—3月，由中信银行义乌分行发起，中信银行总行担任主承销商的义乌市国有资本运营中心2016年58亿元短期融资券在中国银行间债券市场发行。本次短期融资券注册金额58亿元，首期1月发行20亿元，期限1年，发行利率2.8%，第二期3月发行38亿元，发行利率2.88%，创下全国县级平台单笔短券最大规模，也是2016年省内单笔短券最大规模。

【首个跨境人民币双向资金池】

2月，总部位于东阳市的印纪影视娱乐传媒有限公司正式获得中国人民银行杭州中心支行跨境人民币双向资金池业务核准，此单为中信银行义乌分行首个跨境人民币双向资金池，额度6亿元。跨境双向人民币资金池业务是指跨国企业集团根据自身经营和管理需要，在境内外成员企业之间开展的跨境人民币资金余缺调剂和归集业务，主要便利公司跨境资金调拨及归集，提高资金使用率。

【首笔委托贷款业务】 3月,中信银行义乌分行为芜湖华融天泽盈盛投资中心发放4000万元委托贷款,贷款资金专项用于义乌市中小企业转贷服务项目。这是中信银行在助推企业之间资金拆借合法化,中小企业融资多元化方面取得的重大突破。委托贷款由芜湖某企业提供资金,由中信银行义乌分行根据该企业确定的对象作为借款人,代为发放、监督使用、协助收回本息的贷款。

【700亿元战略合作协议】 5月,中信银行杭州分行、中信环境投资集团联合与金华市政府签订战略合作框架协议,此协议由中信银行义乌分行牵头、主导和执行,从金融、实业2个方面协同作战,拟通过多种金融服务渠道,为金华地区提供总额逾700亿元的融资投放额度。根据《协议》,2016—2019年,中信银行将协同集团旗下证券、信托等金融子公司,进一步争取集团资源,通过各类表内外融资手段为金华市提供融资;中信环境投资集团协同中信地产、中信旅游等实业子公司通过直接投资、股权投资等方式推动节能环保技术进步与产业升级,进行环境治理。

【首笔项目收益债】 9月,义乌市城乡新社区投资建设集团有限公司(简称“义乌社投”)12亿元项目收益债项目成功获得国家发改委批文,此项目收益债由中信银行义乌分行作为财务顾问,引入中信建投作为主承销商,以余额包销方式发行。义乌社投于2016年11月成功发行第一期期限为5年利率为4.25%的项目收益债券7亿元,这是义乌市首只发行的项目收益债,也是截至发行之日浙中地区规模最大的棚改项目收益债,此笔项目收益债发行,是义乌社投第一次在资本市场上直接融资,对其优化融资结构、降低融资成本具有重大意义。

（何　俊）

平安银行股份有限公司义乌分行

【概况】 2016年,平安银行股份有限公司义乌分行资产总额143.26亿元,较年初下降8.57%,存款余额48.67亿元,贷款余额135.82亿元,较年初分别下降32.22%、10.10%。实现利润总额3600万元,年末不良贷款率1.65%。新设义乌江滨社区支行开业。助力平安资产管理有限公司与义乌市国有资本运营有限公司成立总额22亿元的债权投资计划,用于义乌市中福广场项目的投资建设。

【获批股质业务】 为拓展投行业务,突破原有的业务发展模式,平安银行股份有限公司义乌分行积极营销区域内外的核心客户,5月,成功获总行投资银行事业部批准两笔股质业务,敞口金额5.1亿元,其中巨龙管业4亿元,棒杰股份1.1亿元,成功出账5.05亿元。股票质押式回购是指上市公司大股东以所持有的股票或其他证券进行交易所场内质押,向平安银行股份有限公司义乌分行募集资金设立的资管计划融入资金,并约定在未来某一到期日返还资金、解除质押的行为。

（方　姝）

证券·期货业

浙商证券股份有限公司义乌江滨北路证券营业部

【概况】 2016年,上证综合指数开盘3536.59点,最高3538.69点,最低2638.30点,年底收于3103.64点,降幅12.31%;深圳综合指数开盘12650.72点,最高12659.41点,最低8986.52点、年底收于10177.14点,降幅19.64%。全年累计账户开户数4680户,同比减少61.75%。营业部融资融券开户数89户,融资额5亿元;提供“慧金聚享”“波段热捕”“金牌投顾1对1(MINI)”“慧眼识金”等系列投资顾问服务;提供汇金金算盘现金理财业务,“聚金”“汇金”“聚银”“汇银”等集合理财产品和E融宝小额贷业务。

【投资者教育主题活动】 11月12日,为保护投资者合法权益,引导投资者树立正确投资理念,远离非法证券活动,浙商证券股份有限公司义乌江滨北路证券营业部响应中证协号召,启动为期1个月的“远离非法证券活动,传递正能量”保护投资者合法权益,打击非法证券活动宣传月活动。期间,组织全体员工及现场交易投资者50余名参加中证协发布的防非能力趣味测试题,中证协组织的“远离非法证券,传递正能量”全国健康跑线上活动。通过在投资者教育园地张贴案例5篇,公示非法从事证券期货活动的机构和网站名单;营业大厅张贴宣传海报3张、悬挂横幅2条;大楼正门设置跑马灯1块、投资者教育专区滚动播放投教视频3部、制作及发放宣传手册500册等宣传工作,使投资者能了解非法证券活动特点和维权方式;提高投资者对非法证券活动的识别能力和防范意识。

（傅云燕）

国信证券浙江第二分公司（义乌）

【概况】 2016年,国信证券浙江第二分公司下辖直属营业部、义乌、温州、台州、衢州、永康、瑞安、金华、乐清、温岭10家营业部,分公司缴纳税费3595.57万元,义乌营业部全年实现业务净收入1.81亿元,净利润1.55亿元,缴纳税费2676.61万元。

【证券公司扩容】 2015年9月1日,深圳证监局下发《深圳证监局关于核准国信证券股份有限公司设立26家分支机构的批复》,同意设立国信证券乐清营业部和温岭营业部,隶属国信证券浙江第二分公司管辖。2015年11月16日,国信证券乐清营业部注册成立,2016年1月11日正式营业。2015年12月18日温岭营业部注册成立,2016年2月2日正式营业。2家营业部下设市场营销服务部、柜台和综合岗,主要经营范围包括证券经纪、证券投资咨询、与证券交易和证券投资活动有关的财务顾问、融资融券、证券投资基金代销、代销金融产品等业务。

（靳卫卫）

永安期货股份有限公司义乌营业部

【概况】 2016年,永安期货股份有限公司义乌营业部有员工11人。收入377.75万元,同比下降2.46%,实现利润负9.77万元。年内,组织反洗钱宣传2次、反洗钱培训4次,投资者教育培训15场。

【反洗钱宣传】 9—10月,根据中国人民银行义乌支行《关于组织开展〈反洗钱法〉颁布实施十周年主题宣传的通知》文件要求,永安期货股份有限公司义乌营业部开展系列反洗钱宣传活动。期间,通过举办为反洗钱知识问答活动,led屏滚动播放发洗钱标语,播放反洗钱资料,开展网站宣传,短信、交易端、行情端发送宣传口号,微信公众号分享金融反洗钱知识,发放宣传册等方式方法共计发放资料133份,727人参加活动。

（季文攀）

保险业

中国人寿保险股份有限公司义乌分公司

【概况】 2016年,中国人寿保险股份有限公司义乌分公司达成含集团业务总保费收入12.73亿元,同比增长22.29%,其中股份保费收入12.41亿元,同比增长26.55%;首年标准保费1.39亿元,同比增长35.67%;新单保费（含短险)5亿元,同比增长27.55%;首年期交保费3.24亿元,同比增长58.97%;十年期及以上保费1.8亿元,同比增长71.73%;短期险保费8912万元,同比增长5.70%;续期保费7.41亿元,同比增长25.88%。

【残疾人意外伤害保险】 9月29日,义乌市政府采购中心受义乌市残联委托,就残疾人意外伤害保险项目进行公开招标,中国人寿保险股份有限公司义乌分公司再次中标此项目。新的残疾人保险业务在保障与保费不变的基础上建立费率调节机制,同时中国人寿探索改变服务方式,由被动接受赔案、提供理赔服务,变为主动联系跟踪、指导理赔服务,提高财政资金的利用率,进一步扩大保险的受益面与影响力。至12月底,1.62万名残疾人参保,保费总额162万元。

(陈　瑜)

中国人民财产保险股份有限公司义乌分公司

【概况】 2016年,中国人民财产保险股份有限公司义乌分公司(简称“人保财险义乌分公司”)全年保费收入8.75亿元,同比增长8.05%,实现利润总额1.16亿元,同比增长9.66%。年内,创新理赔服务,推出单方事故微信在线赔、轻微人伤现场调解极速赔、自主评残等服务,在农险理赔方面尝试引入卫星遥感技术,不断升级“多快好省”理赔服务。被评2016年度义乌市综合纳税、金融机构考核先进单位,全省人保系统地市级分公司综合管理一等奖,全国人保系统先进单位。

【统保全市老年人意外险】 1月1日,义乌市正式启动老年人意外伤害保险项目,项目由市民政局招标,人保财险义乌分公司中标。凡是义乌户籍年满60周岁以上老年人、50~59周岁已办理退休手续的个人以及虽不具有义乌户籍但在义乌居住生活的老年人都可以参保。义乌市政府出资118万元为全市80周岁以上高龄老人和部分60周岁以上老人(享受城乡最低生活保障待遇人员、城镇“三无”人员、农村“五保”对象及享受定期抚恤金或者定期生活补助金的优抚对象;失独人员)计2.36万名义乌籍老人投保意外险。

【一站式代年审服务】 1月,人保财险市分公司与浙江恒风集团恒风检测站签订战略合作协议,成为全市唯一入驻汽车年审检测站的保险机构;4月,义乌市首个外设机动车登记服务站落户义乌稠州支公司,可一站式完成保险投保、抄件拉取、年审免费代办,客户无需排队,当天即可办好全部年审手续。全年共上线检测4389辆,免检车辆260辆。

【新增4家网点】 随着业务规模不断扩大,人保财险义乌分公司加快网点布局,1月,新增第四营销服务部,地址为上溪镇模具城2号楼一楼25号店面及二楼办公室。同月,新增城北路网点,并安排理赔中心整体入驻,地址为浙江省义乌市城北路225号。6月,新增苏溪营销服务部,地址为苏溪镇中都御金嘉园3-101、102、103号。8月,新增第一营销服务部,地址为义乌国际商贸城三区一楼辅楼H-14、H-15号,是全市首个入驻国际商贸城的保险机构。至12月底,人保财险义乌分公司全市共有7个网点,围绕中心城区在东、南、西、北四大方位枢纽镇开设农网网点的布局初步完成,首批三农保险服务站也顺利进镇、进村,并拥有全市唯一外设理赔大楼,客户服务能力持续提升。

【保险业“营改增”】 《2016年国务院政府工作报告》明确,2016年将全面实行营改增,将原来该征收营业税的税目改为征收增值税。其中保险业是“营改增”最后一批试点行业。5月1日零点,人保财险义乌分公司稠州支公司开出全市首张保险业增值税专用发票,标志义乌保险业“营改增”工作进入新时代。

【首单首台(套)重大技术装备保险】 5月6日,义乌市黑白矿山机械有限公司(简称“黑白矿机”)与中国人民财产保险股份公司在人民财产保险股份有限公司金华分公司签订“首台(套)重大技术装备”保险,投保额5000万元,“黑白矿机”获得累计900万元的风险保障,成为义乌首家“首台(套)重大技术装备”产品列入“产品质量保证保险”和“产品责任保险”的企业。此次投保产品为“单段颚式破碎机”,为“黑白矿机”专利产品,通过改变原力学结构的创新设计,达到“多段破碎单段完成”的独特功能,被浙江省经信委批准列入浙江省节能产品目录。“首台(套)重大技术装备”保险分为产品质量保证保险和产品责任保险,如果产品质量出现问题,无论是产品问题需要修还是换、退货,以及期间鉴定、运输产生的经济损失,产品使用中发生事故,导致人伤、疾病、死亡或者财产损失,应该由被保险人承担的,由保险公司赔付。保险事故发生后,被保险人因保险事故被提起仲裁或者诉讼的,对应由被保险人支付的仲裁或诉讼费用以及事先经保险人书面同意支付的法律费用，也在保险公司赔偿范围内。

（韩红英）

【全省首单生鲜食品安全责任险】 8月10日，义乌本土生鲜电商平台绿禾网与人保财险义乌分公司财产保险业务部签订食品安全责任险投保协议，为其线上销售配送的所有食品，包括禽肉水产、时令果蔬、干果炒货、酒水饮料、五谷杂粮等食品的安全增设一道保险屏障，累计责任限额为200万元，每人责任限额20万元。为全省系统首张生鲜电商平台食品安全责任险保单。

【护航首发阿富汗班列】 9月9日，从江苏南通出发的中国首趟阿富汗中亚班列抵达目的地海拉顿。此班列货运险由人保财险义乌分公司承保，运载45个标箱的日用消费品，货物保额为4500万元。

【开办校园体育场馆开放公众责任险】 12月，义乌市第二批45所公办学校室外活动场地向社会免费开放。至12月底，全市体育场馆开放的学校增至60个。同时，为完善设施开放过程中的风险防范机制，60所学校均向人保财险义乌分公司投保了校园体育场馆开放公众责任险，在保单明确的保险地址内，因体育设施损坏或管理上的疏漏导致市民及相关人员人身伤害或财产损失的，依法因由学校承担的赔偿责任，由人保财产义乌分公司按照合同规定给予赔偿，每所学校累计赔偿限额为200万元。

（陆超男）

稠城街道——传承义乌古县名

稠城街道是义乌市人民政府所在地，是义乌市政治、经济、文化和交通中心。稠城历史悠久，其名称由来要追溯义乌县市名称的演变。

秦王政二十五年（前222），秦将王翦平定江南，在吴越两国旧地建会稽郡。郡内建县，其中以颜乌墓所在（今稠城街道）为中心设邑。由于孝子颜乌因葬父而死，血诚格天，影响很大，因而根据颜乌葬父而献出生命这一事迹，将县名命名为“乌伤”，旨在旌表颜乌孝德。乌伤县境，北接诸暨，西南邻太末（今龙游），大致包括今金华、兰溪、义乌、东阳、永康、武义、浦江、磐安八县（市）的全部或大部及缙云的东、西二乡。

西汉末年，王莽建新朝，于建国元年（9），将乌伤县名改为“乌孝”。此县名只使用16年，刘秀建东汉，建武元年（25），东汉王朝又恢复乌伤旧名。

东汉献帝初平三年（192），分乌伤县地西面一部分辖境置长山县（今金华、兰溪）。兴平二年（195），分乌伤县东部地建吴宁县（隋朝并回乌伤）。三国吴赤乌二年（239），乌伤县西南地建武义县。赤乌八年（245），分乌伤县地南面一部分辖境置永康县。宝鼎元年（266），分会稽郡置东阳郡（郡治在长山，即今金华市区），辖乌伤。（下转第292页）

经济监督管理

发展和改革管理

【概况】 2016年,围绕“十三五”规划目标任务,编制完成2016年全市国民经济和社会发展计划。加强宏观经济研判,配合省发改委开展225家企业的监测工作。融入国家“一带一路”倡议,开展义乌打造义甬舟开放大通道战略枢纽研究,与省发改委对接,将研究成果纳入浙江省《义甬舟开放大通道建设规划》,编制《义甬舟开放大通道建设义乌行动方案》,争取列入义甬舟开放大通道建设重大支撑性项目37个。全年完成《义乌打造义甬舟开放大通道战略枢纽研究》《义乌智慧城市建设方案研究》《提升义乌城市居民消费环境》等调研文章5篇。

编制完成义乌市“十三五”重大建设项目规划,谋划储备总投资10亿元以上重大项目60个,总投资2038亿元。54个项目被列入国家重大建设项目库,8个项目被列入国家“一带一路”重大项目库,吉利新能源整车项目被列入全省50个重大前期攻坚项目。安排实施类市重点工程和重大产业项目168项,累计完成固定资产投资581.7亿元,同比增长13.6%,第一产业投资6.7亿元,第二产业投资129亿元,第三产业投资446亿元。新增省重点建设项目12个、省重大服务业项目7个、省重大工业项目9个、省重大产业项目12个;争取国家专项建设基金和上级各类补助资金5.2亿元,英伦汽车、华灿光电LED以及木林森LED3个项目入选省特别重大产业项目,并获全额用地指标奖励。融资规模12亿元的社投项目收益债和融资规模16.2亿元的城投停车场和地下综合管廊建设专项债券获国家发改委批复同意。举行重大项目集中开工仪式4次,义利动力总成、华灿光电等49个重大项目集中开工。组织开展重大项目政策处理难题破难攻坚活动,破解88项难题。

推进新型城镇化试点工作,根据《义乌市国家新型城镇化综合试点三年实施计划(2015—2017年)》,编制提出2016年工作要点,推进重点改革事项15项。完成佛堂镇省小城市培育试点2015年度工作考核,佛堂镇连续两年考核结果优秀。会同相关部门和镇(街道)平台,进行丝路金融小镇、陆港电商小镇等省、金华市级特色小镇建设,绿色动力小镇申报省级特色小镇;光源科技小镇、森山健康小镇、云驿小镇申报金华市级特色小镇。与省发改委、中铁第四勘察设计院、金华等部门和地区对接,开展金甬铁路项目前期工作,金甬铁路可行性研究报告获批,于12月29日开工建设。杭温高铁通过预可研评审、可研评审,12月,义乌至温州段的可行性研究报告核准获国家发改委批复,进入施工准备阶段。

出台《义乌市优化政府投资项目审批试行办法》,对投资额5000万元以下的建设项目直接审批初步设计,不再审批项目建议书和可行性研究报告。根据《浙江省外商投资项目核准和备案管理办法》,对《外商投资产业指导目录》中有中方控股(含相对控股)要求的总投资(含增资)10亿美元以下鼓励类项目,由义乌市进行核准。全年办理政府投资项目审批154项，企业投资备案243项。

开展居民生活用气价格阶梯式改革，建立阶梯价格制度，下调非居民天然气销售价格。向市规划局、市国土局等行政主管部门提出暂停向工业企业征收房地产交易手续费等16项行政事业性收费的建议，暂停征收国有投资项目和村级建设项目的工程交易服务费、信息服务费、场地租赁费3项收费，为企业减轻经济负担4400万元。全年共受理价格投诉、举报1579件；办理涉案物品价格认定1846件7491.8万元。

10月，国家发改委发布《中欧班列发展规划（2016—2020）》，义乌被列为中欧班列12个内陆主要货源地节点之一，义乌经阿拉山口到德黑兰班列纳入《规划》中欧铁路直达班列线。年内，义乌市入选现代物流创新发展城市试点、服务业强县（市、区）试点、“全球100韧性城市”。中欧（义乌）智造园获批浙江省首批低碳园区试点；经济技术开发区获省发改委批复成为第四批省级园区循环化示范试点。

【获批国家现代物流创新发展试点城市】 2015年9月，国家发改委启动现代物流创新发展城市申报工作。同年10月14日，义乌市发改委会同陆港口岸局编制《义乌现代物流创新发展城市试点工作方案》上报浙江省发改委。同月16日，此方案通过省发改委组织的竞争性专家评审会成为浙江省唯一方案上报国家发改委。国家发改委委托国家发展和改革委综合运输研究所组织专家对各地上报的试点方案进行评审，义乌市排名靠前。2016年1月18日，市发改委会同陆港事务口岸局根据专家评审意见编制《义乌现代物流创新试点实施方案》并上报国家发改委。同年5月27日，国家发改委发布《关于做好现代物流创新发展城市试点工作的通知》，义乌等20个城市入选现代物流创新发展试点城市，义乌是唯一承当此改革试点任务的县级市。

【约谈中介服务降低服务收费】

3月，市发改委组织对全市涉企中介服务收费情况开展调研，梳理现行中介服务收费现状。在分析下调收费标准的理由及可行性的基础上，提出中介服务收费建议下调清单17项。市规划局、市国土局等行政主管部门对全市涉及17项收费的103家涉企中介机构负责人进行约谈，引导、鼓励他们在不降低服务质量的前提下，对照建议清单主动降低服务收费标准，总体下降30%，签订书面承诺书，并通过多种途径向社会公开。对各中介单位收费以及服务质量进行监管，对违规收费（或不按承诺收费）、未按要求认真履行中介服务义务、弄虚作假等行为进行查处。

（陈晓珍）

【入选“全球100韧性城市”】

经国家发改委城市和小城镇改革发展中心推荐，5月底，义乌市入选“全球100韧性城市”。“全球100韧性城市”由美国洛克菲勒基金会于2013年资助设立，计划总规模1.7亿美元，旨在帮助入选城市打造韧性，应对21世纪的社会、经济和现实挑战，让城市面对急性冲击和慢性压力时仍能够维持基本功能的特性，并为城市搭建交流平台，分享全球各地韧性城市解决方案。义乌入选后，与美国纽约、法国巴黎、英国伦敦等入选城市共享资源和信息网络。

工商行政管理

【概况】 2016年，实施注册资本“实缴改认缴”“先照后证”“放宽住所登记条件”改革，全年涉及前置改后置项目市场主体2.79万家，累计3万家。至年底，累计登记“一址多照”市场主体5692家，“一照多址”446家。9000余家电商实现集群注册，形成电商集群40个，其中集群在“义乌购”平台3842家。推进“五证合一、一照一码”登记，发放统一社会信用代码企业营业执照6.27万本，占企业总数92.8%。建立全市所有企业统一社会信用代码与原注册登记码映射关系。

全年完成“个转企”1936家（其中转公司制企业1848家），累计完成1.21万家（其中转公司制企业4636家，占38.36%）。提升转型质量，转型为公司制企业的占比较年初提高25%。

【“两证整合”登记制度改革】

12 月 1 日起，实施个体户“两证整合”登记制度改革。将原有个体工商户登记时依次申请营业执照和税务登记证，改为 1 次申请、由市场监管局统一核发 1 本营业执照，此营业执照具有原营业执照和税务登记证的功能，税务部门不再专门发放税务登记证。“两证整合”登记制度改革，简化个体工商户登记注册程序，便利公民从事个体经营。年内，办理“两证整合”登记 2820 户。

（金　婕）

物价管理

【概况】 2016 年，义乌市场价格走势总体稳中有升，居民消费价格总指数同比上涨 1.7%，商品零售价格总指数同比上涨 1.0%，农业生产资料价格指数同比上涨 0.6%。在居民消费价格总指数八大类中，呈现七涨一平的格局。上涨的有食品烟酒类，涨幅 4.5%，其中粮食上涨 2.9%，鲜菜上涨 11%，畜肉上涨 12.5%，水产品上涨 0.4%，蛋下跌 5%，鲜果跌 1.3%；衣着类上涨 2.5%；居住类上涨 0.1%；生活用品及服务上涨 1.4%；教育文化和娱乐上涨 1%；医疗保健上涨 0.3%；其他用品和服务上涨 3.8%。下跌的为交通和通信类，下跌 1%。

【出租车票价】 1 月 30 日起，义乌市出租车起步价由每 2 千米 5 元调整为每 2 千米 8 元，超过起步里程的运价调整为每千米 2.5 元，单程行驶超过 6 千米部分运价调整为每千米 3.5 元。

【粮食收储价格略有下滑】 2016 年，国家继续对粮食实行保护价收购政策，义乌市粮食收购价格持续高位运行。义乌市早籼谷市场价每 50 千克 133 元，政府奖励 30 元，种粮大户补助 5 元，合计结算价 168 元，比上年每 50 千克下跌 2 元。晚籼谷订单粮每 50 千克 150 元，与上年持平。晚粳谷每 50 千克 155 元，比上年每 50 千克下跌 1 元。小麦订单收购价格每 50 千克 135 元，均与上年持平。对外采购用于储备的澳大利亚小麦采购每 50 千克价格 138.25 元。江西代储早籼谷每 50 千克 141.5 元。粮食收储公司拍卖销售的早籼谷每 50 千克均价 106 元，晚稻谷每 50 千克 121 元，出现较大下滑。

【粮食批发市场量增价稳】 2016 年，粮食批发市场交易量 40.36 万吨，交易额为 17.63 亿元，分别同比上涨 7.11%和 6.74%。大米成交量 29.12 万吨，交易额 13.5 亿元，分别同比上涨 8.69%和 8.07%。安徽粳米每 500 克 2.3 元，同比上涨 4.54%。安徽杂交米每 500 克 2.16 元，同比下跌 3.74%。江苏粳米每 500 克 2.06 元，同比上涨 3%。江苏杂交米每 500 克 2.3 元，同比上涨 3.6%。东北长粒香每 500 克 2.86 元，同比上涨 2.14%。

全年面粉交易量为 9.82 万吨，交易额 3.25 亿元，分别同比上涨 4.11%和 5.30%。山东面粉每 500 克 1.92 元，同比上涨 4.35%。江苏面粉每 500 克 1.9 元，同比上涨 4.4%。农贸城部分粮食经营户退出店面经营，9 月 21 日始，实施高速货车限超令，导致粮食运费成本提高，进场粮油价格小幅上涨。全年油类交易量 4920 吨，交易额 4383 万元，分别同比上涨 2.71%和 1.81%。

【粮油价格走势】 2016 年，早籼米、晚籼米、普通晚粳米、东北大米市场零售价格分别为每 500 克 2 元、2.45 元、2.42 元、3.3 元，同比分别上涨 0.5%、1%、1.54%、3%。面粉价格在每 500 克 1.9 元至 3.4 元间波动。食用油价格在多年低迷后，下半年受国际期货市场价格上涨影响，价格回升，幅度较大。至年底散装大豆色拉油价格每千克为 3.85 元，同比上涨 20.31%。金龙鱼调和油价格每箱 212 元，同比上涨 4.95%。

【蔬菜水果价格波动大】 2016 年，农贸城蔬菜累计成交量 60.12 万吨，同比下降 6.88%，成交额 24.48 亿元，同比增长 3.6%。从新马路菜市场 11 个蔬菜价格监测品分析，蔬菜平均价格每 500 克3.65 元，同比上涨 4%。全年价格波动较大，2 月冰雪冷天气使价格出现暴涨，市发改委启动价格监测应急预案，监测品均价比全年均价上涨 146%；冬季天气晴好价格较低，12 月份监测品蔬菜价格同比下跌 26.88%。蔬菜成交量下降主要受整体经济形势下滑，外来务工人口下降，菜价波动过大影响。

水果价格走低。通过对沃尔玛商场水果价格监测分析，全年商场交易量同比增长12%。其中国产水果持平，进口水果增长13%。苹果、梨、柑橘橙类3类果品占市场交易总量一半。商场监测品平均价格与上年持平。市民消费观念向“小而精、优而精”转变。

【肉禽蛋价格走势】 2016年，猪肉、禽蛋价格维持年初较高缓慢走低，总体平稳的格局。新马路菜市场监测显示猪肉零售价格每500克15元，3月回落至每500克14元，7月后稳定在每500克13.5元。牛肉、羊肉等价格高位运行，其中牛肉每500克35元。鸡蛋1月零售价格每500克5.2元，3月每500克4.5元，4月跌至每500克4元，此后在每500克4~4.5元波动。全年算术平均同比上涨1.3%。12月底同比下跌20%。12月底鸭蛋价格每500克6.5元，同比下跌13%。鱼类价格基本持平，如冷冻每条250克的带鱼价格每500克9元，淡水鱼中包头鱼价格每500克7.5~8.5元，整体价格较上年持平。

【农资价格总体平稳】 上溪供销社监测点分析，2016年农资价格总体平稳，尿素（国产，含氮46%）平均销售价格每500克1.57元，与上年持平；12月受原煤价格、运费等影响，价格上涨至每500克1.80元，当月涨幅11%。过磷酸钙（含氮17%）每500克0.78元，氯化钾（含氯化钾50%~60%）每500克3.2元，代森锰锌（水剂，1公斤）价格每瓶120元，与上年基本持平。

【建材、能源价格】 2016年，由于供给侧改革，去产能，去库存的政策作用，引发供求矛盾的转换，原油、铁矿石、有色金属、煤炭从年初开始稳步走高，10—11月出现大涨。12月底，规格等级为Φ16HPB235的圆钢，每吨3300元，同比上涨88.5%；螺纹钢、镀锌管、线材同比上涨80%。2015年与2016年钢铁等建材价格形成V形走势。强度等级标号为42.5普通硅酸盐水泥零售价从1月的每吨460元，到12月的每吨480元，涨幅4.3%。玻璃价格每平方米28元，空心砖每百块50元，保持平稳。

国家调整石油批零价格15次，义乌市92号汽油（国标V）零售价年初每升5.66元，年底每升6.47元，上涨每升0.81元，涨幅14.3%。0号柴油（国标V）年初每升5.24元，年底每升6.08元，上涨每升0.84元，涨幅16.03%。石油液化气价格受到本地国有经营公司交易份额扩大影响，未随原油价格小幅变化而影响，从年初的（14.5千克装）每桶90元，4月、5月、9月份依次下调至每桶85元、80元、75元。12月受石油液化气源价格大幅上涨的影响，12月底价格涨至每桶85元，较年初下跌5元。

从4月20日起，非居民用天然气价格相应调整，从每立方米3.78元下调至每立方米3.38元，煤锅炉改天然气用户气价下调至每立方米2.79元。8月1日起，义乌市居民生活用管道天然气销售基准价格由每立方米3.5元调整至每立方米2.95元。

【天然气价格改革】 8月1日，义乌市建立居民生活用管道天然气阶梯价格制度、居民用气价格上下游联动机制。居民生活用管道天然气计量户（表）为单位，以年度为结算周期。每户（表）每年用气分为三级。0~288（含）立方米为第一级，含税价格为每立方米2.95元；288~480（含）立方米为第二级，价格为每立方米3.54元；480立方米以上为第三级，价格为每立方米4.43元。对辖区内使用管道天然气的最低生活保障对象用户，凭有效证明每户每年在第一级用气量内气价每立方米优惠1元。

【污水处理费调整】 12月1日，城区居民生活用水的污水处理费标准从每立方米0.6元调整至每立方米0.95元。佛堂、赤岸、上溪、义亭、苏溪、廿三里、大陈7个镇（街道）居民生活用水污水处理费从每立方米0.4元调整至每立方米0.85元。

（徐之福）

统计管理

【概况】 2016年，完成统计分析报告32篇，统计专报9篇，专项课题研究2项。统计信息127条,其中被省统计局采用20条,国家统计局采用5条;义乌市“两办”采用信息37条,金华“两办”采用信息1条。推进县域电子商务大数据应用统计试点,编制发布电子商务发展指数和电商运行报告。

开展农普宣传,结合农业普查对象特点,制定《义乌市第三次农业普查宣传工作方案》,分阶段开展宣传。9月,结合赤岸西海赏月活动、北苑红糖文化旅游节等农村文化活动开展农业普查宣传。同月,组织全市统计系统开展“农普杯”演讲比赛,18人参加,评出一等奖1人、二等奖3人、三等奖6人。9—12月,开展“农业普查送电影下乡”20余场。12月,在义乌电视台商贸频道《同年哥讲新闻》节目片头进行农业普查宣传。同月在“义乌统计”微信平台开设“三农普”专栏,举办“三农普有奖问答”活动6期,8万人参与活动。开展“我眼中的平安义乌”“我心中的理想社区”“五水共治”工作群众满意度调查等专项调查10余次,为党委政府提供决策服务。

结合“12·8”《中华人民共和国统计法》颁布纪念日、第三次全国农业普查宣传等节点,开展“线上线下”统计法制宣传。组织全国《中华人民共和国统计法》及《全国农业普查条例》知识竞赛,共1000余人参与。

【电商发展综合指数】 4月11日,全球首个区域电商发展指数“义乌电子商务发展指数”在2016世界电商大会上对外发布,指数运行报告同步发布,人民网、环球网、凤凰网等媒体进行报道。“义乌电商发展综合指数”属于加权综合,指数模型共包括1个总指数和5个分指数,分别为电商发展总指数、电商环境指数、活跃指数、质量指数、诚信指数和贡献指数。动态监测电子商务市场变动和运行特点,总结发展规律,每个月发布指数成果,动态反映地区电子商务发展情况,警示问题和风险,为政府决策提供参考。2016年年末义乌电子商务发展总指数为110.82,较上年末提高0.94个百分点。

【编印《2016年数说义乌》和《2016年义乌市国民经济和社会发展统计公报》】 2017年1—3月,编辑《2016年数说义乌》《2016年义乌市国民经济和社会发展统计公报》。《2016年数说义乌》从经济发展篇、社会事业篇、民生改善篇、生态环境篇、改革成效篇、全市主要经济指标、镇(街道)主要指标、横向主要指标8方面,集中记载义乌市2016年社会经济建设各方面取得的成就,是义乌市人大、政协“两会”的会议材料。《2016年义乌市国民经济和社会发展统计公报》从综合、农业和新农村建设、工业和建筑业、固定资产投资、国内贸易、对外经济等12方面全面分析回顾2016年义乌市经济社会各方面取得的成就。

(骆晓斌)

审计监督

【概况】 2016年,完成审计项目68个,查出管理不规范金额5.94亿元,核减工程款5234万元,提出审计建议63条,向社会公告审计结果11个,审计报告、专报、信息被批示或采用70余篇。制定《政府投资项目竣工结算审计实施细则(试行)》,修订完善《协审工作操作指南》,规范投资审计实施,防范审计风险。出台《义乌市部门和单位内管干部经济责任审计办法》,使市内管干部经济责任审计工作进一步制度化、法制化。年内,“赤岸镇黄介山生态公墓工程竣工结算审计”被省审计厅评为优秀审计项目,1条审计建议和1篇审计报告在全省“三创三评”中获奖。在公务支出公款消费审计中,通过延伸审计,发现2家单位证券账户2003年起被冻结,股票投资失管等问题。通过落实审计整改,促进2家单位被冻结的小商品城流通股2126.32万股(审计时市值1.59亿元)盘活解冻。

【政府投资项目综合管理监督系统】 1月,政府投资项目综合管理监督系统建成投用,通过培训宣传、统一部署、联合督查,联合市督考办开展应用督查等方式,促进政府投资项目转变管理方式、提升管理水平。系统平台把政府投资项目从立项到竣工验收全过程业务信息统一纳入平台管理,以项目监督“大数据、大平台、全覆盖、高效率”为目标，实现优化业务流程、共享项目信息，提高效率、实时查询、在线监督的目的。至年底，全市31家建设单位共录入项目626个，投资额761.24亿元，涵盖全部在建政府性投资工程，实现项目从立项到竣工验收全过程监管。

【投资审计促进工程招标式改革】 1—12月，开展结算审计，重点对合同和招标文件的条款进行审查。经审计发现，受工程管理惯性思维影响，建设单位招标时，倾向于采用简单便捷的现场评分法，并签订固定总价合同，同时在合同中约定±1%～3%的标底误差调整范围。这种固定总价发包方式，不利于后期预算编制差错更正，造成财政资金不必要的损失浪费和投资造价的虚高。通过改革，促进招标方式调整为以预算500万元为界限，分别采用固定总价或固定单价等不同方式约定合同价格。

【机构编制审计】 8月，市审计局与市编办联合印发《义乌市机构编制审计实施暂行办法》，规范深化机构编制审计工作，强化机构编制刚性约束。同步实施的后宅、稠江2个街道领导干部经济责任审计中，首次邀请市编办人员以审计组成员身份协作开展机构编制审计。市编办人员利用专业优势协助审计，促进被审计单位机构编制使用管理更加规范、增强机构编制管理严肃性。

（刘　倩）

质量技术监督

【概况】 2016年，开展"质量强市"工作，由市政府发文成立义乌市质量强市暨"浙江制造"品牌建设工作领导小组，制定《"浙江制造"品牌建设三年行动计划（2016—2018）》，编制出台《2016年质量强市建设行动方案》。新增省名牌产品2个，义乌市政府质量奖2个。开展《卓越绩效评价准则》培训、"先进质量管理孵化基地"现场观摩和政府质量月活动，新导入卓越绩效管理企业10家，总数72家。制定国际标准1项，国家标准1项，行业标准5项，115家企业公开声明362项标准，涵盖543种产品，处于全省领先地位。通过国家级农业标准化验收项目1个，争取国家级社会公共服务标准化项目立项1个，省级标准化项目1个。组织开展名牌产品申报，新申报省名牌产品7个，复评21个；新申报义乌名牌产品16个，复评28个；完成"全国无缝织造产业知名品牌创建示范区"客户满意度调查等验收前准备工作。开展棉纱、针织服装、玩具等生产企业的定期监督抽查304批次；食品相关产品、儿童用品、消防产品等专项监督抽查304批次，其中流通领域抽样224批次，生产领域80批次；儿童服装、玩具、饰品等网络商品风险监测62批次。开展"5·20"世界计量日、计量专项执法检查等系列活动，维护公平交易环境。开展有机产品认证、机动车性能检测、强制性认证产品专项检查，完成全市30家检验检测机构的实地监督检查，规范检验检测行为。开展2016年度义乌市政府质量奖评审活动，成龙建设集团有限公司、浙江王斌装饰材料有限公司获"2016年度义乌市政府质量奖"。至年底，全市共有特种设备2.41万台，其中电梯1.6万台，锅炉462台，压力容器6423台，起重机械578台，厂（场）内机动车辆645台，游乐设施21台。锅炉执行燃煤锅炉淘汰政策累计拆除1452台。全年共立质监线的案件37起，罚没款120.74万元。开出全国首张电梯维保工无证擅自挂靠案件罚单。

（金　婕）

【"浙江制造"品牌建设】 2014年，浙江省委、省政府提出"打造浙江制造品牌"的发展战略，在全国率先推出了以"区域品牌、先进标准、市场认证、国际认同"为核心的"浙江制造"品牌建设制度体系，从制造业供给端发力，加快要素驱动向创新驱动转变，提升全省高品质、高水平产品的供给能力。2016年年初，建立"浙江制造"品牌培育梯队，义乌市双童日用品有限公司、义乌市易开盖实业公司、浙江博尼股份有限公司为第一梯队，义乌华鼎锦纶股份有限公司、义乌市华灵拉链有限公司、浙江迪元仪表有限公司为第二梯队。同年4月，义乌获批第二批"浙江制造"品牌培育试点县。6月，由市政府发文成立义乌市质量强市暨"浙江制造"品牌建设工作领导小组，制定《“浙江制造”品牌建设三年行动计划（2016—2018）》，编制出台《2016年质量强市建设行动方案》。10月，开展“浙江制造”品牌建设功能中心建设，推进“浙江制造”与义乌的深度融合。举办“浙江制造”品牌建设高层研讨会，挂牌成立浙江制造品牌建设促进会义乌办事处。11月，举办2016“浙江制造”标准发布会，推动浙江制造品牌功能中心永久落户义乌。年内，培育“聚丙烯饮用吸管”和“铁质易开盖”2个“浙江制造”团体标准。

（喻能能）

【开通特种设备微信公众号】 4月20日，开通金华首个县域特种设备微信公众号“小特”。“小特”以服务百姓、加强监察、宣传特种设备法律及相关知识为目标，发挥网络媒体平台覆盖广、传播快、认知高等优势，开展特种设备安全知识宣传、引导社会舆论、加强媒体引导能力建设等工作。在全市5000台公众场所电梯粘贴微信公众号二维码，至年底，1850人次关注“小特”，共发布专题资讯信息35期，阅读量1.64万人次。

（朱露珊）

【开展地方标准备案】 4月，市市场监管局联合市电商办发布《电商网络模特服务规范》《跨境电子商务公共海外仓建设基本要求》《跨境电子商务公共海外仓服务规范》《跨境电子商务公共海外仓数据交换规范》4个义乌市地方标准规范，并于4月8日正式发布实施，填补相关领域的标准空白。

（喻能能）

【全省首个“蓝鹰”特种设备社会监督团】 5月20日，市市场监管局邀请市人大代表、政协委员、律师、教师、医生、志愿者、知名论坛版主、房产中介以及省地市三级媒体记者等27人，在行政七号楼召开义乌“蓝鹰”特种设备社会监督团成立大会，组成首批27人的“蓝鹰”特种设备社会监督团。作为全省首家面向特种设备使用单位的社会监督团体，“蓝鹰”成员不仅可以观摩特种设备的应急演练和检验检测工作，还有权对特种设备安全生产活动中不合法、不规范的行为提出批评与建议，对市场监管局特种设备安全监察工作进行监督与指导，从而发现、减少、解决潜在的安全风险和隐患。至年底，“蓝鹰”特种设备社会监督团收集特种设备相关舆情30起，反馈特种设备风险隐患37个，解决行政服务中心、第三人民医院、华夏银行电梯超期未检问题，开展儿童公园游乐设施、涉氨应急演练、液氮泄漏应急演练集体监督活动并反馈监督意见52条。

（朱露珊）

【特种设备企业主体自律模板】 7月21日，市市场监管局编制《特种设备使用单位3211安全管理手册》，为企业主体管好特种设备提供可参考、可借鉴的自律模板。手册分为特种设备介绍、安全法解读、事故案例、3211管理内容、使用单位管理5个模块，明确“一户一表”“一台一册”特种设备台账制度，为使用单位建立台账指出第一步按照“一户一表”要求准备档案盒，第二步按照设备“一台一册”管理要求准备档案袋并在档案袋上注明编号，第三步档案袋放入档案盒内归档并放置在统一档案管理柜里保管的操作步骤。至年底，累计发放管理手册973本，300家重点监管特种设备使用单位规范建档。

（朱露珊）

【首次主导制定国际标准】 7月，由义乌市双童日用品有限公司主导制定的国际标准ISO 18188《聚丙烯饮用吸管规范》发布实施，成为金华地区首个、浙江省第28个本地企业作为主制定单位的国际标准。

（喻能能）

国有资产监督管理

【概况】 至2016年年底，全市国有企业资产总额993.16亿元，同比增长22.74%；所有者权益总额362.78亿元，同比增长14.26%；负债总额630.38亿元，同比增长28.22%；累计实现营业收入115.1亿元，同比增长34.16%；实现利润13.71亿元，同比增长47.37%。市国资委举办各类培训6期，培训535人。采取招聘流程外包和猎头招聘相结合的方式进行市场化选聘，全年聘用11人，其中市属国企高管3人，下属国企负责人8人。

【发展混合所有制经济】 1月13日，市国资委发文同意义乌电影传媒有限公司与上海大光明文化(集团)有限公司合作设立义乌影都大光明投资管理有限公司(暂名)，注册资本1000万元，义乌电影传媒有限公司出资650万元占股65%，上海大光明文化（集团）有限公司出资350万元占股35%。3月7日，市国资委发文同意市场集团出资340万元占股34%与义乌市恒风汽车城开发有限公司、义乌市宝丰旧机动车经营有限公司和义乌市睿远投资咨询有限公司成立义乌市二手车市场有限公司(暂名)。5月18日，市国资委发文同意义乌市国有资本运营中心出资2亿元参股筹建华商云信用保险股份有限公司(暂名)，参股比例10%。7月20日，市国资委发文同意交投集团投资金华市轨道交通投资建设有限公司，占股比例30%。8月5日，市国资委发文同意义乌经济技术开发区开发有限公司与中兴通信股份有限公司共同出资成立中兴通讯(义乌)研究院有限公司(暂名)，注册资本400万元，义乌经济技术开发区开发有限公司出资120万元占股30%，中兴通信股份有限公司出资280万元占股70%。9月5日，市国资委发文同意浙江省义乌市粮油储运有限公司与美国龙族集团、浙江省粮食集团合作设立浙江龙族国际冷链物流有限公司(暂名)，注册资本1亿元(美国龙族集团以外资注入)，浙江省义乌市粮油储运有限公司出资2000万元占股20%，美国龙族集团出资5500万元占股55%，浙江省粮食集团出资2500万元占股25%。

【融资发债】 1月18日，市国资运营中心成功发行短期融资券20亿元，票面利率2.8%；3月25日，发行第二期短期融资券38亿元，票面利率2.88%，均为同期较低利率，创下全国县级平台单笔短券最大规模。7月25日，市国有资本运营中心永续中票成功发行，募集资金17亿元，期限5+N，募集资金专项用于义乌市“一带一路”重点项目——“义新欧”铁路物流中心建设工程项目建设。此期债券发行由兴业银行义乌市分行担任主承销商，发行利率为4.2%，创下近期同期限、同评级、同品种非金融企业债务融资工具发行价格新低。8月9日，市国资委发文同意义乌市国有资本运营中心注册发行不超过8亿元的非公开定向债务融资工具（PPN项目）。10月12日，市国资委发文同意义乌市国有资本运营有限公司注册发行2016年度第二期中期票据(绿色永续中票)，发行规模不超过15亿元(含15亿元)。11月16日，市国资委发文同意义乌市国有资本运营有限公司注册发行不超过60亿元的超短融资券、公开发行不超过70亿元(含70亿元)的公司债券。12月27日，国家发展和改革委员会同意义乌市城市投资建设集团有限公司发行不超过16.2亿元专项债券，所筹资金6.9亿元用于义乌市立体停车场项目，6.7亿元用于义乌市03省道（宗泽路—环城北路）管廊工程项目，2.6亿元用于补充营运资金。此项债券是金华地区范围内首笔停车楼和综合管廊专项债，也是义乌额度最高的企业债。

【“三公”经费专项整治】 1月19日，市国资委下发《关于开展对义乌市国有企业“三公经费”专项整治工作的通知》，启动全市国有企业“三公经费”专项整治和2016年国有企业对外投资专项检查工作。4—7月，市国资委对全市国有企业对外投资开展专项审计，审计对象包括除全资子公司以外的对外股权投资，针对商城集团海城投资公司等6项市域外投资项目进行重点审计。审计中发现部分项目前期论证不足、投后管理机制欠缺、对外投资审批程序不到位等问题，提出要继续落实企业主体责任、控制非主业投资、加强投资分类管理和建立审计监管长效机制等建议及整改措施。7月，市国资委统评科、审计科和派驻市国资委纪检组工作人员7人对全市国有企业开展“三公”经费管理情况集中检查，检查采取自查自纠和重点检查相结合的方式，自查市属企业9家、二级企业13家。在年初压缩“三公”经费预算的基础上，进一步压缩“三公”经费和企业行政成本。至

8 月,市国有企业“三公”经费合计 537.85 万元，同比下降 40.28%，其中公务接待费 227.9 万元,同比下降 46%;公务用车运行维护费 204.29 万元,同比下降 15.45%;公务用车运行购置费 20.37 万元,同比下降 87.99%。

【批准设立 7 家新公司】 3 月 4 日,市国资委发文同意陆港集团成立义乌市铁路口岸物流有限公司(暂名),注册资本 1000 万元。4 月 1 日，市国资委发文同意商城集团成立义乌商博置业有限公司(暂名),注册资本 3 亿元。6 月 6 日，市国资委发文同意义乌市国有资本运营中心组建义乌市党校迎宾馆有限公司,注册资本 1 万元。8 月 25 日,市国资委发文同意社投集团出资设立义乌市易富置业有限公司(暂名),注册资本 1 亿元。10 月 17 日,市国资委发文同意商城集团设立义乌中国小商品城金融控股有限公司(暂名),注册资本 10 亿元。同月 31 日,市国资委发文同意义乌经济技术开发区开发有限公司出资设立义乌经济技术开发区工程建设管理有限公司(暂名),注册资本 2000 万元。11 月 23 日,市国资委发文同意商城集团出资设立义乌中国小商品城供应链管理有限公司(暂名),注册资本 1 亿元。

【“伟海债权”划转】 4 月 11 日，市国资委发文同意义乌市国有资本运营中心将城投集团委托浙商资产收购的“伟海债权”划转给义乌市工业土地收储公司，由义乌市工业土地收储公司对“伟海债权”进行处置,同时将城投集团因收购“伟海债权”而向国资运营中心的借款划转给义乌市工业土地收储有限公司。

【国企增资扩股】 4 月 13 日,市国资委发文同意义乌市交通投资建设集团有限公司对义乌市交通置业有限公司进行增资,注册资本由 5000 万元增加至 5 亿元。同月 19 日,市国资委发文同意商城集团对义乌小商品城房地产开发有限公司增资 20 亿元(注册资本增至 25 亿元)、对江西商博置业有限公司增资 4.5 亿元(注册资本增至 5 亿元)、对义乌市商城工联置业有限公司增资 1.93 亿元(注册资本增至 2 亿元)。7 月 20 日,市国资委发文同意义乌市跨境电商供应链管理有限公司按 6000 万元的估值,引入北京易智付电子商务有限公司和北京燕文物流有限公司,股权融资 1200 万元,注册资本由 2000 万元增资至 2500 万元。11 月 8 日,市国资委发文同意市场集团对义乌电影传媒有限公司进行增资，注册资本由 1000 万元增加至 2000 万元。

【出台国资监管制度】 8 月 16 日,市国资委出台《义乌市国资委审批、核准、备案事项清单》,对市国资委出资企业国有资产实施清单式监管。对原 88 项监管事项进行梳理，取消 8 项,对上市公司减至 43 项，下放 37 项,对非上市公司减至 68 项,下放 12 项。

【股权划转】 8 月 17 日,市国资委发文同意将市市场集团持有的义乌市农信融资担保有限公司的 10 亿元股权全部划转给义乌市国有资本运营中心。11 月 14 日，义乌市国资委与浙江省海港集团签署国有股权无偿划转协议,将义乌市国资委所持有的义乌港公司 100%股权划转至省海港集团。

【市国有资本运营公司改制】 8 月,义乌市国有资本运营中心开始改制,10 月初，义乌市国有资本运营中心完成改制,名称改为义乌市国有资本运营有限公司,企业性质由全民所有制企业变更为国有独资公司。市国有资本运营有限公司发挥国有企业“资金池”平台功能，降低企业融资成本，提高资金使用效率，至 11 月底,“资金池”累计使用资金 131 亿元，节省融资成本 4700 万元。

【扩大外派监事覆盖率】 11 月 2 日，市国资委聘用毛小琴等 5 人为市属企业外派专职监事。同月 17 日,新设水务集团、恒风集团、商城集团、交投集团、陆港集团外派监事 5 家,委派专职监事 5 人分别担任监事会专职监事,派驻监事会覆盖率 80%。12 月 28 日,市国资委制定下发《义乌市市属企业外派监事会专职监事管理暂行办法》,以制度保障、规范外派监事会工作开展与强化外派监事人员管理。

【国有资本金融运作】 11 月,义乌市国有资本运营有限公司、和谐天明投资管理(北京)有限公司(IDG)联合全国社保基金会、中科院国科基金共同出资在义乌设立和谐成长二期投资中心,基金规模60亿元,其中义乌国有资本运营公司出资15亿元,占基金规模25%。12月21日,市国资委发文同意商城集团出资1亿元参与投资义乌惠商紫荆二期母基金。

【国企清算注销】 12月12日,市国资委发文同意市城投集团注销义乌市新世纪实业有限公司。同月23日,市国资委发文同意陆港集团注销义乌市义乌港有限公司。

(尚　涛)

食品药品监督

【概况】 2016年,办理食品经营许可事项1.19万件,食品生产许可事项108件,食品小作坊许可(备案登记)107件。食品领域共完成定量抽样检测2207批次,其中流通环节抽检930批次,不合格14批次,合格率98.5%;餐饮环节食品抽检409批次,不合格8批次,合格率98%;餐饮具抽检455批次,合格率100%;生产环节(含小作坊)413批次,不合格4批次,合格率99%。开展农残快速检测21.54万批次,不合格340批次。开展重大活动餐饮保障监管工作19次,保障21.49万人次安全就餐。新增学校"阳光厨房"4家,大型以上餐饮单位25家,总数141家,建成率64.3%。查办食品违法案件82起,罚没款156万元。建立食品生产加工小作坊发证和申报登记的分类监管模式,创新实施"证照合一、申报登记"制度,实行"负面清单""申报登记"双轨并行和ABC分类管理,开展食品生产加工小作坊整治提升,全年关停取缔76家各类无证小作坊生产加工单位,实行登记申报107家。

完成化妆品生产企业"两证合一"换证共104家,实际发证102本(两家企业为一证两址),占全省完成换证企业数的1/3。完成保健食品国抽2批,国家专项抽样12批,省抽60批,全部合格;化妆品国抽90批,省抽50批,不合格化妆品共17批。现场核查新开办化妆品生产企业5家。对305批次化妆品开展镉和脱氢乙酸的风险监测,对172批次化妆品开展12种防腐剂风险监测,对辖区化妆品生产企业内销产品抽样送检覆盖率达100%。查处化妆品案件93起,罚没款205万元,完成辖区化妆品生产、经营企业非特备案2097条。完善《义乌市化妆品生产企业质量信用分级管理办法》,对全市108家持证化妆品生产企业开展质量信用分级评定,评定A级13家、B级53家、C级35家、D级7家,并对13家A级企业授牌表彰。

年内,促成义乌市绿禾电子商务有限公司与中国人保义乌分公司签订食品安全责任险,为金华地区首单网络电商食品安全责任保险。设计食品安全责任保险调查问卷并开展调查,在食品生产经营单位、餐饮服务单位、大中型食堂、学校食品配送单位等发放问卷670份。推动各镇(街道)政府为农村集体聚餐、居家养老等投保食品安全责任险,保障公众食品安全,实现14个镇(街道)全覆盖。

【建议被国家食药总局采纳】 2015年6月24日,市市场监管局向浙江省食品药品监督管理局提出推行化妆品生产"一证多址"制度的建议,即同一质量管理框架体系下的同一企业不同地址的分车间可以合办一本化妆品生产许可证的建议,浙江省食品药品监督管理局采纳并将此建议上报国家食药总局,同年12月15日,国家食药总局下发的《化妆品生产许可工作规范》第十三条进行明确"同一个企业在不同场所申办分厂,按照新申办化妆品生产企业许可证程序办理,在原证上增加新厂区地址;如分厂为独立法人,应单独申请生产许可证"。2016年3月,市市场监管局制定下发《义乌市换发"化妆品生产许可证"工作实施方案》和《义乌市"化妆品生产许可证"核发工作程序》,编印《化妆品生产许可工作手册》600册、《2015年版化妆品安全技术规范》300册分发给企业,先后组织全市集中培训4次,并根据各基层所特点,小范围进行专题培训指导,对有困难的企业采取一对一上门服务指导,至

2016年12月31日,全面完成全市化妆品生产企业换证工作,原正常生产的化妆品生产企业全部取得新的"化妆品生产许可证",共计102家。

【食品流通和餐饮服务两证合一】 根据《浙江省食品药品监督管理局关于印发浙江省食品经营许可实施细则(试行)的通知》,1月25日起,全市餐饮服务许可证、食品流通许可证合并为"食品经营许可证",启用全新改版的网上审批系统。通过制定出台《关于明确食品经营许可审批若干问题的通知》的便民政策,组织各所分管所长、窗口干部、中队长集中培训4场次,参训人员300余人次。至年底,共受理发放食品经营许可证1.19万本。

【食品安全"三大一严"专项行动】 为提升食品安全水平,确保G20峰会期间食品安全,3月1日至8月31日,在全市范围内组织开展食品安全"三大一严"(即"大抽检、大排查、大整治、严打击")专项行动。以地产食品企业为重点,对"输杭输会"食品开展统一检查。按照"严密排查、问题导向、标本兼治、铁腕治患"总要求,在食用农产品种植养殖基地、大型食品生产经营企业、大型餐饮服务单位和食品批发交易市场等重点环节和重点区域,分析系统性、区域性食品安全隐患,对全市食品安全领域存在的风险隐患与突出问题进行大抽检、大排查、大整治。行动期间,市市场监管局共出动执法人员6872人次,开展各类联合执法73次,检查重点单位1926家,约谈违规单位507家,查处违法行为43起,与公安部门联合查处或移送公安部门案件7起。

【开展美容美发专项整治】 5—10月,开展美容美发单位化妆品安全风险排查整治活动。重点检查大中型美容美发单位(包括从事塑身、纤体、丰胸、减肥等销售和使用化妆品单位)、化妆品批发及专营单位,从企业合法性、经营产品合法性、经营行为合法性、管理责任制度落实等方面进行全面风险排查与整治。出动执法人员2211人次,检查美容美发化妆品经营单位750家,美容美发化妆品使用单位837家,查处违法经营企业4家、违法使用单位5家,受理投诉举报49起,约谈企业146家,责令整改企业34家,立案5起,罚没款3.1万元。

【省级创新试点工作】 2016年6月,为探索解决影响食品安全的深层次问题,食品安全协调科围绕"跨境电商和进口食品监管""食品安全信息公开机制建设"课题开展试点研究,推进新监管方式方法的运用。科室投入3.8万元,拍摄时长7分钟的工作展示片,直观展现试点工作的成果;梳理调研各种素材,撰写课题研究报告2篇,形成可复制、可推广的工作经验。2017年2月,省食安办下文通报表彰2016年度食品安全治理体系现代化建设创新试点工作优秀课题报告,《义乌市跨境电商和进口食品监管探索实践》获一等奖,《食品安全信息公开机制建设》获二等奖。

【三类食品"双非"专项治理】

6—11月,开展保健食品、配制酒、玛咖制品生产经营企业"双非"(非法添加、非法声称问题)专项治理工作。在经营环节,对8批次保健食品抽样检测,全部符合规定。各基层所(分局)出动专项检查人员2766人次,检查核实配制酒生产企业3家,检查排查药店、专卖店、超市、副食品市场、国际商贸城经营户等各类与保健食品、配制酒、玛咖制品相关经营企业1405家,查处违法经营企业20家,查处违法广告8起,受理相关投诉举报48起,行政约谈企业46家,责令整改企业数27家,责令产品下架17次。

【首个校园食品安全科普教育基地】 9月21日,全市首个校园食品安全科普教育基地在义乌市科技和劳动教育中心毛店基地挂牌成立。

市市场监管局赤岸市场监管所工作人员、市城镇职校300余名师生参加挂牌仪式。当日,赤岸市场监管所工作人员为在场学生讲解食品安全重要性、如何辨别健康食品、食用不健康食品危害、发生食品安全事故时应急处置等食品安全课程,并对毛店基地采购的蔬菜快速检测演示。校园食品安全科普教育基地设有展示室、食品讲堂、现场食品快检等功能区域，展示室展示火腿、红糖等义乌地产食品的制作流程、食用功效，宣传食品安全板；食品讲堂以讲课的形式，为学生普及食品安全知识，由赤岸市场监管所指派食品监管业务骨干，定期为前来教育基地学习的学生开讲食品安全课程。至年底，4万余中小学生接受食品安全教育。

（金　婕）

安全生产监督管理

【概况】 2016年，全市共发生各类生产安全上报事故77起，死亡77人，其中工矿商贸企业共发生事故14起，死亡14人；生产经营性道路交通发生事故63起，死亡63人。消防领域发生火灾555起，直接经济损失1653.08万元。开展安全生产宣传教育，在电视台宣传安全生产工作42次，广播电台宣传42次，报纸宣传43次，本地网络媒体宣传31次，安全宣传车巡回宣传38次，开展巡回展览150次，放映安全生产宣传影片161场次。开展安全生产业务培训，培训镇（街道）、村干部2400余人，企业负责人3461人，安管员2563人，特种作业人员4363人，从业人员40万余人。G20安保临战期间，实行安全生产隐患排查整治日报制度。各镇（街道）和14个负有安全生产职责的部门共排查各类生产经营单位11.75万家（次），发现隐患8.61万处，当场整改5.7万处，限期改正2.4万处，关停企业880家。

【用电安全管理服务信息系统】 4月22日，市府办下发《关于推广使用智慧式用电安全管理服务信息系统的通知》，在各镇（街道）、各行业主管部门中全面推开使用智慧式用电安全管理服务信息系统。同时，成立义乌市中庆智能用电管理服务公司，负责监控中心的设立及运行。智慧式用电安全管理服务信息系统是对电气引发火灾的主要因素（导线温度、电流和漏电电流）进行不间断的数据跟踪与统计分析，通过物联网技术实时发现电气线路和用电设备存在的安全隐患，及时向企业管理人员发送预警信息，指导企业开展隐患治理，消除潜在的电气安全隐患。至年底，安装系统2500余套。

【安全生产执法规范化】 12月23日，金华市安全生产执法规范化现场会在义乌市行政3号楼召开，金华市安监局局务会议成员、各县（市、区）安监局局长、分管局长、办公室主任、执法大队长等50余人参加会议。会议组织参观义乌市智慧用电监控中心、义乌市安监局标准化办案室和执法装备展示，与会人员现场查看执法案卷。并召开专题会议，听取义乌执法规范化经验和义乌智慧用电安全管理经验。全年，市安监局共立案125起，同比增长25%；罚没款492万元，同比增长72.6%，建议公安机关采取刑事拘留8人，行政拘留2人。案卷质量在上级及法制部门案件抽查质量评选中均获优秀等次。

【安全生产执法行动】 12月31日，在全市范围内开展安全生产执法大行动。由市领导带队分成7个组，对联系镇（街道）开展安全生产执法检查，督查重点为存在严重安全隐患、违反消防规定、无证无照、偷排超排等行为的生产经营单位。关停存在严重安全隐患、违反消防规定、无证无照等非法违法行为的生产经营单位271家，其中248家承租于52宗供地企业内，消除了安全隐患。

【公共安全培训中心建设】 12月，投入700余万元的北苑公共安全培训中心建成并投用，此培训中心位于北苑街道丹溪社区复兴路2号，占地1.5万平方米，分场馆和主题公园两大区块，内设公共安全培训馆、消防安全体验馆、安全生产馆、智慧安监监视系统和交通安全体验馆。中心集宣传性、趣味性、娱乐性、实践性一体，通过展览、培训、学习体验，提高市民安全意识和掌握安全知识。

（万水林）

科学技术

综　述

2016年，全市财政科技支出4.52亿元，同比增长2.1%；全市研究和发展（R&D）经费投入20亿元，全市规模以上（年产值2000万元及以上）工业新产品产值252.32亿元，同比增长9.7%。全市有企业研发中心311家。全年培育省级科技型中小企业151家，新增省级高新技术企业研发中心6家、省级企业研究院2家、省级重点企业研究院2家，实现义乌市省级重点企业研究院建设零突破。组织实施省级以上科技计划项目21项。新增国家重点扶持高新技术企业19家，累计68家。义乌工业园区获批创建省级高新技术产业园，华鼎锦纶新材料研究院、英特来光电LED半导体研究院获批省级重点企业研究院。创新创业平台逐步构建，新培育省级科技企业孵化器1家，省级众创空间3家。义乌科技创业园获批省级科技企业孵化器，义乌万营众创空间、义乌微谷众创空间和义乌跨境电商创业孵化基地3家众创空间入选省级众创空间。新设科技种子基金2支，基金总规模3.48亿元。年内，市科技局被省委、省政府评为2015年度市县党政领导科技进步目标责任制考核优秀单位。全年专利申请量5298件，专利授权量3101件，其中发明专利授权量274件，同比增长22.9%。

科技管理

【概况】　2016年，研究起草《关于加快推进科技创新十条意见》，对义乌市在创新空间建设、创新主体培育、研发机构提升、科技成果转化、文化创意设计产业发展等10个方面提出具体实施意见。制定出台《义乌市科技局科技服务企业十条举措》，针对全市科技型企业数量偏少、基础偏差、创新能力偏弱等特点，开展送政策上门、扶持政策月兑现、科技主体倍增、中介服务助力、科技企业增信等10项行动。制定印发《义乌市科技风险补偿资金管理暂行办法》《义乌市促进创新设计产业发展的若干意见》《义乌市创新券推广实施细则》《省级以上研发机构补助资金兑现实施细则》等政策意见，加大对创新设计产业、科技金融融合、研发机构建设等方面的扶持，助力全市产业转型升级。全面推行科技创新建档工作，全年走访企业400余家，收集企业科技创新档案780余份，梳理确定拟培育科技主体300余家。组织各类培训40余场，培训8000余人次；新培育报国家重点支持高新技术企业19家，向省科技厅争取省级科技型中小企业扶持和科技发展专项资金916.1万元。

【科技金融】　1月，全市首支科技种子基金——义乌科发创业投资合伙企业成立，基金规模2.48亿元。10月，第二支科技种子基金——北京安芙兰资本通过创业投资引导基金管委会会议审议，基金规模1亿元。11月，出台《义乌市科技风险补偿资金管理暂行办法》，首期风险池资金规模1000万元，最高可放贷额度1亿元，有利于缓解科技中小微企业人才创业融资难、融资成本高等难题。同月，重新修订《义乌市创新券推广实施细则》，累计认定创新券地方载体 14 家，共发放创新券 581 万元，使用创新券 410 万元，服务企业 520 余次。

【义创空间——(北京)小样青年社区】 3 月 26 日，由中共义乌市委、义乌市人民政府主办，北京义创空间、小样青年社区承办的义创空间——(北京) 小样青年社区启用暨浙江 “千人计划”(义乌) 产业园北京创新中心揭牌仪式在北京举行。来自创投机构、金融机构、全国高校、企业等 200 余人参加活动。同时举行浙江“千人计划”(义乌)产业园北京创新中心揭牌仪式；举办创新设计展，来自上海、深圳、杭州、义乌的 15 家企业 70 余件创新创意产品参展，展品涵盖文化创意、生活家居、智能硬件、汽车用品等领域；10 家公司在启用仪式上与义创空间签订入驻协议。义创空间·(北京)小样青年社区位于北京市中关村鼎好大厦二楼，面积 4681 平方米，周边为清华大学、北京大学、中国人民大学、中国科学院等高校和科研院所，为人才找机会、企业找技术、资本找项目、产品找市场、模式找载体等构建全链式创业服务体系，为实现中关村和义乌两地资源共享、共融和共创构建了双向互动平台。全年引进入驻企业 30 家，引进各类高端人才 130 余人。

【万营创客中心】 8 月，万营创客中心通过省级众创空间备案，位于北苑街道拥军路，由浙江万营科技有限公司运营。中心空间面积 5800 平方米，设有免费工位，创客咖啡、休闲健身、路演中心等设施设备，不定期举行创业下午茶、创客分享会、创客主题 Party 等活动。至 12 月底，有工位 88 个，入驻项目 17 个，毕业项目 4 个。

【微谷众创空间】 8 月，微谷众创空间通过省级众创空间备案，位于稠江街道江滨西路，由义乌市汇海企业管理咨询有限公司负责运营，包含传统企业移动电商改造、微商众创空间建设、全球微店、微商创业人才孵化与输出、微商新媒体平台、微商金融服务、微商云仓一体化等服务版块。致力于构建规范、健康、国际化的移动互联网生态环境，以互联网平台集群为依托，为传统企业进入移动互联网领域提供整体解决方案，同时借助产业园区孵化的核心竞争力，搭建万人级的移动电商众创空间。空间面积 5000 平方米。至 12 月底，有工位 400 个，入驻项目 20 个，毕业项目 38 个。

【跨境电商创业孵化基地】 8 月，跨境电商创业孵化基地通过省级众创空间备案，位于稠江街道杨村路，由义乌市 B2C 电商领头羊义乌吉茂电子科技有限公司运营，设有健身活动室、创客咖啡吧、多功能会议室、创业孵化室、谈心室等。致力于辅助孵化有志于从事跨境电商事业的有志之士能够顺利地进入跨境电商蓝海，创业创新，快速发展。空间面积 1000 平方米。至 12 月底，有工位 50 个，入驻项目 8 个，毕业项目 30 个。

【省级科技孵化器】 11 月 22 日，由义乌科创新区开发有限公司运营的义乌科技创业园获批义乌市首个浙江省省级科技企业孵化器。园区占地面积 13.67 公顷，建成物业总面积 31.62 万平方米。集聚科研等平台 13 家，高科技及高科技服务项目 92 家。引进和培育国家千人计划、浙江省千人计划等各类高层次人才 17 个，自主培育浙江省千人计划 2 名，国家千人计划 3 名。

(赵晓兵)

知识产权(专利)保护

【概况】 2016 年，全市新增有效注册商标 1.04 万件，拥有有效注册商标 8.8 万件，授权发明专利 274 件。新认定省市著名商标 32 家，延续认定省市著名商标 131 家。拥有驰名商标 22 件，省著名商标 112 件，金华市著名商标 298 件。新认定省级商标品牌示范企业 2 家，省级商标品牌示范镇(街道)1 个，金华市级商标品牌示范企业 2 家，金华市级商标品牌示范镇(街道)1 个。新认定义乌市专利示范企业 15 家，省专利示范企业 1 家。新认定国家生态原产地产品保护企业1家，省名牌企业3家，省知名商号企业5家，省老字号企业2家。落实商标创牌及国外商标注册奖励387.4万元，发明专利及省专利示范企业补助505.1万元，中央电视台义乌品牌企业展播补助1347.7万元。出台《义乌市大力推进商标、专利质押贷款工作实施意见》，新增5家企业开展知识产权质押贷款，贷款金额9870万元。立案查处知识产权案件942件，罚没款1644.48万元，其中商标案件920件，罚没款1624.79万元；专利案件11件，罚没款5.92万元；版权案件11件，罚没款13.77万元。全年办理各类专利侵权纠纷案件787件。稽查大队获国家版权局“2015年度查处侵权盗版案件有功单位”二等奖。《中国工商报》头版头条宣传义乌市知识产权管理体制改革成效。

【“义乌质造”集体登录中央电视台】 1月1日起，一组以“义乌质造”为主题的义乌领军企业的品牌集群广告在中央电视台综合频道《新闻联播》前黄金时段播出，展示义乌经济发展的实力与成就。依据市政府出台的《关于加快实施科技创新五大工程全面提高转型发展质效的若干意见》及市科技局制定的《义乌市品牌企业展播平台操作细则》，搭建企业品牌展播平台，组织义乌市知名企业进行广泛动员，经报名及部门联审，推动7家企业首度以“义乌质造”集群广告形式登录中央电视台。此次参与义乌品牌展播的企业，要求有省级以上的荣誉，企业3年内无违法行为，3年内产品质检为合格产品，企业税收在义乌名列前茅。参与的7家企业为浙江大德药业集团有限公司、浙江欧意电器有限公司、浙江红叶制伞有限公司、浙江宾王扑克有限公司、新光控股集团有限公司、浙江森宇控股集团有限公司、宝娜斯集团有限公司。市政府对参与展播的企业予以实际投入广告费用的50%的奖励。

【获批国家知识产权示范城市】 5月8日，国家知识产权局下文确定义乌市等11个市(区)为国家知识产权示范城市，成为浙江省第一个县级示范城市。12月19日，市人民政府办公室制定下发《义乌市高标准建设国家知识产权示范城市工作方案(2016—2018)》，明确全市知识产权工作的指导思想、发展目标、主要任务和保障措施。12月底，开发上线义乌市知识产权综合运用和保护第三方平台，实现网上调解处理知识产权纠纷、相关知识产权权利备案等功能，平台功能覆盖全球，涵盖涉内涉外知识产权维权。至年底，义乌市共拥有有效专利1.23万件，其中发明专利620件，实用新型专利3923件，外观设计专利7782件。

【申报义乌市知识产权快速维权中心】 依据《关于设立义乌市知识产权维权援助中心的批复》，9月30日，设立事业单位义乌市知识产权维权援助中心，核定编制5人。中心负责知识产权相关政策法规及知识的宣传培训；负责筹建中国义乌(工艺品、饰品、袜子)知识产权快速维权中心的工作；负责为企业提供知识产权法律问题咨询服务；负责知识产权侵权纠纷的投诉受理、调解、移送等。至年底，义乌市知识产权诉调对接中心调解案件861件(其中商标案件276件，著作权案件364件，专利案件219件，不正当竞争纠纷案件2件)，案件标的总额3795.65万元；调解成功413件，调解成功率为47.97%。

(金　婕)

科技交流

【概况】 2016年，组织科技交流活动15场，200余名专家与义乌市260余家企业进行对接，征集企业技术难题200余项，达成合作项目100余项。全年实现技术市场交易额1.3亿元。开展第三批“百博入企”对接联系工作，现共有来自浙江工业大学的6名博士与浙江英特来光电科技有限公司等6家企业签订合约，签约专家累计参与企业项目14项，为企业增加效益1600余万元，生产成本节约300余万元。至年底，全市273家市级以上企业研发中心、9家省级企业研究院中，50%以上与高校院所形成长期合作关系。

(赵晓兵)

科技成果及应用

【概况】 2016年，新上科技计划项目51项，其中省级及以上项目21项，义乌市级科技项目30项。义乌市中心医院承担的“TRIM14通过JAK-STAT通路介导肠癌凋亡和侵袭的分子机制研究”项目被列入2017年度省公益性技术应用研究计划项目。由浙江森宇实业有限公司和浙江农林大学等单位共同完成的“铁皮石斛良种选育与高效栽培技术”项目获省科技进步一等奖。由义乌市中心医院完成的“半胱氨酰白三烯受体1与肠缺血再灌注损伤关系的研究”和“HPV感染、宫颈炎、CIN及宫颈癌患者宫颈黏膜脱落细胞端粒酶定量研究”项目获金华市科技进步三等奖。义乌市易开盖实业有限公司的骆江波获2016年义乌重大科技贡献奖，浙江华义

义乌市2016年国家级、省级科技项目情况表

表29

序号	项目名称	承担单位	计划类别
1	TRIM14通过JAK-STAT通路介导肠癌凋亡和侵袭的分子机制研究	义乌市中心医院	浙江省科学技术厅关于下达2017年度省级公益技术研究和软科学研究计划项目的通知（浙科发计〔2016〕188号）
2	GGL型新型高性能智能型固定式低压成套开关设备	义乌市八方电力设备制造有限公司	浙江省科学技术厅关于下达2016年第一批省级新产品试制计划的通知(浙科发计〔2016〕120号)
3	极细特柔锦纶纤维	义乌华鼎锦纶股份有限公司	
4	仿毛粗旦锦纶FDY		
5	AF311铝质易开盖	义乌市易开盖实业公司	浙江省科学技术厅关于下达2016年第二批省级新产品试制计划的通知(浙科发计〔2016〕200号)
6	AY209S炼乳包装易开盖		
7	多层照明展示PC箱	浙江巨龙箱包有限公司	浙江省科学技术厅关于下达2016年第三批省级新产品试制计划的通知(浙科发计〔2016〕239号)
8	加强型导轨工具箱		
9	搭配折叠自行车的拉杆箱		
10	磁疗纤维针织品	浙江浪莎针织有限公司	
11	温感变色印花针织品		
12	涤/棉染色免还原清洗—浴皂洗剂	义乌市中力工贸有限公司	
13	锦纶无缝内衣同浴去油剂		
14	锦纶同浴柔软剂		
15	草珊瑚抗菌发热无缝针织物	浙江棒杰服饰有限公司	
16	发热塑身保健衣	浙江剑利美针织服饰有限公司	
17	自清洁抗污针织品	浙江浪莎内衣有限公司	
18	石墨烯抗菌功能性针织物		
19	冰爽玉纤维拉舍尔毛毯	浙江真爱毯业科技有限公司	
20	福钛康纤维卫生拉舍尔毛毯		
21	智能湿热平衡拉舍尔毛毯		

医药有限公司的楼磊获 2016 年义乌青年科技奖，“胫骨平台后髁骨折的生物力学及临床研究”等 6 个项目入围 2016 年义乌科技进步奖。

【TRIM14 通过 JAK-STAT 通路介导肠癌凋亡和侵袭的分子机制研究】 项目由义乌市中心医院承担，项目研发总经费 20 万元，2016 年被列为省公益性技术应用研究计划项目。项目以前期预实验为基础，通过体外和体内实验明确 TRIM14 是否对 JAK-STAT 凋亡调控分子通路产生影响，是否参与肠癌的发生发展过程、对肠癌生物学行为的影响及 TRIM14 参与肠癌发生和发展具体的分子机制，寻找其诱导肠癌细胞凋亡的相关信息转导通路获新靶点。此项目以 TRIM14 的角度阐述肠癌的发病机制，建立以 TRIM14 为核心指标的肠癌有效的诊断预测方法，提高肠癌患者的早期检出率，为肠癌患者的治疗带来新希望。

【国内首款安全可控 X86 商用可信服务器研发及产业化】 项目由大唐高鸿信安（浙江）信息科技有限公司承担，项目总投资 872 万元，为 2016 年义乌市重点研发计划项目。项目致力于支持 TCM/TPM2.0 国内 / 国际标准的国内首款安全可控 X86 商用可信服务器研发及产业化，构建从硬件到软件、从底层到顶层的平台信任链，为客户提供端到端的可信计算环境。通过主板嵌入的可信安全模块与处理器可信执行技术，实现从 CPU 加电开始即启动的安全管理功能，有效避免 BIOS、Boot-Loader、OS/VMM 等的安全隐患。并通过可视化管理工具提供全面可信管理功能。可信服务器，单机最高支持 32 核、64 核处理器，支持符合 TCM/TPM2.0 的可信平台模块，支持可信 BIOS、中标麒麟安全操作系统 V6，支持操作系统可信增强，可信管理平台。项目可申请专利 10 项（发明专利 8 项），软件著作权 3 项，项目完成当年预计可实现销售收入 2300 万元。

【纺织品数码喷印用基团保护型高稳定性纳米颜料墨水制备关键技术研究与开发】 项目由浙江蓝宇数码科技股份有限公司承担，项目总投资 395 万元，为 2016 年义乌市重点研发计划项目。项目研究和开发“带封闭基团的反应型纺织纳米颜料墨水”以解决涂料印花牢度的问题。通过对含封闭基团的异氰酸自固化体系的研究、含自分散基轩的纳米颜料墨水体系的研究、异氰酸酯自固化体系与纳米颜料分散体系有相容性和协同性的研究、纳米颜料的制备及其稳定机理的研究及保护基轩的反应型纳米颜料墨水的制备及其表征的研究，提高墨水的稳定度和流畅度性，提高印花牢度、耐洗度和印花的质量。项目完成时可申请发明专利 2 项，预计年销售收入 2000 万元。

【PCB 微钻智能管理系统研制】

项目由浙江凯吉汽车零部件制造有限公司承担，项目总投资 510 万元，为 2016 年义乌市重点研发计划项目。项目通过对 PCB 微钻的自动存取技术、信息管理系统、智能存储设备与 PCB 钻孔机的机联网技术、企业级微钻智能管理云平台的研究，研制 PCB 微钻智能管理系统。PCB 微钻生产企业通过此云平台，梳理不同 PCB 制造企业的刀具需求量，评估不同批次刀具的产品品质，预估制造企业的刀具消耗量，合理安排刀具生产计划，统计 PCB 微钻产业的国内外发动动态。项目完成时，可申请发明专利 12 项，实用新型专利 20 项，完成论文 3 篇，年销售收入预计每年 350 万～800 万元。

【铁皮石斛良种选育与高效栽培技术】 项目由浙江森宇实业有限公司和浙江农林大学共同承担开发，获得发明专利 9 项，育成 5 个品种（系），研发出铁皮枫斗冲剂、胶囊、葆真片、浸膏、饮料 5 个保健产品及系列日化品。2013—2015 年组培种苗 6.4 亿株，建立基地 640 公顷。通过项目技术创新与应用，浙江森宇实业有限公司建成从铁皮石斛种苗培育、栽培、产品开发与销售的全产业链，成为中国铁皮石斛行业领导者，年产值有望超百亿元。2016 年，项目获省科技进步一等奖。

（赵晓兵）

企业研发中心

【概况】 2016年，认定61家企业研究开发中心为义乌市级企业研究开发中心。4月21日，浙江省科技厅、省经信委、省发改委联合下文公布2016年省级企业研究院认定结果，浙江博尼功能性无缝针织研究院、浙江森宇铁皮石斛研究院获批省级企业研究院。11月14日，浙江省科技厅、发改委、经信委、财政厅等部门联合下文公布2016年度第二批新建省级重点企业研究院名单，浙江省华鼎锦纶新材料重点研究院、浙江省英特来光电LED半导体重点企业研究院获批建设，义乌市省级重点企业研究院建设实现零突破。12月22日，省科技厅下文公布2016年省级高新技术企业研发中心，义乌蒙特多功能吸管省级高新技术企业研发中心等6家单位通过认定。至年底，全市共有省级企业研究院9家、研发中心292家。

【义乌蒙特多功能吸管省级高新技术企业研发中心】 义乌蒙特多功能吸管省级高新技术企业研发中心成立于2016年，投入经费521万元，专注于多功能吸管、多功能餐具的研发。至年底，中心拥有各类知识产权20项，其中发明专利1项，实用新型专利17项。拥有研发人员21人，其中本科以上学历占研发人员76.19%。科研用房832平方米，研发设备原值569万元。

【宝娜斯多功能针织品省级高新技术企业研究开发中心】 宝娜斯多功能针织品省级高新技术企业研究开发中心成立于2016年，投入经费606万元，专注于包纱、多功能袜、无缝内衣、一体裤的研发。至年底，中心拥有各类知识产权27项，其中发明专利3项，实用新型专利24项。拥有研发人员31人，其中本科以上学历占研发人员比重64.51%。科研用房850平方米，研发设备原值660万元。

【浙江欧意智能厨房省级高新技术企业研究开发中心】 浙江欧意智能厨房省级高新技术企业研究开发中心成立于2016年，投入经费723万元，专注于厨房智能电器的研发。至年底，中心拥有各类知识产权63项，其中发明专利2项，实用新型专利33项。拥有研发人员52人，其中本科以上学历占研发人员比重90.38%。科研用房630平方米，研发设备原值786万元。

【义乌华灵拉链省级高新技术企业研究开发中心】 义乌华灵拉链省级高新技术企业研究开发中心成立于2016年，投入经费691万元，专注于金属拉链、尼龙拉链以及拉链设备的研发。至年底，中心拥有各类知识产权13项，其中实用新型专利8项。拥有科技人员56人，其中本科以上科技人员占比62.5%，科研用房655平方米，研发设备原值540万元。

【天孚控股高性能粘胶带省级高新技术企业研究开发中心】 天孚控股高性能粘胶带省级高新技术企业研究开发中心成立于2016年，投入经费547万元，专注于高性能粘胶带研发。至年底，中心拥有各类知识产权15项，其中发明专利2项，实用新型专利13项。拥有科技人员20人，其中本科以上科技人员占比75%。科研用房600平方米，研发设备原值522万元。

【浙江省华川高分子材料高新技术企业研究开发中心】 浙江省华川高分子材料高新技术企业研究开发中心成立于2016年，投入经费768万元，专注于新型功能高分子材料的制备及应用技术。至年底，中心拥有各类知识产权48项，其中发明专利15项。拥有研发人员83人，其中本科以上科技人员占比71.08%。科研用房1000平方米，研发设备原值1185万元。

【浙江森宇铁皮石斛研究院】

浙江森宇铁皮石斛研究院成立于2016年，投入经费1106万元，专注于铁皮石斛栽培种植、新产品研发等领域的研究及产业化推广。至年底，中心拥有发明专利6项。拥有专职研发人员55人，其中硕士以上学历研发人员6人。科研用房1904平方米，研发设备原值1224万元。

【浙江博尼功能性无缝针织研究院】 浙江博尼功能性无缝针织

研究院成立于2016年，投入经费1135万元，专注于针织新技术、新材料、自动化的研发。至年底，中心拥有各类知识产权31项，其中实用新型专利17项，软件著作权14项。拥有专职研发人员130人，其中本科以上学历研发人员31人。科研用房1229平方米，研发设备原值1268万元。

【浙江省华鼎锦纶新材料重点研究院】 浙江省华鼎锦纶新材料重点研究院成立于2016年，投入经费2468万元，专注于锦纶及特种新材料的研发，并在国家重点研发计划等项目上实现突破。至年底，中心拥有各类知识产权10项，其中发明专利8项，实用新型专利2项。主持和参与制定国际标准、行业标准7项，其中国际标准2项。拥有专职研发人员74人，其中硕士以上学历研发人员21人。科研用房5373平方米，研发设备原值4638万元。

【浙江省英特来光电LED半导体重点企业研究院】 浙江省英特来光电LED半导体重点企业研究院成立于2016年，投入经费1796万元，专注于LED半导体的研发。至年底，中心拥有各类知识产权67项，其中发明专利6项，实用新型专利58项。拥有专职研发人员84人，其中硕士以上学历研发人员21人。科研用房1500平方米，研发设备原值1588万元。

（赵晓兵）

科学技术协会

【概况】 2016年，新建市级院士专家工作站2家，科普活动中心3个。在全市种植基地、农庄等人流量多、流动频繁的景点创办科普田园书吧12个，赠送各类科普读物5000余册，在科普田园书吧开展科普田园书吧座谈会、读书节等活动，1.2万人次参与。建成各具特色的“科普田园旅游”示范点3个，培育建立市级科普教育基地10家，培育建立省农函大农村实用人才培训基地2个，认定义乌绿禾电子商务有限公司为农村电商示范点。累计建成农村文化大礼堂设立科普小园地60个，组建义乌市科普教育讲师团，赴农村、社区、企业和学校等地开展科普报告30场，5000余人受益。利用全市32个科普画廊，编辑宣传全国卫生城市、气象知识、安全生产等主题科普内容6期。编发以智慧城市、农业科技创新等为主题的《义乌科普》杂志4期，每期发行量2500余册。在新经济领域新建、归并农业科技创新协会等4家学会、协会，建立企业科协11个。组织各学会科技人员开展学术交流、科普咨询等活动86场。与南京大学院士办公室、中国工程院环境与轻纺工程学部建立长期的合作关系，组织院士专家义乌行活动6场，邀请院士55人次到义乌分别围绕“时尚产业发展”“中医药健康产业发展”“五水共治”“健康小镇建设”“光电信息发展”“科技创新与产业转型”主题作讲座会谈，为义乌市经济社会发展出谋划策，其中5名院士来自加拿大、俄罗斯等国家。

年内，在全市开展“优秀科技工作者”评选活动，授予9人“义乌市优秀科技工作者”称号。浙江正味食品有限公司的孙进获评金华市青年科技奖，义乌市气象学会秘书长赵贤产获评“金华市十佳科普人”。市科协被中国科协、教育部、科技部、中科院评为2016年全国科普日活动优秀组织单位，稠江街道锦都社区被中国科协、财政部授予全国科普示范社区称号，农函大义乌分校被浙江省科学技术协会评为浙江省农村致富技术函授大学（2013—2015）先进分校。

【科普宣传活动】 1—4月，相继在义乌市官塘小学和后宅中学举办“中国流动科技馆”，2场活动免费向全市青少年及社会公众开放，1.5万人次参观。3月，举办“科技下乡”活动，组织爱眼城眼镜、三溪堂企业科协在廿三里街道下娄村文化礼堂为农民送科技、送知识、送服务，免费赠送老花镜、中药香囊、清洗维修眼镜等各种优惠措施，1000人次接受服务。4月19日至22日，邀请5名中科院老科学家在学校、社区、老年大学作科普报告，受益人数8200余人次。5月，举办主题为“创新引领，共享发展”的“科技活动周”活动，在市民广场开展现场科普咨询、机器人表演等活动，发放科普图书1000余册。9月，在江东街道鸡鸣山社区建设外来建设者科普示范社区，组织外国人参观科普教育基地、参加沙画课等活动，30余名外国人参加活动。同月，在市民广场、各农村小广场开展科普电影宣传月活动，观众6万余人次。邀请徐邦年老科学家在义乌5所学校作科普报告35场，1.1万人次受益。10月14日，在民工子弟学校杨街小学举办“我与科普活动有个约会”科普月活动，向5所外来民工子弟学校分别赠送价值1万元的科普书籍。举办爱眼科普活动、3D技术科普教育活动、俄罗斯航模大师和义乌航模飞手航模表演、全市青少年科技运动会等青少年科普活动100余场，受众2万余人。

【朱位秋院士文化陈列馆】 3月，朱位秋院士文化陈列馆建成并开放。陈列馆位于义亭镇陇头朱村，面积1200平方米，由陇头朱村管理。一楼前厅设中科院院士朱位秋的科研活动、科研成果及生活简历展；东厢房有历年“梅麓奖学金”授奖学子和历年乡贤情况介绍；西厢房设有文化礼堂阅览室；二楼正厅设有以朱位秋科研活动、科研成果、生活简历为主要内容的影像放映厅。至年底，300人次参观。

【科技人才培训】 3—11月，分别邀请专家举办枣类、猕猴桃、杨梅种植管理，垃圾分类，农家乐等培训班20余期，1200余人参加培训。5月4日至25日，对全市部分水库移民村分期、分批进行培训，共举办培训5期，培训村民1530人次。全年14个镇（街道）农函大辅导站共开设教学班25个，专业17个，培训一年制农函大学员2536人。培训专业技术人员4663人次，其中选择网络上课的学员占比为82%。开展“电子商务”科普培训5期，设基础班和提高班，200名初级和中级电子商务人才参加培训。

【科普宣传平台建设】 7月1日，开通义乌交通广播《科普园地》，每天17时播出。至年底，播出180余期。同月，在全国科普示范社区义乌市稠江街道锦都社区、北苑街道丹溪社区等10个社区建立“科普E站”，实现全天候互联网科普宣传。通过“义乌科普”微信公众号，每天发布科普知识、科技新品、义乌微生活等科普信息。至年底，共发布信息624条，6200人次关注。在“稠州论坛”开辟“科普天地”栏目，发布科普信息、科技要闻、科协动态、学会信息等内容。至年底，发布信息516条。

【首届农业科技创业大赛】 7月8—29日，在义乌市红绿蓝花卉基地举办义乌市首届农业科技创业大赛，131家企业报名参加。经过初赛、复赛和决赛，最终义乌市华秀枣类研究所获一等奖，浙江道人峰茶业有限公司、浙江日福莱农业科技股份有限公司获二等奖，义乌市敲糖帮食品有限公司、义乌市飞扬农机服务专业合作社、义乌市熊熊农业开发有限公司获三等奖，永康市超时生态种养殖农庄、义乌市宏富农业开发有限公司、义乌市红绿蓝花卉有限公司、义乌市汇博农场获优胜奖。

【院士专家工作站】 2016年，新建浙江威特电梯有限公司、义乌华邮信息文化研究院有限公司2家市级院士专家工作站。浙江威特电梯有限公司柔性引进中国工程院院士李培根及其专家团队院士1人专家5人，开展电梯物联网智能管理系统的研发和应用。义乌华邮信息文化研究院有限公司柔性引进加拿大皇家科学院院长 Dr.M.Jamal Deen，开展低成本、高灵敏度的生物传感器的研发和应用。义乌市柔性引进院士专家的做法得到省人才办的肯定与推广，并在全省作经验介绍。至年底，完善院士专家资源库建设，录入与义乌四大产业有关联的66名院士的基础数据。

（龚玲玲）

教　育

综　述

2016年，全市有幼儿园371所，小学64所，其中新义乌人子女学校教育集团2所；普通中学35所，其中初中18所，高中11所，九年一贯制学校2所，12年一贯制学校4所。职业学校3所，电大分校1所，教育研修院1所，普通高校2所，特殊教育学校2所。全市中小学、幼儿园及教育研修院、电大、科教中心、市民大学等共有教职工1.85万人。其中有幼儿园教职工8497人，在职在编教师7966人，小学（含民办学校）专任教师4829人，中学（含民办学校）专任教师4060人。专任教师中具有研究生学历的有335人，本科学历的有6859人，专科学历的有1662人。专任教师中具有中学高级职称的有818人，中学一级职称的有1900人，小学高级职称的有1785人。6月22日，义乌首届职普融通班正式启用。240名学生在职校就读一学期后，可以参加义乌市教育局举行的统一考试，总分在义乌市高一学生80%以内，可以进入普通高中就读。

全年公共财政预算教育经费占财政支出18.98%，教育部门办学校生均公共财政教育事业费小学1.12万元，同比增长1.62%；初中1.69万元，同比增长0.4%；高中1.74万元，同比增长0.04%；职高1.96万元，同比增长0.06%。生均公共财政预算日常公用经费小学1160元，同比增长0.43%；初中1380元，同比增长0.58%；高中1018元，同比增长0.3%；职高1450元，同比增长0.21%。地方财政性教育经费支出占国民生产总值的1.98%，同比增加0.02个百分点。教育部门办学校各项教育经费收入20.79亿元，其中教育事业费拨款17.02亿元，教育费附加1.15亿元，政府性基金预算安排的教育经费2267万元，事业收入6207万元（含学费3660万元）。

全年新建、续建重点工程项目8项，一般性投资项目45项，其中16项续建项目中，11项竣工并投入使用；37项新建项目中，22项已竣工。建成校舍5.96万平方米。免义务教育阶段学生课本费3403.86万元，作业本费454.16万元，杂费2609.85万元，住宿费920.04万元，发放营养餐费60万元，向民工子弟学校财政转移支付杂费及免费教科书费761万元，向民办学校转移支付学生杂费及困难生补助109.63万元。

【新增11所浙江省义务教育标准学校】 1月5日，浙江省教育厅根据《浙江省教育厅关于印发〈浙江省义务教育标准化学校基准标准〉的通知》《浙江省教育厅办公室关于做好2015年度义务教育标准化学校建设和评定报备工作的通知》要求，在学校申报基础上，经各设区市教育局组织评定验收、省教育评估院组织抽查复核并公示无异议，全省2015年下半年共有429所学校达到《浙江省义务教育标准化学校基准标准》要求，被认定为浙江省义务教育标准化学校。义乌有大陈镇东塘小学、大陈镇云溪小学、苏溪镇第四小学、保联小学、东河小学、江湾小学、佛堂镇田心小学、枫叶国际学校附属学校、荷叶塘小学、前店小学、雪峰中学11所学校上榜。自2011年

《浙江省义务教育标准化学校基准标准》新修订以来，义乌市有包括稠州中学教育集团丹溪校区、艺术学校、荷叶塘初中等在内的78所中小学跻身省浙江义务教育标准化学校。

【获第九届全国中小学外语教师园丁奖】 1月15日，第九届全国中小学外语教师园丁奖评审会议在北京国家基础教育实验中心外语教育研究中心举行。第九届园丁奖（含全国三“十佳”外语教师）评选活动分为初评和复评2个程序。初评工作由各省（自治区、直辖市）教育行政部门逐级申报、评审。之后由各省级园丁奖评审委员会将评选结果按园丁奖评选名额分配比例，报至全国评审委员会办公室。此届园丁奖由基金会领导和外研中心领导共10余人组成的专家评审委员会担任复评工作。经评选，义乌市春晗学校陈清伟和义乌第三中学金三峰2名教师获奖。

【创建浙江教育基本现代化市】 1月29日，在2016年全省教育系统工作视频会议上，义乌市教育局被浙江省教育厅授予“2015年度浙江省教育科学和谐发展业绩考核优秀单位”称号，成为全省15个县（市、区）级优秀单位之一。教育科学和谐发展业绩考核是浙江省教育系统最全面、最系统的考核。教育科学和谐发展业绩考核分基础条件建设情况、教育均衡协调发展情况、和谐稳定情况、教育改革与开放情况及教育争先创新情况五大类50项指标考核。考核以实现教育现代化为引领，以“促进公平、提高质量、实现协调、增强活力、强化服务”为基本要求，推动教育科学和谐发展。

【入选浙江教育十大年度影响力人物】 3月23日，2015浙江教育年度新闻人物终评会在杭州举行，经过初评、读者微信投票、复评、征求各地和有关单位意见、终评等环节，义乌市上溪小学教师吴志坚被评为“2015浙江教育十大年度影响力人物”。2015年11月13日，丽水市莲都区雅溪里东村发生山体滑坡，导致近20栋房屋被埋，30余人被困。吴志坚带领36名义乌市紧急救援协会队员，响应省民政厅和省红十字会的号召，携带救援设施设备奔赴丽水灾区。他们用挖掘机把堰塞湖挖开，把村庄里的水排出去。为避免对受困者造成二次伤害，或破坏遇难者遗体，他们徒手扒开乱石，刨开泥土寻找受困者。同月14日，浙江省长李强到山体滑坡救援现场，称呼义乌市紧急救援协会队员为“义乌勇士”。18日，《浙江教育报》头版以《义乌一教师带领紧急救援协会队员奔赴丽水　省长称赞他们为“义乌勇士”》为题作专题报道，义乌教育网、《浙中新报》发表吴志坚个人专访报道，引起社会广泛关注。

【第三届“最美教师”评选】 4月6日，市教育局在全市教育系统开展“最美教师”评选活动。评选活动分单位推选、小组联评、教育局联评3个阶段。各单位首先根据评选条件在教师自荐或教职工民主推荐的基础上，组织全体教职工、学生、家长或家长委员会以书面无记名投票的方式择优产生1名教师作为义乌市“最美教师”单位推荐人选。全市中小学、教育机构、幼儿园（含民办学校）按区域、学段、学校类别分为若干联评小组进行联评，产生“最美教师”小组推荐人选。最后，由市教育局组织评审团，对各联评小组推荐的人选进行联评，产生“2016年义乌市最美教师”。4月12日前完成联评，入围人选相关材料报送至市教育局人事科。同月14日开始，市教育局在教育网上对义乌市“最美教师”市级联评入围候选人进行集中展示。6月20日前，市教育局对入围候选人进行评选，评选结果在义乌教育网上公示。7月20日，市教育局公布义乌市第三届“最美教师”名单，分别是义乌市教育事业管理中心毛亚丹，义乌中学王树民、廿三里第二小学朱卫峥、黄山小学杜燕君、荷叶塘小学吴江君、星光实验学校沈振宁、后宅中学沈赛飞、苏溪第二小学赵碧和、义亭中学傅丽芳、宾王幼儿园穆文勤。

【获宋庆龄奖学金】 5月3日，教育部公布第12届宋庆龄奖学金获奖名单。浙江省共有44名学生获奖，其中义乌市绣湖中学九年级学生陈晓艾榜上有名。至此，义乌先后有4名学生获此殊荣。宋庆龄奖学金由教育部、中

国福利会和中国宋庆龄基金会于1994年共同设立，面向全国在校的初中生和小学生，是九年义务教育阶段唯一的国家级奖学金，奖项每两年颁发1次，迄今为止颁发11届。

【获全省中职学校“最美教师”】 5月16日，由浙江省成人教育与职业教育协会、浙江教育报刊总社联合举办的2016年浙江省中职学校“美丽校园”和“最美教师”评选结果揭晓。经过海选审查、网络投票、专家评审、核查等环节，全省10所中职学校获2016年度“美丽校园”奖，10所中职学校获2016年度“美丽校园提名”奖，20人获2016年度“最美教师”奖，20人获2016年度“最美教师提名”奖。其中，义乌市国际商贸学校教师李宏荣获2016年度“最美教师”奖，浙江省机电技师学院教师胡兴梅获2016年度“最美教师提名”奖。

【义务教育段“精品课程”及“特色学科”揭晓】 5月31日至6月6日，市教育局公示2016年义乌市精品课程与特色学科初评结果，经学校自主申报、专家评审，初评产生30门“精品课程”、10门“特色学科”。7月13日，市教育局公布2016年义乌市义务教育段精品课程与特色学科名单。开发区学校《成长课程》、群星外国语学校《Scratch儿童趣味游戏与动漫设计》、稠州中学教育集团《沙画艺术》等24个课程获评精品课程，绣湖小学教育集团小学语文、群星外国语学校小学英语、稠州中学教育集团初中英语等9个学科获特色学科。义乌市级精品课程、特色学科以两年为一个培育周期。培育周期内，市教育局在考核认定的基础上每年拨付专项经费1万元，培育一批具有影响力的省级精品课程、特色学科。

【“扫黄打非·护苗2016”进校园活动】 6月22日，义乌市“扫黄打非·护苗2016”进校园活动在青口小学报告厅举行。活动以“互助少年儿童健康成长，远离和抵制有害出版物”为主题，由市文广新局、市教育局主办，青口小学承办。市教育局、市文广新局与青口小学相关领导10人和青口小学五年级270余名学生参加活动。期间，青口小学学生吴俊丽宣读《远离盗版，拒绝有害出版物》倡议书。之后举行赠书仪式，赠送图书仪式上，市文广新局向青口小学捐赠400本儿童读物。赠书仪式后，嘉宾给全体五年级学生分发绿书签和“扫黄打非”宣传资料。

【入选浙江省“春蚕奖”】 8月23日，浙江省第26届“春蚕奖”评选揭晓，共有300名教师获奖。义乌有溪华小学丁志平、廿三里二小李国军、义乌二中陈向明、星光实验学校俞巧龙、国际商贸学校楼林菊、稠城一校教育集团楼曙光6名教师获奖。“春蚕奖”是浙江省人民政府为表彰人民教师的辛勤劳动设立的，从1988年开始，每年评选一次。评选范围为普通中小学、幼儿园、职业中学及特殊教育学校教师中在教学、管理和服务育人中涌现出来的各类优秀人员。

【宗泽小学授牌】 8月31日，义乌市宗泽小学授牌仪式在宗泽小学校门口举行，市教育局基教科、教育研修院、江东街道中心等相关单位领导10人出席授牌仪式。宗泽小学地处义乌名人宋朝名将宗泽后裔居住地、邻近宗泽祠堂，故以宗泽命名。学校位于宾王路778号，总投资7274万元，占地面积3.19万平方米，按浙江省I类标准化学校要求建设，包括教学楼、行政实验楼、学生宿舍楼、食堂餐厅、体艺楼（含游泳池）、地下室、田径场等。学校设36个班，招收在校生1620人，教职工91人。宗泽小学学区范围为环城南路以外、宗泽路和义东路之间区域，包括宗塘、端头、山口、赤塘4个行政村，宾南嘉苑、宾王广场、久府和园3个商品房住宅区以及市保障房江东区块（和欣花园）。学校设计规模为每个年级6个班，有80%学位用于招收借读生。学校建筑以半现代化徽派建筑为主，布局因地制宜，具有较强的实用性和舒适性。学校校训“立德树人，传承创新”。9月1日，学校迎来首批一年级新生270人。

【中小学、幼儿园校（园）长赴上海挂职研修项目】 9月9日，市教育局启动28所中小学、幼儿园的校（园）长赴上海挂职研修项目。挂职研修活动分3个阶段，9月18—30日，小学、幼儿园学段18位校（园）长进驻上海浦东幼儿园、上海竹园小学、进才实验小学跟岗学习；10月9—21日，初、高中10位校长赴相关中学跟岗学习；10月24—26日，全体研修人员集中开展为期3天的专题培训，项目包括专家引领、名校参访、经验交流、反思改进。

【义乌新世纪外国语学校签约】 9月14日，由义乌市委、市政府主办的“同扛发展大旗 共建美好家园”2016中秋赏月·回乡创业座谈会在幸福湖国际会议中心举行，义乌市委书记、市长等10余人出席会议。会上，进行义乌13个重点项目签约。义乌市教育局与浙江侨商蜂巢投资有限公司、杭州新世纪外国语学校举行合作办学签约仪式，签约创办“义乌新世纪外国语学校”项目。“义乌新世纪外国语学校”项目是浙江省实施“侨商蜂巢，教育先行”的行动计划之一，也是继大连枫叶国际、上海复旦、台湾再兴之后，义乌市引进的又一大国际教育品牌。义乌新世纪外国语学校由高中、初中、小学、学前教育4个学段组成。项目一期创办初中、小学、学前教育3个学段，定址在稠城街道西城北路与宗泽北路交叉口；项目二期根据实际发展创办高中学段等。学校办学主体依托杭州新世纪外国语学校教育品牌办学，与义乌新世纪外国语学校共享各类教学资源、系统。

【中小学文学社团联盟成立】 9月21日，义乌市中小学文学社团联盟在义乌三中成立。文学联盟以“北斗文学”为名，通过邀请名家讲座、设立北斗文学基金、运营文学联盟网站、举办“北斗杯”年度作文大赛、推出北斗文丛等方式，打造浙中区域富有影响力的校园文学品牌。至12月底，邀请贾献文等10余位有影响的作家到义乌举办讲座10余次，拓宽学生视野，为高校输送一批语言文学、新闻编辑、影视编导、电视主持等专业的复合型人才。

【校（园）长储备人选培训】 11月4日至10日，义乌市校（园）长储备人选培训在义乌市教育研修院开班，市教育局公布的2016年义乌市校长（园长）储备人选55人参加。培训主要从教育理解力、能够驾驭学校教育深化改革与创新发展等方面入手，由上海市现代教育培训中心负责传授，以保障和提高义乌市中小幼办学质量，培育一支在教学改革、学校管理中发挥领头羊作用的校长后备干部队伍，储备一批有发展潜力、具有较高专业水平和管理水平基础的后备力量。

【首届中外学生文化交流节】 11月21日，义乌市首届中外学生文化交流节在义乌市经济开发区学校举行。市教育局、市外侨办相关负责人，全市中小学外籍学生、家长代表300余人，外商代表20余人参加文化交流节。活动以中外学生一起编排的文艺会演作为开场，节目由义乌市部分具有招收外籍学生资格的学校选送，包括大合唱、舞蹈、乐器演奏、诗朗诵等，展示义乌市中小学多元文化的交流与融合。文艺会演结束后，开发区学校的学生和家长准备美食嘉年华活动，制作种类丰富的各国美食。活动中，既有美食品尝，也有美食制作介绍，中外学生、家长通过美食分享充分体验10余个国家原汁原味的异国文化。全市有25所学校具备招收外籍学生资格，相当一批外籍学生在公办学校与中国学生混合编班“随班就读”，接受中国文化教育。2016年秋季，在义乌市中小学就读的外国学生共有200余人。10月18日，义乌首家外籍人员子女学校开学，至12月底，招收18个国家外籍学生51人。

【浙江省中小学体育与健康教学活动评比】 11月21—24日，2016年浙江省中小学体育与健康教学活动评比在义乌中学举行，活动由浙江省教育厅教研室主办，金华市教育局教研室、义乌市教育研修院承办，义乌中学、义乌江东初中、义乌实验小学协办。省内各地推荐的参赛选手、专家评委、教研员、教练老师等100人参加评比。教学评比包含理论、基本功和课堂教学3部分。理论考核教学设计和看录像评课。基本功分团体项目和个人自选项目。广播操、武术操和队列队形为团体项目，团体成绩即参赛教师此项目个人成绩；个人自选项目设球类、田径类、技巧

首届中外学生文化交流节　　（市教育局供图）

类和综合类。22 日，举行开幕式、广播体操《七彩阳光》《舞动青春》及武术操《英雄少年》三套操比赛，13 个代表队同时上场表演。之后进行自选项目和规定动作比赛，分跨栏、跳远、足球、篮球、排球、武术、健美操、技巧等项目。同日下午进行评课与教学设计。23 日、24 日，举行课堂教学评比环节。每半天 4~5 位参赛教师执教 1 个课题，选手分小学、初中、高中 3 个组别分别在 3 个协办学校体育馆同时进行。课堂教学比赛课题现场抽取，备课 40 分钟后上课。是对参赛教师专业技能水平、教学内容设计、课堂组织能力、教师教态语言以及临场应变能力的综合考验。分别评比选出小学体育与健康、初中体育与健康、高中体育与健康一等奖 5 名，二等奖 7 名。义乌市实验小学教师杨宝丰获小学体育与健康一等奖，义乌市稠州中学教育集团丹溪校区教师刘佳获初中体育与健康二等奖，义乌市第四中学教师方小康获高中体育与健康一等奖。

【校园足球“义乌模式”】 12 月 29 日，市教育局和海汇润和（宁波）影视传媒有限公司签署《义乌中德校园足球项目框架协议书》。双方携手合作，引进整套德国足球青训体系，创建中国校园足球“义乌模式”。义乌是全国青少年校园足球试点县市区，为浙江校园足球 12 个特色试点县之一，有 4 所学校被认定为全国青少年足球特色学校，20 余所学校获“浙江省级校园足球特色学校”称号，全市有 2 万学生在校园“玩”足球。根据协议，海汇润和公司将发挥中德文化交流优势，联合德国专业足球机构，引进德国足球青训体系和高级足球教练员，帮助义乌市培训中小学足球教学所需师资、教练员和裁判员，使之获得相应执教资格证书。与此同时，海汇润和还将提供德式足球教程，帮助义乌市建立校园足球培训体系，指导足球教师和教练员，开展校园体育课足球教学和课余足球兴趣特长课的教学活动。

（王锦豪）

学前教育

【概况】 2016 年，全市有幼儿园 371 所，其中公办幼儿园 27 所，其他及社会力量办 344 所；教职工 8497 人，其中幼儿专任教师 4915 人，在园幼儿 7 万人，园均规模 188 人。发放财政性奖励资金有升等奖励 240 万元，“五险一金”补助 471.72 万元，师资补助个人部分673.6万元，师资补助单位部分3万元，安保补助42万元，合计1430.32万元。新认定B类普惠性民办幼儿园36所，认定A类普惠性幼儿园67所，涉及幼儿1.24万名，降低家长保教费900余万元。

普惠性资源覆盖面88.9%。开展2016年省等级幼儿园评估工作，共评估认定省三级幼儿园25所。开展任职资格培训和“分批、多层、分级”教师培训，有针对性提高教师的业务水平。

举行幼儿园活动、比赛。4月5日，大陈镇中心幼儿园举行家长助教活动；10月28日，南环幼儿园举办第五届“闪亮小主播”竞选活动。大班段140名幼儿参赛；11月20日，宾王幼儿园组织282名幼儿、家长参加2016义乌国际马拉松赛亲子跑项目，项目全程2.1千米；12月21日，稠城第二幼儿园举行“球王争霸赛”，100余名小孩参加。

【获全国教学展示奖】 10月10日，第十届全国幼儿园音乐教育观摩研讨会在山西太原举行。来自南京、浙江、山东、福建、广州、内蒙古、陕西等省市1000名专家、幼教老师参与研讨会。浙师大杭州幼儿师范学院附属义乌幼儿园园长周玲美老师在本次研讨会上进行小班音乐教学活动《母鸡下蛋》的展示。活动中，周老师创设母鸡吃虫、母鸡下蛋和母鸡孵蛋的游戏情境，让幼儿在游戏中扮演母鸡的角色，在轻松愉快的氛围中感受、表现歌曲。本届幼儿园音乐教育观摩研讨会还进行了论文与教案的评比活动。评比中，周玲美老师的《母鸡下蛋》教学方案在第十届全国幼儿园音乐年会教案评比中获得二等奖。同时她撰写的论文《美之声·合之乐——“被审美”音乐教学法指导下的幼儿合唱教学研究》在此届全国年会论文评比中获三等奖。

【省第六届幼儿足球节获奖】 10月13—16日，由浙江省教育厅、浙江省体育局、浙江省校足办主办，衢州市教育局、衢州市体育局承办的浙江省第六届幼儿足球节在衢州举行。全省有来自衢州、宁波、绍兴、温州、金华、绍兴、义乌、常山等15支队伍参加。此次幼儿足球节有足球自编操比赛，足球规定操比赛，个人和团体项目幼儿PK决赛等内容。义乌市有稠城中心幼儿园和宾王幼儿园参加比赛。稠城中心幼儿园在足球操、亲子颠球、亲子绕桩接力、亲子传球射门、亲子射门、PK赛6个项目的比赛中获一等奖4个、二等奖1个、三等奖1个，获团体总分第一名，继续蝉联全省第一。宾王幼儿园丫丫足球队在足球操、亲子颠球、亲子绕桩接力、亲子传球射门、亲子射门、PK赛6个项目的比赛中获一等奖4个、二等奖1个、三等奖1个。

【首个幼儿园资源教室投入使用】 10月24日，义乌市幼儿园首个资源教室在稠城中心幼儿园投入使用。稠城中心幼儿园幼儿资源教室分成接待办公区、模拟超市购物区、感统训练区、益智区等多个功能区，配备A字架、滑板、平衡助步车等运动器械，帮助特殊学生进行运动、认知、心理、语言、生活能力等全面的锻炼与康复。教室内墙设有软包，以防学生运动受伤。稠城中心幼儿园资源教室由浙江省教育厅下拨的专项资金建设而成，是省示范性资源教室的建设项目之一。至12月底，义乌先后建成资源教室16个，在各镇（街道）均布点1个资源教室。

（王锦豪）

义务教育

【概况】 2016年，全市有公办小学61所，新义乌人子女学校2所。在校学生10.1万人，同比增加2009人；校均规模1579人，同比增加100人。初中18所，在校生2.9万人，同比增加1256人，校均规模1616人，同比减少22人。初中报考9000人，普高录取5424人，职高录取3499人，总录取率99.14%。公办学校外来建设者子女在校人数小学2.38万人，初中6901人；外籍学生小学112人，初中31人。小学有教职员工5168人，其中专任教师4829人。初中有教职员二2259人，其中专任教师2116人。

【参加全国“我要上两会采访”活动】 3月，全国人民代表大会在北京举行。义乌市绣湖小学教育集团绣川校区学生傅子真、吴羿萱，实验小学教育集团江南校区学生朱三川经过“中国人民大学·中国少年报社少年新闻学院义乌分院”层层选拔，参加团中央未来网“我要上两会采访”活动，成为全国“两会”上为数不多的小记者。3月6日，3人到达北京。同月7日在全国“两会”现场进行采访，和各个媒体“同行们”一起穿梭在会场中，提问题、抢新闻。其间，她们采访陈凯歌、濮存昕、宋祖英等明星，艺术大师何水法、汪国新，教育部、科技部副部长陈小娅，清华大学前任校长顾秉林，科学院士王家骐等20余位全国人大代表和政协委员，在现场展现义乌小学生的活力和风采。

【全国艺术展演获佳绩】 4月11—16日，第五届中小学生艺术展演活动在青岛举行。来自全国633所学校7000余名中小学师生参加。期间举办开幕式、闭幕式、9场艺术表演类节目演出（声乐2场、器乐2场、舞蹈3场、校园剧和朗诵2场）、40个学生艺术实践工作坊展示、298幅学生艺术作品展览和中小学艺术教育科研论文报告会。6月1日，教育部发布《教育部办公厅关于公布全国第五届中小学生艺术展演活动优秀组织奖及各项目评选结果的通知》，公布获奖名单。义乌市艺术学校凭借《我唱出了世界的声音》《YAMKO RAMBE YAMKO》2首合唱歌曲的演绎获得艺术表演类小学甲组二等奖，义乌市教育局获展演活动优秀组织奖，义乌市艺术学校教师刘慧霞获展演活动指导教师奖。

【首个“创意中国古典数学益智游戏实验室”】 4月14日，“创意中国古典数学益智游戏实验室”授牌仪式在义亭小学举行，此次授牌仪式由中国少年科学院、中国青少年发展服务中心主办。义亭小学是中国少年科学院、中国青少年发展服务中心在浙江省首批挂牌的“创意中国古典益智游戏实验室”10所学校之一，为义乌首所。“创意中国古典数学益智游戏”内容涵盖七巧板、六巧板、鲁班锁、华容道、九连环等古典益智游戏，以此提高学生学习兴趣和动手能力，促进数学思维发展。

【中小学红十字应急救护师资培训班】 4月15日，由金华市红十字会主办，义乌市教育局、义乌市红十字会承办的义乌市教育系统首期中小学红十字应急救护师资培训班在义乌市教育研修院举行心肺复苏和创伤救护的操作考核。50名学员进行考试，通过者可拿到二级红十字应急救护师资格证，承担普及救护常识的责任。培训班分2期举办，每期5天，实现义乌市学校应急救护师资全覆盖。培训内容涵盖现场心肺复苏、常见急症意外伤害、创伤救护、紧急避险与逃生、理论考核与综合演练。35名学员通过培训，拿到二级红十字应急救护师资格证。

【首届公益文化节】 4月20日，义乌市江东第一小学举办首届公益文化节。活动由江东第一小学校与义乌义工之家、雷锋公益协会等公益组织举办，江东第一小学学生324人参加活动。活动结束后，324名学生组成义工之家公益小天使队。活动现场收到1卡车衣服，500余本课外读物，义卖物品金额1.35万元。其中，义卖款50%捐给义工之家用于助学，50%由江东一小家委会留作学校建设费用。捐献的图书由义乌市雷锋公益协会负责整理打包，送给甘肃、贵州等贫困地区的小朋友。捐献的衣物则由义工之家“义乌温度”负责分类打包送往贫困山区。

【首届感恩节活动】 5月27日，稠城三校首届感恩节暨十岁集体生日会在学校操场举行，学校三年级师生及学生家长390余人参加活动。活动以“感恩十年幸福成长”为主题，分“十岁了，我在行动”“穿越十岁成长门”“十岁生日晚会”“校园露营”4个内容12个节目。活动以家长携手10岁孩子，通过“成长门”开始。之后，三年级学生们通过表演诗朗诵“我们十岁了”、武术表演“龙的传人”、广场舞“向快乐出发”等节目表达对父母的感恩之情和成长的快乐。舞台节目在全年级表演的“感恩的心”中结束。

（陈筱青）

【获省小学数学课堂教学评比二等奖】 10月18—19日，2016年浙江省小学数学课堂教学观摩评比活动在金华举行。活动由浙江省教育厅教研室主办，金华市教育局教研室、金华师范附属小学承办。金华市各县(市)区小学数学教研员和数学骨干教师200人观摩评比活动。评比中，义乌市义亭小学教师王礼英通过课堂展示、现场辩课等环节角逐，获得省小学数学课堂教学评比二等奖。王礼英老师执教的《体育用品的采购》从学生身边的数学场景展开教学，引导学生通过互动交流表达对生活中问题的数学理解，环环相扣的教学设计为学生提供思想的阶梯，促进学生在数学王国快乐成长。

【首届“荷花”电影节】 10月19日，荷叶塘小学以“走进光影世界，放飞纯真童心”为主题的首届电影节开幕。此次荷花电影节时12天，以优秀儿童影片为载体，发挥电影文化在加强小学生素质教育中的作用，提高学生的审美能力和艺术表现力，丰富学生的课余文化生活操。期间，播放《上学路上》等10部电影，1000名学生观看演出。

（除署名外均由王锦豪撰稿）

普通高中教育

【概况】 2016年，全市有普通高中14所，其中公办10所，民办4所。省一级特色示范高中2所，省二级特色示范高中4所。全市共有1726名教职员工，其中专任教师1394人。年内，普通高中招收新生5639人，毕业生5577人；在校生1.66万人，其中女生7726人。高考报名5680人，录取5292人，录取率93.17%。职校单考单招报名641人，录取478人，录取率74.57%。

【获“金华市劳动模范集体”】 4月28日，在金华市第11届劳动模范表彰大会上，义乌中学被授予“金华市劳动模范集体”称号。本次共有143人评为“金华市劳动模范”，22个集体评为“金华市劳动模范集体”。义乌中学有省特级教师5名，省特级教师后备人才7人，省知名教师20余人，省地教坛新秀30余人，市历届学科带头人50余人。学校先后评为省首批一级重点中学、省首批一级普通特色示范高中，是北大、清华、浙大等高校优质生源基地，曾获“金华市最美校园”“浙江省教科研百强校”“全国中学实践教育活动先进学校”“全国现代教育技术实验学校”等多项荣誉称号。

【获物理实验全国一等奖】 9月26日，全国物理中学教师名师赛实验创新比赛在江西南昌举办，全国有200件实验作品参赛，其中13件作品获一等奖。义亭中学教师楼志刚和大成中学教师张青获一等奖。楼志刚展示共振系列实验，分别通过机械、电磁感应、声波3种方式传递振动，逐渐改变驱动力频率，分别使3个固有频率不同的3个弹簧振子发生共振。张青演示“沙漠蜃景”现象，采用10厘米×350厘米的铝合金材料，利用电加热片给铝合金材料加热，以此来模拟高温的沙漠地面，以达最佳效果。

【获浙江省优质课比赛一等奖】 11月11日，在浙江省2016年初中思想品德课堂教学评比活动中，稠州中学教育集团城南校区教师蒋文灿获一等奖，为2016年义乌市初中段学科参加省级优质课比赛获得的最高成绩。本次评比给参赛者提供两个话题，要求根据现场抽签选择的话题，理解该话题的主题释义，以拓展性课程的形式，根据学习目标自行组织和架构一课时的教学内容，内容组织要求不拘泥于教材，授课具体课题自拟。抽签后，封闭独立备课，从抽到话题到上课的时间是24小时，全面考验课标解读能力、教学设计能力、课堂组织教学能力等专业素养。

（王锦豪）

中等职业教育

【概况】 2016年，全市有3所职(技)校，全年毕业2675人，招收新生3362人，在校学生9463人。高职考试报名936人，上线820人，上线率87.61%。

国际商贸学校开设国际商务类，汽驾汽修类，信息技术类，建筑类、旅游服务类、文化艺术类、公共事业类为主体的15个特色专业。城镇职校开设国际商务类、信息技术类、加工制造类、中餐烹饪类为主体的16个专业。机电技师学院开设加工制造类、电气自动化类、信息技术类、国际商务类为主体的29个专业。在中职质量提升行动计划中,机电技师学院成功申报名校项目;国贸学校鲍正浩、机电技师学院王关根成功申报大师及大师工作室项目;城镇职校电子商务专业、国贸学校汽修应用与维修专业成功申报名专业项目。

全市职业学校在各级各类教师业务、师生技能大赛中取得骄人成绩,其中金华市级一等奖49个,二等奖51个,三等奖50个;浙江省级一等奖7个,二等奖14个,三等奖37个;国家级一等奖3个。

【首批“浙江省中职教育改革发展示范学校”】 2013年7月起,义乌市城镇职业技术学校围绕“创建高水准一流名校”的目标和“注重顶层设计、根植义乌需要、目标合理清晰、带动课程改革、促进整体提升”的建设要求,推进“电子商务”“国际商务”“机电技术应用”3个专业和“中职生创业创新”1个特色项目的建设,在专业建设、课程开发、教学模式改革创新等方面发挥好示范校的骨干引领和辐射带动作用,提炼和拓展建设成果,深入挖掘项目建设中形成的成果和经验,持续推动学校各专业、各环节办学水平的提升,着力打造职业教育品牌。根据《浙江省教育厅办公室关于印发〈浙江省首批中等职业教育改革发展示范校验收评估实施办法〉的通知》要求,2015年12月至2016年3月,省教育厅委托省教育评估院组织专家组对申请验收的全省首批28所省中职改革发展示范学校建设项目进行终期验收。经集中汇报、实地验收评估、综合评议等验收程序,义乌市城镇职业技术学校等24所学校通过项目终期验收,被评“优秀”。2016年5月26日,省教育厅公布“浙江省中职教育改革发展示范学校建设项目验收结果”,义乌城镇职业技术学校被授予“浙江省中等职业教育改革发展示范学校”称号。

【蝉联省电子商务大赛团体一等奖】 1月8日,由浙江省经济和信息化委员会、浙江省教育厅、浙江省人力资源和社会保障厅、共青团浙江省委共同发起举办的浙江省第十届电子商务大赛在杭州落幕,大赛于2015年4月11日启动,分个人赛、团体赛、新网商争霸赛、创业创新精英赛等赛事。有全国大中专院校100所1.39万人参赛。义乌市国贸学校蝉联大赛团体一等奖。

【蝉联省学生定向赛团体第一名】 3月21日,由浙江省教育厅、浙江省体育局主办的浙江省第13届学生定向赛暨省第13届中学生运动会定向比赛在武义举行。大赛设有百米赛、团队赛、中距离赛、短距离赛、积分赛5个项目,其中高中组共有29支队伍215人参赛。义乌市国贸学校获高中男子组团体赛第一名。定向运动仅凭一张详细的地图和指北针,参与者以最短的时间,按顺序到访地图上标示的各检查点,在每个点之间选择自己认为最佳路线直达终点为胜。

【获省原创微电影一等奖】 3月24日,2016年浙江省中等职业学校职业能力大赛学生职业素养比赛在富阳举行,全省12个地区1200余件作品参赛。作品包括征文演讲类、职业生涯规划类、摄影类、微视频类、校园情景剧类、才艺展示类6大类7个项目。义乌市城镇职业技术学校学生原创微电影《最初的梦想》获大赛“微视频类”一等奖。此部微电影讲述顾佳和南小北2个少年因中考落榜,无奈进入职业学校学习,从入学初的灰心迷茫,到在职校里相互支持、努力中坚守最初的梦想,最终展露中职生精彩一面的励志故事。另外,在此次大赛中,城镇职校学生刘凯获“职业生涯规划类”一等奖,张正浩获“摄影类”一等奖,虞欣钰、刘文静、杨燕翔、黄杉等获“校园情景剧类”一等奖。

【在全省技工院校数学素养知识比赛获奖】 5月4日,由浙江省职业技能教学研究所承办的全省技工院校数学素养知识比赛在金华浙江交通技师学院举行,来自全省各地40所技工院校80名学生参加比赛。比赛通过数独、数学建模、数量关系和逻辑、趣味数学、生活中的数学、数学史6个方面内容的比试,评出一等奖8名,二等奖16名,三等奖

24名。省机电技师学院学生童文豪、方嘉龙获二等奖。

【首期维修电工高级技师培训班】 9月23日，义乌市首期维修电工高级技师培训班在浙江省机电技师学院举行，50余名学员参训。培训内容为电子技术知识、电机与变压器、可编程序控制技术、工厂变配电技术、机械原理及液压传动等。通过培训，50余名学员掌握维修电工高级技师所要求的理论知识和操作技能，全部项目考核通过后，取得高级技师技能等级证书。培训后全部学员拿到高级技师技能等级证书。

【义乌先进制造业高技能人才公共实训基地工程】 11月8日，义乌市先进制造业高技能人才公共实训基地工程开工建设。工程位于浙江省机电技师学院内，是义乌市2016年度重点建设项目之一，集职业技能培训、实训、鉴定和技术攻关为一体，是以培养先进装备制造产业、时尚产业、信息经济产业高技能人才为主体的公共实训基地。项目占地面积3210平方米，主楼11层，总建筑面积为2.49万平方米。基地建成后，预计每年可提供数控车、数控铣、模具、针织机修、电子技术等20多个职业(工种)1万人次的高技能人才实训。

【获全国教育教学信息化交流展示一等奖】 11月10日，由教育部中央电化教育馆举办的第二十届全国教育教学信息化交流展示活动在北京举行，为中国教育信息化应用领域最高级别的评选与交流活动。大赛共收到4589件参赛作品，经过技术测试，专家评审，共有453件作品入围决赛。经评比，义乌市国贸学校教师张涵铃、金芒的作品《汽车自动变速器的结构与原理》获中等职业教育组课件类一等奖。

【职教骨干学习“现代学徒制”】 11月11日，义乌市中职学校“现代学徒制”专题学习活动在义乌城镇职业技术学校举行。市研修院职教教研员、3所职校中层及以上领导、专业教研组组长等90人参加，杭州职业技术学院院长贾文胜作专题讲座。讲座中，贾院长分析当前中国开展现代学徒制的社会背景，围绕现代学徒制的核心要素和现代性特征，详细讲解“什么是现代学徒制”“国内外现代学徒制的建设和发展”和“大国工匠的核心素养”等内容，剖析现代学徒制的困境与破解方法。学校通过建立“企业主体、学校主导”的校企共同体，构建利益驱动机制、沟通协调机制、课程开发与实现机制、质量保障机制等破解现代学徒制的困境。

【获全国职业院校信息化教学大赛一等奖】 11月26日，由教育部主办，教育部职业院校信息化教学指导委员会承办的2016年全国职业院校信息化教学大赛在山东举行，来自全国29个省(自治区、直辖市)以及新疆建设兵团和5个计划单列市，共计35个参赛队1162名参赛选手进行现场决赛。大赛设中等职业教育组、高等职业教育组和军事职业教育组，共有435件参赛作品入围现场决赛。在中职信息化教学设计赛中，义乌城镇职校教师赵菲菲在10分钟内，将教学设计、教学实况及效果以说课形式展现，并回答评委的现场提问。以创新设计展示较强的信息化教学能力和良好的综合素质，获一等奖第一名。

(王锦豪)

高等教育

义乌工商职业技术学院

【概况】 义乌工商职业技术学院(简称“学校”)下设人文旅游学院、机电信息学院、经济管理学院、外语外贸学院、建筑工程学院、创意设计学院、创业学院、国际教育学院、公共教学部、成教自考学院10个教学单位共31个专业，办有浙江师范大学MBA教育义乌中心、浙江大学远程教育中心。2016年，学校招生2876人，在校学生9600人，毕业生就业率98.01%，创业率11.8%，新生报到率97.25%，省外招生录取率92.16%。有正式在编教师463人，专任教师423人，行政人员23人，教辅人员17人，聘请校外教师152人，选派34名学生到国(境)外高校交流学习。年内，获全国高等职业院校服务贡献50强。

【首批台湾新生到义乌学习创业】 2011年以来，学校与台湾勤益科技大学、亚太创意技术学院、建国科技大学、树德科技大学、南开科技大学5所台湾高校签订两校友好交流合作协议书，与台湾高校开展高层互访、教师交流、学生交流、学术交流、培训、访学、研究等多项交流与合作。2016年3月，台湾大叶大学1名教师与2名学生到义乌进行为期1个学期的交流。9月，台湾省新北市谢沅臻与桃园县秦志胜在学校就学，为义乌历史上首批台湾籍大学生。

【学校章程通过省厅审核】 2月3日，浙江省教育厅下发《浙江省教育厅高等学校章程核准书第43号》文件，《义乌工商职业技术学院章程》核准通过，正式生效，标志学校依法治校工作迈入新阶段。《章程》以《中华人民共和国教育法》《中华人民共和国职业教育法》《高等学校章程制定暂行办法》等法律法规为依据，分序言和总则，学校权利与义务，学校职能，领导与管理体制，教职员工，学生，经费资产及后勤保障，学校与社会，学校标识，附则10章内容，规定学校与举办者的关系、财务与资产管理制度等内容。

【2016中国(义乌)大学生创新创业论坛】 4月10—12日，由义乌工商职业技术学院、义乌市电商办、义乌市人力资源与社会保障局共同举办的2016中国国际电商博览会分论坛——第11届全国高校电商创业教育研讨会暨2016中国(义乌)大学生创新创业论坛在义乌博览中心召开。来自省内11个地级市，除西藏、宁夏、新疆外的23个省份、4个直辖市、广西壮族自治区、内蒙古自治区200余所院校的400余名电商教师参会。论坛上，与会代表围绕“创业教育如何有效落地”“电商创业的下一个风口在哪里”“如何有效利用整合优质创业资源”等话题进行讨论。期间，学校积极宣传推介义乌，促成50余所高校与义乌园区及企业开展校企合作，推动高校大学生创业、就业人才落地义乌。

(丁琳芝)

【竞赛获奖】 5月13—15日，由浙江省大学生科技竞赛委员会主办、浙江农林大学承办的第15届浙江省大学生结构设计竞赛在浙江农林大学举行，来自浙江大学、浙江工业大学、宁波大学等省内49所高校的102支队伍参加竞赛，学校创意设计学院参赛队获设计竞赛一等奖。8月16日，全国职业学校创新创效创业大赛组委会公布2016年“挑战杯——彩虹人生”全国职业学校创新创效创业大赛获奖作品，经过复赛和决赛专家评审，学校外语外贸学院学生谢颖的参赛作品“TRYING创颖太阳眼镜电子商务”获2016年“挑战杯——彩虹人生”全国职业学校创新创效创业大赛一等奖。

【成立创业学院(创业园)、电子商务学院】 6月，义乌工商职业技术学院在原创业学院的基础上成立创业学院(创业园)、电子商务学院。新成立的创业学院(创业园)、电子商务学院培养方向定位于电商创业人才，利用各种优势资源，全方位地为学生创业提供指导与服务。至12月底，创业学院(创业园)、电子商务学院有教师40余人，其中教授2人，副教授8人；博士及在读博士3人，硕士30余人；有全日制学生1000余人。学院占地面积1.2万平方米，建有移动营销、跨境电商、移动电商、视觉营销、农村电商、网店运营等10余个电商创业工作室，是一个集教学、实训、销售、培训、仓储、快递为一体的综合性创业教育和实战平台。

(丁琳芝)

【入围浙江省“十二五”电子商务培训10强】 9月20日，浙江省“十二五”电子商务百强表彰大会在杭州召开，义乌工商职业技术学院入围浙江省电子商务培训10强。创业学院(创业园)、电子商务学院负责人和主要承担电子商务培训任务的教师参加此次表彰大会。近年来，学校参与各类电商培训，包括义乌市民电商公益培训、浙江省大学生村官培训、阿里巴巴县长电商研修班培训等，并承办四川、甘肃、黑龙江等各地政府电子商务培训，培训人次每年1万余人，在电子商务的培训社会服务上形成一定影响力，学校获批成为第一批浙江省专业技术人员继续教育基地(电子商务培养方向)。

(丁琳芝)

【获省级教学成果奖】 10月22日，省教育厅下文公布2016年浙江省教学成果奖，学校上报的《培养高职国际化人才服务国家“一带一路”倡议的创新探索与实践》获省级教学成果一等奖，成果总结学校“依托区域优势、服务国家战略”的国际化办学理念、做法和取得的成效;《融合“问题、实践、目标”三导向 搭建“课堂特区”，推动教学创新》获省级教学成果二等奖，成果总结学校“问题、实践、目标”三导向的教改创新探索和取得的成绩。

【全国创业竞赛获奖】 12月3日，由中国高等教育学会教学研究分会、中国高等教育学会工程教育专业委员会主办的“全国创新创业高端论坛暨全国高校优秀创业项目资本对接会”在杭州落幕，176家企业机构800余名代表参会。来自浙江大学等全国200余所本专科院校共计305个大学生创业项目参加评选，主办方决出十强参加最后路演，义乌工商职业技术学院金文进和韩飞2位创业导师指导的《义乌农村电商特色农产品O2O》获全国三等奖，是唯一入围十强的高职院校。

(丁琳芝)

【5个专业入围省十三五优势专业】 12月16日，浙江省教育厅公布浙江省高校“十三五”优势专业建设项目立项结果。学校申报的计算机信息管理、产品艺术设计、社会工作、电子商务、国际经济与贸易5个专业入选，立项数量位于全省前列。此轮省级优势专业评选按照《浙江省教育厅关于开展高校“十三五”优势特色专业建设的通知》，采用“充分体现竞争，不搞区域和校际平衡”的原则，全省47所高职院校260余个专业申报评选。

(除署名外均由程路撰稿)

成人教育

【概况】 2016年，全市成人教育机构有市民大学1所，电大1所，老年大学1所，农函大1所，分布城乡各地的教育培训学校(机构)71所。有教职工1859人，专任教师1576人，聘请校外教师1437人，注册学员25.5万人，毕(结)业人数26.15万人。义乌电大共有开放教育学生768人;其中本科223人，专科545人(含“农民大学生”项目学生210人)，电视中专10人。远程教育学生613人。自学考试总报考总人次为1789人，报考总课次3316课次。

全年共完成农村劳动力转移培训和实用技术培训13.43万人，开展创业和岗位培训3.88万人。年内，市教育局被省教育厅评为省扫盲教育工作先进集体;福田社区学院被评为省现代化成人学校;稠城、佛堂社区学院被评为省成教品牌项目。

【第十届劳动技能大赛】 10月28日，由市总工会、市人力资源和社会保障局、市教育局联合主办，市民大学承办的义乌市第十届劳动技能大赛在浙江省机电技师学院举行。大赛设育婴员和养老护理员2个大项目(共划分为5个小项目)，共计132名选手参赛，来自赤岸的毛娟、稠城的姚小琴分别获得育婴员、养老护理员比赛第一名。

【成人“双证制”教育培训】 11月28日，义乌市民大学与义乌

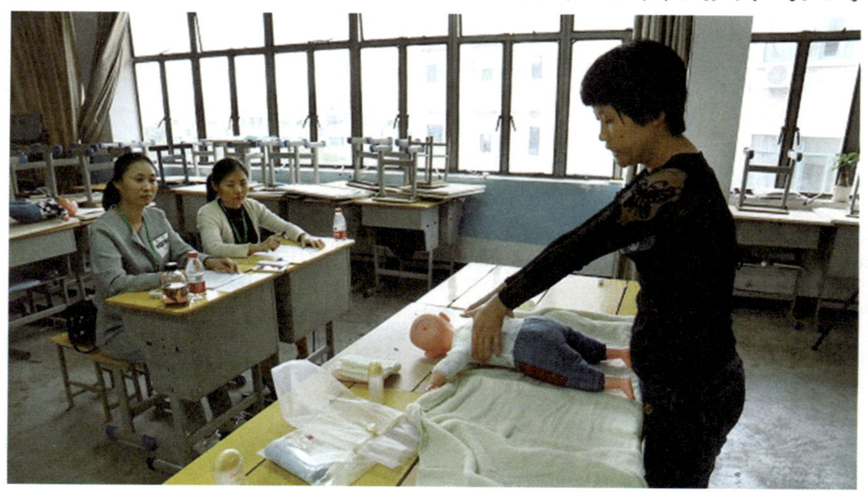

义乌市第十届劳动技能大赛 (市教育局供图)

城镇职校联合举办的成人“双证制”教育培训班开班，培训人员有90余人。成人“双证制”教育培训由技术和文化构成，通过文化考核、学分管理、学历认定等环节认定他们的学力，整个培训历时4个多月，采用面授与自学相结合的方式进行，其中集中面授占三分之一时间。经文化考核合格、累计学分达到规定要求的，由教育部门颁发成人初中或成人职业高中毕业证书，国家承认其成人教育学历。

（王锦豪）

党校工作

【概况】 2016年，市委党校累计完成本市425期6.5万人次的各类党员干部培训工作，其中举办主体班次培训39期9104人次；开展基层党员干部培训386期5.6万人次。累计承接414期4.5万人次的社会人员培训。承接承办全国范围内的干部异地培训139期1.06万人次。全年推出宣讲课程30余个，深入基层一线“上党课”、开展理论方针和政策形势教育200余场次，听众1万人次。全年累计完成省级6项、地市级9项课题的结题工作；新立项省级课题9项(其中重点课题2项)、地市级课题17项(其中重点课题3项)；累计承担4项市级领导课题和16项全市性重点课题研究。总结提炼义乌改革转型发展成果，参与省委党校“2006年以来省委、省政府重要政策文件在义乌落实情况”课题评估工作。调研报告《打造红色旅游小镇，深化陈望道故居开发》，获市委主要领导批示肯定。推进名师名课培育，《重温共产党宣言　坚定共产主义信仰》获评全省党校系统优秀课程；《让协商民主在基层运转起来》获全省社科院系统特色课程；《兴商建市战略下义乌政府行动轨迹解读》获金华首届干部教育现场教学基地优质课评比活动一等奖。完成综合楼六楼阶梯教室、学员宿舍改造。全年累计承接各类会议379场次。

【省委党校首批研究生社会实践基地】 12月29日，浙江省委党校首个研究生社会实践基地在义乌市委党校授牌成立。浙江省委党校副校长郑仓元，浙江省委党校研究生部主任任虞榕，市委党校校长陆品能等领导共40人出席授牌仪式。仪式上，郑仓元与市委党校常务副校长陶府盛分别代表省委党校和义乌市委党校签署《中共浙江省委党校　中共义乌市委党校　研究生社会实践基地合作备忘录》。建立研究生社会实践基地是省委党校根据研究生社会实践制度要求，《备忘录》旨在让学员通过现场教学、集体调研、课题调研、实践锻炼等形式，走出课堂、融入社会、关注国情省情，从而提高研究生运用理论研究问题、解决问题的能力。研究生社会实践基地、现场教学基地、党性教育基地共同构成省委党校研究生社会实践教育基地建设。

【出版科研专著】 12月，市委党校陶府盛主编的《转型发展在义乌——在义乌发展经验引领下前行》由国家行政学院出版社出版发行。全书199千字，分前言和创新市场发展打造世界小商品之都、加快制造业转型升级步伐提升实体经济发展质量、加快建设第四大都市区不断提升城市能级、推进简政放权加快政府转型、加快社会治理创新打造相融共生社会共同体、创新发展义乌经验打造全面深化改革义乌样本6个章节，总结、提炼义乌转型发展中经验做法，较为全面地展示义乌在全面建成小康社会中取得的突出成就。

（朱　倩）

特殊教育

【概况】 2016年，有星光实验学校和义乌市残联育智学校特殊教育机构2所。星光实验学校有班级11个，学生161人，教职工30人，其中专任教师30人。义乌市残联育智学校有教职工26人，15个班级，学生83人。

【第五届特殊学生运动会】 10月26日，义乌市第五届特殊学生运动会在望道中学举行。来自星光实验学校、残联育智学校、心声聋儿培训部、扬帆儿童潜能开发中心及13个镇(街道)中心学校，共17个代表队151名普、特学生参加。设置听障组、上肢组、下肢组和特奥组；团体项目

义乌市第五届特殊学生运动会

（以上图片均由市教育局供图）

有8人50米迎面接力、两分钟跳长绳和足球射门比赛。

【首次特殊教育资源教师培训】 12月1—3日，义乌市特殊教育资源教师培训在稠城中心幼儿园举行。来自全市各中小学幼儿园的资源教师、特殊教育学校教师、各镇（街道）特殊教育分管领导等80余人参加培训。培训分理论和实践操作，实行特殊教育理念、新课程理念和蒙特梭利教育理念有机融合，为提供特殊学生良好的学习环境和丰富的教具，提高认知能力，形成智慧。

【特殊教育个别化教学研讨活动】 12月10日，市各中心学校分管特殊教育领队、资源教师代表、星光实验学校教师共70余人在星光实验学校，参加特殊教育个别化教学研讨活动。活动内容有个别化训练观摩课、教师说课、专家点评、专题讲座等。星光实验学校3位教师带来《前庭平衡训练——平衡台》《唐氏综合症语言康复》《花样蹦床高位统合训练》3堂个训课，给在场的老师展示根据特殊学生个体差异，量身打造的师生一对一个别化训练课程，并进行说课讲解。之后，特殊教育专家对3堂展示课做专业点评，并做《个别化教学的实施与进展》的专题讲座。

（王锦豪）

民办教育

【概况】 2016年，全市有民办中小学9所（群星外国语学校、新义学校、树人中学、艺术学校、商城学校、复旦实验学校、枫叶国际学校，另有新义乌人子女学校教育集团2个），在校生3.23万人。民办幼儿园371所，民办残障育智学校1所，民办培训机构与辅导站310家。

2016年，签约引进杭州新世纪外国语学校品牌，创办义乌新世纪外国语学校。投资1亿元的义乌复旦实验学校小学部秋季建成开学，首期招生268名。枫叶外籍人员子女学校首期招收

外籍学生51名。引进优质教育品牌工作被市委、市政府集体嘉奖一次并授予“引进优质教育资源奖”。

【复旦实验学校开工】 1月4日，义乌复旦实验学校在义乌市金融商务区地块举行开工仪式，原复旦大学副校长陆昉，市主要领导，市教育局局长及福田街道相关领导10余人出席仪式。义乌复旦实验学校为非营利性民办学校。学校总占地12公顷，分金融校区和春风校区两个校区，总投资3亿余元。首期建设的金融校区占地3.2公顷，投资1亿元，设立小学部，36个班级，计划2016年8月交付，9月1日正式开学，一年级招288名新生，二至五年级各招72名学生；项目二期春风校区占地8.5公顷，总投资2亿元，设计为小学、初中、高中教育，计划2016年下半年开工，2018年秋季建成投入使用。两个校园全部建成后，共可容纳132个班级4752名学生。

【义乌成立外籍人员子女学校】 10月18日，义乌枫叶外籍人员子女学校在市枫叶国际学校报告厅揭牌成立。义乌市委、市教育局及市外侨办、市外专局等部门出席典礼。枫叶国际学校100余名师生以及外籍人子女学校新生和家长参加仪式。义乌枫叶外籍人员子女学校是加拿大不列颠哥伦比亚（BC）省设立在义乌，涵盖一到九年级的海外学校，面向非中国籍的学生提供学前到九年级的全英文加拿大课程，课程由加拿大不列颠哥伦比亚（BC）省教育部认证，所有的教师和校长都为BC省认证教师。经浙江省教育厅批准，义乌枫叶外籍人员子女学校于5月取得办学许可证。学校开设4个班级，有伊拉克、印度、埃及、美国、加拿大、伊朗等国家和地区的50余名学生就读。

2016年义乌教育系统各类比赛获奖情况一览表

表30

时间及地点	比赛名称	主办单位	参赛单位	获奖情况
4月28日	“DFRobot杯”第四届全国中小学机器人教学展	中国教育技术协会信息技术教育专业委员会	群星外国语学校	一等奖2个
6月4日	2016年青少年“未来之星”阳光体育大会	浙江省体育局 浙江省教育厅	青口小学	团体第一名2项 个人第一名8人 个人第二名2人 个人第三名5人
7月8日	2016年“希望杯”浙江青少年校园足球联赛	浙江省教育厅 浙江省体育局	浙师大附属义乌实验学校 义乌实验小学教育集团 廿三里二小	一等奖2个 二等奖1个
7月28日	全国无线电测向锦标赛	国家体育总局航管中心	科教中心 师大附校 后宅小学 毛店小学 浙师大附属学校	团体第二名2个 团体第三名1个 金牌4枚 银牌1枚 铜牌1枚
8月1日	全国电子制作锦标赛	国家体育总局	东洲小学 大陈小学 后宅小学 义乌国际商贸学校 义乌四中	团体第一名7个 团体第二名4个 团体第三名1个 金牌5枚 银牌7枚 铜牌6枚

续表 30

时间及地点	比赛名称	主办单位	参赛单位	获奖情况
8 月 13 日	2016 年浙江省少年儿童围棋锦标赛	浙江省体育局、浙江省体育总会	佛堂小学	女子乙组冠军
10 月 7 日	浙江省第二届音乐竹竿舞大赛	浙江省体育局	义亭小学	第一名
10 月 24 日	2016 年全国无线电测向公开赛(北京站)	国家体育总局航空无线电模型运动管理中心 中国无线电协会	大陈小学	团体第一名 金牌 8 枚 银牌 9 枚 铜牌 7 枚
11 月 5 日	全国机械行业职业院校技能大赛	全国机械职业教育教学指导委员会 机械工业教育发展中心	浙江省机电技师学院	一等奖 1 个 二等奖 2 个 三等奖 2 个
11 月 10 日	全国教育教学信息化交流展示	国家教育部中央电化教育馆	国际商贸学校	一等奖 1 个
11 月 28 日	全国信息化教学设计大赛	国家教育部	城镇职校	一等奖 第一名

（王锦豪）

（上转第 256 页）

唐高祖武德四年(621),朝廷将乌伤县从婺州(今金华)分出,并升为州的建制,州名绸(今通作稠)州,与婺州并列。武德六年(623)将原乌伤县分为乌孝、华川两县。乌孝县境包括今浦江,县治在乌伤治城,即今稠城。华川县包括今东阳,县治在今赤岸。

武德七年(624),绸州州制撤销,乌孝、华川两县合并,定名义乌,一直沿用至今。唐垂拱二年(686),分义乌县东原吴宁故地建东阳县。天宝十三年(754),分义乌县北地及兰溪、富阳部分地,建浦阳县,后改名浦江县。

现如今,虽然稠州县名早已不复存在。但稠城街道承袭了稠州之名。1950 年,稠城镇人民政府成立,隶属城阳区公所;1961 年,成立稠城镇人民公社,隶属城阳区公所;1983 年 7 月,城阳区公所、稠城镇人民政府合并,两块牌子,一套班子;1985 年 8 月,城阳区公所、稠城镇人民政府分设,至 1988 年,稠城镇人民政府下设城中、城南、城北三个街道办事处;1992 年 6 月,撤销城阳区公所,城郊周边 5 个乡并入稠城镇,下辖 8 个办事处。随着改革开放后义乌城市化进程的不断推进,2001 年 3 月,义乌市进行行政区划调整,由原稠城镇大部、原下骆宅镇全部以及荷叶塘镇部分组建成稠城街道。按城市功能分区,稠城街道为商贸区,义乌小商品市场的主载体篁园市场、宾王市场和国际商贸城均在辖区稠州路这一轴线范围内。

（陈子华）

文化事业

文化艺术

【概况】 2016年，根据义乌发展经验十周年、“五水共治”、“三改一拆”、文明城市建设等中心工作创作歌曲、曲艺小品等文艺作品22件；创作《花开义乌》《甘蔗地的孩子》《幸福在这里》等具有义乌地方特色的文艺作品；创作编辑《叶英盛与金华道情的艺术传承》《流风遗韵》《非遗手册》长篇道情《万花楼》等书籍。举办义乌市“美丽义乌·美好生活”摄影大赛获奖作品展（作品106幅）、义乌市“美丽义乌·同心共筑中国梦”少儿美术大赛获奖作品展（50幅）、《黄允宏摄影作品展》（68幅）、文化遗产保护成果摄影图片展览（86幅）、义乌农民画叶洪桐作品回顾展、湖门小学农民画作品展展览7期，观众3万余人次。年内，先后举办义乌市第25届青年歌手演唱大赛、义乌市儿童歌唱大赛、义乌市第四届青少年器乐（钢琴）演奏大赛、义乌市“文化礼堂”杯排舞大赛暨第八届排舞大赛、义乌市第二届少儿舞蹈大赛、义乌市中外友人包粽子比赛、义乌市包清明馃比赛、义乌市东河肉饼比赛等文艺赛事。

【书画展】 2015年12月30日至2016年1月15日，在市图书馆举办《抱舍怀古——詹宇宏水墨画展》，展出作品70余幅，4000余人次观展。1月22日至2月1日，在市图书馆举办“笔歌墨舞——张子翔芮顺淦迎春画展”，展出作品70余幅，3000余人次观展。1月29日至2月23日，在市图书馆举办《孩子眼中的义乌》童心绘画展，展出作品80余幅，3000余人次观展。1月30日至2月29日，市文化馆举办义乌市“美丽义乌·美好生活”摄影大赛获奖作品展，106幅作品参展，3000余人次观展。2月22日，《中国传统年画展》在市图书馆大厅展出，展出吉祥喜庆年画、风俗年画、保吉除邪年画等26幅，3000余人次观展。3月1—31日，举办义乌市“美丽义乌·同心共筑中国梦”少儿美术大赛获奖作品展，50幅作品参展，3600余人次观展。5月4日—8日，举办《黄允宏摄影作品展》，68幅作品参展，5000余人次观展。6月2—22日，市图书馆举办金华历史文化名人图片展，展出“初唐四杰”骆宾王、抗金名臣宗泽在内等22位金华先贤的生平事迹的展板22幅，4000余人次观展。6月3—30日，“新丝路、新起点”全国美术名家主题创作展在义乌市博物馆展出，共展出作品300余件，参观人数4000余人。6月7—15日，市文化馆举办文化遗产保护成果摄影图片展览，86幅作品参展，6000余人次观展。6月18—28日，在市图书馆举办“巧手折纸快乐你我”折纸作品展，展出作品20余幅，6000余人次观展。6月23日至7月5日，在市图书馆举办“艺起来首届年度艺术家作品展全国巡展”（义乌站），展出作品100余幅，3000余人次观展。6月28日至7月8日，市图书馆举办“光辉历程——纪念中国共产党成立95周年”图片展，展出24版100余幅珍贵历史照片和档案史料，3000余人次观展。7月6—30

日，义乌市博物馆引进举办“解放美猴王——邬建安公共艺术教育项目”，举办4期面向幼儿园小朋友的教育互动活动。展出作品50余件，1000余人次观展。7月6日至8月15日，义乌市博物馆引进举办“喜上梅梢——杭州博物馆馆藏梅花书画精品展”，展出作品100余件，3000余人次观展。7月11—20日，市图书馆举办“扣好人生第一粒扣子”优秀学生的人生修养图片展览，展览按照爱国、感恩、诚信、友善、尊师、孝亲等23个方面的修养要求，通过释义、典型案例、新闻图片的展示勉励广大青少年求得真学问，加强道德修养，树立和培育社会主义核心价值观。展出期间，2000余人次观展。7月14—31日，市图书馆举办历史文化遗产保护成果摄影展，展览主题为“让文化遗产融入现代生活”，把义乌市上百幅顶级专业摄影师作品制作成86幅展板展出，2000余人次观展。7月23日至31日，市文化馆举办义乌农民画叶洪桐作品回顾展，47幅农民画作品参加展出，3000余人次观展。7月26日至8月15日，举办湖门小学农民画作品展，70幅作品参加展出。文化馆全年展览7期，展出作品536幅，4000余人次观展。8月16日至9月18日，义乌市博物馆从浙江省博物馆引进《沙孟海书法艺术展》并于9月16日邀请省博物馆专家赵幼强到义做《书法泰斗沙孟海先生书法艺术鉴赏》讲座，展出作品80余件，2500余人观展。8月25日至10月23日，《乌克兰油画名家作品展》在义乌市博物馆举行，展出作品70余件，5000余人观展。10月11—25日，“征途——义乌油画部落作品展”在义乌市博物馆展出，展出作品100余件，1500余人观展。11月6—20日，“中国梦·榜书情”板书作品展在义乌市博物馆展出，展出作品200余件，1800余人观展。12月6日至2017年1月6日“叶熙春画展”在义乌市博物馆展出，展出作品100余件，3500余人观展。

【古生物化石展】 1月1日至2月19日，由义乌市博物馆和上海市辽西古生物科普馆共同策划筹办，以科学普及为目的辽西古生物化石展在义乌市博物馆展出。展出包括狼鳍鱼、北票鲟、中华弓鳍鲟、三燕丽蟾、鹦鹉嘴龙、孔子鸟、张和兽等化石150余件，3800余人次观展。

【少儿舞蹈大赛】 1月10日，由中国儿童音乐学会主办的“我爱祖国”全国青少年春节联欢晚会浙江赛区总决赛在杭州市萧山区闻堰体育艺术中心举行，全省70支队伍参赛。义乌市文化馆选送的少儿舞蹈《雪花与玫瑰》《快乐畅想》《京娃娃》《嘿！小可爱》参加比赛，均获金奖，义乌市文化馆获优秀组织奖。《雪花与玫瑰》入选全国总决赛，参加中央电视台节目录制，在2016年春节期间，在中国教育电视台、中央电视台中学生频道、凤凰卫视网等媒体播出。

【曲艺宣讲团走进文化礼堂】 1月17日至2月29日，由市委宣传部主办、市曲艺家协会由艺团承办，国家级非物质文化遗产传承人、道情艺术家叶英盛领衔曲艺巡演活动在全市范围内开展，活动演员20余人。活动有义乌道情、义乌花鼓、小锣书、相声、小品、现代歌舞、音乐情景剧等内容10种14个节目。其中，道情《五中全会喜讯传》、三句半《市委全会亮点多》、歌曲《美丽义乌江》、花鼓《圣火》等是宣讲党的方针政策作品。全市14个镇（街道）15场演出活动，观众2.25万人次。

【文化志愿者行动】 1月24日，由义乌市文化广电新闻出版局、铁路义乌客站管委会、共青团义乌市委主办，义乌市文化馆、义乌市婺剧保护传承中心、义乌市书法家协会承办的“送温暖送祝福”——文化志愿者在行动暨“欢乐春节”关爱春运返乡外来建设者公益活动在火车站候车室左侧广场举行。200余人参加活动。活动期间，市文化礼品行业协会企业参与送喜福活动，现场赠送年画、挂历、对联等春节用品，义乌书法家为广大旅客免费送上春联和“福”字，优秀民间艺人现场表演剪纸，赠送窗花等剪纸作品，现场共送出春联1万余幅，手工剪纸作品1000余件，喜庆用品10万件，帽子3500顶，围巾2000余条，邮发刊物2万余册，物资总价值30余万元。

【蒲公英群文课堂】 1—9月，市文化馆因地制宜，实施“蒲公英群文课堂”公益培训，在全市14个镇（街道）举办摄影、声乐、戏曲、排舞、器乐、少儿舞蹈、道情、剪纸、非遗信息报道等艺术门类的培训共325期次，授课时长2294课时，参训人员1.19万人次。

【迷你万国音乐节】 5月13—15日，由中国义乌进口商品博览会组委会主办，市文化广电新闻出版局和杭州淼木文化艺术公司承办，市文化馆、淼木俱乐部、淼木美乐行协办的2016“迷你万国音乐节”在义乌绣湖广场举行，来自北京、内蒙古、成都、云南、杭州等地的8支国内优秀乐队和4支义乌本土乐队登台演出，同时还有来自日本的高知舞和澳大利亚土著上台表演异国风情节目。

5月13日，由日本高知舞、加拿大歌手J、民谣摇滚云南蛮虎乐队、“中国好声音”学员李文琦乐队登台表演，1万余人次观展。同月14日，音乐节进行第2场演出，叙利亚歌手亚瑟、电子舞曲四川荷尔蒙小姐乐队、世界音乐演唱组合图利古尔刚子乐队上台表演，1万余人次观展。15日、16日，流行摇滚“橙”乐队、京味摇滚“永动机”乐队、爵士放克颜洁 &TOP.Y 乐队、独立摇滚A公馆乐队进行轮番表演，8000人次观展。音乐会共吸引观众2.8万余人次。

【丝路音乐节】 5月23—25日，由中国义乌旅游商品博览会组委会主办，义乌市文化广电新闻出版局、商城集团、杭州淼木文化艺术公司承办，义乌市文化馆、义乌淼木俱乐部协办的2016国际（义乌）丝路音乐节在国际商贸城五区西广场举行。来自广东的潮汕南澳岛方言演唱玩具船长乐队、北京的女声雷鬼龙锦乐队、新疆哈萨克族的独立摇滚石人乐队、宁波的电子摇滚青鹿乐队4支队伍亮相商城舞台进行表演，共吸引观众1.5万人次。

【儿童歌唱大赛】 5月28日，由市文化广电新闻出版局主办，义乌市文化馆承办的2016义乌市儿童歌唱大赛预赛在义乌有加利购物广场三楼大厅举行，共有218名小歌手参赛。比赛分幼儿组、小学A组、小学B组。经过激烈角逐，有105名小歌手进入决赛。6月8日，2016义乌市儿童歌唱大赛决赛在义乌剧院举行，傅裕宁、王思媛、王艺宁获得特别大奖，金加翔、盛冲、叶安、毛一诺、蒋一诺、盛诗雯获得金奖。

【科普展】 5—12月，市博物馆开展由浙江省自然博物馆提供的“我们身边的矿物”和“奇妙的微观世界”2个科普图片展，展览以图文并茂的形式，制作展板45块，内容为“奇妙的微观世界”“我们身边的矿物”。“奇妙的微观世界”通过介绍显微镜的发展历史和类型，展示日常生活物品和地学藏品的微观图片，真实再现显微技术发展历程，向观众展现神秘、新奇而又绚丽的微观世界；“我们身边的矿物”从人们身边的矿物着手，进行矿物知识的普及，引导大家更好地了解矿物、珍惜矿物。展览专门选择在义乌民工子弟学校中进行巡展，先后在皖松小学、柳青小学等4所民工子弟学校展示，4000余人次观展。

【名人故居行文艺演出】 6月26日，义乌市庆祝建党95周年系列活动之“名人故居行”文艺演出在冯雪峰故居赤岸镇神坛村文化礼堂举行。30余名文艺工作者参加演出，表演道情《怀念吴晗》、义乌花鼓《圣火》、歌曲《唱支山歌给党听》《为人民服务》《红旗飘飘》以及舞蹈《中国美》《俏花旦》等节目。同月29日，文艺表演团前往吴晗故居上溪镇苦竹塘村进行演出；6月30日，前往陈望道故居城西街道分水塘村演出。此次活动由市委宣传部、市文化广电新闻出版局主办，市文化馆、市婺剧保护传承中心承办，赤岸镇、上溪镇、城西街道协办。5000人观看演出。义乌籍现代名人陈望道，是教育家、修辞学家、语言学家，他翻译中国第一部《共产党宣言》；吴晗，中国著名历史学家、社会活动家；冯雪峰，诗人、文艺理论家。

【青少年器乐（钢琴）演奏大赛】

8月28日，由市文化广电新闻出版局主办，市文化馆、市音乐家协会承办，市青少年宫协办的2016年义乌市第四届青少年器乐（钢琴）大赛在市青少年宫多功能厅举行,来自全市各地的100名选手报名参加，其中青少年组7人,少年组93人。大赛邀请浙江师范大学音乐学院副教授梅寒、浙江师范大学音乐学院副教授杜也萍、浙江艺术职业学院教授沈恒、浙江师范大学音乐学院教授何上峰、上海音乐学院硕士研究生沈文潇担任评委。通过角逐，共有6位选手获得金奖,11位选手获得银奖、16位选手获得铜奖、23位选手获得优秀奖。其中少年组的42号楼思媛、30号黄今、60号余珏、48号张静月、24号陈韵婷，青少年组的1号赵思远获得金奖。

【青铜器展】 9月11日至10月30日，市博物馆从随州华夏博物馆引进的《青铜文明——来自周王朝的瑰宝》展在义乌市博物馆展出。展览随州出土青铜器作品100余件,观展3500余人次。

【第25届文化艺术节】 10月14—16日,由市委宣传部、文广新局、市文联主办,北苑街道承办的义乌市第25届文化艺术节在北苑街道文化广场举行。此届文化艺术节共安排11场活动。14日下午，在北苑街道文化广场举行"北苑再出发"文艺精品节目演出;晚上在北苑街道文化广场举行义乌市第25届文化艺术节开幕式暨"北苑再出发"主题综艺晚会,晚会共有器乐合奏《丝长竹青》、金曲串烧《青春飞扬》、杂技表演《太空漫步》、军操表演唱《中国军魂》,以北苑电商创业园作为故事背景创作的小品《幸福在这里》，童声小组唱《花开义乌》,大型歌舞《锦绣前程》等15个节目。同月15日下午,在北苑街道文化广场举行少儿才艺节目会演,14个表演节目均由辖区学校选送；晚上,在北苑街道文化广场举行全国曲艺作品演出,在北苑街道石桥头村文化礼堂进行北苑街道农村文化节目演出。16日下午,在北苑街道文化广场举行义乌市排舞比赛,晚上,戏艺专场在北苑街道文化广场举行;在丹溪社区大草坪举行北苑街道丹溪社区邻居节。10月14—31日,同期举办义乌市第25届文化艺术节书画展（北苑街道办公楼一楼大厅)、万少君木雕作品展(北苑街道办公楼一楼大厅)、世泽清芬—义乌历代先贤作品展(春及草庐美术馆)。文化艺术节期间,3.5万人次观看演出。

【全国曲艺精品展演】 10月15日，义乌市第25届文化艺术节"曲艺精品展演"在北苑街道文化广场举行，由50名演员出演相声、小品、义乌道情等10个节目。晚会由来自全国各地的一些优秀曲艺节目组合而成,除大众熟悉的相声、小品以外,还有绍兴莲花落、温州鼓词、山东快书、单弦儿和滑稽独角戏,以及《义乌道情》等节目。晚会从开场舞蹈《传承》开始,全国曲艺牡丹奖新人奖闫磊老师带来的单弦儿《风雨归舟》;道情表演艺术家叶英盛表演义乌道情《狄青比武》;著名相声演员李建华和他的徒弟武宾带来的相声《对春联》则将晚会推向高潮。3000余人观看演出。

【第八届排舞大赛】 10月16日,由市委宣传部、市文化广电新闻出版局主办,市北苑街道党工委、办事处承办,市文化馆、北苑街道文体站协办的义乌市第二届"文化礼堂"杯暨第八届排舞大赛在北苑街道文化广场举行。来自全市各文化礼堂和农村社区23支队伍参加，参赛演员400余人。大赛邀请文化部专家库专家辛冠中、中国广场舞排舞联合会主席秦建伟等5人担任评委,专家评委们分别从仪表仪容、音乐节奏、团队合作、动作编排等方面进行打分。经过角逐，比赛决出金奖2名，银奖4名，铜奖6名,优秀奖11名。北苑街道排舞队的《那就是我》、后宅街道排舞队的《诱惑》获得此次比赛金奖。5000人观看演出。

【浙江省少儿音乐大赛】 10月29日,由浙江省少儿音乐大赛由浙江省文化厅主办,浙江省文化馆、义乌市文化广电新闻出版局承办,义乌市文化馆执行承办的"2016浙江省少儿音乐大赛"在义乌剧院举行。来自全省各地市的演职人员440余人共28个节目参加比赛。浙江省音乐家协会副主席张卫东、浙江省声乐专业委员会副主任刘全来、中国民族声乐艺术研究会理事马建华等7位专家组成专家评委。大赛一改以独唱为主的演唱方式,增加二重唱,小组唱,表演唱等表演方式。作品均属原创,地方文化和主流文化相互融合，突出地域性、民族性。大赛共设兰花金奖6个，兰花银奖7个，优秀组织单位3个。义乌市文化馆选送的《花开义乌》获得兰花金奖，义乌市文化馆获得优秀组织单位。1000人观看演出。

【第二届少儿舞蹈大赛】 11月26日，由市文化广电新闻出版局主办，市文化馆承办，市舞蹈家协会协办的2016义乌市第二届少儿舞蹈大赛在义乌剧院举行。大赛分单人舞、双人舞、三人舞组，幼儿群舞组，少儿群舞组，少儿排舞组6个项目。共有来自全市各镇(街道)、学校、舞蹈培训机构的44个节目400余名小演员参加。大赛邀请浙江省文化馆社会艺术指导中心主任吴杰、浙江省艺术职业学院舞蹈系办公室主任莫非等5名专家评委评分，并当场公布得分、获奖名单，确保比赛公开、公正、公平。经过评比，花儿朵朵舞蹈培训中心的《红星闪闪》、艺海艺术培训中心的《月狐吟》获得单人舞、双人舞、三人舞组一等奖，跳跳堂艺术中心的《青莲》获得少儿群舞一等奖，赤岸镇中心幼儿园的《盒子里的梦想》获得幼儿群舞一等奖，稠城街道、江东街道、赤岸镇获得优秀组织奖；赤岸镇中心幼儿园、福田小学、跳跳堂艺术培训中心获得优秀舞蹈培训基地的称号。1200余人观看演出。

（马俊文）

文化市场管理

【概况】 全市共有文化生产经营单位(户)1万余家，从业人员30余万人。其中核心类的文化经营单位网吧238家，演出团体23个，演出场所35个，歌舞娱乐场所58家，电子游戏13家，电影放映单位27家，出版物批发20家，出版物零售344家，印刷企业761家。2016年，新增网吧38家，89家上网服务企业完成转型升级。新增互联网文化经营单位6家，电视节目制作单位11家。

进一步开展文化市场权力清单清理工作，取消中央制定地方实施的行政审批事项7项，调整审批事项2项，修改完善其他权力事项3项，科室职能调整事项2项。完成294项事项办事流程的梳理再造，1865件所需材料的简化、清理，13副证照的采集入库工作。共办理行政审批事项317件，办理许可证换证253件，年度核验1134件，指导完成统计年报603件。所有事项提前办理结率100%，准确率100%。全年出动执法检查3497人次，检查文化市场经营场所3251家次，办理行政处罚案件52件，罚没款36万余元，收缴各类违法物品4.6万件(册)，关闭非法网站8家，取缔各类“大篷”非法演出9起，取缔黑网吧36家，先行登记保存显示器、主机服务等设备134套。

2月23日，浙江省文化厅下发《关于2015年度文化市场综合执法先进集体和优秀个人的通报》，义乌市文化广电新闻出版局获先进集体称号。9月26日，浙江省文化厅下发《关于表彰服务保障G20杭州峰会工作先进集体、先进个人的决定》，义乌市文化市场行政执法大队获先进集体称号，吴云刚、何登勤获先进个人称号。

【文化经营场所安全检查】 2月1日，市文化市场行政执法大队联合市公安消防支队对全市15家娱乐场所开展安全生产检查，检查发现并责令整改消防隐患4处。6月16日，市文化市场行政执法大队2名人员参加以“强化安全发展观念，提升全民安全素质”为主题的义乌市2016年安全生产宣传咨询日活动，现场发放安全生产知识手册和宣传资料500余份。11月21—28日，开展全市网吧、娱乐演艺场所安全生产和消防安全大检查大整治工作。出动执法人员69人次，检查网吧场所28家，娱乐场所31家，演艺场所2家，发现并责令整改消防隐患11处。

【新闻出版执法】 3月30日，市文化市场行政执法大队联合陆港事务与口岸管理、公安等部门开展物流装卸点联合检查工作，共检查物流装卸点27家次，在江东路1056号卸货点查获19箱340套《古兰经》。4月21日，义乌市文化市场行政执法大队参加金华市2016年非法出版物集中销毁活动，销毁日常执法检查中收缴、查扣的音像制品17.8

万张，图书1.6万册，非法电子出版物1768张、非法印刷品(纸质类)2.1万张、非法电子游戏机24台。7月21日，义乌市文化市场行政执法大队联合金华市文化市场行政执法支队、义乌市公安局查处义乌市精粮文化用品有限公司发行非法出版物一案，查扣78个品种2197册非法出版物。8月12日，义乌市文化市场行政执法大队会同民宗局、公安局等部门在江东街道五爱路120号查获无证经营书店1家，现场查扣《穆圣传》《心灵的攻修》等非法宗教类出版物共计367册。

【工作交流】 4月27—28日，根据《中西部地区文化市场综合执法能力提升三年(2014—2016)行动计划》工作安排，应义乌市文化广电新闻出版局邀请，陕西宝鸡市文化广电新闻出版局组团参加第11届中国(义乌)文化产品交易会并开展系列文化交流活动。4月27日，陕西宝鸡—义乌文化产业项目对接会在义乌市图书馆一楼报告厅举行，参展企业、应邀客商共200余人，宝鸡天台山国家级风景名胜区项目(投资意向书)签约，金额30亿元。4月28日，“丝路神韵 书画情缘”宝鸡——义乌书画交流活动在义乌市图书馆一楼展厅举办，来自宝鸡、义乌两地的20余位书画家现场进行书画创作，吸引500余名爱好者前来参观学习。5月29日至6月4日，义乌市文化广电新闻出版局及文化市场行政执法大队一行6人到陕西省宝鸡市开展对口交流协作活动。义乌一行重点走访宝鸡市下辖的9个县市文化执法机构，着重针对2015年对口交流活动中的不足进行进一步的交流。10月23—28日，义乌市文化广电新闻出版局、文化市场行政执法大队和义乌市印刷行业协会一行9人到陕西省宝鸡市开展对口交流协作活动。义乌一行考察陕西大工纸包装有限公司、宝鸡工艺美术馆等相关单位，义乌市印刷行业协会跟宝鸡相关协会通过交流学习，初步达成合作共识。12月7日，福建省“扫黄打非”办公室一行9人到义乌开展交叉检查。检查组一行检查义乌市出版物中心、挂历市场等经营场所，了解义乌市开展“扫黄打非”和文化市场执法所取得的主要成果和经验，对义乌市“扫黄打非”及文化市场管理工作取得的成绩给予肯定，双方就文化市场管理面临的新形势和新任务进行交流探讨。

【文化市场联合执法】 5月19日，由市文化广电新闻出版局牵头组织，联合市公安局、市市场监管等部门开展印刷企业联合大检查，共出动执法人员21人次，对28家印刷企业进行检查，发现有3家印刷企业存在违规经营现象，并取缔无证经营1起。同月26日，市文化市场行政执法大队联合邮政管理部门，开展邮政报刊亭、邮政快递企业的专项检查行动，共检查邮政报刊亭7家、邮政快递企业15家，未发现有销售、寄递非法出版物的情况，收寄验视制度、实名寄递登记制度执行得较为规范，未发现有严重违规情况。7月14日，义乌市文化市场行政执法大队联合公安、消防等部门开展网吧、娱乐场所、影院大检查。检查网吧2家、娱乐场所1家、影院1家，检查中发现有1家网吧的部分消防器材已经失效未及时拆除、部分消防器材未及时安装到位、未在外箱标注明显的使用说明、在大门口及逃生通道未设置明显的消防指示图与相关的警示标志，检查人员责令场所限期整改；1家网吧存在消防通道堆放物品，检查组责令其立即整改。10月1日，市文化市场行政执法大队会同义乌市义亭派出所开展突击行动，取缔义亭镇1家黑网吧，对20台主机、19台显示器予以查扣。同月12日，市文化广电新闻出版局、市公安局联合开展黑网吧专项整治行动。取缔贝村路673号青鸟与飞鱼咖啡厅、大陈镇人才公寓D幢34号、大陈镇杨店新村3家黑网吧，查扣电脑共计54台。12月11日，义乌市文化市场行政执法大队联合苏溪市场监管所取缔无证影院1家。

【护航“G20”文化市场专项保障行动】 5月31日，市文化广电新闻出版局组织召开全局G20峰会安全保卫和安全生产工作部署会议，局班子成员、机关全体人员、下属单位中层领导、文化和体育相关协会领导等共80余人参加会议。会上，市文化广电新闻出版局党委书记传达全省 G20 峰会安保工作推进会会议精神，通报 G20 峰会义乌安保工作的总体情况，分析 G20 峰会义乌面临的严峻形势，并就文化系统安保工作提出具体的工作要求。7 月 14 日，市文化广电新闻出版局组织召开义乌市娱乐场所影院 G20 峰会安保和安全生产管理培训会，全市 44 家娱乐场所、14 家影院业主及安保负责人共 120 余人参加会议，会议邀请市维稳办吴向东主任、市公安消防支队傅峥参谋对参会人员开展安全生产管理培训。同月 15 日，市文化广电新闻出版局在义乌影都影院组织由全市 14 家影院分管安保负责人及所有安保人员(除留守人员)共 60 余人参加的反恐培训及演练，培训邀请市公安局特警大队队长刘家恒现场授课。21 日，市文化广电新闻出版局在市图书馆一楼报告厅组织召开全市网吧场所 G20 峰会安保和安全生产管理培训工作会议，全市 208 家网吧场所负责人参加会议。26 日，由市文化广电新闻出版局党委委员叶春晓带队，市文化市场行政执法大队对市内有营业性演出许可证的南风大舞台、金海岸演艺大舞台两家大型演艺场所进行突击检查。检查发现，南风大舞台安保人员反恐意识不足，未对进入场所人员的包裹进行检查；金海岸演艺大舞台安保人员脱岗。两家场所均存在重要出入口人员布控有漏洞、未建立安全工作制度、应急处置预案的问题。检查人员现场约谈场所负责人，要求各场所负责人牢固树立底线思维，高度重视 G20 期间场所安全生产及维稳安保工作。27 日，市文化广电新闻出版局约谈义乌市影都、时代电影大世界、横店电影城伊美店 3 家影院负责人及分管经理，通报前期暗访情况，部署整改要求。8 月 5 日，市文化广电新闻出版局召开影院及演艺场所 G20 维稳安保再动员再部署会议，全市 14 家影院、2 家演艺场所负责人及安保负责人参加会议，对各场所进行再提醒、再督促。同月 12 日，市文化广电新闻出版局召开机关各科室、下属单位负责人会议，学习贯彻全省反恐怖工作视频会议精神，部署下步反恐怖工作。17 日，义乌市文化市场行政执法大队约谈 8 家涉外演艺酒吧负责人。要求各场所加强敏感性，在演出中高度重视维稳安保和消防安全问题，会后，各场所签订《文化经营场所维稳安保工作承诺书》和《文化经营场所消防安全承诺书》。22 日，市文化广电新闻出版局召开 G20 公众集聚文化场所督查工作部署会，局机关、文化市场行政执法大队全体人员及下属单位 126 名督查员参加会议，会议要求督查员在 8 月 23 日至 9 月 10 日，采用明察或暗访形式，每天到各场所督查 2 次，发现问题，要求场所立即整改并将相关信息上报联络员。24 日，由市文化广电新闻出版局楼小明局长、党委委员叶春晓带队，广电科、文化市场行政执法大队参加，对市内 1 家网吧、1 家娱乐场所、2 家影院进行突击检查。对安保力量不足的 1 家影院当场提出整改要求。

G20 峰会期间，抽调文化系统 126 名骨干人员对全市 203 家网吧、49 家娱乐场所、14 家影院、10 家演艺酒吧等重点文化场所开展消防安全和维稳安保督查，共出动检查人员 3141 人次，检查文化经营单位 3051 家次，发现消防安全隐患 102 处，责令当场整改 74 处，责令限期整改 28 处，发现维稳安保隐患 204 处，责令当场整改 27 处，责令限期整改 177 处。

【“护苗”行动】 6 月 22 日，市文化广电新闻出版局联合市教育局在青口小学举办以“护助少年儿童健康成长，远离和抵制有害出版物”为主题的“扫黄打非·护苗 2016”进校园活动。青口小学学生代表发出“远离盗版、拒绝有害出版物”倡议，呼吁所有学生拒绝非法出版物和网络不良信息，共同参与“绿书签”行动。活动现场，市文化广电新闻出版局、市教育局为学生们送上优秀少儿出版物 400 余册，发放“绿书签”500 余张。500 余名师生在“护助少年儿童健康成长，远离和抵制有害出版物”的签名墙上签下名字，表达尊重创意、拒绝盗版、支持正版的决心。12 月 29 日，市文化市场行政执法大队走进江滨小学，向广大学生开展“绿书签”宣传活动。活动现场，共向学生派发“绿书签”1000 份，宣传折页 1000 张，展出展板 11 块。

【广播电视执法】 7 月 27 日，市文化广电新闻出版局广电科、文化市场行政执法大队联合金华市无线电管理局在义乌市开展黑电台监测。此次监测主要集中在人流密集的敏感地带，监测人员在义乌市清真寺、市政府、市劳动力市场附近开展无线电监测，通过专业技术手段查找黑电台，整体监测情况良好，未发现黑电台。11月4日，查获1家宾馆擅自安装、使用卫星地面接收设施，1家宾馆未按"许可证"载明的接收外国卫星传送的电视节目内容，执法人员依法予以立案调查，没收违法卫星地面接收设施1套，共罚款3万元。

（马俊文）

非物质文化遗产

【概况】 义乌市现有非物质文化遗产（简称"非遗"）项目80项，其中国家级"非遗"保护项目2项，省级"非遗"保护项目14项，金华市级保护项目38项。现有市级代表性传承人61人，其中国家级"非遗"代表性传承人1人、省级非遗代表性传承人5人，金华市级"非遗"代表性传承人28人。省级"非遗"传承基地4个，金华市级"非遗"传承基地6个，义乌市级"非遗"传承基地15个。

开展第五批省级"非遗"名录项目的申报工作，"朱丹溪中医药文化"和"三溪堂中药文化"被列入省级项目名录；浙江大江南食品有限公司的金华火腿上报第三批省级"非遗"生产性基地；开展第三批义乌市级代表性传承人的申报工作。市非遗保护中心组织"义乌红糖制作技艺""义乌白糖制作技艺""盔帽制作技艺""百子灯制作技艺""金华火腿加工技艺""义乌剪纸""旗袍手工制作技艺""东河肉饼""义乌麻糍""义乌糖烊"等"非遗"项目参加浙江省、金华市、义乌市和各相关部门组织的博览会和展销会。义乌道情国家级代表性传承人叶英盛作为南方鼓书唯一代表，受邀参加在河北省举办的第三届河间西河大鼓书会，叶英盛的传统道情《狄青比武》《生死文书》参与西河大鼓书会的开幕式和闭幕式演出。曲苑书场每逢星期一、三、五晚上的7—9时演出，全年演出场次130场，观众2万余人次。

【编辑出版"非遗"书籍和建设"非遗"数据库】 1—12月，市非遗保护中心开展"非遗"书籍《叶英盛与金华道情艺术的传承》《义乌红糖》《流风遗韵》的编撰和出版工作；5月，《流风遗韵》由文汇出版社出版发行，计16.2万字；6月，《叶英盛与金华道情艺术的传承》由文汇出版社出版发行，计25万字；《义乌红糖》完成编辑，待出版。10月，为各级"非遗"代表性传承人建立电子档案，有计划地分期分批拍摄义乌各级"非遗"名录项目的图片和视频资料，用以充实各个"非遗"名录项目的数据库建设。至年底，建立61个"非遗"代表性传承人电子档案，拍摄8个义乌各级"非遗"名录项目的图片和视频资料。

【"文化遗产日"系列活动】 6月11日，是国家第11个文化遗产日，由市文化局牵头组织，市非遗保护中心承办的剪纸培训班在省级宣传展示基地黄大宗祠开班，来自佛堂镇幼儿园、宾王幼儿园、稠州幼儿园30余名教师进行为期1天的剪纸培训。金华市剪纸项目传承人徐美芝和楼肖青是本次培训班授课老师，重点介绍不同剪纸的折剪法、锯齿纹样的设计和剪工的侧剪与内剪技法，在边讲解边示范的过程中，帮助学员知道折剪的技法与表现。

【传统节日民俗文化活动】 3月29日，由义乌市文化广电新闻出版局（体育局）、义乌市北苑街道办事处主办，义乌市非遗保护中心承办的"迎清明包清明粿比赛"民俗文化活动在北苑街道曹道村举行，100名选手参加做清明粿比赛，比赛分专业组和家庭组进行。来自各镇（街道）的选手分14组，每镇（街道）1组，家庭组自由报名。经角逐，产生一等奖2名、二等奖4名、三等奖6名。市非遗中心还安排"义乌红糖制作技艺""义乌剪纸""百子灯制作技艺""捏面人"4个"非遗"项目参加展示活动，参观500人次。

6月7日，由义乌市文化广电新闻出版局、市人民政府外事与侨务办公室、市福田街道办事处主办，市非遗保护中心、市稠城街道文体站承办，市福田街道下娄店村协办的“2016迎端午中外友人包粽子比赛”在义乌市福田街道下娄店村举行，来自各镇(街道)的14名本地选手以及韩国、玻利维亚、加拿大、瑞典、英国、哥伦比亚、尼日利亚、印度等国的14位外国朋友参赛。比赛首轮进行本地选手包花样粽比赛，外国选手观摩学习；第二轮由外国选手进行包传统粽比赛，本地选手在旁口授指导，共评出一等奖2名、二等奖4名、三等奖6名，优秀奖16名。来自佛堂镇的金苏莲与来自加拿大的约翰获得各自组别的一等奖。市非遗保护中心安排“木活字印刷术”“百子灯制作技艺”“义乌剪纸”等义乌“非遗”项目和“非遗”宣传展板参加现场展示，500人观展。

（马俊文）

群众文化

【概况】 2016年，完成送戏下乡150场，公益电影放映6154场，组织开展“曲艺宣讲进文化礼堂”巡回演出、“文化科技卫生三下乡演出”“文明出行宣传演出”“美丽非遗进社区进校园等六进活动”、义乌市庆祝建党95周年“名人故居行”文艺演出、曲苑书场演出等243场，观众25万人次。举办义乌市“美丽义乌·美好生活”摄影大赛获奖作品展、义乌市“美丽义乌·同心共筑中国梦”少儿美术大赛获奖作品展、《黄允宏摄影作品展》、文化遗产保护成果摄影图片展览、义乌农民画叶洪桐作品回顾展、湖门小学农民画作品展等展览7期，观众3万余人次。举办摄影、声乐、戏曲、排舞、器乐、少儿舞蹈、道情、剪纸、非遗信息报道等艺术门类的培训325期次2294课时，培训人员1.19万人次。组织开展与陕西宝鸡、浙江嵊州等地文化走亲5次。

【“丝路神韵　书画情缘”宝鸡·义乌书画交流】 4月28日，由宝鸡市群众艺术馆、义乌市文化馆共同主办的“丝路神韵·书画情缘”宝鸡·义乌书画交流活动在义乌市图书馆翰邦展厅举行。来自陕西省宝鸡市群众艺术馆、义乌市文化馆书画业务干部以及两地的12位书法家、画家参加。交流活动进行两地书画发展情况介绍，书画现场创作及艺术交流，相互赠送书画作品。12位书画家共同创作书画作品《映日》。

【文化走亲活动】 4月28日，由海宁市文化广电新闻出版局、义乌市文化广电新闻出版局主办，海宁市文化馆、义乌市文化馆承办的“文化走亲欢乐行　同心共筑中国梦”海宁—义乌文化走亲文艺晚会在义乌市绣湖广场举行，演员50余人。晚会表演舞蹈《梦飞翔》《好紫鹃》《潮起新海宁》《海宁名人》《海宁花灯》《羽化灵蛇》《我是小小文化员》《花头巾水乡女》《新哈头》等节目，6000余名观众观看演出。10月10日，由中共金东区委宣传部、金东区教育(文化体育)局、义乌市文化广电新闻出版局主办，金东区文化馆、义乌市文化馆承办的“希望田野　美丽金东”义乌·金东文化走亲文艺演出在金东区施光南音乐广场举行，演员30余人。晚会表演歌曲、戏曲、曲艺小品、绝活、走秀等节目，2000余名群众观看演出。10月20日，“希望田野　美丽金东”义乌·金东文化走亲专场演出在义乌绣湖广场举行，演员50余人。表演《永恒的旋律》《印象中国》《我爱这土地》《茉莉花开》《天上掉下个林妹妹》《蝶恋花》《想起你就唱你写的歌》等节目。3000余人观看演出。10月22日，“越乡情乌伤亲”义乌·嵊州文化走亲越剧专场晚会在稠州戏曲大舞台上演，演员20余人。表演节目《碧玉簪·送凤冠》《红楼梦·葬花》《盘夫索夫·前盘夫》《梁祝·忆十八》《陆文龙·归宋》《孟丽君·游上林》《牡丹亭·幽媾》《状元打更》《今日嵊州美名扬》等，1000余人观看演出。

（马俊文）

文化论坛

【概况】 2016年，全市举办大型讲座29场。其中“商城大讲堂”13场，3000余人听讲，“名家讲座季”系列讲座6讲，3000余人听讲；各类公益讲座11场，2000余人听讲。举办英语角8场，采用视频播放方式举办“名家讲座视频联播”18场，共计2000余人听讲。

【"名家讲座季"系列讲座】 "名家讲座季"系列讲座是义乌市读书节重要活动之一，由市政府主办，文广新局、文联、教育局等相关单位承办。4月23日，邀请央视《百家讲坛》主讲嘉宾刘强教授在义乌市图书馆一楼报告厅作《竹林七贤与魏晋风度》的主题讲座，200余人听讲。4月24日，"名家讲座季"邀请著名昆剧表演艺术家林为林作《昆曲艺术的体现之美》的讲座，200余人听讲；5月6日，著名儿童文学作家汤汤在绣湖小学童真教室作《童话　一片你熟悉又陌生的森林》的讲座，500余人听讲；5月7日，知名作家、编剧西岭雪分别在义乌市图书馆和湖畔书榭作《红楼梦中的宝黛爱情》和《红楼梦与昆曲的缘分》2场讲座，共300余人听讲；5月17日，当代著名小说家、编剧麦家在义乌工商学院水上报告厅作《读书就是回家》的讲座，600余人听讲。

（马俊文）

文物保护

【概况】 2016年，国家级和省级文物保护单位保护项目立项、资金申报工作卓有成效，实施一批重点文物保护修缮工程项目。完成黄山八面厅、古月桥保护规划以及黄山八面厅木雕保护工程的资金申报工作，向国家文物局争取到国家重点文物专项补助经费103万元；实施古月桥修缮工程，完成50%的工程量。委托浙江古建筑设计研究院完成黄山八面厅、古月桥2处国家级文物保护单位的保护规划编制工作，通过市政府常务规划会议审议；委托专业设计单位编制黄山八面厅木雕保护工程清洗保护方案；完成吴晗故居保养维护工程，完成双林铁塔保护修复工程，启动双林铁塔保护性设施建设工程，完成立项和比选方案的设计等工作。按计划继续实施古建筑抢修工程，全年共实施古建筑修缮工程30项，完工20项，在建7项，其余3项已完成前期。全年完成总投资额3800万元。

遗址考古工作取得阶段性成果。配合做好考古遗址的调查发掘、遗址保护和规划编制等工作，桥头遗址第三期阶段性发掘工作按计划实施，初步探明遗址的分布范围，完成保护棚建设工程，建设面积2700平方米，完成保护地块征地红线范围内的征地报批工作；完成观音塘恐龙足

2016年义乌市举办商城大讲堂情况表

表31

时间	主题	地点	主讲人	听众人数
3月10日	新财富逻辑	义乌市图书馆报告厅	鲁柏祥	250
3月13日	从传统慈善公益到互联网+	义乌市图书馆报告厅	金利宾	200
3月26日	爱国卫生与健康	义乌市图书馆报告厅	张新卫	300
4月15日	甲状腺肿瘤的早防早治	义乌市图书馆报告厅	李　伟	250
4月16日	国学中的人生智慧	义乌市图书馆报告厅	黄朴民	250
5月2日	伊斯兰文化中的和谐理念和现实意义	义乌市图书馆报告厅	马明良	300
9月11日	书法泰斗沙孟海先生书法艺术鉴赏	义乌市图书馆报告厅	赵幼强	200
9月23日	了解自己，理解他人——做一名成功的沟通者	义乌市图书馆报告厅	龚惠香	250
9月24日	市场竞争中的知识产权	义乌市图书馆报告厅	张伟君	200
10月29日	中国近代银圆的欣赏和鉴别	义乌市图书馆报告厅	李小萍	200
11月26日	不动产统一登记解读	义乌市图书馆报告厅	程　勇	200
12月11日	世界遗产长城之历史文化价值	义乌市图书馆报告厅	董耀会	200
12月24日	书法的临摹与创作	义乌市图书馆报告厅	金鉴才	260

迹化石地质遗迹自然保护区科考调查工作,《义乌观音塘古生物化石地质遗迹保护利用总体规划》编制完成,报市政府常务规划会议审议通过。完成后岩头山核心区土方测绘计量等工作,观音塘土方清运工程开工。完成保护棚建设区域内的电线杆迁移等工作。开展第六批省级文物保护单位"四有"建档工作,完成第六批省级文物保护单位的"四有"建档工作,报省文物局审查备案,其中容安堂四有记录档案被省文物局评为优秀记录档案,受到表彰;开展第七批省级文物保护单位的"四有"工作,完成陶店民居群和延陵祠2处省级文物保护单位的建筑测绘工作;开展容安堂、朱店朱宅两处省级文物保护单位的扩充范围申报工作,将陈氏宗祠等5处文物并入容安堂、朱店荐叙堂等4处古建筑并入朱店朱宅推荐申报省级文物保护单位。开展多形式的文化遗产保护宣传活动,举办"义乌市文化遗产保护成果摄影图片展",分名镇名村、传统村落和古建筑3个单元,制作展板110块,以摄影作品的形式先后在华川书舍和市图书馆、博物馆等地展出,吸引1万人参观;配合考古发掘与自然保护区申报等工作,完成"义乌观音塘恐龙足迹化石临展",在市图书馆展出后,移至保护棚现场展出。深入开展文物平安工程建设,对全市文物建筑中消防器材的更新情况进行摸底排查,重新更换配备4千克干粉灭火器3100只,配备35千克车推式灭火器46只,灭火器箱565只,安装消防指示牌1576块,并与镇(街道)各相关村签订文物安全使用管理责任书。实施春秋战国水井保护展示工程,完成设计方案专家论证、水文地质勘察、注水井开挖以及春秋战中古井保护亭与周围景观改造提升工程的设计方案。配合基建做好抢救性考古发掘和保护工作,分别对福田街道银海三区、湖塘村等汉墓进行抢救性清理发掘,落实保护措施,向市政府提交相关的研究报告和汇报材料。配合实施全市美丽乡村建设"131010"精品培育工程,加强古村落保护利用工作。会同规划局推荐申报中国传统村落,缸窑、尚阳、朱店被列入中国传统村落保护名录;协同农林局做好古村落内文保建筑的保护修缮工作;帮助赤岸镇做好雅端民俗博物馆的展陈工作,配合开好中国传统村落保护大会。加强对3个名人故居的保护管理,着手保护规划编制、文物展品征集等工作,谋划冯雪峰文学小镇创建工作。完成《冯雪峰文学小镇的概念性规划和核心区修建性详细规划》以及《吴晗故居保护及村庄发展规划》的初稿。开展冯雪峰故居展陈家具和相关实物的征集、购买等工作,征集展品90余件。落实专人管理,实行每周6天开放制度,强化3个名人故居的保护管理与利用工作。

【"拯救老屋"行动计划第一期项目】 2013年4月,义乌市出台《义乌市古建筑抢修保护三年行动计划(2013—2015)》,计划用3年时间,对全市境内100处列入抢修计划目录的古建筑实施修缮保护工程,预计投资2.3亿元,所有工程项目由古建筑抢修领导小组办公室负责实施,办公室设在义乌市文化广电新闻出版局。截至2016年12月31日,义乌市文物保护管理办公室共主持实施古建筑修缮保护工程123项,共投入文物维修专项资金约2.2亿元,修缮建筑面积14.2万平方米。其中在赤岸、倍磊、田心、缸窑、尚阳、朱店、雅端、东朱、雅治街、乔亭、何宅、何店、大元村、何宅、陶店、凰升塘、云山、寺前街、石明堂、塘下洋、柳一村21个传统村落内,实施古建筑抢修共76处,投入文物修缮资金1.5亿元。

【文物执法】 5月4日,义乌市文化市场行政执法大队叫停省级文保单位赤岸镇雅端村容安堂道路施工,执法人员向相关人员讲解文物保护的法律法规,告知未经文物保护行政部门审批擅自在文保单位保护范围内施工属于违规行为,责令相关部门立即停工并拟定符合规定的后续方案。5月11日,义乌市文化市场行政执法大队赴苏溪镇下陈村六德堂开展文物执法保护工作,及时制止已列入义乌市文物保护目录的六德堂违法拆除行为。

【观音塘古生物足迹化石地质遗迹保护总体规划通过评审】 5月9日,市文化广电新闻出版局召开《义乌观音塘古生物化石地质遗迹保护总体规划》专家评审会，会议邀请浙江省地质调查院高级工程师张岩、浙江自然博物馆研究员杜天明、浙江省工商大学教授王莹、浙江省矿业协会副会长王洲平、浙江省第三地质大队高级工程师江友宝 5 名专家组成专家组，张岩任专家组组长。此规划由浙江省地质矿产研究所编制，《规划》确定义乌观音塘足迹化石地质遗迹保护区的边界范围，划定了地质遗迹保护区，规划总面积 61.4 公顷。规划明确保护的目标，对下一步遗址的保护和旅游开发提出方向与思路，建议建立恐龙足迹化石遗址公园。12 月 22 日，义乌市人民政府第十七次规划会审会议，听取和审议上述规划。会议认为，古生物足迹化石遗址具有重要的考古价值，与东阳市开展合作，更加有利于考古遗址的保护和利用。会议要求，要科学划定保护范围，主动与东阳市沟通对接，研究共同保护和开发利用的机制和模式；在规划基础上，由义乌市文化广电新闻出版局牵头，编制保护和开发利用的总体规划，积极申报国家级的保护项目。

【《义乌建筑文化》出版】 义乌大型系列丛书《义乌丛书》由义乌市志编辑部编纂。《义乌建筑文化》为丛书之一，分上下册，大 32 开，6 月由上海人民出版社出版。义乌传统建筑属于婺州建筑的范畴，是由古代东阳帮工匠根据江南的地理、气候特点创立的一种独特的建筑形式。它以粉墙黛瓦马头墙、石库台门天井院为外观形式，融东阳木雕、石雕、砖雕与壁画、楹联等装饰艺术与一炉，形成一种具有高度美学价值的地方建筑风格。作者黄美燕长期从事婺州建筑的保护与研究工作，通过广泛的实地调查和博览群籍，集腋成裘，从民俗文化的角度切入，对义乌传统建筑的发展史、选材和工料、建筑类型和各类建筑的形式、规划选址、建筑的意匠、建筑风格、东阳帮工匠体系、匠作技艺和营造特点、建筑装修与装饰、传统建筑的室内陈设与各种设施等方面作较全面的阐述，并且对建筑的装饰图案分门别类进行文化内涵的解读。内容翔实准确，图文并茂，可以作为从事文物工作以及建筑学、历史文化遗产保护教学与研究工作者的参考书。

【发现东汉至三国时期古墓葬】

9 月 3 日，义乌市在福田街道湖塘村取土工地发现 1 座东汉晚期至三国时期古墓葬。义乌市文物保护管理办公室对古墓葬进行抢救性清理发掘。此古墓位于福田街道老湖塘村西北侧和国贸大道之间，距国贸大道直线距离约 200 米处的端头山上。墓葬封门和约 1～1.5 米长墓道已遭破坏。从残留的情况可以推断，墓葬为凸字形券顶双砖室墓。墓向坐东朝西偏南 4 度，平面自前往后依次为封门、墓道、前墓室、后墓室 4 部分，残长约 12.5 米，推测墓葬全长 13.5 米左右。前室券顶已完全坍塌，墓底铺砖，前室残长 6.75 米，内宽 3.1 米，墓壁残高约 1.5 米。后室长 5.8 米，内宽 2.36 米，拱券净高 3.25 米，墓底原有铺砖，被盗无存。墓壁双层，青砖砌筑，最下面为一顺七丁，其上为一顺五丁、一顺四丁、一顺三丁逐级收分而上。券形墓顶，用楔形砖砌筑。青砖长 40 厘米，约 20 厘米，厚 6 厘米。楔形砖长 40 厘米，大头宽 20 厘米，厚 6 厘米，小头宽 16 厘米，厚 5 厘米，端头有线形阳刻的纹饰，图案有类似人面纹、如意纹、米字纹、线形交叉纹，以及代表四方八极的几何纹等。前室出土多件青瓷碗、罐，黑釉双系瓷罐，青瓷罍等残器和铁剑残件。从现场发现的陶质排水管残件看，此墓原有陶管排水设施。从墓葬所在环境看，此墓葬应该是建在相对高亢的岗上，挖坑建墓再堆筑封土，封土高近 10 米。从墓葬的规格初步判断可能为当时地方官或王室分封贵族墓，但具体身份地位待考。义乌市人民政府对墓葬的保护相当重视，召集相关部门研究协调墓葬保护问题，为避让文物，铁东路线位规划做相应的调整，并落实筑围墙、盖顶棚等临时性保护措施。

（黄美燕）

公共图书管理

【概况】 2016 年，办理新证 9900 本，开通市民卡 5675 张。外借图书 42.8 万册次、各流通站借阅图书 6 万册，共计外借纸质图书 48.8 万册，电子图书下载 1.68

万册次。全年借还书 22.2 万人次；图书、报刊及电子阅览读者为 29.5 万人次；自修室接待 3.2 万人次；接待幼儿、小学生参观 11 批次，6000 人次；举办讲座、展览、阅读推广、征文比赛、优秀讲座视频联播等各类活动 122 场 10.9 万人次参加；各流通站图书借阅与报刊阅览 9.8 万人次。图书馆馆内接待读者 66.4 万人次；图书馆服务读者 76.2 万人次。

送书到社会合作流通站 2 万余册，农村流通站 2 万余册，镇（街道）分馆 12 万余册。

【图书的采购与派送】 1 月，市财政局下拨给市图书馆馆购书经费 100 万元。3 月，市政府按照民生实事工作要求，财政追加购书经费 200 万元。5 月，市文化广电新闻出版局对图书采购方案进行论证，严格按照采购法有关规定，由开平公司对本次图书采购进行招投标，局纪检人员全程参与并监督。7 月 6 日，开平公司进行公开招标，中文纸质图书由江苏凤凰、北京人天、武汉三新，浙江新华集团图书馆藏公司中标。采编部门于 12 月 20 日完成全部采购任务。对所有采购的图书资料按市图书馆的采选要求执行，保证新书目预订的完整性和连续性，按全面入藏、重点选择入藏、一般选择入藏的采选原则，确定各类文献资源采选比例为中文文学类图书 20%，历史类 10%，其他社会科学类 20%，自然科学类 25%，少儿读物 25%。采购中文图书 12 万册，其中少儿图书 3 万余册。对到馆图书及时拆包，分编，把数据写入智能芯片后，及时送流通部上架借阅，分配到乡镇分馆的图书，重新整理打包，及时送交乡镇分馆和各图书流通站。

8 月，开展“你荐我买”的读者购书建议活动。读者可以根据自己的需求向图书馆推荐采购书单（已经正式出版）。图书馆根据馆藏资源情况对所推荐图书进行整理分析，挑选符合图书馆藏书的图书进行购买。推荐图书由图书供应商（政府招投标）采集加工，并通过采编部门检验分编，正式上架。收到读者推荐图书 300 余种，成功购买到 150 余种 600 余册，及时通知推荐读者办理借阅。

【数据库采购与应用推广】 3 月 3—5 日，超新、EPS、博看等分别在义乌大酒店和幸福湖大酒店为两会代表现场咨询和解答服务及数字资源阅读推广活动。4 月 1 日，超星和 EPS 在图书馆小讲堂进行数字阅读推广；5 月 30 日、9 月 14 日、11 月 14 日、12 月 19 日，贝贝国学分别在幼儿园、小学和图书分馆进行数字资源阅读推广活动。义乌博览会期间中文在线、知网在博览中心进行数字资源阅读推广活动。根据读者对数据库的需求，10 月，市图书馆新采购墨香报纸库和泛在微讲堂 2 个数据库，续签 10 个数字资源。至年底，义乌市图书馆共有超星、中文在线、中国知网、博学易知、EPS 统计数据、人文期刊、国学等外购数据库和自建的善本库和讲座视频库等共计 16 类数字资源。12 月 19 日，超新、博看、川远在佛堂分馆开馆活动中进行数字资源阅读推广活动。全年共进行阅读推广活动 13 场次，数据库应用培训 3 场，在馆内和各借阅点发放数据库宣传品 200 余册，大大提高了数据库的利用率。

【市民卡应用】 3—4 月，根据市政府关于市民卡在图书馆的应用，市图书馆与市财政局及义乌市民卡管理中心进行协调，达成社会保障市民卡主卡不收取归还保证金，副卡继续现金收取 100 元归还保证金。5 月，在市政府召集的社会保障市民卡 2016 年实施项目专题推进会上，义乌市图书馆承诺 10 月份确保社会保障市民卡在图书馆的应用。同月，市图书馆和市民卡公司、力搏软件进行读卡器的应用进行初步开发，6 月进行全面调试，7 月试运行。9 月初，原读卡器改用 T10 读卡器，同月中旬与海恒智能技术有限公司和 T10 读卡器公司协作开发市民卡在图书馆应用读卡程序，10 月 7 日，全面实行图书馆借阅、还书等功能。

【总馆智能化改造】 9 月，经义乌市政府采购中心招投标，由深圳市海恒智能技术有限公司中标的总馆智能化建设项目启动，总投资 239.4 万元。11 月初，完成总馆所有开架图书的加工以及自助借还设备的安装、调试工作，达到开放条件，总馆智能化建设基本完成。

【图书流通站建设】 4月，建成并开放义乌市第2家24小时自助借阅点——稠城宾王点；5月，建成赤岸悦读吧；6月，建成正觉禅寺悦读吧；7月，建成名达书屋悦读吧；8月，建成万和悦读吧；9月，建成联信书院悦读吧、外文悦读吧及上乘艺术空间悦读吧；10月，建成苏溪新农村悦读吧及锦鹤堂悦读吧。11月，完成全市40个农村(社区)图书室流通站建设，并配送图书2万余册，全部实现对外开放。完成10家社会合建“悦读吧”建设，总计配送图书2万余册。截至12月底，社会“悦读吧”共计接待读者3万余人次，借阅图书5000余册次。

【地方文献办法与征集】 4月，通过义乌市文化广电新闻出版局颁布《义乌市地方文献征集管理办法(试行)》。5月，与义乌市归国华侨联合会联合发文《关于征集义乌籍出国和归国留学人员著作的通知》；9月，赴浙江大学、浙江财经大学等单位上门征集义乌籍人士著作，对部分重点人物进行拜访。完成浙江大学义乌籍教授网的编制，人数86位；10月，完成古籍普查任务，计3384部4.42万册；11月，义乌籍人士著作陈列馆数据库建立，共收入义乌籍人士465人的著作2325种、作品4301册（件），其中，古代作者21人，近现代作者444人。

【图书分馆建设提升】 2016年，构建以市图书馆为中心，以镇(街道)分馆为重点，以村(社区)及社会图书流通站为基础的公共图书馆三级服务体系，总馆、分馆、流通站三级之间实现资源共享、借阅联网。市图书馆人员深入镇(街道)，和镇(街道)工作人员探讨图书分馆建设，完成全市12个镇(街道)图书馆新建以及2个镇(街道)的图书分馆改造提升工作，配送图书超14万册，并于12月全部实现对外开放。其中，稠城、福田、苏溪、廿三里4个镇(街道)实施无人值守模式建设，稠城与福田街道实行24小时自助借阅模式管理。

（马俊文）

档案管理

【概况】 2016年，市档案馆接收市委组织部、市政协、市国土资源局、市统计局、义亭镇、市总工会等22家单位2006—2010年档案1.19万卷、2.7万件，照片、光盘32张，实物99件。收集整理报纸、杂志等资料464册，其中图书135册、杂志229册、报纸74册、宗谱26册。重点征集民间收藏家蔡宝昌处清朝、民国、新中国成立前后的契约、遗嘱、凭证、地图等珍贵收藏品共95件。完成馆藏档案195万页纸质档案数字化，著录案卷目录1.37万条、文件目录36.9万条。馆外档案集中整理加工90家单位，8.7万卷(件)，扫描60万页。通过义乌政务OA系统接收95家单位12.4万件电子文件，包括目录、全文、流转信息等数据。全年共接待查档人员1.3万人次，调阅档案资料4.79万卷(件)次，出具证明3.75万张，平均每个工作日接待档案利用者50人次，提供184卷(件)次档案资料，完成远程查档服务292件。

开展进馆单位传统纸质档案数字化成果的备份工作，完成登记率100%、备份率95%；接收备份重点涉民领域电子业务档案共27家，总数据量2509.25GB。新增电子标签8000个，对库房管理人员进行电子标签使用培训，利用RFID电子标签管理系统，完成清库，实现全方位智能化管理。安装110防盗联网报警系统，配备防爆防恐器具。对全馆监控实施升级改造，由模拟系统改为数字系统，新增探头31个。完成市天然气公司档案管理市级规范化达标工作。完成市北苑街道菱角塘水库防洪除险工程、稠城街道泮塘水库竣工验收。完成86家重点建设项目档案管理登记工作。完成67家行政村文化大礼堂数据库建设。全年举办2期档案管理知识培训班，培训人员260余人次。编辑出版“档案义乌”系列丛书《侵华日军义乌细菌战民国档案汇编》3000册，征集细菌战实物史料3561件。与义乌工商职业技术学院开展馆校合作，派人授课84课时，学生到馆实习122人，爱国主义教育基地展厅全年接待参观者3715人次。

5月，《库房空气质量综合治理》科研项目获国家档案局立项。年内，81%以上单位建成市规范化档案室，90%以上单位建成“四有”档案室；佛堂镇建成镇档案馆，集中保管村档案；新增数字档案室系统用户25家，创建省示范数字档案室2家，省规范数字档案室2家，市级数字档案室16家。

【农业农村档案工作】 3月9日，下发《关于做好2016年全市农业农村档案工作的通知》，要求各镇(街道)、行政村(社区)在6月30日前完成2015年本单位各类文件材料立卷归档工作，10月底前完成保管期限30年以上文书档案及重要业务档案数字化，并向档案登记备份中心登记备份，至年底，全市累计90%以上的村、社区建有档案室，累计80%以上的村、社区建成市规范化档案室。8月5日，召开农业农村档案工作会，50余人参会，部署“文化礼堂”“千村档案”数据库建设及录入工作，统计农业农村上半年档案工作情况。12月7日至9日，组成农业农村档案工作检查组，针对档案收集整理、数字化加工、档案利用、档案管理、“四有”档案室建设等工作，对全市14个镇(街道)和28个行政村(社区)档案工作进行检查，大陈等6个镇(街道)、七一村等14个村(社区)情况良好，福田等4个镇(街道)、西山下等17个村(社区)存在问题。12月14日，根据检查情况对存在问题及特色工作进行通报，要求相关单位对存在问题及时做好整改。

【一站式管理平台研发】 3月28—31日，市档案局考察组一行5人实地学习福州、上海重点建设项目档案管理先进经验，着重考察上海市浦东新区档案馆“档案工程监督及有效服务平台”建设及运行情况。4月25日，在市档案局举办重点建设项目档案管理培训班，200余人参加，培训讲解档案登记、档案验收工作。8月25日，与上海田满信息科技有限公司签订技术开发合同，共同进行重点建设项目档案一站式管理平台开发。9月，进行一站式管理平台系统调研、总体设计，搭建系统框架、设计数据库。10月，完成一站式管理平台系统的开发、测试，对人员进行培训，根据试用情况进一步优化和完善系统。11月18日，对重点建设项目档案一站式管理平台项目进行验收，完成项目合同约定的指标，验收合格。重点建设项目档案一站式管理平台，以建设项目档案工作保障体系为依托，通过对建设项目档案工作信息的全程跟踪采集、科学整理、及时传递和充分共享利用，寓监管于服务，以服务促监管，实现档案行政管理部门、参建单位的信息共享、互相督促、管理共赢，进一步提高建设项目档案的服务能力和监管力度，确保建设项目档案的完整、准确、系统、安全。

【档案管理执法检查】 4月25日，在市档案馆报告厅举办全市档案业务培训班，部署重点建设项目档案管理及执法检查工作，200余人参加培训。8月30日，下发《关于开展重点建设项目档案执法检查的通知》，联合市建设局对重点建设项目单位进行现场检查，检查采取抽查和自查相结合的方式，自查情况良好。9月20—22日，抽查疏港高速公路、中医院迁建工程、总部经济区中心区综合体项目等12家单位，听取抽查单位档案管理工作汇报、检查档案整理情况、档案室安全保管情况，总部经济区中心区综合体项目、经济开发区文化广场2家单位的档案管理、培训、考核、数字化、档案利用、安全保密等达到较高水平，指出疏港高速公路、中医院迁建工程等10家单位存在问题27项，抽查现场提出初步整改意见，提供检查整改通知书。10月下旬，检查情况在全市范围内通报，大力推进基层档案工作。

【档案宣传】 6月4日，联合义亭镇政府在西田村举办以“档案与民生”为主题的第四届“国际档案日”活动，现场为村民提供1951年土地证查档咨询服务，义务为村民扫描、复制、整理老旧照片，并制作成免费光盘，共扫描照片200余幅；指导村民如何建立家庭档案，发放资料150余份，接受咨询30余人次。9月，结合“七五”普法，通过媒体报道、档案法规漫画展出、提供免费讲解等形式，开展档案法规宣传，举办为期1个月的档案管理违法违纪行为专题挂图展，1000余人次观展。10月，参与“绣湖先锋，在您身边”大型广场宣传咨询活动，活动现场展出展板8

档案工作宣传　　（市档案局供图）

块，发放《档案让商城更和谐》等资料2500册，档案业务咨询50余次。年内，义乌主流媒体档案宣传报道15次。

（王边边）

党史编研

【概况】 1月，市委党史研究室与义乌热线协商，在稠州论坛合作开办“义乌党史”栏目。3月8日，市委党史研究室与稠州论坛合作开办的“义乌党史”专栏上线，全年刊发党史文章16篇。2月，市委党史研究室抽调骨干力量，着手《义乌党史胜迹图志》编写工作。8月9日，全书的电子版在义乌党史网和义乌党史微信公众号上线。同月，完成此书的编辑校对工作，书稿交付印刷。《义乌党史胜迹图志》以义乌党史胜迹为脉络，运用2.5万字和126幅图照，展现义乌新民主主义革命的历程。3月，为纪念义乌发展经验形成10周年，编辑《走在前列又十年——义乌发展经验10周年纪事》，4月完成书稿编写，全书4万余字，记录义乌2006—2015年的发展历程。12月，形成2015年第四季度、2016年第一至三季度义乌大事记初稿，计11万字；《新世纪义乌纪事——2015》正式编印出版发行，计11万字。全年编辑《义乌史志》4期32万字，发行4000余册；形成2015年第四季度、2016年第一至三季度义乌改革大事记，计3万余字。

【抗美援朝老兵资料征集工作】 2015年年底始，市委党史研究室组织力量深入廿三里街道何宅村，抢救此村抗美援朝老兵的口述史资料。2016年3月，征集到一批珍贵的抗美援朝老兵回忆录、口述史、实物、照片等宝贵资料。廿三里何宅村已知姓名的抗美援朝老兵有20余人，其中何振声为原志愿军20军59师政委；何策雯在抗美援朝中荣获朝鲜民主主义人民共和国授予的功勋章2枚，并于1965年8月参加全军装备技术革新交流会时受到毛泽东等党和国家领导人接见；何维熊在朝鲜三年荣立三等功3次，获朝鲜民主主义人民共和国颁发的军功章3枚。此批珍贵史料在《义乌史志》2015年第4期刊载后，引起浙江省委党史研究的关注，专题要求义乌市委党史研究室报送有关资料，义乌报送廿三里何宅村何振声、何策雯的抗美援朝史料。

【党史三杰资料征集工作】 1月，市委将收集义乌党史三杰（陈望道、吴晗、冯雪峰）名人资料、实物的任务落实到市委党史研究室。2月，市委党史研究室根据工作要求，制订相应工作计划，排出工作日程。4月，市委党史研究室派员前往北京征集冯雪峰、吴晗2位名人相关史料。市委党史研究室工作人员走访北京吴晗研究会会长吴文桂，北京吴晗研究会副会长、吴晗外甥女吴平，原《求是》杂志副总编、吴晗研究专家苏双碧及其夫人王宏志，吴晗外甥李晓强，并前往北京大学红楼、人民文学出版社等单位，征集到吴晗、冯雪峰史料的有关书籍28册，照片900余张，影像13段800余分钟时长。5月17—19日，市委党史研究室工作人员专程赴湖北省老河口市征集吴晗相关资料，到吴晗夫人袁震的家乡—老河口市袁冲乡，收集到相当数量的吴晗夫妇的文字资料、照片。5 月18—20 日，市委党史研究室一行2 人前往重庆征集陈望道史料，收集到复旦大学西迁重庆期间，陈望道在重庆的相关史料和图片。

【《中国共产党义乌历史（第二卷）》意见征求】 2 月，《中国共产党义乌历史》二卷经过内部几轮修改，初步形成征求意见稿。为查找征求意见稿中存在的诸多问题，3 月，市委党史研究室将征求意见稿打印送交上级党史部门，义乌市委办、市委组织部等机关部门及部分社会贤达阅稿。征求意见的个人分义乌市委、市政府部门主要负责同志；长期在义乌工作的老同志、老干部；学有专长的专家、学者 3 类。4 月 25 日，《中国共产党义乌历史》二卷经过 1 个月的意见征求，共收到意见和建议 1000 条。7 月 15 日，浙江省委党史研究室到义乌市反馈党史二卷审读意见，金华市委党史研究室有关人员、义乌市委党史研究室领导及二卷编纂人员共 10 人参加意见反馈会。反馈会对义乌党史二卷书稿给予肯定，同时从体例、历史背景、写作方法、内容、规范 5 个方面指出二卷书稿中存在的一些问题，并给出具体的修改建议，重点强调书稿写作规范。8 月，义乌市委党史研究室组织力量全力攻克义乌党史二卷修改难点，倒排工作计划，理出 30 个需要补充查档的课题。12 月，30 个党史二卷专题完成，计 30 万余字。

【纪念红军长征胜利 80 周年图片巡回展】 2016 年 3 月，义乌市国防教育办公室、中共义乌市委党史研究室经协商后，决定联合举办《纪念中国工农红军长征胜利 80 周年》图片展。9 月底，图片展开始在义乌各地巡回展出。此次图片展的内容分三大部分。第一部分为中央主力红军的长征；第二部分为留在中央苏区的红军南方三年游击战争和浙南红军的斗争；第三部分为义乌籍名人与长征。“弘扬长征精神，决胜全面小康”。整个巡回展于 2017 年 1 月底结束。图片展分别在义乌市政府机关，全市各镇街、全市 115 所公办中小学、部分规模以上企业巡回展出，观展 1 万余人次。

【纪念建党 95 周年】 3 月 31 日，协助山东卫视到义乌拍摄陈望道翻译《共产党宣言》电视片。6 月下旬，市委党史研究室接受浙江之声、金华市电视台等省、市媒体专访，详细介绍陈望道回义乌翻译《共产党宣言》的历程，以及义乌在寻访《共产党宣言》首版中文全译本的过程及取得的成果。6 月初，参与编写纪念建党 95 周年知识竞赛知识竞赛题目，党史研究室负责义乌党史相关的 100 道题目的编写。

（潘桂倩）

地方志编纂

【概况】 2016 年，义乌市志编辑部在市委、市政府的重视和各部门的支持下，紧紧围绕市委、市政府中心工作，扎实开展修志、编鉴、地情资料开发、方志馆建设等工作，积极推进地方志各项工作有效落实，切实发挥地方志资政、存史、教化的重要作用，努力推动地方志事业取得更大的成绩。全年正式出版且已到库的有《朱丹溪故事》《义乌著作志》《义乌地名故事》《义乌建筑文化》《义乌名士文化》《义乌剪纸》《义乌兵故事》《冯雪峰全集》及非丛书类《义乌商帮》《黄溍诗集注》等 10 部 869.3 万字。为充分发挥《义乌丛书》的作用，满足农村文化建设的需要，先后给赤岸、苏溪、义亭等镇(街道)20 家文化礼堂送去《义乌市志》《义乌丛书》计 130 套；为扩大《义乌丛书》的社会影响，按义乌市委书记要求，实施《义乌丛书》进宾馆、进车站等活动，累计向宾馆送去《义乌丛书》150 套。义乌方志馆全年共接待各界人士 1.2 万人次，为广大市民和史志爱好者提供资料查阅、地情咨询等服务 50 余次。

为响应市委、市政府号召，义乌市志编辑部积极参与社会文化工作，努力服务基层和社会，推动优秀传统文化与当代实践精神有机结合，配合市纪委、市委宣传部和佛堂镇委联合主办的“徐侨文化与当代价值座谈会”，全程帮助筹划，提供研究资料，为义乌留下了徐侨文化及其当代价值的研究成果。配合参与市政协南江开发的调研；稠城街道西门街改造有关历史文化资源保护的论证；四中校园文化的包装；《中国国家地理》杂志关于佛堂的推介和中央电视台组织的“远方的家”栏目相关义乌历史资料的研讨；及新博物馆、细菌战博物馆设计论证、丝路新区广告片、科创新区文化内涵挖掘等工作。

【“全民阅读·书香商城”义乌文史微竞答活动】 4月20日至5月20日，为配合“义乌市第二届读书节”活动，义乌市志编辑部联合“中国义乌”政府门户网站、“掌中义乌”微信、“义乌政府网”微信举办“全民阅读·书香商城”义乌文史微竞答活动。活动对象为浙江省内移动用户（流量活动）、所有“掌中义乌”微信关注成员(赠书活动)。

活动在微信网上公布从《义乌市志》中精心拟取、筛选的10道题目，只需关注“掌中义乌”微信号，回答有关义乌文史的问题，正确率达到60%以上的，系统自行跳转到抽奖页面，奖品有《义乌丛书》7种、移动流量150G。活动期间，共有2万多人次关注“掌中义乌”微信号，参与活动1万余人次，赠送书籍3500本、移动流量150G。

【走访义乌兵后裔聚集村】 10月17日，由市志编辑部与市文联牵头组织，市摄影家协会、市作协等八大文艺协会组织，共30余人，实地走访山海关，河北板厂峪、董家口，及辽宁绥中曹家房子村、立根台等长城脚下义乌兵后裔聚集村。10月22日，北京义乌企业商会组织会员、在京义乌同乡会33人，市文联、市志编辑部等文艺创作团体及当地义乌兵后裔80余人，在董家口举行联欢晚会。三地义乌同乡首次齐聚长城下，会上义乌市志编辑部、北京义乌企业商会分别向两个村赠送《义乌市志》和《义乌丛书》。10月23日，义乌市志编辑部指导当地义乌兵后裔吴玉久修族谱，并对吴玉久提供的几份祖辈手抄族谱，进行查看辨析，提出了部分需要补充收集的建议，以便与义乌吴姓族谱衔接。

【《世界遗产长城之历史文化价值》讲座】 12月11日，义乌市志编辑部邀请中国长城学会常务副会长(会长为全国人大常委会副委员长兼)董耀会，在市图书馆报告厅“商城大讲堂”举办讲座，题为《世界遗产长城之历史文化价值》。参加讲座的有市政协副主席刘峻及义乌文史爱好者、市民共70余人。董耀会从长城与义乌的关系开讲，介绍了长城的历史以及长城文化，并结合30余年来考察、研究长城的感受，解读了万里长城这样一个伟大的文化遗产与义乌文化的联系、精神的联系，和义乌人直接为创造长城、守卫长城所做的贡献。他说义乌兵是明代长城的主要修筑者和戍守者，在长城文化史上留下一道不可磨灭的靓丽风景，如果能弘扬开来，让更多的人知道，对义乌来说也是一个非常重要的文化形象塑造。

【《冯雪峰全集》首发仪式】 12月25日，《冯雪峰全集》出版座谈会暨新书首发仪式在北京中国现代文学馆举行，由中国作家协会、中国出版集团主办，中国现代文学馆、义乌市政府、人民文学出版社共同承办。中国文联、中国作协副主席李敬泽、中国出版集团党委书记副总裁李岩、人民文学出版社社长管士光、《冯雪峰全集》编委会主任陈早春、义乌市政府副市长王迎，以及出版社代表、全集编委会成员、冯雪峰亲属代表，生前好友代表、学者代表，革命前辈陈毅、陈赓和著名作家丁玲的子女，共100余人出席。会上，人民文学出版社向中国现代文学馆、上海鲁迅纪念馆赠送《冯雪峰全集》。

2012年开始，义乌市政府与人民文学出版社联手编纂《冯雪峰全集》，并将其列入义乌市委、市政府的重大文化工程《义乌丛书》系列。为保证编纂质量，促成由冯雪峰生前好友、人民文学出版社前社长陈早春领衔，著名专家、学者、出版人与冯雪峰家属在内的《冯雪峰全集》编纂委员会。参与资料收集的整理人员到上海北京的图书馆、档案馆查找，到名人故居、雪峰生前好友家中寻访，从20世纪二三十年代的旧刊物中摘抄，从各种不同版本的文集中进行比对标注，收录冯雪峰的创作、翻译、评论、日记等全部作品，以及“文化大革命”时期的“外调材料”。人们不仅可以从中看到冯雪峰思想和创作的全部,还可以看到他的思想萌生、发展、变化的过程。《冯雪峰全集》收录冯雪峰1921—1975年的诗歌、小说、散文、剧本、寓言、杂文等文学创作,文艺理论、文艺批译著作,文学研究,回忆录,书信,日记,翻译作品和“外调材料”等,是作者一生文学成就的总集。全书12卷540余万字，是迄今最完备的一套全集。

习近平总书记对雪峰的革命历程有深切的了解,对雪峰为革命文艺事业所做的巨大贡献深表敬佩,对雪峰的革命气节深为敬仰。他说，冯雪峰的一生，“是革命的一生、战斗的一生、孜孜探求的一生。他为中国人民的革命事业和文学、出版事业做出了重大贡献。他是我国革命文艺事业的功臣”。

【《义乌年鉴(2016)》出版】 12月,《义乌年鉴(2016)》由上海人民出版社出版发行，全书共730千字，图片140幅。主要记述2015年1月1日至12月31日，义乌市在政治、经济、文化和社会建设中所发生的大事、新事和具有年度特色的事。全书设置类目32个、分目165个、子目186个,收入条目1410条。

《义乌年鉴》框架设计注重年鉴资料价值和可读性,从实际出发更新一些栏目，突出2016年义乌的市情和特点，在2015年版年鉴框架设置上，对2016年版年鉴部分类分目进行增设与调整。专记中增设“习近平再‘赞’义乌”“明代义乌兵战绩辑录”“义乌细菌战史料”“国民党抗战老兵记事”“义乌工商学院缘起”“‘摇响拨浪鼓·同圆中国梦’工程”等,为今后修志留下史料。人物中增设“义乌抗倭将领”“名人逸事”及“义乌创业新锐”。其他类分目设置均按照2015年版已调整的框架设置。

（李丽莉）

文联工作

【概况】 2016年,开展“一带一路”友好城市结对活动,分别与西安临潼区文联、宁波鄞州区文联结为友好文联。4—12月,开展“两学一做”学习教育主题活动,对单位党员干部进行系统教育,提升机关党员干部在思想、组织、作风、纪律等方面意识,巩固加强党性觉悟和党性修养。

与市志编辑部、市作协合作编辑出版《义乌商帮》;围绕义乌江特色旅游带建设，组织作家、书画家创作出版《义乌江寻梦》。完成“感动义乌”人物、纪念建党95周年先进人物事迹、周峰先进事迹报告会演讲稿、组织部“两学一做”党徽耀商城100余个先进个人和事迹的采访写作;完成“五水共治”“浙江画报”的图片收集和部分文字整理任务;承担大陈特色小镇、美丽乡村建设历史文化的挖掘任务,收集整理大陈红峰村古越文化、杜门村蚕茶文化历史资料。参与海军“义乌舰”舰艇文化的设计布置创作任务。完成年度农村文化礼堂的指导任务和“中国曲艺之乡”3年一次的全国考核。

年内，举办各项文艺活动300余场次。征集义乌市艺术家书画、摄影、剪纸等精品100幅,完成送戏下乡、送文艺进村进社区等文艺志愿服务活动200余场;全年在华川书舍组织各类文艺展览43场次，服务观众1万人次;春节期间,市书法家协会连续37年举行义务写春联活动,全年写送春联2万余对。完成6期加1期增刊的《枣林》出版;创作出版地域文化丛书《义乌地名故事》;作家协会出版各种文艺作品20余部。

【首届中国义乌国际摄影大展】 2015年8月6日,由义乌市人民政府和中国摄影家协会联合举办,义乌市委宣传部、义乌市文联摄影家协会共同举办,浙江省摄影家协会、义乌商城集团协办的首届中国义乌国际摄影大展在义乌国际商贸城五区进口商品馆大厅启动,中国摄影家协会副主席雍和、中国摄影报总编辑曾星明、浙江摄影家协会主席吴宗其、义乌相关领导和全国各地的摄影家、摄影爱好者及在义的外商影友代表300余人参加仪式。

大展主题是全面反映义乌国际贸易综合改革试点成果和丰富的义乌历史文化、商贸文化和多元文化,重点突出“中国义乌—丝绸之路新起点”主题。凡是与中国义乌相关题材的单幅或组照作品均可参展。大展入展作品120幅，稿酬各2500元，均颁发荣誉证书，按中国摄影家协会之规定累计申请入会积分。大展作品征集时间为2015年8月6日至2016年3月31日，评审装裱时间为2016年4—5月。活动组织期间，组委会邀请国内外著名摄影家和全国各地的摄影爱好者到义乌采风创作3次。大展共征集作品4.5万幅。经专家评审团初评和复评，评选出118幅(组)入展优秀作品，浙江摄影出版社出版摄影集《丝路光影——首届中国义乌国际摄影大展作品集》。

【首届中国义乌骆宾王诗歌奖】 2015年11月4日，为纪念现代汉诗迎来百年诞辰，发展中国诗歌艺术，由中国作协《诗刊》社、浙江省作家协会主办、浙江义乌市人民政府承办的首届中国义乌"骆宾王诗歌奖"大赛在北京中国现代文学馆召开新闻发布会。中国作家协会副主席吉狄马加等50人出席新闻发布会。此项诗歌奖以唐代著名义乌籍诗人骆宾王命名。骆宾王少时就有"神童"之称，其诗文"富有才情，兼深组织"，与王勃、杨炯、卢照邻合称"初唐四杰"；他7岁时所作的《咏鹅》，可谓传世之作名贯古今。《人民日报》、人民网、新华社等20余家在京媒体参加发布会。全国500余家媒体发布此消息。

首届"骆宾王诗歌奖"征集时间为2015年11月至2016年2月28日，征集对象为2014年、2015年出版的华文新诗作品。大赛设骆宾王诗歌奖2名，奖金各10万元；提名奖3名，奖金各1万元。征集期间，大赛共征集到诗集300余部。2016年4月10日，大赛组委会专家完成对作品的评审工作。同月27日，中国义乌"骆宾王诗歌奖"颁奖仪式在国际博览中心举行。中国作家协会副主席吉狄马加，《诗刊》社常务副主编、骆宾王诗歌奖组委会主任商震及国内知名诗人、评论家、大学教授、获奖诗人等30余人参加颁奖活动。经评选，诗人林莽的《记忆:1984—2014诗选》、诗人雷平阳的《基诺山》获首届中国义乌"骆宾王诗歌奖"；李元胜《我想和你虚度时光》，古马《古马的诗》、臧棣《骑手和豆浆》获提名奖。

首届"骆宾王诗歌奖"颁奖期间，同时举办读书月暨中国诗人义乌采风活动、"义乌诗歌碑林"揭幕仪式、文学沙龙等系列活动，来自全国各地的著名诗人30余人参观陈望道故居、冯雪峰故居、佛堂老街等义乌文化特色景点，创作诗歌并在《诗刊》专辑发表。

(陈坚毅)

新闻传媒

报　刊

【概况】 2016年，义乌商报社共编发《义乌商报》349期，刊发稿件7.5万篇，其中图片1.4万幅，用稿2800万字；策划宣传方案31个，广告营业额3300余万元；全年发行《义乌商报》8万份。围绕中心、服务大局，开设"新春走基层""贯彻市委全会精神""党徽耀商城""今日观察""监督台""天南海北义乌人"等专栏20余个，推出"2016重点工作或关键词""党代表、人大代表、政协委员或市民代表点评"系列报道10篇；电子商务博览会和世界电商大会专版11个，图文报道120余篇；进口商品博览会专版10个，图文报道100篇；"三大活动、六大攻坚、五大行动"等主题策划30个，专版100余个；纪念建党95周年专版11个，报道100余篇，得到市委、市政府通报表扬，年终列为年度考绩优秀单位。

【报业集团化改革】 1月，报社党委按照市深化改革领导小组会议精神，着手完善集团化改革方案。为此，2月，报社党委相关责任人分别到市国土局、市财政局等单位，衔接集团化改革工作，就报社目前所用土地出让金、出让金契税、土地使用税等具体资金返还，进行商讨对接。3月始，报社党委着手集团化改革后相关工作进行提前谋划布局，商报社社长带队先后赴萧山日报社、温州报业集团、浙江日报社旗下瑞安日报社等单位，学习全媒体中心建设、产业多元化等方面经验。5月以来，报社积极向市宣传部、市府办汇报集团化改革设想，一方面继续完善集团化改革方案，进一步明确集团化改革过程中有关资金、资产事项。另一方面，积极谋划集团化改革后“党报屏”等多元经营项目。7 月 28 日，义乌商报社集团化工作方案得到市委常委会议、市政府常务会研究通过，第三方专业机构正对报社相关资产进行清产评估。8 月 24 日，市委、市政府召开大会，为义乌商报报业集团挂牌，开启义乌报业发展新篇章。至 12 月底，形成岗位设置、薪酬分配两项制度初稿。

【报道首届世界义商大会】 2 月 13 日，首届世界义商大会在义乌幸福湖国际会议中心举行。为宣传好义乌招商引资成果，营造浓厚招商选商氛围，春节前，报社专门成立宣传工作领导小组，围绕义商大会“情系家乡　共谋发展”主题，精准发力、提前介入、开展策划。会前，报社和市投资促进局在正月初六（2 月 13 日）《义乌商报》上推出 8 个版的会刊，全面展示义乌市改革等经济社会发展主要成就，解读首届义商大会内容、义乌投资环境、招商政策等。新媒体微博推出“首届义商大会”话题，用人物访谈和图解方式宣传展示义商的创业历程，着重于展示义商开创事业的智慧和艰辛，通过老一代义商和新一代义商的故事，展现义乌精神的生动实践。同时，分历史篇、现代篇、未来篇，跨越时空，全面展现义乌从拨浪鼓起家的义乌商人的发展轨迹，展示义商积极参与家乡建设，让更多义商知晓了解义乌在服务义商、推动义商发展方面的各项举措。2 月 14 日，报社在《义乌商报》头版及时刊发首届义商大会、义商总会成立、《义商倡议书》、项目签约等消息，二版报道首届义商大会侧记、首届义商总会会长专访等特稿，新媒体在第一时间通过多角度细节报道，通过记者自身感受等多个视角，展示本此届义商大会给义商们带来的变化。首届世界义商大会后半年内，报社在《义乌商报》开设“创业新锐”“诚信义商”“创业在路上”我是创客等栏目，深入宣传义乌企业家、经营户的创业创新经历及诚信故事，在商城大地上营造浓厚的招商引资氛围。

【报道电商“两会”】 4 月 11—13 日，中国国际电子商务博览会在义乌国际博览中心举行；同月 11—12 日，世界电子商务大会在义乌幸福胡国际会议中心举行。报社提早谋划、组织骨干力量，报社编委会制作会前、会中 2 个策划方案，对 2016 中国国际电子商务博览会和世界电商大会进行充分报道。3 月始，《义乌商报》一版不定期刊发电商博览会招商招展和展会亮点报道，并在财富周刊开设“聚焦 2016 电商博览会”“重点参展电商企业访谈”等专栏，解读此届展会特色、亮点、招商招展、日程安排、义乌电子商务发展现状等，共刊发会前图文报道 21 篇。会中，报社启动重大采访策划预案，采用动态与深度相结合的方式，图文并茂刊发专版 11 个 100 余篇，全面立体报道博览会进展情况。

【宣传中国进口商品博览会】 5 月 13—16 日，2016 中国义乌进口商品博览会在义乌国际博览中心举行。为营造好展会浓厚氛围，报社采用专版、专栏、连续报道的形式，围绕展会的特色与亮点，制定会前、会中新闻宣传策划，调动所有采编力量，对展会进行全方位报道。4 月始，《义乌商报》一版刊登 2016 中国进口商品博览会倒计时报花，此外，头版及时关注展会各项筹备工作、招展招商和环境营造情况，不定时刊登《万国嘉年华：异域产品与文化齐舞》《“一带一路”海外新品争先秀商城》《进口展成国外二三线品牌进入中国的“桥头堡”》等相关深度报道。在经贸版及时报道进口商品博览会的特色与亮点，对展会进行解读；会中，报社启动重大采访策划预案，采用动态与深度相结合的方式，图文并茂刊发专版和消息，全面立体报道博览会进展情况；会后，及时总结博览会成效。在 2016 中国进口商品博览会期间，报社共刊发图文报道 100 篇，专版 10 个。

【纪念建党 95 周年报道】 2016 年是中国共产党建党 95 周年，为更好地展示全市基层党组织和广大党员在各条战线、各个领域、各项工作中取得的丰硕成果，进一步增强基层党组织的凝聚力和战斗力，激发广大党员和人民群众干事创业热情，7 月 1 日，报社根据市委统一安排，在《义乌商报》一版、二版等重要版面开辟“党徽耀商城”“纪念中国共产党成立95周年”，在二版开辟“党徽耀商城”栏目，宣传一大批党员先进典型事迹和全市性动态新闻。7月1日前后，安排3个版面分2期刊发“庆祝建党95周年”理论文章、摄影作品，同期组织刊发“纪念中国共产党成立95周年”公益广告宣传。全年共刊发各种题材的报道100余篇，专版11个。

【专题“天南海北义乌人”】 为深入宣传在推动义乌市场国际化过程中涌现出来的“创业精英”，9月，在市委宣传部统筹安排下，报社组织开展“寻访义商足迹——天南海北义乌人”大型异地采访活动，挖掘在外地经商、办厂义乌人的创业经历，讲述他们的精彩故事，弘扬他们的创业精神，用实际行动助力“义商回归”。经过1个多月的筹备，10月始，报社派出5个批次记者共13人，辗转万里奔赴全国30余个城市采访。虽然时间紧、任务重，采编人员克服水土不服等诸多困难，顺利完成采访任务。编辑部门第一时间在《义乌商报》一版和经贸版开设“天南海北义乌人”专栏，并精心设计报花、图文并茂推出系列人物通讯，截至12月31日，累计刊发专栏文章15篇，图片50余张。

（陈洋波）

广播电视

【概况】 2016年，集团化改革取得阶段性成果。8月24日，义乌广播电视传媒集团挂牌成立。年内建立绩效为先、责任到人的考核机制，通过项目制、制片人制、工作室制搭建项目孵化平台，激活分配机制，节目创新创优。尝试新闻采编中央厨房模式，再造采编流程，建立集中融合的采编播平台，打造快速高效的专业化全媒体战队，自办节目全年电视收视份额增幅超70%。培育成立7个项目团队；广告经营实行管理经营分开、细分市场、个性化服务的新模式。实行定岗定编、竞聘上岗、双向选择的用人制度，原先的中层干部队伍缩减四成。产生首位首席记者，完善人才激励机制，建立业务晋升通道。

全年在央视播发各类新闻稿件69条，在央视《新闻联播》播发新闻12条。与央视连线直播3次，其中，年初连线播出市场开门红实况，年末连线直播进口商品购物节开幕盛况，与市党代会“加快建设世界小商品之都”的目标遥相呼应。在浙江卫视用稿271条，再获电视新闻协作一等奖，《义乌拥抱一带一路闯荡世界迈新步》《义乌出台“金融十条”惠及5000多家企业》《义乌“一网多厂”污水治理模式》等报道鲜活反映义乌市的特色工作和改革成效。

全年策划类头条新闻180余条，以“创新发展义乌经验、干在实处勇当标兵”主题宣传为主线，围绕“三大活动、六大攻坚、五大行动”，全年策划大型主题报道30余组，在全市营造浓厚的干事创业氛围；树立先进典型，讲好义乌故事。在《义乌新闻》开办“商城先锋”专栏，展现当代共产党员的精神风貌，得到上级媒体关注，全年在上级台播出党建新闻40余条。开设深度监督类栏目《特别关注》，助推“五水共治”“三改一拆”等市重点难点工作。全年共播出报道超100期，播出报道反馈90余条，曝光问题整改率在90%以上。《同年哥讲新闻》播出监督报道430余条，新设调解类专栏“娘舅来了”，全年播出调解类报道160余期。《今晚播报》播出监督报道260余条，以“监督台”“随手拍”等多种节目形式扩大参与度，并定期跟踪回访，提高监督实效。

广电新媒体粉丝总数逾58万人；“爱义乌”微信公众号每期微刊总阅读量10万人次，单条新闻的平均阅读量1.2万人次，微直播日渐成熟，由其代运营的“文化义乌”微信公众号获义乌十佳政务微信；围绕中心工作策划的主题活动达35次，彰显新媒体参与主题报道和舆论监督的主动性；视频新闻点播量180万次，视频内容优势凸显；义乌城市网与乐清城市网达成跨区域股份制合作，巧妙突破体制限制，由义乌广电台控股开展市场化运作；与新华社、今日头条、腾讯网等新媒体平台开展合作，实现本地优质内容的一键分发，让本土原创内容获得更多曝光和关注。

全年发展高清互动用户1.49万台，在网高清互动总数3.07万台，发展宽带用户5885户，宽带用户总数2.36万线，网络经营态势良好;继续向政府部门、镇(街道)和部分农村推介监控业务,取得监控项目10余个,完成后宅街道和上溪镇两处监控机房建设项目,全年新签监控合同300余万元;积极参与智慧城市建设,拓展无线网络业务,承建无线局域网建设工程,签约义乌市无线城市建设项目合同122万元;尝试互动电视和无线网络相结合的新业务模式,向宾馆酒店提供个性化服务,与各大银行开展数据专线业务。全年实现创收9500余万元。

通过政府购买服务等形式,积极向外提供社会服务,全年参与协调与录制全国建设诚信社会现场会、中非智库论坛、丝绸之路经济带城市国际论坛等活动50余场。在G20峰会重要保障时期,通过签订责任书,建立安全员制度,层层传导压力;开展背景调查,组织安全业务培训,落实人员安全;排查并整改隐患27项,开展网络安全应急演练,提升应急处置能力和实战能力,确保网络传输和安全播出。

【《大头天话》栏目】 2月1日,市广播电视台电视商贸频道全新打造的《大头天话》栏目正式亮相,栏目采用制片人制,由原《同年哥讲新闻》主持人方志华、吕萍主持,以义乌方言的形式为观众讲述一个个新、奇、趣的故事,加上首次采用立体竹炭画为背景,有让人眼前一亮的感觉。《大头天话》栏目节目内容来自外购,但都是发生在老百姓身边的故事,其中情感类故事占大头。《大头天话》采用日播形式,时长30分钟,首播下午5时25分,重播21时15分,全年播出334期。

【开设《特别关注》栏目】 3月21日,电视新闻综合频道建设性舆论监督栏目《特别关注》开播,《特别关注》栏目时长5分钟,每周一、三、五19时50分在电视新闻综合频道首播,在电视商贸频道、公共文艺频道、公共时政频道、广播频率重播,同时通过义乌城市网、“爱义乌”新闻客户端以及微信等进行播报。全年共播出137期。《特别关注》栏目的宗旨是服务市委、市政府中心工作,聚焦热点问题,回应百姓关切,努力成为党委政府观察社会基层的一双“眼睛”,解决问题的一把“利器”。栏目实行与全市相关部门联动机制,对涉及“五水共治”“三改一拆”“文明城市创建”和城市有机更新等方面热点问题开展舆论监督。全年栏目的舆论监督比例占70%以上,曝光的问题整改率在90%以上,推动市委、市政府中心工作的落实。9月,组建广电市民监督团,招募20余位社会各界代表,强化舆论监督。

【《义乌商贸新闻》专栏节目】 6月,《义乌商贸新闻》栏目推出“市场风向”“产品新看点”“经商之道”“风险预警”等专栏,全年共播出650篇。“市场风向”以国际商贸城经营户销售的产品行情为主线,通过一段时间的行情变化,为采购商采购商品提供参考依据。“产品新看点”主要反映市场上的新奇特产品,让采购商第一时间了解最新产品信息。“经商之道”以典型人物报道为主。通过典型人物的成功经商之道,分享成功经验,提振广大市场经营户信心,也便于相互之间学习借鉴。“我在义乌上大学”主要以校园动态和创业人物报道为主,安排在每周日播出。为加大对创业创新主旋律的宣传报道,《义乌商贸新闻》还推出多组系列报道。如“创业路上”“勇担新使命　奋力谋创新”“寻梦义乌”“零点经济生活”“高温下坚守”等。《义乌商贸新闻》通过打造专栏、推出系列报道,丰富节目的信息量,增强节目可看性。

【《同年哥讲新闻》开播10周年特别节目】 在《同年哥讲新闻》10周年之际,电视商贸频道策划“我是‘同年哥’活动”“观众开放日”“十年缘分”“特别节目”等多项纪念活动。7月11日,“观众开放日”活动让来自全市各地的20余名热心观众,与《同年哥讲新闻》栏目“亲密接触”。到场的观众了解《同年哥讲新闻》栏目的工作流程,参观记者和主持人的办公室、新闻剪辑室、新闻录播室以及1200平方米演播大厅。同月15日,特别节目主要围绕“十年的缘分”,先让主持人用自述的形式,讲述自己与《同年哥讲新闻》栏目背后的故事以及本档栏目这些年的发展历程,拉近与观众的距离。之后,请曾经采访过的一些典型观众讲述他们与《同年哥讲新闻》共成长的故事，采访亲民，让观众感觉“同年哥”就在身边。团队风采则体现老记者的责任与坚守，新人的使命与激情。“我是‘同年哥’活动”按照义乌各地腔调，划分成佛堂、上溪、后宅、廿三里、苏溪、稠城6个区域进行比赛，150余人参加比赛。选手们不分男女老少，拿出看家本领，唱歌、跳舞、口技、小品，形式多样，精彩纷呈。活动为栏目和观众搭建一个很好的沟通的平台，建立栏目的人才资源库。

【“一杯水”公益活动】 7月20日至9月5日，义乌广电台参与由《浙江之声》发起的“一杯水”大型公益活动。活动期间，广播频率播放公益宣传广告，在《义广新闻》以及微刊中介绍“一杯水”活动，与“浙江之声”就活动的进展情况连线6次，并提供微刊素材2次。工商银行义乌分行、新城吾悦广场等30余家单位门店报名参与，为环卫工人、交警、快递员等户外高温劳动者免费提供饮用水和短暂休息的室内场所，筑起一道清凉防线。

【《浙江之声》“金牛奖”评选活动】 7月，2016浙江省新农村建设带头人“金牛奖”评选活动启动，广播配合《浙江之声》做好宣传发动、推荐候选人、新闻采写、组织投票等工作。经过广播频率推荐，市委组织部同意，组委会多次筛选，义乌市城西街道何斯路村党支部书记何允辉在全省120余名候选人中脱颖而出，成功入围20名“金牛奖”提名奖名单。广播频率和电视新闻频道通过采写完成何允辉事迹报道，在《浙江之声》、浙江电视台公共新闻频道、新蓝网进行展播。

【竞技秀节目《倒车女王》】 8月，由市广播电视台主办的《倒车女王》争霸赛拉开帷幕。8月中下旬开始，广播频率、电视、“爱义乌”客户端、微信等全媒体共同宣传造势，至9月10日，报名人数900余人。争霸赛分海选、复赛、决赛3个阶段。190位选手进入复赛，复赛录制5场，分11期播出，每期45分钟。10月15日开播，每周六、日在电视新闻综合频道、公共文艺频道播出。活动一直持续到12月底。最终，刘佳佳获得冠军。

【“娘舅来了”专栏节目】 9月1日起，由市广播电视台与市司法局联办的专栏“娘舅来了”在商贸频道《同年哥讲新闻》栏目中播出，每周播出2期。至12月底，共播出160期。商贸频道《同年哥讲新闻》栏目专门安排3个采访组，司法局物色经验丰富的人民调解员参与。专栏努力挑选适合电视播出、群众爱看的题材，多方默契配合，推出更多精彩的调解报道，努力化解社会矛盾，促进社会和谐。

【《欢乐社区行》公益活动】 10—11月，新闻综合频道《今晚播报》栏目推出系列报道《欢乐社区行》，共播出30篇。选取北苑街道建设社区、北苑街道丹溪社区、江东街道东洲社区等10个各具特色的社区展示给全市观众。报道内容侧重社区环境卫生、社区的文化体育生活、社区的邻里关系、社区的好人好事。新闻采用主持人在社区现场播报的方式，有创新、有亮点，记者深入一线，挖掘接地气、有温度的好新闻。

（王健红）

卫生·体育

卫 生

综 述

2016年,全市有各类医疗卫生机构706家。其中综合性医院8家(含民营4家),专科医院16家(含民营11家),卫生单位7家,镇(街道)中心卫生院14家,社区卫生服务站227个,村卫生室174个,各类诊所、门诊部、医务室260个。新开设天祥医疗东方医院、福田社区卫生服务中心(中心卫生院)。义乌市通过国家卫生城市复审。

在建重点建设项目8个,一般性项目11个,完成有效投资5.4亿元,累计获得上级资金补助4000万元。义乌市中医医院迁建工程完成竣工验收;浙江大学医学院附属第四医院专家公寓和人才房工程项目、市中心血站、市卫生进修学校、市急救中心等工程完成竣工验收;江东中心卫生院迁建工程和后宅康复大楼新建工程投入使用。佛堂中心卫生院工程可行性研报告通过论证,市第二人民医院迁建工程(前期)完成选址,全年新增床位700张。

编制卫生计生事业发展“十三五”规划,实施深化医改综合改革试点。制定《义乌市深化医药卫生体制改革综合试点实施方案》,推进基层综合改革试点,出台《关于义乌市基层医疗卫生机构补偿机制改革的实施意见》。深化药品耗材器械采购机制改革,制定《药械集中配送管理办法》《药械工作考核细则》。开展医疗服务价格改革,制定公立医院服务价格改革方案。推进公立医疗机构院长年薪制,出台《义乌市公立医疗机构院长年薪制考核办法(试行)》。加强财务管理与审计,市口腔医院和福田街道社区卫生服务中心纳入财务集中核算管理,审计工作得到市审计局充分认可并在全市交流经验。

举办义乌市首届最美天使评选,陈红卫等20人被评为“最美天使”,王正等9人获“最美天使”提名奖,宣传最美天使先进典型事迹,弘扬正能量。完善医德医风考评、第三方满意度评价等工作机制,强化考核和日常监督,第三方短信满意度测评群众满意率94.6%。开展“创新发展义乌经验,干在实处勇当标兵”主题活动,通过“当患者、找短板、献一计”等载体,补齐短板,促进发展。开展“两学一做”主题教育,结合医疗行业实际启动党员“医路公益”志愿活动,浙江大学医学院附属第四医院“医路相伴”志愿者团队获义乌市首届“感动义乌人物”。

完善爱国卫生组织体系,爱国卫生工作纳入镇(街道)、机关部门年度绩效考核。开展小城镇环境整治专项行动,启动卫生创建和健康细胞创建,完成17家省级卫生单位和37个省级卫生村现场复审认定,完成34家市级卫生村等卫生细胞和健康细胞的评审。开展适龄儿童窝沟封闭和学生牙病普查,全市窝沟封闭项目覆盖率100%,封闭率逾80%。推进精神卫生工作,重性精神病人检出率5.27‰,规范管理率88.7%,免费施药1.61万人次,价值188万元。落实基本公共卫生服务项目,居民健康体检(包括学生体检)23.11万人,老年人体检12.05万人,累计建立电子健康档案72.45万份，新建档案6227人，常住人口规范化电子健康档案建档率93.97%。

加强新时期计生工作，实施两孩政策，修订《义乌市贯彻实施〈浙江省人口与计划生育条例〉实施办法》，推行生育登记服务制度。畅通危重孕产妇救助“绿色通道”，高危孕产妇实行个案化管理，采取“一对一、人盯人”策略严密追踪随访。推进妇幼健康服务机构标准化建设和规范化管理示范点工作，赤岸、北苑、城西、廿三里、江东5家镇（街道）卫生院完成“三优”指导中心建设。

完成“十三五”智慧健康总体建设方案，实施“智慧医疗结算”项目，实现诊室结算或自助结算服务。与北京良医联盟科技有限公司等签署“智慧建设”合作协议，开发全科医生签约平台，实现诊间签约和移动签约。卫计委网站开通居民查询健康档案和检查结果功能，实现患者足不出户了解自身健康状况，卫计委网站被评为全市“十佳政务网站”，义乌智慧医疗项目获500万元省补助建设资金。

承办“健康产业走进义乌投资洽谈会”，促成合作项目7个，达成投资意向23.6亿元。举办“2016浙江国际健康产业峰会”，会上签订合作协议7个，达成投资意向金额5亿元。义乌市政府和北控医疗健康产业集团建立合作关系。加强医疗学科建设，培育国家级重点专科1个，省级重点及省县级龙头学科12个，市级重点学科23个。

开展全民健康生活方式行动，启动三年一轮“全人群死因漏报调查及成人危险因素调查”“慢性病社区诊断”专题调查。完成辖区65岁以上老年人体质辨识2.34万人，0～3岁儿童中医药健康管理服务4840人。完成食品安全风险监测采样检测889份，生活饮用水卫生监测点28个。开展干部身心健康状况调研，新增浙江大学医学院附属第四医院等3家定点体检机构，成立干部健康服务中心。完成中非智库论坛、义博会等重大活动医疗保障66场。

卫生改革

【概况】 2016年，编制卫生计生事业发展“十三五”规划，先后邀请省卫计委、金华市卫计委、省“卫生经济研究”专家及人社、财政、发改等相关部门，对规划编制情况进行专项论证并提交市政府审核。制定《义乌市深化医药卫生体制改革综合试点实施方案》，实施深化医改综合改革试点。重新测算医疗服务价格改革调研和医疗服务价格，制定公立医院服务价格改革方案。实行“量价挂钩、成交确认”药品采购机制改革，制定《药械集中配送管理办法》《药械工作考核细则》等配套文件，每季组织专项督查，确保实施过程平稳有序，药品和耗材最低让利17%。深化医改专项奖励机制，提高一线医务人员收入，专项奖励资金由卫计委考核后由财政部门专项返还，其中80%直接用于医务人员薪酬奖励，奖励资金不纳入单位绩效工资总额。完善分级诊疗和责任医生签约服务，实施“双下沉、两提升”（实现人才下沉、资源下沉，服务能力提升、服务效率提升）工程。出台《关于义乌市基层医疗卫生机构补偿机制改革的实施意见》推进基层综合改革试点。优化社区卫生服务站运行机制，出台《关于推进村（社区）卫生服务机构改革的通知》《关于规范村（社区）卫生服务机构改革补助经费管理的通知》，以购买服务等方式加大财政投入，突出强化公共卫生服务，300家社区卫生服务站和村卫生室服务时间每天不少于12小时，并开展夜间门诊，配备常用药品100种以上。完成责任医生签约8.6万人，对残疾人、高龄老人等实行上门诊疗。年内，市中心医院获中国县级医院竞争力“百强”，名列第十。

【医改工作专项奖励资金激励方案】 2015年5月，省卫计委批准义乌市开展药品耗材采购机制改革试点。公开遴选药品和耗材采购代理，遴选产生医药耗材配送企业5家，上报省卫计委确认为全市基药配送商，并取得17.03%的平均让利率，17家医疗机构以量价挂钩为依据，选取大德医药公司为主代购企业，12家基层卫生单位联合确定金华市医药公司为主代购公司。药品耗材成交确认收入上缴市财政非税专户。2015年下半年取得药品耗材让利7300余万元。2016

年3月,根据《义乌市公立医疗机构深化医改工作专项奖励资金激励方案(试行)》规定,市卫计委按季度组织对各卫生计生机构进行药械专项考核,依据考核情况将本季度成交确认收入的80%返奖给各医疗卫生计生机构,总金额5874.49万元,剩余部分由市卫计委统筹拨付给各下属单位,所有经费由各医疗卫计单位用于提高医务人员收入、学科科研、惠民等,主要用于探索建立符合卫生行业特征的薪酬激励机制,提高卫生技术和管理骨干待遇,留住人才。

【医药采购机制改革】 2月17日,义乌市启动医药采购机制改革,全市医学装备、医疗设备采购改革和药品耗材采购机制改革试点相继启动。规定医疗设备预算单价8万元以上至100万元(不含),由市卫计委组织集中招标采购;医疗设备预算单价100万元以上,委托市政府采购中心招标;医疗设备预算单价8万元以下在"义乌购"采购平台进行公开阳光采购。规定投标供应商最低让利率不低于预算价30%、投标标的设备与市场价挂钩,参与投标设备市场价不低于招标预算价8%;同时在现金让利的基础上,引入非现金让利机制,通过评审专家票决,裁定有效非现金让利。市卫计委在"义乌购"平台设立管理账号,指定专人管理,查看交易情况、审批采购项目、按月统计交易情况、管理供应商,接受投诉、举报,对供应商或采购单位违规行为予以查处。2015年5月至2016年12月,药品耗材采购让利7600余万元,公立医疗卫生单位药品采购使用金额同比下降2亿元,临床药占比下降10个百分点。组织专家论证确定年度医学装备配置计划,对医学装备按照采购金额分类实施,累计完成集中采购56项,完成采购预算金额3433万元,现金让利755.1万元,让利率21.99%,非现金让利937.2万元,让利率27.29%,合计让利49.28%。

【签约成立医联体】 2月23日,后宅街道社区卫生服务中心与市中心医院"医联体签约挂牌仪式"在后宅街道社区卫生服务中心举行。双方通过签订协议,组建紧密型经济纽带医联体,推进医院管理、医疗技术、人才培养、教学科研等一体化合作对接。后宅街道社区卫生服务中心增挂"义乌市中心医院第一分院"牌子,市中心医院根据需要派出医护专家团队,整体托管分院新建康复大楼2个病区和急救站,输出技术、服务、管理、品牌、人力、设备等资源要素,帮助指导分院开设住院床位200张以上。并通过建设重点学科以及培养人才团队,将分院建成上等级康复专科医院。5月19日,市中心医院与江东街道社区卫生服务中心举行医联体签约仪式。两家单位建立医联体,江东街道社区卫生服务中心挂"市中心医院江东分院"牌子,开放全科病区病床46张。

【福田社区卫生服务中心运行】

2月,开始筹建福田街道社区卫生服务中心。5月26日,根据《关于设立福田街道社区卫生服务中心(福田街道卫生院)的批复》,市卫计委同意设立义乌市福田街道社区卫生服务中心(福田街道中心卫生院),在原下骆宅社区卫生服务站挂牌运行。社区卫生服务中心共有员工53人(正式在编32人,协议人员21人),有执业(助理)医师14人,执业护士13人,药剂师2人,检验员1人。负责荷叶塘、前店、尚经、杏园、福田、屋基、殿前、诚信、北下朱9家社区卫生服务站管理,除尚经和杏园外,其他7家实行责任制运行模式。至年底,实现医疗收入455.8万元(包含疫苗收入126.3万元);其中药品收入121.28万元,药占比26.6%;财政补助收入497.68万元。门急诊4.61万人次,门急诊均次费用71.4元。

【"智慧健康"新型医院诊疗模式】 3月28日,义乌市启动"智慧健康"工作,市卫计委布局"医疗+互联网"新型医院诊疗模式。将挂号系统纳入全省统一的平台,全市二级以上医院可通过义乌市卫计委网站,"12580""114"热线预约,或通过微信公众号"健康义乌"手机客户端挂号。浙江大学医学院附属第四医院、市中心医院、市妇幼保健院引入自助式设备,市民可在设备上挂号、缴费、查询、打印,简化就诊流程。市中心医院、市妇幼保健院、市第二人民医院和义亭中心卫生院配合市民卡推行，先后开展市民卡智慧结算试点建设，利用市民卡内的医保个人账户或银行账户，患者在诊间即可完成医疗费用结算。

【西京消化病医院义乌整合医学中心成立】 7月12日，西京消化病医院义乌整合医学中心揭牌仪式在市中心医院举行。西京消化病医院是第四军医大学附属医院，是一所集临床、科研和教学为一体的消化疾病诊治中心，其规模和设施为国内外本领域一流。此院消化内科是目前全国消化学界唯一的院士所在学科，中华消化学会主委所在学科。西京消化病医院义乌整合医学中心成立后，西京消化病医院派专家为市中心医院在临床技术、远程会诊及进修访学等方面提供支持与协作，促进医疗资源整合，提高义乌消化病的诊疗技术与水平。至年底，医学中心开展义诊等活动2次，共接待患者60余人。

【上溪中心卫生院与市中医医院合作】 9月2日，上溪中心卫生院与市中医医院签署合作协议。双方本着“上下联动、资源共享、互赢互利、群众受益”合作目标，在中医药适宜技术推广、“1+N”签约服务专家团队对接、分级诊疗与双向转诊等方面合作。上溪中心卫生院中医馆增挂“义乌市中医医院中医药适宜技术推广基地”牌子，依托市中医医院中医药适宜技术推广基地平台，力争3年内把上溪中心卫生院中医馆打造成一个传播中医药文化、以中医药适宜技术为特色、在区域及周边有一定影响力和知名度的小专科品牌。签约当日，在上溪中心卫生院举办义诊活动，现场接待就诊咨询群众300余人次，开出处方100余张，测量血压、血糖400余人次，提供中医药针灸、推拿等服务80余人次。

【干部健康服务中心成立】 10月11日，义乌市干部健康服务中心在市中心医院门诊五楼揭牌成立。干部健康服务中心占地面积300平方米，配备常规医疗设备，常驻高级职称医生2人、护士3人、导医1人。中心面向全市在职市管干部，患特殊病种、慢性病种的在职镇(街道)和机关干部（含参公人员），在减压、精神疏导等方面提供专门咨询与服务。至年底，完成干部心理健康服务30余人次，完成全市干部健康体检回访工作。

【市中医医院与义亭中心卫生院合作】 11月11日，市中医医院与义亭中心卫生院举行中医药适宜技术推广基地签约挂牌仪式。两家医院的合作，促使优质资源下沉，助推中医药适宜技术在基层的推广，使老百姓在家门口享受“简、便、验、廉”的中医药服务，提升老百姓对中医药适宜技术的认同度。当日，义乌市中医医院派出由中医内科、骨科、肛肠科、针灸推拿科优秀骨干组成的中医专家团队4人与义亭中心卫生院医务人员5人联合开展中医药适宜技术下乡义诊活动。现场提供中医望闻问切四诊并开处方、针灸推拿等中医特色诊疗，开展免费测量血压、血糖，健康宣教等服务。活动现场共接待就诊咨询群众300余人次。

卫生急救

【概况】 2016年，全市共设有急救站（点)11个，24小时当班急救车14辆(监护型)。全年共接听120急救电话12.01万个，派出急救车3.28万次，接治病人2.47万人。完成110应急联动任务8114次。全年参加各类保障任务27次，举办演练1次，参加上级部门组织的演练2次；每季度组织院前急救医务人员急救知识及技能培训，共计294人次；面向社会开展急救知识普及讲座31次，受惠1925人次。

【新增院前急救站点2个】 3月31日，义乌市急救中心义亭急救站、城中急救站普济骨伤科医院急救点开通运行。市急救中心下属急救站(点)由9个增至11个，24小时值班车由12辆增至14辆，缩短急救半径，提高保障人民群众身体健康的能力。

【危重孕产妇急救演练】 11月3日，市卫计委在第二人民医院组织开展以抢救羊水栓塞病例为背景的产科临床急救模拟演练活动，全市各产科单位有关人员40余人参加观摩。演练中，

120接到孕产妇家属求救电话后快速出车，随车医生采取院前救护措施，12分钟后送到急诊室，给予产钳助产，发现新生儿窒息，立刻给予新生儿窒息复苏抢救，启动义乌市抢救专家应急预案。演练结束后，对演练中各位专家提出的问题进行自查，提高全市的突发妇幼公共卫生应急的成功率。

【“义马”医疗保障】 11月20日，2016义乌国际马拉松赛在梅湖体育中心鸣枪开跑。市卫计委制定医疗保障计划，赛前安排保障人员通过专项技能培训严格进行考核并组织救护车线路突围演习，共抽调13辆救护车、300余名医务人员参加医疗保障，沿线每2.5千米在2辆救护车中间设置医疗救护站，每125米安排1名医务人员或急救志愿者交叉配置。同时，由20名专业医务人员携带便携式除颤仪乘坐摩托车组成机动救治组，每1000米候置1组，确保马拉松赛的医疗保障任务。比赛过程中，共处置跑步出现头晕、胸闷、擦伤、腿抽筋等情况运动员20余人，其中情况严重的6名运动员及时由救护车转送到定点医院救治，均转危为安。

【义乌市急救中心搬迁】 12月19日，义乌市急救中心整体搬迁至西城路428号。搬迁工作与新120指挥调度系统的建设同步进行，急救中心顺利完成新旧120指挥调度系统的切割工作，当日正常运转。

投入156.5万元采购和建设新120指挥调度系统，新系统在满足义乌市120指挥调度需求的基础上，扩充电话故障拨测、车载视频音频监控、满意度回访、微急救等功能，为急救优先分级调度系统(MPDS)、病人生命体征实时传输系统等预留端口，并对电话、专用网络、互联网光纤进行双路由保护，保证120专用通信网络的安全稳定。

社区(农村)卫生

【概况】 2016年，义乌卫生系统开展微笑服务主题活动，各镇(街道)卫生院(社区卫生服务中心)通过爱心便餐、爱心雨伞、爱心书刊等方式为患者提供便民服务。推进多元化社区卫生服务站运行机制改革，夯实农村医疗卫生服务体系网底建设，提高农村社区卫生服务站的运行效率。利用“责任医生下乡日”“协同学习攻坚日”“特殊需要服务日”等途径，推进辖区公共卫生工作。以高血压、糖尿病俱乐部活动，高血压防控乡村行，健康大讲堂等活动为契机，举办全市高血压及糖尿病治疗用药培训及知识竞赛10余次。

【试行针推延时门诊】 1月10日，后宅社区卫生服务中心中医科“针推夜间门诊”开诊，开诊时间为17—21时，门诊开设针刺、刮痧、拔罐、埋针、灸法、耳穴压籽法、中药经穴敷贴法等特色疗法，主要针对颈肩腰腿痛，脑血管后遗症，骨折及骨关节损伤后遗症、偏头痛、美尼尔氏综合症、神经衰弱、失眠、面瘫、偏瘫、痛经、内分泌失调及糖尿病、高血压、亚健康综合症的保健治疗，在治病、康复、养生、保健等方面，独具特色和优势。至年底，共接诊病人900余人。

【“后宅1号公益健康列车”首发】 2月23日，由后宅街道办事处、后宅街道社区卫生服务中心与义乌市中心医院联合创办的“后宅1号公益健康列车”，在后宅街道后余村文化礼堂首发。市中心医院和后宅社区卫生服务中心的9名专家为居民提供医疗服务，200余名居民参加活动。后宅街道借助市中心医院医联体品牌优势，推进健康公益宣讲系列活动，活动命名为“后宅1号公益健康列车”，由心血管主任专家姜昌浩任列车长，组织知名专家下沉医联体，入社区参与公益健康列车的义诊现场，为社区居民提供现场医疗服务和面对面的个性化健康干预。

【稠江街道社区卫生服务中心中医馆开馆】 11月13日，稠江街道社区卫生服务中心中医馆开馆。中医馆位于稠江街道社区卫生服务中心二楼，面积100余平方米，医务人员2人，配有中药师现场制作的驱蚊香包及制作香包的陈皮、丁香、薄荷等10余味中药，通过与中药饮片的亲密接触，开展现场幼儿教学等活动。中医馆秉承“大医精诚”的办馆理念，致力于中医药的传承与发扬,与杭州市中医院在中医肾病、小儿推拿等专科进行合作,邀请义乌市中医院专家定期到中医馆坐诊。开馆当日,稠江街道社区卫生服务中心举行“弘扬中医文化,关爱百姓健康”义诊活动,邀请杭州市中医医院、义乌市中医医院等9名中医专家,提供中医内科、骨科、皮肤科、肾内科、针灸推拿等中医诊疗服务,受惠群众130余人。

【省人民医院肝病诊疗中心苏溪分中心成立】 11月17日,浙江省人民医院和义乌市苏溪中心卫生院合作成立的浙江省人民医院肝病诊疗中心苏溪分中心签约授牌仪式在苏溪中心卫生院举行。浙江省人民医院感染病科是全国肝胆病防治技术示范基地,是全省感染性疾病及肝病诊治中心之一,综合实力居国内、省内领先水平。省人民医院的专家每周定期到苏溪分中心坐诊,诊治大小三阳、慢性肝炎、重型肝炎、病毒性肝炎、脂肪肝等各类肝病。浙江省肝病诊疗中心苏溪分中心的设立,使本地区的肝病患者不出家门就能享受到省级医院专家团队的服务。至年底,开展专家坐诊4次,就诊患者100余人次。

疾病预防控制

【概况】 2016年,报告法定传染病1.38万例,死亡7例。无甲类传染病报告。报告乙类传染病4077例,同比增长27.25%,死亡4例;报告丙类传染病9750例,同比增长230.51%,死亡3例。编制各类监测简报48期。组织开展突发公共卫生事件月度风险评估11次,G20峰会保障突发公共卫生事件风险评估周会商4次,日会商9次。开展应急调查、排查处置226起,其中疑似输入性蚊媒传染病处置77宗,主要为疟疾、登革热等传染病。通过科学防控,疫情得到有效控制,未发生本地感染病例。

开展免疫规划工作,适龄儿童免疫规划疫苗接种率调查显示建证率、建卡率、全程接种率均在95%以上。对全市22所学校初三学生进行麻疹、风疹联合疫苗接种,接种率97.5%;开展麻疹脊灰疫苗集中式查漏补种2轮,目标儿童麻疹、脊灰疫苗接种率均达95%。

全年进行HIV抗体检测44.02万人次,同比增长26.5%,HIV抗体阳性检出率为0.05%,新报告HIV感染者145例,AIDS患者74例。新增抗病毒治疗181人,治疗总人数631人。干预高危人群34.11万人次,发放各种防艾宣传资料14.23万份、安全套18.6万只。全市VCT(艾滋病自愿咨询检测)门诊咨询检测3809人次,同比增长17.13%。

防治血吸虫病,对96个历史有螺村开展春秋季查灭钉螺,查螺面积56.4万平方米,全市实有钉螺面积1150平方米。报告肺结核及疑似患者3852例,新登记结核病患者811例,接受治疗率、系统管理率均达100%,新登记耐多药肺结核患者8例。登记高血压患者9.06万人,登记率为60.09%,管理患者8.46万人,管理率56.05%。糖尿病患者登记2.73万人,登记率为71.74%,管理患者2.48万人,管理率65.33%。糖尿病、恶性肿瘤、冠心病急性事件、脑卒中4种慢性病报告发病率分别为每10万人360.08人、322.46人、57.56人、491.15人。

【科学防控寨卡病毒病】 2月,义乌市先后确诊输入性寨卡病毒病病例3例。疫情发生后,市疾控中心立即派出流行病学专家对病例及共同暴露者开展流行病学调查处置,将患者转入市中心医院住院隔离治疗,对患者及其共同暴露者所居住的临近村(社区)进行布雷图指数监测,指导各镇(街道)开展爱国卫生运动,对辖区内各居民区开展环境整治工作,清除积水容器,减少蚊媒密度。同时协同出入境检验检疫局每天对同行人员开展随访,采集患者、共同暴露者血液、唾液、尿液等标本进行实验室检测。通过规范流调、监测检测、隔离治疗、环境整治、健康教育、媒体沟通等措施,未发生本地感染病例,未发生恐慌等不良事件。2月22—23日,寨卡病毒病防控国家联合督导组到义乌市督查寨卡病毒病防控工作,深入江南社区、市中心医院及义乌机场等地督查寨卡病毒病防控工作。在市中心医院,督导组检查医院寨卡病毒病防控应急处理预案,对传染科及“发热门诊”

各项诊疗工作进行专业指导。在义乌机场，督导组实地查看入境旅检通道和卫生检疫实验室，详细了解义乌市口岸防控的流程和举措。要求义乌市卫生部门继续加强监测评估，控制各类传染源，做到疫情早发现、早诊断、早治疗；以爱国卫生运动为抓手，开展卫生整治，灭蚊防病，进一步切断蚊媒传播途径；保护易感人群，落实各项应对准备工作，完善寨卡病毒病联防联控方案；积极做好寨卡病毒的科普宣传，加强舆论引导。

【"澜沧江—湄公河"次区域疟疾和登革热风险评估座谈会】 7月14日，"澜沧江—湄公河次区域疟疾和登革热风险评估培训班"现场座谈会在市疾病预防控制中心召开，来自柬埔寨、老挝、缅甸、泰国、越南、菲律宾、巴布亚新几内亚等国家和地区的30名领导及专家参加。座谈会上，义乌市疾病预防控制中心详细介绍义乌市的登革热和疟疾防控工作，与会专家交流登革热和疟疾防控工作中的心得，并对义乌市登革热和疟疾防控给予高度肯定。

【疾控中心课题获国家版权局软件著作权登记】 8月20日，疾控中心《学校传染病控制系统》获国家版权局计算机软件著作权登记证书。义乌市疾控中心的科研团队，在省卫计委课题《基于村（社区）级的传染病预警系统构建与应用》研究的基础上，参考宁波市学校传染病控制的做法，开发《学校传染病控制系统》。此系统从2015年8月开始设计，2016年3月完成，同年8月份，国家版权局计算机软件著作权登记证书。通过系统，卫生系统对每一例学校传染病（除性病等敏感传染病外）出具一份疾病预防控制指导意见书，让学校的卫生老师了解和掌握发生学校传染病后要注意哪些事情，如何预防和控制学校传染病。同时借助学校因病缺课系统，对1个班级内1天内出现3例或3天内出现5例有类似症状的因病缺课学生进行预警，由各社区卫生服务中心（中心卫生院）出具1份网络版的疾病预防控制指导意见书，由学校回复疫情发展概况和措施落实情况。

【大型活动风险评估培训】 10月10日，市疾控中心举行大型活动风险评估培训，60余人参加培训。邀请省疾控中心监测所培训授课，从风险评估的基本概念开始，讲解风险评估的起源、基本程序、应用范围、作用和意义，结合杭州G20风险评估工作，介绍风险评估的开展和操作流程，特别强调风险识别，指出需要重视培养对数据真实性的鉴别能力。通过培训，提高市疾控中心风险评估能力。

卫生监督

【概况】 2016年，市卫生监督所累计出动卫生执法人员2500余人次，监督巡查公共场所经营单位6200余家次。组织全市足浴、住宿、游泳场所负责人和卫生管理员进行动员和培训会议5场，发放各类宣传培训资料3200余份，培训人员1300余人。开展公共场所"两证"、足浴场所卫生以及住宿场所卫生等系列专项整治工作，新发公共场所卫生许可证1333本，行政处罚139起，罚款24.09万元，其中无证的79起，罚款18.75万元，无健康证的40起，罚款5.34万元。建立美容美发行业长效管理机制，推进义乌市基层医疗机构医疗废物"统收统管"工作。主动联系沟通环保等相关部门，形成合力，出台《关于进一步规范医疗废物处置工作的通知》，规范医疗废物的处置流程，并加大监管力度，各级各类医疗机构医疗废物全部由金华莱逸园直接上门回收。卫生监督执法全过程记录，按2名执法人员配1台执法记录仪的要求完成配备，并对谈话室和听证室进行改造，从硬件上保证行政执法全记录工作的实施。

【计量认证】 4月，市卫生监督所取得"检验检测机构资质认定证书"，成为全国唯一一个取得此项资质的县级卫生监督所。计量认证是国家技术监督机关对产品质量检验单位和机构的计量检定能力可靠程度的考核。此前，卫生监督员通过现场检测得出的数据只能作为参考，无法律效力，不能作为监督执法的依据，必须通过付费邀请有计量认证资质的检测机构前往被监督单位进行检测，并出具检测报告,需等待较长时间。市卫生监督所获得“检验检测机构资质认定证书”后,通过快速检测计量认证,出具的检验报告可直接用于产品质量评价、成果及司法鉴定,具有法律效力,既节约行政成本,又提高执法效率,督促被监督单位及时进行整改。

【公共场所集中空调通风系统卫生抽检】 9月下旬,市卫监所对辖区内部分宾馆、洗浴等公共场所的集中空调通风系统卫生状况开展卫生监督抽检工作。共采集样品66份,其中风管内样品30份,送风口样品20份,冷却水样品7份,检测指标为风管内积尘量、细菌总数、真菌总数,送风口细菌总数、真菌总数,冷却水、冷凝水嗜肺军团菌等。经检测,结果不合格样品7份,合格样品59份,合格率89.4%。卫生执法人员要求各相关单位建立集中空调通风系统卫生档案,对整个集中空调通风系统进行清洗、消毒并做好记录留存。对检测不合格的单位出具《检验结果告知书》和《卫生监督意见书》,告知具体不合格指标并责令限期整改,切实提高经营者的公共卫生责任意识。

【传染病防治分级监管综合评价试点】 10月20日,市卫监所对全市100家试点单位开展传染病防治分级监管综合评价试点工作。重点检查医疗废物处置、消毒隔离制度执行、传染病疫情报告、传染病疫情控制、预防接种、病原微生物实验室生物安全等内容。执法人员按照医疗卫生机构传染病防治监督评价原则及监管要求,对各试点单位进行综合评价,评分高于85分的优秀单位22家,60~85分的合格单位70家,低于60分的重点监督单位4家。二级以上医疗机构、疾病预防控制机构、采供血机构传染病防治管理工作比较到位,优秀率90%;一级医疗机构(含镇(街道)中心卫生院)优秀率41.7%,合格率54.2%,重点监督率4.1%,基层医疗机构的传染病防治管理工作相对比较薄弱,尤其是消毒隔离和医疗废物管理存在较多问题,督促改进。

卫生教育

【概况】 2016年,市卫校招收温州医科大学成人学历教育护理本科学员21人,临床本科学员25人,护理专科学员6人。全年护理本科毕业505人,专科毕业216人,临床医学本科毕业242人,学校在读护理本科44人,临床本科56人,护理专科24人。

【住院医师规范化培训基地年度考核】 1月7日,市卫生进修学校、市中心医院、市中医医院、市妇幼保健院、市復元医院科教负责人组成的检查组一行6人,对全市新模式住院医师规范化培训基地开展年度考核,抽查市中心医院放射科、外一科、神经内科、急诊科4个学科,市妇幼保健院妇产科、儿科等4个学科。检查组查阅基地的组织机构建设、制度建设、支撑条件建设、人事管理、信息化管理、经费管理、培训档案等资料,实地查看临床技能中心建设情况,同时,随机抽查学员的培训情况及满意度。通过考核,各基地间取长补短,以评促改,提升全市住院医师规范化管理水平及培训质量。

【招聘录用人员岗前培训】 9月1—2日,由市卫计委主办、市卫校承办的2016年度卫生计生系统招聘录用人员岗前培训班在市委党校开班,204名新录用人员参加培训。培训新招聘人员适应岗位职责所必须具备的医患沟通技巧、医疗事故防范应对技能、廉政教育等相关内容,提升医务人员核心理念和服务意识。同时组织新录用人员自愿无偿献血活动,60余人参加,献血1.33万毫升。

中医药

【概况】 2016年,义乌市中医医院全年完成总诊疗63.38万人次(含分部),住院1.26万人次,出院1.26万人次,医院与上海中医药大学附属岳阳中西医结合医院(简称上海岳阳医院)构建紧密型合作关系。9月22日,上海岳阳医院派执行院长担任义乌市中医医院常务副院长,12月,派肛肠科、针灸推拿科2名专家到义乌市中医医院担任科室主任。年内,医院外一科与浙江大学医学院附属邵逸夫医院合作,脑病科与浙江大学医学院附属第四医院合作,开展急性缺血性卒中中西医先端治疗合作,外二科与金华市中心医院合作,与城西街道社区卫生服务中心成立医联体,组建签约服务团队参与城西街道、上溪镇、义亭镇社区责任医师签约服务。在赤岸镇、廿三里街道中心卫生院成立全国名中医工作站,在义亭镇、上溪镇、稠江街道社区卫生服务中心(镇中心卫生院)成立中医药适宜技术推广基地。在全市内派出专家70人次参与卫生院义诊21次,服务3000余人次。

【名师传帮带】 3月18日,市中医医院与赤岸中心卫生院签署对口指导协议,将赤岸中心卫生院确定为陈慧全国基层名老中医专家传承工作室重点指导乡镇卫生院,并设立工作站。陈慧全国基层名老中医专家传承工作室免费为赤岸中心卫生院培养学术继承人1人,并开展巡诊、培训、带教活动。市首批名中医、市中医医院主任陈慧每月定期到赤岸中心卫生院坐诊。3月22日举行首诊,免挂号费,60余人就诊。

【上海中医药大学附属岳阳中西医结合医院义乌医院】 8月30日,在义乌幸福湖国际会议中心举行义乌市人民政府与上海中医药大学附属岳阳中西医结合医院(简称上海岳阳医院)合作管理签约揭牌仪式。岳阳医院院长房敏与义乌副市长王迎代表双方签署合作协议,双方携手共建"上海中医药大学附属岳阳中西医结合医院义乌医院",在医疗、教学、科研、管理、资源共享等方面深入合作。上海岳阳医院派出执行院长担任义乌市中医医院常务副院长,由5名管理和医疗骨干常驻义乌市中医医院担任科主任,20余名医疗专家轮流到义乌市中医医院坐诊、讲学,提升服务能力和水平。上海岳阳医院领导班子和各科主任定期到义乌市中医医院指导医院和科室管理工作,通过双方长期紧密合作,大学科制和同质化管理,优化医疗资源配置,提升义乌市中医医院服务能级和水平。

【市中医医院整体搬迁】 12月9日,义乌市中医医院由稠城街道城中中路15号整体搬迁至北苑街道雪峰西路266号。同月25日,举行义乌市中医医院新院开业仪式,市相关部门、各医疗卫生单位负责人及市中医医院干部职工400余人参加仪式。市中医医院新院用地9公顷,总建筑面积8.3万平方米,核定床位600张,车位1000余个,由政府全额投资3.9亿元建设,被列为省重点和市重点建设项目,获中央新增投资补助建设资金1500万元。医院设计突出"现代、生态、以人为本、中医特色"理念,各功能地块按照"东侧治病,中部康复,西侧治未病"的次序布局。整个地块鸟瞰似一艘航空母舰,建筑布局宛如一架直升飞机,寓意新医院建成启用后,义乌中医药事业的发展腾飞。

【朱丹溪中医药文化被列入省非物质文化遗产名录】 12月30日,第五批浙江省非物质文化遗产名录公布,朱丹溪中医药文化作为义乌传统中医药文化的典型代表被列入浙江省非物质文化遗产名录。元代著名医学家朱丹溪,金元四大家之一,义乌赤岸人,被誉为"中国医学史上一位医理并通的医学巨匠"。由他衍生的朱丹溪中医药文化,对中国及周边国家传统医学的进步产生重大影响。在国内,其创立的"阳有余阴不足论""相火论"等理论,丰富发展了中医学的内容,并有"杂病宗丹溪"之说,其所创制的多种方剂,至今仍为临床所常用。

医政管理

【概况】 2016年,开展分级诊疗试点工作。以高血压、糖尿病、心脑血管疾病、肿瘤等慢性病为切入点,为患者提供预防、诊断、治疗、康复、护理等连续性医疗服务,探索建立分级诊疗服务模式。实行各等级医疗机构阶梯式住院起付和报销比例政策,拉开医保支付比例。全市二级以上医疗机构设置全科医疗科,实现双向转诊无缝衔接。委托联众公司开发分级诊疗信息系统,实现医患在线交流,上转3.22万人次,平转3.44万人次。市中医医院与城西社区卫生服务中心、市中心医院与后宅、江东社区卫生服务中心建立医联体,实行人员互通、预约检查、收费、门诊、药物一站式服务，实现医疗资源和技术力量双下沉，副主任以上专家到基层坐诊、教学查房等共849人次。二级以上医疗机构扩大网上、电话预约专家门诊号源，方便基层首诊病人预约挂号和检查。建立医学影像数据共享中心，在区域内提供影像集中阅片、诊断等医疗服务，实现全市影像数据共享和交换。推进日间病房开设，缓解住院难，降低就医费用。深化医药付费方式改革，推行诊间结算，推广医院智慧结算。

【"以奖代补"监护重性精神病人】 7月，义乌市人民政府下发《关于落实严重精神障碍患者以奖代补监护责任的实施意见》，市精神卫生中心根据文件制定实施方案。按照原登记在册的精神病患者名单，协助14个镇(街道)与精神障碍患者监护人签订监管责任书，并与市公安局、市民政局、市财政局、市卫计委、市残联等部门合作，对严重精神障碍患者监护人落实监护责任。以奖代补所需资金列入年度财政预算，确定患者监护人后，镇(街道)与其签订监护协议，在1个监护年度内患者未发生肇事肇祸案(事)件的，由乡镇(街道)向患者监护人发放监护奖金。至12月，市精神卫生中心落实"以奖代补"重型精神障碍患者3476人，发放经费261.87万元。

【臻昇阳光庇护中心成立】 12月3日，阳光托养(精神残疾)中心——臻昇阳光庇护中心在市精神卫生中心成立。臻昇阳光庇护中心是市残联联合精神卫生中心共同成立的精神残疾人托养机构，设在精神卫生中心三病区，核定床位50张，由精神卫生中心负责医疗工作，第三方负责生活护理工作。享受"低保"的重性精神残疾人均可在庇护中心接受治疗、享受免费托养服务。至年底，庇护中心收治重性精神障碍患者20余人。

妇幼保健

【概况】 2016年，辖区产妇总数8484人，建卡率99.89%，住院分娩率100%，产后访视率98.24%，孕产妇系统管理率98.12%。全市各助产单位分娩总数1.86万人，剖宫产率40.06%，筛选高危孕产妇1.24万人，同比增长34.95%，其中重度高危孕产妇1146人，同比增长28.62%，危重孕产妇抢救135人，同比增长128.81%。成功抢救羊水栓塞病例9例，危重孕产妇抢救成功率100%。户籍人口孕产妇零死亡，流动孕产妇死亡1例，死亡率每10万人7.29人。

全市出生活产数2.23万人，其中本地户籍8622人，流动人口1.37万人。新生儿听力筛查率98.82%，7岁以下儿童保健覆盖率98.00%，3岁以下儿童系统管理率97.60%，6个月内母乳喂养率90.83%，纯母乳喂养率55.41%，中重度贫血患病率0.19%。新生儿死亡户籍人口15人，死亡率1.74‰，流动人口33人，死亡率为2.41‰；婴儿死亡户籍人口26人，死亡率3.02‰，流动人口42人，死亡率3.06‰；5岁以下儿童死亡户籍人口33人，死亡率3.83‰；流动人口63人，死亡率为4.59‰。

制定《义乌市妇幼健康优质服务示范工程实施方案》，通过金华市及省卫计委专家组的检查验收。完成重大公共卫生妇幼项目4项，全市新增叶酸服用1.04万人，农村孕产妇住院分娩补助3307人。全年接受艾梅乙免费咨询及检测3.78万人，确诊艾滋病感染孕产妇5人，梅毒感染孕产妇61人，均接受孕期阻断治疗及追踪管理。乙肝表面抗原阳性孕妇所生新生儿1488人，接受免费乙肝免疫球蛋白注射1488人，免费母婴阻断率100%。市妇幼保健院开展标准化建设改造，设置孕产保健部、儿童保健部、妇女保健部和计划生育技术服务部业务部门，配备妇幼保健与计生服务人员79人。

【推行"两癌"筛查HPV监测试点】 2月，义乌市推行"两癌"筛查HPV监测试点。与市妇联联合下发《关于印发义乌市第三轮城乡妇女"两癌"检查项目实施方案的通知》，完成上溪、义亭、城西、赤岸4个镇(街道)2.23万名妇女的两癌检查。至10月底确诊宫颈癌2例，癌前病变58例，乳腺癌10例，癌前病变3例。此项工作被省妇儿基金会授予"创新公益奖"。

【儿童穴位保健操走进幼儿园】 6月1日，赤岸中心卫生院儿保医生2人到赤岸镇幼儿园，教3~6岁在园小朋友学习“拍拍头、捏捏耳、揉揉鼻、敲敲腿”儿童中医保健操，促进儿童的身体免疫力以及智力发育。此套儿童中医保健操共包括敲打四神聪穴、推摸耳轮穴、按摩太阳穴、揉按迎香穴、拍打足三里穴和十宣穴6个动作，简单易学。

民营医院

【概况】 2016年，天祥医疗东方医院启用，开放内科、外科、妇产科三大学科26个专科的门诊及住院服务。9月25日，第二届中国“互联网+健康促进”沙龙在天祥医疗东方医院举行，并启动全国社会办医医院“医患友好度”试点，同时，《全国社会办医医院医患友好度指标体系》暨“互联网+天祥东方医院”患者关怀系统上线。10月，“义乌商城妇产医院危重孕产妇及儿童重病救治慈善基金”成立，商城妇产医院立足专业优势，以留本捐息方式捐资500万元，定向用于全市较贫困的危重孕产妇和儿童重病救治。稠州医院、復元医院被评为2016年度全国诚信民营医院。“三溪堂”商标被浙江省工商行政管理局认定为“浙江省著名商标”。

【天祥医疗东方医院投用】 3月11日，天祥医疗东方医院启用并对外开放。医院位于环城南路188号，由浙江天祥医疗投资管理有限公司和义乌市东方医疗投资管理有限公司共同投资，东阳市人民医院全面管理。医院按照三级甲等综合性医院标准建设，占地面积6.67公顷，建筑面积16.2万平方米，总投资10亿元，设计床位1600张，首期开放床位300余张。医院拥有东芝CT机2台、进口数字胃肠机、西门子1.5T核磁共振仪、西门子血管造影系统（DSA）、乳腺钼靶、数字减影X线拍片机，进口全自动生化分析仪、德国多尼尔碎石机、以色列双波长钬激光、日本URF-V输尿管镜和康美林佛泰克关节镜等一整套大型高精尖先进设备。7月6日，天祥医疗东方医院急诊科启用，分流义乌市急诊压力。9月11日，浙江省肿瘤医院浙中妇科工作室在天祥医疗东方医院挂牌。10月23日，天祥医疗东方医院血液净化中心启用。至年底，累计门急诊量10.91万人次；收治住院病人6895人次；业务收入8547.37万元；医疗增加值2981.59万元；门诊均次费用、住院者平均费用控制在同类医院较低水平。

【与上海光华医院技术签约】 7月24日，上海光华医院与义乌復元医院技术协作签约仪式在义乌復元医院举行，上海光华医院院长、副院长等一行5人及义乌復元医院相关人员共100余人参加签约仪式。上海光华医院是以关节病中西结合诊治为特色的三级甲等专科医院，医院主治中西结合诊治类风湿关节炎和其他各类关节病。根据协议，上海光华医院不定期到復元医院开展关节病学术讲座及疑难病例会诊，同时输送骨科和关节康复相关学科的人才，并协助培养主要技术力量。

（虞金洪）

体 育

综 述

2016年，举办2016义乌国际马拉松赛和2016年（IET）义乌国际电子竞技大赛等国内、省级重大比赛共9项44场次，2016年（IET）义乌国际电子竞技大赛被浙江省评为浙江省世家体育赛事20强。开展群众体育活动，举办义乌市第19届镇（街道）干部乒乓球比赛、义乌市第29届机关干部篮球赛、第十届“先锋杯”农民篮球赛等年度常规性赛事100余场次。全市划出专项经费316万元支持农村体育基础设施建设，全年共新建健身路径69条，更新篮球架41副，新建灯光篮球场、门球场26个。全年体育彩票销售额达3.81亿元，同比增长17.6%。

群众体育

【概况】 2016年，举办第19届全民健身节，期间有10余项活动和比赛在全民健身节上举行，

20万余人次参赛，8月8日，在绣湖广场举行庆祝第八个“全国全民健身日”广场大型健身休闲咨询活动。举办体育舞蹈、武术、足球、门球、篮球、羽毛球等裁判员、教练员培训班10期，参加培训人员600余人。2个单位10人获2016年金华体育工作先进集体和先进个人。

【第19届全民健身节】 3月27日至4月26日，由义乌市委宣传部、义乌市文广新局（体育局）共同主办的义乌市第19届全民健身节在城西街道、绣湖广场、绣湖体育馆等地举行，全民健身节以“创新发展、健康快乐、绿色共享”为主题，期间举行望道故里毅行体验大赛、三人篮球赛、“棋院杯”围棋、中国象棋对抗赛、乒乓球精英名人赛等10个项目，来自镇（街道）、市机关各部门、学校、部分私营企业10万人次参加各项赛事活动。

【望道故里毅行体验大赛】 3月27日，由义乌市委宣传部、义乌市文化广电新闻出版局（体育局）、城西街道办事处主办，城西街道文体站、义乌市长跑协会、义乌市民间紧急救援协会承办的义乌市第19届全民健身节开幕式暨2016年望道故里毅行体验大赛在城西街道何期路村举行。比赛吸引全市包括外商等204组800余名户外运动爱好者参加。参赛人员从何斯路村广场出发，沿着山地自行车赛道骑行，全程10千米，设3个打卡点。经过角逐，“蜗牛”组以全程用时157分23秒的成绩夺得冠军。

【乒乓球名人精英赛】 4月9日，由市体育局、市体育总会主办，市乒乓球协会承办，义乌市体育馆协办的2016义乌市第19届全民健身节“乒乓球名人精英赛”在义乌市绣湖体育馆举行。赛事分名人组、精英组2种组别。名人组为市机关、各镇（街道）党组（党委）成员以上领导和市乒协副主席以上领导，精英组为义乌市常住市民（居住一年以上）。赛事吸引全市21支队伍105人参加。比赛采用分组循环进行，决出名人组第一名为中国石油义乌分公司郑国强、精英组第一名为后宅街道毛健辉。

【首届龙舟比赛】 5月27日，经过1个月的训练筹备，义乌市首届“农商银行杯”龙舟赛在大陈江红旗丁店段举行，来自市内外的28支龙舟队参赛，赛道起点为丁店步行桥，终点为红旗三桥，总长度230米。经过9轮比赛，义乌游跑、农商行、义乌泳协、苍南泳协等15支队伍从预赛中突围，进入复赛；经过5轮复赛，丽龙龙舟队等9支队伍突围，进入决赛。最终农商银行队以1分15秒69夺冠，丽龙龙舟队以1分15秒98位居第二。比赛现场观众2万余人次，大陈镇出动安保人员800余人。

【篮球赛】 6月23日，义乌市委组织部、宣传部、义乌市文广新局（体育局）在江东街道下王村共同举办义乌市第十届“先锋杯”农民篮球赛。比赛由各镇（街道）推荐1个行政村组成1支球队，允许聘请2名户口在本镇的农民外援，共14支队伍100余人参赛。比赛采用分组单循环赛制，小组前两名出线，进入下一轮。最终苏溪镇、城西街道、大陈镇分别获得前三名。9月10日至18日，由市篮球协会主办、市动客体育发展有限公司承办、北苑街道何麻车村协办的2016赛季“炊牛食代”杯义乌市篮球联赛（YBA）本土组比赛在何麻车村

首届龙舟比赛　（楼子荣摄）

篮球场举行。由12支队伍、180余名运动员在1周时间内展开40余场较量。心语饰品队获得冠军。

【第六届舞林大会】 11月26日,“罕美杯”2016年中国·义乌体育舞蹈全国公开赛暨第六届舞林大会在绣湖体育馆举行,来自山西、上海、深圳等地33个代表队1050余名选手参加比赛,参赛人数为历届最高。比赛首次采用手机APP进行现场直播,5万余名观众通过手机APP同步观看比赛。300余人获得一等奖。

竞技体育

【概况】 2016年,承办2015—2016年和2016—2017年CBA全国男子篮球职业联赛稠州商业银行俱乐部15个主场比赛等6项高水平体育赛事。市体育局与市教育局对全市业余训练项目进行全面优化和完善,初步建立和完善“小学、初中、高中”业余训练无缝衔接机制。年内,获金华市以上比赛金牌104枚、银牌84枚、铜牌65枚,全年奖励经费60万元。6月,义乌市成功创建为全国青少年校园足球试点城市。实验小学教育集团、苏溪小学分获浙江省青少年校园足球总决赛小学女子乙组总决赛第一名、第三名;福田小学获得全省小学男子乙组总决赛第五名。

【义乌国际电子竞技大赛】 1月20日至4月29日,由浙江省体育局、义乌市政府主办,浙江省电子竞技协会、义乌市文广新局(体育局)承办的2016义乌国际电子竞技大赛(英文简称IET)在义乌国际博览中心E1馆举行。大赛设置英雄联盟、FIFAOL3、CS:GO 3个比赛项目,比赛形式采取线上预选赛、线下总决赛。3月22日至4月20日,参赛选手通过全省各电竞基地及赛点报名参赛,各基地及赛点选拔出各项目1名选手或1支参赛战队参加在网上的晋级赛,前4支战队(选手)参加总决赛。4月27—29日,在义乌国际博览中心举行总决赛。决出FIFAOnlineL3项目的前四强,分别是杜云杰(冠军)、陈诚(亚军)、沈裕安(季军)、奚志磊(殿军)。英雄联盟项目的前四强,分别是GD(冠军)、Avalon(亚军)、QJ(季军)、QTY(殿军)。比赛期间,通过网络观看或现场观赛人数达600万人次。总决赛期间,全国20余家媒体记者团常驻赛场,各种媒体稿件(播报)100余篇。

【武术套路比赛】 6月4—5日,由义乌市体育局、义乌市教育局承办,义乌市宾王中学、义乌冬虹武术俱乐部协办的2016年全国青少年“未来之星”阳光体育大会浙江分会场暨浙江青少年学生阳光体育武术套路比赛在义乌宾王中学举行。来自全省各县市(区)21支代表队300余名武术爱好者到场参赛。比赛现场,参赛运动员按组别分别就拳术、个人器械以及健身操等集体项目展开激烈角逐。最终义乌宾王中学获初中团体总分第二;义乌青口小学获小学组第一名;义乌宾王中学获体育道德风尚奖。

【大陈九都越野爬坡赛】 6月11日,浙江省体育局、义乌市人民政府主办,义乌市文化广电新闻出版局(体育局)、义乌市大陈镇人民政府承办,义乌市户外运动协会、义乌市紧急救援协会、义乌“十八腔”协办的2016环浙江自行车公开赛义乌站大陈九都越野爬坡赛在大陈镇举行,来自全国各地40支代表队117名运动员及部分体验者参赛。赛道全长20千米,起点设在东塘小学,参赛者先绕骑茶山2周,之后沿盘山公路向北山进发,终点设在北山村。经过角逐,来自森地客鑫元鸿车队的夏威获男子精英组第一名;来自奥丁中国的朱晓云获女子组第一名。

【2016—2017赛季CBA联赛】 11月18日,浙江稠州银行男篮义乌主场首场比赛在梅湖体育中心体育馆开赛,稠州银行男篮对阵天津泰笛生活男篮,拉开2016—2017年CBA联赛赛季常规赛的征程。经过1个赛季38个主客场的对决,浙江稠州银行男篮在常规赛中排名第16名。

【2016义乌国际马拉松赛】 11月20日,2016义乌国际马拉松赛在梅湖体育中心鸣枪开跑。本届马拉松赛以“新丝路、跑起来”

2016 义乌国际马拉松比赛（金福根摄）

为主题，以宣传义乌形象、打造城市品牌为目标，比赛设男、女半程马拉松、迷你马拉松和家庭亲子跑 4 个项目，本次赛事共有来自 40 个国家运动员 1.12 万人参赛（外籍运动员 208 人），其中半程马拉松参赛 3230 人，迷你马拉松参赛 5580 人，家庭亲子跑 2398 人，参加比赛的运动员年龄最大的 80 岁，最小 6 周岁。最终坦桑尼亚的 Gabriel Gerald Geay 以 1 小时 2 分 57 秒获得男子半程第一名，厄立特里亚的 Nazret Wedle Gebrehiwet 以 1 小时 17 分 14 秒获得女子半程马拉松冠军。本届马拉松首设线上马拉松，线上马拉松报名人数 19.87 万人，参与并完成 19.3 万人。同时，由人民公安报社、义乌市公安局主办的义乌国际马拉松警察邀请赛与 2016 义乌国际马拉松赛同时开跑。来自全国 20 个省（区、市）的 300 余名警察跑步爱好者组成的“警察护跑团”随 1 万余名选手一同出发，既参与比赛，也承担着“流动护卫”的职责。这是义乌国际马拉松赛首次采用赛中赛的形式。

经专门评估研究中心评估，2016 义乌国际马拉松赛产生直接经济效益 6200 万元，为其他相关行业带来超过 5400 万元的经济效益。市民的赛事知晓度为 68.35%，比赛现场观众总人次 5.5 万人次，现场观众高峰值 3.6 万人，浙江新闻客户端义乌马拉松专题累计阅读量超 50 万。赛事满意度方面，参赛运动员对赛事的总体满意度达 96.59%，处于“优”等级；参赛运动员中有 97.44%明确表示支持义乌继续举办国际马拉松赛。义乌市民对赛事的满意度为 83.09%，处于“良”等级。93.86%的参赛运动员明确表示明年继续参赛；知晓赛事的市民对继续举办马拉松赛的支持度为 86.43%。

（义乌市文广新局供稿）

社会事务

居民生活

城市居民生活

【城市居民人均可支配收入】据全市243户城市居民抽样调查显示，2016年，全市城镇常住居民人均可支配收入60773元，同比增长7.4%。其中工资性收入26183元，同比增长7.2%；经营净收入10209元，同比增长8.3%；财产净收入16887元，同比增长7.5%；转移净收入7494元，同比增长6.5%。

【城市居民人均消费性支出】2016年，全市城镇常住居民人均消费性支出35175元，同比增长2.9%，恩格尔系数为24.5%。其中食品支出8611元，同比增长2.2%；衣着支出2637元，同比增长1%；居住支出9253元，同比增长2.8%；生活用品及服务支出1797元，同比增长7.1%；医疗保健支出2452元，同比增长4.8%；交通通信支出6112元，同比增长1%；文化娱乐支出3680元，同比增长6%；其他用品和服务支出634元，同比增长4.6%。

农村居民生活

【农村居民人均纯收入】据全市153户农村居民抽样调查显示，2016年义乌市农村常住居民人均可支配收入30570元，同比增长7.5%。其中工资性收入15128元，同比增长6.7%；家庭经营净收入为9276元，同比增长7.4%；财产净收入3630元，同比增长7.8%；转移性纯收入2536元，同比增长12.8%。全市开展环境整治，生产经营状况好转，电子商务日益壮大，电商红利向农村地区蔓延，农村家庭经营净收入增长较快。实施城乡统一的基本医疗保险制度，建立大病医疗商业补充保险制度，构建起基本医疗保险加大病补充医疗保险为核心具有义乌特色的“1+1”医保制度。建立完善最低生活保障标准自然增长机制，“十二五”期间，全市低保标准年均增长10%，率先实现最低生活保障城乡同标。

【农村居民人均消费性支出】2016年，义乌市农村常住居民人均消费性支出18081元，同比增长4.9%。农村常住居民家庭恩格尔系数为33.3%。食品消费支出人均6031元，同比增长4.8%；衣着消费支出人均1388元，同比增长4.2%；居住消费支出人均2780元，同比增长6.0%，2016年末，农村居民人均居住面积62.1平方米；生活用品及服务支出1084元，同比增长5.5%。每百户农民家庭拥有电冰箱70台，拥有洗衣机46台，拥有空调50台；交通通信支出2027元，同比增长4.1%。每百户农民家庭拥有家用汽车24台，拥有家用摩托车18台，助力车31台，拥有手机156部，拥有固定电话21部；教育文化娱乐支出3165元，同比增长4.3%。每百户农民家庭拥有彩电124台，拥有计算机32台，拥有照相机19台；医疗保健支出1213元，同比增长4.8%。其他用品和服务支出392元，同比增长9.1%。

（杨　程）

人口管理

流动人口管理

【概况】 2016年，义乌市流动人口在册数133.59万人，较上年流动人口在册数增加8.52万人，同比上升6.82%。宣传《浙江省流动人口居住登记条例》，完成流动人口居住登记前期准备工作，办理居住证464本，积分入户307人。开展深化出租房屋管理工作，构建“四个层次四张网”（“四个层次”是指市级、街道、工作片（社区）分别成立出租房屋管理办公室，并在离工作片（社区）较远，出租房屋和流动人口较为集中的村居设立出租房屋管理站；“四张网”是指全市出租房屋管理群、镇（街道）出租房屋管理群、工作片（社区）出租房屋管理群和村居出租房屋管理群）的工作网络，分类建立公寓楼、二手出租房屋、一手出租房屋的各项职责、制度，制定居住人员须知和安全管理规定等制度，在公寓楼推行“五有+”（有值班室，有监控系统，有远程申报系统，有消防设施，有管理制度；“+”是指信息报送）建设标准，在二手出租房推行“六有+”（有值班处所，有门禁系统，有监控系统，有远程申报系统，有消防设施，有管理制度；“+”是指信息报送）建设标准，在一手出租房推行“四有+X”（有管理员，有消防设施，有门禁系统，有管理制度；“+”是指信息报送；“X”是指将流动人口、境外人员的相关信息报送到公安机关）建设标准。推动各个镇（街道）逐村逐社区开展房东业主培训，实现“以房管人”。挂牌运行境外人员（少数民族）流动人口服务管理站。

【少数民族、境外人员服务管理站】 1月27日，少数民族、境外人员服务管理站在铁路义乌客站出站口挂牌成立。此服务管理站隶属于公安局站前派出所，主要开展嫌疑人员盘查、逃犯查缉、人员移交、信息报送、资料整理等工作。同时，与铁路义乌客站、铁路派出所共同为境外人员和国内少数民族群众提供咨询、翻译、找人、住宿、送达等服务。至年底，少数民族、境外人员服务管理站共登记境外人员8.02万人次，查获移交吸毒嫌疑人员268人，“三非”人员45人，逃犯3人。

【服务宣传活动】 7月，在全市各镇（街道）举办小麻痢文艺下乡活动28场，在出租房屋和流动人口集中区域通过曲艺、宣讲、小品等形式开展出租房屋法律法规宣传活动，推动房东业主落实流动人口与出租房屋管理的主体责任。9月，在微信平台开通房屋推荐、政策法规、居住证IC卡查询等服务模块开展宣传。至年底，推送政策、消息1200余条。全年组织开展各类宣传活动30余场，发放各类宣传资料60余万册。

【智能门禁系统】 7月，开展“旅馆式”管理的出租房屋智能门禁系统建设，在稠江街道下门村先行先试，在二手出租房屋推行身份证智能门禁系统。此系统具备远程开卡授权、远程开门、手机开门、手机开卡、门禁报警等功能。提升信息采集能力、治安防控能力，做到人来登记、人走注销。至年底，智能门禁系统申报561户，完成安装291户。

（李玮钢）

【流动人口微信申报】 8月，按照“最多跑一次”的要求，在微信公众号平台，创新建立流动人口微信申报系统，流动人口在微信中搜索“新义乌人家园”，关注市流管办微信公众平台，通过微信申报居住登记。改变以往登记被动、方向模糊、方法机械的上门登记模式，方便群众的同时也提升工作效率，解放基层警力。至年底，接受微信申报信息22.05万条，完成登记19.73万条，有效登记率89.5%，占同期居住登记总量40%。

【流动人口特点】 2016年，义乌市流动人口呈年轻化态势，16～59周岁（劳动年龄）流动人口在册120.8万人，占流动人口在册数90.43%。其中16～34周岁占55.44%，35～59周岁占34.99%。流动人口主要集中在第二、第三产业，以生产制造业为主，其中生产制造业从业人员51.09万，占38.24%；电子商务等从业人员

9.06万人，占6.78%；其他职业（经商人员、企业管理人员、翻译、医生、教师等）49.05万人，占39.97%，同比上升18.75%。流动人口学历结构优化，初中及以下学历流动人口101.45万人，占流动人口总数75.94%，同比增长0.21%；高中学历19.58万人，占14.66%，同比增长34.11%；大专及以上学历12.56万人，占9.4%，同比增长36.11%，其中专科学历8.87万人，同比增长38.55%，本科学历3.62万人，同比增长30.97%，研究生学历669人，同比增长12.44%。全市登记有汉族流动人口120.57万人，占90.25%，52个少数民族13.01万人，占9.75%，其中苗族、布依族、土家族、回族4个少数民族人数超过1万人，彝族、壮族、侗族、朝鲜族、瑶族、畲族、维吾尔族、仡佬族、水族、白族、满族11个少数民族超过1000人。

出入境人员管理

【概况】 2016年，义乌市公安局出入境管理局共受理、审核、上报审批中国公民因私出国（境）申请6.96万人次，同比增长1.6%，其中申请出国3.18万人次、赴港澳台地区3.78万人次。登记到义乌旅游、经商、探亲等198个国家和地区的境外人员48.72万人次，同比增长11.2%，其中外国人45.4万人次，中国华侨5563人次，港澳居民9611人次，台湾居民1.80万人次，外国人登记数同比增长10.7%。受理外国人签证4808人次，同比下降56.2%；受理外国人居留许可9781人次，同比增长17.2%。签发外国人签证4836人次，同比下降56.3%，签发外国人居留许可9675人次，同比增长16.8%；签发短期赴港澳再次签注1.31万人次，同比下降4.7%。全市共发生各类涉外案（事）件1457起，同比增长35.0%。

【发放外籍人员商友卡】 7月，为给在义乌的外国人提供便利，市公安局会同义乌市民卡公司针对在义乌的外国人开发外籍商友卡。外籍商友卡是市民卡的E随行副卡，背面印有境外人员姓名、性别、护照号、出生日期、宗教、照片、制卡日期，同时印有二维码，具有小额存储、支付功能。在义乌的外国人凭外籍商友卡可享受乘坐公交、租赁公共自行车、图书馆借阅图书等公共服务。至年底，共发放外籍商友卡9768张。

（李玮钢）

计划生育

【概况】 2016年，全市完成各项计划生育技术服务总例数4.91万例，其中放环2898例，取环8987例，女性结扎733例，取出皮埋15例，负压吸引术1.82万例，钳刮术317例，药物流产术1.8万例，发生人工流产不全53例。全市免费发放口服避孕药420盒，长效避孕针171盒，避孕药膜2600本，避孕栓487盒，纳米隐形避孕套1300盒，避孕套30.6万只，宫内节育器4170套。全年免费婚检5167对，新婚夫妇婚检率96.26%，疾病检出率7.66%，其中，指定传染病20人，性病4人（其中HIV阳性1人），严重遗传疾病3人，精神病6人，生殖疾病200人，内科系统疾病559人。孕前优生健康检查4864对，其中风疹IgG(−)778例，弓形虫IgM(+)27例，巨细胞IgM(+)16例，均予以医学指导和转诊治疗。各镇（街道）中心卫生院均设立妇幼保健计划生育服务站，村卫生室更名为卫生计生室，统一标志标牌、制度上墙、避孕药具柜（区）等。各镇（街道）提供经费在卫生院内建设“三优”指导中心，与孕妇学校、育儿学校结合开展宣传培训工作，年内完成赤岸、北苑、城西、廿三里、江东“三优”指导中心建设。对已取得母婴保健技术资质证书的医疗机构及医务人员，不再发放计生服务资质证书。1—6月，按过渡阶段由镇（街道）组织动员、卫生院承担技术服务的方式，开展“三查”检查9.4万人次，7月后由生殖健康检查取代。完成省不孕不育家庭调查及助孕服务1000家。

【安徽黄山驻义乌市流动人口计划生育协会】 11月15日，安徽省黄山区驻义乌流动人口计划生育协会成立暨第一次会员代表大会在义乌市北苑街道召开，150余人参加会议。实现流动人口计划生育从管理难向自我管理、自我教育、自我服务的转变。会议讨论通过《安徽省黄山区驻义乌市流动人口计划生育协会章程》,选举产生会长、副会长各1人,协会理事8人,聘任名誉会长、秘书长各1人,举行黄山区驻义乌市流动人口计划生育协会授牌仪式。会后,黄山区与义乌市签订《流动人口计划生育协会建设双向协作协议书》。

（虞金洪）

民政工作

【概况】 2016年,全市低保对象新增2534户3627人,注销252户350人,共有低保对象5596户7545人,发放低保金2307.3万元,物价补贴119.97万元,特困人员供养经费314万元,惠及1.3万名困难群众。实施医疗救助4895人次,救助资金647.43万元,其中"一站式"医疗救助4737人次,救助资金564.62万元。临时救助326户,救助资金176.97万元。慈善超市帮扶3126户,发放救助物资75万元,全年接收物资捐赠1.02万件,价值14.8万元。冬令春荒助困难群众1362人,发放棉被1000床、救济款80万。慰问困难群众4235人,发放春节慰问金58.19万元。开展国民党抗日战争老兵救助工作,救助国民党抗日战争老兵32人,发放救助金70万元。开展"寒冬送暖"专项救助行动,救助各类社会流浪乞讨人员1828人次,救助率100%。通过全国救助寻亲网、DNA比对、公安部门协查等方式,帮助42名滞站人员成功寻亲并返乡。完善灾害救助体系,下发《进一步完善村(社区)避灾点的规范化建设的通知》,进一步规范避灾安置场所选址、建筑结构、物资储备、标志标牌设立等标准。采购安装避灾点管理制度牌1140块,新增避灾点标志牌和指示牌各60个,村级避灾场所覆盖率48.59%,村级避灾场所标志牌、指示牌设置率100%。

福彩总销量8.35亿元,为国家筹集公益2.3亿元,其中市本级7683万元,并发布《义乌福利彩票社会责任报告》。26家福利企业全年实现产值11.35亿元,安置就业人员2570人,其中残疾职工1035人,残疾职工人均工资每月2268元。开展"圆梦中国·拥抱生活"福利企业、福利员工公益书法作品展及公益拍卖活动,募集专项救助资金10余万元。福利企业退税标准大幅提高,由原3.5万元调整至7.97万元,增幅127%。撤销怡乐新村管理委员会和老年活动中心,成立养老服务指导中心。启动9家镇(街道)养老服务中心建设,完成2家养老服务中心的规范化改造并投用,概算投资5.1亿元,设计床位2300余张。提升城乡居家养老服务照料中心服务水平,创建三星级52家,完成城市社区居家养老服务照料中心社会化运行试点,共计下拨各类补助资金1413.67万元。怡乐新村"公建民营"项目平稳运行,全年新增护理床位500张,入住老人632人,使用床位771张。成立义乌市老年活动中心金色年华艺术团,举办浙江省第四届老年活动中心乒乓球比赛。加快儿童福利院工程建设,儿童福利院新建工程结顶,完成投资额2000万元。提高孤儿基本生活保障,机构集中养育孤儿基本生活费提高至每月1995元,社会散居孤儿基本生活费1197元。

全年接收退役士兵319人,其中自主就业经济补助安置308人,政府安排工作11人。退役士兵参加职业技能培训48人。调整优抚对象抚恤和生活补助标准,发放全年度优抚经费3297.27万元。为义务兵798人发放优待金1853.77万元。认定带病回乡退伍军人生活补助28人,认定60周岁以上农村籍退役士兵老年生活补助199人。抚恤优待对象住院"一站式"医疗即时结算服务649人次,发放医疗补助73.26万元。上报省民政厅评定残疾军人1人,上报省人民政府评定烈士1人。加大烈士纪念设施维修与保护力度,发放30万元补助完成16穴(16个烈士)散葬烈士墓修缮,投资112万元完成大陈烈士陵园修缮,投资110.5万元实施义乌市长城公园维修与保护工程。军队离休退休干部休养所接收安置退休士官1人,共有军休人员39人。配合城市有机更新工作,率先完成全市国有土地上房屋军干所宿舍楼征收工作。

命名道路20条,居住区12个,大型建筑物(群)4个,调整道路起讫点1条。新设置幢、门牌

1.28万块，路牌195块，重设维修老路牌306块。举办界线管理员培训2次，培训54人。完成兰义线界桩界线联检。有序推进全国第二次地名普查工作，完成地名标志外业调查及信息采集、空间图库标图、地名属性库录入工作，拍摄多媒体照片1.16万张，涉及条目6715条，12月完成义乌市第二次全国地名普查自查工作。

加强国际性融合社区建设，7月1日全省首个“中外居民之家”在江东街道鸡鸣山社区成立，将服务群体从境外人员拓展至少数民族、外来建设者和本地居民。推进行政村撤并工作，撤后宅街道洪华、遗安、后里、十二山头、上河、杜元、上洪、西何、何界、叶宅、溪坦、山塘12个村(居)民委员会，设立金城社区、洪深社区、起航社区、北站社区4个城市社区居民委员会；撤福田街道大王、抱湖塘、王牌、十里牌4个村民委员会，设立银海社区；将福田街道西力村村民委员会并入福田社区居民委员会；将福田街道西张村村民委员会并入诚信社区居民委员会。参与农村宅基地改革试点，牵头制定《义乌市农村土地民主管理细则(试行)》，推动宅基地制度改革。公开招录城市社区工作者86人补充到各城区街道的社区。

全市有依法登记的社会组织1189家，其中社会团体451家，民办非企业单位737家，基金会1家。实现税务登记证、组织机构代码证、社会组织登记证的“三证合一”，换发新证社团409家，民非669家，基金会1家。开展社会组织信用体系建设，出台分类监管制度，实施分类监管，明确社会组织良好信用信息和不良信用信息，并规定信用信息有效期限，根据社会组织的信用等级（A~E 5个等级），规定相应的分类监管措施。落实统一社会信用代码制度，完成全部社会组织统一社会信用代码赋码工作，并与现有注册登记码建立“一一对应”的映射关系。86家社会组织纳入可承接政府职能转移目录，政府职能向社会组织转移工作走在全省前列。持续扶持公益组织发展，全年社会组织发展基金会安排资金50万元用于资助社会组织开展公益项目，7个项目获得资助。义乌市紧急救援协会获得第五届浙江慈善奖，协会致力于公益救援服务，2014—2016年出勤救援活动180余次，组织4000余人次参与救援，成功拯救58名求救者的生命安全。率先在全省建成建筑面积500余平方米的市社会组织党群服务中心，服务中心免费为全市社会组织及党群组织、广大党员会员提供一站式服务，实现资源共享，增强社会组织党群组织的凝聚力。

办理内地居民结婚登记6365对，离婚登记1982对，补发婚姻登记证1854件。涉外结婚登记17对，离婚登记3对。全年安全火化遗体5118具，减免基本丧葬服务费289.5万元，惠及4432人，惠及率86.59%。加强殡葬基础设施建设，苏溪金峰山、上溪、廿三里、稠江等镇(街道)骨灰堂投入使用。殡仪馆二期工程主体楼结顶，完成投资额2615万元。全年共实施生态葬43例，其中树葬25例，撒散18例，发放奖励金额52万元。全面落实骨灰跟踪网格化管理机制，跟踪率达85%以上。年内，获“全国殡葬工作先进集体”称号。

协调义乌市教育局帮助驻义部队子女入学、入托49人。帮助协调解决驻义部队干部家属就业47人，转业干部安置30人，转业士官安置11人。部队与地方开展联谊、座谈会8次，军民联欢15次；驻义部队为地方单位军训18次，累计军训7000余人，参训官兵260人次。为学校师生和地方员工进行爱国主义和国防教育20场。组织党政机关、社会团体、企业、驻义部队官兵代表650人参加烈士纪念日公祭活动，烈士陵园(长城公园)全年共接待祭扫人员1.27万人。春节、“八一”期间慰问驻沪、驻杭、驻甬、驻金、驻义、“义乌舰”等21支部队，慰问金267万元。义乌市双拥办组织协调义乌市爱国拥军联合会开展走访慰问部队、文化拥军、艺术拥军等形式共35次，投入资金20余万元。

全市核减水库移民105人，核定1.4万人。发放直补资金845.58万元。培训移民1530人次。扶持项目47个，扶持资金1894万元，受益群众3.2万人。

【外国人商会组织备案】 2015年10月，市府办下发《义乌市外国人商会组织备案试行办法》。

2016年6月，协调市公安局、市国安局、市商务局、市民宗局等部门，开展外国人商会备案试点工作，实现多部门联合核查机制。同月底，义乌市苏丹人商会完成备案。至年底，完成5家外国人商会组织备案，实现对自发成立的外国人商会组织相关信息情况的掌握和了解。

【临时救助新办法】 5月13日，出台《义乌市临时救助办法》，扩大救助范围，首次突破户籍限制，将救助范围扩大到流动人口。大幅提高救助标准，救助金额最高10万元。由原单一发放临时救助金向以发放临时救助金为主，提供救助服务和转介服务相结合的方式转变。对于情况紧急、需立即采取措施的，采取紧急救助程序，缩短救助时限。全年临时救助326户，救助资金176.97万元。

【“义乌舰”下水】 5月19日，在上海沪东中华造船厂举行“义乌舰”下水仪式，义乌市副市长周丽水，市人武部政委蒋红阳，代表义乌市委、市政府和义乌200万人民，慰问“义乌舰”的全体官兵。“义乌舰”是中国海军首次以县级市市名作为护卫舰舰名，是中国自行研制生产的新一代轻型导弹护卫舰，舰长89米，宽11米，满载排水量1300余吨，乘员编制70人。舰上装备多套中国自主研发的新型武器装备，信息化程度高，隐身性能好，具有较强的防空、反潜和对海能力。

【率先实现困难群众医疗费用全额救助】 5月23日，市委出台《关于推进低收入家庭精准扶贫工作的实施意见》，提高合规医疗费用救助标准。7月1日起，低保、低保边缘、因病致贫家庭成员在定点医疗机构住院自负合规医疗费用或特殊病种门诊治疗期间发生的有效医疗费用，在扣除各项保险补偿后，民政医疗救助比例分别提高到100%、80%、70%，救助比例位居全省首位。在全省率先实现困难群众医疗费用全额救助，并取消因病致贫家庭1万元的起付线和原有的年度救助8万元的封顶线。

【开展支出型贫困家庭救助】 6月27日，市民政局联合市财政局下发《关于开展支出型贫困家庭基本生活救助工作的通知》，在全省率先出台支出型贫困家庭救助试行办法，首次把因家庭医疗、就学等刚性支出费用较大，导致人均实际生活水平低于本市最低生活保障标准的支出型贫困家庭纳入救助范围，享受与最低生活保障家庭同等的救助优惠政策，有效期1年。至年底，共审批支出型贫困家庭22户54人。

【首个“中外居民之家”】 7月1日，在江东街道鸡鸣山社区成立全省首个“中外居民之家”，市民政局、团市委、江东街道和部分公益组织负责人、中外居民代表、志愿者代表等60人参加成立仪式。“中外居民之家”由党员先锋队、阳光青年队、同悦少儿团、巾帼风采队、乐龄互助会、国际友人志愿队、少数民族志愿队以及文化健身俱乐部8支队伍组成。通过社区社会组织联合会的形式，以境外人员、少数民族、外来建设者和本地居民组成的志愿者队伍为主体，开展跳蚤市场、社区沙龙、英语角、亲子活动、老年大学等公益活动及文体活动，促进文化融合，推进社区志愿者服务制度化，最终实现社区治理创新。

【低保标准增长】 9月2日，市民政局联合市财政局下发《关于提高城乡居民最低生活保障标准的通知》，9月起，全市城乡居民最低生活保障标准提高至每人每月705元，1人户低保家庭最低生活保障标准在此基础上每月提高20元。较上年提高65元，同比增加10.16%。

【建立适度普惠型儿童福利制度】 11月8日，市府办出台《关于加快推进适度普惠型儿童福利体系建设的意见》，以确保每一个孤儿和困境儿童均能享有系列的制度保障和专业服务。《意见》维护儿童基本权益、促进儿童全面发展，整合资源，加大投入力度，完善保障体系，在全市基本建立起以家庭养育为基础、机构服务为骨干、社区照顾为依托，城乡一体化、组织网格化，服务专业化，保障制度化的适度普惠型儿童福利体系。至年底，完成救助困境儿童139人，发放金额135万元。

（罗白翎）

劳动保障

劳动工资

【工资福利】 2016年,办理机关公务员晋升级别工资1112人,办理机关工作人员正常晋升级别工资档次4289人,办理事业工作人员正常晋升薪级工资1.58万人。全年全市公务员晋升职级140人,其中晋升正处级8人、副处级32人、正科级73人、副科级27人。

【机关事业单位工资调整】 10月,根据省人社厅、省财政厅《关于贯彻落实国办发〔2016〕62号文件的通知》,调整机关事业工作人员基本工资标准。7月1日起,调整公务员基本工资标准,同时将部分规范津贴补贴纳入基本工资,职务工资标准、级别工资标准按国家统一标准相应调整提高;调整事业单位工作人员基本工资标准,同时将部分绩效工资纳入基本工资,岗位工资标准、薪级工资标准按国家统一标准相应调整提高。涉及机关5430人、事业单位1.69万人。

(骆　萍)

就业创业

【概况】 2016年,新增就业人数1.33万人。开展创业培训31期,培训1104人;开展失业人员职业指导培训12期,培训5091人,失业人员实现再就业4652人,其中就业困难人员实现再就业1421人。完成农村电商培训1.21万人,扶持电商创业1324人,扶持电商创业带动就业8412人。城镇登记失业率2.63%,低于4%的控制目标。配套制定出台《关于〈义乌市小额担保贷款实施办法〉的补充意见》《关于印发〈义乌市创业培训定点机构认定和管理办法(试行)〉的通知》《关于印发〈义乌市公益性岗位开发管理实施办法〉的通知》等文件,健全就创业政策体系。全年审核发放灵活就业社保补贴890人361.46万元;审核发放非公单位就业岗位补贴3915人次160.5万元;审核拨付见习实训补贴43家215.15万元;审核拨付用人单位社保补贴29家85.99万元;审核拨付稳岗补贴40万元;创业担保贷款共放贷387人1亿元;兑付创业论坛补助5场、沙龙活动补助30场,4000余人受益。受理外国人就业许可等事项的申请6583人次,发放"外国人就业许可证书"1052份,"外国人就业证"首次领1070份,"外国人就业证"延期2996份。共有103个国家和地区4075名外国人和4名港澳台地区人员在义乌持证就业。8月,万营创客空间、微谷众创空间、义乌市跨境电商创业孵化基地3单位获评省级众创空间。12月,认定青岩刘创业孵化中心等单位为第二批市级众创空间。全市共有金华市青创工场8个,青创工场占地面积9000余平方米,提供免费工位615个,113个团队493人入驻;义乌市级大学生创业园5家,220个团队1542人入驻;义乌市级众创空间20个,创业面积2万平方米,为创客免费提供工位1319个。

【企业监测】 1月,更换62家不符合监测条件的样本企业,完善企业用工监测样本。12月底,监测企业从业人数为8.48万人,较年初增加1850人,增幅2.23%;块状企业从业人数为3.77万人,较年初增加604人,增幅1.63%。

【企业用工服务】 2月18日至3月2日,开展就业推介会14场,690家招聘企业提供岗位2.33万个,主要涉及加工制造、行政文员、销售员、服务员等岗位,2.35万人参加,现场发放就业宣传资料2.18万份,达成初步就业意向6500人。3月10日,组织华鸿控股集团等9家企业赴四川省阿坝州,参加阿坝州人力资源和社会保障局、汶川县人民政府主办的"2016年阿坝州春季现场人才招聘会",提供用人岗位382个,吸引1000余人次参与咨询洽谈,达成初步就业意向125人。4月11日,在义乌市国际博览中心D2馆里组织开展2016电子商务人才校企对接洽谈会活动,来自黑龙江、河南、湖北、江西、天津、上海等20个省(市)的39所高等院校和400余家企业参会,校企双方达成毕业生推荐就业、见习实训模式、"订单"合作模式等初步合作意向213项。5月18日,组织华川实业集团有限公司等4家企业在杭州参加浙江省技能人才校企合作洽谈会，4家企业与28家院校达成初步合作意向。6月14—17日，组织华鸿控股集团等3家企业在武汉参加湖北省高校毕业生招聘会，达成招聘初步意向39人。

【帮扶低收入家庭劳动力就业】 3月，与市农林局、市民政局对接获取低收入家庭基础信息，组织人员对1775名低收入家庭劳动力入户调查，建立帮扶对象和需求清单，进行实名制管理。4月，联系市国资委、职业中介机构和个私企业，搜集筛选适合低收入家庭劳动力的就业岗位2439个，其中国有企业岗位121个。5月6—27日，在市人力资源市场和7个镇（街道）举办面向低收入家庭劳动力的专场就业推介会8场。6月，分组对未实现就业的低收入家庭劳动力进行“一对一”上门走访，再次为帮扶对象提供就业岗位、培训信息并给予针对性的就创业指导，共帮扶204人实现就业。10月，制定出台《义乌市公益性岗位开发管理实施办法》，鼓励镇（街道）和村（社区）结合工作实际重点开发村（居）保洁、保绿和社区助老助幼助残服务等合适岗位276个，推进公益性岗位开发和管理，共帮扶158人实现就业。11月，推出事业编制工作人员、国有企业工作人员、机关事业单位雇员名额66个，面向低收入家庭劳动力定向招聘，让一批低收入家庭劳动力实现较高质量的就业，共帮扶7人实现就业。12月，出台《义乌市人民政府办公室关于进一步做好低收入家庭就业帮扶工作的通知》，明确部门职责分工，建立健全就业帮扶长效机制。全年共帮扶369人就业。

【高校毕业生见习基地】 7月4日，认定浙江华统肉制品股份有限公司和新光控股集团有限公司2家单位为市级大学生就业见习实训示范型基地。12月5日，新增浙江中国小商品城集团股份有限公司、浙江工业大学义乌科学技术研究所有限公司等17家单位为高校毕业生就业见习基地。全年共吸纳812名大学生见习实训。

【创业活动】 7月28日，由浙江省人力资源和社会保障厅主办，浙江省就业管理服务局、义乌市人力资源和社会保障局承办的以“共圆中国梦 青春创未来”为主题的第二届“中国创翼”青年创业创新大赛浙江赛区决赛在义乌电视台演播大厅进行，来自全省各市136个创业项目报名参赛，经筛选，74个项目进行现场角逐。经过项目路演和项目融资2个环节的比拼，杭州的阿U幻镜获一等奖。

9月23—26日，由中国宋庆龄基金会、人力资源和社会保障部主办，浙江省人力资源和社会保障厅、义乌市人民政府承办的第二届“中国创翼”青年创业创新大赛生活性服务业类全国半决赛、总决赛在义乌举行。来自全国26个省市地区的135个优质项目参赛。江苏省的“安途防爆轮胎安全升级项目”和河北省的“张小生包子铺”分别获企业组、团队组一等奖。

全年累计举办以“互联网时代的品牌打造”等为主题的沙龙56场，举办“创意引领创业”等大型创业论坛6场，受益4000余人，为创业者提供创意交流、资源分享、投融资对接等全面服务。

（楼青倩）

劳动监察

【概况】 2016年，全市共处理劳动纠纷3836起，为1.67万名劳动者追回工资、押金等1.29亿元，案件数同比下降5.31%。其中，劳动监察大队直接处理劳动纠纷1825期，为1.15万名劳动者追回工资、押金等8493.3万元；接到“110”联动指令案件213起；做出行政处罚56起，行政处理13起；网络投诉量案件335起；向公安机关移送拒不支付劳动报酬案件51起；市人民法院判决拒不支付劳动报酬案件13起，被判刑企业主14人。

【开展劳动用工专项检查】 2015年12月至2016年2月，开展农民工工资支付情况专项检查，检查用人单位9029家，涉及职工15.35万人，责令支付工资及赔偿金总额1056.42万元。3—4月，开展清理整顿人力资源市场秩序专项行动，检查用人单位2750家、人力资源服务机构71家、劳务派遣机构15家，依法取缔非法职业中介3家，暂缓通过年报人力资源服务机构4家，拟注销人力资源服务机构1家。3—5月，结合书面审查组织开展劳动合同签订春暖专项行动，对用人单位劳动合同签订情况进行执法检查，共检查用人单位1560家，涉及劳动者2.6万人，补签劳动合同3280份。5—8月，开展工资支付隐患排查工作，共检查用人单位2690家，涉及职工人数4.36万人，责令补发工资金额216.35万元，发现隐患企业28家，均通报至各镇(街道)进行重点监控。6—7月，开展用人单位遵守劳动用工和社会保险法律法规情况专项检查，检查企业4524家，涉及劳动者8.35万人；查处使用童工案件4起，罚款3.25万元；查处违法招用未成年人1起，罚款1万元。7—8月，开展建筑行业工资支付情况专项检查，检查在建工程项目176个(其中政府投资工程93个)，签订不欠薪承诺书172份。11—12月，开展违法使用童工情况大排查，重点监察用人单位遵守禁止使用童工规定以及未成年工特殊劳动保护规定情况，严厉打击非法使用童工违法犯罪行为，查处违法招用童工行为2起。

全年开展专项检查7次，主动监察用人单位1.65万家。

【劳动监察网格管理建设】 2016年，开展义乌市劳动监察网格指挥中心一期项目建设，包含劳动监察指挥和单兵执法，一网实现信息共享、数据比对、动态监控、预警预测、移动执法等功能。4月，项目建设方案通过专家评审。5月，完成软件招投标。6月，正式启动开发。9月，完成系统开发需求调研及测试环境部署。10月，完成正式环境的中间件、数据库等的部署并进入试运行。

(陈旭良)

劳动仲裁

【概况】 全年受理劳动人事争议案件1786件(含上年结转120件)，当年结案1661件，结案率93%，结案金额3023万元。其中以调解方式结案1263件，调解率为76.04%。各镇(街道)基层劳动人事争议调解组织共处理劳动争议3310件，调解案件3310件，同比增长19.32%，涉及劳动者7615人，涉案金额5614万元。全年处理10人以上群体性案件16件，同比增长14.3%，涉及劳动者533人，其中6起案件实行10日内公告送达，4起案件于受理当日调解结案。法律援助工作站全年共接待来访咨询1508人次，受理援助申请970件，代书151件，为劳动者追回工资、工伤待遇等1286万元。

【兼职仲裁员】 依据《浙江省劳动人事争议仲裁委员会兼职仲裁员管理办法》，经过发布通知、组织报名、资格审查、联合考察、择优确定等程序，10月，选聘具有3年以上从业经验的律师2人担任兼职仲裁员。至年底，参与办案74件。

(张雅婷)

职业技能鉴定

【概况】 2016年，全市技能鉴定总量2.18万人，其中初级工9620人，中级工8320人，高级工2980人，技师849人，高级技师26人。开展企业技能人才自主评价“456”〔2015—2016年，全市400家以上企业开展技能人才自主评价，5个行业建立行业技能人才自主评价工作体系，开发新职业(工种、专项能力)标准及题库6个〕行动，新增技能人才自主评价企业277家，新增实施技能人才自主评价行业协会2个。完成跨境电子商务营销师、纺织设备检修工等6个职业工种题库开发，其中省立项3个。完成跨境电子商务行业高技能人才直接认定工作，其中4人被认定为跨境电子商务营销师技师(二级)，3人被认定为跨境电子商务营销师高级工(三级)。全年举办市级餐饮行业职业技能大赛、汽修行业职业技能大赛、印刷行业职业技能大赛等6个大赛9个职业(工种)竞赛项目，455人参加职业技能竞赛，49人获得高级工职业资格，14人获得技师职业资格。

(吴杭飞　鲍腾飞)

【紧缺职业(工种)目录编制】

4月8日，义乌市人力资源和社会保障局公布《2016年度义乌市紧缺职业(工种)目录》，加工中心操作工等32个职业(工种)被列入紧缺职业(工种)目录。6月底，向57名(人次)高技能人才发放2015年度紧缺职业（工种）政府津贴21.9万元，向4家公共实训基地及培训机构等发放2015年度高技能人才培养贡献奖励47.38万元。

【职业技能竞赛】 9月13日，以“引时尚潮流，立创意之都”为主题的2016浙江省时尚产品设计大赛暨第二届中国（义乌）国际时尚产业创新创业大赛在上海启动。大赛设饰品设计、内衣（文胸）设计、帽子设计3个项目，共收到参赛作品1331份。12月14—15日，在义乌工商学院举行决赛，北京服装学院陈禹驰《重生》系列获得帽子组冠军，北京服装学院钱芳弘《蜉蝣》获得饰品组冠军，扬州大学季敏、王莹莹《留白》获得内衣组冠军。12月16日，在义乌万达酒店举行颁奖典礼及获奖作品秀。

11月8日，在义乌市吉茂电子商务职业技能培训学校举办以“网上丝路、营销全球”为主题的2016年浙江省跨境电子商务营销师职业技能大赛，吸引全省63名选手参加。大赛设一等奖1名、二等奖2名、三等奖3名。通过理论、技能和方案陈述3个竞技环节，义乌吉茂科技有限公司的何峰获一等奖。

【成立义乌市技师协会】 12月16日，义乌市技师协会成立大会暨义乌市优秀高技能人才表彰大会在浙江省机电技师学院举行，会议表彰省级技能大师工作室、第二届义乌市首席技师等先进集体和个人。义乌市技师协会是以义乌市技师、高级技师等高技能人才为主体，自愿组成的联合性社会团体。协会的主要业务范围是开展有关高技能人才培养服务、技能比赛、技术交流、学术研究等，现有会员（单位）82个，浙江省机电技师学院曹小其为会长。至年底，新增省级技能大师工作室1家，市级技能大师工作室2家；全市有国家级高技能人才培训基地1家，省级技能大师工作室5家，金华市级技能大师工作室7家，年培养高技能人才3500人。

（除署名外均由鲍腾飞撰稿）

社会保障

社会保险

【概况】 至12月底，义乌市企业职工养老保险46.83万人，工伤保险34.42万人，生育保险参保18.2万人，城乡居民基本养老保险15.18万人，被征地农民养老保障参保12.86万人，全市户籍人口养老保险参保率98.22%。共有378家机关事业单位在浙江省机关事业养老保险经办综合平台启用，在职参保人数为2.19万人，待遇支付人数6543人。全年调整9.65万名企业退休人员基本养老金，人均调资每月134.08元，人均月养老金2102.08元。调整6349名机关事业退休人员养老金，人均调资每月315.09元，人均月养老金5794元。对70～80岁待遇享受人员进行资格认证，全年发现死亡或失踪人员48名，暂停待遇发放22人。开展享受社会保险待遇人员重复领取、冒领等情况的核查及基金追回工作，全年共查出多领、冒领养老金人员116人，追回养老金86.61万元。落实被征地农民参加养老保障人员核定办法，共办理被征地保障新增村285个，总计5.03万人；开展被征地农民参加职工基本养老保险一次性补缴工作，全年办理补缴3.52万人，其中2.68万人已享受职工养老保险退休待遇。开展已退休（职）人员一次性缴费参加职工医保经办，全年办理4297人。外国人参加社保4416人。推进社保“互联网+”政务，社会保险网上申报系统累计开通用人单位6099家。

【养老保险待遇】 2015年12月8日，市人力资源和社会保障局、义乌市财政局下发《关于公布2016年被征地农民基本生活保障缴费标准和基本生活保障待遇标准的通知》，从2016年1月起，被征地农民基本生活保障待遇标准高档、低档分别调整至每月640元、每月384元。

【社保政策】 1月17日，市政府印发《关于调整工伤、生育保险政策的通知》，工伤保险行业基准费率调整为八档，从0.2%到1.9%，生育保险费率调整为0.45%。3月1日，市府办印发《关于对部分工业企业临时性下浮社会保险费缴费比例的通知》，符合产业结构调整方向、依法参保缴费的部分工业企业，职工基本医疗保险单位缴费部分从7%临时下浮至3%，下浮期限为2个月。5月24日，市人社局、市财政局城乡新社区建设办联合印发《关于城乡新社区集聚建设社会保险补贴的实施意见》，明确参加新社区集聚建设人员享受社会保险补贴的范围、补贴标准、发放流程等。6月11日，市府办印发《义乌市社会保险全民参保动态管理办法（试行）》，率先在全省建立社会保险全民参保登记信息数据动态管理机制，实现对参保人的全员管理、动态管理、精确管理。同月20日，市府办印发《关于阶段性降低社会保险费的通知》，对失业保险单位费率实行临时性下调，失业保险单位费率由1.5%降至1%，个人费率仍按0.5%执行。22日，市人社局印发《关于公布2016年社会保险缴费工资基数和职工基本养老保险最低基本养老金标准的通知》，明确2016年度（2016年7月1日至2017年6月30日）社会保险最低缴费工资基数调整为每月2590元，社会保险最高缴费工资基数调整为每月1.29万元。

【上溪镇社保办事大厅启用】 8月，上溪镇社保办事大厅启用。上溪镇社保办事大厅位于上溪镇黄山路口，可为当地及周边镇（街道）的企业以及城乡居民提供包括政策咨询、社保查询、灵活就业参保、中断补缴、被征地农民参加职工基本养老保险一次性补缴、企业已退休人员医保一次性补缴、享受待遇人员资格认证等40余项社保业务服务，进一步打通服务群众“最后一公里”，实现社保业务“家门口”办理。至年底办理业务量1688件。

（郑　琤）

医疗保险

【概况】 至年底，职工基本医疗保险参保41.21万人，较上年底增加1.79万人；城乡居民基本医疗保险参保43.13万人，参保率达98.3%，基本实现参保全覆盖。实现全市定点医疗机构、定点零售药店智能审核全覆盖，新增定点医疗机构智能审核规则6条，累计设定审核规则43条。全年终审产生拒付金额103.28万元。实现全市医保医师控制全覆盖，建立医保医师信息控制系统，全年审核3447人次，扣分处理43人次。加大按病种付费、日常病历抽查审核力度，全年审核病历2986本，认定不合理费用292.35万元。暂停整改定点零售药店42家，核查定点医疗机构住院病人5874人次，日常稽核合计拒付不合理费用20.56万元。开展春节前药店刷卡、血液透析费用、手术物价收费、外送检验检疫备案、中药饮片管理、限制类药品使用6类专项检查，拒付不合理费用96.31万元。稽核意外伤害、发票遗失等个案109件，涉及医疗费用470.5万元，不予报销驳回8件，涉及医疗费用29.65万元。委托第三方审计范围从定点零售药店推广到定点医疗机构，针对审计出的问题约谈相关负责人，对其中异常数据费用45万元医保基金不予支付。

【医疗保险经办】 4月1日，市人社局、市发改委、市财政局和市卫计委联合下发《义乌市基本医疗保险付费管理办法》，规范普通门诊基金付费、特殊门诊基金付费、住院相关基金付费，以及基金年初预算、基金年度决算的操作规程。至年底新增按病种结算病种10项，按病种付费范围扩大至40个病种。

8月28日，义乌市人社局和市卫计委联合下发《关于完善基本医疗保险特殊门诊就医管理的通知》，建立以覆盖人群较广的糖尿病伴并发症和高血压伴并发症为主、覆盖全市定点医疗机构的慢性病连续处方制度，方便慢性病患者看病就医购药。

9月21日，市人社局、市市场监管局联合下发《义乌市基本医疗保险定点零售药店协议管理办法》。同月22日，市人社局、市卫计委联合下发《义乌市基本医疗保险定点医疗机构协议管理办法》，义乌市基本医疗保险定点医药机构管理从行政审批转化为协议化管理。经报名申请、资料初审、现场勘验及综合评估等环节，新增协议管理定点药店19家。至年底，全市有协议管理定点零售药店150家。

【医疗保险政策】 5月17日，市府办印发《关于完善基本医疗保险政策的通知》，实现普通门诊可报销基数和报销比例双提高，健全罕见病医疗保障机制，将15种大病药品和3类罕见病特效药纳入职工补充医疗保险报销范围，调整异地就医转外自负比例，拓展职工基本医疗保险个人账户支付范围。6月14日，市人社局印发《义乌市基本医疗保险家庭型个人账户实施办法》，率先在省内实施家庭型个人账户，至年底，5364人授权绑定近亲属9459人次，累计实现应用3.53万人次，支出金额568万元。

【智慧医保纳入国家试点】 6月6日，国标委下发《关于下达第三批社会管理和公共服务综合标准化试点项目的通知》，义乌市智慧医保标准化项目纳入国家试点，市医保处成为全省首家获批国标委标准化试点项目的医保经办机构。8月27日，市人社局出台《义乌市智慧医保综合标准化试点工作方案》，推进试点工作开展。此项试点工作将争取用2年左右的时间，通过标准化手段促进义乌市形成高效、完善的医保经办管理服务体系，着力打造义乌市“智慧医保”品牌。

【跨省异地就医联网结算试点】 2016年11月21日，浙江省医保中心下发《关于确定义乌市为跨省异地就医联网结算试点城市的函》，将义乌市设为全省唯一的跨省异地就医联网结算试点城市。12月，完成信息系统改造和结算规则制定，规定时间节点内与国家平台实现对接，实现跨省异地就医联网信息互联互通。医保实现跨省联网结算后，省外就医无需回到参保地报销，有效减少垫付医疗费用的情况，根据人社部和省人社厅统一部署，预计2017年年底符合规定转诊人员住院费用可实现跨省异地联网结算。（郭方红）

残疾人事业

【概况】 2016年，实施残疾人“三项补贴”制度，完成残疾人生活、护理、老龄补贴9023人，同比增长69%。开展精神病人免费施药2374人。实施残疾人康复工程，全年完成白内障复明手术1134例，助听器验配139台，假肢安装8例，新办“残疾人证”975本。建立残疾儿童基本康复服务与补贴制度，实施0～6周岁残疾儿童抢救性康复20例；完成聋儿语训60人，智力残疾人特殊教育康复107人，孤独症儿童康复训练20人，肢残儿童机构康复训练30人。实施残疾人无障碍进家庭150户，免费配送安装无障碍设施279件。强化残疾人就业创业帮扶，按比例安置残疾人就业947人。首次组织事业单位面向残疾人和低收入户开展定向招聘，完成残保金征收2812万元，同比增长7%。全年无偿扶持残疾人个体创业70人，发放扶持资金25.7万元；信贷贴息补助12人，发放贴息补助金6.6万元；残疾人个体户基本养老医疗保险补助147人，补助资金64.7万元。投入扶持资金14.8万元，扶持残疾人扶贫示范基地9个，安置残疾人就业201人。投入助学经费34.64万元，实施“福彩·牵手关爱残疾孩子”活动，全年完成残疾学生和困难残疾人子女助学194人次。投入经费15.27万元，组织残疾人职业技能培训336人。开展残疾人基本状况数据更新和实名制登记工作，完成残疾人数据更新调查1.6万人。全年受理残疾人来信来访185件，办结率100%。举办义乌市第五届特殊学生才艺展示活动和第五届特殊学生运动会，联手8890金华便民服务中心开展首场盲人无障碍电影专场放映。新建“义乌市大陈镇书画联合会”“义乌市曲艺书场”2家市级残疾人文化艺术示范基地。

【残疾人“三项补贴”制度】 6月，市残联、义乌市民政局和义乌市财政局联合出台《义乌市残疾人生活、护理和老龄补贴实施办法》，高标准落实残疾人生活、护理补贴制度。残疾人生活补贴按低保标准40%发放（省、金华为30%）；对残疾等级被评定为一级、二级且需要长期照护的重度残疾人以及非重度智力、精神残疾人，按生活完全不能自理、基本不能自理、部分不能自理3档，每人每月按照义乌市低保标准100%、50%、25%的比例分别给予护理补贴（分别为每月640元、320元、160元，省标准分别为每月500元、250元、125元，金华标准为每月500元、260元、130元）；残疾人老龄补贴实行普惠，与省、金华市相比，义乌市增加"老龄补贴"项目，提高补贴标准，率先建立与低保标准联动的动态调整机制，整体保障水平走在全省前列。全年完成残疾人生活补贴1259人，护理补贴5170人，老龄补贴3017人，发放补贴资金2013万元，同比增长93%。

【义乌市参加残奥第一人】 8月，在巴西里约热内卢残疾人奥林匹克运动会上，义乌市选手吴佳龙代表中国队参加田径T37级别男子跳远和男子400米2项比赛，在意外受伤的情况下，夺得T37级别男子400米项目第6名。吴佳龙是义乌市第一个征战残奥会的运动员，为祖国赢得荣誉。

【残疾人电商孵化基地】 10月，义乌市残疾人电商创业孵化基地在幸福里跨境电子商务产业园挂牌成立，基地由市残联、市电商办、市人社局联合主办，义乌市幸福里跨境电子商务有限公司承办。建筑面积350平方米，主要由办公区、仓储区、宿舍区组成，配套多功能会议室、项目实操路演室。基地设有专职管理员1人，拥有创业导师团队10人，能同时满足50名残疾人创业者拎包入驻创业、学习生活的需求。年内入驻残疾人创业者12人，幸福里残疾人电商创业基地提供配套政策，组建导师团队，开通博览会直通车，引入社会力量，为残疾人电商创业就业提供一条龙服务。12月，残疾人电商孵化基地入选省级残疾人电商创业就业孵化基地创建培育对象。

【首场盲人无障碍电影专场放映】 11月10日，义乌市网格化服务管理中心和义乌市残联在义乌市网格化服务管理中心三楼多功能厅联合开办"光明电影院"公益服务项目，义乌市20余名盲人朋友在家人及志愿者的陪同下，通过专门引进的无障碍电影设备，第一次凭声音完整地"看"懂一部电影。

【推进残疾人小康进程】 12月1日，经市政府第98次常务会议研究，《义乌市人民政府关于加快推进残疾人全面小康进程的实施意见》发文实施，《实施意见》从"总体目标""全面提升残疾人基本民生保障水平""全力推进残疾人就业创业""全面实施电商助残计划""加快推进残疾人基本公共服务""充分发挥市场机制和社会力量作用""加快推进残疾人全面小康进程的组织领导"7个方面，为全市残疾人全面小康进程提供全方位的政策支撑，多项发展指标位居省内前列，构筑残疾人事业发展的政策高地。

（陈骏飞）

慈善事业

【概况】 2016年，慈善总会募集各类善款1600万元，通过助医、助学、助老、助残及对非营利组织的补助等形式，支出救助款项683.13万元，救助困难1713户次，直接受益3787人次。支出36.85万元资助白内障患者555人737例。资助尿毒症血透患者80人，发放关爱券102.55万元。资助脑瘫康复中心、聋儿语训各4万元。13个镇(街道)慈善协会共发放救助款136.81万元，救助1002人次。11月28日，福田街道慈善协会成立，标志着全市全部镇（街道）建立慈善组织。年内，浙江义乌农业商业银行股份有限公司获第五届"浙江慈善奖"机构捐赠奖，义乌市民间紧急救援协会获第五届"浙江慈善奖"志愿服务奖。

【首个行业慈善工作站】 5月，经与社会福利企业协会沟通，市慈善总会设立专项资金，5月10日，全市首个慈善工作站"义乌市慈善总会社会福利企业慈善工作站"在义乌市收藏品市场授牌成立。16家社会公益组织代表及社会各界爱心人士共300余人参加活动。工作站吸引更多的单位或组织参与到慈善事业中，以拓宽善款筹募渠道。至年底，筹募善款12.79万元，善款全部用于全市残疾困难员工的救助。

【出台慈善事业新政策】 9月1日，中国首部《中华人民共和国慈善法》正式实施。同月3日，义乌市人民政府出台《义乌市人民政府关于促进慈善事业发展的若干意见》，从20个方面提出义乌市慈善事业发展的意见。确定每年9月5日为"慈善日"，9月为“慈善宣传月”；每年9—12月，在全市范围开展“慈善一日捐，济困送温暖”活动；设立每3年1次，由市政府奖励的“义乌慈善奖”。对为慈善事业发展作出突出贡献的个人或组织，政府部门优先为其提供政策、资金支持或服务，对生活遭遇困难的个人或家庭，优先提供救助和帮扶等等。5日，在市府大院举行“慈善一日捐”活动捐赠启动仪式，义乌市四套班子领导，集聚区管委会主任，法检两长及行政1号楼10个单位班子成员200余人参加。活动共收到社会各界捐款587万元，全额用于全市各类癌症患者的医疗救助。12月29日，由市政府主办，市民政局、市慈善总会、市广播电视台联合承办，“首届义乌慈善奖”评选活动在义乌电视台举行。表彰个人（机构）捐赠奖13人、慈善项目奖3个、志愿服务奖3个、慈善工作奖1人。

【定向捐赠活动】 10月18日，浙江思博达生物科技有限公司捐赠给市慈善总会一台价值140余万元的DR设备，慈善总会转赠义乌市妇幼保健院，并委托妇幼保健院对使用此设备的低保户、残疾人家庭实施免费检查，对其他患者优惠收费。12月23日，经市政府牵头，上海东银集团向市慈善总会捐赠500万元善款，用于大陈镇北金山村的社会事业及环境改善公益活动。

【留本捐息冠名基金】 2016年，在浙江中国小商品城集团股份有限公司冠名基金1000万元的基础上，新增15家企业（单位），其中三鼎控股集团有限公司、浙江大德药业集团有限公司分别签订10年期1000万元的留本捐息冠名基金；与浙江稠州商业银行股份有限公司、上海东银企业（集团）有限公司分别签订5年期1亿元与2000万元的留本捐息冠名基金；与浙江华川实业集团有限公司、义乌三溪堂中医保健院有限公司、浙江森宇有限公司、浙江瑞丰光电有限公司、华灿光电（浙江）有限公司、义乌木林森照明科技有限公司、浙江华统肉制品股份有限公司、义乌市易开盖实业公司、浙江欧意智能厨房股份有限公司分别签订5年期1000万元留本捐息冠名基金；与义乌商城妇产医院、义乌天祥医疗东方医院分别签订5年期500万元留本捐息冠名基金。至年底，企业（单位）留本捐息冠名基金2.5亿元，年冠名基金捐赠500万元，为开展各项慈善救助活动提供资金保障。

（陈　媛）

红十字会工作

【概况】 2016年，市红十字会开展红十字应急救护培训，培训红十字急救员4384人，普及培训1.27万人。全年人体器官志愿捐献登记29例，实现人体器官捐献8例。通过“常青博爱暖心基金”“復元爱心助医基金”“宾王扑克博爱基金”和“大大博爱助学基金”等爱心平台开展爱心活动，共募集爱心款40余万元，资助困难群众400余户（人），发放爱心款物60余万元。招募260名应急救护志愿者助力第二届义乌马拉松比赛，对志愿者进行心肺复苏术、常见急症处理、创伤救护以及自动体外除颤仪使用等急救知识培训4周，通过5个场次过关式理论与操作考核，完成比赛沿途应急救护服务，受到组委会的好评。开展红十字工作示范学校评选活动，评出红十字达标示范校4所。在义乌市稠城第一小学创建首个优质小学“生命安全教育体验基地”，上溪中学“校本急救课程”获省教育系统优质课程。全年开展“抗战老兵”等助老、助困、献血宣传等爱心活动50余次。

全市采集血液共1.22万人次，其中采集全血1.14万人次，全血量3648升，采集血小板共791人次，血小板量825单位。向临床供应各种血液及血液成分共计3.66万单位，无偿献血占临床用血比例100%，自愿无偿献血率100%。至年底，全市有固定献血者队伍4000余人，稀有血型队伍50余人，单采成分血献血者230余人，无偿献血志愿者服务队伍150余人。市血站实施血液核酸检测工作并启动人类T淋巴细胞病毒的血液检测，保障全市的血液质量和安全。

（陈金弟　虞金洪）

【红十字救援队】 1月12日，市红十字会与市民间紧急救援协会合作成立义乌市红十字救援

获遂昌县红十字会赠送锦旗　　（市红十字会供图）

队，由市民间紧急救援协会40名专业技术骨干组成，其中有技能的国际外籍队员8人。9月28日，遂昌苏村发生山体滑坡，义乌市红十字救援队第一时间前往现场展开救援，连续奋战28天27夜，共出动326人次，得到省委、省政府主要领导及军地多级多部门领导的高度肯定。年内，组织队员救援技能专业培训演练10余次，共参与浦江失联儿童救援、赤岸暴雪救灾救援，金华红十字会G20保障演练和省军区应急大型联合演练等救援活动。

（陈金弟）

【造血干细胞和人体器官捐献】 5月，49岁的义乌市大陈镇村民傅某在弥留之际达成捐献心愿，捐出身上有用的器官，直接救助6人，入选9月份省委宣传部和省文明办评选的“浙江好人榜”。9月27日，25岁的义乌企业员工丁聪在浙江省中医院造血干细胞采集爱心工作室成功捐献造血干细胞，使重庆8岁小男孩获得新生。

（陈金弟）

【单日献血新记录】 10月1日，是《中华人民共和国献血法》颁布18周年纪念日，市中心血站联合狮子联会在市民广场举行“爱我中华　为爱献血”大型无偿献血公益活动。活动现场，工作人员向市民宣传无偿献血知识，感召市民参加无偿献血，9—18时，215名爱心人士成功献血，献血量7.63万毫升，创造义乌市单日献血新纪录。

（虞金洪）

【血站整体搬迁】 10月29日，血站迁建工程通过验收。新血站位于西城路428号，建筑面积7500平方米，负一层为地下车库面积为1000平方米，一至四层业务用房面积6500平方米，基本满足义乌市采供血业务发展需要。12月27日，血站整体搬迁并投入运营。

（虞金洪）

老龄工作

【概况】 2016年，全市有60周岁以上老人15.21万人，占全市总人口的19.42%，其中百岁老人22名，年龄最大的是出生于1910年7月的稠江街道江湾村村民龚海光。全年发放老年人优待证1.45万张，其中绿卡（60～69周岁）7511张，红卡（70周岁以上）6956张。全年为1.89万名高龄老人发放高龄津贴1280.9万元。全市有老年电大教学点192个，注册老年学员8000余人，发放教材《老年配膳攻略》《睡出健康来》《浙江传统节庆》《发现身体危险信号》2.69万本，1.5万名老年人参加学习，有80名老年电大辅导员参加春季培训，全年培训老年文艺骨干412人次。完成老年人意外伤害保险工作。通过政府购买服务方式，委托义乌市薪火社会工作服务中心完成省特殊困难老人帮扶社会工作服务示范项目，帮助10名特困老人走出困境，并协助培训社工、老龄工作者88人。举办“情浓端午·赠送祝福”为主题的全市老年人包粽子比赛，120名老年人参赛。

【实施老年人意外伤害保险】 1

月1日起，实施老年人意外伤害保险工作，由政府出资118万元给全市80周岁以上及60周岁以上低保、“五保”、“三无”、失独和享受定期生活补助的优抚对象共2.36万名老人投保一份50元的意外险，自费参保1379人，保险期限自2016年1月1日至12月31日。至年底，全市核赔并发放保险金116万元(其中最高赔付额3.92万元，最小赔付额65.9元)，160余人直接受益。

【成立义乌市老年活动中心金色年华艺术团】 6月3日，在市养老服务指导中心成立义乌市老年活动中心金色年华艺术团。艺术团隶属义乌市养老服务指导中心，按非营利性文艺社会团体登记要求组建，未办理社团登记。有会员50人，设团长1人、副团长5人、秘书长1人。主要职能是加强老龄文化建设，丰富老年人的精神文化生活，定期开展文艺下乡演出，打造义乌市养老服务文化品牌。至年底，演出10余场次，其中《中国梦》《中国美》《兰花吟》《西湖山水还依旧》《我把美酒献给你》等舞蹈节目参加市文广新局、市文联组织的文艺惠民演出。

【开展“老人节”庆祝活动】 10月，围绕“敬老爱老，全民行动”主题，开展“老人节”庆祝活动。市领导带队走访慰问高龄老人、困难老人和独居老人，给2家居家养老照料中心发放慰问金各5000元，给44位百岁老人各发放慰问红包1000元，给全市14个福利中心发放慰问品4.4万元。佛堂、赤岸、福田、江东等镇(街道)道给90岁以上共计1362名高龄老人每人发放100元慰问金。各镇(街道)中心卫生院(社区卫生服务中心)组织医护人员，为老年人开展义诊1526人次，免费健康体检322人次；免费发放健康宣教资料1100余份，免费测血压血糖250人次，免费健康讲座974余人次。同月30日，与浙江人寿义乌分公司开展“孝行为善——关怀特殊困难老人”活动，由浙江人寿义乌分公司出资3万元，慰问全市30名高龄困难老人。11月6日，省老年活动中心在义乌市举行“送文化”下乡活动，由钱江浪花文化艺术有限公司派出演职人员到义乌市怡乐新村和义乌戏剧大舞台分别慰问演出，观众400余人次。

(罗白翎)

民族·宗教

民族事务

【概况】 2016年，义乌市有苗族、布依族、土家族、回族、彝族、壮族、侗族、朝鲜族、瑶族、仡佬族、维吾尔族、畲族、水族、白族等少数民族成分52个13.34万人，其中，苗族、布依族、土家族、回族人数超过1万人。

【在全国城市民族工作会议上作典型发言】 1月5—6日，全国城市民族工作会议在北京召开，会议传达中共中央政治局常委、全国政协主席俞正声的重要批示，中央政治局委员、国务院副总理刘延东出席会议并作重要讲话。义乌市人民政府作为唯一的县级市代表，与公安部、人社部，上海市、新疆维吾尔自治区、武汉市人民政府等单位一同作典型发言。义乌市长林毅以《构建“四位一体”的城市融入模式》为题，介绍义乌“教育、引导、管理、服务”四位一体的城市民族工作做法和经验，得到与会人员的赞赏与肯定。2015年，义乌的“四位一体”做法相继得到全国政协主席俞正声、中央统战部部长孙春兰、夏宝龙书记等各级领导的批示肯定，要求在全国、全省推广相关做法，同时也得到外来少数民族同胞的认同与支持。

【举办少数民族普通话培训班】 3月，为帮助在义外来少数民族同胞更快更好地融入义乌，避免因为普通话水平偏低而影响其工作生活，市民宗局以政府购买服务的方式，委托社会组织“同悦社工”开展少数民族普通话培训班，免费向少数民族同胞开放。同月30日，第一期少数民族普通话培训班在鸡鸣山社区开班，来自全市各行业的20余名维吾尔族同胞参加培训。至年底，共开展90班次，培训1800余人次。

【少数民族群众参加义乌国际马拉松】 11月20日，义乌购·2016义乌国际马拉松赛正式开跑。在义乌生活的维吾尔族、回族、壮族等11个少数民族同胞102人参加比赛。全体少数民族参赛人员完成马拉松赛程，其中，维吾尔族小伙木台力甫·木合台尔获迷你马拉松第一名。

【获批全国民族团结进步创建活动示范单位】 12月20日，江东街道鸡鸣山社区获颁国家民委第四批全国民族团结进步创建活动示范单位，成为金华市范围内第二家获得此荣誉的单位。鸡鸣山社区民族团结进步创建活动得到上级部门和主流媒体的高度关注，中央统战部新疆爱国宗教人士考察团等相继前来考察，新华社、新疆新闻联播、《新疆日报》（头版）均进行报道，取得积极影响。

宗教事务

【概况】 2016年，全市有佛教协会、基督教三自爱国运动委员会和基督教协会3个宗教团体；有批准设立的宗教活动场所92处，其中佛教36处，道教3处，伊斯兰教1处，天主教1处，基督教51处。有穆斯林2.5万人（包括境外人员），天主教信众1000余人，基督教信众2万余人；宗教教职人员110人，其中佛教92人、道教1人、伊斯兰教3人、基督教14人。年内，伊斯兰教活动场所民管会完成换届。

【穆斯林礼拜点评估许可】 3月初，在全市范围内开展穆斯林礼拜点行政许可工作。3月15日，位于福田一区的福田礼拜点成为第一处获得行政许可的穆斯林礼拜点。按照布局合理的要求，全年发放穆斯林礼拜点行政许可15处，基本覆盖全市主要穆斯林聚居区，方便穆斯林群众五番拜生活。

【基督教义工传道人员颁证仪式】 根据《宗教教职人员备案办法》规定，经过义乌市基督教两会前期的审核认定，按照“有立场、甘奉献、高素质”的标准，市民宗局对165名义工传道人员予以备案，同意制作并颁发相应证书。10月28日，在基督教新恩堂举行义乌市基督教义工传道人员颁证仪式，165名义工传道人员被授予传道人员资格证书。

【民间信仰事务管理】 12月6日，义乌市民宗局组织苏溪、稠江、北苑、后宅镇（街道）民间信仰活动场所负责人和镇（街道）负责人召开工作部署会，落实“成熟一处、登记一处、纳管一处”的工作方针，对符合条件的47处民间信仰活动场所颁发浙江省民间信仰活动场所登记编号证书，同时提出具体的管理要求，进一步推进民间信仰活动场所“三改一拆”、制度规范、财务公开、教职人员管理、民间信仰活动管理、安全管理财务的规范化建设。

（陈岸哲）

镇·街道

ZHEN JIEDAO

红糖制作古法技艺榨糖图

红糖制作古法技艺模型

义亭镇铜山湖风景区

义亭月饼制作

义亭月饼

义亭镇镇区夜景

（以上图片均由义亭镇政府供图）

文化古村缸窑

WENHUAGUCUNGANGYAO

文化礼堂

东金古道

缸窑村油菜花花海

千年龙窑

入口龙缸

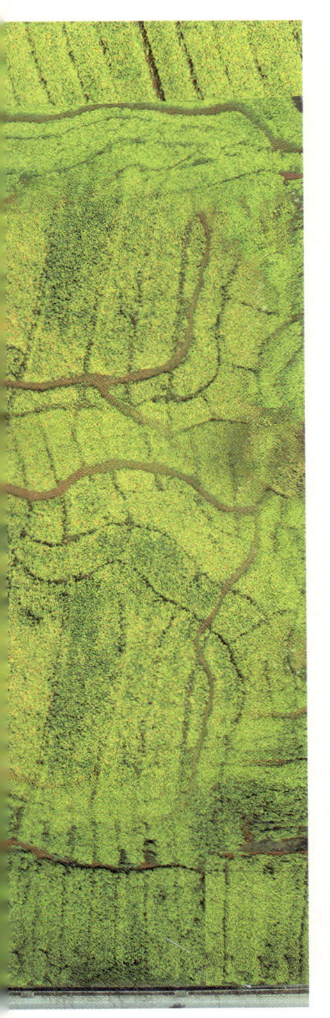

龙眼古井

（以上图片均由义亭镇政府供图）

镇

佛堂镇

【概况】 佛堂镇位于义乌市南部，全镇区域面积134.1平方千米，下辖99个行政村，3个社区，户籍人口8.2万人，常住人口20万人。2016年，全镇地区生产总值73.8亿元，财政总收入7.1亿元，同比增长10.6%，工业总产值289亿元，同比增长9.8%；城镇、农村居民人均可支配收入分别为5.97万元和2.65万元，分别同比增长9.9%和10.2%。是全国25个“经济发达镇行政管理体制改革”试点和省首批27个“小城市培育”试点之一，年内获评浙江省小城市培育试点考核优秀单位。

全镇耕地面积2639公顷，耕地流转面积1969公顷，土地集中流转率74.6%，完成垦造耕地新增面积26公顷。粮食播种面积1278.8公顷，总产量8125.2吨；蔬菜播种面积800公顷，产量2.64万吨；水果种植面积355公顷，产量1.29万吨，甘蔗种植面积500公顷，产量2.36万吨。肉类总产量7927.9吨，禽蛋产量533.3吨。全镇实现农业总产值6.29亿元，同比增长10%。

2016年实施重点工程项目73个，完成有效投资42.6亿元，其中工业投资19.64亿元。完成企业技改投资16.19亿元，实现规模以上（年产值2000万元及以上）新产品产值36亿元；全年浙商回归投资7.52亿元，引进内资4.63亿元，撬动社会投资31.3亿元。指导帮扶企业上市1家、区域挂牌上市2家，完成股改3家、股改预登记7家。帮助企业盘活闲置土地9.47公顷、完成投资2.8亿元。新增“小上规”企业8家，省市科技型企业、省研发中心20家。

建成停车场10余个，增加车位3000个，组建50人城管中队和10人交警分队，建成双林路朝阳路等精品街区“严管街”。启动江滨一期等六大区块有机更新改造，建设路、大成路外立面改造，古镇万善浮桥规划建设。开展江滨一期征迁收购工作，15天实现73家企业全部签约，腾空拆除。

完成农村生活污水运维移交51个村，整治工业企业雨污合流270家，新增太阳能垃圾房12座、垃圾分类村47个，实现垃圾分类全覆盖。投资2800万元完成“两线一江”美丽乡村主题风景线建设。农村宅基地改革试点工作有序推进，启动古镇保护区红线范围内新社区集聚，完成报名562户，联审411户。全年完成改造城中村、改造旧厂房、改造旧住宅区595.2万平方米，拆除违章建筑35.9万平方米，拆后利用率85.38%，成功创建金华市“基本无违建”镇。

新建文化礼堂2家，建成徐侨文史馆，《徐氏家范》被中央纪委监察部列入《中国传统中的家规》名录。新行政服务中心投入使用，市图书馆佛堂分馆开馆，养老服务中心开工建设。参加农村居民基本医疗保险7.59万人，农村居民社会养老保险3万人。享受农村最低生活保障6.26万人；发放慈善救助、医疗救助等救助款130.6万元。开展出租房整治和安全生产大检查、大排查，关停整改企业155家。开展矛盾纠纷排查化解工作，处理各类矛盾纠纷365件。年内，获金华市G20峰会安保先进集体。

【新行政服务中心投入使用】 6月27日，佛堂镇行政服务中心由佛堂镇渡磬南路45号搬迁至朝阳东路91号。佛堂镇新行政服务中心中心大厅总面积1000平方米，共设公安、地税、民政等服务窗口40个，实现国税、交管等镇属部门整体入驻，辐射佛堂、赤岸26万人口。546项项目服务实现“最多跑一次”，占比93.6%，其中156项实现零跑。至年底，窗口受理量1.42万件。

【首个税收改革试点镇】 佛堂镇作为全市首个税收改革试点镇，8月初，成立个体税收社会化管理服务领导小组，由镇政府、市国税局佛堂分所、市地税局佛堂分局、佛堂市场监管所等相关职能部门通力合作，负责组织、指挥、协调全镇个税征收工作。9月1日，率先在义南工业功能区推行个体税收社会化管理服务工作。在税收方面，镇政府结合网格化管理系统，利用互联网和信息平台，整合社会管理资源，探索“政府领导、税务主管、财政保障、部门联动”的个体税收社会化管理服务模式。同时，由义南工业功能区10个网格区块的网格长与网格员，具体负责实施涉税信息采集、漏征漏管纳税户巡查、税务催报催缴、税务事项通知以及各类涉税管理服务工作。

【佛堂作家协会成立】 10月29日，义乌市佛堂作家协会成立大会在雪峰中学举行，市政协、市文联、市民政局、市志编辑部及佛堂镇等有关负责人20人参加。经选举，佛堂镇志办负责人王春平任首任主席。至年底，佛堂作家协会有会员60人，省级以上作家协会会员10余人。佛堂作家协会是佛堂成立的第二个隶属文联的文化协会。

【市图书馆佛堂分馆开馆】 12月19日，位于佛堂镇全民健身中心的市图书馆佛堂分馆开馆。市图书馆佛堂分馆占地面积1500平方米，由佛堂镇人民政府投资160万元建成，设有成人阅览区、少儿阅览室、电子阅览室、培训室、文化展示厅等区块，藏书6万余册，是集借阅、培训、展示、活动于一体的综合性图书馆。至年底，市图书馆佛堂分馆接待读者1.34万人次。

（胡　尘）

苏溪镇

【概况】 苏溪镇位于义乌市区东北部，区域面积109.1平方千米，下辖69个行政村，户籍人口2.3万户14万人，外来流动人口9.1万人。2016年，全镇财政总收入4.59亿元，同比增长4.8%，地方财政收入2.63亿元，同比增长31.5%。

2016年，完成工业总产值177.33亿元，其中，规模以上（年产值2000万元及以上）企业工业产值71.9亿元，销售产值67.9亿元，新产品产值30.5亿元。完成固定资产投资34.69亿元，工业性投资25.43亿元。新增“新三板”挂牌企业2家。实施人才强镇战略，引进哈佛大学康景轩教授团队建设国际慢养小镇项目，引进“国家千人计划”“省千人计划”人才各1人。

全镇耕地面积1367公顷，耕地流转面积957公顷，土地集中流转率71%。粮食播种面积497.47公顷，粮食总产量3018.2吨；蔬菜播种面积524.47公顷，产量1.21万吨；水果播种面积4826公顷，产量1638吨。肉类产量704.7吨，禽蛋产量9.2吨。全镇实现农林牧渔总产值1.74亿元。

全年建成微型消防站11个，开展公共安全培训1.9万人次，全年关停安全检查不合格企业483家。新增监控探头300只，新建镇文体活动中心、乡贤图书馆、文化礼堂各1座，修缮文物古建筑2座。

推进市重点工程建设30项，完成土地征用822.33公顷。拆除违法建筑2000处32万平方米，完成“两路两侧”整治1600余处。完成工业企业雨污分流161家，整治城镇、农村雨污分流溢流口28个，大陈江交接断面水质常年保持Ⅲ类。

全镇常住人口5.28万人，参加城镇、城乡医疗保险共计5.28万人，参保率99.96%；应参加社会养老保险4.23万人，实际参加社会养老保险4.2万人，参保率99.5%；享受农村最低生活保障234户305人，发放低保金187

万元。全年医疗救助和临时救助共61户116人，发放救助金32.8万元；镇慈善协会共救助家庭75户187人，发放救助金额63.3万元；冬令春荒共救助136户7万元。

【首个村集体自筹建设项目】2016年6月，胡宅村牛头山公园景观工程开工建设，项目位于苏溪镇区西侧（原苏溪高中旁），占地9.61公顷，总投资2270万元，是义乌市首个政府引导推动，村集体自筹建设的大型公园项目。项目分2期实施，首期实施的牛头山公园为学苑步行道一期工程，强调借景青山，以“寻根寻源，回归自然”为轴线，融入胡宅村村情历史文化，步道建设依山就势，一步一景，计划于2017年3月完成项目建设。二期景观工程包括(动)休闲运动区和(静)滨水景观区2个功能区，动静结合，涵盖三级园路和木栈道，计划于2017年年底完成项目建设。牛头山公园整体以“花开满园花似锦 讲岩书院气韵长”为主题，以独特的樱花景观与书院文化为依托，兼顾生态观光、休闲养生等功能。

【成立应急救援志愿服务队】8月6日，苏溪镇在苏溪镇专职消防队召开文明劝导及应急救援志愿服务队成立仪式暨应急救援知识培训会，镇团委、妇联组织党员、青年团员、妇女志愿者30余人参加。会上，由胡宅、新院、西山下等村15人组成的拥有专业救援技能的志愿服务队宣告成立，为全市首支镇(街道)应急救援志愿服务队。市红十字会专业授课老师为志愿者讲解现场紧急救援技巧。至年底，志愿服务队提供溺水紧急救援、消防隐患排查和文明劝导等志愿服务281次，服务8000余人次。

【新型城镇化建设PPP项目】12月6日，中建八局副总局长曾明一行6人到义乌，与义乌市人民政府签署关于苏溪镇新型城镇化建设PPP合作协议。签约仪式上，苏溪镇党委书记和中建八局副局长曾明分别就苏溪镇、中建八局及PPP新型城镇化项目的基本情况进行介绍，PPP（Public-Private-Partnership）即公私合营模式，是公共基础设施中的一种项目融资模式。在此模式下，鼓励私营企业、民营资本（社会资本）与政府进行长期合作，参与公共基础设施建设。

【国际“慢养小镇”项目启动】12月20日，义乌市人民政府与中华国际控股有限公司、深圳市康道营养科技有限公司关于义乌(苏溪)国际慢养小镇框架协议签约仪式在银都酒店举行，10余人参加签约仪式。项目建设在苏溪镇苏兴大道以北区域，打造集医疗养生、慢生活休闲、生态旅游为一体的国际“慢养小镇”。至年底，完成5平方千米的国际“慢养小镇”概念规划大纲。

【镇第十六届人民代表大会】12月30日，苏溪镇政府会议室召开第16届人民代表大会第一次会议，来自全镇各行各业的76名镇人大代表，市人大代表，各村村委主任、企事业单位负责人等150人参加会议，会议选举产生苏溪镇第十六届人大主席、副主席，苏溪镇人民政府镇长、副镇长：龚涛涛当选苏溪镇人民政府镇长，杜鹏、黄以森、方兴明、许向华4人当选苏溪镇人民政府副镇长；金用明当选苏溪镇第十六届人大主席团主席，王跃庆当选苏溪镇第十六届人大主席团副主席。

（杜爱根）

上溪镇

【概况】上溪镇位于义乌市西部，区域面积102.8平方千米，下辖76个行政村，2个居委会。户籍人口2.38万户5.2万人，外来流动人口5万人，从业人员4.16万人。2016年实现地区增加值29.62亿元，同比增长6.52%，财政总收入2.58亿元，同比增长10.3%，地方财政收入1.58亿元，同比增长23.3%。全镇工业企业1735家，规模以上(年产值2000万元及以上)工业企业49家。

完成固定资产14.38亿元，同比增长36.64%；工业性投资6.72亿元，工业总产值88亿元，同比增长3.35%。完成浙商回归项目4个，引进资金8090万元，引进内资5200万元。培育“小上规”2家，“个转企”52家。与高校合作，设立浙江省机电学院教育实践基地、电商学院。义乌钜业机械设备有限公司8个产品获评省级新产品新技术。

落实在建市重点工程项目2个,义乌至兰溪公路建设工程续建(义乌上溪段11.94千米),义乌东河至萧皇塘公路建设工程开工建设。在建省重点工程项目1个,杭金衢高速公路拓宽工程续建。镇重点工程3个,上溪镇老镇区立面雨污分流改造工程、上溪镇老街区块街景改造工程完工,贺田路及13米路(中心幼儿园段)市政工程按计划推进。

全镇耕地面积1433.6公顷,耕地流转面积773.55公顷。桃子种植面积400公顷,产量7500吨;马铃薯种植面积120公顷,产量3150吨;生姜种植面积80公顷,产量900吨。肉类产量1074.3吨,禽蛋产量456吨。全镇实现农林牧渔总产值2.99亿元。

创建塘西村、黄山五村省级美丽宜居示范村2个,上新塘七彩部落、山坞桃花坞、和平红色人家等特色村10个,黄山五村、和平、贝家等5个村被评为金华、义乌市级"十佳村",和平村被评为义乌市级文明村。创建垃圾分类合格村56个,关胡、毛界、雅童等6个村成功创建义乌市垃圾分类示范村。新增村文化礼堂2座,居家养老服务照料中心10家,和平村文化礼堂完成三星级评定。全年拆除违章建筑1507处26.16万平方米,创建无违建村21个,整改两路两侧问题1672处6.23万平方米。排查工业用地272宗,整治244宗地,创建雨污分流达标村57个。开展出租房排查登记,共登记出租房1473处6558间。加快新社区集聚及农房改造,上和家园一期完成报名100余户,开展分户审批工作。完成全市首个下山脱贫集聚安置工程,298户农户661套房屋交付。完成70户危旧房改造,6个村自来水管网建设,上溪花厅、余大宗祠、龚氏祠堂、奎聚堂4处文物古建筑抢救保护维修工程。举办送文化下乡演出12场,文化走亲1场,新增塘西村、南平村、和平村晨晚练点3个。祥贝、沈宅、和平3个村文化礼堂建成全市第一批图书流通站,免费开放时间每周40小时。

参加城乡居民医疗保险5.87万人,城乡居民社会养老保险5.52万人,城乡居民医疗保险参保率93.33%。出生人口669人。享受农村最低生活保障570人(含五保户60人),发放低保金、慈善救助、医疗救助、残疾补助等救助款532万元。组织开展社会治安排查10次,排查矛盾纠纷1049件,调处成功1049件。调解劳动纠纷176起,为外来劳动者追回工资680万元。

【异地奔小康工程】上溪镇西苑小区"异地奔小康"项目于2012年启动。项目坐落于塘西村前方,项目用地3.14公顷,建有18层建筑8幢,有80、100、120、140平方米4种户型,共738套。建筑面积11.69万平方米,其中地上面积8.73万平方米,地下面积2.96万平方米。2016年3月竣工。参加异地奔小康农户306户,1009人,占675套。同年5月底,分别完成对套房、储藏间、车位的抽签选位,由义乌市公证处监督实施。298户抽签农户共990人抽选套间661套,661间储藏间,404个车位。

【航慈溪河道治理景观绿化】

航慈溪源出上溪镇黄山鹅毛尖,往东南流经黄山村东,于雅童村北汇大峰山来水,朝南经上横塘,在后矮村南流入岩口湖,是为东溪。合乔里何溪、溪华溪、斯何溪出岩口湖往南,经上溪往西南,经吴店,于斯村合西溪水后,再南流经畈田朱、陇头朱入金华市境,往西南流3千米,于月潭东入东阳江,全长约31.5千米。改革开放后,随着工业化水平的提高,外来务工人员剧增,再加上原本航慈溪两岸村庄林立,人口聚多,因此,给航慈溪水岸环境带来严重污染。2015年6月,由上溪镇政府总投资815.42万元,开展塘西段河道治理工程,改建便桥1座,新建便桥1座,新建亲水台阶17处,将航慈溪的防洪标准提高到"20年一遇"。同年10月,上溪镇投资651.46万元建设塘西段景观绿道工程,建设绿道5969.6平方米,绿化面积2.73万平方米,石质坐凳135条,配备栏杆、公厕、景观照明等设施。2016年5月,河道治理工程竣工交付使用,同年10月,景观绿道工程竣工交付使用。整治后,塘西段航慈溪江滨公园整洁美观,成为市民散步游玩的好去处。

【《鸡毛飞上天》摄制组在上溪取景拍摄】 2月15日，《鸡毛飞上天》摄制组走进上溪镇里美山古村落取景拍摄。里美山是义乌市上溪镇最为偏远的小山村，海拔400余米，整个村庄是清一色的木结构房子，100余户村民在此居住生活。摄制组在这个原始的村庄拍摄《鸡毛飞上天》的开篇一幕，剧情描写漫天飞雪下，陈金水肩挑货郎担独自走在有着断垣残壁、泥墙土瓦、炊烟袅袅的乡间小路上，拾起被遗弃在稻草堆里的主角陈江河（幼年）并在山里稻草堆避雪取暖，凭借着“肩挑货郎担，手摇拨浪鼓”的原始行商方式，将他抚养成人的细节故事。

【吴店幼儿园综合楼启用】 2月，坐落于上溪镇吴店吴萧路学生巷21—2号（原吴店小学旧址）的上溪镇吴店幼儿园综合楼启用。上溪镇吴店幼儿园综合楼占地面积1530.3平方米，总建筑面积4591.53平方米，其中地上建筑面积为4450.12平方米，地下建筑面积为141.41平方米，建筑层数为3层，局部地下室1层，现浇框架结构，基础采用机械挖孔灌注桩。由上溪镇人民政府投资建设资金812万元，于2014年1月开工，2015年8月竣工，同年底经上级技术部门验收合格。规划班级12个，启用时开班8个，在园教师17人，幼儿224人。

【开辟剪纸手工艺传授课】 3月，上溪小学与市剪纸协会副会长余军进签订协议，每周四下午由余军进到学校上1节剪纸技艺培训课，传承剪纸艺术，并为申报市级剪纸艺术传承基地做铺垫。4月7日，上溪小学首次邀请余军进，到校为学生上剪纸入门课。剪纸是流传于中国民间的一种艺术形式，有着悠久的历史。通过开展剪纸技艺传授活动，提升学生审美、观察、动手等综合能力，让传统的剪纸艺术得以传承。

【“万亩杜鹃”30千米越野跑】

4月17日，由上溪镇人民政府主办、义乌UV户外俱乐部承办、浙江省民安救援队金华支队协办的上溪黄山“万亩杜鹃”30千米越野跑在上溪黄山八面厅广场举行。比赛以“绿色、健康”为主题，倡导低碳出行。比赛设全程组（30千米）100人，体验组（12千米）200人，赛道90%为海拔700～1190米的山路、古道，沿途经过象鼻山万寿寺、苏州娘娘庙、马岭石人、草大坪、西瓜坪、千年石鼓等景观带。上溪镇机关支部，上溪镇中心卫生院，上溪镇毛界、雅童等村10个党支部的263名党员志愿者到规定路段进行秩序维护和后勤等志愿服务。

【爱国主义教育暨“重现塘西桥战斗”活动】 12月3日，由市委党史研究室、团市委、上溪镇政府主办，稠州论坛、上溪镇团委、上溪镇文体站承办的“义乌市爱国主义教育暨‘重现塘西桥战斗’系列活动”及红色教育基地授牌在塘西村广场举行，300余名青少年及家长身着新四军服，手持仿制步枪，在塘西桥战斗旧址参加“塘西桥战斗”行动。战幕一拉开，塘西桥硝烟弥漫，前方将士欲血奋战，后方百姓冒死支援，战斗场面激烈悲壮，击毙“日军”20余人，抓获“俘虏”10余人。此次活动吸引观众1000余人。

（贾良友）

“万亩杜鹃”30千米越野跑　　（上溪镇政府供图）

大陈镇

【概况】 大陈镇位于义乌市北部，区域面积136平方千米，下辖48个行政村，1个居委会。户籍人口1.8万户3.96万人，外来流动人口4.71万人。2016年，全镇地区生产总值27.28亿元，同比增长7.2%；财政总收入1.78亿元，同比下降16.9%，地方财政收入8593万元，同比增长4.5%。全镇实现工业总产值72.12亿元，同比增长1.2%。规模以上(年产值2000万元及以上）企业55家，总产值29.5亿元，同比下降1.6%。完成固定资产投资10.71亿元，其中工业性资产投资3.3亿元，完成浙商回归5300万元，引进内资3000万元。新培育规模以上企业3家、国家高新技术企业1家、省级科技型企业2家。打造时尚e城平台促转型发展，引导企业入驻，推广“私人定制”服饰，鼓励企业发展电子商务，销售产值突破9.3亿元。引导企业外出参展，累计组织67家企业赴国内外参加高端展会。建立班子成员联企帮扶制度，累计为企业解决重大难题69个，请求市级层面解决3个。开展安全生产检查，全年开展大型地毯式集中整治13次，停业整顿企业140余家次，报安监大队行政处罚6起，全年未发生一起重大安全生产事故。

全镇耕地面积989.1公顷，粮食播种面积715.4公顷，粮食总产量4217.3吨；蔬菜播种面积351.33公顷，产量7272.6吨；水果种植面积363.2公顷，产量9038.3吨。肉类总产量1911.1吨，禽蛋产量70.1吨。实现农林牧渔总产值2.07亿元。完成土地流转面积1130公顷，推进农业规模化经营、品牌化营销，实施“互联网＋现代农业”，建立“青创会”，发展农村电商，拓宽本土产品的销售渠道，引导组织农业大户赴四川等地考察、参展，引进先进种植管理经验。实施猕猴桃原产地保护，举办猕猴桃文化节等活动，发展集采摘、休闲和科普一体的现代农业，年内，大陈省级猕猴桃示范园区被评为省级现代林业主导产业示范区。参加城乡居民医疗保险3.04万人，城乡居民社会养老保险3.3万人。建成镇级图书分管和3个流通站，创建三星级居家养老中心5个，新建农村文化礼堂2座，全镇9个文化礼堂举办各类活动180余次。全年共处理各类信访案件839起，结案率100%，排查矛盾纠纷221件，化解186件，化解信访积案4起。安装治安探头400个，建成社会治安全覆盖监控网络。治理危旧房413户，新建农村公路5千米，新增路灯500盏。年内，大陈镇获评浙江省首批美丽乡村示范乡镇。

【抗击暴风雪】 1月21日，受强寒潮影响，北山、山府、高路、红峰、宦塘、大畈、蓝草塘、凰升塘8个村断电，至1月22日12时，大岭下自然村和齐家坞自然村积雪24厘米。大陈镇政府组织干部群众170人次，清扫道路60余千米，走访危旧房户1000余户，困难户、低收入户200余户，转移人口652人，封锁龙山风景区、马畈奇幻乐园等景点、道路5处。同时建立全镇各村书记、主任以及各部门参与的微信群，确保信息的及时性和可靠性。

【农村电商镇级服务站成立】 4月29日，大陈镇人民政府与淘宝义乌特色馆共同打造的大陈镇农村电商镇级服务站在大陈镇农特产品展销中心揭牌成立。同时成立大陈·马畈青年创业联合会。农村电商镇级服务站为大陈农产品提供推介、销售等服务平台，马畈青创会聚集马畈籍创业青年，有会员26人，吸引农村青年返回老家创业圆梦。

【开展“最美庭院”评选】 4月底，部署“美丽庭院”创建及“最美庭院”评比工作，通过“至美大陈”微信公众号以及发放宣传册、倡议书等形式，宣传“美丽庭院”创建目标及标准，增强农户创建“美丽庭院”意识，累计共发放各类“美丽庭院”宣传材料8000余份。8月28日，大陈镇组织工会、团委、妇联、创建办、工作片等开展“美丽庭院”评比活动，以“环境卫生美、风貌协调美、家庭和睦美、文明礼貌美和庭院绿化美”为评比标准，对辖区内36户庭院进行评比打分，共评出首批“美丽庭院”12户。

【“1+1”亲子休闲马拉松比赛】 5月22日，义乌市首次“1+1”亲子休闲马拉松比赛在大陈镇农产品展示中心鸣枪起跑。比赛由市文广新局、市旅展委、团市委和大陈镇人民政府主办。比赛分为推车组、步行组和跑步组，由1～13岁儿童与父母（或至少一位家长）一起参赛，其中推车组和步行组赛程1.5千米，跑步组赛程为3.5千米，500余组马拉松爱好者参加。经角逐，1034号家庭获跑步组冠军，1365号家庭获步行组冠军，1382号家庭获推车组冠军。

【新能源互联网媒体汽车产业基地项目落户大陈】 6月27日，视赚物联网新媒体产业基地投资合作暨G20专题新华电视&视科传媒助力义乌品牌宣传合作签约仪式在三鼎开元名都酒店举行，现场签订品牌合作宣传协议和新能源互联网媒体汽车产业基地合作项目。新能源互联网媒体汽车产业基地项目由浙江视科文化传播有限公司、英孚国际投资有限公司、浙江名天股权投资基金管理有限公司和浙江贝克曼智能制造有限公司联手打造，计划投资6亿元，建成后三年累计产值97.5亿元，预计创造利润9.75亿元，贡献税收5亿元。新能源互联网媒体汽车产业基地项目位于大陈镇贝克曼产业园区，占地3.73公顷，一期建设（改造）面积3.6万平方米，围绕互联网媒体汽车产业链，建设新媒体汽车研发改装中心、新媒体汽车展销体验中心、物联网大数据中心三大中心。

【首届猕猴桃文化节】 9月24日，大陈镇举办首届猕猴桃文化节，帮助农户推销产品，3000余人参加。猕猴桃文化节以诚信为主题，在文化节开幕式上，“八都溪猕猴桃”等9家猕猴桃种植大户业主与大陈镇政府签订“坚持诚信经营、保护大陈名牌、拒绝以次充好、反对占道经营”的承诺书。至年底，大陈镇共有猕猴桃200余公顷，120公顷的猕猴桃园区被评为浙江省现代农业园区示范区。

【获评浙江省首批浙江省美丽乡村示范乡镇】 11月5日，在舟山嵊泗召开的浙江省美丽乡村和农村精神文明建设现场会上，浙江省公布了第一批浙江省美丽乡村示范县和示范乡镇名单，大陈镇获评浙江美丽乡村示范乡镇称号，成为义乌市首个获得此称号的乡镇。全省第一批共评出6个示范县、100个示范乡镇，形成美丽的浙江乡村休闲旅游线路，是浙江省美丽乡村建设过程中涌现出来的先进和典型，是美丽乡村中的“浙江样板”。大陈镇生态环境优良，有着“七林一水二分田”的生态格局。近年来，大陈镇依托自身山水资源优势，贯彻“绿水青山就是金山银山”战略思想，以“全域旅游发展建设”为核心，以“争创省级美丽乡村示范镇”为目标，以“康养小镇，至美大陈”为主题定位，以美丽乡村业态发展为抓手，主推“养生养身养心”的休闲旅游产业，统筹推进美丽乡村建设。

【消防工作站挂牌成立】 12月1日，大陈镇消防工作站在大陈镇专职消防队挂牌成立，设站长1人，专职副站长1人，兼职副站长4人，消防队员25人。消防工作站主要承担本辖区防火、灭火相关工作，履行消防安全管理、消防宣传、多种形式消防队伍建设、消防专项治理与检查及在公安消防部门委托授权范围内，依法实施消防行政执法等各项职能。

（李　臻）

义亭镇

【概况】 义亭镇位于义乌市区西南部，镇域面积54平方千米，下辖62个行政村，5个居委会。户籍人口2.62万户5.59万人，从业人员5.45万人。2016年，全镇地区生产总值37.31亿元，同比增长7.8%；财政总收入2.18亿元，同比增长3.3%。完成全社会固定资产投资16.9亿元。全镇实现工业总产值119.75亿元，同比增长6%。规模以上（年产值2000万元及以上）企业54个，总产值54.8亿元，同比增长7%。完成招商引资浙商回归2亿元，引进内资5500万元，完成技改投资7.47亿元。新增企业研发中心7家，科技型企业5家，高新技术企业1家，完成企业科技经费支出（RD指数）1.66亿元。利用商会、乡贤、企业主等资源，招商出让存量未开发“零星用地”8处，其中雅迪食品项目开工建设，矿山机械项目完成签约。

完成03省道二期、牛羊屠宰项目、树人中学征地工作。完成正大中央厨房肉制品深加工项目、饲料厂征地清表，养猪示范场土地流转并开工建设；有机肥厂签订土地征用协议完成清表工作。“森山健康小镇”项目签约落地，完成土地流转44公顷，同步跟进二期300公顷土地表测绘、规划设计工作。通过零增地技改、旧厂区改造、低效用地整治、设备购置更新等途径，挖潜51家企业实现再投入。

试点开展科技主体培育，建立科技企业培育数据库，与90余家企业签订培育意向书，培育国家级高新技术企业2家，市级科技型企业7家，全年共投入科技经费(RD指数)1.3亿元。与市金融办联合推进企业股改上市，浙江华坚照明科技股份有限公司在北京“新三板”挂牌、义乌市天润农业开发有限公司在深圳前海挂牌，华统股份IPO成功上市。庆鹏化妆品有限公司等5家企业完成股份制改造。

全镇耕地面积2542公顷，粮食播种面积867.87公顷，粮食总产量5551.2吨。蔬菜播种面积1032公顷，产量2.2万吨。水果种植面积256.5公顷，产量8067.1吨。甘蔗种植面积311.8公顷，产量2.78万吨。肉类总产量7184.9吨，禽蛋产量593吨。实现农林牧渔总产值5.01亿元。全镇完成土地流转面积1450.33公顷，新增绿化面积21.89公顷。推进农村土地承包经营权确权登记颁证试点工作，50个村(居)完成调查确认。缸窑精品村推进产业园区招商、配套农业休闲观光园区和特色农家乐（民宿)建设，古窑创意区、北路口等5大核心项目区初具雏形。

累计投资7500万元落实治水项目25个，畜禽养殖场、珍珠养殖塘等农业面源污染平稳实现“关、停、整、转”，关停畜禽养殖场41家，其中养猪场31家，养羊场2家，禽类养殖场8家，关停率95%；搬迁珍珠塘93口。拆除违法建筑29万平方米，创建基本无违建村居58个。整治杭长高铁沿线、甬金高速沿线“两路两侧”视觉污点2050处，整治赤膊房3.1万平方米。创建垃圾分类合格村28个、示范村2个，早溪塘等10个村被评为月度市级环境卫生“十佳村”。创建省级民主法治村1个。

参加城乡居民基本养老保险4.04万人，城乡居民基本医疗保险3.72万人。调处各类劳资纠纷148起，办理信访件94件。培训企业安全生产等知识251课时1.8万人次，整改安全隐患2600余处，关停企业115家。完成22个村居232家企业的用电改造，安装智慧用电系统125套。开展出租房集中整治，共排查出租房2582处1.01万间，与房东完成责任书签订2867家。

【就业推介会】 3月2日，义亭镇在镇人力市场举行农村劳动力就业推介会。45家企业推出1800余个就业岗位，1700人参加招聘会。发放宣传资料500份，接受政策咨询470人次，达成用工意向167人。

【镇农业公共服务中心投用】 8月8日，义亭镇农业公共服务中心投入使用。义亭镇农业公共服务中心位于义亭镇上佛路与甘塘西路交叉路口，设有电商服务室、农业培训室、便民服务台、农机具展示区、农产品监测室等功能区域，为农民提供农技、农机、农产品电商、气象、扶农资金信用等服务，农民可参与农资农机采购、农产品检测、农产品品牌创建及相关培训和研讨等活动。至12月底，中心通过依托电商服务室重点打造红糖、月饼等网络品牌1～2个，网上交易额200余万元。

（余璐琦）

赤岸镇

【概况】 赤岸镇位于义乌市区西南部，区域面积149.98平方千米，下辖66个行政村，1个居委会。户籍人口4.02万户5.52万人，外来人口1.63万人。2016年，全镇地区生产总值52.84亿元，同比增长11.74%；工农业生产总值47.96亿元，同比增长10.96%；财政总收入1.26亿元，同比下降29%，地方财政收入6656万元，同比下降17.4%。全镇实现工业总产值43.89亿元，同比增长11.68%。规模以上(年产值2000万元及以上）企业24个，总产值31.61亿元，同比增长23%。完成外贸出口交货值4.02亿元，同比下降16.44%。完成招商引资3项，完成技改投资1.88亿元，新增浙江省著名商标1件，金华市著名商标12件，义乌市级名牌商标2件。研究与试验发展(R&D)经费支出2.01亿元。

全镇耕地面积2133.3公顷，耕地流转面积1200公顷，完成土地流转面积1270.2公顷,耕地流转率94.47%。粮食播种面积1305.67公顷，粮食总产量8645.7吨；蔬菜播种面积420.6公顷,蔬菜产量9463.5吨,水果产量1.53万吨,甘蔗产量4910.5吨。肉类产量2318.2吨,禽蛋产量96吨。全镇实现农林牧渔业总产值4.08亿元，同比增长3.94%。

推进赤岸老旧工业区厂区改造、产业转化,吉利区块完成土地征用94.35公顷，华川、义南、蒙特3家省高新技术企业产值增加3.22亿元。投资2亿元的杨盆古村落开发利用项目完成第二轮规划修编，总投资50亿元的养生养老旅游项目完成公司注册。完成环院、前川等4个村环村路建设,湾塘、柏峰等7座农村配电房建设,午山干等3个村的自来水管网改造。义乌至武义公路的赤岸南青口至毛店段开通试运营，莱山至义武公路、田沿桥、枫丫线水毁修复、新7号路等交通项目完工。

下发《赤岸镇源头治理精细化方案》《赤岸镇五水共治十大专项行动方案》；推行农村雨污分治“四查四看”方法,完成35个村雨污分流达标工作;完成山塘、水库、河道清淤10.3万立方米；完成66个村的沟渠清淤工作。开展工业园区、老镇区、沿街店面雨污分流治理,完成工业区块企业雨污分治39家。集贸市场整治4家,拆除1家。拆除违法建筑1158处15.58万平方米，拆后土地利用率93%。通过清理镇区区块的低丘缓坡建设“绿色动力小镇”，整理存量建设用地试点危旧房户改造。培育创建神坛、羊印、大新屋、雅端村特色村,尚阳村、朱店村入选中国传统村落名录。创建新樟、神坛、羊印等全市环境卫生“十佳村”12个。下发《赤岸镇环境综合整治和垃圾分类考核细则》，推进垃圾分类工作全覆盖,新建阳光垃圾房2座,创建垃圾分类示范村8个、合格村7个。镇司法所妥善调解案件87件，实现矫正对象100%信息化管理。

参加城乡居民基本医疗保险2.69万人,参加城乡居民基本养老保险3.2万人，两项参保率均达100%。镇365便民服务中心共办理各类事项1.09万件,办结率100%。全年共计接到上级转交信访件68件，来信来访数量同比下降6.8%。全镇办理低保41人,临时救助20人,残联三项补贴318人。

赤岸图书分馆和赤三村、三角毛店村、雅端村3个图书流通站建成并投放使用;西海文化游客中心、雅端民俗博物馆、莱山村文化礼堂建设完成;全省首个新农村数字电影室内放映点建成开张。开设“华川古县醉美赤岸”“赤岸旅游”“赤岸党建”3个微信公众平台,举办首届乡村派对动漫文化节、赤岸(国际)毅行大赛、双骏征风耀神坛诗会等大规模文化旅游活动。

【丹溪酒业破产重整】 1月23日,义乌市人民法院受理丹溪酒业破产重整案。在债权申报期间，赤岸镇先后4次召开座谈会,向债权人说明当前丹溪酒厂破产重整工作进展,回答债权人提出的相关问题。11月23日,丹溪酒厂通过破产重整计划,成为全市首家重组成功的企业,中酒泰富(北京)投资有限公司成为丹溪酒业的重整投资人。

【首届栀子花旅游节开幕】 5月28日,首届赤岸西海栀子花旅游节在赤岸镇大新屋村栀子花基地开幕,500余人参与开幕式。5月28至6月12日旅游节期间,设栀子花采摘、栀子花公园环山寻宝大作战、现场制作栀子花美食、栀子花工业制品展示、包粽子、100名在义外国人游栀子花公园等活动。大新屋村栀子花基地于2013年开始建设，第一期开发种植面积13.33公顷,至2016年种植栀子花3万余株。

【正大中央厨房配套项目落地赤岸】 5月，正大中央厨房配套项目落地赤岸。正大上吴家禽养殖标准场项目位于义乌市赤岸镇上吴村及雅端村，估算投资1800万元，基地总用地面积10.13公顷，其中上吴村8.53公顷,雅端村1.6公顷,建成后预计年存栏优质肉鸡15万羽，年出栏优质肉鸡28万羽，实现销售收入2100万元，利润总额525万元，投资回收期4.67年。饲养采取全进全出制方式，养殖品种包括清远鸡、文昌鸡等优质土鸡。

【首家集中供热项目】 8月17日，浙江华川实业集团有限公司义南集中供热项目6号炉安装工程通过验收。此项目为金华地区首家采用天然气排放标准的热电厂集中供热项目，一期工程安装高温高压锅炉1台，蒸发量每小时130吨，总投资1.9亿元。项目将替代佛堂和赤岸镇工业区100台小锅炉，预计每天供汽1500吨，全年节省煤炭2万余吨，减少二氧化硫排放400吨。

【首家特殊教育卫星班】 9月21日，浙江省首家特殊教育卫星班实验项目在赤岸镇尚阳小学启动，第一批6名残疾儿童开班上课。卫星班是特殊教育学校为满足中度残疾儿童少年融合教育而附设在普通学校的班级，尚阳小学卫星班配套专业教室、康复功能室、感觉统合训练、肢体康复训练教室，教室内均设置了无障碍设备，并设置生活语文、生活数学等认知课程。星光实验学校派出的2名专业特教教师在此为残疾儿童开展评估、康复训练、教学等工作，并辐射福利院在赤岸镇农村寄养的36名残疾儿童，提升特殊儿童的受教育水平。

（徐佳诚　王锦豪）

【吉利英伦新能源整车项目开工】 11月18日，吉利英伦新能源整车项目开工仪式在赤岸镇南青口区块举行。吉利英伦新能源整车项目位于义乌经济技术开发区中欧（义乌）智造园内，总投资72亿元，总用地47.72公顷，项目基于英国TX5平台衍生开发出2.5吨、3.5吨2个平台，生产TX5系列新能源乘用车、新能源物流运输车（LCV）、轻型商务车（MPV）和高端豪华商务车、高端行政商务车、皮卡等车型，建设形成年产10万台整车生产规模，达产后年营业收入208亿元，解决直接就业4500人。

【王龙泽状元馆暨文化园开馆】 11月29日，赤岸镇南青口村王龙泽状元馆暨文化园开馆。状元馆位于南青口村之北，占地面积148.78平方米，建筑面积248平方米，总投资300余万元。馆内有一尊2.54米高的王龙泽状元木雕塑像，馆内四周及二楼正面镌刻着王龙泽及凤林王氏先贤的故事。赤岸镇南青口王氏先祖王彦超是大宋王朝开国功臣，王龙泽是大宋皇朝最后一个状元，也是义乌历史上唯一的状元。开馆当日，接待游客3000余人次。

（除署名外均由徐佳诚撰稿）

街　道

稠城街道

【概况】 稠城街道是义乌市人民政府所在地，是全市的政治、经济、文化的中心。区域面积12.6平方千米，下辖13个居委会。户籍人口2.7万户7.28万人，外来流动人口12.65万人。2016年，全地区生产总值188亿元，同比增长1.07%；财政总收入21.81亿元，同比下降15.5%，地方财政收入11.37亿元，同比下降22.5%。城镇居民人均可支配收入6.1万元，同比增长7.4%。

全街道实现工业总产值51.05亿元，同比增长0.07%。规模以上（年产值2000万元及以上）企业5家，总产值50.5亿元，同比增长0.1%，其中新产品产值1.4亿元，同比下降18.6%；高新技术产值完成2.3亿元，装备制造业产值完成2.3亿元，同比下降 12.4%。完成社会固定资产投资10.8亿元。引进内资1.79亿元；引进浙商回归项目2个，投资5.25亿元，完成率为83.6%。

实施市重点工程35项，成功攻克宗泽输变电项目和新世纪学校等征迁难题，03省道义乌段改建工程、江滨绿廊（城北路段）、国贸大道两侧景观工程、城市BRT等项目政策处理工作全面完成。

全年累计拆除各类违法建筑1547处，面积21.58万平方米。13个社区通过“基本无违建社区”创建。街道投资2亿元，对17个区块雨污管网进行整体提升改造，至年底，完成秦塘、篁园马路菜市场、宾王社区、孝子祠小区、通惠社区6个区块改造。开展“十大顽疾治理”、低小散行业、房前屋后“脏乱差”专项整治活动，会同行政执法大队开展环境综合整治，清除搬迁辖区废品回收企业18家，出动2561人次，清理各类垃圾2.2万处，清除牛皮癣13.4万处，整治流动摊点1.18万处，清运生活垃圾11.37万吨，拆除横幅63条，发放倡议书1.2万份。

新增金华市知名品牌1个，市级名牌商标2件，省级名牌商标2件。街道联合执法、环保等部门，对84个网格1.43万家生产、经营单位进行地毯式排查，共排摸出"两违"单位2024家。

参加城乡居民基本医疗保险1.14万人。全年组织13个社区共完成无偿献血420人次；60岁以上老年人健康体检率75%。设立专项资金建设居家养老服务中心，年内新增家居家养老服务中心3家。受理社会救助321件，救济家庭97户，发放救济款10.84万元。调处各类矛盾纠纷2496件，办理信访件52件，市长信箱134件，接待群众来访人数260余人次。受理数字城市1481件，按期回复率100%。跟踪管理骨灰安放信息162条，受理生态安葬9例。举办各类讲座130余场，送电影下乡148场，送戏下乡20余场。

【首个"智慧社区"微信平台】 3月16日，在街道十八楼会议室召开专题部署会，启动全市首个"智慧社区"微信平台建设项目。以此为平台，利用"互联网+"的智能优势，搭建政府服务和民众诉求的双向交流互动平台，形成社区与居民、居民与居民间的互动信息圈，打造智能式受理、一网协同、规范作业、扁平的基层管理服务平台。至年底，平台发布信息600余条，6000余人关注。

【消防工作站揭牌启用】 5月13日，稠城街道消防工作站揭牌启用。消防工作站位于朝阳二街7号，毗邻篁园市场、解百义乌购物中心等人员密集场所，下辖街道专职消防队，主要承担辖区防火、灭火相关工作，履行消防安全管理、消防宣传、多种形式消防队伍建设、消防专项治理与检查等各项职能，并在消防部门委托授权范围内依法实施消防行政执法。同时，下辖街道专职消防队主要负责本辖区内的各类初期火灾扑救与一般突发事故的先期应急处置，配合接受"110""119"调度台的统一调度，并协助扑救其他区域内的火灾。

【首家居家养老服务中心】 10月9日，稠城街道词林社区的居家养老服务中心投入使用，是全市首家启用的社会化运作社区居家养老服务中心。居家养老服务中心面积450平方米，配备多功能厅、棋牌活动室、惠老超市、幸福小餐桌等活动服务场所，配备多媒体设施、有关涉老报纸和刊物。并为老年人提供"助洁、助餐、助医、助浴、助行、助急、助办、助法、助乐"的"九助"服务。

（赵　岚）

江东街道

【概况】 江东街道位于义乌市区东侧，区域面积91.6平方千米。下辖52个行政村，8个社区。户籍人口3.23万户7.69万人，常住人口9.51万户23.77万人。2016年，实现财政总收入7.51亿元，同比增长12.7%，地方财政收入4.97亿元，同比增长21.5%。街道GDP总量99.35亿元，同比增长8.3%。街道实现工业总产值91.9亿元，同比增长0.15%。规模以上（年产值2000万元及以上）企业23家，总产值26.14亿元，同比增长3.1%。完成全社会固定资产投资34.8亿元，同比增长113%。完成工业性固定资产投资4.25亿元，同比增长1.5%。完成股份制改造企业5家。街道引进内资7亿元，实现浙商回归到位资金13亿元。帮助浙江正大舒美佳工贸有限公司、浙江梦融袜业有限公司等企业解决难题7个。全街道有淘宝村30个，占全市的46%，电商产业从业人员12万人，网货销售440亿元，日均出单量100万票。年内培训电商实用人才5万人次，引进梦想小镇运营团队海龟科技公司，在青岩刘建成众创e号创业园，开园40天入驻企业14家。青岩刘全年实现网货销售48亿元，同比增长8%。

全街道耕地面积1473公顷，耕地流转面积521.5公顷。粮食播种面积303.2公顷，粮食总产量1888.1吨；蔬菜播种面积554.4公顷，产量1.52万吨；水果产量6532.6吨，甘蔗产量1670吨。肉类产量4吨，禽蛋产量1.4吨。实现农林牧渔业总产值1.43亿元。完成大户49.06公顷粮食生产。完成平原绿化57公顷。

实施8个社区、47个村的雨污分流工作,完成雨污分流企业150家,湖库清淤治理10万立方米。采取"堵通分限"方式,全面消除街道辖区内57个末端截流点。启动青口工业园区污水管改造,清淤排水管网80千米,清理淤泥8.2万平方米,保障辖区管线河道清洁无淤。新建污水管网5.7万米,农户雨污分流改造立面管5万米。徐江、青口2座有机垃圾机械处理站建成并运转,创建船埠头、观音塘、金星等农村生活垃圾分类示范村6个。

完成市图书馆江东分馆建设任务和3个图书馆流通站建设,并在青岩刘建造互联网图书馆。新增晨晚练点4个,新增健身路径9条,新增塑胶篮球场3个,修建篮球场2个,新建水泥篮球场1个,青口村被金华市评为金华市文化示范村。

投资60余万元完成青岩傅、前成、龚大塘传统公墓生态化改造,全年跟踪管理骨灰429个,骨灰安放证明携带率95%。开展13家正常运行的居家养老中心争创星级评定活动,其中青口、青南、塔下洲、后房、毛店5个居家养老服务照料中心被评为三星级养老中心,争取市财政补助经费116万元。开展部分60周岁以上农村籍退役士兵老年生活补助认定工作,新增26人,累计399人,全年发放生活补助金50.26万元。至2016年底,全街道共有困难家庭1203户2031人。通过申请、调查、公示、公证、财产收入核对、审批等程序,全年新增加低保户52户66人,取消低保户4户5人,共有低保户105户144人,全年发放低保金80.33万元。实施医疗救助85户10.8万元、残疾人救助224户87.61万元、大学生助学救助2户1.2万元、住房困难救助3户7万元、临时应急救助12户6.85万元、慈善救助132户42.7万元。"慈善一日捐"活动共募集款项25.94万。发动网格工作人员完成1114名残疾人基本状况调查和更新,对35名残疾人经济收入状况进行监测,全年发放残疾人生活、护理、老龄补助224人87.61万元,对61名残疾人实行康复补助6.02万元;创业帮扶残疾人8人。至年底,江东街道居民养老保险总人数7.34万人,参保人数5.74万人,其中在校生1.18万人,参保率94.26%,医疗保险参保人数3.58万人,参保率96.44%。

【反家暴法宣传活动】 3月3日,江东街道妇联联合基层组织的妇女干部、妇女代表、青岩刘村电商妇女代表等150余人,在青岩刘广场开展第一部《中华人民共和国反家庭暴力法》宣传暨"爱我江东 美我家园"主题活动启动仪式。3月8日是全国人大常委会通过的首部《中华人民共和国反家庭暴力法》颁布实施之日,街道妇联开展反家暴的法律知识宣讲,悬挂宣传标语,发放《中华人民共和国反家庭暴力法》法律资料1万余份,唤起全社会关注家庭暴力,意识到家庭暴力的潜伏性及危害性,增强妇女群众的法制意识、维权意识,学会运用法律武器维护自身权益,促进家庭、社会和谐。

【众创梦想秀】 4月11—12日,2016年中国国际电子商务博览会在义乌国际博览中心举行。《"青岩刘模式"农村电商产业发展白皮书》在世界电商大会现场发布,白皮书首度从"青岩刘模式"角度出发,为助推实体市场转型发展以及农村电商发展提炼并形成"江东经验"。作为2016中国国际电商博览会的分会场,青岩刘举行"众创梦想秀"第二季活动。活动设创客市集、义乌创二代联盟展区、"淘宝村"联盟展区、农产品网货展区、进口商品展区、微商大咖秀展区等七大展区。创客市集设展位215个,集中展示国内各种前沿技术和先进设备,为电商企业、商家打造产品展示与信息交流平台;义乌创二代联盟展区吸引义乌市新生代企业家联合会、黑马会等创业者组织;"淘宝村"联盟展区吸引青岩刘优质电商代表、江东街道27个淘宝村优质电商卖家联盟集体入驻;农产品网货展区对接2015年试水义乌农产品交易电商新业态成功的义乌市皓野农产品有限公司,将本地土特产及来料加工产品带到活动现场。"众创梦想秀"活动吸引188名来自全国各地的创业者参与,8000余名观众现场体验,参展企业初步达成合作意向1000余项。

(邱文杰)

稠江街道

【概况】 稠江街道地处义乌市区西南，行政区域面积38平方千米，下辖3个工作片，7个社区，4个居委会，33个行政村，户籍人口4.84万人，流动人口14.53万人。2016年，实现全部工业总产值231.54亿元，94家规模以上（年产值2000万元及以上）企业总产值95.52亿元。财政总收入15.85亿元，同比增长4.7%，地方财政收入10.08亿元，同比下降9.3%。完成有效投资28.69亿元，其中工业性投资14.49亿元。引进内资7500万元，浙商回归2.02亿元。其中规模以上工业总产值95.52亿元，同比增长7.29%，销售产值90.26亿元，产销比94.49%，完成新产品产值34.14亿元，高新技术产值35.09亿元，战略性新兴产业产值17.54亿元，装备制造业产值9.9亿元。年内新增"小升规"入库企业5家。培育金华著名商标2家，义乌市吉茂电子科技有限公司获义乌名牌产品。稠江街道被评为省级商标品牌示范街道。

实施各级重点工程45项，开展17项建设项目政策处理难题集中攻坚，完成国内物流中心、疏港快速、森宇总部、义新欧公路运输中心、龙回小学、环城路绿化、国贸大道二期等工程建设。实施挂图作战，建立销号制度，完成开发区、集聚区在稠江辖区涉及的16项拔钉清障任务，完成率100%。推进农村宅基地改革试点，完成下沿塘293户集聚农户分房，拆除原纺织器材厂旧厂区1.5万平方米并启动胡大塘区块有机更新工作。

整治规范沿街店面商铺、两路两侧占道经营商户5440家，取缔238家，扣没雨篷345处、收缩篷288个，查扣流动摊点778处；拆除高炮16处，取缔落地灯箱广告582处，拆除户外广告832处、墙体广告13处；拆除商铺门口水龙头151个；清理杂物乱堆放5920处，废弃物3825处654车；清理社区楼道"牛皮癣"2.3万平方米，清理公共场所牛皮癣3.01万处；清理僵尸车69辆，施划停车泊位685个；淘汰高燃料锅炉改造73只。全年拆除违章建筑30万平方米，完成城中村改造9.3万平方米，旧厂区改造4万平方米，旧住宅区改造6.4万平方米。创建无违建村24个。开展雨污分流集中攻坚行动，辖区264家工业企业，验收达标201家，申请暂缓企业10家，签订排水协议177份，办理排水证170本。

街道耕地面积1016.13公顷，耕地流转面积386公顷。粮食播种面积379.13公顷，粮食总产量2532吨。蔬菜播种面积516.53公顷，产量1.48万吨。水果产量2123.3吨，甘蔗产量768吨。完成土地流转面积386公顷，土地集中流转率37.99%。新建林业产业基地26.67万平方米，建成森林村庄4个。投资682.76万元，完成中金村、杨梅院村、春联村3个粮食生产功能区和高标准农田建设。新增三星级农家乐2家，二星级农家乐1家。

建成街道图书分馆、综合文化站、骨灰存放堂。对辖区12个菜市场在排查调研的基础上，按新建、整治提升、临时便民、取缔4种不同的模式进行分门别类整治和管理，整治提升的5个菜市场证照齐全，建立环境卫生、禁烟等长效管理制度。

全面落实社会保险制度和参保人群全覆盖，完成2016年度城乡居民社会养老保险和医疗保险缴费、审核、录入工作，其中城乡居民医疗保险总参保数2.7万人。医疗保险参保率93.28%；办理基本养老保险退休手续136人，受理并审核企业职工简易工伤认定97人。办结劳动纠纷案件489起，涉及劳动者868人，追发劳动者工资待遇507.82万元。参与处置群体性案件5起，涉及劳动者105人，涉及金额176.17万元。受理并审核人才住房补贴35人，落实人才子女就学25人，考核"133创新人才工程"培养对象8人，对有海外经历义乌籍高层次人才进行排摸，上报招才局10人。

【新社区香溪印象项目】 香溪印象项目位于稠江街道龙回小区西侧，东靠永贸路，南靠四海大道，西靠香溪，北靠龙海路，是义乌市首批城乡新社区集聚建设项目之一。项目总用地面积3.75公顷，总建筑面积13.7万平方米，其中地上建筑面积10.5万平方米，地下建筑面积3.2万平方米。项目容积率2.73，建筑密度 23.9%,绿地率 30%。项目共由 9 幢 18～22 层的高层公寓住宅和配套商业服务用房组成,可安排住宅 820 套,分为 70 平方米、105 平方米、140 平方米、175 平方米 4 种户型,有室内机动车停车位 900 个、室外机动车停车位 120 个。香溪印象小区由社投集团开发,绿城集团代建,于 2014 年 3 月开工建设,2016 年 6 月通过竣工验收。香溪印象新社区集聚对象为下沿塘村,共有 277 户共 803 人。2014 年 7 月 1 日开展“走进下沿塘,启动新集聚”主题活动,启动稠江街道集聚建设工作试点,同年 9 月底,208 户农户完成审批工作,共计置换权益面积 9.82 万平方米,其中高层公寓 5.7 万平方米,商业用房 5335.65 平方米,产业用房 2.6 万平方米。2016 年 7 月 6 日,举行高层公寓抽签安置大会,487 套住宅分房到户。至年底,香溪印象集聚用房 820 套全部分房到户。

【湖大塘区块启动城市有机更新】 10 月 8 日,义乌市人民政府确定并公布湖大塘区块国有土地上房屋征收项目的征收范围。这是义乌全面推进城市有机更新以来,市政府启动的第 2 个国有土地上房屋征收项目。同月 24 日,完成征收意愿的征询,同意改建比例超过 90%。25 日,市政府公布湖大塘区块国有土地上房屋征收补偿方案征求意见稿。12 月 15 日起,对湖大塘区块进行入户评估,3 天时间完成入户评估逾 90.4%。至年底,完成全部住户签订征收协议。

【街道养老服务中心建设】 12 月 20 日,稠江街道养老服务中心开工建设。稠江街道养老服务中心位于稠江街道江湾村,总用地面积 9932.37 平方米,建筑占地面积 2433.25 平方米,总建筑面积为 1.75 万平方米,其中地上建筑面积 1.38 万平方米,地下车库面积 3701.68 平方米,概算投资 1000 万元,建设 9 层疗养楼 1 幢,5 层综合楼 1 幢,食堂、层多功能厅、门卫各 1 幢。规划床位 265 床,其中自立床位 114 床(一至五层),护理床位 129 床(六至九层)。

（杨伎林）

北苑街道

【概况】 北苑街道位于义乌市区西北,区域面积 36.6 平方千米,下辖 25 个行政村,2 个居委会,8 个社区。总人口 2.27 万户 5.30 万人,外来流动人口 16 万人,从业人员 14 万人。2016 年,财政总收入 12.43 亿元,同比下降 0.6%;农民人均纯收入 3.06 万元,城镇居民人均可支配收入 6.08 万元,同比分别增长 7.5%和 7.4%。

全镇工业总产值 219.55 亿元,规模以上(年产值 2000 万元及以上)企业 103 家,产值 137.15 亿元。完成外贸出口交货值 34.71 亿元,同比下降 1.91%。完成有效投资(不含征迁反馈) 30.4 亿元,同比增长 17.81%。新增“小升规”企业 5 家、科技型企业 5 家,完成股改企业 5 家。完成技改投资 11.25 亿元,新增发明专利 47 件、实用新型专利 141 件、外观专利 109 件,获“浙江省商标品牌示范乡镇(街道)”。整治低效用地与“低小散乱”企业,淘汰高污染燃料锅炉 55 台,整治 D 类企业 19 家,盘活利用蝶妃化妆品有限公司等 21 家企业土地,引进首家保时捷 4S 店落户北苑。

粮食播种面积 92.2 公顷,粮食总产量 537.7 吨;蔬菜播种面积 439.3 公顷,产量 1.02 万吨;水果种植面积 82.4 公顷,产量 1950.8 吨,甘蔗种植面积 2.87 公顷,产量 207 吨。肉类产量 1000 千克,禽蛋类产量 1000 千克,街道实现农林牧渔业总产值 9126 万。青溪村建设用地复垦“集地券”项目(一期)复垦面积 2.79 公顷,规划新增耕地面积 2.64 公顷。

完成固定资产投资 137.15 亿元,实施市级重点工程新建任务 9 项、市重点工程续建任务 9 项,市重大产业项目任务 2 项、市重点工程和重大产业前期项目任务 4 项。完成义乌机场飞行区改造工程土地征收工作,涉及 7 个行政村 56.67 公顷土地,完成前洪村 270 处农房签订拆迁协议及政策处理工作。实施农村宅基地制度改革试点,前洪村权益面积审批 517 户,发放权益凭证 146 本。完成宗泽输变电、市中医医院迁建工程等 9 项续建类项目以及儿童福利院工程、义乌三中改扩建工程等 8 项新建类项目政策处理,富港大道(机场路—西站大道)工程红线范围内前期排摸，机场路沿线塘坦、游览亭、楼店3个区块15处严重影响机场路沿线景观的旧房拆迁工作,塘坦村“拔钉清障”项目被列为金华市基层党建工作现场会实地考察点。

完成城西河生态改造、柳三市政配套雨污分流工程等新建、续建项目26项；城中村改造35.64万平方米，农村生活污水治理村14个,运维移交村8个；工业企业雨污分流通过验收370家，办理排水许可证205本;城镇雨污合流整治21个区块,建设污水管网17.69千米，河湖塘库清淤8.27万立方米,整治末端截流点14个。全年拆除违章建筑24.9万平方米,整治“两路两侧”乱搭乱建1.94万平方米、蓝色屋顶22.63万平方米，拆除主干道两侧围墙1万余米，移交城投和自建绿化工程74.3万平方米。

举办全市第25届文化艺术节暨“北苑再出发”主题文化活动、“义乌市迎清明包清明馃比赛及非遗项目展示活动”“群文荟萃　魅力北苑”文艺节目展演等文化活动60场。推进柳一村古建筑群文化旅游项目开发,完成柳三村市级文保点“求宁堂”迁建。石桥头文化礼堂完成提档升级,莲塘文化礼堂完成主体工程，建成莲塘廉政文化主题公园。完成综合文化站、北苑街道图书馆及3个图书流通站建设。新增篮球场2个、健康路径6条、晨晚练点4个。

参加农村新型合作医疗保险2.55万人,参加农村社会养老保险7842人，享受农村最低生活保障86人。发放低保金、慈善救助、医疗救助等救助款62.09万元。引入OSM管理标准推动政务服务大厅规范化建设,全年服务大厅窗口办理服务事项8352件，村级代办事项1.46万件。化解矛盾纠纷1388起,调处率100%。处置劳动纠纷300起,涉及劳动人员598人196.5万元。新增商城慧眼等各类监控680个，投资600余万元建成公共安全宣教基地,完成8个社区及11个千人以上村居微型消防站建设。

【《醉美北苑》出版】 3月,在北苑街道成立15周年之际,《醉美北苑》由文汇出版社出版。此书由北苑街道联手文汇出版社义乌中心、义乌市作家协会、义乌市文化馆共同编纂，全书15万字,147张图,分历史沿革、创业热土、北苑记事、风景名胜、美丽家园、古建遗韵、名人风流、民俗风情及乡间轶闻9个篇章,全面记录和反映北苑的地理风光和人文风貌。

【首届职工篮球赛】 5月16日至6月24日，北苑街道总工会在市体育馆举办首届职工篮球赛,13支球队共73人参加比赛。比赛分两阶段进行,第一阶段为小组循环赛，第二阶段为淘汰赛。小组循环赛实行积分制,每赢一场积3分，输一场积1分,弃权0分,小组积分前两名的进入第二阶段。第二阶段四分之一决赛、半决赛、决赛采取淘汰制。经过23场激烈鏖战,幸福里联合工会篮球队获冠军,永达不锈钢工会篮球队、网商联合工会篮球队分获亚、季军,凯吉汽配工会篮球队获得优胜奖。

【中国首届网红经济+社交电商高峰论坛】 12月10日,中国首届网红经济+社交电商高峰论坛在义乌幸福湖国际会议中心举行。高峰论坛由中国国际电子商务中心、义乌市北苑街道办事处主办，浙江万营科技有限公司、北京万营新盟传媒有限公司承办。来自全国各地的行业负责人、网红大咖、学术专家、自媒体领军人物以及流量达人等400人参加高峰论坛,以“红动中国”为主题,旨在总结网红经济与社交电商的融合经验案例，从政府、平台、企业等网红经济和电商相关方多角度分享和讨论推动网红与电商深度融合的难点和痛点，通过组建规范组织,结合产业链上下游资源,共同探讨行业发展趋势,寻求行业发展之路，推动行业的持续健康发展。活动安排涉及网红经济运营模式分享、网红凶猛、网红+电商的聚合效应、网红平台的发展趋势等内容。

【市农村宅基地改革试点历史遗留问题处理现场会】 12月12日,义乌市农村宅基地改革试点历史遗留问题处理现场会在游览亭村召开,各镇街宅基地改革试点（或历史遗留问题处理)分管领导、国土局、行政执法局、规划局、农林局、地税局、公证处、人民银行分管领导共 28 人参加。2015 年 3 月,义乌市被列为全国 33 个农村土地制度改革试点县市,义乌市从宅基地的取得置换、抵押担保、入市转让、有偿使用、自愿退出、明晰产权和民主管理 7 方面进行制度创新,先后出台《义乌市农村住房历史遗留问题处理细则(试行)》《义乌市农村宅基地使用权转让细则(试行)》等政策文件,对违反规划设计条件的轻微违法宅基地,收取有偿使用费后办理不动产权证,允许农民拥有不动产权证的合法宅基地开展抵押贷款。2005 年 9 月,游览亭村启动旧房拆除工作,报批审核户数为 185 户,2006 年 10 月实现整体搬迁入户。至 2016 年 12 月 12 日,67 户村民缴纳建房超标准占用面积有偿使用费,并签订“农村住房历史遗留问题处理有偿使用合同”。

【全市便民服务窗口 OSM 标准化建设工作现场会】 12 月 15 日,在北苑街道行政服务大厅举行镇(街道)便民服务窗口 OSM 标准化建设工作现场会,市行政服务中心、各镇(街道)便民服务中心等相关领导 23 人参加。街道党工委委员简要介绍北苑的经验做法,街道行政服务中心负责人陪同参会人员参观,并对部分涉及改善提升的环节当场进行讲解。OSM 标准化建设主要运用 5S 管理方法,对行政服务中心大厅的所有人力、空间、物品、设备、信息等现场资源进行合理有效的梳理,并通过标准化的管理途径,提升窗口办事效率,创建有序、舒适、高效的工作环境。全年便民服务大厅窗口共办理各项服务事项 8352 件。

(杨　进)

后宅街道

【概况】 后宅街道位于义乌市区西北部,区域总面积 67.88 平方千米,下辖 49 个行政村,11 个居委会,户籍总人口 5.53 万人,外来人口 4.47 万人。全年完成财政总收入 2.4 亿元,同比增长 10.7%,其中,一般预算收入 1.54 亿元,同比增长 20.3%;完成工业总产值 86.76 亿元,同比增长 0.83%,其中,规模以上(年产值 2000 万元及以上)工业总产值 42.9 亿元,同比增长 0.34%。

全年累计完成有效投资 20.27 亿元,其中基础设施投资 7.96 亿元,工业投资 3.57 亿元,新社区集聚及农房改造建设投资 5.67 亿元,其他投资 3.07 亿元。后宅市级以上重点工程 12 个,自建工程 32 个,征迁项目13 个。全年破除僵尸企业、低效用地企业 8 家,对 5 家新确定的 D 类企业实施整转或重组,新增税收 2000 余万元。形成杜元、洪华、上洪等 10 个电商村、电商园,集聚电商企业 2100 余家。完成“个转企”100 家,“小上规”2 家,新建 7 个省、市级研发平台,140 家落地企业全部完成功能性验收。自主谋划跟进招商项目 16 个,中韩文化创意园落户后宅。中心镇区综合开发项目与中建方程投资发展有限公司签署框架协议,以 PPP 模式推动中心镇区城市有机更新,同步谋划产业导入、生态修复、智能响应等项目。

粮食播种面积 739.93 公顷,粮食总产量 4350.9 吨;蔬菜播种面积 536.07 公顷,蔬菜产量 1.09 万吨,水果产量 4177.8 吨,甘蔗产量 450 吨。肉类产量 26.4 吨,禽蛋产量 3.2 吨。实现农林牧渔业总产值 1.33 亿元。

完成杭金衢高速拓宽、拥军路延伸、义乌大道景观改造等 21 项重点工程政策处理 200 余个,全年共完成征用和流转土地 533.33 公顷,流转耕地 10.4 公顷,拆迁 333 户。累计拆除违章建筑 33.8 万平方米,实现“基本无违建镇街”;消除辖区排污口 184 个,实现农村生活污水治理全覆盖,“河湖库塘”清淤 20.65 万立方米,洪巡溪水质基本保持Ⅲ类。完成拆迁安置 550 户、特困户解困 200 户、危旧房治理 486 户。“拆围建绿”破除围墙 5000 余米、新增绿地 26.67 公顷。完成道路杭长高铁、杭金衢高速、03 省道等道路两侧整改 530 处,蓝色屋顶改造 300 处。街道被评为金华市“两路两侧”环境整治“十佳”镇街。

开展农村垃圾分类工作,完成 5 个农村垃圾房整治,60 个村(居)全面完成垃圾分类工作,建成机械化垃圾减量化处理中心 4 座,安装“两分法”分类垃圾桶 2.6 万对,实现厨余垃圾机械处理全覆盖。实施李祖村污水管网、自来水管网、三线入地工程,完成李祖至岭脚的美丽乡村精品路线招投标工作。启动岭脚、曹村、坞灶3个美丽乡村“特色村”建设。美化商城大道、义浦二线、103省道等主干道两侧环境，建成村口小品小景8处，其中103省道被评为首批省级精品示范道路。城乡居民医疗保险总参保率达95.94%，发放低保等各类救助资金389.9万元，1138人次得到救助。完成11个村的居家养老照料中心建设，建设曹村、俊塘文化礼堂，落实14场文艺下乡活动。年内，街道被评为省创建和谐劳动关系先进镇街，街道排舞队《诱惑》获义乌市“文化礼堂”杯第二届排舞大赛暨义乌市第八届排舞大赛金奖。

街道办事处中心调解室调解纠纷422起。全年共收到信访件70件，办结率为100%，满意率90%。开展党员干部正风肃纪督查26次，问责96人，其中处置不称职村干部12人，处理党员59人。

【环境治理行动】 1月15日，后宅街道开展“治陋习、治风气、治环境”的“三治”行动，60个村(居)以及街道所有机关干部、网格员等1000余名党员干部，集体宣誓，向陈规陋习、歪风邪气、顽症痼疾宣战，建设“锐美后宅”。行动组整治重点区域440余处，清运垃圾1500吨，消除安全隐患193处，移除房前屋后杂物1.1万处。2月28日，开展“美丽家园　全民共创”活动。参与人数5.5万人，其中党员干部3200人，老师学生7000人。发放红袖标、手套各3万套，清理乱堆乱放2300处，清运垃圾720吨，清理沟壑污水800处，处置田畈杂草3500平方米，新增绿化1500平方米，宣传横幅80条，发放宣传倡议书2万张，处理积水容器2800处，处置放养家禽、犬类1800只。

【文化“村晚”】 2月1日，后宅街道上金村首届“村晚”在村文化礼堂举行。晚会无“明星”有“民星”，上演越剧、婺剧、武术、曲艺等节目16个，其中三分之二的节目由上金村村民参与演出。历时2小时30分，村民们以动听的歌声、优美的舞姿、古典的戏曲、动感的武术等形式展示自己的才艺，为观众奉上一场文化盛宴。1200余人观看演出。

【烟花爆竹专项检查】 2月3日至4日，为确保春节期间烟花爆竹销售、燃放的安全，后宅街道联合市公安局、市市场监管局开展烟花爆竹专项检查行动。出动96人次，分11组进行检查，共走访、排查烟花爆竹经营、存储点225处，有证单位5处，发现非法经营点8处、非法走私烟花爆竹行为1件，查处春雷炮7箱，小鞭炮4箱，当场责令退回烟花爆竹仓库。另收缴擦炮、摔炮2箱。

【德胜岩创建省级森林公园】 3月20日，义乌德胜岩省级森林公园总体规划评审会在杭州召开。经省林业厅副厅长杨幼平等9名专家论证，认为规划内容充实、定位准确、设计科学，一致同意德胜岩森林公园通过评审。德胜岩省级森林公园项目从启动计划到正式获批历时15个月，共分为湖西塘管理服务区、德胜岩登高揽胜区、天公山森林休憩区、石剑坑古道游览区、黄檗山宗教文化区、朱高尖生态保育区，通过规划稠岩古胜、群仙殿宇、凡尘净居、乌龙仙迹、黄檗栖霞等景点，布局红豆山庄、植物园、湿地养生馆、水上乐园、竹林幽居等项目，建设集游览观光、森林休闲、康体健身、生态保护、科普教育于一体的省级森林公园。

【洪巡溪湿地景观公园】 3月25日，洪巡溪湿地景观公园建成开放。洪巡溪湿地景观公园位于站前路与城北路交叉口，占地面积4.66万平方米。改造前，站前路与城北路交叉口有1300平方米的临时工棚，因项目建设后未及时拆除，成为滋生在城市绿地旁的“烂疮疤”。开展三改一拆行动后，后宅街道投资630万元，遵循“回归自然，保留原貌，因地制宜，合理布局”的环保生态理念，将此区块建设成为一个以自然风貌为基础，集景观、生态、休闲为一体的站前区块湿地公园。项目完成后，来自洪巡溪的溪水在公园内停留30小时，经植物净化，降低氮、磷等污染物含量，改善杂质沉淀。湿地公园容量1.25万立方米，日处理洪巡溪水1万吨。

【“四点半”学校】 3月31日，在后宅街道后毛店村文化礼堂举行后毛店村“四点半”学校和义乌市国际商贸学校社区公益活动基地挂牌仪式，市教育局、团市委、市关工委等单位领导6人出席活动。“四点半”学校是由义乌市国际贸易学校与后宅街道后毛店村合作的一个志愿服务点，专门为外来建设者子女、当地农民子女服务，辅导孩子做作业，开展其他关爱活动等。首期学生30人，每天下午4时30分，国际贸易学校3名师生在后毛店村文化礼堂为放学后的孩子们提供免费辅导，直到父母下班回家。4月27日，后余村文化礼堂中的“四点半”学校启动。文化礼堂内开设村民书屋，设置办公桌椅30余套，存放书籍100册。孩子们放学后在此做作业、看书。后余村小学退休教师陈云菊与书法家张枝勇义务当任“四点半”学校的老师，为学校提供志愿服务。

至12月底，共开办2期“四点半”活动，服务学生80余人。

（缪晨昊　王锦豪）

【滨江·公园壹号工程】 8月25日，滨江·公园壹号工程地块挂牌出让，由滨江集团以17.26亿元拍得。项目总占地13.47公顷，建筑面积26.57万平方米，其中地上建筑面积14.15万平方米，地下建筑面积12.42万平方米，容积率1.05，建筑密度35%，绿化率35%，预计总户数905套，停车位1290个。整个项目分为南北两个区块，其中北区为花园洋房地块，用地面积4.67万平方米，总建筑面积13.33万平方米，分为6种户型，634套，容积率1.74；南区为合院地块，用地面积8.81万平方米，总建筑面积13.23万平方米，分为210平方米、245平方米两种户型，271套，容积率0.68。项目规划建设7+1层的花园洋房17幢，3层合院271套。项目概算投资27.9亿元，建设周期2年。10月26日，在杜元区块（后宅街道洪深路北侧、商城大道西侧）举行奠基仪式。

【华录北邮信息文化众创园开工】 11月18日，华录北邮信息文化（义乌）众创园一期项目举行开工仪式。义乌市委、科创新区管委会、市政协、北京邮电大学资产管理有限公司等单位20余人出席开工仪式。华录北邮信息文化（义乌）众创园一期工程位于义乌科创新区内，占地6.33公顷，建筑面积6.3万平方米，投资4.5亿元，采用高低结合的建筑形式，是科创新区的一期重点项目。

【社区成立】 11月23日，后宅街道金城社区、洪深社区、北站社区、起航社区分别举行挂牌仪式，街道全体班子成员及相关科室、工作片、村居负责50人参加仪式。金城社区、洪深社区、北站社区和起航社区是后宅街道的第一批社区。金城社区含遗安和洪华2个居委会及金城小区、后宅工业小区部分，辖区面积210公顷，人口1.1万人；洪深社区含杜元和上洪2个村（居）及国际商贸学校、城北商业中心、后宅工业小区部分，辖区面积175公顷，人口1.09万人；北站社区含何界、西何、叶宅、山塘、溪坦5个村（居）及德胜苑、金色家园住宅小区，辖区面积203公顷，人口7500人；起航社区含上河、后里、十二山头3个居委会及汽车城、后宅工业小区部分，辖区面积96公顷，人口5800人。

（除署名外均由缪晨昊撰稿）

廿三里街道

【概况】 廿三里街道位于义乌市区东部，区域面积72.2平方千米，下辖35个行政村，8个居委会。户籍人口4.7万人，流动人口11万人。2016年，完成工业产值179.58亿元，同比增长11.9%；完成销售产值125.5亿元，同比增长10.9%。规模以上（年产值2000万元及以上）企业81个，完成工业产值67.7亿元，同比增长9.4%；完成销售产值64.9亿元，同比增长9%。完成外贸出口交货值25.5亿元，同比增长4.3%。财政总收入4.5亿元，地方财政收入2.8亿元，同比增长15%。

完成固定资产投资33.96亿元，其中工业投资11.63亿元。完成招商引资8项，技改投资6.1亿元。实现高新技术产值3.2亿元，战略性新兴产业产值7亿元，新产品产值24.9亿元，同比增长10.6%，实现规模以上工业企业增加值13.5亿元，同比增长9.4%。实施旧厂房改造项目10个。浙江赛日机电科技有限公司被评为国家高新技术企业；浙江国田服饰股份有限公司、浙江母爱婴童用品股份有限公司等12家企业被认定为浙江省科技型中小企业；义乌佳洁塑胶有限公司、浙江名蒙服饰有限公司等22家企业被认定为义乌市级科技主体。

全街道耕地面积1750公顷，耕地流转面积739.52公顷。粮食播种面积1268.8公顷，粮食总产量7611.2吨；蔬菜播种面积1164.53公顷，产量3.43万吨；水果产量6440吨，甘蔗产量2278吨。肉类产量13.2吨，禽蛋产量8.2吨。全街道实现农业总产值2.59亿元。完成垦造耕地新增面积7.5公顷。水稻复种面积566.67公顷，其中早稻面积200公顷、中稻面积153.33公顷、晚稻面积213.33公顷。加强水稻病虫害的防治，专业植保组织11个，统防统治面积53.33公顷，沃土工程使用商品有机肥166.67公顷。

推进市、街道级重点项目建设96项，落实征迁项目22个，攻克历史遗留难题9个。拆除违章建筑2620处29.3万平方米。完成6个村93.33公顷土地的征用、租用工作。投资400余万元，完成中新街武溪街交通隔离栏、沿溪路等4个停车场建设，完善开元街等区域的交通标志标线，缓解镇区交通拥堵局面；投资300余万元，完成信联桥、武岩路桥修复改造；投资500余万元，建成埠头东侧道路、公园路、下朱宅工业区道路，完善辖区交通路网。投资500余万元，实施4座山塘除险加固工程；投资2000余万元，实施生态河道治理工程，新建、提升污水管网12千米，清淤河道9千米，前后溪由劣V类水提升为Ⅲ类水。投入1800万元实施华盛路等7条主干道绿化工程，总绿化面积12万平方米。街道被评为浙江省森林城镇。

参加城乡居民医疗保险4.76万人，参加城乡居民基本养老保险4.23万人。享受农村最低生活保障309人，全年发放助学、助困、助残等各类救助金350余万元。完成569户低收入农户和低保户的帮扶结对工作。完成辖区各村居农村危旧房现状调查，针对C、D级危旧房，建立"一房一档"，消除危旧房123户，惠及困难群众790余人次。新建廿三里村和泉塘村文化礼堂2座，建设街道综合文体站，一楼图书馆通过验收并对外开放。举办"廿三里杯"登山比赛，吸引全市594名登山爱好者参加。完成送电影下乡市级294场，街道级147场。送戏下乡市级12场，街道级13场。

【集体经济增长新思路】 5月，里忠村村两委动员全体村民向村经济股份合作社入股（每股7500元的方式发展乡村旅游业）。全村98%的村民入股，股金总额300余万元。7月8日，廿三里街道里忠村的"恐龙谷水上乐园"试运行，对外开放迎客。此水上乐园占地1.2公顷，采用气模支架不破坏原有耕地性质。设有游泳池、双道大滑梯、海底世界、音乐喷泉、熊嬉水、水上足球等项目，供游人消暑、嬉水、娱乐。水上乐园运行50余天，净盈利170万元，村民1股分红1500元。盈利结余部分用于扩大再投资，增设高空滑索、疯狂老鼠、碰碰车、电子枪打猎、小火车等游戏、娱乐项目。

【获评浙江省森林城镇】 6月14日，由浙江林业厅生态中心主任李土生带队的省级森林城市（城镇）创建预检组一行6人，对廿三里街道创建省级森林城镇工作进行预检。实地检查金桥人家的小区绿化，商城大道的通道绿化，拨浪鼓广场及银海公园的城镇公园绿化，廿三里第二小学的单位绿化，后溪的河道水系绿化以及森林公园、森林休闲产业发展等一系列的重点工程。廿三里街道共有林地3416公顷，其中生态公益林2195.8公顷，森林覆盖率49.74%，建成区绿化覆盖率27.5%，绿地率27%，林木覆盖率26.2%，人均公园绿地8.3平方米，农田林网控制率92.5%，创建金华市森林村庄（含绿化示范村）13个，占规划区内行政村（35个）37.14%。12月，通过浙江省关注森林组织委员会、浙江省绿化与湿地保护委员会的验收，获评浙江省森林城镇。

【骆氏宗亲联谊会】 10月17日至20日，2016世界骆氏宗亲联谊会暨义乌世界骆氏乡贤论坛在"骆宾王故里"廿三里街道举行。海外骆氏宗亲800余人共聚一堂，开展寻根之旅、骆宾王诗词书画展、骆氏商业联盟对接等活动。同时成立浙江骆唐旅游开发股份有限公司，注册资金1亿元。计划初步投资2亿元发展旅游项目，在李塘村及其周边地带打造一个“骆宾王小镇”，先后开发20余个旅游景点。根据规划方案测算，25个子项目全部投入使用后，至少可提供2000名从业人员就业，同时可带动关联就业1万人以上，投资额可达30亿元以上。

【模具创业园】 10月19日，义乌市祥艺模具创业园入园定位仪式在廿三里日信大酒店举行。来自廿三里、稠江、后宅等地的112家经营户参加仪式，107户完成抽签定位，其中41户当场签约。同月27日，义乌市祥艺模具创业园开业。创业园位于义东工业园区思源路89号，规划占地2.67公顷，分两期开发利用。第一期规划建设经营用房6栋，共232间，建筑面积1万平方米。至年底，107户经营户入驻模具创业园。

【花溪谷稻米】 11月，飞扬农机服务专业合作社选送的华溪谷稻米获评“2016浙江好稻米”金奖产品。此稻米选自宁波市农业科学研究院作物研究所、宁波市种子有限公司培育的“甬优15号”，是2003年浙江省农作物品种审定委员会审定的优良品种，属籼粳交偏籼型三系杂交稻，茎秆坚韧，抗倒性较好；穗大粒多，青秆黄熟；丰产性好，米质较优。经农业部稻米及制品质量监督检测中心米质检测，平均糙米率80.1%，精米率72.2%，整精米率63.3%，长宽比2.6，垩白粒率14.0%，垩白度2.2%，透明度1级，胶稠度84毫米，直链淀粉含量15.3%，蛋白质含量7.7%；此品种谷色金黄，收割后加工成大米，具有外观透亮、垩白少、米饭柔软、口味清香的特点。至年底，花溪谷稻米在合作社种植面积73.33公顷。 （楼青元）

城西街道

【概况】 城西街道位于义乌市区西部，区域面积60.2平方千米，下辖47个行政村，90个自然村，户籍人口1.99万户4.34万人，外来流动人口5.96万人。2016年，全街道地区生产总值36.8亿元，同比增长13.23%；工农业生产总值19.73亿元，同比增长11.91%；财政总收入1.78亿元，同比增长2.5%；地方财政收入1.04亿元，同比增长10.9%。

完成工业总产值79.07亿元，同比增长3.5%。规模以上（年产值2000万元及以上）企业45家，总产值36.22亿元，同比增长3.6%。外贸出口交货值7.99亿元，同比增长32%。招商引资7项（浙商回归5个，引进内资2个），完成技改投资4.4亿元。年内完成固定资产投资17.1亿元，其中工业性投资4.47亿元，落实工业性投资项目（含技改）22个，完成投资项目21个，累计完成投资5.5亿元。对各行政主任及村安管员开展安全生产培训，培训190人。实现“小上规”企业1家。培养国家高新科技企业1家，省级科技型企业5家，市级高新技术企业3家，市级研发机构2家。

总投资10亿元的青旅望道时光文化旅游度假区项目开工建设，首期2.67公顷土地完成供地进场施工，第二期征地72.67公顷涉及4个镇（街道）18个村；东萧线完成无障碍施工；国内物流园征用土地36.33公顷，完成开工典礼并进场施工；义乌铁路西货站扩建一期工程征用土地106.67公顷，实现“三通一平”；杭金衢拓宽改造城西段和东河互通建设工程土地征用土地23.87公顷涉及15个行政村；香溪裕园本年度完成投资2.74亿元，占年度任务211%，市政配套设施9月完工，12月初完成质检站初验；产业用房从10月底开始，由陆港代建的产业用房（仓储）、社投代建的商务楼宇及商业房已全面开工建设，完成土石方工程；异地奔小康本年度完成投资5275万元，占年度投资任务131.88%，10月，完成竣工备案，为房屋交付分配奠定基础；城市社区有机更新工作有序按计划推进。

浙江代喜卫生用品有限公司累计投入技改经费4559万元，建成年新增1亿片开放式松紧纸尿裤全自动生产线项目。溪干村城中村基础配套设施项目争取中央财政专项补助资金500万元；香溪裕园及异地奔小康市政配套工程均纳入部分中央财政资金补助项目。

街道耕地面积1062.5公顷，耕地流转面积305公顷。粮食播种面积456.4公顷，粮食总产量2671.7吨。蔬菜播种面积499.8公顷，产量1.42万吨。水果种植面积156公顷，产量6352吨。甘蔗种植面积26公顷，产量1989吨。肉类总产量5.4吨，禽蛋产量2.8吨。全街道实现农林牧渔业总产值1.56亿元。

13个村按原政策实施旧村改造，投资2.86亿元，完成农房改造及拆迁安置587户，建筑面积17.54万平方米，其中10个村涉及杭长线等重点工程拆迁安置。集聚区香溪裕园完成投资2.6亿元，完成内外墙粉刷，电梯设备安装，红线内市政配套设施及绿化景观工程；外围配套的开运路、香溪主流河道改造工程移交陆港集团进场施工；由陆港代建的产业用房(仓储)、社投代建的商务楼宇及商业房开工建设，年内完成土石方工程。异地奔小康工程投资4074万元，完成竣工备案。

完成农村生活污水新治理村10个，提升整治村4个，新增受益农户1500户。42个村开展实施“春泥计划”，覆盖率89%，春泥计划是以农村行政村为单位，在中小学寒暑假、传统节日和双休日等校外时间，组织引导农村未成年人开展实践体验活动。街道6个“文化礼堂”开展文化宣讲活动64次，文化礼仪活动15次，文体活动23次，文化活动48次、文化走亲34次，村晚6次。吴坎头村文化礼堂被列为金华市“十佳”文化礼堂，吴坎头村被评为金华市文化示范村；吴坎头村、分水塘村、何斯路村3个文化礼堂村被列为全市第一批图书流通站，各村配有图书2000余册。

街道参加城镇职工医疗保险1.68万人、农村新型合作医疗保险2.71万人，参保率98.44%。享受农村最低生活保障262人，发放低保金、慈善救助、医疗救助等救助款30余万元。对辖区内的2514名在义乌市领取供养、精减下放待遇和年满80周岁以上领取社会保险待遇的人员进行生存认证，全部认证通过。受理劳资纠纷案件169起347人，涉及金额234.47万元。

【龙山雅苑交付】 2016年11月30日，第一批358户异地奔小康村民领到龙山雅苑新房钥匙。城西街道的异地奔小康工程涉及鲤鱼山村、水涧村、里京村、深塘坞村、上杨村爬头自然村和分水塘鲍店自然村，总人口1600余人，一期规划用地5.22万平方米。此项目工程位于益公山村南侧、伏龙山中路东侧，工程总投资额4亿元，由义乌市城乡新社区投资建设集团有限公司全程代建，2013年12月6日开工建设，建设高层住宅11幢、商业裙房3幢，2016年7月1日竣工验收。此安居小区建设打破原有行政村、自然村概念，参照城市社区管理模式，组建社区居民委员会，建立社区服务体系，并配有地下停车场、绿化景观湖、娱乐休闲设施等。 （王静莉）

福田街道

【概况】 福田街道位于义乌市区，区域面积40.3平方千米，下辖53个行政村，4个社区居委会。2016年年末，总户数3.59万，总人口18.1万人，其中户籍人口5.1万人，常住外来流动人口13.1万人，从业人员12.4万人。2016年，街道地区生产总值183.86亿元；同比增长7.7%；完成财政总收入3.8亿元(与上年同期基本持平)，其中地方性财政收入2.02亿元，同比增长4.5%。工农业生产总值120.14亿元。城镇常驻居民人均可支配收入6.08万元，农村常驻居民可支配收入3.06万元。

实现工业总产值119.14亿元，同比增长4.7%。规模以上(年产值2000万元及以上)企业22个，总产值10.37亿元，同比增长7.26%，外贸出口交货值3.17亿元。招商引资2项，完成技改投资2.17亿元。完成浙商回归8846.4万元，引进内资3000万元，利用外资148万美元。有效投资24.6亿元。

完成社会固定资产投资24.7亿元(不含征迁和平台投资折算)，同比增长61%。实施国家、省市重点工程36项。工人北路延伸、兴隆大道、义乌再兴教育园区、03省道义乌段改建工程(一期)等工程无障碍施工；启动水利、污水管网和农村污水治理工程等18个项目建设。

全街道耕地面积949公顷，耕地流转面积474公顷。粮食播种面积 255.8 公顷，粮食总产量 1452.3 吨。蔬菜播种面积 302.93 公顷，产量 8633.6 吨。水果产量 2642.8 吨，甘蔗产量 1683 吨。肉类产量 25.5 吨，禽蛋产量 2.3 吨。实现农林牧渔业总产值 8153 万元。

参加城乡居民基本医疗保险 1.9 万人，城乡居民社会养老保险 19 人。享受农村最低生活保障 138 人，发放低保金、慈善救助、医疗救助等救助款 96.32 万元。慈善重大疾病救助 78 人，发放补助款 12.1 万元。完成 5 个村的三星级居家养老中心建设、1 个村的文化礼堂建设和 8 家避灾中心的建设；4 个村被评为义乌市级文明村，启动 15 个村旧村改造建设。创建“美丽家庭” 297 户、“美丽家庭”示范户 9 户，开展 53 个村垃圾分类工作。受理调解劳资纠纷案件 350 件，涉案金额 438.9 万元。调处矛盾纠纷 1170 起，涉及金额 2090.46 万元。开展出租房屋大排查大整治活动，共排查登记出租房屋 7834 户 4.02 万间，登记流动人口 13.15 万人。

【首届城市穿越赛】 5 月 3 日，由团市委和福田街道主办的“青春福田　活力两新”城市穿越赛在福田湿地公园起跑，18 家“两新组织”党组织或团组织团队共 108 人参加比赛。穿越赛集趣味性与挑战性于一体，围绕“青春福田”主题，按“福田精神”“福田风采”“福田智慧”“福田速度”4 个篇章分别在福田湿地公园、CBD 金融商务区、国际商贸城和楼西塘村 4 个地点开展活动，活动将城市地标与穿越赛相结合，展示义乌的城市风貌。经比拼，下骆宅小学家长代表组成的“先锋队”夺得冠军。

【《这都不是事儿》开机】 8 月 5 日，由市委宣传部主办，福田街道办事处、佛堂镇人民政府、商城集团协办的浙江卫视微电影《这都不是事儿》摄制组在福田街道办事处大院举行开机仪式。此片以浙江广播电视集团在义乌市挂职的 5 名干部的亲身经历，及 2015 感动义乌人物故事为原型改编，以文学创作的形式讲述挂职干部蓝天与“商城小灵通”许小荷的故事。通过浙江卫视编导赴义乌挂职锻炼期间发生的“劝架外国人”“焦头烂额处理垃圾”“得知许小荷家境”等事件为轴线，传达“困境不是用来退缩的，人生没有什么不可能”的精神内核。

【开展隔油池试点】 9 月 7 日，街道长春社区实施长春六街雨污分流一期试点改造工程，建造隔油池初步处理厨房污水。在饭店餐馆门口安装隔油池，隔油池分三格，第一格为沉渣与隔油，第二格为隔油，第三格为不含油污的污水，空间大小为 1 个立方米，进口连着餐饮单位的排水口，出口纳入污水管网。对排放的废水进行初步处理，通过油水分离减少下水管道的排油量，降低管道堵塞的频率，避免餐饮污水直排河道污染水源。为防止油脂堆积影响隔油效果，餐饮单位定期对隔油池进行清洗，规范餐厨垃圾、生活垃圾及废弃油脂的处置办法。至年底，长春社区辖区范围内安装隔油池餐饮单位 154 家。

【蹭范趣项目】 9 月 14 日，福田街道妇联在农艺山庄举办蹭范趣项目落地推进会，70 余人通过体验了解蹭范趣平台，推进该项目落地到每个村每个点。此项目是福田街道“时尚创客中心”的孵化项目，让农村妇女通过“互联网 +”的模式实现创业增收。蹭范趣以一种“共享 + 厨房”“共享 + 农副产品销售”的形式，让农村百姓利用自家厨房展现自己厨艺的同时，带动农村土特产品销售，促进农民增收，带动农村经济发展。至年底，有 891 名“民间厨神”加入。

【全市首家“企业政策超市”】 11 月 24 日，全市首家“企业政策超市”建成投入使用。“企业政策超市”位于福田街道荷叶塘工业园区涌金路 7 号，集政策查询、政策解析、流程指导、产业咨询等功能为一体，主要包括传统产业升级、新兴产业发展、新经济形态和配套服务等 11 块内容，结合自主研发的智能系统“福田街道企业政策超市服务平台”，对每种产业的政策进行摘要汇总，可以实现查询搜索、部门链接、服务代办。“企业政策超市”重点突出 A、B、C、D 类工业企业的评价标准、评价体系和资源差别配置方式等传统制造业转型升级重要相关政策，以及备受关注的民办教育、医疗、体育产业等热点产业配套服务。针对小微企业发展扶持办法和个体工商户注册登记全程指南，通过扫描二维码可下载个体工商户登记、公司成立及变更等程序所需所有材料至手机，免去“反复跑”的繁琐，实现一次性告知和一站式服务功能。至年底，累计完成业务咨询量756件，办理办结件185件。

（杨晓春）

商贸古镇佛堂名称的由来

佛堂镇位于义乌市南部，是中国历史文化名镇、全国25个“经济发达镇行政管理体制改革试点”和浙江省27个“小城市培育”试点之一。1931年杭江铁路通车前，佛堂镇凭借义乌江水运优势成为本地经济、交通中心，有“小兰溪”美誉。《(嘉庆)义乌县志》中，记述佛堂的条目有6条，分别为佛堂镇、佛堂市、佛堂街、佛堂埠、上佛堂、下佛堂。在佛堂镇条目下，有“南负云黄(山)、北临大溪(江)，跨以浮梁(桥)，船只泊岸如蚁附”的记载。

佛堂镇的来历，有着神奇的传说。据《傅大士文集·嵩头陀传》和《义乌县志》(嘉庆版)记载，相传南北朝时，天竺国有位嵩头陀叫达摩，在南朝梁代武帝天监年间(公元502–519年)到乌伤，在香山居住。后来，达摩云游到松峭山，与梁朝侍郎楼偃(乌伤人)相遇，两人志趣相近，交谈投机，达摩邀请楼偃次年回乌伤募建香山寺，楼偃应允。寺建成后，达摩成为寺中方丈。梁普通二年(公元521年)3月14日，达摩到寺庙附近村庄参加斋会，斋会结束后，达摩不肯回寺，众人苦苦相留，达摩说：“贫僧缘会而来，缘尽而去。”众人见达摩去意已决，只得挥泪送别。达摩向南而去，到了金山(今佛堂西南方向)。当时由于连日暴雨，江水猛涨，有的堤岸被冲开缺口，洪水无情地淹没田野，地势低洼的村庄浸在水中，村民有的爬在屋顶，有的爬在树上，有的被洪水冲走，在水中挣扎，情况十分危急。江上虽有几只木船，面对惊涛骇浪，都泊在堤岸边，畏缩不前。达摩面对此情此景，口念咒语，把随身携带的铁鱼磬(一种用铁制成，形如鱼的法器)抛入空中，只见铁鱼磬放出万道光芒，变成一只木船飘入江中。达摩又伸手一指，木船就向被洪水围困的百姓快速驶去，船在汹涌的波涛中，迂回曲折，直到把所有受难百姓全部救起送到堤岸上，达摩才收回铁鱼磬，并把一把雨伞放在水上，自己坐在伞上飘流过江，到稽亭塘点化傅翕(即后来的傅大士)去了。为感谢达摩救人的大恩大德，百姓建成一座渡磬寺，供人们顶礼膜拜。寺中有一楹联：“佛光透彩传万代，堂烛生辉照四方。”人们就以上下联的第一字，取地名为“佛堂”，而渡磬寺又称“古佛堂”。

（陈子华）

人物·故事

纪念人物

【琼州巡海参将朱文达】 朱文达，义乌赤岸镇人，中国万历年间剿倭名将。朱文达先祖为赤岸人，后迁至佛堂镇北的后朱村。他以武生应募，跟随戚继光抗倭，身经百战，立功无数。据崇祯《义乌县志》记载："朱文达，以武生，以剿矿贼、破倭，功。授金华千户所，世袭指挥。寻发（福建）仙游、广东等处守备。"朱文达在授予"金华千户"的世袭待遇后，调任福建仙游及广东等处守备。万历三年（1575），升广西坐营指挥使，征剿罗旁及剿柳庆诸瑶。屡擒贼首，升游击将军、广东参将。万历九年（1581）3月，朱文达升任琼州参将，琼州就是现在的海南省。据乾隆《琼州府志》记载："朱文达，金华人，至琼，即巡海，有古勇将风。"明朝时，海南设立统一的地方行政管理机构——琼州府，隶属广东，将南海诸岛划归琼州府领属的万州管辖。并明确区分为"南澳气""七洲洋""万里长沙""万里石塘"四大岛群（即现在的东沙、西沙、中沙、南沙群岛）。巡海是明朝时期武将的一项日常工作，由于古代交通及南海诸岛自然条件的限制，派遣水师（海军）巡视海岛成为古代中国政府行使主权的重要方式。明朝设立巡海备倭官和海南卫，负责南海海疆巡视。朱文达时任琼州府主管军事的参将巡视南海，为有关地方志书所记载，成为"南海自古以来就是中国神圣领土"的最好历史证据。但朱文达在海南的任职时间不长。据《稜塘朱氏宗谱》记载："（万历）九年三月，（朱文达）迁琼崖参戎，席未及暖，即推调蓟镇东路南兵开府。十一年七月，调管于小河……"朱文达在调至琼崖（即海南岛）、蓟镇、小河等地期间，出奇剿贼，解救番鲜、太平等地危困，后升为副总兵。万历十年（1582）又因倭患危急，举朝推荐，特授镇守南直隶江南总兵，加升左军都督府都督佥事。从嘉靖三十八年（1559）从军，一直到万历三十二年（1604），朱文达征战于浙江、福建、广西、广东、四川等地40余年，升为福建总兵，左军都督府都督佥事，成为义乌兵将领中军阶为正二品的高级将领。驰骋战场，历经300余战，遍体伤疤，立下赫赫战功。

【开国大校冯志祥】 冯志祥（1904—1987），曾用名冯锡梅，赤岸镇神坛村人。参加过二万五千里长征，授大校军衔。曾任中国人民解放军原广州军区军事法院副院长、广西军区副政委（正军级）。1904年8月1日，冯志祥出生在义乌市赤岸镇神坛村一户普通农民家庭。父亲冯德海，曾在兰溪开过柴行，一生勤劳善良，平时爱好读书，练有一手好书法。冯志祥出身清贫，幼年时曾与冯雪峰一起在邻近的八石小学上学。后因为父亲在兰溪工作，于是举家迁往兰溪。小学毕业后，冯志祥到一家书店做学徒，并在书店里学会了印刷技术。15岁时父亲病逝，冯志祥回到义乌神坛村当长工，空闲时经常看书练字，追求真理、向往革命，积极从事进步活动。民国11年（1922），他离家后加入国民党部队，因能吃苦耐劳，几年以后就当上连长。民国20年（1931），冯志祥所在的部队被派往江西井冈山"围剿"红军，在与红军作战的过程中，冯志祥认清了国民党部队的反动本质，对红军深表同情和佩服。同年9月,他决然投诚革命加入红军,并于次年2月,加入中国共产党。在井冈山的战斗岁月,他参加过第四次、第五次反"围剿"的战斗,由于作战英勇,很快从一名普通战士提升为红一军团政治部油印员、第十一师三十一团股长。民国23年(1934)10月,第五次反围剿失败后,时任红一军团第二师第四团党总支书记、特派员的冯志祥接到中共上级领导关于转移的指令,匆匆带上随身物品,背上油印机,踏上二万五千里征途。在长征途中,除行军、打仗,冯志祥还要完成上级交给他的一项重要任务,那就是编排、印制红军小报。他和战士每到一地,首先把党中央的指示精神、敌我双方的战斗情况、行军路线、当地风土人情等刊发在报纸上,再分发到红军指挥员手中。红军战士得到报纸,如获至宝,在行军和战斗间隙细细学习琢磨,不仅从中了解到各种情况和形势,而且坚定了必胜的信念。这份红军小报就是新中国成立后原广州军区《战士报》的前身。冯志祥就这样一手拿枪,一手拿笔,走完了二万五千里长征。抗战期间,冯志祥任团政委,参加延安抗日军政大学学习,多次聆听毛泽东主席、朱德总司令、周恩来副主席的教诲。民国34年(1945),冯志祥作为华中代表团成员出席中国共产党第七次代表大会。中共七大以后,他又踏上新征程,先后参加辽沈、平津、渡江、衡宝、解放广西等战役。中华人民共和国成立后,冯志祥任广西柳州军分区庆远、宜山军分区副司令员,第四十九军第一四七师副政治委员,广西桂林军分区副政治委员、政治委员,参加了桂林地区剿匪战斗。1953年9月至1956年10月,任广西军区干部部部长、广西军区党委常委(1955年4月至1956年4月)。1955年,中国人民解放军实行军衔制,冯志祥被授予大校军衔,获二级八一勋章、二级独立自由勋章、二级解放勋章。1956年后,任广州军区军事法院副院长。1961年,任广西军区副政治委员(正军级)。

冯志祥能文善武,参加革命后,南征北战,参加过数十次战役和斗争,身上留下了13处伤疤。在著名的平型关大战中,不幸中弹负伤,右手食指、中指永远失去功能,造成终身残疾。伤好后,冯志祥一直苦练无名指扣扳机,继续立于抗战前线,直到逝世前,他的子女才看到他珍藏的"三等甲级"伤残军人荣誉证书。生活上,冯志祥节约朴实,待人诚恳,严于律己,教子有方。"作为战士,他是一名合格的兵;作为干部,他是一个严于律己的官;作为父亲,他是一位和蔼可亲的爸爸;作为人,他是光明磊落的人。"冯志祥的大儿子冯鲁延说,"父亲的离去,虽没留给我们一分钱财,却留下了无穷无尽的宝贵精神财富。"冯志祥于1964年7月离休,1987年8月13日在北京逝世,享年84岁。

【"最美逆行者"王燊】 王燊,男,1991年11月8日出生,义乌市佛堂镇竹园村人,共青团员。2009—2011年于武警浙江总队直属支队服役,其间获得个人嘉奖一次。2015年3月进入佛堂镇专职消防队工作,出警200余次,解救人员20人次,多次在义乌消防支队组织的比武竞赛中名列前茅,曾获2015年义乌市公安消防支队首届实战化业务比武竞赛第一名。

2016年11月18日晚,佛堂镇嘉博朗毯业有限公司突发火灾,有人员被困。当晚9点26分,佛堂专职消防队接到火灾报警电话后,值班的战斗一班班长王燊,以最快的速度带领队员们登上消防车,直奔现场。6分钟后赶到现场。发生火灾的为一幢6层高的钢混结构大楼,一至二层是丝制车间,三至六层是成品仓库和辅料仓库。着火点发生在仓库的西南角,开始时还是浓烟弥漫,燃烧物质主要是毛毯等易燃物。由于发生火灾的仓库存放着大量的易燃物品,火灾发生后,火势迅速蔓延。现场企业员工说,楼上有人员被困,可能在卫生间和电梯。王燊初步侦查火情后,即对施救工作作分工,他与副班长王炜一组,负责搜救、破拆、排烟等任务,冲进卫生间、电梯等处救人;一号水枪手和二号水枪手为一组沿楼层一路铺设水带进入火场。现场的时侯浓烟弥漫,温度高,视线差,但是王燊戴上空气呼吸器后毅然多次冲入火灾现场搜救被困人员。灭火期间大家清点人数时,发现最早冲进火场的王燊失去联络,无论是呼叫对讲机和拨打手机号码，王燊都没有任何回应。经6小时全力施救,次日凌晨4时40分火势得到控制,7时，大火被扑灭。大家立即组织人员进入仓库搜救,发现王燊倒在三楼的窗户边地上,大腿被倒下的铁架及货物压住。在场消防员将王燊送往医院后,虽经多方抢救,但王燊还是英勇牺牲，为消防事业、人民安全献出宝贵生命。12月25日,经省政府批准,在佛堂镇“11·18”火灾中牺牲的佛堂镇镇专职消防队员王燊被评为烈士。同月28日,根据《义乌市国家工作人员集体和个人奖励暂行办法》第五条第八款之规定,市政府决定给予王燊追记功一次。

【都市火魂邹宁浩】 邹宁浩，男,1987年9月2日出生，浙江武义县人,2005年12月入伍,中国共产党员,大专文化,生前系义乌市消防支队北苑中队战士(实际岗位为防火监督处消防宣传员)，武警上士警衔。2016年12月16日16时35分，洁康管业有限公司发生火灾,义乌市公安消防支队指挥中心接到报警后,立即调派北苑、稠江消防中队9辆消防车61名官兵，及12支专职消防队16辆消防车73名专职消防队员赶赴现场扑救,支队全勤指挥部遂行出动。邹宁浩主动请缨,立即携带宣传器材赶赴火场。各种沉闷的爆炸声不停地从起火建筑中传来,现场形势万分危急。全体参战官兵不顾自身安危,全副武装、及时设置水枪阵地，全力阻截火势蔓延。为更好地记录下现场真实情况，邹宁浩不断寻找最佳拍摄地点，经过侦察后,最终从1号楼东侧楼梯进入建筑二楼内部进行拍摄。由于火势异常猛烈,1号楼内堆积的都是塑料等可燃物品，火灾负荷较大，大火迅速从2号楼向北蔓延至1号楼。最终邹宁浩无法第一时间撤出，倒在岗位上。

在一般人印象中,消防战士的职责就是“救火、救人”。但在消防队伍中还有一类人,他们需要冲在最前面，拍摄作战全程，报告灭火情况，绘制作战图纸，他们的岗位叫“火场文书”。邹宁浩就是这样的一名“火场文书”，一名消防宣传战线的“战斗员”。他用另一种武器——笔和相机，让群众“重视消防,远离火患”。在消防宣传阵地上8年,邹宁浩先后在《人民日报》《工人日报》《新华每日电讯》等媒体发表报道3万余篇,拍摄的多个灭火救援现场的视频被中央电视台制作成专题播出,与中央人民广播电台也进行多次连线。2次被公安部消防局评为“全国消防部队优秀报道员”,3次被浙江省消防总队评为“全省消防部队宣传报道先进个人”，立个人三等功一次。2014年,邹宁浩被金华市文明办评为“金华好人”;2015年,被义乌市文明办评为“优秀志愿者”,被《走近中国消防》栏目评为2015年度宣传报道优秀通讯员。2016年11月9日,由邹宁浩编撰的义乌市首本消防题材类书籍《都市火魂》出版发行，全书共183页11万字，系统总结他近10年来消防新闻写作的经验及优秀报道案例,供全国的报道员学习参考。12月19日,邹宁浩被省公安厅追记一等功并批准为优秀共产党员,并被公安部批准为革命烈士并授予“献身国防”金质纪念章;同月26日，被共青团浙江省委追授“浙江青年五四奖章”;30日,被省人民政府追授“人民卫士”称号;2017年3月2日,被中央文明办评为“中国好人”。

（郑桂娟）

外国商人在义乌

【在义乌实现自己梦想的法国商人扬】 扬(Yann),男,1980年生,法国人。扬来自法国西部的拉罗谢尔。2001年,扬在法国修完法学硕士后，选择继续攻读MBA学位，并在学校提供的英国、日本、中国3个国家交流生机会中,选择了中国。2002年3月，扬和他的10名同学前往中国江西省南昌大学交流,后在上海实习。2003年,扬回到法国,完成MBA学业，进到当地一家与中国有贸易往来的公司工作。2004年2—4月,扬因业务需要，经常在上海、安徽安庆、浙江义乌3地奔波,对义乌市场有了进一步的了解。5月,扬所在的公司决定让他留在义乌,从此扬正式入驻义乌。6月,扬建立一家法国网站,主要介绍义乌,并定期更新自己到义乌的所见所闻，同时推荐价廉物美的义乌小商品给法国人。当时,法国乃至整个欧洲都很少有人知道义乌，扬的网站偶然引起法国一家电视台的关注，并在一期专门介绍义乌的节目中提到了扬的网站。媒体的报道，让扬的网站由1个星期200人的浏览量，提升到了1天6000人的访问量，1周就有200个客户向他询价。同时，在Google搜索义乌的法文网站，扬的网站排在首位。在义乌批发价几元的产品，在欧洲要卖几欧元甚至更高，扬从中嗅到了商机，2005年，在法国注册公司的同时，扬在义乌开了家办事处，专门为法国和欧洲客商服务。扬坚持每天更新网站，一开始只有法国人来光顾，后来欧洲其他国家的采购商也主动联系采购业务。2011年，扬正式在义乌注册外贸公司，进一步扩大公司规模。2015年，扬加入义乌"世界商人之家"，并成为行动委员会委员，每周举办小规模的聚会。同时，扬是尚凡运动俱乐部跑步俱乐部的队长，每周组织俱乐部成员一起跑步。义乌国际马拉松比赛中，扬组织成员20人参加全程马拉松，60人参加迷你马拉松。随着义乌市场集聚优势越来越明显，价廉物美的饰品、家居用品等义乌小商品，在欧洲很受欢迎。至2017年，扬的生意覆盖欧洲、加拿大等地区。事业在义乌，生活在义乌，家人在义乌，扬已在此扎根。

【把异国风味带到义乌的土耳其奥兹坎】 奥兹坎·塞泽尔，男，1977年生，土耳其人。到义乌之前是德国职业足球联赛的一名职业足球运动员，一次训练中的意外受伤，让奥兹坎陷入迷茫。奥兹坎的家族在土耳其有20余年经营餐馆的经验，其哥哥在中国广州的餐馆已经营10年，在奥兹坎对未来生活无从选择时，哥哥建议他来义乌开餐厅。2009年，奥兹坎带着新婚妻子抵达义乌，经过考察，决定在离义乌国际商贸城不远的稠州北路上开出第一家餐厅"苏坦餐厅"，餐厅以伊斯兰的建筑风格进行装修，店里服务员身着中东服饰。陌生的城市，陌生的人群，以及两国之间不同的文化差异，让奥兹坎的义乌生活开展得不太顺利。开餐厅过程中，语言以及文化差异，导致员工流动频繁。为了解决语言障碍，他特地聘请了精通中英文的经理，组织全体员工开展双语培训。并手把手教厨师以及服务员怎样提高服务质量，要求厨师不仅要给客人提供味觉享受，更要注重营养搭配。经过一系列举措，"苏坦餐厅"里的中国厨师已完全能与土耳其本土厨师媲美，服务员也安定了下来。客人来餐厅能吃到最地道的土耳其美食，享受优质的服务。"苏坦餐厅"提供传统的土耳其烧烤、土耳其特色咖啡、各类甜品以及适合义乌人口味的小羊砂锅菜、小鸡砂锅菜、香草酱油烤小鸡等，餐厅的调料和配料都是从土耳其进口。奥兹坎对餐厅管理要求严格，每天，奥兹坎夫妻俩巡视店面、组织管理服务、还要监控食品质量，以及烤肉的肥瘦比、炖汤的火候等。每次出新品，奥兹坎都会先品尝，过关后，才会出现在菜单里。2016年，奥兹坎签约成为土耳其国民品牌MADO冰淇淋代理，并在义乌开出首家冰淇淋主题的MADO西餐厅，冰淇淋的原料都是通过海运进口，一般需要25天左右，通过铁路运输可以节省10天时间。同年，奥兹坎加入义乌"世界商人之家"，并成为行动委员会委员。2017年，奥兹坎的第二家MADO西餐厅在金融丝路小镇开业。至年底，两家店日均客流量达到500～1000人。奥兹坎规划利用"义新欧"中欧班列扩大原材料进口，继续在义乌创办一家土耳其品牌的冰淇淋厂，争取在全国各大城市开1000家分店。

（楼向华）

【为义乌与非洲友谊搭桥的苏丹艾哈迈德】 艾哈迈德（AhmedAbuzaidAli Tirkawy），苏丹人。全家有兄弟姐妹13个，他排行老七。他的家族多年在苏丹首都喀土穆经营布料生意。2001年，家族打算在喀土穆开办1家纺织工厂，大学毕业的艾哈迈德遵循长辈安排，申请到上海东华大学攻读纺织类硕士学位。2003年，刚到上海不久的艾哈迈德接触了很多在中国经商的苏丹商人，也跟着这些朋友辗转广州、义乌、绍兴柯桥等地考察市场。艾哈迈德就在柯桥成立1家外贸公司，专门从事布料采购并运往苏丹，但他很快发现在义乌的市场，除布料之外，日用品、五金、小家电、饰品、工艺品、鞋子、围巾等各种各样的商品都可以买到。2004年7月，艾哈迈德在义乌成立蓝月贸易商行，专门从事进出口贸易。刚成立蓝月的时候，公司只有艾哈迈德一人，接单、采购、验货、发货都由1人完成。由于艾哈迈德懂中文，做生意讲信誉，在市场采购、发货速度很快，蓝月贸易商行的口碑在非洲传开了，越来越多来自苏丹、埃及、阿尔及利亚等国的客户开始与艾哈迈德合作。随着生意的逐步扩大，艾哈迈德一开始雇了2名翻译帮忙，随后又逐步增加人手。蓝月贸易商行日益发展壮大，1个月最少要发20余个集装箱柜，生意好的时候最多要发60余个集装箱柜。艾哈迈德经商之路并不一帆风顺。2010年，1艘由大多数常驻义乌的苏丹商人和也门商人共同组货的货轮刚出港口就在海里翻沉，所有货物付之东流，仅艾哈迈德的蓝月贸易商行损失的货物价值就达500余万元人民币。船上所有货物都没有投过保险，苏丹那边的客户拿不到货，义乌市场这边的经营户又等着结账，所有损失只能由客商承担。艾哈迈德不得不自己垫资还清所有货款，并致电苏丹的客户解释原由，重新发货。而此时，一些没有能力支付货款的苏丹商人跑回苏丹，艾哈迈德挺身而出，帮助市场经营户逐一联系到回苏丹的商人，追回全部或部分货款，大大减少经营户的损失。此后，艾哈迈德讲义气、爱帮人的名声在市场上流传开来，但凡有苏丹商人在市场采购时遇到难题，都爱找艾哈迈德居中调解。2013年9月，艾哈迈德组织在义乌的苏丹商人，在义乌举办第一届苏丹文化博览会，展览形式多样的“苏丹制造”木雕件和手工饰品，精心制作宣传展板展示苏丹特有的文化传统。从此，义乌苏丹商会每年都会举办苏丹文化节，常驻义乌的苏丹外商、外籍友人和中国朋友，在文化节期间欢聚一堂。在艾哈迈德努力下，义乌苏丹商会先后成功邀请到苏丹前国家元首达哈卜、苏丹投资部长、苏丹内阁事务部长和大使馆官员到访义乌，并与苏丹驻华大使馆举办苏丹投资论坛，推进义乌与苏丹的友谊与经贸交往。苏丹驻华大使馆参赞拉希德评价艾哈迈德：“艾哈迈德配合苏丹驻华大使馆处理各种事宜，解决各种存在的问题，同时也是个事迹卓著的大好人。”2015年4月，艾哈迈德受邀加入义乌市涉外纠纷人民调解委员会，成为1名外籍调解员。他在这里充分发挥善于调解纠纷的特长，帮市场经营户收回300余万元的货款。艾哈迈德积极参与公益事业，同年5月，他以志愿者的身份参加浙江大学医学院附属第一医院举办的埃博拉病毒疫苗试验，确认医学界对此疫苗在非洲人中的安全性，并收到李兰娟院士的感谢信。6月，义乌世界商人之家成立，艾哈迈德成为义乌世界商人之家行动委员会中的一员，还参加旭日公益俱乐部。只要有时间，他都会和旭日公益俱乐部的会员们一起造访义乌养老院、福利院，为中国的老人和孩子们送去温暖和欢乐。

随着义乌国际贸易的迅猛发展，越来越多的苏丹人来义乌经营贸易。2007年，在义乌做生意的苏丹商人已经超过50人，他们自发组织义乌苏丹社区。至2016年12月底，常驻义乌的苏丹商人超过200人。作为义乌苏丹社区的负责人，艾哈迈德经常给初到义乌的苏丹人提供义务帮助，带他们到义乌国际贸易服务中心，协助办理营业执照、签证等相关业务。为让更多的义乌人了解苏丹，艾哈迈德除在义乌做生意以外，还致力于推动苏丹和义乌之间的经贸文化交流。他坦言，在义乌生活这么多年，已经十分了解义乌，因此有义务向非洲推介义乌。“我希望自己成为一座‘桥’，一座连接义乌与非洲的‘桥’。”

【做义乌与韩国之间“红娘”的韩国韩基正】 韩基正，韩国人。32岁开始创业，做文具、饰品批发生意，到过巴基斯坦等很多国家，但最后选择了中国。一开始，韩基正的货源地主要在广州、北京、上海等地。但后来他发现，这些批发商总是会跟他提及义乌。“义乌在哪里？”听到朋友对义乌的不吝溢美之词，韩基正心动不已。在多方打听后，1999年，韩基正终于来到义乌。一踏进市场，望着眼前品种各异、价廉物美的商品，韩基正被深深震撼。“我以前跑那么多地方去找货源，现在义乌一个市场就‘承包’了。”韩基正说。从此以后，韩基正就开始在义乌市场采购货物，再发货到首尔，为此经常两地跑。两地奔波使人疲惫,但韩基正的生意却越做越大,他对义乌小商品市场的发展前景充满期待。2004年,韩基正把在首尔的企业转给他人,自己则留在义乌发展。因为在义乌让他看到发展商机:同样的商品,在韩国市场价格就可以翻10倍,品种也比以前丰富很多。2006年,韩基正加入韩国商会,致力于为在义韩商服务。从一开始做杂货的部长到副会长,到2013年正式出任会长,尽管生意繁忙,但韩基正尽心尽职。韩基正说:对于许多在义乌的韩国人来说,韩国商会是他们的'娘家',是他们的温暖港湾、交友俱乐部,甚至是做生意的平台。至今韩国商会成立10余年来,已组织10届义乌韩国人运动会,在每年12月,商会还会组织诸如"韩国人之夜"等晚会活动。每年商会都会组织在义韩国人开展捡垃圾等公益活动。此外,商会结对30—50家义乌困难家庭,给他们送去一些必要的生活用品。2013年,得知义乌要在篁园市场建韩国商品馆,韩基正主动当起韩国联络员,帮助商家与韩国方面洽谈对接。为让更多韩国人了解义乌,韩基正跑遍韩国各大中小城市,举办义乌说明会,邀请中小企业到义乌考察参展。2015年义乌进口商品博览会期间,韩基正邀请50余家韩国的企业参展。现在韩基正不仅在义乌有一个温馨的家,儿女也在中国读完大学,每年在义乌的生活时间长达11个月。

对义乌而言,韩商是最早到义乌市场掘金的,至2016年12月底,常驻义乌韩商有5000余人。除生意之外,韩商的业余生活也很丰富,义乌大大小小街头有150余家韩国料理店可供他们去品尝美味。

【架设经商桥梁的阿富汗金飞】

金飞(QayoumAzimi),阿富汗人。来自阿富汗帕尔旺省,出身在经商世家。20世纪80年代,金飞家族就通过谷歌购买中国商品,那时种类不多,以自行车、门锁、缝纫机等商品为主。但是,随着中阿经贸往来的日益密切,越来越多的中国商品出现在阿富汗的集市上。1998年,在朋友帮助下,年轻的金飞凭着一股闯劲,克服重重困难,辗转来到义乌。义乌市场琳琅满目的小商品让人目不暇接,也让初来乍到的金飞产生浓厚兴趣。金飞第一次到义乌就待了整整2个星期,选购了2个货柜价值5万美元的商品回去。从此,金飞每隔一段时间就会到义乌采购,并且往返次数越来越多。巨大的发展机遇,最终使金飞决定在义乌成立外贸公司。2004年,金飞的外贸公司正式开张。多年下来,生意一直顺风顺水。凭着诚信和敢闯敢拼的精神,现在金飞已在义乌创立2家公司,在广州和上海也都建有分公司。对金飞而言,在义乌他不仅收获了生意伙伴,也结交到许多中国朋友。为让更多的义乌人了解阿富汗,金飞除在义乌做生意以外,致力于推动阿富汗和义乌之间的经贸文化交流。"我希望自己成为一座桥,一座连接义乌与阿富汗的桥。"在金飞努力下,阿富汗商务部官员、驻华大使都曾到义乌访问,推进义乌与阿富汗的友谊与经贸交往。此外,金飞也不遗余力地在义乌宣传阿富汗文化。2015年6月,义乌世界商人之家成立,金飞成为义乌世界商人之家行动委员会会员,积极参加旭日公益俱乐部。只要有时间,他都会和旭日公益俱乐部的会员们一起做公益。至2016年12月底,在义乌经商的阿富汗人有600余人。这些人中,至少有100余人是通过金飞架设的这座桥来到义乌的。

【怀揣义乌情缘的伊朗"老娘舅"哈米】 哈米,伊朗人。是义乌第一家由外国人创办并拥有进出口权的外贸公司负责人,此外,他还是社区消防安全宣传员,会说6国语言的社区"老娘舅",义乌十大好人之一。2003年,20岁出头的哈米离开家乡来到中国。来义乌之前,哈米在中国的落脚点是北京。因为生意上的来往,在北京居住的几年里,哈米几乎每个月都要来一趟浙江,到杭州、义乌等地采购货物。虽然待在义乌时间不长,但义乌的发展速度却让他吃惊。一次次的往返,一次次的惊讶,哈米逐渐萌生到义乌发展的想法。2006年,哈米向妻子和朋友提出到义乌发展的想法,遭到大家的质疑。最终,哈米说服一众反对的亲朋好友,南下义乌寻找商机。2007年,哈米成立义乌市第一家由外国人创办并拥有进出口权的外贸公司。10余年打拼,哈米的公司已在中国、伊朗、法国的多个城市开展业务，同时也扩展到北美洲等地区。每月，仅地面砖一项业务就要向伊朗国内发出 50 个集装箱。2016 年 1 月 28 日，载着义乌小商品的首趟“义乌—德黑兰”货运班列从铁路义乌西站启程，奔赴伊朗首都德黑兰。这一国际货运班列的开通运营，给哈米带来新的发展机遇。以后发往伊朗的商品可以搭乘这一班列直抵德黑兰，省去不少中间环节，大大提高运输速度。同年 5 月，在中国义乌进口商品博览会上，哈米组织 10 余家伊朗优质企业参展，带来纯天然手工红花、造型精美的波斯地毯、原汁原味的蜂巢蜂蜜等伊朗特色商品，并参加世界商人之家万国巡演。

哈米现任义乌伊朗商会会长，他不遗余力地帮助伊朗人在义乌更好地创业生活。在哈米牵头组织下，商会与义乌 30 余名律师进行合作，定期开展免费法律援助，并建立微信朋友圈，实时解答伊朗人在义碰到的法律问题。为更好地融入义乌，会多国语言的哈米当起社区志愿者，定期参与社区的治安、消防巡查，积极参与调解。社区居民与租住在此的外国人碰上语言不通时，他会热情地充当翻译。因为这份热心肠，哈米成为社区的居民议事会成员，还作为列席代表参加 2016 年的“两会”。至 2016 年 12 月底，义乌有 300 余名伊朗人，大家如果遇到问题都会来找哈米，小到买 IP 电话卡，大到申请注册公司。哈米常常和朋友说，我们选择在义乌生活，就要学会适应这里的生活方式，融入这里的生活圈子。

（陈子华）

【从英语外教到生意老手的英国奈杰尔】 奈杰尔（Nigel），英国人。来义乌之前，奈杰尔在澳大利亚悉尼工作、生活了 4 年。奈杰尔热衷中国的历史和文化，加之中国经济蒸蒸日上，于是决定去中国教英语。很快，奈杰尔完成相应课程的学习并通过考试，中国一家英语培训机构向他抛来橄榄枝。奈杰尔认为在上海、广州等大城市发展能够帮助积累更为丰富的经验。然而，当他来到这家培训机构位于上海的总部时，却被告知去义乌任教。对义乌一无所知，让奈杰尔并不看好这个城市。2005 年 1 月 5 日，一趟来自上海的火车驶入义乌老火车站的站台，英国人奈杰尔拖着行李跟随人群下了火车，大高个、白皮肤的他在人群中格外显眼。走出火车站，奈杰尔与义乌这座城市的缘分也由此展开。回想当初，他根本不会想到自己有一天会深深爱上这座小城市，不仅事业干得红红火火，还成了义乌女婿，找到实实在在的幸福。在培训机构授课期间，奈杰尔一边教英语一边感受着义乌当地的人文风情。他发现义乌人学英语的积极性非常高。很多来学英语的学员都是在市场里做生意的经营户或者家里办着工厂的企业主，这群特殊的学员白天忙着做生意、管工厂，甚至没有周末，只有利用晚上的休息时间学习英语。在教英语的过程中，绅士又幽默的奈杰尔深得学员们的喜爱，不少学员都成为他的好朋友。平时他们也会教奈杰尔一些生意经。耳濡目染下，奈杰尔开始关注义乌小商品市场，而义乌浓厚的商业氛围更是让他对这座小城市渐渐有了好感，“义乌市场真的遍地商机，也许你不经意间选择的一款产品就可能带来财富，每天你会遇见形形色色的人，跟他们打交道、做生意，这样忙碌、充实的状态真是太棒了！”奈杰尔希望自己也能参与其中，跟着这座城市一起发光发热。2008 年，奈杰尔在义乌创办了自己的外贸公司——义乌市环德进出口有限公司，正式开始借力义乌市场，把琳琅满目的小商品出口到澳大利亚、美国、英国、西班牙等国家。伴随义乌市场的发展，奈杰尔的公司也不断壮大，员工数量从最初的 3 人增加到 2016 年的 20 余人，仓储面积也不断扩大。除了事业蒸蒸日上，奈杰尔的家庭生活也融入义乌，奈杰尔的妻子吴芹燕原先是国际商贸城的一位经营户，俩人在英语培训过程中结识。随着义乌外商不断增加，为了给他们提供较为纯正的西式美食，2012 年，奈杰尔和妻子一起开了谛诺西餐厅，独特的风格加上地道的美食，使谛诺西餐厅在义乌外商圈子里小有名气。现在，奈杰尔已经深深爱上义乌这座城市，“相比家乡伦敦，我还是更喜欢热闹的义乌，伦敦太安静了，回去没呆上几天就会觉得很无聊。”除经商外，奈杰尔积极组织社会活动，他是义乌世界商人之家行动委员会委员和尚凡运动俱乐部 CEO，组建了骑行队、羽毛球队、足球队、橄榄球队，经常开展体育比赛和公益活动，为外商提供相互交流、增进友谊的机会。

【与义乌“一见倾心”的加拿大费雷斯】 费雷斯，加拿大人，来自加拿大第二大城市蒙特利尔，会说英语和法语，是在义乌为数不多的加拿大外商之一。20 世纪 90 年代初，他放弃在当地人眼中非常体面的邮局业务员工作，向银行申请 5000 美元贷款，踏上经商之路。此时义乌小商品在蒙特利尔并不像现在这样享有盛名，“中国制造”更多来自中国台湾。很快，费雷斯在台湾收获了创业的“第一桶金”。2001 年，费雷斯在广交会上知道有一座叫义乌的城市，那里东西价廉物美、品种繁多。他迫不及待地赶到义乌考察市场。那时，义乌国际商贸城还在建设。篁园市场里人山人海，空气中弥漫着生意的味道。物美价廉的商品，灵活多样的采购方式，让费雷斯“一见倾心”。经过 2 个月的市场调研，费雷斯决定到义乌发展。2003 年，费雷斯进行角色转换，不再当一名普通的采购商，在义乌成立了办事处，专门从事围巾、玩具、礼品袋等的出口贸易。作为较早一批“掘金”义乌的加拿大商人，费雷斯抢占先机。和义乌很多外贸公司不同，费雷斯一直采取现金交易，从不赊账。这种方式让他积累了更多货源，客户日益增多，生意日渐红火。但在 2009 年，费雷斯遭遇一次生意危机。受一位客人破产影响，费雷斯的公司一下子亏损 170 万元。他濒临破产边缘。2010 年，费雷斯重整旗鼓，从小做起，凭借前期积累的好口碑，重新走上正轨。现在费雷斯的生意版图越扩越大，在绍兴、香港等不少地方都开设了分公司。对义乌市场的前景，作为“新义乌人”的费雷斯充满信心。义乌市场环境越来越好，小商品质量在不断提升，逐渐走向中高端市场，原先以价格优势吸引客户的方式也在发生改变，越来越多的工厂开始做市场细分，和外商的交流互动也越来越多，外商对产品的想法、建议，马上就能实现。费雷斯在经商之外，也乐当义乌“洋雷锋”。每年，费雷斯至少有 8 个月的时间在义乌。他说，这里是自己的家，希望尽己所能为义乌做些事。每周六是费雷斯和他的朋友们的公益活动日。有空的时候，费雷斯会和朋友去福利院看望需要帮助的孩子，还会和朋友去农村的老人院，给老人们送去被子、保温杯等日常用品。费雷斯自己在福利院认领了孩子。2015 年 6 月世界商人之家成立以后，费雷斯不仅认识更多的中外友人，还担当起旗下尚凡运动俱乐部骑行队队长一职。为便于组织活动，专门组建微信群，里面共有来自世界 30 余个国家的 62 位外籍骑行爱好者，每周都会组织骑行活动。同年 9 月，义乌举行首个国际学雷锋文明出行日活动，费雷斯带着他的骑行队参与其中，以绕城环保骑行等方式，争当国际“活雷锋”志愿者，向中外居民倡导文明出行。12 月底，费雷斯还为义乌雷锋事迹展览馆发起募捐活动，表示自己就想当“雷锋”。

（李丽莉）

【义乌成就财富梦的马里希拉】 希拉，马里人。2000 年，希拉第一次到中国，在广州某外贸公司工作。在宁波出差的途中，偶然听阿富汗朋友说起，义乌是小商品的海洋，生活中需要的商品都可以找到。2001 年 3 月，希拉来到义乌，琳琅满目的小商品，看得他眼花缭乱，令他非常惊异。那时候非洲的不少客户处于起步发展阶段，没有大笔的资金，每一个柜只拿一部分货，而义乌市场一个集装箱柜可以装六七种商品，这使他们在义乌做生意很方便。同年 9 月，希拉在义乌成立自己的外贸公司，为非洲多个国家客商提供商品采购服务，得益于义乌市场的良好发展，公司建立两年，希拉的客户就达到 100 余人，外贸生意遍及非洲各个国家。2008 年，希拉的外贸生意越做越大，在上海成立进出口公司，此后又在唐山开办分公司。至 2016 年，希拉同时管理 3 家公司，将义乌的商品带到东非、肯尼亚、马里、加纳、科特迪瓦等众多非洲国家以及南美等地。生意最好的时候，希拉每个月要从义乌出口将近 800 个标准货柜。2001—2016 年，希拉见证了义乌市场成长的每一步，并将义乌这张贸易“金”名片不断发往非洲各个国家。他一方面将义乌市场优质的商品带到非洲国家，传播中华文化；另一方面，积极发展进口贸易，将非洲咖啡、巧克力等特色商品进口到中国。希拉一家六口都在义乌生活，4个孩子中3个孩子都是出生在中国，从未回过非洲，孩子们都会说普通话，除了皮肤是黑色的，其他跟义乌孩子没有差别。义乌成了希拉第二个“家”，正是因为对“家”的热爱，希拉在事业之外尽自己所能为义乌发展贡献自己的力量。2014年2月至2015年8月，希拉任义乌涉外纠纷人民调解委员会外籍调解员期间，成功调解外籍商人客户和经营户间发生的货源、质量、服务、资金、合同等纠纷50余件。2015年，加入义乌“世界商人之家”组织旗下的旭日公益俱乐部和丝路文化俱乐部，并在“世界商人之家”担任行动委员会委员，牵头组织“世界商人之家”成员共300余人前往义乌养老院，向年迈孤独的老人送去祝福，为老人表演节目、唱歌、跳舞。2016年4月，希拉带领朋友去往贫困学校，为孩子们送上书包和文具。

【扎根义乌14年的毛里塔尼亚西德】 西德，毛里塔尼亚人，义乌毛里塔尼亚商会会长。西德和很多非洲有志青年一样，怀揣“淘金梦”而来，在义乌这座异国繁华小城摸爬滚打，将自己的梦想和中国梦紧紧联系在一起。1994年，19岁的西德，被公派到中国留学，在北京学了一年语言。之后，到大连海事大学学习船舶驾驶，航运管理专业研究生毕业后就职于海运公司。在海运公司上班期间，西德接触到不少来自毛里塔尼亚的商人，这些商人想到中国采购商品，但是苦于不会说中文。会说汉语的西德成了商人们追捧的对象，西德帮助他们在中国采购商品，帮他们找相应的工厂，帮他们与客户沟通。来来往往中，西德萌生了自主创业的念头。2000年，西德从中国朋友处了解到义乌的情况，立即踏上赴义乌的旅途。不曾想，“掘金”的种子就此播下。西德去过中国很多地方，却认为义乌市场最适合非洲。义乌市场的商品丰富多样、物美价廉，更重要的是品种和档次的选择空间很大，能满足不同层次的需要，可以解决“一货一柜”的问题。此外，中国商品在非洲很受欢迎，毛里塔尼亚的小商品全部是“中国制造”。2001年，怀揣着5万美元，西德在义乌正式经商，分别在毛里塔尼亚成立自己的外贸公司和义乌办事处，一个作为在毛里塔尼亚的商品推广基地，另一个则是中国的采购总部。从刚开始只能聘用临时雇员，到公司规模稳步扩大，对于自己事业的发展，西德很感激义乌的发展所提供的机遇。经过10余年的打拼，西德的生意已基本覆盖非洲西北部地区，包括摩洛哥、阿尔及利亚、冈比亚等国家。每个月，西德都会采购至少5个集装箱的商品发往非洲，价值不少于300万元。在义乌经商生活期间，西德还学会了一口顺溜的义乌话，在西德的心里，早已把自己当作一名义乌人。这里有阿拉伯风味的餐厅，有清真寺，有阿拉伯人开的理发店，由于来自阿拉伯的人很多，大家的生活习惯都差不多，平时交流、活动都没有问题。他熟悉这里的一切，觉得这里和毛里塔尼亚国内没什么区别，是一个适合生活的地方。西德头脑灵活、性格沉稳，被推选为义乌毛里塔尼亚商会会长。他积极参与各项社会活动，组织毛里塔尼亚商人参加义乌国际马拉松赛、“义博会”等活动。他更愿意成为毛里塔尼亚和义乌之间的使者，安排接待了多名毛里塔尼亚政府官员到义乌考察访问，让更多的人了解义乌。

（郑桂娟）

【把义乌当成“第二故乡”印度的菲利普】 菲利普，1962年出生，印度孟买人，家族一直在迪拜做转口贸易。90年代初期，菲利普来到香港，把中国广东、江苏、福建的商品卖到北美洲和中东地区。2002年，菲利普在广交会上听说义乌小商品种类齐全、价格便宜，辗转来到义乌。从那以后，他就爱上了义乌，把生意重点转向义乌，一年出口上百个货柜的小商品。2010年，义乌国际商贸城进口商品馆建成投入使用，政策很优惠，菲利普得知后递交了申请。2012年，菲利普拿到进口商品馆位于二街的一间店铺，取名为“不可思议的印度”，并用一年时间纯手工打造美轮美奂的异国风情。他把印度迈索尔Amba Vilasa大皇宫的彩色玻璃天花板、意大利大理石立柱、印度吉祥物大象等，都以金黄、靛青、银粉加以勾勒，整个店铺像一个微型皇宫。同时，他把公司总部从香港搬到义乌，成立外商独资企业义乌市皮艾仕梵兄贸易有限公司，主要经营印度香皂和印度香，并取得创办50年的印度高端品牌熏香真理香（SAYTA）全球总代理资格。他经营的迈索尔香皂是英国伊丽莎白女王指定使用的檀香精油皂。2014年8月，菲利普写了一封信《致我的第二故乡》，就义乌交通、路面标识、建立外国学校和外国人医院、举办义乌购物节等11个方面提出建议，并向相关部门献计献策，比如举办进口商品展、增设英文路标、分流交通治堵、举行国际马拉松赛等。此信被刊登在义乌媒体上。同年11月20日，中国国家总理李克强到义乌视察，期间接见了菲利普，这是总理接见的唯一一名外商。李克强说，既然是外商代表，那就是义乌人了。这让菲利普留在中国的决心更加坚定，想成为中国发展的一分子，贡献自己的一分力量。11月，义乌B型保税物流中心启用，菲利普成为首批入驻的商人。义乌保税物流中心具有允许货物拼柜的优势，使檀香、精油、香皂这类小笔订单通过货物拼柜的方式发货，解决了菲利普的后顾之忧。2015年，菲利普被评为"感动义乌年度人物"；同年，作为嘉宾，他被邀请参加"丝绸之路经济带城市国际论坛2015"。菲利普深爱义乌这片热土，义乌是他的"第二故乡"。自16年前第一次来到义乌，菲利普见证了义乌这些年的发展。他说，义乌市场有不可替代的优势，来自全国各地的产品，从义乌进货再卖到全世界，非常便捷；义乌城市虽小，却到处都是中餐厅、西餐厅、印度餐厅以及各种风味的餐厅，国际化程度非常高，便于外商留下来创业。

（金晓玲）

义乌兵故事

【《义乌兵故事》出版】 11月，《义乌丛书》系列之《义乌兵故事》由上海人民出版社出版。全书20.2万字，由义乌丛书编辑部主编，记录97个义乌兵的故事。以史实为基础，将民间流传或史书记载的部分义乌兵事迹收集于此书，通过征战中的各种故事，表现义乌兵众志成城、团结御外的民族气节和大无畏的英雄主义精神。

（李丽莉）

【戚继光三箭镇倭寇】 明嘉靖三十五年（1556）8月，戚继光刚担任参将，担负宁波、绍兴、台州三府抗倭任务。听说倭寇乘30余只船，抢掠龙山所、邱王、蟹浦一带，参将卢镗，副使许东望、王询、把总卢琦1万余人抗御，戚继光即驰往高家楼等待敌人。

慈溪城北有个龙山所城，是倭寇经常出没的地方，又是海边一个重要的军事据点。那天，被胡宗宪打败的徐海部800余名倭寇，在海边登陆后，杀气腾腾，直奔伏龙山和邱王岭而来，企图两面夹击，一举攻占龙山所城，占据富庶之地，实现他们靠抢掠发财的梦想。

邱王村守将潘大勇一面命人点燃烽火向沿海守军报警，一面率部在倭寇的必经之路——邱王村北的小山上摆开了阵势，迎战倭寇。倭寇仗着人多势众，蜂拥而来。潘大勇身先士卒，率部截杀。由于敌众我寡，激战几个时辰后，官军伤亡越来越大，潘大勇也身受重伤，明军阵脚大乱，开始纷纷后退。

就在这节骨眼上，戚参将率部击退了另一股倭寇，率百余名骑兵赶来接应，一见潘大勇部后退，情势非常危急，他把手中的长枪"扑"地一下插在地上，取出背着的硬弓，伸手从箭壶里掏出一支雕翎箭来。

跟在身边的军校一看，心想："戚将军怕是急疯了吧，这儿离山下起码有两百步远，箭怎么可能射得到呢？"

只见戚继光定气凝神，两膀齐用劲，把硬弓拉成了满弦月，身子不晃，手不抖，星目圆睁，屏气凝神，然后只听得弓弦"啪"的一声响，一支箭似流星，快如闪电，只见突入明军队伍最深的一个倭寇小头目应声倒地，倭寇的这支小队马上乱了。

戚继光气定神闲，又嗖嗖两箭，倭寇另外两个小头目又应声倒地。倭寇的3个头领送命，川字形的3支队伍就乱了。这时中军按戚继光的将令下令反攻，于是明军又潮水一样地涌上去，倭寇才不得不转身逃跑。

在他的指挥下，官军重整旗鼓，组织反攻。附近村庄的百姓也拿着刀棒赶来参战助阵。倭寇没了头领，群龙无首，哪里还敢恋战，纷纷败逃。这就是首捷高家楼。

战斗结束后，当地百姓把这座小山称为“苦战岭”，戚继光“三箭射三酋，三箭镇倭寇”的故事也在民间传开了。

正因为当时明军训练无素，战斗力不够强，1万余人的军队还打不过800人，若无戚继光的三箭，恐怕还会被倭寇冲散，这才引起参将戚继光的深思，决心寻找好的兵源，训练新军，组建自己的部队，通过严格的练兵、练将、练心，使之成为一支能征善战，战之能胜的威武之师。

（李丽莉）

【戚继光练军义乌兵】 戚继光在义乌征兵4000人，组成戚家军。义乌兵集合之后，曾在磐安的夹溪寨训练过一段时间。嘉靖三十四年(1555)金华兵备副使刘悫在夹溪建立营寨防倭。义乌兵被招之后此寨正好派上用场。现在还留有石砌寨门。

戚继光认为义乌人“性杂于机诈勇锐之间，尤事血气，一战之外，犹能再奋，但不听号令，胜则直前不顾”。征召来的义乌兵，都是好材料，但勇敢有余，智谋不足；自负有余，谦恭不足。“不患其不强，而患其不驯；不患其不胜，而患其骄矜”。只要加以严格训练，定能成为一支精兵。义乌兵入伍之后，戚继光照例进行训话。他的讲话稿则是根据自己战斗实践总结出来的《纪效新书》。他对新兵们说：“诸位都听着，当兵练武不是你应付官家的公事，你是来当兵，杀贼救命的。你武艺高，杀了贼，贼杀不了你；你武艺不如他，贼便杀了你，若不学武艺，岂不变成不要性命的傻瓜？所以，你来当兵，首先得练兵，包括束伍、号令、武艺、战术，一一都要学习，要一丝不苟地执行。兵众而不知律，必为寇所乘，纪律很重要，包括民众纪律、战场纪律，对俘虏的纪律等等。你们一定要懂得执行这些纪律的道理。同时你们还要练胆气，练胆气乃练兵之本，气发于外，根之于心，练心则气自壮，大家要具有亲上死长、卫国保民、视敌如仇、视死如归之心。当然，无论是练兵，还是练胆气、练心，要以爱护、教育、感召为主要手段。但是，还必须以赏罚为辅助手段。如有违犯，坚决依法惩治。该赏的即使与将领有旧仇新怨，也要赏，违犯军令，就是亲子侄，也要依法惩处。如果记不牢这些，就莫怪我戚某不讲情面了。”

作为刚入伍的新兵，也许会把这训话当作耳边风，戚继光也没有指望他们会自觉自愿照着去做，但是，他有的是办法。对于不认真学习训练，记不住束伍、号令、纪律等等军令的，他的办法之一是打屁股。当然，这打屁股并非像如今父母对犯有过错的宝贝孩子那样，隔着衣裤不痛不痒地拍打屁股，那是得扒掉裤子，由执法官用结实的木棍贴着皮肉狠狠抽打，且痛得让你哭爹喊娘，直喊记住为止。

戚继光的这个赏罚条例确实很管用。学习开始了，你不识字不要紧，教官会一一教你。比如学“束伍”，每个士兵都要记住自己所在队伍的位置、职责、隶属关系等等。如果站队时走错了队列，转向时转错了方向，那就得挨打屁股了；比如学“号令”，你把擂鼓当作收兵，把鸣金当作前进，对不起，那也得挨屁股。至于学武艺，那更不是闹着玩的。为促使大家熟练地记住《纪效新书》之中的相关内容，戚继光还有更绝的一招。那就是学习一个阶段后，就进行一次考核，考核的办法就是双方对打，打赢了对方有奖，打不赢对方也要打屁股。

这些招数让全体新兵清醒了头脑，为了屁股少挨打，大家起早贪黑，对那些条令反复诵读。就连晚年从军，年过五十的护矿头目陈大成，也天天诵读《纪效新书》，并时时告诫大家，挨屁股事小，学真本领，多杀敌人事大，鼓励大家认真学习，刻苦训练。巧的是戚继光的弟弟戚继美此时也从蓬莱到浙江投奔戚继光抗倭，戚继光令他与新招的义乌兵一起参加训练。他的弟弟原是个文弱书生，几天练下来累得趴在地上起不来。戚继光见了踢了他一脚：“起来！倭寇见了你羸弱样才不会可怜你。”他只得硬撑着又起来训练。戚继光对自己的弟弟也如此严格要求，谁也不敢偷半点懒。

戚继光尤其重视纪律，“你

的耳朵，只听金鼓，眼看旗帜；若旗帜金鼓不动，就是天神开口说要如何，也不许听从。如擂鼓该前进，就是前面有刀山火海，也要穿过去；如鸣金该退，前面就是有金山银山，也要从令退回。千人共作一个眼，一个耳，一个心，什么贼杀不了，什么功立不了？谁若在战场上不听命令，杀！谁若平时操练装病偷懒，杀！在战场上丢失兵器，杀！若是鸟铳手，队长没下令就擅自开火，杀！”戚继光要义乌兵绝对服从他的命令。这是他从孙子兵法上学来的。

由于文化程度高低不同，智商差异不一，4000名义乌兵也真少不了挨屁股的。就是在这种严厉的惩罚措施下，戚继光只用1年多时间，就把义乌兵训练成一支纪律严、听指挥、战术精、武艺强、英勇善战、战无不胜的军队，戚继光也就靠这支队伍，成就了非凡的抗倭事业。（施章岳）

【吴惟忠智筑老龙头入海石城】

戚继光于明隆庆二年（1568）调往北方总理蓟、辽、昌、保练兵事务，后改蓟镇总兵官。次年即调配兵卒修墙筑台。至万历三年（1575）共建成具有御敌，屯兵、仓储等多项功能的空心敌台1337座，修整1000余千米长的圮毁长城，险要地设还修筑长城复线。陆上防范措施得到加强，但海上防范似有疏漏。为完善山海关防务，戚继光思虑良久，决意在长城与渤海的连接处构筑海上城台，封锁敌人从海上潜游偷袭的通道。

凭当时的技术条件，修筑山海关不易，在海中构筑长城更难。谁能担此重任呢？戚继光自然想到在首批从义乌征募的义乌兵中一直鞍前马后跟随自己转战抗倭前线屡立战功，又在修筑长城中积累了丰富经验、“性聪慧、志刚勇、好习史书，精于韬略”的得力干将——吴惟忠。

万历七年（1579），吴惟忠临阵受命后，经过实地勘察，与富有经验的义乌兵将士和施工设计人员反复研讨，又从义乌请来几个泥工、石工，拜他们为师，制定施工方案。

“百丈城墙海底起”，要修筑入海石城，首先要夯实基础。义乌兵从老家倍磊、佛堂码头砌勘工程中从江底打基联想到如今的海底打基，先用装沙的草包袋围埝，用南方抗旱时用的龙骨车脚踏车水，一步一步向海中延伸。待退潮时，集中人力12个时辰奋战，封锁海口。他们还创造了将自然海礁与人工砌体合二为一的构筑方法：以伸入海中、在海平面时隐时现的老龙岗脉岩为基础，将筑城石块夹砌在水下原生石之间，垒得平实后，再在上面筑石墙，使建筑在浅海滩涂上的建筑物根基经久牢固，能有效地抵御海浪的冲击和淘涮。构筑入海石城，材料是关键。沉入海底的石料，要经受长年的海水浸泡，海浪没日没夜冲击。若贪图方便，就地取材使用当地易风化的石材，后果不堪设想。义乌兵从百年大计着想，不惜工本，舍近求远，全部选用巨大耐蚀的红色花岗岩片石铺砌，垛口墙为石墙，而且这些条石、块石都打磨得相当规整。入海石城的起点工程使用的都是重达数吨的异形石块。

构筑入海石城技术难度最大的是石块与石块之间的连结。吴惟忠的设计团队设计了切实可行的“银锭铁榫”工艺：在每块巨石上下、前后、左右分别凿出榫或卯，让榫与卯相接，再在相接处浇灌一种凝结剂。这种凝结剂用加热后的松香、白矾混合液加入铁粉溶成铁水制成。然后再在巨石之间用纯白灰浆灌注。这样就使得条石与条石之间粘结得十分牢固。入海石城起点的异形石或边缘部分使用的石块上还凿有直径约12厘米的圆形透孔，其孔也用于榫卯或连接之用。再加上顶端形制为尖形，能有效减弱海浪的冲击力，亦增强了入海石城的牢固性。

老龙头入海石城位于山海关城南5千米，长23米，宽7.5米，基础利用自然礁石，上有人工投入的大形块石，石上有榫卯。是义乌兵聪明才智的结晶，将严谨的建筑学与巧妙的艺术构思融为一体，充分地体现以吴惟忠为代表的义乌兵卓越的设计和建筑才能，在当时的条件下堪称人类建筑史上的奇迹。历经400余年的风风雨雨和惊涛骇浪的侵蚀，虽海平面上部已全部消失，下部基础仍十分完好。1984年邓小平发出“爱我中华、重修长城”的号召后，经过修缮，恢复明万历时的原貌。现仍岿然屹立在万里长城的最东端，成为万人瞩目的旅游胜地。（吴潮海）

统计资料选辑

2016年全市经济社会主要指标表

表32

指标名称	计量单位	2016年	2015年	增幅(%)
一、行政区划				
建制镇	个	6	6	0.0
街道办事处	个	8	8	0.0
城市社区居民委员会	个	39	39	0.0
居民委员会（撤村建居）	个	44	44	0.0
村民委员会	个	714	714	0.0
村民小组	万个	0.54	0.54	0.0
二、户籍人口				
年末总户数	户	346308	342668	1.1
年末总人口	人	782220	771570	1.4
其中：乡村人口	人	341472	389751	-12.4
城镇人口	人	440748	381819	15.4
年平均人口	人	776895	769087	1.0
年出生人口	人	11296	9162	23.3
年死亡人口	人	4208	4622	-9.0
人口出生率	‰	14.4	11.9	
人口死亡率	‰	5.4	6.0	
人口自然增长率	‰	9.0	5.9	
三、土地面积				
全市土地面积	平方千米	1105	1105	0.0
其中：建城区土地面积	平方千米	103	103	0.0
城市建设用地面积	平方千米	102.9	119.9	-14.2

续表 32

指标名称	计量单位	2016 年	2015 年	增幅(%)
其中：居住用地面积	平方千米	32.7	41.6	−21.4
公共设施用地面积	平方千米	0.9	7.0	−87.1
工业用地面积	平方千米	15.1	22.3	−32.3
水资源总量	万立方米	13.1	8.2	59.8
四、生产总值				
地区生产总值	亿元	1118.1	1046	7.7
第一产业	亿元	22.4	21.4	2.0
第二产业	亿元	384.8	377.1	4.3
第三产业	亿元	710.9	647.5	9.9
人均生产总值（户籍）	元	143972	136002	6.7
五、财政、金融				
财政总收入	万元	1306949	1283299	1.7
地方财政一般预算内收入	万元	817904	792511	3.0
地方财政一般预算人支出	万元	1144001	965186	18.5
科学支出	万元	43846	43714	0.3
教育支出	万元	200559	204347	−1.9
年末金融机构存款余额	万元	26658301	24451377	9.0
年末金融机构贷款余额	万元	20672885	20953187	−1.3
保费收入	亿元	54.07	45.42	19.1
其中：财产险	亿元	22.55	21.38	5.5
人身险	亿元	31.52	24.03	37.0
赔款、给付	亿元	16.53	17.8	−7.13
其中：财产险	亿元	11.58	10.19	13.6
人身险	亿元	4.95	3.46	43.1
六、农业				
粮食产量	吨	54228	53924	0.6
蔬菜产量	吨	203242	198056	2.6
水果产量	吨	98380	99385	−1.0
肉类总产量	吨	21196	22842	−7.2
奶类产量	吨	0	40	−
水产品产量	吨	8449	8475	−0.3

续表 32

指标名称	计量单位	2016 年	2015 年	增幅(%)
七、工业				
全部工业总产值	万元	18457991	18490535	4.6
其中：规模以上企业				
工业企业数	个	789	826	-4.5
工业总产值（当年价）	万元	8133852	7769933	4.7
从业人员年平均人数	万人	11.7	12.8	-5.0
主营业务收入	万元	7242227	7756662	1.1
本年应交增值税	万元	196734	184513	9.6
利润总额	万元	393779	448109	-0.5
注册商标总数	件	89760	77525	15.8
行政认定中国驰名商标	件	22	20	10.0
浙江省著名商标	件	114	110	3.6
浙江省名牌产品	件	38	46	-17.4
八、交通、邮电、电力				
小型汽车保有量	万辆	44.95	38.97	15.3
公路客运量（含市内公交）	万人	22898.7	25123.6	-8.9
公路货运量	万吨	6411.6	6218.3	-3.1
境内等级公路里程	千米	1480	1429	3.6
其中：境内高速公路里程	千米	54.1	54.1	0.0
民用航空货邮运量	吨	5914	5380.2	9.9
民用航空客运量	人	1226697	1196477	2.5
邮政业务收入	万元	63930	47248	35.5
电信业务收入	万元	257291	243798	5.5
固定电话年末用户数	万户	30.0	35.6	-15.7
移动电话年末用户数	万户	280.3	275.2	1.9
国际互联网用户数	万户	64.2	59.7	7.5
全年用电量	万千瓦时	799681	746760	7.1
其中：工业用电	万千瓦时	469822	452895	3.7
城乡居民生活用电	万千瓦时	109372	96207	13.7
九、内外贸易、旅游				
社会消费品零售额	万元	5863602	5295643	11.6

续表 32

指标名称	计量单位	2016 年	2015 年	增幅(%)
进口额（海关数）	亿元	27.9	22.4	24.6
出口额（海关数）	亿元	2201.6	2101.6	4.7
当年新签项目（合同）个数	个	365	149	145
当年合同外资金额	万美元	15485.5	4941	213.4
当年实际使用外资金额	万美元	10188	6167	65.2
海外游客人数	人	926606	777570	19.2
旅游外汇收入	万美元	57020.3	51760.2	10.2
十、固定资产投资、房地产				
固定资产投资完成额	万元	5816697	5122450	13.6
其中：房地产开发投资完成额	万元	1211203	857517	41.2
商品房屋施工住宅面积	万平方米	276.7	263.7	4.9
商品房屋销售面积	万平方米	69.6	69.6	0.0
其中：住宅	万平方米	48.5	62.5	−22.4
商品房屋代售面积	万平方米	24.6	51.3	−52.1
商品房屋销售额	亿元	104.8	117.2	−10.6
其中：住宅	亿元	79.0	103.5	−23.7
十一、教育、科技、文化、卫生				
教职工数	人	9778	9411	3.9
在校学生数	人	22.8	22.4	1.8
初中毕业生升学率	%	99.1	99.1	0.0
企业 R&D 活动人员数（上年数）	人	7090	5733	23.7
专利申请受理量	项	5298	3751	41.2
专利申请授权量	项	3101	3346	−7.3
其中：发明	项	274	223	22.9
体育场馆数	个	2	2	0.0
剧场、影剧院数	个	20	13	53.8
公共图书馆图书总藏量	千册、件	820	692	18.5
医院、卫生院数	个	38	37	2.7
医院、卫生院床位数	张	5215	4225	23.4
医生数（执业医师＋执业助理医师）	人	4036	3687	9.5
注册护士	人	4364	3670	18.9

续表 32

指标名称	计量单位	2016 年	2015 年	增幅(%)
十二、人民生活				
城镇常住居民人均可支配收入	元	60773	56586	7.4
城镇常住居民人均消费支出	元	35175	34184	2.9
农村常住居民人均可支配收入	元	30570	28433	7.5
农村常住居民人均消费支出	元	18081	17236	4.9
城镇职工基本养老保险参保人数	人	468300	428840	9.2
职工基本医疗保险参保人数	人	412100	394250	4.5
城镇失业保险参保人数	人	175700	169488	3.7
社会福利院数	个	1	1	0.0
社会福利院床位数	张	110	110	0.0
城镇居民最低生活保障线人数	人	7198	3531	103.9
特困人员供养人数	人	347	384	−9.6
十三、城市建设				
年末实有城市道路面积	万平方米	1695.9	1608.6	5.43
排水管道总长度	千米	1841.5	1651.1	11.5
供水综合生产能力（包括自备水源）	万吨 / 日	33.6	32	5.0
供水总量	万吨	12346.7	11402.5	8.3
其中：居民家庭用水量	万吨	4766.8	4857.2	−1.9
供气总量（人工、天然气）	万立方米	2050	1281.7	59.9
其中：家庭用量	万立方米	400	301.1	32.8
液化石油气供气总量	吨	20063	19066	5.2
其中：家庭用量	吨	18290	17944	1.9
年末实有公共汽（电）车营运车辆数	辆	1260	1130	11.5
全年城区公共汽（电）车客运总量	万人次	14214.6	19425	−26.8
年末实有出租汽车数	辆	1465	1446	1.3
园林绿地面积	公顷	3884.4	3686.8	5.4
其中：公园绿地面积	公顷	1062.7	906.7	172
建成区绿化覆盖面积	公顷	4210.3	4202	0.2

2016年浙江省经济强县市主要经济指标表

表33

县市名称＼指标名称	规模以上工业总产值(2000万及以上)(亿元)	地方财政收入(亿元)	固定资产投资(500万及以上)(亿元)	城镇常住居民人均可支配收入(元)	农村常住居民人均可支配收入(元)	全社会用电量(亿千瓦时)	金融系统年末存款余额(本外币)(亿元)	金融系统年末贷款余额(本外币)(亿元)	地区生产总值(亿元)
柯桥区	3438.76	106.02	746.67	54410	31490	128.34	1703.35	1215.44	1295.75
萧山区	3750.91	195.16	1078.32	55712	31849	220.56	3413.28	2966.35	1928.57
余杭区	1461.49	244.29	1040.32	53215	31608	84	2272.02	1538.16	1411.62
慈溪市	2350.2	132.1	807.78	50828	29547	97.45	1812.02	1762.48	1216.17
余姚市	1438.77	81.16	584.97	48831	28589	80.77	1339.96	1185.14	904.75
海宁市	1466.7	72	555.43	51954	30200	79.37	1191.17	939.77	767.92
桐乡市	1365.9	58	480.61	48020	29623	87.5	1112.29	841.93	717.95
上虞区	1821.55	59.65	548.12	50910	27089	52.34	1070.47	837.96	788.04
温岭市	720.37	61.69	428.8	48941	25922	53.94	1429.24	1084.41	899.14
鄞州区	1625.17	207.78	772.66	54199	31568	83.34	2030.9	1810.96	1358.83
诸暨市	2307.85	71.79	741.05	53547	30224	73.44	1232.16	1188.98	1120.05
瑞安市	969.06	59.05	564.15	50904	25570	66.88	1179.54	994.08	795.02
义乌市	773.56	81.8	581.7	60773	30571	79.97	2617.04	2063.28	1131.8
乐清市	1376.61	72.23	631.56	50263	26943	56.17	1208.08	1113.01	861.52
平湖市	1333.01	56.79	365.48	49775	29028	70.44	793.45	543.78	528.68
富阳市	1176.74	57.61	404.39	47339	27236	76.16	912.58	1063.82	712.65
永康市	1032.3	48.5	293.28	46463	23625	43.21	1043.49	901.16	527

重要文献

市委全会工作报告

创新发展义乌经验　干在实处走在前列
勇当高水平全面建成小康社会标兵

——在市委十三届十次全体(扩大)会议上的报告

(2016 年 1 月 29 日)

盛秋平

这次会议的主要任务是:认真贯彻党的十八届五中全会和中央经济工作会议、省委十三届八次全会和省委经济工作会议、金华市委六届十次全会精神,回顾总结 2015 年工作,研究部署“十三五”及 2016 年任务,审议通过《中共义乌市委关于制定义乌市国民经济和社会发展第十三个五年规划的建议》,动员全市广大干部群众进一步凝心聚力、克难攻坚、锐意进取,创新发展义乌经验,干在实处走在前列,勇当高水平全面建成小康社会标兵。

一、改革创新、真抓实干,实现“十二五”圆满收官

2015 年是“十二五”收官之年。一年来,面对错综复杂的宏观形势和经济下行压力,我们认真学习贯彻习近平总书记系列重要讲话精神,全面落实中央、省委和金华市委决策部署,强改革、调结构、优环境、惠民生、保稳定,全力打好转型发展组合拳,经济发展稳中有进,社会保持和谐稳定。2015 年地区生产总值突破千亿元,达到 1046 亿元,同比增长 9%,在金华各县市中居首位,在省内十七经济强县中位居前列;财政一般预算收入 128.3 亿元,其中地方财政预算收入 79.3 亿元,分别同比增长 4.6%和 8%;进出口总额 342.2 亿美元,同比增长 41.5%;固定资产投资突破 500 亿元,达到 512.2 亿元,同比增长 16.9%;全市居民人均可支配收入 49351 元,同比增长 9.3%,其中农村常住居民人均可支配收入 28433 元,同比增长

9.5%,城镇常住居民人均可支配收入 56586 元,同比增长 9%;年末金融机构存款余额 2445 亿元、贷款余额 2095 亿元,比年初分别增加 47 亿元和 148 亿元。

(一)坚定不移强改革,发展活力不断增强。深入推进国际贸易综合改革试点,全面实行市场采购贸易方式,促进外贸持续快速发展,拉动全省外贸出口增长 3.7 个百分点。成功获批国内贸易流通体制改革发展综合试点、农村宅基地制度改革试点、国家社会信用体系建设示范城市、基础设施投融资体制改革试点、电子商务大数据应用统计试点等多项国家级改革,发放宅基地抵押贷款国内第一单。开放平台建设取得重大突破,“义新欧”中欧班列实现双向常态化运行,国际邮件互换局实现“当年报批、当年建设、当年投用”,铁路口岸实现临时开放,义乌机场开通至泰国曼谷、韩国首尔国际航班,“义台直航”成功获批。积极推进政府机构改革,政府部门精简至 26 个,成立全国首家行政复议局、全省首个不动产统一登记中心。率先全国开展出租车行业破冰改革,引起新华社、人民日报等国内媒体广泛关注。

(二)多措并举促转型,经济结构持续优化。狠抓有效投资,深入开展三个“百日攻坚”竞赛活动,省“411”重大项目年度投资完成率 167%,48 项省重大项目年度投资完成率 160%。全力推进项目建设,丝路金融小镇被列入省首批特色小镇,吉利锋锐发动机、国际商贸城一区(东)市场等项目投入运营,普洛斯物流园区、国内物流中心等项目加快建设,签约引进义利动力总成等重大项目。积极培育新业态,成功举办义博会、文交会、旅博会、森博会等系列国家级展会以及 2015 电商博览会和世界电商大会、首届进口商品购物节和进口商品博览会;快递业持续快速发展,到四季度全市快递日均出货达 250 万件,其中国际快递 60 万件。大力发展时尚、信息、装备和健康四大战略产业,完成技改投资 89.2 亿元,实现规上工业新产品产值 276.8 亿元,同比增长 25.9%。加快推进现代农业发展,新增粮食生产功能区 8000 亩。深入实施科技创新“五大工程”,获批省“千人计划产业园”,引进“千人计划”专家领衔项目 39 个,义台设计中心、韩国设计基地、义乌 3D 打印设计应用中心等项目投入运营。大力推进“大众创业、万众创新”,积极开展“创客我最型”“创业新锐”等评选活动,设立创业投资引导基金,被评为全国“十大创客之城”。

(三)统筹城乡优环境,城市品质明显提升。加快推进丝路新区、陆港新区和科创新区建设,城市功能不断完善。成功举办丝绸之路经济带城市国际论坛、第四届中非民间论坛、第十七届中日韩友城大会、首届中国——北欧青年领军者论坛等活动,城市国际美誉度显著提升。大力实施城市畅通工程,国贸大道建成通车,环城路立交化改造和机场路拓宽改造工程顺利完成,建成城市“一纵一横一环”快速交通体系,疏港高速公路、疏港快速路和义武公路、义兰公路等加快建设。深入推进“五水共治”“三改一拆”和“四边三化”,创建成为国家森林城市、省“清三河”达标县(市),获全国文明城市提名资格,全国违法建筑治理工作现场会在义乌召开。扎实推进新社区集聚建设,7 个集聚项目和 5 个配套产业项目有序推进。加快美丽乡村建设,建成一批精品村、特色村。

(四)尽职尽责惠民生,社会保持和谐稳定。加快文化事业发展,实施文化建设“十个一”工程,开拍电视剧《鸡毛飞上天》,开工建设和平公园和博物馆新馆、美术馆,建成全国县级市首家 24 小时书店。优化公共服务,引进上海复旦教育品牌,枫叶国际学校建成投用,浙四医院运行良好。完善社保体系和新型社会救助体系,全面启用社会保障市民卡,全面消除家庭人均年收入 4600 元以下低收入农户。深化“网格综合管理、全员全科服务”,加快建设网格化管理信息系统、市镇(街)两级指挥中心。扎实开展“百日维稳攻坚大会战”,严厉打击暴恐活动、网络金融犯罪和“逃废债”行动,认真做好信访工作,狠抓危化品整治和安全生产防范,确保社会和谐稳定。基层社会治理亮点纷呈,“四位一体”民族宗教管理模式获中央领导批示肯定,涉外纠纷调解机制受到央视新闻联播等多家媒体关注;民间紧急救援组织赴丽水里东灾区救援,设备精良、英勇奋战,被省委省政府主要领导点赞。

(五)从严从实转作风,党的建设不断加强。坚持“党要管党、从严治党”,扎实抓好“三严三实”专题教育和“从严管理落实年”主题活动。认真组织学习《廉洁自律准则》和《纪律处分条例》,常态化开展正风肃纪，驰而不息改进纠正“四风”，党员干部党性意识、规矩意识进一步增强。切实加强干部队伍建设，深化完善考绩法、绩擢法，加大调整不适宜担任现职领导干部力度，打造担当有为的干部队伍。加强干部日常监督管理，严格落实领导干部个人有关事项报告制度。着力推进基层党组织和基层政权建设，全面推行镇村干部表现季度联评制度，大力整顿软弱涣散基层党组织，七一村、何斯路村被列为全国农村基层党建工作座谈会现场考察点。狠抓党风廉政建设和反腐败工作，从严落实“两个责任”，探索推行“三重一大”事项集体决策痕迹管理、“处方式”党风廉政建设责任清单等制度，开展农村基层党风廉政建设专项巡查，坚持有案必查、有腐必反，保持反腐高压态势，全力打造“清廉商城”。

二、把握形势、勇担使命，奋力打造高水平全面建成小康社会标兵

“十三五”是全面建成小康社会最后冲刺的五年。党的十八届五中全会强调，要牢固树立五大发展理念，确保如期实现全面建成小康社会奋斗目标。省委十三届八次全会提出，要高水平全面建成小康社会。我们要坚决贯彻中央、省委和金华市委决策部署，全面分析发展形势，准确判断发展阶段，科学确定发展战略和目标。

（一）准确把握发展形势。从国际国内环境看，世界经济在深度调整中曲折复苏，国际金融危机深层次影响在相当长时期依然存在；我国经济发展进入新常态，经济长期向好的基本面没有变，仍处于可以大有作为的重要战略机遇期，但发展不平衡、不协调、不可持续问题仍然突出。

从我市情况看，发展面临众多历史机遇。一是国家层面，党和国家领导人以及国家部委对义乌厚爱有加，为发展提供了最强大动力。习近平总书记在多个重大外交活动中提及义乌、推介义乌，称义乌为世界“小商品之都”，对义乌国贸改革、“义新欧”等工作亲切关怀，亲自推动。李克强总理亲临义乌视察，把国际商贸城誉为当代“义乌上河图”，并在多个场合以义乌为例宣传“大众创业、万众创新”。国家及有关部委把十大改革试点放在义乌，让义乌先行先试。二是省市层面，上级党委政府及有关部门对义乌大力支持，为发展创造了最有利条件。省委专门发文支持义乌国际贸易综合改革试点，把建设第四大都市、打造国际陆港城市等作为“十三五”发展工作重点；省委、省政府主要领导在省委全会、省两会上，也多次点到义乌、肯定义乌。三是自身层面，“十二五”时期取得丰硕成果，为发展奠定了最坚实的基础。特别是转型发展渐入佳境，电子商务、现代物流、进口贸易等新业态蓬勃发展，“义新欧”、国际邮件互换局和交换站、保税物流中心、航空口岸等开放平台建成投用，丝路新区、陆港新区、科创新区和绕城高速等城市重大平台和基础设施正加快建设。

与此同时，受宏观经济形势等诸多因素影响，我市经济社会发展也面临着挑战。一是实体经济遭受较大压力。工业经济增长乏力，流动人口拐点出现，部分制造企业生产困难、盈利能力下降，企业资金链、担保链风险隐患增多。二是市场竞争优势有所弱化。在外需不足、电商分流等冲击下，到市场采购客商有所减少，市场商位转租出让金有所下降，部分行业景气度下滑。三是房地产去库存压力较大。土地市场比较低迷，商品房存在较大数量的库存。四是环境整治任重道远。一些河道流域的水质尚未得到根本扭转，雾霾现象时有发生，部分城市老小区改造迫在眉睫。五是社会治理面临潜在风险。网络安全、反恐维稳、平安建设等工作压力日益加大。与此同时，党员干部违法违纪问题，特别是涉及领导干部的腐败案件多发，严重影响到我市的政治生态和干事创业氛围。

对于这些问题，干部群众都有切身感受，我们也毋庸讳言。但是，办法总比困难多。义乌的发展从来都不是一帆风顺的，义乌的干部群众也从来没有被困难吓倒。我们没必要谈虎色变，更不能对未来丧失信心、失去斗志。总之，“十三五”时期是义乌发展充满希望的时期，也是最为困难的时期；是加快推进转型发展的关键期，也是决定未来发展的关键期。我们要始终保持冷静清醒，准确把握发展大势，抓住和用好难得的历史机遇，主动应对各种问题挑战，推动义乌发展迈上新台阶、再创新辉煌。

（二）创新发展义乌经验。习近平总书记在浙江工作期间，要求总结推广义乌经验。2006 年 4 月 30

日，省委、省政府下文，在全省学习推广义乌经验。同年6月8日，他专程到义乌调研，指出义乌经验是创造性地贯彻中央精神的经验，是结合实际落实省委"八八战略"和建设"平安浙江"、文化大省、"法治浙江"等决策部署的经验，要求与时俱进地丰富发展和总结提炼义乌经验。在去年底召开的省委十三届八次全会第二次会议上，夏宝龙书记强调要认真总结义乌经验。

十年来，我们自豪而不自满，昂扬而不张扬，始终沿着义乌经验的成功道路奋勇前进。回顾过去，这些年义乌之所以能够逆势而进、走在前列，最根本的就是坚持和创新义乌经验。义乌经验，就是贯彻五大发展理念和"八八战略"的深化细化具体化，不仅是过去义乌发展的实践总结和理论升华，更是当前和未来引领我市发展的总战略。我们必须与时俱进续写好义乌经验这篇大文章。

一要正确把握市场与政府的关系，充分发挥好"两只手"的作用。尊重群众首创和力行党政有为相结合，是义乌经验的"精髓"。义乌的发展，正是得益于历届党委政府始终坚持市场化方向，充分尊重群众首创精神，该放的充分放开，该管的坚决管住，形成政府和市场之间良性互动。我们一定要把这条坚持好，深入推进"大众创业、万众创新"，让市场在资源配置中发挥决定性作用；政府主要是当好"守夜人"，搭好平台，抓好监管，做好服务，进一步营造公开透明、公平公正的法治化营商环境。

二要正确把握继承与创新的关系，不断深化"兴商建市"发展战略。"兴商建市"是义乌的"传家宝"。30多年来，义乌经验最大特色，就是一张蓝图绘到底，坚持"兴商建市"战略不动摇，同时根据实际不断赋予新内涵。新的时期，我们必须接好"接力棒"，打好"接力赛"，坚定不移地走"兴商建市"发展道路，念好"商"字经，做好"市"字文，致力于市场软硬件提升、交易创新和功能拓展，干出义乌人民的百年基业。

三要正确把握长板与短板的关系，实现全面协调可持续发展。义乌经验是让人民群众充分享受改革开放发展成果的经验，是全面发展的经验。我们要始终坚持高质量、均衡性、可持续的发展方向，既抓长板，又补短板，最大限度实现好、维护好、发展好群众利益。要注重发展的人文内涵，推动物质文明和精神文明协调发展；注重发展的共建共享，推动城乡一体发展；注重践行"绿水青山就是金山银山"的科学论断，推动人与自然和谐发展。

四要正确把握改革与发展的关系，争当改革促进派和实干家。改革是发展的源泉和动力。义乌过去的经验清楚地表明，发展形势越复杂、任务越繁重，越要加强探索、深化改革。当前，面对发展中的困难和挑战，我们要全面深化改革，把改革的节奏调得更快，把改革的步伐迈得更大。要大力弘扬实干精神，"实"字当头、"干"字为先，在实干中形成共识，在实干中解决问题，在实干中实现愿景。

（三）走在前列勇当标兵。"干在实处永无止境、走在前列要谋新篇"是习近平总书记赋予浙江的新使命，世界"小商品之都"是总书记对义乌的新期望。义乌作为党和国家领导人格外关心关注的城市，作为全省学习推广的先进典型，理应更加自觉地扛起新使命，确保今后五年实现"四翻番"目标，努力建设世界"小商品之都"，勇当高水平全面建成小康社会标兵。

具体来说，就是要深入实施创新驱动发展战略，全面深化改革，大力推进"大众创业、万众创新"，成为全球小商品贸易中心和创新活力之都，在创新发展中走在前列；要推进城乡一体化，建设第四大都市，在协调发展中走在前列；要坚持"绿水青山就是金山银山"科学论断，推动人与自然和谐相处，在绿色发展中走在前列；要深度融入"一带一路"倡议，打造国际陆港城市，在开放发展中走在前列；要切实维护社会公平正义，千方百计提高居民收入水平，加大民生保障力度，在共享发展中走在前列。

三、突出重点、砥砺前行，矢志开创"十三五"发展新局面

"十三五"时期总的指导思想：深入贯彻习近平总书记系列重要讲话精神，以"四个全面"战略布局为统领，以五大发展理念为引领，以"八八战略"为总纲，创新发展义乌经验，干在实处走在前列，充分发挥"两只手"作用，深化"兴商建市"发展战略，统筹推进经济建设、政治建设、文化建设、社会建设、生态建设和党的建设，全力打造世界"小商品之都"，勇当高水平全面建成小康社会标兵。

具体来说，就是要聚焦重点问题，做强优势、补长短板、守住底线，努力实现“七大突破、七大转变”。

（一）聚焦“供给侧”，力争在深化改革上取得突破，从“改革试验田”向“改革排头兵”转变。改革是义乌最响品牌。当前，改革已步入攻坚期和深水区。我们要以更大的决心和勇气全面深化改革，突出问题导向、需求导向和效果导向，强化供给侧创新，加强结构性改革，形成一批重大改革成果，让改革红利充分释放，让改革这面旗帜在义乌的大地上高高飘扬。

1. **深化贸易领域改革。**充分发挥国家级改革试点优势，以国际贸易综合改革试点为引领，统筹推进国内贸易流通体制改革发展综合试点、电子商务大数据应用统计试点、物流创新发展试点、社会信用体系建设示范市等试点，切实增加群众获得感。要紧紧围绕贸易中的瓶颈和短板，着力在完善市场采购、内外贸一体化、城乡市场联通、跨境电子商务、进口贸易等方面进行突破，破解发展难题。要紧紧围绕提升贸易便利化水平，创新管理和服务体制机制，推进客流、物流、资金流和信息流便利。要紧紧围绕营造法治化营商环境，完善知识产权保护机制，推进公共联合征信平台建设，全力创建社会信用体系建设示范城市。

2. **深化城乡领域改革。**联动推进新型城镇化改革、农村土地制度改革、农村改革试验区等改革，促进城乡统筹协调发展。要加快实施农村宅基地改革，以深化城乡新社区集聚建设为突破口，探索建立城镇建设用地红线规划范围内农村宅基地置换体系，加快新型城镇化进程。要探索建立地票交易制度，盘活农村建设用地存量，破解城市发展空间制约。积极稳妥推进户籍制度改革，健全居住证制度和公共服务积分管理制度，促进更多优秀外来人员和农业转移人口在城镇落户。全面深化生产、供销、信用“三位一体”改革，构建新型农业经营体系。

3. **深化要素领域改革。**发挥市场在资源配置中的决定性作用，推进土地、能源、技术等要素市场建设，提高要素配置效能和节约集约利用水平。进一步完善工业企业亩产效益综合评价体系，健全差别化配套政策措施，促进土地资源高效利用。深化基础设施投融资体制改革，全面推广使用政府和社会资本合作（PPP）模式，组建政府产业基金、债券和基础设施建设投资基金，建立多元化、可持续的城镇化投融资机制。深化国有企业改革，以管资本为主加强国有资产监管，积极推进资产证券化，把国有企业做大做强做优。

4. **深化政府领域改革。**坚持以简政放权为重点，努力建设法治高效廉洁的现代服务型政府。要深入推进行政审批制度改革，建立健全“四张清单”动态调整机制，推进权力清单“瘦身”、责任清单“强身”，继续探索企业投资负面清单管理方式，加大财政专项资金分配方式改革，完善和提升政务服务网功能。探索财政中长期预算改革，扩大民主预算、零基预算、绩效预算，加大政府购买服务力度。深入推进行政管理体制改革，深化综合行政执法体制改革，优化政府机构设置和行政资源配置。加快推进出租汽车行业市场化改革。积极推进扩权强镇改革，不断增强镇自主发展能力和综合竞争力。积极推进文化事业单位体制改革，加快义乌商报社、义乌广电台体制改革，提升媒体影响力和竞争力。

（二）聚焦“主动力”，力争在市场创新上取得突破，从“全球最大批发市场”向“全球小商品贸易中心”转变。市场是义乌的命根子，发展的核心动力。对义乌而言：市即是城、城即是市。近年来，面对复杂的国内外经济形势和电商分流、市场分割等多重挑战，义乌市场发展正面临考验。但是与国内其他市场相比，义乌市场的龙头地位没有变；与全国外贸出口形势相比，义乌市场的外贸优势没有变；与国内整体宏观经济形势相比，义乌市场的景气指数没有变。我们要坚持市场导向、遵循市场规律，深化“兴商建市”发展战略，形成以实体市场为核心，电商物流金融、文化会展旅游为支撑的现代商贸服务体系，构筑市场发展新优势，打造全球小商品贸易中心。

1. **加快打造“义乌上河图”。**促进市场持续繁荣，确保市场强者恒强。一要巩固优势。要千方百计支持市场经营户发展，帮助解决实际困难，巩固经营主体优势；要千方百计招引供应商和采购商，加大市场宣传推介力度，巩固客商集聚优势；要千方百计支持传统优势行业发展，培育和引进新兴行业，巩固市场商品齐全优势；千方百计降低商务成本，稳定商位租金和依法减免税费，巩固市场综合竞争优势。二要提升档次。建设五星级旗舰式市场。要大力提升市场商品档次，引进创意设计和中高端品牌商品，引进个性、智能、绿色、时尚和健康类商品，优化商品结构；大力提升市场主体层次，积极招引细分行业中产品创新领先、市场占有份额高的“隐形冠军”，支持和引进国际国内和大区域总代理，优化主体结构；大力提升市场管理服务水平，加强国际商贸城、篁园市场、生产资料市场和国际家居城等各专业市场建设，全面提升市场软硬条件，包括对各大市场行业布局进行调整和完善，加强市场品牌质量信用建设，争取设立快递流量发布中心，在市场内设置商务洽谈和休闲体验场所，安排小型交通工具等，营造最优市场经营环境。三要拓展空间。统筹用好国际国内两个市场、两种资源，不断拓展发展空间。大力培育发展进口市场，探索发展进口保税展示交易、进口免税店和海外商品代购等，打造进口商品进入中国的桥头堡。加快建设丝路新区，积极谋划“万国街区”，按国别来展示外国商品、外国文化和风土人情，把发展进口贸易与购物旅游、生活体验充分结合起来，打造永不落幕的世博会。积极推动市场“走出去”，以“义乌小商品城”品牌为纽带，推动实体市场、“义乌购”电商平台、“市场采购”贸易方式“走出去”，建立健全质量监管、物流配送、品牌运营等管理标准，加快构建遍布海内外的万亿级“义乌系”市场。

2. **加快发展电商物流金融。**顺应贸易便捷化、数字化趋势，加快创新商贸流通方式，不断畅通“买全球、卖全球”渠道。一要大力发展电子商务，打造全国网商集聚中心、全球网货营销中心和跨境电子商务高地。要强力推进线上线下融合发展，发展壮大“义乌购”等本土龙头电商，积极争取“义支付”牌照，引进国内外知名电商，加快推进国际电商小镇建设。要突出发展跨境电子商务，加快国际邮件互换局和交换站、国际快件监管中心、铁路快件监管中心和“海外仓”等平台建设，努力申报跨境电子商务综合试验区。进一步优化电商创业氛围，积极举办世界电商大会、中国电子商务博览会和“创客我最型”等活动，不断强化“互联网+”营销风口地位。二要大力发展现代物流业。做大做强公路物流、铁路物流、航空物流，培育发展快递物流、保税物流、多式联运、智慧物流等新型物流方式，促进公路、铁路、空路、海路、邮路、网路和“义新欧”中欧班列、“义甬舟”开放大通道全面发展，形成独具义乌特色的物流“八路军”。集聚区（陆港新区）要充分发挥大平台优势，着力招引大企业，加快推进航空货运中心、国内物流中心、快递中心、铁路货场、公路干线运输企业集聚中心和普洛斯义乌物流园等重大物流基础设施建设，构建公铁海空立体物流体系。三要大力发展现代金融业。充分发挥金融改革试点和民间资本雄厚的优势，设立民营银行和金融租赁公司，引进外资金融保险机构，加快推进贸易金融、互联网金融、民间资本管理等机制创新突破，全力推进丝路金融小镇建设，构建多元化金融组织体系、多层次金融市场体系和便利化贸易金融服务体系。

3. **加快繁荣文化会展旅游。**坚持与市场联动发展，一方面，以市场为基础，支撑文化会展旅游业发展；另一方面以文化会展旅游为引领，带动市场提升和繁荣。要大力发展文化创意设计产业，做大做强创意园、工业设计中心等平台，引进韩国、中国台湾等地优秀设计人才、设计团队，打造时尚创意设计高地。加快推进宾王市场改造，打造集设计、创意、展示、国内外艺术家工作室等为一体的全球小商品“创梦空间”，为市场转型、产品转型提供生生不息的动力。要提升发展会展业，办好义博会、文交会、旅博会、森博会、装博会、电商博览会等国家级展会和专业性展会，广泛吸引和集聚各种新产品、新信息、新创意，引领商贸业发展。要全域发展旅游产业，实施“旅游投资百亿工程”，大力发展购物旅游、会展旅游等商务旅游，积极培育健康养生、生态农业、运动娱乐、国际文化等旅游新业态，加快佛堂文化旅游区、丝路风情小镇、汽车文化旅游小镇等重大项目谋划和建设，打造中国国际商务旅游目的地城市。

（三）聚焦“转方式”，力争在产业提升上取得突破，从“义乌制造”向“义乌质造”转变。近年来，一些传统行业产能过剩、企业经营困难，产品滞销、没有市场，表面上是需求不足，实际上是产品不对路。深入实施创新驱动发展战略，更加注重科技创新、产业创新、企业创新，把产品做得更精、更优、更好，打响“义乌质造”品牌，赢得更大的消费市场。

1. **大力推进科技创新。**科技创新是我们的短板。要广聚天下英才。坚持人才优先发展战略，深入实施“英才计划”，大力招引海内外高层次人才和领军型创业创新团队，充分发挥好来义挂职领导的作用；全面开展国际贸易人才管理改革试验区建设，创新人才工作机制，着力解决人才住房、医疗、子女入学等问题。要积极搭建创新平台。统筹抓好“千人计划”产业园、北京中关村孵化器等平台建设，促进各类高端要素资源积聚。科创新区要扎实推进大学（科技）城和众创小镇等建设，力争成为全省领先的综合性科技创新平台，为我市发展提供人才和科技支撑。要激发创新活力。大力推进“大众创业、万众创新”，积极举办“院士义乌行”“科研院校与企业家握手行动”等科技成果对接活动，建立健全“政府创业引导基金 + 风险投资 + 股权众筹”的科技金融投资体系。

2. **大力推进产业转型。**积极对接全省七大战略产业，培育发展日用时尚消费、信息网络经济、先进装备制造和食品医药健康四大战略产业。其中，时尚产业，要以饰品、针织、工艺品等传统优势产业为重点，鼓励龙头企业并购重组国际国内时尚品牌，全力推动商品向创意、研发、设计、品牌、服务等高附加值环节延伸，着力打造具有强大竞争力和区域特色的时尚产业。信息产业，要着力培育发展大数据、云计算、物联网、3D 打印和光电产业；鼓励支持传统企业与“互联网 +”跨界融合，提升个性化、智能化制造能力。装备产业，要发展壮大新能源汽车及零部件制造业，培育引进航空产业；积极招引国内外装备制造企业，大力培育发展纺织、印刷、包装等专用机械制造业。健康产业，要立足本地特色，做大做强食品等历史经典产业，发展中药保健和医疗美容等健康产业。

3. **加快推进产业平台建设。**平台有多大，产业就有多大。义乌国家经济技术开发区，要充分发挥国家级大平台的政策和品牌优势，逐步形成以装备、健康等产业为支柱，生产性服务业为支撑的现代产业体系，进一步做大做强，走在全省乃至全国各大国家级开发区前列。义乌省级工业园区，要大力引进高新技术企业，积极发展光电、装备、时尚等主导产业，整合提升区块产业布局，争创国家级高新技术产业园。要全力发展特色小镇，着力推进绿色动力小镇、光电小镇、健康小镇等建设，促进产业集聚、产业创新和产业升级。要加快推进中欧智造园建设，引进第三方国际化团队进行园区规划、建设、招商和运营。要利用新社区配套产业用房，着力发展特色小微企业创业园，引导小微企业整合入园、改造提升、提档升级，形成“一园一品”。

4. **全力抓好招商选资。**推进产业创新，项目是支撑。要全力招大引强，以“虎口夺食”的精神，聚焦央企国资、优质民资和高端外资，引进一批战略产业项目。要深入推进“浙商回归”，打好感情牌，用好义商资源，促进产业、资本、总部、人才等全方位回归。要完善招商机制，统筹招商资源，创新招商方式，做到天天有客商、周周有项目、月月有活动。要千方百计破除政策、土地等要素制约，加快推进各项配套基础设施建设，引导招商项目落地生根、开花结果。

5. **全力支持企业发展。**要当好企业“店小二”，按照“法定职责必须为、法无禁止皆可为”的理念，围绕土地、资金、人才等难题，为企业提供全方位服务，为发展创造最优的环境。要引导企业家树立“工匠精神”，专注实业，坚持对质量精益求精、对制造一丝不苟、对品质孜孜追求，打造“百年老店”。要加强企业梯队建设，扶持创新研发能力强的龙头企业，在各产业细分领域培育一批主业突出、创新能力强、带动效应明显的“单打冠军”；积极培育一大批“小而专、小而精、小而优”的中小企业，着力形成大型企业“顶天立地”、小企业“铺天盖地”的格局。

（四）聚焦“国际化”，力争在扩大开放上取得突破，从“沿海内陆”向“国际陆港城市”转变。开放，国际化是义乌显著特色。义乌因开放而发展，因国际化而闻名。开展国际贸易综合改革试点和开通“义新欧”中欧班列，更是把义乌纳入国家对外开放的大格局。要按照省委提出的建设国际陆港城市的目标要求，积极探索沿海内陆地区对外开放的模式，进一步创新对外开放方式，构筑对外开放通道，提升对外开放水平，以开放促改革、促发展、促创新。

1. **构筑对外开放大格局。**积极主动参与“一带一路”建设，把义乌放到国家战略中去谋划、去定位，去构筑义乌对外开放新一轮优势。一方面，要扎实推进“义新欧”国家级大平台建设，使之成为丝绸之路经济带建设示范工程。要推进“义新欧”中欧班列常态化运行，进一步提高班列运行效率，降低物流成本，增强竞争力；要动员各方力量、发挥各方面的积极性，把回程货源组织好，使“义新欧”持续发展。要扩大“义新欧”辐射面和影响力，加强与沿线国家和地区的经贸合作，在沿线重要贸易节点城市建设“海外仓”、物流分拨点和小商品城海外市场，争取开通更多国家和地区的国际班列。另一方面，要积极主动参与“义甬舟”开放大通道建设，打造21世纪海上丝绸之路新起点。加强与宁波、舟山战略合作，加快推进义甬铁路建设，发展铁海联运、公铁联运等多式联运，完善一体化“大通关”体系，延伸“宁波－舟山港”港口功能，使义乌成为始发港和目的港，成为四省九方及周边更多地区通往海上丝绸之路的重要出口。积极与两地共同探索建设“义甬舟”自由贸易区，相互整合资源、覆盖政策，共同建设、共谋发展。

2. **加快对外开放平台建设。**要加快推进航空口岸平台建设，拓展空港国际货运物流功能，提升机场航空运输保障水平，打造长三角航空货运物流中心。加快推进铁路口岸建设，争取升级为国家一类口岸，成为肉类、果蔬、汽车整车等进口商品指定口岸。加快推进海关特殊监管区建设，做大做强保税物流中心，促进进口、转口和加工贸易发展。丝路新区要在参与“一带一路”建设中扮演好重要角色，大力推进丝路风情小镇、万国街区和国际文化中心等项目建设，积极举办各类国际展会和重大活动，办好丝绸之路经济带城市国际论坛、中非智库论坛、国际马拉松比赛等国际性会议和活动，打造成为我市对外开放门户。

3. **提高城市国际化水平。**积极开展海外宣传，加大与联合国、上合组织、中国－东盟中心等国际组织的交流力度，加强与一带一路沿线国家和国际友好城市间的经济、文化、旅游等方面交流，提升城市国际知名和影响力。加强与海内外华侨华人的联系，积极举办世界义商大会，组建世界义商总会，吸引海外侨商来义投资兴业。加强与在义外国人联络，积极举办“商城友谊奖”和“商城回归奖”评选活动，促进外商融入义乌。提升城市国际化服务水平，大力引进金融、法律、翻译、咨询等高端服务机构，高标准规划建设国际化社区、国际化医疗机构、国际教育机构，营造一流的国际商务、生活和人文环境。

（五）聚焦“补短板”，力争在城市建设上取得突破，从“县域城市”向“第四大都市”转变。城市是各类要素资源和经济社会活动最集中的地方，争当高水平全面建成小康社会标兵，必须抓好城市这个“火车头”。近年来，义乌城市发展取得了巨大的进步，城市规模显著扩大，城市功能不断完善，带动了整个经济社会发展。但是，受各方面条件限制，义乌城市建设管理水平总体不高，呈现出乱哄哄的繁荣，脱不开农民城市的影子，与国际化大都市存在较大差距。特别是部分老城区房屋低矮破旧、基础设施严重缺失，居民生活非常不便，问题十分突出。城市建设可以说是当前我市发展中面临的最大的短板。要深入贯彻中央城市工作会议精神，按照省委、金华市委建设全省第四大都市的要求，从速度型城市建设向质量型城市建设转变，从建设更大规模向更高标准转变，提升城市档次，完善城市功能，增强城市能级，建设第四大都市。

1. **打造精品城市。**按照城市总体规划，加快推进老城区更新改造和“三大新区”建设，促使中心城区功能布局更加完善、生活品质更加优良。要全面推进城市设计，把城市设计理念贯穿于城乡规划建设全过程，对城市形态和环境景观作整体安排，塑造城市特色。要学习借鉴东莞“三旧”改造经验，充分调动群众积极性，在老城区积极开展旧小区、旧厂房、旧市场改造，促进城市面貌和民生需求的改善。坚持统一规划、因地制宜、分类推进，在不同区块实施街景立面改造、步行商业街和城市综合体建设、历史文化街区保护开发、老小区改造、老厂区改造、拆迁安置等多种更新改造模式，既留住城市记忆，又实现有机更新。要积极推进丝路新区、集聚区(陆港新区)、科创新区建设,按照各自功能定位,持之以恒地抓下去,促进高端要素集聚,优化城市空间布局。要稳步实施新社区集聚建设,科学规划、把握节奏、有序推进。针对城市建设中的突出矛盾和问题,要联动开展旧城改造、房地产发展和新社区集聚建设。

2. **统筹城乡发展。**以全域景区理念推进城乡建设。要大力支持中心镇发展,深入推进佛堂小城市培育试点,强化对农村的辐射带动。要稳步推进农村更新改造,逐步解决城镇建设用地规划红线范围外农村,农民住房困难问题。要深入开展美丽乡村建设,加快培育特色村精品村,建设示范风景线,形成"村点出彩、沿线美丽、面上洁净"的美丽乡村格局。要加强对历史文化村落和原生态古村的保护,培育一批特色民宿、田园风光等精品项目。要积极推进粮食生产功能区和现代农业园区建设,加强农业社会化服务体系建设,构建现代农业发展格局。要加快发展农村电子商务,促进三次产业融合发展,将红糖、火腿、蜜枣等传统经典产业打造成"六次产业"。

3. **加强交通等重大基础设施建设。**"十三五"时期是义乌交通区位优势进一步凸显时期。要紧紧抓住全省实施"万亿综合交通工程"的机遇,加快推进高速铁路、高速公路、民航机场、城际轨道等重大基础设施建设,构建外畅内达、高效便捷、绿色可持续的区域综合交通集疏运网络体系。着力加强航空建设,全力打造浙中地区枢纽机场和国内重要支线机场。抢抓高铁时代机遇,高标准建设高铁新城,力争杭温高铁在义乌设站,打造浙江第三大枢纽。加快城市交通网络建设,大力推进疏港高速公路、疏港快速路等工程建设,加快城市"瓶颈路""联通路""断头路"改造,加快公共停车场建设。同时,加强市政基础设施建设。加快推进"智慧城市"建设,构建大数据服务平台;加快推进"光网城市"和"无线城市"建设,实施城市百兆光纤工程和宽带乡村工程;加快推进"海绵城市"建设,提高城市蓄水、排水和节水能力;加快推进地下综合管廊建设,促进城市地下空间开发利用。

4. **推进区域协同发展。**抢抓高铁带来的同城效应,发挥义乌市场平台优势,加快对接上海、杭州等中心城市步伐,吸引商品、资本、人才、技术等要素流入义乌。加强与金华市区及周边县市区的互联互通,稳步实施金义城际轨道交通,开通 BRT 客运专线;加快推进义东浦磐城市带建设,促进义乌浦江东阳同城化发展;加快推进义乌至武义、兰溪以及永康等公路建设,打造与周边城市半小时交通圈。密切与浙江中西部地区城市协作,积极开展资源、资本、技术、劳动力等方面的互补合作。

(六)聚焦"组合拳",力争在环境整治上取得突破,从"减少污染"向"绿水青山"转变。顺应人民群众对良好环境的期待,坚定不移地走"绿水青山就是金山银山"绿色生态发展之路,突出"五水共治""三改一拆",打好系列组合拳,使义乌的水更清、天更蓝、山更绿、地更净、景更美,建设美好家园。

1. **深入推进"五水共治"。**坚持治污水与治污泥相结合、水岸同治与全民治水相结合,深入开展污染行业整治提升,加快推进城乡污水管网、河流廊道生态化治理、内河水系激活等工程建设,全面消除黑臭河,让"清水""绿水"流入千家万户。按照全省五水共治百城擂台承诺,实施义乌江"一江两岸三湖"综合治理工程,构建水生态,挖掘水文化,发展水旅游。高质量实施义乌江"串珠工程",加快国际文化中心建设,推进宗泽公园、义乌兵公园、现代文学三杰馆等特色主题公园建设,打造城市景观带。切实加强水资源保护,探索实行区域分质供水、分类用水,根据发展需要实施境外引水。

2. **扎实开展"三改一拆"。**要乘势而上、乘胜追击。使存量违建处置到位,新增违建根本遏制,拆后土地有效利用,创成"无违建县(市、区)"。要统筹推进、综合整治。联动开展"两路两侧""四边三化",对重要城市入口、重要道路沿线进行景观改造和绿化提档。要拆改结合、拆绿结合。深化平原绿化和森林城市建设,加快森林公园、湿地公园、城市绿地和绿色生态廊道等项目建设,构建城乡一体的绿色生态网络。

3. **切实加强生态保护。**全面开展土壤污染防治行动和土壤修复工程,确保耕地土壤质量稳定。深入实施大气污染防治行动计划,以国际一流国内领先的标准、最先进的技术提升改造垃圾焚烧发电项目,减少空气污染。加快义北山水生态养生片、义西乡村风情休闲片、义南文化养生旅游片"三大生态片区"

建设，打造“山水林田湖”共同生命体。严格落实能源和水资源消耗、建设用地等总量和强度双控行动，强化约束性指标管理，增强资源环境承载力。

（七）聚焦“兜底线”，力争在民生保障上取得突破，从“富裕义乌”向“幸福义乌”转变。全面推进共享发展，坚持普惠性、保基本、均等化方向，从解决人民最关心最直接最现实的利益问题入手，构建全面覆盖常住人口的公共服务体系。

1. **着力在精神富有上下功夫。**积极培育和践行社会主义核心价值观，弘扬义乌精神，实施“摇响拨浪鼓·同圆中国梦”工程，谱写“中国梦”义乌新篇章。要深入实施“我诚信，我吉祥”工程，积极开展“诚信日”活动，共建“信义商城”。加快推进博物馆新馆、美术馆、大剧院、国际雕塑公园等公共文化基础设施建设，创作文化艺术精品，提升公共文化服务水平。要注重农村文化阵地建设，丰富农村文化礼堂内涵，树立文明乡风。

2. **着力在生活幸福上下功夫。**大力发展社会事业，满足群众多元化需求。要引进高端教育资源，高质量普及十五年基础教育。大力发展高等教育，以合作共建浙师大国际学院为基础努力创办中非大学，争取引进国内外著名高校。支持工商学院建设成为国内一流的高职院校，机电技师学院实行“双元制”职业教育。要办好浙四医院，支持中心医院、中医院和妇保院引进品牌医疗机构，鼓励东方医院等民营医疗机构做大做强，让居民享受到高水平的医疗服务。要大力发展社会福利和慈善事业，不断完善城乡社会救助体系，确保困难群众基本生活有保障。实施精准扶贫，全面推进低收入农户奔小康。

3. **着力在和谐稳定上下功夫。**深入推进“平安义乌”建设。高度重视反恐维稳工作，全力做好G20峰会、世界互联网大会等重大活动安保，确保社会大局安全稳定。深入开展“网格综合管理、全员全科服务”，推进网格化服务中心建设，夯实基层基础。要管好用好新媒体新媒介，加强网军队伍建设，让网络空间清朗起来。要全面做好信访维稳、治安防控、矛盾纠纷排查化解、消防和安全生产等工作。深化法治义乌建设，推进民主法制改革，探索法治德治自治相结合的基层社会治理模式。

同时，支持人大、政府、政协和司法机关依法依章履行职能。巩固和发展最广泛的爱国统一战线，认真做好民族、宗教、侨务、对台等工作。加强和改进对工会、共青团和妇联等群团组织的领导。积极支持国防和军队建设，广泛开展“双拥”和军民共建活动。

四、以“创新发展义乌经验、干在实处勇当标兵”为主题，全力推进“十三五”各项目标任务落到实处。实现新的五年奋斗目标，关键在党、关键在人。全市各级党组织要紧紧围绕“高水平全面建成小康社会标兵”的目标，自觉践行“三严三实”，以“创新发展义乌经验、干在实处勇当标兵”为主题，以永不满足、奋发向上的精神状态，把“十三五”各项决策部署和目标任务一抓到底、落到实处、取得实效。

（一）创新经验，凝心聚力谋新篇。要以开展“创新发展义乌经验、干在实处勇当标兵”主题实践活动为抓手，动员全市上下再接再厉、趁势而上，全面掀起新一轮干事创业热潮。一要紧紧围绕义乌经验，加强学习。深入开展弘扬义乌经验活动，学深悟透义乌经验的核心和精髓，坚定信心、不骄不躁、锐意进取，切实解决好发展中存在的问题，更多地学习借鉴别人的长处和经验，努力创造义乌发展新的辉煌。二要紧紧围绕攻坚破难，狠抓落实。面对困难不回避不低头，面对挫折不气馁不退缩，深入开展改革大攻坚、投资大攻坚、转型大攻坚，平台建设、环境整治和维护稳定大攻坚，确保各项工作落到实处。三要紧紧围绕转变作风，优化环境。建立领导干部九联系制度，着力优化干部环境、政策环境、要素环境、服务环境和舆论环境。

（二）锤炼干部，勇于担当有作为。要牢固树立正确用人导向，坚持德才兼备、以德为先，着力选拔任用信念坚定、为民服务、勤政务实、敢于担当、清正廉洁的好干部，营造“用一贤人则群贤毕至”良好氛围。要着力完善干部考绩制度，以多加鼓励为主，建立科学全面的干部评价体系，坚持全面、历史、辩证看干部，注重一贯表现和全部工作。支持实事求是通过正常渠道反映干部问题，坚决刹住诬告歪风，对那些勇担当、有本事、坚持原则、不怕得罪人、个性鲜明的干部，组织上要为他们说公道话。要改进干部考核方法手段，既看显绩又看潜绩，既着眼当前、又注重长远，把好干部及时发现出来、合理使用起来。同时，要认真落实领导干部能上能下机制，健全完善调整不称职、不胜任干部制度。加强和改进干部教育培训，选派一批后备干部赴先发地区和攻坚一线挂职锻炼。加大干部交流轮岗力度，把年轻干部放到基层去历练。充分发挥老干部的积极作用，为改革发展增添正能量。营造激励干事创业的浓厚氛围，最大限度调动广大干部的积极性、主动性、创造性。

（三）夯实基层，优化服务强基础。要以加强基层党组织建设为基础，打通联系服务群众最后一公里。要坚持党要管党、从严治党，强化各级党组织书记抓党建"第一责任人"职责，建立健全基层党建工作长效机制，推动基层党建各项具体任务落到实处。要加强基层服务型党组织建设，推动服务群众、做群众工作制度化、规范化、长效化，使每个基层党组织都成为坚强战斗堡垒。严肃抓好农村换届工作，增强镇街党委掌控力，引导选出服务能力强、带富能力强的新农村建设领头人。要从严管理村干部队伍，完善村干部季度评议制度，加大对不称职村干部处置力度，引导村干部主动干事、干净干事、规范干事。要按照"整乡推进、整县提升"目标，深化软弱落后村党组织整顿，深入推进党建示范带建设。要加强党员队伍先进性和纯洁性建设，严格落实发展党员审查关口前移、发展对象量化考察、发展党员全过程公示和责任追究等制度，把好发展党员入口关。深化后进党员教育帮扶工作，全面推行党员管理"十条红线"工作机制，加大不合格党员处置力度。要统筹推进机关、社区、两新组织党建，加强机关党建阵地建设，全面推行社区"大党委"制，做强做大两新党建特色品牌。

（四）严明纪律，干净干事树新风。要以省委巡视组反馈整改为突破口，全力营造风清气正的政治生态。从"讲政治、讲纪律、讲大局"的高度，切实增强对巡视整改工作的认识，高标准抓好省委巡视组反馈意见整改。要严守纪律底线，常态化系统性开展党章党规学习，认真贯彻落实《廉洁自律准则》和《纪律处分条例》，真正把纪律和规矩挺在前面。要严格落实"两个责任"，强化领导干部包案办理分管工作、分管领域纪检信访的责任和工作考核，旗帜鲜明支持纪检机关深化"三转"、聚焦主责主业，深化纪委派驻机构统一管理等改革。要强化对权力的制约监督，进一步抓好"三重一大"事项集体决策痕迹管理等制度的贯彻执行，运用好监督执纪"四种形态"，不断提高纪律审查工作规范化水平。要牢固树立作风建设永远在路上的思想，从预防抓起，从源头盯紧，保持常抓的韧劲，驰而不息正风肃纪，做到心有敬畏、行有所止，手握戒尺、举有所虑，决不越雷池半步。要保持高压反腐态势，坚持"零容忍"态度惩治腐败，盯紧盯牢土地出让、工程建设、房地产开发、高息借贷等腐败易发多发的风险点；要深入开展农村党风廉政建设专项巡查，严惩群众身边的腐败和执法不公问题，营造一个政治清明、政府清廉、干部清正的良好生态。

深入贯彻夏宝龙在义调研重要讲话精神
勇扛旗帜当标兵 补齐短板走前列

——在市委十三届十一次全体(扩大)会议上的报告

(2016年8月10日)

盛秋平

这次市委全会的主要任务是:深入学习贯彻省委夏宝龙书记义乌调研重要讲话精神,认真落实省委十三届九次全会、金华市委六届十一次全会要求,研究我市补短板工作,审议通过《中共义乌市委关于补短板扛旗帜走前列的决定》,动员全市上下勇扛旗帜当标兵、补齐短板走前列,加快建设现代化国际性商贸城市,打造世界"小商品之都",勇当"一带一路"尖兵和高水平全面建成小康社会标兵。

一、牢记使命不忘初心,昂首挺胸勇扛旗帜

7月27日至28日,省委夏宝龙书记冒着高温酷暑,带领多名省委、省政府领导和部分省直部门主要领导到义乌调研考察,并召开汇报会发表了重要讲话。夏书记指出,义乌是全省乃至全国改革开放的一面旗帜。习近平同志担任浙江省委书记期间,省委专门总结了义乌改革发展实践,作出了学习推广义乌经验的决定。全省上下都应该有这样一种认识,要昂首挺胸高高擎起这面大旗,让这面大旗迎风飘扬,把义乌这块改革开放的金字招牌擦得更亮,这是历史赋予的责任,是党赋予的责任,也是人民赋予的责任。夏书记认为,义乌的发展总的是可以的,但也存在问题,要用改革的办法解决发展中的问题。对义乌的班子省委是满意的,希望我们再接再厉,把工作抓得更好。夏书记强调,要坚定不移地以经济建设为中心,打造世界"小商品之都";要全力做好维护社会稳定工作,经济指标要上去、稳定指标要下来;要振奋精神、敢于担当、勇于开拓,形成上下同欲的浓厚发展氛围。夏书记的讲话高屋建瓴、思想深邃,为我们做好当前和今后一个时期工作指明了方向、提供了遵循,这既是对义乌改革发展的再动员再部署,也为我们吹响了勇扛旗帜、加快发展的"冲锋号"。夏书记的讲话言之凿凿、情之切切,让我们感动,更令我们警醒,全市上下要深刻领会省委和夏书记对义乌工作的深情厚爱,切实把思想和认识统一到夏书记的重要讲话精神上来,用实际行动坚决担当起扛旗责任。

深入学习贯彻夏书记重要讲话精神,就是要充分认识义乌发展在全省总体布局中的重要作用,切实增强勇扛旗帜的政治自觉。夏书记强调,义乌是我省改革发展的重要尖兵、标杆。努力把义乌这面旗帜扛得更牢、举得更高不仅是经济问题,还是政治问题,更是涉及到坚持我们党在社会主义初级阶段的基本路线问题,这是对义乌地位的高度评价。一直以来,义乌的发展得到了各级党委政府的亲切关怀。10年前,省委省政府提出学习推广"义乌发展经验",时任省委书记习近平同志专程到义乌调研,充分肯定义乌改革开放以来所取得的巨大成绩,要求我们始终保持清醒的头脑,自豪而不自满,昂扬而不张扬,努力创造义乌发展的新辉煌,为全省、全国大局作出新的贡献。5年前,国务院批复同意义乌开展国际贸易综合改革试点,要求我们充分发挥义乌市场在全球分工体系中的独特作用,大胆探索、先行先试,形成参与国际经济合作和竞争新优势。今年,省委夏宝龙书记又多次对义乌改革发展作出重要批示,指派朱从玖、梁黎明副省长专程到义乌调研指导、协调问题,要求省委政研室到义乌蹲点调研一周。车俊代省长到任不久，即对义乌改革工作作出重要批示和指示。省委王辉忠副书记、省政府袁家军常务副省长也分别到义乌检查指导G20安保和有效投资工作。金华市委专门召开常委扩大会议研究义乌改革发展工作，市委赵光君书记就贯彻落实省委夏书记重要讲话精神，提出要深化思想认识，坚持问题导向，注重以点带面，增强发展定力等方面要求。

作为习近平总书记在浙江工作期间要求在全省学习推广的先进典型，作为改革开放以来在全国具有重大影响的地方，作为省委省政府和金华市委市政府一直以来关心重视、大力扶持的地方，义乌沐改革春风、得发展先机，今天的义乌已不仅是浙江的义乌，更是全国的义乌。我们决不能用一般县市区的标准来要求自己，必须牢记使命不忘初心，勇敢地担当起扛旗的责任，为全省乃至全国的发展多出经验、多做贡献。义乌绝对不能成为食之无味、弃之可惜的“鸡肋”，要在习近平总书记向世界推介的“中国方案”中有义乌的探索和贡献。

深入学习贯彻夏书记重要讲话精神，就是要理智清醒看待当前改革发展中面临的短板挑战，切实增强勇扛旗帜的战略定力。夏书记在调研中再次要求我们认真研读《谁动了我的奶酪》这本书，告诫我们凡事“预则立、不预则废”，强调要切实增强问题意识、忧患意识、危机意识。当前，义乌正处在爬坡过坎、突破提升的关键时期，受多重因素影响，一些长期积累的结构性矛盾和问题不断显现。一是改革攻坚难度加大。改革进入攻坚期、深水区，改革红利释放由“井喷期”步入“平缓期”，“最后一公里”落地难较突出，如市场采购贸易方式配套监管政策仍不完善，国内贸易流通体制改革、农村宅基地制度改革等有待破题，基层群众的改革“获得感”不强。二是市场发展面临瓶颈。面对国际贸易衰退和电子商务的双重冲击，传统市场“一招鲜、吃遍天”的模式已不可延续，实体市场客流量减少、商户盈利水平下降、本地产业对市场支撑水平下降、公共仓储物流配套不足等削弱了市场核心竞争力，市场发展的“奶酪”正逐步被蚕食。三是产业结构亟待优化。虽然近年来我们在招商选资上下了大力气，但投资见效尚需时日，传统行业为主的产业结构尚未改变。部分本地企业生产经营困难加剧，“两链”风险影响企业正常运行，银行贷款不良率居高不下。四是城市建设品质不高。整体风貌缺乏特色，有机更新多年没有实施，交通治堵任重道远，房地产去库存压力较大，生态环境治理任务艰巨。五是社会治理难度增大。反恐维稳压力大、触点多、燃点低，出租房屋规范化管理、境外人员管理服务有待进一步加强。

知不足然后能自反，知困然后能自强。诚如夏书记所言，这些问题都是发展中的问题，都可以用改革的办法加以解决。特别是，当前我市转型发展的良好态势正加快形成，市场正在向线上线下融合、进口出口互动、品牌连锁拓展快速转变，外贸出口占全省总量的八分之一，连续三年位居中国“电商百佳县”榜首；发展新动能不断积蓄，英国新能源商务整车国产化项目、华灿光电LED项目、泰国正大集团和美国康地集团投资的中央厨房项目等一批优质项目签约落地，森山健康小镇、三鼎五洲新材料、赵龙物流装备、新光网仓聚饰云、易开盖、年年红等技改项目开工建设投产，成为义乌转型新动力；开放优势、区位优势进一步凸显，省委省政府把义乌作为第四大都市区进行重点打造，国际邮件互换局、航空口岸、铁路口岸、保税物流中心等一批开放平台先后获批，温义、甬义铁路等重大交通基础设施加快推进，这些都是我们勇扛旗帜的力量之源和信心所在。因此，我们既要把形势分析透、把问题搞清楚、找准发展短板，又要始终保持战略定力，扬长避短、扬长克短、扬长补短、去劣留优，不畏浮云遮望眼，咬定青山不放松，在转型发展中闯出一条新路、一条阳光大道。

深入学习贯彻夏书记重要讲话精神，就是要拉满弓使满力全面提振广大干部群众“精气神”，切实增强勇扛旗帜的使命担当。夏书记强调，“好汉不提当年勇”，成绩属于过去，我们决不能躺在功劳簿中、成绩单上，要始终防骄戒满、戒骄戒躁，要始终苦干实干、继续前进。这既是对我们的激励，更是对我们的警醒。过去义乌的发展靠的是“敢为人先、勇立潮头”的豪气干云，靠的是“鸡毛换糖、义利并举”的诚信包容，靠的是“锲而不舍、金石可镂”的奋勇拼搏，正是有了这股永不懈怠、永不服输的“精气神”，才成就了如今这座全球最大的日用消费品批发市场，才成就了如今这座欣欣向荣的贸易之城。

当前，我们干部群众总的精神状态是好的，社会创业创新氛围依然浓厚，党员干部甘于奉献，为义乌事业“5+2”、“白加黑”夜以继日，非常辛苦。但我们也要看到，有的干部面对新形势、新挑战，特别是在当前加大问责督查的大背景下，消极避事、不敢担当、不想担当、不愿担当。有的干部不善学习、不善调研、不懂业务，习惯于“穿新鞋走老路、用新瓶装旧酒”，一些工作推不下去、深入不进去。有的企业主小富即安、小进即满，缺少大的思路，有的不再专注于主业，到全国各地“云游”投资。有些房东和摊主坐享其成、无所事事，成为食利阶层。干事创业需要一股“精气神”。我们要时刻警醒，不为骄傲自满消磨斗志，不为既得利益蒙住双眼，不为一时之困忘却梦想，铆足干劲开足马力，出力流汗拼命干，以一流的精神状态担起扛旗责任。

二、拉高标杆补齐短板，奋勇争先走在前列

紧紧围绕“勇扛旗帜”的定位，对标“高质量、均衡性”，从战略高度、全局视野，突出抓好改革落地这一制度短板，市场创新和工业科技两大发展短板，城市建设、生态旅游、要素保障、社会治理四大基础短板，确保继续走在前列。

（一）补齐改革落地短板。改革是义乌最显著的属性，为义乌发展提供了最强劲的动力。全市上下要切实增强推进改革的思想自觉和行动自觉，以攻城拔寨、闯关夺隘的精神，全力打通改革落地“最后一纳米”，用改革的办法来破解发展中的问题。

一要再造改革开放“新优势”。在近期的中央政治局集体学习会上，习近平总书记提出构筑辐射“一带一路”的自由贸易园区。习近平总书记强调要加强顶层设计、谋划大棋局，构筑起立足周边、辐射“一带一路”、面向全球的自由贸易区网络，积极同“一带一路”沿线国家和地区商建自由贸易区，成都、重庆、郑州等地都在积极谋划建设。我们要充分发挥义乌国际贸易综合改革试点优势，复制上海、天津、福建等地自由贸易政策，探索建设小商品自由贸易港区，建立更加开放的国际贸易管理服务体制机制，提升在全球组织小商品进口、出口和转口贸易的便利化水平，成为世界小商品之都、我国“一带一路”尖兵和新一轮对外开放的门户。着力构建海陆空全方位对外开放格局，扎实推进“义新欧”中欧班列“规模化、市场化、可持续”发展，一手抓“义新欧”中欧班列增点拓线提效，加快在沿线布局海外分市场、公共海外仓、境外分拨中心等分销节点；一手抓铁路西货站建设，争取铁路口岸实现正式开放，争取获批水果、汽车整车等进口商品指定口岸，打造国际一流的内陆口岸。主动参与“义甬舟”开放大通道建设，建立健全与宁波——舟山港口的大通关体系，打造“义甬舟”开放大通道战略枢纽。加快航空口岸建设，积极培育国际航空货运市场，逐步增加国际航线，进一步做强开放功能平台。

二要破解改革发展“新问题”。坚持从解决突出问题入手，不畏难、不躲闪，加快重点领域和关键环节的改革。要针对当前反映突出的市场商户联网确认、外贸出口“货汇差”等问题，加强顶层设计，真正从制度层面加以规范和解决；针对房地产结构性库存压力，充分发挥新型城镇化、农村宅基地改革的先行先试优势，联动推进城乡建设，打好房地产去库存组合拳；针对要素配置的体制机制障碍，重点推进土地、能源、技术、环保等要素市场建设，提高要素配置效能；针对“四单一网”改革、行政审批制度改革、政府效能建设改革等方面存在的问题，真正将政府职能改到位，将行政效能提上来。

三要跑出义乌改革“加速度”。中央和省委已建立改革试点淘汰机制，原则上每个试点两年内要完成改革任务。要切实提高推进改革的紧迫感，倒排改革计划，确保内贸改革一年完成，国贸改革完成评估，农村宅基地改革取得突破、两年完成，国家社会信用体系示范城市创建要出成果。要建立改革项目库制度，细化落实重大改革措施，按“深入推进一批、启动实施一批、谋划设计一批”的要求滚动推进。要完善市领导联系改革项目制度，实行一项改革、一个团队、一套方案、一抓到底。要健全改革督查机制，充分发挥人大、政协参与督查的重要作用，实行重大改革“周督查、月推进、季总结”，对发现的问题实行挂账整改、销号管理。要坚持开门搞改革，将顶层设计与群众首创精神有机结合起来，既邀请顶级专家智库为义乌出谋划策，又积极引导全市干部群众主动参与和支持改革，争当改革促进派和实干家，在全市形成浓厚的改革氛围。

（二）补齐市场创新短板。围绕打造世界“小商品之都”目标，充分认识“市场的本质是供需，市场的常态是竞争，市场的手段是营销，市场的目的是盈利”的规律，坚定不移深化“兴商建市”战略，做大市场、做优市场、做广市场，找到新的奶酪，建设五星级旗舰市场，成为全球小商品贸易的集散地、小商品创意设计研发的热土地、中高品质小商品制造商和电商的集聚地，打造百年老店。

一要创新发展市场模式。以优质商品商户为主体，以海内外客商为核心，以品质管理服务为保障，以体验、智慧、诚信为支撑，建设五星级旗舰市场，为中小企业拓展国内外市场提供更可靠、更便捷、更经济的平台。要着力打造品牌化的质量市场，建立品牌管理体系，探索“义乌中国小商品城”驰名商标授权机制，鼓励打造自有品牌，不断提升义乌市场产品品质；要着力打造保姆式的服务市场，抛弃“房东”思维，牢固树立“细节决定成败，服务决定未来”的理念，招引全球顶级的商场管理和服务人才，制定五星级旗舰市场管理和服务标准体系，把服务客商、服务经营户的工作做到极致；要着力打造一站式的体验市场，融入跨界思维，丰富业态配比，增加配套设施、便民服务区，植入休闲娱乐体验、空间环境体验等功能，营造更加舒适、更加多元的购物体验环境；要着力打造现代化的智慧市场，加快市场硬件设施现代化改造，加快市场大数据采集系统建设，强化移动互联网、物联网、大数据、VR 技术、语音翻译等最新科技成果应用，提升市场信息化、智能化服务水平；要着力打造可量化的信用市场，构筑统一高效的信用数据平台，建立快速便捷的诚信激励和失信惩戒机制，营造诚信的市场经营环境，全力创建国家信用示范城市。

二要创新发展市场业态。大力推进线上线下融合，进口出口互动、品牌连锁拓展，拓宽营销渠道，抢占市场份额。要做强电商新业态，以国际电商小镇建成投用和获批开展跨境电子商务创新发展示范区为契机，狠抓龙头电商招商，加快电商企业供地步伐，力争三年内建成 200 万平方米电商产业基地，让电商企业把根扎在义乌。要扶持发展电商服务平台，把“义乌购”、“义网通”等培育成为电子商务龙头企业，争取获批“义支付”牌照，优化电子商务生态环境。要培育做大进口市场，发挥中欧班列优势，积极举办进口商品博览会、进口商品购物节，大力引进和培育进口贸易主体，加快谋划布局“万国街区”，在省内外开辟进口商品分销渠道，打造“中国进口商品城”，成为国外中小企业优质商品进入国内市场的桥头堡。要加快“走出去”开拓国内国际两个市场，向国内义乌小商品城冠名市场输出管理和标准，以合作加盟等形式在国外设立海外仓、物流分拨中心和海外分市场，进一步巩固义乌市场地位，构建万亿级“义乌系”市场。三要创新优化市场布局。加快引进优质市场资源，进一步提升义乌市场的商品集中度、全球美誉度和市场占有率。要固本强基繁荣“国际商贸城”，稳步推进市场行业布局调整，扩容新兴行业，整合相近行业和萎缩行业。腾笼换鸟激活“生产资料市场”， 调出不适应的市场业态，布局健康医疗、教育装备等行业，打造国际健康产业城。改造提升盘活“宾王市场”，引入国内知名设计团队，建设中国小商品创意设计梦工场。多措并举做强篁园市场、国际家居城等专业市场。着力推进市场经营主体升级，更多地集聚懂电商、会创新的新一代商户，大力招引领军企业、“隐形冠军”和知名品牌企业，引进国际国内和大区域总代理。

四要创新发展市场体系。大力发展电商物流和文创会展产业，推动多态联动、跨界融合，着力打造国际一流、国内最优的现代商贸流通支撑体系。特别要强化仓储物流支撑，抢抓国家现代物流创新发展城市试点机遇，完善仓储规划布局，加快义东北国内物流中心规划和国内“公路港”物流中心建设，既要招引集聚大型智能仓储物流项目，也要搭建一批低成本的物流仓储区块，力争三年内改造和新建 200 万平方米的智能化公共物流仓储设施。要大力发展文创产业，围绕打造小商品创意设计中心，建设良库文化创意园，加快老火车站、义浦路旧厂房等文创园改造，做大工业设计中心、义台设计中心等项目，力争三年内建成200万平方米文创空间，打造全球小商品创意设计中心。要大力提升市场化专业化办展水平，做强义博会、文交会、旅博会、森博会等国家级展会和电商博览会、进口商品博览会、装博会等新兴产业展会。

（三）补齐工业科技短板。市场的持续繁荣需要有竞争力的工业支撑。义乌三十年来坚持“兴商建市”战略不动摇，适时提出“贸工联动”围绕市场发展工业，打造了十余个国家级制造基地，造就了全球第一大市场。在新常态下，必须进一步围绕市场发展实体经济，依靠科技第一生产力和创新第一动力，使义乌制造向中高端迈进，从而推动市场转型升级。

一要坚持“以市场带实体”。要深化贸工联动战略，按照“只要市场有需求，环境又允许，能多干就多干”的理念，着力发展一批市场带动型企业，再掀商贸企业、电商企业发展工业热潮。要大力支持传统企业做大做强，实施品牌质量提升行动，完善和落实支持质量品牌建设政策措施，积极打造“义乌袜业”“义乌内衣”“义乌饰品”“义乌化妆品”等国内领军品牌。要大力发展特色小微企业创业园，结合“低小散乱”行业整治提升，以国资平台盘活用好新社区产业用房，引导小微企业整合入园、改造提升、提档升级。要着力破解传统制造业环保制约，聚焦模具加工、印刷包装、饰品加工等行业污染治理，坚持堵疏结合，强化政策支撑，实行“一业一策”，实现绿色发展。要大力推动“浙江制造”和义乌市场强强联合，把义博会办成浙江优质制造展销会，办好“浙江制造”高峰论坛，建立“浙江制造”品牌推广中心和展示营销中心，把浙江的实体经济打造成为义乌市场的后盾和基地。

二要增强科技创新能力。加快推进科创新区建设，尽快引进一批高层次大学、科研院所和高等职业教育，争取早落地、早开工。做优做强浙江“千人计划”（义乌）产业园、北京中关村异地孵化器等平台，积极培育发展众创空间，广泛集聚各类创业创新资源。坚持让企业在创新中唱主角，实施好高新技术企业和科技型中小企业倍增行动计划，支持企业建立省级以上技术中心、重点实验室等研发平台，发展壮大一批具有核心技术的骨干企业。完善科技创新扶持政策，建立以政府支持为引导，企业自筹、社会资本、银行信贷为主体的多元科技创新投入机制。发挥政府创业投资引导基金、科技种子基金作用，孵化培育一批创新型企业。

三要加快战略产业发展。按照集群化、集聚化发展思路，着力提升义乌国家级经济技术开发区和省级工业园区承载力，引导企业和市场经营户投资聚焦日用时尚消费、信息网络经济、先进装备制造、食品医药健康四大战略产业。着力提升特色小镇发展水平，围绕“一个特色小镇集聚一个百亿级产业链”目标，全力推进绿色动力小镇、光源科技小镇、森山健康小镇建设，加快英国新能源整车、义利动力总成、华灿光电、瑞丰光电、中央厨房等项目建设，积极招选上下游相关产业。着力培育“中欧智造园”，增强服务外企能力和效率，全力招引大型跨国公司项目。

四要强力推进招商选资。聚焦电商物流金融、文创会展旅游和工业四大战略产业，借力商会、企业，推进以商招商、以企引企；深入推进“浙商回归”“义商回归”工程，持续办好世界义商大会、中秋联谊会，积极开展“共建美好家乡，共擎发展旗帜”活动；对大项目、龙头带动项目，要拿出“咬定青山不放松”的劲头，挑好、盯牢、开花、结果，实现双赢多赢共赢。完善招商工作机制，统筹招商资源，强化分工协作，建立健全招商选资考核、激励办法，最大限度地激发招商工作积极性。

五要构建“亲”“清”政商关系。要进一步关心爱护企业家，营造鼓励改革、支持创新、宽容失败的社会氛围，激励企业家放手创业、大胆发展。新闻媒体要加大对企业家的报道，使企业家电视留影、电台留声、报纸留名，为企业家发展提供良好的舆论环境。要大力弘扬谢高华精神，树立“亲”“清”新型政商关系，敢于担当、尽职尽责，引领全市上下把担当精神内化于心、外化于行，形成想干事、能干事、干大事、干不成事不罢休的浓厚氛围。要深入开展“降成本、补短板，当好店小二、服务促转型”活动，全面提升走访服务企业水平，实实在在帮助企业解决实际困难和问题。要防范和化解“两链”风险，用足用好帮扶政策，加大打击“假摔”、恶意逃废债力度，牢牢守住不发生系统性区域性金融风险的底线。

(四)补齐城市建设短板。当前，我市城市规划建设水平与义乌的发展地位不相称。我们要认真贯彻落实夏书记重要讲话精神和省委以及金华市委城市工作会议精神，顺应县域经济向都市区经济转型趋势，以提高城市发展质量为目标，在全国大城市第二方阵中争先进位，建设浙江省第四大都市区。

一要以大视野做好城市规划设计。全方位对标国内国际先进城市，推动城市设计全覆盖，加快形成“东方风范、国际风尚、江南风韵、异域风情”的城市整体风貌。深入开展城市标识视觉系统设计，推进城市色彩、综合交通、城市雕塑、灯光照明等专项设计，加快推进主要入城口、城市主要道路等重点地段设计，协调城市景观风貌。大力实施义乌江串珠工程，加快中国商贸博物馆、美术馆和大剧院建设，推进宗泽公园、义乌兵公园、鸡鸣阁、“三杰馆”等人文景观建设，打造充满活力、富有特色的城市空间。

二要以大决心推进城市更新改造。加快编制老城区5.7平方公里有机更新规划，把老城区打造成为更加多元、高效、活力、绿色的都市化先导区。深化新型城镇化和农村宅基地改革，扎实推进城乡新社区集聚建设，创新建立集地券、住房权益凭证和房票等机制，把城市更新改造和房地产去库存以及遗留问题化解结合起来，放大招、下大棋，打一套城市更新组合拳。加大老社区更新改造力度，完善公共服务设施配套，提升市民生活的宜居性。开展城市街景立面改造，实施精品街美化工程。加快推进“海绵城市”和地下管廊试点建设，提升城市建设管理水平。高水平建设与国际接轨的金融、教育、医疗服务设施，打造一批国际融合社区，提升城市国际化服务功能。

三要以大项目支撑城市交通发展。大力实施“八百亿综合交通工程”，加快构建现代化综合交通运输体系。加快完善铁路与轨道交通线网布局，推进杭义温高铁、金义甬铁路、金义东轨道交通、铁路综合交通枢纽等重大项目建设。加快疏港高速和疏港快速路建设，推进环城路全立交改造，提高国贸大道通行效率，形成城市高快速交通体系。加快实施义乌机场改造提升，早日建成区域航空货运中心。统筹推进公共汽车、BRT、城际班列等协调发展，加快自行车道、步行道系统和城市停车位的规划建设。

四要以大数据提升城市治理水平。加快推进智慧城市建设，以全社会大数据平台共建、信息共享、责任共担为抓手，深入推进智慧政务、智慧城管、智慧物流、智慧交通建设，实现城市治理精细化。深入推进城市执法体制改革，稳步推进力量下沉一线，突出抓好执法信息管理平台建设，提高执法工作效能，打通城市治理“最后一公里”。确保通过国家卫生城市新一轮复审，积极创建全国文明城市，深入推进信用体系建设。

五要以大格局来推进城市发展。跳出义乌发展义乌，把义乌放到金华、全省和长三角城市群中去谋划布局。按照金华市委“走在共列、共建金华”要求，提升中心城市的集聚辐射功能，深化城市间协作和功能互补，促进组团城市融合互动发展。加强与周边县市道路交通基础设施的互联互通，加快推进义乌至永康、兰溪等主干公路建设。积极推进义东浦磐城市带建设，促进义乌浦江东阳同城化发展，在教育、医疗、文化、旅游、广电、交通等方面实现互联互通、共建共享。

(五)补齐生态旅游短板。生态是发展之本。要突出建设为重原则，统筹城乡发展，走出一条绿色、生态、可持续的全域化美丽乡村建设和生态旅游经济发展道路，努力建设“美丽义乌”。

一要持续改善生态环境。坚定不移走“绿水青山就是金山银山”之路。要按照“科学治水、源头治水、长效治水”的基本思路，深入推进“五水共治”“1+9+14+6”源头治水模式，深化落实“河长制”工作机制，全面推进城乡雨污分流及农村环境基础设施第三方运营管理，科学谋划“双江湖”“白沙湖”等重大水利项目。要坚持全民治水，加大宣传力度，发挥好建设美丽促进会等组织作用，让群众都参与进去。要强力推进“三改一拆”，扎实开展缓拆建筑清理、房前屋后违法建筑整治、屋顶违建整治等专项治理。深入推进“四边三化”“两路两侧”整治，对“赤膊房”、违法建筑、青山白化等全面进行整治，力争两年实现环境根本改善。

二要加快美丽乡村建设。积极推进强镇富村，支持镇街发展，实施美丽乡村“六个一”标准化建设，开展美丽乡村精品培育和百个特色村创建工程，让镇村面貌焕然一新。依托我市秀美的山水资源和深厚的人文底蕴，大力支持大陈、上溪、赤岸等地，发展山水度假、乡村休闲、健康养生等农村经济，探索下山脱贫与上山养生相结合，加快低丘缓坡低密度高品质住宅区和民宿度假村建设。大力发展现代农业，探索实施“托养猪”等新型农业合作模式。

三要推动全域旅游发展。旅游是培育发展新动能的生力军，要以获批中国首个“国际商务旅游目的地”为契机，坚持把全市作为一个大景区来打造。整合全市重大旅游资源，加快佛堂文化旅游区、未来养生休闲、望道时光、汽车运动等项目建设，推进义乌江两岸生态、文化、旅游规划建设，与国际商贸城、丝路金融小镇共同形成“义乌上河图”。做精做细国际商贸城旅游购物，发展“丝路一号”、宾王异国风情街等体验式购物线路，深度开发会展旅游产品，促进商旅融合发展。加强旅游营销宣传，做大做强旅博会、国际购物旅游节，密切与周边县市的旅游营销合作，全力推介义乌旅游形象和旅游产品。

（六）补齐要素资源短板。要始终坚持改革创新，围绕“人从哪里来，地从哪里来，钱从哪里来”等核心问题，着力突破要素壁垒，为我市经济社会发展提供强有力的要素支撑。

一要用最优的环境来集聚人才。栽好梧桐树，引得凤凰来。人才作为第一资源，哪里发展环境最优、发展平台最广、发展前景最好，就往那里集聚。要针对人才需要，突出抓好人才最关心最在意的事情，用最优的环境，广泛吸引集聚各类人才，努力把义乌打造成人才的“集聚地”，创业创新的“梦工厂”。要对人才进行科学界定，要不拘一格降人才，打破条条框框，只要对企业、对义乌发展有用，就是人才，既要招引各类科技管理等领军型人才，也要广泛聚集贸易、电商、物流、金融和企业管理等各类实用型人才。要深化户籍制度改革，让各类人才在义乌扎根落户，要利用高铁同城效应，实施交通补贴，吸引上海、杭州等地柔性人才来义就业创业。要着力解决人才住房、子女就学等问题，充分利用现有房产资源，加快人才保障性住房和廉租房建设；加快教育资源的整合，为外来建设者子女就学创造条件。要立足发挥义乌独特的市场和资本优势，搭建发展平台，推动人才与资本市场的有效对接，不断打造有利于人才集聚的创业环境。

二要用改革的办法来整合资金。深化政府投融资体制、国有企业改革，以完善政府全口径预算管理和建立“多规融合”的基础设施建设项目库为基础，全面推广使用政府和社会资本合作模式，积极拓宽市场化融资渠道，引导社会资本投资建设。要深化政银企对接，引导金融机构增加义乌信贷规模，降低不良贷款，要引进国开行、农发行、进出口银行等政策性银行做大投资蛋糕，要积极对接丝路基金、亚投行、助推“一带一路”项目建设。要做大产业基金和政府引导基金，支持战略性特色产业发展。

三要用市场的手段来配置要素。要素是稀缺资源。我们一方面强调要素资源紧张短缺，另一方面又有许多要素资源被低效利用。要深化资源要素市场化配置改革，不断完善亩产效益综合评价机制，建立企业分类指导、资源要素差别化配置、产业政策分类引导联动机制，着力盘活用好存量用地。深化新型城镇化土地改革，有序推进城乡低效用地开发，推进工业用地“退二优二”“退二进三”。加快推进区域要素市场建设，让要素资源不断向优质企业和项目集聚，切实提高土地、资金与环境容量等要素配置效能，形成倒逼机制，推动企业转型升级。

（七）补齐社会治理短板。加强和创新社会治理，是百姓安居乐业、社会安定有序的重要保障。要加强和创新社会治理，推进社会治理精细化，构建全民共建共享的社会治理格局。

一要守住社会稳定底线。要深化“平安义乌”建设，开展社会维稳大攻坚，突出抓好G20峰会安保工作，扎实开展反恐防暴、治安问题整治、生产安全整治、公共安全整治、网络环境净化等“十大行动”，加强和改进流动人口和境外人员管理服务，加强出租房管理，做强国际贸易综合服务及经济案事件预警平台，着力解决影响社会稳定的突出问题。高度重视信访工作，健全社会矛盾排查化解机制，加强重点领域、重点部位的矛盾隐患排查，努力把矛盾发现在早、处置在小。高度重视网络舆情，及时做好网络舆论回应和引导，确保不发生重大舆情事故。严格落实安全生产责任制，加大食品药品安全管理力度，切实保障群众生命财产安全。

二要强化基层基础建设。深化网格化治理，推进镇(街道)综治管理、市场监管、行政执法、公共服务"四个平台"建设，强化基层网格与职能部门的协同处置能力，提升网格化工作效能。深化"去三公、做三工"，大力宣传先进典型，引导全市6万多党员争做"志工、义工、社工"。加大政府购买服务力度，支持社会组织积极广泛参与社会治理和公共服务，激励更多市民参与社会治理和志愿服务活动，培育壮大志愿服务队伍，夯实社会治理的群众基础。

三要促进公共服务优质均衡。推进城乡教育公共服务均等化，加快创建浙江教育现代化市。全面提升医疗卫生服务水平，加快合作办医发展，完善优质医疗资源"双下沉、两提升"长效机制。积极推进镇(街道)综合文化站、图书分馆全覆盖，推动农村文化礼堂、社区文化家园扩面提档升级，着力构建布局合理、功能完备、管理有序的基层公共文化服务体系。深入挖掘本土文化资源，做好名人故居、重点文保单位的改造提升工程。推进居家养老与机构养老协调发展。更好发挥"两只手"作用，鼓励社会资本加大社会事业投资力度，逐步扩大教育、医疗、养老、体育健身、文化等政府购买服务范围，不断提供多元化的公共服务供给。

四要强化社会保障兜底功能。深入实施全民参保登记计划，进一步完善职工养老保险与城乡居民养老保险、被征地养老保障之间的衔接转换机制，织实织密民生保障的"社会安全网"。扎实开展精准扶贫，全面落实低收入家庭精准帮扶措施，加快推进低收入家庭增收致富奔小康步伐，切实做到不养懒汉、应保尽保。多举措解决城镇规划区范围外农村住房特困户问题。加强残疾人帮扶力度，大力发展慈善事业。

三、凝神聚力固本强基，翻篇归零再踏征程

始终坚持党要管党，从严治党。切实肩负起党建、意识形态和党风廉政建设"三个主体责任"，着力增强凝聚力、向心力、战斗力，带领全市党员干部和群众共谋发展、共创大业。

第一，凝神。就是要汇聚一股发展最大正能量。要全面开展"勇扛旗帜当标兵"大讨论活动，围绕学习贯彻夏宝龙书记义乌调研重要讲话精神，精心组织开展各项活动，不仅要动员本地人员参与进来，更要把外来建设者、驻义外商等各方面群体纳入到活动中来，动员全市上下深刻认识义乌肩负的使命担当，以翻篇归零再出发的心态，个个争当旗手、共同扛好大旗，特别是企业家要爱家乡、爱市场、爱主业、爱实业，勇扛大旗。要继续开展"两学一做"学习教育，在全市各级党组织建立健全每周学习党纪党规等学习机制，教育和引导全市各级领导和党员干部，不忘初心、专心致志，为义乌发展服务，为义乌人民服务。要深入推进"创新发展义乌经验、干在实处勇当标兵"主题实践活动，以开展三大活动、六大攻坚、五大行动为抓手，以干在实处取得实效为标准，以走在前列勇当标兵为目标，激励和推动全市各级党组织走在前列，共谋发展。严格落实意识形态工作主体责任，强化舆论引导，牢牢掌握意识形态工作的领导权和话语权。要支持人大、政府、政协和司法机关依法依章履行职能，充分发挥各民主党派、工商联、台侨和工青妇、残联、科协等群团组织作用，扎实开展双拥工作，凝聚各方力量共促发展。

第二，聚力。就是要建设一支堪当重任的干部队伍。深入实施干部人事制度改革立体工程，完善干部选拔任用机制，鼓励干部把文章写在大地上，倡导凭实绩用干部，打好"上下管育爱"干部工作组合拳，锻造"义乌铁军"和"狮子型"干部队伍。要充分调动各年龄段干部的工作积极性，适当保留部分年龄较大、经验丰富的领导干部，加大年轻干部、女干部、党外干部培养选拔力度，选派更多的年轻干部到改革一线、基层一线、稳定一线摔打历练。加大关心关爱干部力度，建立干部容错免责机制，鼓励创新、允许试错、宽容失败，激发广大党员干部创业创新激情。从严整治为官不为、为官乱为，强化制度刚性执行，畅通领导干部“下”的渠道。

第三，固本。就是要打造一批坚强有力的战斗堡垒。从巩固党的执政基础的高度出发，集中精力抓好镇街和村级组织换届工作，严肃换届纪律，加强督查指导。选好、用好、管好村两委“带头人”，持续整转软弱落后村党组织，培育打造国家级、省级精品示范村（社区）和党建示范带，推动基层党组织建设全面进步、全面过硬。从严管理村干部队伍，深入推进农村侵害群众利益与执法不公问题专项巡察，强化日常督查考核，促使村干部履职尽责。规范党员发展教育管理，加大不合格党员处置力度，抓好党员负面行为告诫制度落实，解决后进党员“小错不断”问题。统筹推进机关、社区、两新组织党建，积极探索“党建 +”工作方式，拓宽两新组织党组织和党员作用发挥途径。

第四，强基。就是要营造一个风清气正的政治生态。紧紧围绕“清廉商城”建设目标，严格落实“两个责任”，切实抓好省委巡视组反馈意见的整改落实，维护良好政治生态。围绕把权力关进制度的笼子，让权力在阳光下运行，坚持党委学党纪党规，政府学法依法行政。深化“三重一大”事项集体决策痕迹管理，强化对权力的制约监督。深化纪检工作“三转”，加强派驻机构考核管理，准确把握运用监督执纪“四种形态”，挺纪在前，抓早抓小，动辄则咎。加大对“为官不为”“为官乱为”以及“四风”问题的正风肃纪力度。坚持无禁区、全覆盖、零容忍，继续严查土地出让、工程建设、房地产开发、项目招投标等重点领域腐败问题，抓好“一家两制”、领导干部购房、民间借贷等制度落实。常态化开展基层党风廉政建设专项巡察，加大对侵害群众利益问题的查处力度，净化农村基层政治生态。每位党员、每位干部都要心中有戒、心中有责、忠诚担当。

市政府工作报告

在义乌市第十五届人民代表大会第一次会议上

（2017年2月14日）

义乌市市长　林毅

一、2016年工作和过去五年发展回顾

2016年，市政府在中共义乌市委的正确领导下，在市人大、市政协的监督支持下，以“四个全面”战略布局为统领，践行五大发展理念，坚定不移打好转型升级系列组合拳，全市经济总体平稳、社会和谐稳定。全年实现地区生产总值1118亿元，增长7.7%；完成一般公共预算总收入130.7亿元，增长1.7%，其中地方财政收入81.8亿元，增长3%（计入“营改增”因素同口径增长5.3%）。城镇、农村居民人均可支配收入为60773元和30570元，分别增长7.4%和7.5%。

（一）市场发展迈出新步伐。大力繁荣市场，出台促进市场创新、进口贸易发展等政策，积极提升市场服务设施。深化国际贸易综合改革，完善市场采购贸易方式。推进“浙江制造”进市场。与阿里巴巴、京东开展战略合作，新增环球易购、价之链等大卖家、平台商和服务商25家。浙中农副产品物流中心建成投用。举办义博会等展会活动131个。涵盖海、陆、空、铁、邮、网、“义甬舟”“义新欧”的“义乌码头”初步构建。“义甬舟”开放大通道启动建设，义乌港并入省海港集团，“义新欧”增开5个方向班列。铁路口岸列入国家“十三五”规划，获批进口肉类指定口岸、省级跨境电商创新发展示范区。实现出口2202亿元、进口28亿元，分别增长4.7%和24.6%；实现快递业务量10.5亿件，增长77%。国际邮件互换局、保税物流中心业务量分别居全国第四、第十位。

（二）招大引强有了新突破。引进重大项目52个，总投资1245亿元；浙商回归到位资金137亿元，实际利用外资超1亿美元，招引投资50亿以上项目10个。吉利新能源整车项目圆了义乌“造车梦”，瑞丰光电、华灿光电、木林森项目让义乌成为全国LED重镇，圆通浙江总部、深国际智慧物流项目将让运输更便捷，森山健康小镇、乐土精准医疗等项目加快催生健康产业。正大中央厨房、侨建集团等一批引领转型项目落地。引进基金69家，资产管理规模超200亿元。国资成功参与竞购2个境外项目，实现跨国并购零的突破。引进国家、省“千人计划”专家6名。车俊省长批示全省各县市学习义乌招大引强的做法。支持中小微企业发展，实施小微企业三年成长计划，新增小微企业20605家，“个转企”1937家，50家小微企业成长为规上工业企业。

（三）项目推进干出新气象。完成固定资产投资581.7亿元，增长13.6%，高出全省2.7个百分点。新增省重点建设项目和重大项目35个，其中特别重大产业项目3个，54个项目入选国家重点建设项目库。新增建设用地7650亩，争取国家专项建设基金及各类补助资金8.1亿元。以项目提升产业能级，高新技术产业、装备制造业产值分别增长10.3%和22.5%，全市研发投入增长18.9%。新增上市公司2家、企业股改30家、新三板和区域资本市场挂牌23家。新增省级重点企业研究院2家、国家重点支持高新技术企业19家，工业园区获批省级高新技术园区。

（四）城乡面貌有了新改善。“三改一拆”综合排名全省第五，拆违全省第一。有机更新“首炮”打响，仓

后、湖大塘区块完成100%征收，向阳上片区块截至2月11日中午签约率92.5%。主城区39个社区启动改造，改造10条精品街。推进城区拆围建绿，实施“两路两侧”“四边三化”整治3.5万处，完成绿化11826亩。制订美丽乡村规划。“五水共治”从末端治理转向九大源头治理，333个村实现管网专业化运维，2870宗工业用地中96.2%已实现持证排水。关停污染环境的猪场53家。开展“低小散乱”整治，基本完成模具行业整合入园。PM2.5平均浓度下降15.7%，空气质量优良天数增加29天。

（五）普惠民生实现新进步。投用8所公办学校及复旦实验学校，引进杭州新世纪外国语学校。完成12所山区学校饮用水保障工程，实现所有学校安全用水。新中医医院、急救中心等5家医疗机构投用，新增医院床位700张。建成镇街图书分馆14个、流通站50个，实现镇街联网借阅。全面启动镇街养老服务中心建设，完成改造5家。城乡低保标准从640元提高到705元。帮扶低收入家庭就业369人。新增残疾人托养庇护中心床位490张。新建、改造标准化综合农贸市场20个，新增省级放心农贸市场3家、省四星农贸市场2家。完成新社区集聚分房安置试点。完善“异地奔小康”政策，山区地质灾害点上溪楼角村实现整村搬迁。

（六）政府建设呈现新作风。认真抓好巡视整改工作。主动接受人大依法监督、政协民主监督、司法监督和社会监督，办理人代会议案、代表建议、政协委员提案667件。当好“店小二”，出台金融支持企业、鼓励上市、支持中小微企业等系列“十条政策”，为企业减负14.5亿元，解决涉企难题944件，帮助企业稳定贷款633亿元。攻克拖了13年之久的原中心菜市场征迁等“老大难”问题52个，“拔钉清障”51项。深化亩产效益综合评价，98家D类企业完成关停并转退。深化“四单一网”改革，行政权力事项减少17.2%。政府系统党风廉洁建设七项专项治理取得初步成效。宅基地制度改革取得突破，实现农房可流转、可抵贷，农民财产有权能、有保障。圆满完成G20安保工作。积极支持国防建设。

过去五年是义乌经受考验、砥砺奋进的五年。全市地区生产总值突破千亿大关，年均增长9.2%；地方财政收入年均增长7.7%；累计实现固定资产投资2185亿元，是前五年的2.5倍。

五年来，我们坚持“兴商建市”，市场加快创新提升。全市出口突破2200亿元，对“一带一路”沿线出口占51.8%，海关监管集装箱年均增长9.2%。被列为国家电子商务示范城市，快递业务量约占全国的1/30。国际商贸城一区东扩建成投用，获批“义乌中国小商品城”驰名商标，荣获国家知识产权示范城市。五年来，我们深化改革开放，国家战略深入实施。完成国际贸易综合改革两个三年计划，创新设立市场采购新型贸易方式，获批开展内贸流通体制改革等10项国家级试点。“四单一网”等改革深入推进。航空口岸、国际邮件互换局投用，“义甬舟”“义新欧”等开放通道加快构建，被列为国际陆港城市。

五年来，我们加大产业投入，转型升级稳步推进。累计完成民间投资1546亿元，年均增长15.9%。全市人才总量和研发投入年均分别增长12.4%和19.6%。新增产值亿元以上企业59家、中国驰名商标10件、专利授权20253件、国家重点支持高新技术企业53家。经济开发区升级为国家级经济技术开发区。建成粮食生产功能区8万亩、省级特色精品园12个。

五年来，我们着力提升品质，美丽义乌加快建设。拆除违法建筑1441万平方米，改造旧住宅、旧厂房、城中村2894万平方米。义乌江出境断面氨氮、化学需氧量平均浓度分别比2011年降低82%和24.1%。成为国家森林城市，新增绿化造林4.9万亩，人均公园绿地达13平方米。新建改造道路217公里。创建各级示范村247个。

五年来，我们积极补齐短板，社会民生不断改善。民生支出年均增长18.2%，教育、医疗、文化和社保支出分别是前五年的2倍、2.6倍、1.8倍和1.95倍。城乡居民人均可支配收入年均分别增长9.5%和10.2%。“平安义乌”建设有望九连创。双拥、优抚、妇女、儿童、老龄、民族、宗教、档案、气象等工作取得新进步。

五年成绩的取得，是上级党委政府和义乌市委正确领导的结果，是全市人民团结拼搏的结果，是历届班子打下良好基础的结果。在此，我谨代表市人民政府向全市人民，向人大代表、政协委员和离退休老同志，向各民主党派、工商联、人民团体和社会各界人士，向驻义部队官兵，向关心、支持义乌发展的海内外各界朋友们，表示崇高的敬意和衷心的感谢！

二、当前经济社会发展和政府工作中存在的突出问题

我们必须清醒看到，对照世界"小商品之都"和都市区要求，对照群众期盼和人大代表、政协委员的意见建议，我市经济社会发展和政府工作中还有不少短板，我们面临的挑战严峻而复杂。

（一）产业层次低端是根本短板，政府治理经济和服务发展能力需要持续提升。突出表现在：一是城乡"低小散乱"作坊普遍，乱排偷排和污染投诉时有发生；不少工业用地不姓"工"，违规出租、改变用途。这些因素很大程度上导致消防安全形势严峻。2016 年全市接到火警 1493 起，11 月份以来一系列火灾造成严重的生命财产损失。二是传统市场经营模式压力增大，工业企业"两链"风险比较突出，财政收入增长乏力；修复传统动能，重塑产业链、供应链、价值链，推动生产、管理和营销模式变革十分迫切。这些集中反映了政府在加快存量提质、推进新旧动能转换、优化营商环境等方面需要更加有为。

（二）城市发展滞后是战略短板，政府治理城市能力亟待提升。突出表现在：一是城乡规划设计滞后，缺乏都市区格局，"改造前乱，改造后也乱"等问题突出。二是城乡建设、管理粗放，"老镇区多年没有改造"，全年评出 110 个"十差村"，却评不出 100 个"十佳村"，六都溪等 16 条河流水质还是劣五类。三是城市能级较低、转型不快，对经济发展的制约日益显现，企业引才留才困难。这些突出反映了政府在摒弃小农思想、打破县域思维、提升城乡品质、强化经济与城市互动等方面需要持续发力。

（三）民生改善不够是基础短板，政府公共服务和社会管理水平亟待提升。突出表现在：一是学前教育普惠均衡不够，群众"上好园"愿望强烈。二是市内医院与高水平医院全面合作还不够，一些医疗机构诊疗能力没有充分发挥，看病难、住院难等问题依然比较突出。三是低收入家庭、残疾人、下山脱贫农民等生活水平还有待提升，关爱老年人、妇女儿童等还不够。四是全市还有 1 万多户各类危旧房，很多农民盼望早日旧房改造。五是群众对社区服务、文化生活等还有不少意见。这些突出反映了政府在民生投入、基础设施、公共服务、社会兜底等方面还要大力改进。

（四）政府自身建设是关键短板，政府内部治理与企业和百姓期待还有较大差距。突出表现在：一是审批磨人，"一个标点写错也要重填"，"一份材料提交三遍"，"10 个工作日只能办 5 本证"；"代办排水证 4500 元"；有些程序"蛋生鸡、鸡生蛋"。二是一些部门不愿担当、推诿扯皮，造成很多事项协调多、流程长、推进慢。三是大量违法建筑、一系列火灾事故集中暴露出落实乏力、执行迟缓、监管不力，甚至失职渎职。四是类似江滨四园小区"从一个春节改造到另一个春节"的现象不少，工程招标低价低质等问题比较突出。五是一些经济部门工作和政策不够接地气，少数公务员"工作还是老一套"，缺乏激情；基层工作冷热不均，许多工作属地管理成了"唯一一招"。这些充分反映了源头治理体制机制保障不够，转变职能、考核激励、从严治政等需要持续深化。

这些问题有历史原因、外部因素，但根子在人，在思想，在用心不够，与群众贴心不够。我们必须认清形势、下定决心，在反思中整改，在长效上解决。

三、今后五年的奋斗目标和工作重点

今后五年，政府工作的总体要求是：坚持以人民为中心的发展思想，认真落实市第十四次党代会部署，统筹推进"五位一体"总体布局和协调推进"四个全面"战略布局，践行新发展理念，主动适应新常态，以推进供给侧结构性改革为主线，持之以恒深化"兴商建市"，立足金义都市区和义甬舟"双平台"，做强商贸和工业"双引擎"，加快科技和人才"双集聚"，做实文化和生态"双支撑"，推动总量和质量"双提升"、动力和活力"双增强"、结构和效益"双优化"、经济和城市"双转型"，加快创新跨越，持续改善民生，高水平全面建成小康社会，朝着世界"小商品之都"奋勇迈进。

(一)把全面深化改革,加速动力转换,加快创新发展作为最关键的事。深入推进供给侧结构性改革,加快“三去一降一补”。充分发挥市场在资源配置中的决定性作用,把市场转型发展作为首要任务,推动小商品增品种、提品质、创品牌;让重视创新、重视质量、重视升级的企业得到实惠,取得更快发展。推动有效投资、研发投入翻一番以上;确保我市在金华“十百千万”工程中的份额占一半以上。

(二)把打造金华—义乌都市区,推进强镇富村,加快协调发展作为最基础的事。突出世界眼光、国际标准、义乌特色,按照全省第四大中心城市、金华—义乌都市区定位,主动共建金华,加快建设综合交通廊道、金义科创廊道、浙中生态廊道“三大廊道”,实施双江湖、轨道交通等重大工程,推动经济和城市迈向都市区时代。实现小城镇环境综合整治、主城区有机更新、城中村改造、星级美丽乡村创建、薄弱村提升五个“100%高质量完成”。

(三)把打好“拆治归”系列组合拳,强化科技人才文化支撑,加快绿色发展作为最紧迫的事。积极培育新动能,实施科技人才强市战略,强化文化引领和创意设计,时尚、装备、信息、健康四大千亿产业基本成型。加快修复传统动能,基本完成纺织等十大传统产业提升改造。坚决淘汰落后产能,常态长效开展安全隐患、低小散乱、违规出租、违法经营、脏乱现象“五项整治”,创建为无违建市,市域河流保持三类以上水质。

(四)把打造“一带一路”倡议桥头堡,大力推进国际化,加快开放发展作为最深远的事。按照自贸区理念高标准规划建设国际贸易综合改革试验区,加快建设“义甬舟”开放大通道,增强“义乌码头”连接全球资源的能力,构筑跨境电商集聚地、现代物流新平台、人民币结算新高地。初步形成万亿级义乌系市场、万亿级网上市场、万亿级资本市场格局,成为世界贸易的重要货地。

(五)把打造幸福义乌,民生改善早一天也好的,实现共享发展作为最根本的事。推动公共教育、就业创业、社会保障、健康服务、生活服务、文化体育、环境保护、公共安全等八大领域114项基本公共服务标准化、均等化。强化老人、妇女、未成年人、病人、低收入者、残疾人“六种人”保障。深入推进平安建设,积极推进安全发展。全面提高居民文明素养、健康水平和生活质量,创建为全国文明城市。

(六)把“群众和企业到政府办事最多跑一次”,加强作风建设,推进政府治理体系和治理能力现代化作为最核心的事。深化“放管服”改革,加快职能转变,加强政府公共服务、市场监管、社会管理、环境保护等职责,提升发展经济能力,增强运营经济水平,加快建设服务政府、责任政府、法治政府、廉洁政府。

四、2017年工作主要安排

建议今年全市经济社会发展的主要预期目标是:地区生产总值增长8%左右;地方财政收入同口径增长6%;固定资产投资增长15%以上;出口增长6%;社会消费品零售总额增长10%;城乡居民人均可支配收入与经济增长同步,节能减排降碳完成上级下达的任务。

(一)加快创新转型,上下合力谋划市场发展。市场是义乌的根和魂,市场兴则义乌兴,必须深化“兴商建市”战略。我们将在全球化、“互联网+”背景下,加强对市场发展趋势和战略举措研究,加强对国内外贸易发展模式研究,推进市场和产业结合、市场和城市融合、市场和资源整合,提升市场的“质”和贸易的“量”。拓展经营主体,加大招商力度,优化行业布局,提升传统优势行业,加快培育新兴行业。创新经营内容,实施“浙江制造”品牌建设功能中心工程,培育“义乌好货”“进口好货”等品牌,探索发展进口商品街区,打造“进口商品总部经济区”,加强与“一带一路”沿线的经贸交流。创新经营方式,大力开拓国内外市场,加强产业链整合,鼓励各类供应链企业发展,完善市场周边仓储配套。深入推进线上线下融合,改造提升电商村,强化与知名平台合作。实施跨境物流区域仓等项目。专业化、市场化办好义博会等展会。规划开发市场周边区块,完善市场配套,促进整体繁荣。

(二)规划建设国际贸易改革试验区,以全面改革支撑市场转型。聚焦便利化,加强改革集成,完善小商品贸易简化申报、分类管理等监管措施,推动跨区域一体化监管,构建多式联运、跨境联运通关协作机制，优化外汇监管。探索发展保税加工区、保税市场和保税跨境电商园区，建设跨境电商公共监管中心、保税进口监管中心。加快市场领域供给侧结构性改革，在物流、市场、金融等领域深化要素改革，搭建资源要素交易平台。进一步完善贸工联动的体制机制，鼓励各类创业创新主体发展。

（三）突出“义甬舟”开放大通道，高标准打造“义乌码头”。做足“义”字文章，加快内畅外联、物流出城，建设义西南国际陆港园区、义东北物流园、圆通速递、航空物流园区、高铁新城“五大板块”，加强与长江经济带等深度合作。实施金甬铁路、金义东城际轨道、杭温高铁项目，加快公路港物流中心二期、红狮智慧物流园二期、深国际智慧物流小镇、铁路口岸二期等建设。建成保税物流中心二期、国际邮件处理中心二期、机场飞行区改造、铁路货场扩建一期等项目。积极发展多式联运。做强“义新欧”大平台，扩大铁路口岸对外开放，发展国际快件业务。加强物流行业管理和配套设施建设。

（四）坚持市场主导，统筹谋划发展现代服务业。积极发展贸易金融、供应链金融、互联网金融，筹建民营银行、信用保险等金融机构，鼓励金融机构在义设立总部，丝路金融小镇基金管理规模 300 亿元以上。引进文化拍卖机构，构建多层次的文化市场。促进动漫游戏、影视等产业发展，支持工业设计中心、义台设计中心、创意园等发展。发展专业服务、信息和中介服务、贸易服务等生产性服务业。推进佛堂古镇、青旅望道时光、欧洲风情街等旅游项目。建成义乌之心等城市综合体。

（五）再引进 10 个投资 50 亿以上项目，聚焦招大引强、有效投资。今天的招商和投资，是明天的产出、后天的税收、未来的生态和民生。浙商回归到位资金增长 15%以上，实际利用外资 2 亿美元以上。完成投资 670 亿以上，民间投资占 60%以上。鼓励本土企业做大做强，与新引进项目一视同仁。实施 200 项以上重点项目，重大基础设施、重大产业项目、高新技术产业、生态环保投资均增长 20%以上，五大平台投资增长 30%以上。加快建设光源小镇、健康小镇、绿色动力小镇等特色小镇。

（六）推进五年翻番，聚焦实体经济发展先进制造业。无工不强，坚持商贸和工业“双轮驱动”，加快规上工业产值五年翻番。实施英伦新能源整车、木林森等重点项目 50 项以上，义利动力总成、华灿光电等 20 项以上重点工业项目竣工投产。完成股改 20 家以上，新三板挂牌 10 家以上，企业直接融资 80 亿以上。大力推进“四换三名”“互联网 +”“机器人 +”“标准化 +”，加快十大传统产业提升改造，促进“创新强、亩产高、节能好、减排多”的企业加快发展，积极培育工匠精神。试行工业用地“先租后让”“租让结合”等弹性出让。推进“退二优二”“退二进三”，引导低效用地再开发，探索工业功能区有机更新。

（七）实施“四无整治两项改造”，推动“低小散乱”向中小微企业转变。坚持治标更治本，社区、园区、农村联动，堵疏结合、整治提升“低小散乱”。落实好全省统一部署的无证无照、无安全保障、无合法场所、无环保措施“四无”作坊整治。推进中小微创业园、工业小区设施“两项改造”，实施中小微企业成长计划，完成印刷包装、电镀、饰品、丝网印刷等行业整合入园。实施“经济户口”全市一盘棋精准管理，亩产效益综合评价向用地 5 亩以下企业延伸，强化对 D 类企业、出租型企业倒逼。

（八）舍得拿出资源，强化科技和人才支撑。把引进大学和项目、培育小镇、打造平台、做大做强科创新区，作为人才的重要支撑。谋划义乌国际大学，引进国内外大学合作办学。大力招引创业创新团队，新增产业基金 100 亿以上，实现规上工业企业技术创新活动全覆盖。培育省级以上研发机构 2 家以上、国家重点支持高新技术企业 25 家以上，企业研发投入 30 亿以上。出台人才新政，对住房、子女入学等给予大力保障。招引“千人计划”等高层次人才 20 人以上。推进大学生实习实训基地落地义乌。

（九）着力强农惠农富农，重视发展现代农业。无农不稳，农业虽然只占 GDP 的 2%，但关联 714 个农村和 16.5 万农业生产户。全面落实中央一号文件，深化农业供给侧结构性改革，推动粮食生产功能区、现代农业园区和农业强镇绿色发展，推进中央厨房等项目。加快“两路两侧”和重点区块农田流转，实施“示范农场”工程。新增家庭农场 10 家、农业龙头企业 5 家、义亭红糖产业园等特色园 3 个。建成 7 个现代农业综合服务中心，培育新型职业农民，培育智慧农业、生物农业、订制农业、会展农业、众筹农业等新业态,探索发展田园综合体。实施整洁田园、美丽农业专项行动。

(十)深化强镇富村,加快建设最美众创乡村。实施“1+X+Y”镇村规划,加大对镇村倾斜支持力度,全面推进小城镇环境综合整治。积极盘活镇街资源,属地化整合优化供销、国资系统资产20万平方米以上。每个村启动一星级美丽乡村创建,保护传统江南乡村特色和原生态建筑,挖掘山区等旅游资源,让农村更具乡土韵味、更多自然景致。鼓励发展民宿、乡村旅游,积极打造浪漫八都等10条精品线。逐步提高镇村“造血”功能,增强集体经济发展能力。加快形成“集地券”,推动农村集体经营性建设用地入市。坚持先定事、再选人,做好农村换届选举工作。

(十一)优化顶层设计,“想明白干到底”提高规划能力。牢固树立都市区、城市群和国际化理念,统筹空间、规模、产业三大结构,提高规划科学性、权威性,推进多规合一。深入研究事关城市发展的重大问题,发挥好规划引领作用,从源头完善城市管理和服务。推进城市设计省级试点,拉开城市空间布局,完成特色小镇、高铁新城、双江湖、轻轨沿线等重点区块规划,实现中心城区、镇区控制性详规全覆盖。规范设置企业、园区建筑密度和容积率。实施智慧城市规划,优化基础设施和社会事业规划。

(十二)狠抓“五拆五改”,连片成面推进有机更新和“三改一拆”。只有大拆大整,才有大平台、大发展。实施重点村、缓拆违建、乱搭乱建、临时建筑、低端原料点“五拆”和街道、立面、道路、管线、车位“五改造”,推进洁化、绿化、亮化、美化、有序化,丰富文化内涵,拆除违建400万平方米以上,拆后利用率90%以上。每个镇街均开展有机更新,主城区有机更新1.2万户以上。完成社区基础治理类和综合治理类改造。建成精品街10条以上。完成国贸大道和高铁两侧、江滨绿廊、主要入城口景观提升改造,推进街角小品建设,开展山体植被彩化试点,新增绿化1万亩以上。加快垃圾焚烧发电厂提升改造,完成357家大气污染源企业治理,强化工地、道路扬尘控制。

(十三)聚焦“双九治理”,全面剿灭劣五类水。抓好河长制,让河流流动起来,留住百姓的“乡愁”。深化九大源头治理,完成农村、城镇雨污分流,启动初期雨水治理试点,推进流域综合整治、水生态恢复、水资源优化利用等九大难点治理。实施固废处置、水系激活、强库固堤等工程,建设美丽城防。推进市外引水,扩建苏溪等3个水厂,义亭污水处理厂扩建、江东水厂、工业水厂工程投用,完成“五水共治”投资30亿以上。

(十四)人人参与创建,全力争创全国文明城市。加强精神文明建设,支持工会、共青团、妇联等发挥枢纽型组织作用,推动全民参与创建。重视家庭教育,弘扬优良家风。深化城市“十大顽疾”整治,完善诚信体系、文明积分和“黑名单”制度,让违法违规主体处处受限。深化健康城市、运动义乌建设,举办全民健身月等系列群众体育赛事,加大体育场馆惠民开放力度。在医疗机构、车站、机场等开展常态化、标准化志愿服务。做好双拥优抚工作,大力支持国防建设。深化殡葬改革。

(十五)实施三年提升计划,集中优质资源优先办教育。“教育是首要民生”,让每所学校成为城乡最美的风景。坚持立德树人,高水平发展15年基础教育,积极提升特殊教育、职业教育,推动城乡教育资源共享。深化基础教育课程改革,完善随迁子女异地中考政策。实施稠城三小等20个中小学、幼儿园新建、改扩建项目,推进中小学软硬件提标改造。引进北外附属苏州湾外国语学校、上海交大教育集团等教育品牌,加快推进再兴教育园区、新世纪学校、复旦实验学校等民办教育项目,促进民办教育健康发展。投用老年大学,开工建设市民大学、教育研修院迁建工程。

(十六)硬件软件齐抓,大力破解就医难问题。实施医疗、医保、医药“三医联动”改革,深化“双下沉、两提升”工程,每个卫生院与二甲以上医院建立紧密型“医联体”。加强全科医生等人才队伍建设。7月1日前中心医院二期投用,年底前完成一期改造。迁建佛堂卫生院,新建福田社区卫生服务中心。加强急救软硬件建设。中心卫生院普遍设立优生优育优教中心,开展妇保及儿保门诊规范化建设。推进智慧医疗,医疗机构全面实现诊间结算、自助结算和手机支付,开展异地就医跨省联网结算。

（十七）强化托底保障，帮扶弱势群众“一个都不能少”。维护妇女儿童合法权益，开展“关爱妈妈”“关爱女工”等分类服务，建成儿童福利院、心声聋儿培训中心。建成7家镇街养老服务中心。构建“多档次、可选择”和“多缴多得、长缴多得”的社保运行机制，做好被征地农民和土地承包经营权流转农民养老保障，为符合条件的“失独家庭”购买综合保险。降低重大疾病报销门槛，提高特殊病门诊报销比例。低收入农户人均可支配收入增长10%以上。关爱外来建设者，深化“无欠薪”行动，新建一批外来建设者服务中心，资助1000名以上青年产业工人继续教育。

（十八）聚焦痛点堵点，让“吃住行”等民生难题有实质性改善。严管食品药品、医疗美容行业，积极创建放心市场、放心商店、放心餐饮，加强夜市、小区流动摊点规范管理。完善农村改造政策，每个镇均开展试点，三年基本完成改造。各街道城中村全部启动改造。完成7个新社区集聚高层项目安置。提高小区物业管理水平，新增物业管理小区11个以上。促进房地产市场健康发展。落实“治堵三年计划”，实施机场路、阳光大道立交化改造、过江隧道、商城大道隧道合建工程，实现外环主线通车，推进县道、乡道提档改造。优化交通管理，推广单行道、微循环，推行车让行人，开展小区停车秩序综合整治。

（十九）坚持开放多元，发展好百姓身边的文化。让整座城市既有商贸城市的特质，又有江南城市的秀美，还有历史古城的底蕴。完成博物馆新馆、美术馆主体工程，投用文化广场，打造文化云平台。14个镇街全部建成综合文化站或服务中心。举办文化艺术节、音乐节等公益文化活动。打造全民阅读城市，办好读书月、城市书屋。高质量编纂出版《义乌丛书》。推进陈望道、冯雪峰、吴晗故居保护项目。加强古村落、历史文化街区、非遗项目等保护开发，实施恐龙足迹遗址、桥头遗址、黄山八面厅、古月桥等保护利用项目。积极培育创业文化。完善涉外服务体系，实施提升国际化系列十项举措，加快打造万国文化，扩大义乌国际朋友圈。做好民族宗教工作。

（二十）强化隐患治理和安全发展，人的生命高于一切。按照“全省前位”的要求，深化平安义乌建设，追责没有“下不为例”。强化出租房屋和流动人口服务管理。全面落实消防和安全生产源头管控，排查整治老旧电梯、自建房、电气线路、宾馆酒店、娱乐场所等各类安全隐患，推进消防水源等基础设施建设。建设安全教育基地，加强应急演练。加快“智慧网格”建设，强化市镇两级综合指挥平台。深入实施“七五”普法，强化社区矫正监管、矛盾纠纷化解。加强传染病防控工作。推进避灾场所规范化建设。做好国防教育动员、人防和信访、国家安全工作。

各位代表，今年在办好省、金华民生实事基础上，我们将全力办好十件民生实事。

1. 启动农村更新改造30个村以上，解决住房困难户3000户以上。

2. 完成全部D级危房和涉及公共安全的C级危房改造。其中，农村危旧房改造6000户以上。

3. 建成5所镇街及片区幼儿园，新建9所农村普惠性公办片区幼儿园，共可容纳3600名幼儿；引进优质品牌建设幼儿园4所以上。开展普惠性青少年校园足球培训，让3万学生开心“玩球”。

4. 实施适龄妇女免费“两癌”、HPV检查3万人以上；新增医生签约服务10万人。

5. 实现农村居家养老服务中心全覆盖。智能化关爱管理失智老人等1000名以上，降低走失风险。

6. 建设阳光家园为残疾人提供庇护性就业。建设残疾人综合服务中心。救助低保、低保边缘等困难群众5万人次。

7. 启动建设新儿童公园。建设职工及妇女儿童活动中心。建成投用青少年活动中心。

8. 改善20个以上偏远农村10000人以上饮用水条件，实现全市安全饮水全覆盖。

9. 新增公共停车位1万个。

10. 新建改造25公里燃气管道，新增天然气入户1.5万户以上。

五、干字当头，打造敢打硬仗、能打胜仗的坚强铁军

去年我们提出干字当头，建设敢于担当揽责、善于解决问题的政府。今年，我们将保持初心，继续做干字当头的政府，认真学思践悟习近平总书记的系列重要讲话精神，深入贯彻落实党中央治国理政的新理念新思想新战略，坚持“稳中求进”总基调，更加求真务实、真抓实干，践行“三勇三新”，撸起袖子加油干，报效义乌为公干，依法守规努力干，提升水平高效干。

(一)干出格局。格局越大，舞台越广。建设世界“小商品之都”，必须格局大气、全球视野、世界眼光。一是干出思想大格局。思路决定出路。我们将努力统筹当前与长远、重点与全局的关系，发挥好政府与市场“两只手”作用，协同好国内与国际两个市场，不仅要为“兴商建市”添砖加瓦，还要为“兴商强市”开篇布局。二是干出空间大格局。共建金华是上级工作要求，更是义乌拓展需求，我们必须干好“三大廊道”，以开放的胸怀开明风气、开拓空间、开创未来。三是干出改革大格局。无论“啃硬骨头”，还是“蹚地雷阵”，我们必须亲力亲为抓改革，搞好“放管服”，落实“最多跑一次”，写实写好国际贸易改革试验区这篇大文章。四是干出国际大格局。义乌的商品，是国际贸易自由化的风向标；义乌的使命，是构建“一带一路”的先行者；义乌的干部，必须成为顺应全球化现代化的弄潮儿。五是干出转型大格局。转型出生产力，转型出竞争力。我们必须尽快转理念，转方式，推动经济结构转型，带动城市治理转变、生态环境转好、人口素质转优。六是干出务实大格局。义乌不是一天建成的。功成不必在我，但功夫必须在我。我们将练实功练真功，不练虚功不练假功，为义乌的“建成”“功成”久久为功。

(二)干出朝气。“吃不饱”的义乌人，才是义乌的生命力、创造力、推动力。一是“要不要”。只有“想要”，才会催生强烈的求胜欲望和使命必达的坚定信念，才会千方百计“要”发展、“要”项目、“要”环境、“要”民生。二是“干不干”。唯有“干”，才是义乌发展的硬道理，才是对义乌百姓的真感情。“喊破嗓子，不如甩开膀子”。群众想什么，我们就干什么；短板在哪里，我们就干哪里。不仅为完成任务干，更为义乌的父老乡亲干。想明白，干到底，说干就干，干就干实。三是“跑不跑”。跑，不一定有机会；不跑，一定没机会。改革要“跑”，转型要“跑”，新的增长点也必须“跑”。唯有我们多跑出去，多跑下去，项目、资金、人才、办法才会都“跑”进来。四是“吃不饱”。吃不饱，就会有危机感、紧迫感；就会不甘心、不满足；就会如饥似渴学习生存、寻找市场、谋求发展。“吃不饱”的义乌，不仅卖小商品，还要卖大商品；不仅拥有“绣湖时代”，还要迈向“双江湖时代”；不仅闯国内市场，还要制订国际行业标准。“要不要”“干不干”“跑不跑”“吃不饱”，是勇气，是志气，是朝气，是锐气，是我们敢打硬仗、能打胜仗的底气；“要”“干”“跑”“吃不饱”，应当成为义乌每一名干部的使命担当、精神状态、行动自觉，成为义乌发展最生动、最实在、最吸引人的靓丽风景。

(三)干出情怀。以人民为中心，为义乌百姓干。一是牢记宗旨，真心爱民。我们是人民政府，爱人民、爱义乌，是我们的情怀；为人民干好事、解难事，是我们的天职。我们将加大财政投入，干好与百姓生活息息相关的“医教健娱老”，“柴米酱醋茶”。二是呵护弱势，真情助民。老人、妇女、未成年人、病人、低收入者、残疾人更需要政府帮助、社会援助、家庭扶助，我们必须织牢保障网底，让老弱病残体面尊严、妇女儿童欢歌笑语。三是扑下身子，戮力为民。领导要在一线带着干，干部要在现场亲自干。我们必须带着感情、带上资源，到农村、到山区、到老镇区去，到群众最需要的地方去，干出有温情、有温度的幸福义乌。

(四)干出责任。热爱滋生情怀，情怀升华责任。责任就是担当，就是牺牲，就是豁出去干、顶上去干、舍我其谁干的魄力气概。今年义乌的目标，就是全体干群的责任。一是扛起发展责任干。强化目标导向，当好“拼命三郎”，干成有效投资增长30%的硬任务；强化问题导向，敢于揭短亮丑，干实16条劣五类河流的达标治理。二是扛起安全责任干。构建更加严密的安全生产监管责任体系，把源头治理、产业转型、本质安全作为治本之策，使安全生产监督责任环环紧扣、层层压实、人人尽责。三是扛起服务责任干。当好“店小二”，坚持政府过“紧日子”，让群众和企业过“好日子”；转变职能作风，把“不可以”，变成“不，可以”，把“不可能”，变成“不，可能”；优良社会环境、营商环境，让每一个想干事的人都有人生出彩的机会，让每一位想创业的企业家都有创新创造的舞台。四是扛起严管责任干。强化“四个意识”，从严治理队伍，严守政治纪律和政治规矩；强化法治思维，落实责任清单，自觉接受人大、政协等各界监督；强化底线思维，抓实党风廉洁建设和政府廉洁建设，做到“身后没有一个歪脚印”。

重要文件目录

2016 年上级有关义乌的重要文件目录

金办通报〔2016〕第 14 期 赵光君同志在义乌调研时的讲话

金办通报〔2016〕第 30 期 赵光君同志在市委全面深化改革领导小组第八次会议上的讲话

金委发〔2016〕35 号 关于进一步支持义乌改革发展的若干意见

2016 年中共义乌市委重要文件目录

义委发文件目录

义委发〔2016〕7 号 关于开展“创新发展义乌经验 干在实处勇当标兵”主题实践活动方案的实施意见

义委发〔2016〕12 号 关于印发《中共义乌市委工作规则》的通知

义委发〔2016〕29 号 关于印发《关于在全市党员中开展“学党章党规、学系列讲话，做合格党员”学习教育的实施方案》的通知

义委发〔2016〕47 号 关于加强社会主义协商民主建设的实施意见

义委办发文件目录

义委办发〔2016〕2 号 关于印发《化风险降不良优环境确保经济金融秩序稳定的若干意见》的通知

义委办发〔2016〕18 号 关于印发《中共义乌市委关于制定义乌市国民经济和社会发展第十三个五年规划的建议》的通知

义委办发〔2016〕20 号 关于减轻企业负担优金融支持工业发张十条意见（试行）的通知

义委办发〔2016〕32 号 关于下达 2016 年义乌市重点工程和重大产业项目计划的通知

义委办发〔2016〕46 号 关于印发《关于促进城乡商品流通体系创新发展的意见》的通知

义委办发〔2016〕67 号 关于开展工业企业亩产效益综合评价推进资源要素配置市场化改革工作实施意见

义委办发〔2016〕79 号 关于印发《义乌市社会力量参与社会治理和志愿服务活动实施办法》的通知

义委办发〔2016〕85 号 关于印发《中共义乌市委关于补短板扛旗帜走前列的决定》的通知

义委办发〔2016〕103 号 农村宅基地制度改革试点相关细则政策的通知

义委办发〔2016〕108 号 关于明确下放各镇街经济社会管理事项的通知

义委办发〔2016〕109 号 关于加快构建现代公共文化服务体系的实施意见

义委办发〔2016〕111 号 关于进一步加强镇街综合文化站建设的实施意见

义委办发〔2016〕112 号 关于印发加快农村电子商务发展的若干意见（试行）的通知

2016 年义乌市政府文件目录

义政发文件目录

义政发〔2016〕2 号 关于公布 2015 年义乌名牌产品名单的通知

义政发〔2016〕3 号 关于加快发展现代职业教育的实施意见

义政发〔2016〕4 号 关于调整工伤、生育保险政策的通知

义政发〔2016〕5 号 关于义乌市安全生产“十三五”规划的批复

义政发〔2016〕7号　关于开展第三次农业普查的通知

义政发〔2016〕8号　关于同意设立义乌市产业发展投资管理有限公司的批复

义政发〔2016〕9号　关于表彰2015年度义乌市市长奖获奖集体和个人的决定

义政发〔2016〕10号　关于给市场监管局等15家单位集体记功的决定

义政发〔2016〕11号　关于公布2015年度工业企业“五十强”的通知

义政发〔2016〕12号　关于加强新时期爱国卫生工作的实施意见

义政发〔2016〕13号　义乌市人民政府关于支持企业股改重组挂牌上市的十条意见（试行）

义政发〔2016〕14号　关于《义乌市产业发展规划（2016—2020）》的批复

义政发〔2016〕15号　关于同意城西街道毛店桥头村建设用地复垦项目立项的批复

义政发〔2016〕17号　关于支持中小微企业发展推动产业转型升级的十条意见（试行）

义政发〔2016〕18号　关于举办2016义乌进口商品博览会的批复

义政发〔2016〕19号　关于印发义乌市政策性融资担保实施方案的通知

义政发〔2016〕20号　关于加快推进城乡公交一体化的实施意见

义政发〔2016〕21号　关于简化优化2016年度民生实事项目审批的十条意见（试行）

义政发〔2016〕24号　关于抓好2016年粮食生产工作的通知

义政发〔2016〕25号　关于印发义乌市户籍制度改革实施意见的通知

义政发〔2016〕26号　关于印发《义乌市公共租赁住房保障管理暂行办法》的通知

义政发〔2016〕27号　关于印发《义乌市国有土地上房屋征收与补偿办法》的通知

义政发〔2016〕28号　关于义乌市水利工程标准化管理实施方案的批复

义政发〔2016〕29号　关于义乌市垃圾焚烧发电厂提升改造PPP项目实施方案的批复

义政发〔2016〕30号　关于义乌市美术馆及中国商业与贸易博物馆项目政府购买服务模式实施方案的批复

义政发〔2016〕31号　关于义乌市妇幼保健院迁建工程政府购买服务模式实施方案的批复

义政发〔2016〕32号　关于义乌市公共法律服务体系建设“十三五”规划的批复

义政发〔2016〕33号　关于给予宗裕光行政开除处分的决定

义政发〔2016〕34号　关于给予蒋晓建行政开除处分的决定

义政发〔2016〕35号　关于给予金方平行政开除处分的决定

义政发〔2016〕36号　关于印发《义乌市贯彻执行〈浙江省人口与计划生育条例〉实施办法》的通知

义政发〔2016〕37号　关于临安至缙云公路义乌城西至佛堂段工程（疏港快速路）项目政府购买服务模式实施方案的批复

义政发〔2016〕38号　关于印发2016年质量强市建设行动方案的通知

义政发〔2016〕39号　关于同意后宅街道山塘村、下余村建设用地复垦项目立项的批复

义政发〔2016〕40号　义乌市人民政府关于市政府领导分工的通知

义政发〔2016〕41号　关于义乌市气象事业发展“十三五”规划的批复

义政发〔2016〕42号　关于公布第六批电子商务示范单位的通知

义政发〔2016〕43号　关于同意北苑街道青溪村建设用地复垦项目立项的批复

义政发〔2016〕44号　关于促进慈善事业发展的若干意见

义政发〔2016〕45号　关于同意义乌市国有资本运营中心改制实施方案的批复

义政发〔2016〕46号　关于在政府系统开展廉政建设七大专项整治行动的通知

义政发〔2016〕48号　关于义乌市会展业发展“十三五”规划（草案）的批复

义政发〔2016〕49号　关于规范工业企业“退二进三”工作

的实施意见(试行)

义政发〔2016〕50号 关于进一步完善城乡义务教育经费保障机制的通知

义政发〔2016〕51号 关于更新义乌市基准地价的通知

义政发〔2016〕52号 关于同意成立后宅街道金城社区、洪深社区、起航社区、北站社区等4个居民委员会的批复

义政发〔2016〕53号 关于同意设立福田街道银海社区等事项的批复

义政发〔2016〕54号 关于深刻吸取事故教训迅速深入开展安全生产和消防安全大检查大整治的紧急通知

义政发〔2016〕55号 关于加快推进残疾人全面小康进程的实施意见

义政发〔2016〕56号 关于义乌市污水处理设施运行应急预案(试行)的批复

义政发〔2016〕58号 关于给予王燊同志追记功的决定

义政发〔2016〕59号 关于成立见义勇为工作领导小组的通知

义政发〔2016〕60号 关于义乌市消防事业发展“十三五”规划的批复

义政发〔2016〕61号 关于义乌市畜牧业“十三五”规划的批复

义政发〔2016〕62号 关于印发《义乌市妇妇发展规划(2016—2020年)》《义乌市儿童发展规划(2016—2020年)》的通知

义政办文件目录

义政办发〔2016〕2号 关于成立义乌市随军家属就业安置协调工作领导小组的通知

义政办发〔2016〕3号 关于印发义乌市政府部门权力清单管理办法的通知

义政办发〔2016〕4号 关于印发义乌市大力推进商标专利质押贷款工作实施意见的通知

义政办发〔2016〕5号 义乌市人民政府办公室关于转发金华市行政机关负责人出庭应诉工作规定的通知

义政办发〔2016〕6号 关于印发《义乌市人民政府办公室“工作日志”式管理和考核工作实施方案》的通知

义政办发〔2016〕7号 关于成立义乌人力资源产业园管理委员会的通知

义政办发〔2016〕8号 关于加强义乌人力资源产业园建设的若干意见

义政办发〔2016〕9号 关于印发深化权力清单责任清单工作实施意见的通知

义政办发〔2016〕12号 关于印发义乌市消防工作“防消合一”实体化运转工作实施方案(试行)的通知

义政办发〔2016〕13号 关于进一步做好当前地质灾害防范工作的紧急通知

义政办发〔2016〕14号 关于印发义乌市水利工程管理和保护范围划定办法的通知

义政办发〔2016〕15号 关于印发2016年度全市无偿献血工作方案的通知

义政办发〔2016〕16号 关于印发义乌市特种设备事故应急预案的通知

义政办发〔2016〕17号 关于印发农民住房财产权抵押贷款试点实施意见的通知

义政办发〔2016〕18号 关于开展全市非法集资风险排查的通知

义政办发〔2016〕19号 关于成立华灿光电、瑞丰光电项目建设服务领导小组的通知

义政办发〔2016〕20号 关于印发义乌市深化推进家禽净膛“杀白”上市工作专项行动方案(2016—2018年)的通知

义政办发〔2016〕21号 关于加强寨卡病毒病防控工作的通知

义政办发〔2016〕22号 关于成立义乌市优化企业发展环境工作领导小组的通知

义政办发〔2016〕23号 关于重新公布义乌市全民科学素质工作领导小组的通知

义政办发〔2016〕24号 关于重新公布义乌市农贸市场改造提升工作领导小组的通知

义政办发〔2016〕25号 关于对工业企业暂停征收部分行政事业性收费的通知

义政办发〔2016〕26号 关于对部分工业企业临时性下浮社会保险费缴费比例的通知

义政办发〔2016〕27号 关于做好中国农函大义乌分校2016年招生及绿色证书培训工作的通知

义政办发〔2016〕28号 关于成立义乌市政策性融资担保体系建设工作领导小组的通知

义政办发〔2016〕29号 关于重新公布义乌市知识产权工作领导小组的通知

义政办发〔2016〕30号 关于印发义乌市2016年高污染燃料锅炉淘汰改造行动计划的通知

义政办发〔2016〕31号 关于印发《义乌市政府向社会力量购买服务指导目录(2016年度)》的通知

义政办发〔2016〕32号 关于印发义乌市无线局域网(WiFi)建设和免费开放实施方案的通知

义政办发〔2016〕33号 关于批转市住建局《义乌市建筑市场信用信息管理和评价办法(试行)》的通知

义政办发〔2016〕34号 关于印发义乌市榨糖灶烟气治理设施改造实施方案的通知

义政办发〔2016〕35号 转发市审计局关于2016年度审计工作计划的通知

义政办发〔2016〕36号 关于印发义乌市政府投资项目管理办法(试行)的通知

义政办发〔2016〕37号 关于印发军人随军家属就业安置工作实施细则的通知

义政办发〔2016〕38号 关于印发义乌市2016年度大气污染防治暨G20峰会大气环境质量保障实施方案的通知

义政办发〔2016〕39号 关于成立义乌市丹溪酒业有限公司破产重整工作协调小组的通知

义政办发〔2016〕41号 义乌市人民政府办公室关于印发义乌市突发环境事件应急预案的通知

义政办发〔2016〕42号 关于重新公布义乌市艾滋病综合防治示范区工作领导小组的通知

义政办发〔2016〕44号 义乌市基层医疗卫生机构补偿机制改革的实施意见

义政办发〔2016〕45号 关于印发义乌市食品安全事故应急预案的通知

义政办发〔2016〕46号 关于举办义乌市第二届读书节的通知

义政办发〔2016〕47号 关于转发《义乌市2016年度地质灾害防治方案》的通知

义政办发〔2016〕48号 关于成立义乌市集贸市场规范整治工作领导小组的通知

义政办发〔2016〕50号 关于成立义乌市政策性融资担保风险评审委员会的通知

义政办发〔2016〕51号 关于批转市农业林业局、环保局《义乌市畜禽养殖禁养区、限养区划分规定(2016修订)》的通知

义政办发〔2016〕52号 关于推广使用智慧式用电安全管理服务信息系统的通知

义政办发〔2016〕53号 关于印发义乌市农村生活污水治理设施运行维护管理办法(试行)的通知

义政办发〔2016〕54号 关于成立义乌市外贸转型升级工作领导小组的通知

义政办发〔2016〕55号 关于建立义乌市公共资源交易管理工作联席会议制度的通知

义政办发〔2016〕56号 关于成立义乌市知识产权快速维权中心建设工作领导小组的通知

义政办发〔2016〕57号 关于印发2016年度义乌市农村宅基地制度改革试点任务分工方案的通知

义政办发〔2016〕58号 关于印发义乌市违法广告、流动摊点、占道经营和建筑垃圾清运等城市“顽疾”专项治理行动方案的通知

义政办发〔2016〕59号 关于印发义乌市临时救助办法的通知

义政办发〔2016〕60号 关于完善基本医疗保险政策的通知

义政办发〔2016〕62号 关于印发2016年义乌市金融系统支持地方经济发展考核办法(试行)的通知

义政办发〔2016〕63号 关于组织开展“G20峰会我们在行动”特种设备安全专项整治行动的通知

义政办发〔2016〕64号 关于印发《义乌市城乡新社区集聚建设置换权益质押登记试行办法》的通知

义政办发〔2016〕65号 关于印发义乌市政府信息公开责任追究暂行办法的通知

义政办发〔2016〕66号 关

于农村生活垃圾分类合格村、示范村工作的实施意见

义政办发〔2016〕67号 关于印发义乌市美丽生态养殖场建设实施方案的通知

义政办发〔2016〕68号 关于印发促进进口贸易发展十项举措(试行)的通知

义政办发〔2016〕69号 关于切实做好当前地质灾害防御工作的紧急通知

义政办发〔2016〕70号 关于下发2016年一般性政府投资项目建设计划的通知

义政办发〔2016〕71号 关于印发租用场地经营企业工资支付保障办法的通知

义政办发〔2016〕72号 关于印发义乌市"蓝色屋面"专项整治行动方案的通知

义政办发〔2016〕73号 关于进一步加快推进"两路两侧"整治工作的通知

义政办发〔2016〕74号 关于印发义乌市道路交通事故社会救助基金管理办法的通知

义政办发〔2016〕75号 挂牌整治2016年度重大火灾隐患单位及区域性火灾隐患点的通知

义政办发〔2016〕76号 关于成立义乌市推进国税、地税征管体制改革工作领导小组的通知

义政办发〔2016〕77号 关于印发义乌市耕地保护补偿机制实施办法的通知

义政办发〔2016〕78号 关于印发义乌市户口专项清理整顿工作方案的通知

义政办发〔2016〕79号 关于印发义乌市社会保险全民参保动态管理办法(试行)的通知

义政办发〔2016〕80号 关于成立中兴通讯义乌项目推进领导小组的通知

义政办发〔2016〕81号 关于印发集贸市场规范整治实施方案的通知

义政办发〔2016〕82号 关于批转市"三改一拆"办《义乌市"两路两侧""四边三化"两年行动计划》的通知

义政办发〔2016〕83号 关于印发义乌市优化政府投资项目审批试行办法的通知

义政办发〔2016〕84号 关于开展农业"两区"土壤污染防治行动的通知

义政办发〔2016〕85号 关于印发义乌市县域经济体制综合改革方案的通知

义政办发〔2016〕89号 关于阶段性降低社会保险费的通知

义政办发〔2016〕91号 关于印发废品回收行业整治工作方案的通知

义政办发〔2016〕92号 关于成立义乌市质量强市暨"浙江制造"品牌建设工作领导小组的通知

义政办发〔2016〕93号 关于推进全市集贸市场规范整治工作的意见

义政办发〔2016〕94号 关于成立义乌市农民工工作领导小组的通知

义政办发〔2016〕95号 关于印发小额贷款保证保险工作实施意见的通知

义政办发〔2016〕96号 关于成立保密工作领导小组的通知

义政办发〔2016〕97号 关于开展保密自查自评工作的实施方案

义政办发〔2016〕98号 关于印发义乌市农药、肥料等农业投入品废弃包装物回收处置方案的通知

义政办发〔2016〕99号 关于印发《义乌市危旧房治理改造两年行动计划(2016—2017)》的通知

义政办发〔2016〕100号 关于印发"控风险、降不良"专项考核实施细则的通知

义政办发〔2016〕101号 关于印发进口产业政府增信基金实施方案(试行)的通知

102号 关于印发义乌市城区车辆乱停乱放综合整治工作方案的通知

义政办发〔2016〕103号 关于进一步完善部分优抚对象自然增长机制和调整部分优抚对象抚恤补助标准的通知

义政办发〔2016〕105号 关于印发《义乌市货币化安置凭证管理办法》的通知

义政办发〔2016〕106号 关于印发义乌市环境资源要素市场化配置管理办法(试行)的通知

义政办发〔2016〕107号 关于印发义乌市社会法人守信激励和失信惩戒管理办法的通知

义政办发〔2016〕108号 关于印发义乌市在行政管理事

项中使用信用记录和信用产品实施办法的通知

义政办发〔2016〕109号 关于印发义乌市社会法人“黑名单”曝光实施细则的通知

义政办发〔2016〕110号 关于促进保税物流中心发展的意见

义政办发〔2016〕111号 关于下达2016年度我市“611”耕地保护工程目标任务的通知

义政办发〔2016〕112号 关于成立乐土健康小镇项目推进领导小组的通知

义政办发〔2016〕113号 关于加强政府网站安全管理工作的通知

义政办发〔2016〕114号 关于印发《义乌市政府向社会组织转移职能具体事项目录（第三批）》的通知

义政办发〔2016〕115号 关于切实加强水利建设工程质量与安全监督管理工作的意见

义政办发〔2016〕116号 关于印发义乌市互联网金融风险专项整治工作方案的通知

义政办发〔2016〕117号 关于印发义乌市现代物流发展城市试点实施方案的通知

义政办发〔2016〕118号 关于印发义乌市全面推进综合行政执法工作实施方案的通知

义政办发〔2016〕119号 关于印发义乌市创建浙江省食品安全市工作方案的通知

义政办发〔2016〕120号 关于印发《义乌市工业投资项目分行业准入控制指标(2016)》的通知

义政办发〔2016〕121号 关于印发“把经济搞上去”重点工作攻坚作战图的通知

义政办发〔2016〕122号 关于印发2016年义乌市重大动物疫病强制免疫计划实施方案的通知

义政办发〔2016〕123号 转发市投资促进局、财政局关于赴外招商工作机制(试行)的通知

义政办发〔2016〕124 号 关于政府投资工程全面应用装配式建筑技术建设的通知

义政办发〔2016〕125号 关于重新公布市应急联动处置领导小组的通知

义政办发〔2016〕126号 关于印发义乌市整合建立统一的公共资源交易平台实施方案的通知

义政办发〔2016〕127号 关于印发2016浙江省时尚产品设计大赛暨第二届中国（义乌)国际时尚产业创新创业大赛工作方案的通知

义政办发〔2016〕128号 关于印发义乌市国有土地上房屋征收补偿资金管理暂行规定、义乌市国有土地上房屋征收社会稳定风险评估规定、义乌市国有土地上被征收房屋拆除工程管理暂行规定的通知

义政办发〔2016〕129号 关于印发义乌市人民政府外事与侨务办公室主要职责内设机构和人员编制规定的通知

义政办发〔2016〕130号 关于成立义乌市降低企业成本工作领导小组的通知

义政办发〔2016〕131号 关于成立义乌市推进产融合作工作领导小组的通知

义政办发〔2016〕132号 关于印发义乌市“百日攻坚、百日招商、百日服务”竞赛活动实施方案的通知

义政办发〔2016〕133号 关于在全市范围内开展安全生产大检查大整治的紧急通知

义政办发〔2016〕137号 关于印发义乌市总部经济发展扶持办法(试行)的通知

义政办发〔2016〕138号 关于印发义乌市镇街财政预算管理办法的通知

义政办发〔2016〕139号 关于印发义乌市2016年深化政府购买服务改革工作实施方案的通知

义政办发〔2016〕140号 关于印发义乌市临时用地管理办法的通知

义政办发〔2016〕141号 关于全面推行“双随机”抽查监管的实施方案

义政办发〔2016〕142号 关于开展首届“义乌慈善奖”评选活动的通知

义政办发〔2016〕143号 转发市残联、统计局、综治委关于义乌市残疾人基本状况统计调查和更新工作实施方案的通知

义政办发〔2016〕144号 义乌市人民政府办公室关于加强农村留守儿童关爱保护工作的实施意见

义政办发〔2016〕145号 关于印发义乌市农民住房财产权抵押贷款试点实施办法的通知

义政办发〔2016〕146号 关

于成立铂瑞能源新型热电联产项目协调推进小组的通知

义政办发〔2016〕147 号 关于公布 2016 年义乌市气象灾害防御重点单位名单的通知

义政办发〔2016〕148 号 关于成立义乌市土地整治工作领导小组的通知

义政办发〔2016〕149 号 关于开展出租型工业企业整治提升试点工作的通知

义政办发〔2016〕150 号 关于加强“十三五”期间年森林采伐限额管理的通知

义政办发〔2016〕151 号 关于加快推进适度普惠型儿童福利体系建设的意见

义政办发〔2016〕153 号 关于印发浙江(义乌)跨境电子商务创新发展示范区实施方案的通知

义政办发〔2016〕154 号 关于印发义乌市政府采购绩效管理办法(试行)的通知

义政办发〔2016〕155 号 关于印发义乌市户口迁移登记暂行规定的通知

义政办发〔2016〕156 号 关于下达 2016 年义乌市重点工程和一般性政府投资项目计划(第二批)的通知

义政办发〔2016〕157 号 关于印发义乌市国有土地上房屋征收低收入住房困难家庭补助申请暂行规定、义乌市国有土地上房屋征收补偿方案听证暂行规定的通知

义政办发〔2016〕158 号 关于印发义乌市移动政务服务网建设三年行动计划的通知

义政办发〔2016〕159 号 关于印发义乌市汽车美容装潢行业管理办法(试行)的通知

义政办发〔2016〕160 号 关于成立义乌市外贸工作领导小组的通知

义政办发〔2016〕161 号 关于印发义乌市资源要素交易市场建设方案的通知

义政办发〔2016〕163 号 关于印发《义乌市星级文明规范市场认定办法》的通知

义政办发〔2016〕164 号 关于开展农村加工业整治规范提升试点工作的通知

义政办发〔2016〕165 号 关于加快跨境电子商务创新发展示范区建设的若干意见

义政办发〔2016〕166 号 关于印发义乌市不动产涉税转移登记一体化办理试行办法的通知

义政办发〔2016〕167 号 关于印发义乌市陆港电商小镇招商实施细则(试行)的通知

义政办发〔2016〕168 号 关于加快推进负面清单外行政审批及公共服务事项办理结果快递送达服务的通知

义政办发〔2016〕169 号 关于成立义乌市粮食安全工作协调小组的通知

义政办发〔2016〕170 号 关于推进“宅基地换住房、异地奔小康”安置工作的若干意见

义政办发〔2016〕171 号 关于进一步做好低收入家庭就业帮扶工作的通知

义政办发〔2016〕172 号 关于建立工业企业关停并转退机制的若干意见

义政办发〔2016〕173 号 关于进一步促进会展业改革发展的实施意见

义政办发〔2016〕174 号 关于印发《义乌市会展业发展专项资金使用管理办法》的通知

义政办发〔2016〕175 号 关于印发《义乌市展览活动管理办法》的通知

义政办发〔2016〕176 号 关于印发义乌市人力资源市场搬迁组织实施方案的通知

义政办发〔2016〕177 号 关于全力打好重大项目建设攻坚战确保完成今年扩大有效投资目标任务的通知

义政办发〔2016〕178 号 关于开展“打造整洁田园建设美丽农业”行动的实施意见

义政办发〔2016〕180 号 关于印发义乌市民间资本管理公司管理办法(试行)的通知

义政办发〔2016〕181 号 关于成立圆通速递项目推进领导小组的通知

义政办发〔2016〕182 号 关于印发《义乌市高标准建设国家知识产权示范城市工作方案(2016—2018)》的通知

义政办发〔2016〕183 号 关于转发《浙江省人民政府办公厅关于加强和改进行政应诉工作的实施意见》的通知

义政办发〔2016〕184 号 转发《浙江省人民政府办公厅关于进一步减轻企业负担降低企业成本的若干意见》的通知

义政办发〔2016〕185 号 关于印发义乌市“除隐患、保安全、

促转型”治危拆违攻坚战行动方案的通知

义政办发〔2016〕186号　关于印发义乌市再生资源回收行业体系建设规划方案的通知

义政办发〔2016〕187号　关于印发义乌省级服务业强市试点实施方案的通知

义政办发〔2016〕188号　关于印发义乌市再生资源回收行业管理办法的通知

义政办发〔2016〕189号　关于成立佛堂省级旅游度假区创建工作领导小组的通知

山海关老龙头　　　　（金福根摄）

索 引

F

G

H

J

K

L

M

N

P

Q

R

S

T

W

X

Y

Z

建设中的义乌

远眺义乌

（楼子荣摄）

双桥夜景

篁园大桥夜景

（楼子荣摄）